Christina von Braun
Blutsbande

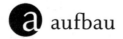 aufbau

Christina von Braun

BLUTS-
BANDE

Verwandtschaft
als Kulturgeschichte

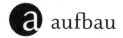

Mit 11 Abbildungen

ISBN 978-3-351-03679-9

Aufbau ist eine Marke der Aufbau Verlag GmbH & Co. KG

1. Auflage 2018
© Aufbau Verlag GmbH & Co. KG, Berlin 2018
Einbandgestaltung zero-media.net, München
Satz und Reproduktion LVD GmbH, Berlin
Druck und Binden CPI books GmbH, Leck, Germany
Printed in Germany
www.aufbau-verlag.de

Inhalt

Einführung: Der Untergang des Abendlandes? 9

1. Kapitel: Verwandtschaft als Sprache 27

1. Verwandtschaftsformen 29 • 2. Blutsverwandtschaft als Instrument der Kolonisierung 35 • 3. Patrilinearität in schriftlosen Kulturen 37 • 4. Mischformen: das Beispiel Adoption 42 • 5. Individuum und Gemeinschaft in den beiden Verwandtschaftsmodellen 48 • 6. Familiäre Allianzen 52 • 7. Ethnologie und Anthropologie als Spiegel historischer Veränderungen 59 • 8. Verwandtschaft als Sprache 67

2. Kapitel: Verwandtschaft als Text 73

1. Kurze Geschichte der Schrift 75 • 2. Alphabet und Monotheismus 81 • 3. Alphabet und Sprache 90 • 4. Sekundäre Oralität 101 • 5. Alphabet und Geschlecht 105 • 6. Das Zeichensystem Geld: eine besondere Fortpflanzungsart 108 • 7. Griechenland: Die geistige Vaterschaft wird leiblich 114 • 8. Die Theorie schafft soziale Fakten 117 • 9. Römische Genealogie 124

3. Kapitel: Jüdische Matrilinearität – Christliche Patrilinearität. Die Blutslinien der Theologen 131

1. Patrilinearität und Matrilinearität allgemein 135 • 2. Judentum und Hellenismus 138 • 3. Der Wechsel zur Matrilinearität im Judentum 147 • 4. Die Beschneidung 156 • 5. Judentum und Christentum: Aneignungen, Abgrenzungen 161 • 6. Das christliche Ideal der Enthaltsamkeit 168 • 7. Über die Jungfräulichkeit zu geistigen Abstammungslinien 172 • 8. Unterschiedliche Blutslinien – unterschiedliches Blut 176

4. Kapitel: Rote Tinte 185

1. Christliche Verwandtschaftsverhältnisse 185 • 2. Rote Tinte – Blaues Blut 198 • 3. Die Reinheit des Blutes 206 • 4. Die Geschlechter und das Geschlecht 211 • 5. Eine weibliche Genealogie der Fürsorge 220 • 6. Bäuerliche und bürgerliche Erbschaftslinien 226 • 7. Geistige Vaterschaft: von der Kirche zur Wissenschaft 232 • 8. Die Universität – das weltliche Seminar 239 • 9. Von der geistigen Blutslinie zur Zucht 243

5. Kapitel: Das Kapital fließt in den Adern 249

Zusammenfassung der bisherigen Entwicklung 249 • 1. Mitgift und Morgengabe 253 • 2. Der Einfluss der Geldwirtschaft auf Sozial- und Familienstrukturen 256 • 3. Europäische Verwandtschaft im Säkularisierungsprozess 259 • 4. Gefühlte Verwandtschaft 266 • 5. Die Verweiblichung der Verwandtschaftsverhältnisse 270 • 6. Literatur und Verwandtschaft 274 • 7. Die Verwandtschaftsentwicklung in den nicht-vermögenden Schichten 283 • 8. Gefühltes Blut 288 • 9. Das Beispiel zwei großer Finanzdynastien: die Barings und die Rothschilds 291 • 10. Das Geld ersetzt die Endogamie 303

6. Kollektive Blutsverwandtschaft 309

1. Die Folgen der Aufklärung 309 • 2. Die Geburt der ›Generation‹ 310 • 3. Nationalität als Verwandtschaftsdefinition 317 • 4. Der Einfluss der Medien auf die Entstehung des Gemeinschaftsgefühls 321 • 5. Die Blutsgemeinschaft der ›Rasse‹ 325 • 6. Rassistischer Antisemitismus 329 • 7. Die Genetik als neue Gestalt der Blutslinie 338 • 8. Geld und Genealogie 342 • 9. Das Geld steckt in den Genen 344 • 10. Das Kapital des roten Bluts 351 • 11. Das Buch des Lebens: Das Beispiel Island 354 • 12. Die Genetik korrigiert ›falsche Blutslinien‹ 358

7. Kapitel: Die Entstehung des modernen Judentums 367

1. Jüdische Reaktionen auf die Aufklärung 367 • 2. Die Entstehung eines modernen kulturellen Judentums 378 • 3. Israel und Diaspora 381 • 4. Von der Matrilinearität zur Bilinearität im Judentum 388 • 5. Neue Formen jüdischer Zugehörigkeit 392

8. Kapitel: Reproduktionstechniken und Geschlechterrollen 401

Einführung 401 • 1. Neue soziale Verwandtschaftsmodelle 404 • 2. Der Wandel der Vaterrolle 412 • 3. Zwei Naturen 418 • 4. Der Konflikt zwischen den zwei Naturen 420 • 5. Die neue Verwandtschaft von Natur und Kultur 428 • 6. Gleichgeschlechtliche Beziehungen als Paradigma des Wandels 434 • 7. Mater incerta 448 • 8. Die Mutter im Zeitalter ihrer technischen Multiplizierbarkeit 453 • 9. Reproduktionsmedizin und die Erneuerung des Vaters 459 • 10. ›Trans-Parenting‹ – der biologische Wandel von Elternschaft 467

Résumé: Das Ende der Blutsbande? 477

Anmerkungen 493
Literaturverzeichnis 511
Bildnachweis 537

Im Frühjahr 2013 fand in Paris eine große Demo zugunsten der Homo-Ehe statt. Auf mehreren Transparenten war zu lesen: *Jésus avait deux pères et une mère porteuse* (Jesus hatte zwei Väter und eine Tragemutter). Mit dieser Parole fassten die Demonstranten eine Erkenntnis zusammen, die auch dieses Buch begleitet: Die biologische Revolution, die heute neue Formen von Vaterschaft und Mutterschaft ermöglicht, war als Phantasie schon lange vorher angelegt: in den Lehren der Katholischen Kirche, die heute die Realisierung dieser Phantasien bekämpft.

Einführung:
Der Untergang des Abendlandes?

Am 21. Mai 2013 erschoss sich Dominique Venner vor dem Hochaltar der Kathedrale Notre-Dame de Paris. Zuvor hatte er einige Briefe auf den Altar gelegt und auf seinem Blog verkündet, dass nun endlich »Taten den Worten folgen« müssen. Venner – bekannt als rechtsextremer französischer Intellektueller – bezeichnete sich selbst als ›meditativen Historiker‹. Er hatte mehrere Bücher publiziert; seine großen Vorbilder waren Schriftsteller wie Henry de Montherlant, Drieu de la Rochelle und Yukio Mishima: Den dreien ist gemeinsam, dass sie ihrem Leben selber ein Ende setzten, oft in der Manier des Märtyrers, der für seine Ehre stirbt. Gleich nach dem Suizid Venners kündigte sein Verleger das neue – posthum erscheinende – Buch des Schriftstellers an. Titel: ›Ein Samurai des Okzidents‹. Venner hinterließ eine Art testamentarisches Radiogespräch, in dem er sagte: »Ich liebe das Leben und erwarte nichts darüber hinaus, wohl aber hoffe ich auf die Perpetuierung meiner Rasse und meines Geistes.« Zu Venners Feindbildern gehörte Angst vor Überfremdung wie auch das gerade von der französischen Nationalversammlung erlassene Gesetz zur Legitimierung der Homosexuellen-Ehe. »Ich erhebe mich gegen die Vergiftung der Seele und das wuchernde Begehren von Einzelnen, das unsere Identitätsverankerung und vor allem die Familie zerstört.«[1]

Am 2. März 2014 hielt die preisgekrönte Schriftstellerin und Literaturkritikerin Sibylle Lewitscharoff einen Vortrag im Staatsschauspiel Dresden, in dem sie keinen Suizid, wohl aber den Untergang des Abendlandes ankündigte. Das hatte bereits Oswald Spengler in seinem bekannten Werk von 1918 getan, dem wohl letzten großen Hohelied auf die männliche Herrschaft. »Der Mann *macht* Geschichte, das Weib *ist* Geschichte«,[2] lautete sein Credo. Diesem Prinzip, so Spenglers Befürchtung, werde das Aufkommen einer neuen »Fellachen-Unkultur« ein Ende setzen. Auch Lewitscharoff geht es um den Verlust einer Gesellschaft, die nach männlichem Ideal gestaltet ist. In ihrer Polemik gegen lesbische Paare, die »sich ein Kind besorgen«, indem ein anonymer oder befreundeter Mann »herangezogen wird, um sein Sperma abzuliefern«, wettert sie gegen die »Selbstermächtigung der Frauen«, für die es zweifellos »am schönsten« wäre, »man könnte den Samen selbst auch noch künstlich erzeugen und mit einem im Voraus definierbaren Bündel an erwünschten Merkmalen ausstatten«. (Die Elternschaft männlicher homosexueller Paare thematisiert sie seltsamerweise gar nicht.) Und sie attackiert die Praxis der Reproduktionsmedizin überhaupt: Diese sei »vom Teufel ersonnen«; die Kinder, die auf »solch abartigen Wegen« entstehen, werden von ihr als »Halbwesen« und »nicht ganz echt« bezeichnet: »zweifelhafte Geschöpfe, halb Mensch, halb Weißnichtwas«.[3] Dabei übersieht sie freilich, dass ein Gutteil der modernen Reproduktionsmedizin wie die säkulare Umsetzung christlicher Dogmen daherkommt: besonders deutlich zu erkennen an der Jungfrauengeburt, bei der dank der In-vitro-Fertilisation aus einer christlichen Lehre praktizierte Medizin wurde – eine Erbschaft, die sich einige Teilnehmer der großen Pariser Demo von 2013 für die Zulassung der Homo-Ehe nicht entgehen ließen: Sie trugen ein Transparent mit der Aufschrift: »Jésus avait deux pères et une mère porteuse«. (s. Abb. S. 8.)

Die polemischen Aussagen von Lewitscharoff, der Suizid von Venner wie auch generell die hoch emotional geführten Debatten um Homo-Ehe, Reproduktionstechniken, Adoption von Kindern durch schwule oder lesbische Paare verdeutlichen, dass sich die westliche Gesellschaft in einer Umstrukturierung befindet, bei der es um vieles gleichzeitig geht: die Neudefinition von Geschlechterrollen, veränderte Familienkonstellationen und Eingriffe in die Biologie. Die Kritiker des Wandels bezeichnen den Körper gerne als unveränderbar und leiten davon ein ›natürliches‹ Sexualverhalten und eine ›normale‹ Art der Fortpflanzung ab. Indem sie sich dabei auf *christliche* Werte berufen, offenbaren sie aber zugleich, dass es sich bei dieser ›Natur‹ um kulturelle Normen handelt. Die Berufung auf das Christentum geschieht explizit bei Lewitscharoff (sie spricht von einer »Rückbindung an den christlichen Vorstellungskreis, was Leben und Tod, Sünde und mögliche Vergebung angeht«[4]) und implizit bei Venner: durch seinen Suizid in einem der größten Gotteshäuser der christlichen Welt sowie durch die in seinem »Testament« vorgebrachte Forderung nach der Abwehr von Einflüssen aus fremden Kulturen. Für Venner und Lewitscharoff *ist* die ›Natur‹ der Geschlechter identisch mit christlichen Werten.

Das Gleiche sagen freilich auch Juden und Moslems, obwohl sich deren Geschlechterordnungen beträchtlich von der der Christen unterscheiden. Aus der

Sicht der Religionen scheint dies eine der Funktionen der symbolischen Geschlechterordnung zu sein: Die Rollen von Mann und Frau sollen das Verhältnis von Gott und Mensch, so wie es die jeweilige Religion definiert, widerspiegeln.[5] Würden sich die symbolischen Geschlechterordnungen von den biologischen Gegebenheiten des männlichen und weiblichen Körpers ableiten, könnten sie sich schwerlich von einem Kulturkreis zum nächsten unterscheiden. Religionen dachten nie in Kategorien von Physiologie. (Die Wissenschaft der Biologie wurde überhaupt erst im 18. Jahrhundert erfunden.) Ihr Anliegen war die Etablierung einer bestimmten *Kultur*. Nachträglich wurden die religiös bestimmten Geschlechterordnungen zu ›natürlichen‹ erklärt.

Damit stellt sich freilich die Frage: Wie erklärt es sich, dass eine alte »göttliche« oder »natürliche« Ordnung der Geschlechter innerhalb weniger Jahrzehnte ihre Plausibilität einbüßen konnte? Dieser Verlust der Glaubwürdigkeit gilt für alle drei Religionen – und der beste Beweis dafür ist der fanatische Trotz, mit dem die jeweiligen Fundamentalismen daran festzuhalten versuchen.[6] Die Umwälzung vollzog sich mit einer mentalitätsgeschichtlich einmaligen Geschwindigkeit. Noch um 1900 wurde bezweifelt, dass Frauen zu politischer Entscheidung, akademischer Bildung und ökonomischer Selbstständigkeit fähig seien – begründet wurde das mit ihrer anatomischen Ausstattung.[7] Nun sind sie in allen Berufen, auf allen politischen Entscheidungsebenen vertreten und gewinnen Nobelpreise für ihre Forschung. Wäre die Natur für die bis dahin bestehende Definition der Geschlechterrollen verantwortlich, so müsste sich innerhalb von weniger als hundert Jahren eine radikale Mutation des weiblichen Körpers vollzogen haben. Auch die Kürze der Zeit, in der dieser Wandel stattfand, zeigt, dass es sich bei den angeblich ›natürlichen‹ Normen nie um Natur, sondern immer nur um Kultur gehandelt haben kann – anders wäre der Wandel nicht möglich gewesen.

Blut und Klassenzugehörigkeit

Was es mit dieser ›Natur‹ auf sich hat, erkennt man, wenn man sich die Geschichte sozialer Kategorien anschaut. In früheren historischen Epochen hießen die Begründungen für soziale Hierarchien nicht Natur, sondern Blut. Mit diesem Begriff verteidigte der Adel seine Ansprüche auf Privilegien in der Feudalgesellschaft. Nach der Entmachtung der Aristokratie erfüllte das Kapital eine ähnliche Funktion, aber auch hier wurden Kapital und Blut in eins gesetzt. »Ab dieser Periode gehörte in allen begüterten Schichten Europas die *endogame* Eheschließung zur neuen Konfiguration von Verwandtschaft. Allianzen, die vorher als inzestuös betrachtet worden waren – etwa die Ehelichung der Schwester der verstorbenen Ehefrau oder einer Nichte – oder auch solche, die schlicht verboten waren, wie die Heirat von Cousins ersten bis dritten Grades, wurden nun völlig akzeptabel und bildeten einen Teil der Heiratsstrategien adliger, bürgerlicher und bäuerlicher Familien.«[8] Diese wachsende Endogamie, auf die der Sozialhistoriker David Sabean bei einer mikrohistorischen Studie der Familien- und Verwandtschaftsverhältnisse in der süddeutschen Stadt Neckarshausen gestoßen war,[9] hing mit ökonomischen Veränderungen zusammen. »Zum gesunden Sozialkörper gehörte, dass Kapital und Blut durch dieselben Adern floss.«[10]

Mittlerweile berufen sich nur noch die Traditionalisten auf das Blut. Die Neuerer sprechen lieber von den Genen. So etwa Donald Trump, der während seines Wahlkampfs 2016 nicht müde wurde zu betonen, dass er »an die Gene glaubt« und dass er seinen Erfolg als Geschäftsmann und Politiker seinen »angeborenen guten Genen« (manchmal auch seinen »winning genes« oder seinem »German blood«) verdankt.[11]

All diesen Begriffen – Natur, Blut, Gene – ist eines gemeinsam: Sie dienen dazu, die Unveränderbarkeit sozialer Kategorien zu sichern und denen, die ›oben‹ angekommen sind, die Gewissheit zu geben, dass niemand an ihrem Stand rütteln kann. Nach der Aristokratie der Feudalzeit und den Industrie-Eliten des 19. Jahrhunderts sind wir nun, im 21. Jahrhundert, bei der neuesten dieser ›Eliten‹ angekommen: den Eliten des Finanzkapitalismus. Trumps Aufstieg ist dafür symptomatisch, sein Kabinett der Milliardäre ebenso – und seine Berufung auf die »Gene« stellt nur die neue Gestalt des alten Liedes dar: die Naturalisierung ökonomischer oder kulturell produzierter Verhältnisse.

Geschlecht und Gender

Dennoch ist es unbestreitbar, dass sich derzeit auf der Ebene von biologischem Geschlecht wie von Gender (der sozialen Konstruktion von Geschlecht) eine tiefgehende Umwälzung vollzieht. Diese Änderung brachte überhaupt erst die Erkenntnis, dass die ›Natur‹ schon immer die Verkleidung der Kultur war. Eben das erklärt die hohe Emotionalität, mit der über den Wandel der Geschlechterordnung debattiert wird. Wenn sich sogenannte Naturgesetze als Glaubenssätze erweisen, so rührt dies an existentielle Bedingungen, die nicht nur das Geschlecht des Einzelnen, sondern auch andere Kategorien angehen und die Gemeinschaft überhaupt in Frage stellen. Hierin liegt die Gemeinsamkeit von Homophobie, Antifeminismus, Antisemitismus, Rassismus und Xenophobie: Alle haben einen ›Fremdkörper‹ im Visier, der einerseits gehasst, andererseits aber auch zur Vergewisserung der eigenen Normen gebraucht wird.

Zugleich stellt sich die Frage: Warum haben eigentlich alle an diese ›Natur‹ geglaubt? Und wie haben es Religion und Kultur geschafft, als Natur daherzukommen? Wie kam es, dass gerade auf dem Gebiet der Geschlechterordnung theologische Dogmen und philosophische Richtlinien als gegeben und unveränderlich angesehen wurden? Und womit erklärt sich die Verabschiedung dieser Normen? Für den aktuellen Wandel der Geschlechterrollen werden gern Feminismus und Gender Studies verantwortlich gemacht. So heißt es in einem Pressekommentar, Gender sei der »am schnellsten wachsende Wissenschaftszweig Deutschlands«, eine »Antiwissenschaft«, die auf einem »unbeweisbaren Glauben, der nicht in Zweifel gezogen werden darf«, beruhe.[12] Dass nicht nur die Wissenschaft, sondern der ganze Staat auf dem Spiel steht, zeigten die Stellungnahmen von hundert französischen Parlamentsabgeordneten der konservativen Partei UMP im Jahr 2011. Sie protestierten gegen eine Neuerung in den Schulbüchern, in denen die sexuelle Identität nicht nur biologisch, sondern auch sozio-kulturell erklärt wird. Es handle sich um eine »unwissenschaftliche These«, schrieben sie.[13] Die Initiative der französischen Politiker erhielt Rückendeckung vom französischen Berater des Vatikans für Familienfragen, der in Gender eine »totalitäre Ideologie« sah, »die repressiver und schädlicher als der Marxismus ist«.[14] In den Anti-Gender-Kanon stimmte schließlich auch Papst Franziskus ein, als er der Gender-Theorie vorwarf, einen »Weltkrieg zur Zerstörung der Ehe« zu führen.[15]

Für das, was Oswald Spengler mit seinem Titel über den *Untergang des Abendlandes* im Visier hatte, werden heute die Gender Studies verantwortlich gemacht. So unterstellt die katholische Publizistin Gabriele Kuby den Gender Studies, nicht nur die »überlieferten Wertsysteme aller Kulturen und Religionen zu zerschlagen«, sondern sogar die Weltherrschaft anzutreten. »Was einst der ›dialektische Materialismus‹ an den Hochschulen der DDR war, das ist heute die Gender-Ideologie an den Ausbildungsstätten des akademischen Nachwuchses, welche sich darauf vorbereiten, die Führungspositionen in dieser Gesellschaft zu übernehmen.«[16] Ihr Buch *Die globale sexuelle Revolution. Zerstörung der Freiheit im Namen der Freiheit* wird von der Katholischen Kirche vertrieben und wurde zu hunderten von Exemplaren an Politiker versandt. Für Kuby ist Gender ein »neuer Totalitarismus«, der »insbesondere gegen Christen gerichtet« sei.[17] Mit der Berufung auf das Christentum hebt freilich auch sie die kulturelle Dimension der alten Geschlechterordnung hervor.

Inzwischen wird der Anti-Genderismus in die Parteiprogramme geschrieben, vor allem in die der populistischen Parteien Europas und rechter Bewegungen in den USA.[18] Das hindert einige Liberale und Aufgeklärte nicht, die Gender Studies für den Aufstieg der Populisten verantwortlich zu machen. »Wer als Scheinselbstständiger zwölf Stunden am Tag Amazon-Pakete ausfährt, wer das Geld für die Klassenfahrten seiner Kinder nicht aufbringen kann, auch wer ein gutes Einkommen hat, aber von Abstiegsängsten geplagt wird, empfindet die Emanzipationsideale der gut ausgebildeten, linksliberalen Eliten schnell als Kriegserklärung von oben.«[19] Dagegen lässt sich fragen: Wer leidet eigentlich an Kinderarmut? Es sind vor allem die Kinder alleinerziehender Mütter. Wer wird von Abstiegsängsten geplagt, wenn nicht die vielen Frauen, die von einem befristeten Vertrag zum nächsten um ihre existenzielle Grundlage fürchten müssen? Von wenig anderen politischen Bewegungen werden solche Fragen sozialer Ungerechtigkeit deutlicher formuliert als von Feministinnen und den Gender Studies – aus dem einfachen Grund, dass hier die Betroffenheit am größten ist.

1942 hatte der Ökonom Joseph Schumpeter den Feminismus als »eine ihrem ganzen Wesen nach kapitalistische Erscheinung« beschrieben.[20] Andere halten ihn für ein Produkt des Sozialismus. Man kann es sich also aussuchen, ob man den Wandel der Geschlechterordnung als »widernatürlich« oder als »unwissenschaftlich«, als »Verschwörung der Frauen« oder als Folge von Sozialismus und/oder Kapitalismus verstehen soll. Dabei ist es leicht zu sehen, dass die Gender Studies niemals einen solchen gesellschaftlichen Wandel hätten herbeiführen können, wie er sich derzeit vollzieht. Ihre Entstehung verdanken die Gender Studies vielmehr der Notwendigkeit, die raschen und tiefgreifenden gesellschaftlichen Änderungen der letzten hundert Jahre (nicht nur auf dem Gebiet der Geschlechterordnung) zu *entziffern*, deren mentalitäts-, natur- und geisteswissenschaftliche Hintergründe zu verstehen. Das heißt, die Gender Studies sind ein Gebiet der wissenschaftlichen *Reflexion* (was mit Anti-Wissenschaft wenig zu tun hat), und es ist aufschlussreich, welche akademischen Gebiete sich für diese Reflexion geöffnet haben und welche sich ihr entziehen.

Gender und Wissenschaft

Die als ›Leitwissenschaften‹ entmachteten geisteswissenschaftlichen Fächer haben zumeist die Frage von Gender integriert, während sich die Naturwissenschaften nur sehr vorsichtig auf Gender Studies und Selbstreflexion einlassen. Das Gesetz, das hinter diesen akademischen Verhaltensmustern steht, lässt sich relativ einfach umreißen: Je sicherer eine Wissenschaft sich ist, dass sie über *den* Schlüssel zur ›Wahrheit‹ verfügt, desto geringer ist ihre Bereitschaft, die Allgemeingültigkeit ihrer eigenen Paradigmen in einen kulturellen oder historischen Kontext zu stellen. Je mehr sie jedoch die Erfahrung machen muss, dass es noch andere Möglichkeiten gibt, die Wahrheit zu denken und zu beschreiben, desto selbstreflexiver wird sie. Diesen Erkenntnisprozess musste die Theologie schon seit dem Beginn der Neuzeit durchlaufen und nach ihr die Geschichte und die Philosophie (die freilich noch immer den Abstieg dadurch aufzuhalten versuchen, dass sie Gender ausschließen oder zu einem Nebengleis ihres Faches erklären). Sogar die Medizin hat es mittlerweile erwischt: Sie sah sich genötigt, die sozialen und kulturellen Einflüsse auf Krankheitsbilder, die bis dahin als geschlechterneutral galten (Herz-und Kreislauferkrankungen zum Beispiel), in Rechnung zu ziehen.[21]

Im Moment tut sich ein Teil der Naturwissenschaften noch schwer mit einem selbstreflexiven Blick – und so ist es kein Zufall, dass einige der schärfsten Attacken gegen Gender aus dieser Ecke kommen: Die Genderforschung beachte nicht die ›Fakten der Natur‹. Das ist umso paradoxer als gerade die Biologie am meisten zur Verwandlung des Körpers und dessen ›biologische Realitäten‹ beigetragen hat: mit der Entwicklung von Genetik und Reproduktionsmedizin. Da die Manipulationen der Reproduktionsmedizin vor allem den geschlechtlichen Körper betreffen, erstaunt es nicht, dass deren Auswirkungen auch in der Geschlechterforschung diskutiert werden. Die Theologen haben den Geist der Menschen umgeformt, aber die Biologen haben durch die Reproduktionsmedizin in die Physiologie des Menschen eingegriffen. Damit haben sie auch die Wandelbarkeit des Körpers unter Beweis gestellt. Sie selbst schufen jene flexiblen geschlechtlichen Identitäten, für die heute die Gender Studies verantwortlich gemacht werden. (Auch Lewitscharoffs Polemik erweckt den Eindruck, Lesben hätten die Fertilitätstechniken erfunden!) Die Geschlechterforschung theoretisiert nur die tiefgehenden Änderungen; sie ist Symptom, nicht Ursache des Wandels.

Der Mangel an Selbstreflexion gilt auch für das Gebiet der Wirtschaftswissenschaften. Es gab durchaus Epochen, in denen dieses Fach über die eigenen Entstehungs- und Forschungsbedingungen nachgedacht hat – der schon erwähnte Joseph Schumpeter ist dafür ein Beispiel. Aber in den aktuellen Diskursen ist für diesen kulturellen Blick auf die Ökonomie nur wenig Raum. Am resistentesten ist der Sektor der Finanzwissenschaft, was zweifellos mit seiner derzeitigen Vormacht über die ökonomischen Verhältnisse zusammenhängt. Diese Dominanz beruht auf der Tatsache, dass die Finanzwirtschaft ausschließlich mit Zeichen handelt und damit über die Fähigkeit zu verfügen scheint, aus ›dem Nichts‹ Realien zu erschaffen: eine quasi-theologische Macht, was vom Vorstandsvorsitzenden der US-Investmentbank Goldman Sachs, Lloyd Blankfein, mit dem Satz quittiert wurde, dass die Finanzinstitute »das Werk Gottes vollbringen«.[22] Während andere Bereiche der Ökonomie und Politik inzwischen die Notwendigkeit einer nachhaltigen Ökonomie und Ökologie einsehen, ist der Finanzsektor, der einst die Speerspitze ökonomischer Innovation war, heute zu einem Blockierer des Umdenkens geworden. Die Folgen bestehen weniger in der Verurteilung von Gender (zu nebensächlich, da dieser Sektor so gut wie ›frauenrein‹ ist) als in der Verleugnung des Klimawandels, der Befürwortung der Kernenergie und der Spekulation mit Grundnahrungsmitteln.[23] Auch Immobilien und industrielle Produkte sind mittlerweile nur noch ›Anhängsel‹ der Geldzeichen. Diese Dominanz der Zeichenhaftigkeit hat, wie noch zu zeigen sein wird, viel mit den Geschlechterrollen zu tun.

Blutsverwandtschaft: Rote Tinte

Geschlechterordnung und Verwandtschaftsverhältnisse sind miteinander verflochten. Deshalb ist es nicht erstaunlich, dass beide zeitgleich eine tiefe Veränderung durchlaufen. So wie die biologische Bedingtheit von Geschlecht in Frage gestellt wird, verliert auch die Selbstverständlichkeit, mit der Verwandtschaft als leibliche Kategorie gedacht wird, an Plausibilität. Die Idee von Verwandtschaft als Blutsbande führt weit zurück, gewinnt aber erst mit dem Monotheismus eine zentrale Bedeutung. Die allmähliche Entwicklung dieser Idee wie auch die Kritik daran in der Moderne ist das leitende Thema dieses Buchs. Heute ist Verwandtschaft genauso flexibel geworden wie die Geschlechterordnung. Das hindert nicht, dass Blutsbande weiterhin als ›Realität‹ erlebt werden und oft hoch emotional besetzt sind.

Wie die ›Natur‹ der Geschlechter hat auch die ›Natur‹ der Familie eine Geschichte: Sie war zunächst ein kulturelles Paradigma, das dann jedoch eine solche Wirkmacht entfaltete, dass sie schließlich über die Vorstellungen von ›natürlichen‹ oder ›normalen‹ Verwandtschaftsbeziehungen bestimmte. Den meisten modernen Menschen der westlichen Welt ist nicht bewusst, dass Blutsbande nur eine von vielen möglichen und weltweit existierenden Definitionen von Verwandtschaft sind. Wie beim Geschlecht war einer der Auslöser für die neue westliche Flexibilität der Verwandtschaftsbeziehungen die Neuerungen auf dem Gebiet von Zeugung und Reproduktion. Auch das erklärt die aktuellen Gefühlsaufwallungen: Bei den Debatten um Homo-Ehe und Reproduktionsmedizin steht nicht nur die Geschlechterordnung, sondern auch das Konzept der Blutsverwandtschaft, auf dem ein über die Jahrhunderte gewachsenes Verständnis von Herkunft und Verknüpfung mit anderen Menschen beruht, auf dem Prüfstand.

In diesem Buch werden einige Thesen zur Entstehung des abendländischen Konzepts von Blutsverwandtschaft formuliert. »Blut ist ein ganz besonderer Saft«, sagt Mephisto zu Faust, den er den Pakt mit seinem Blut unterschreiben lässt. Was das Besondere an diesem Saft ist, sagt Goethe nicht, aber es erschließt sich aus der Handlung: Das Blut soll das, was mit Tinte geschrieben ist, authentifizieren. Es soll aus den geschriebenen Worten ›echte‹, d. h. leibliche Wirklichkeit machen. Michel Foucault hat vom Blut gesagt, es sei eine »Realität mit symbolischen Funktionen«.[24] Blut gehört zu den wenigen Stoffen, die sowohl Signifikat als auch Signifikant sind: die materiell existieren und zugleich eine hohe metaphorische Bedeutung haben. Das ist das Besondere an diesem Saft. Blut *ist* eine Realität, und es steht für existenzielle Realitäten, die mit Begriffen wie Körper, Leben, Tod, Gewalt oder Geburt umschrieben werden. Wir wissen nicht, was Tod oder Leben *eigentlich* sind, doch wenn wir versuchen sie zu umschreiben, landen wir schnell beim Begriff des Blutes. Er hat so etwas sympathisch Handfestes, während sich Geburt oder Tod unserer Beschreibungsmacht entziehen.

Der Antike war das intime Verhältnis von Schrift und Blut durchaus bewusst. Die Autoren der Bibel nannten den ersten Menschen Adam, was sich vom hebräischen Wort »dam« (Blut) ableitet. Zugleich heißt es in der Bibel, dass Gott diesen Adam durch das Wort erschaffen hat. Dies ist das Paradox, um das es hier geht: auf der einen Seite die Realitätsmacht des (geschriebenen) Wortes, auf der anderen Seite die Realitätsmacht des Blutes. Das Paradox löst sich, sobald man sich vergegenwärtigt, dass Worte, ob sie nun gesagt oder geschrieben werden, der Anbindung an die physische Wirklichkeit bedürfen. Diese Funktion erfüllt das Blut. Die abendländische Vorstellung von Blutsverwandtschaft beruht auf eben dieser Verbindung: Das Blut der Blutsverwandtschaft ist die Camouflage einer Idee, die ihre eigene Abstraktheit vergessen machen möchte, damit sich die Idee in der Welt verankern kann.

In den aktuellen Debatten über Körper, Geschlecht, Kultur und ethnische Konflikte spielt der Begriff der ›Identität‹ (von latein. *idem*, gleich, übereinstimmend) eine wichtige Rolle.* Der Begriff verweist auf statische, unveränderbare Persönlichkeitsmerkmale. Eine Identität in diesem Sinne gibt es aber nur auf einem Dokument: einem Pass oder Personalausweis, einem Meldeschein oder einer Steuererklärung, die bestimmte Koordinaten des Einzelnen festhalten, etwa Geburtsjahr, Geschlecht, Nationalität, Wohnsitz etc. Eine »identitäre Politik« impliziert also das Festhalten an Fakten, denen Unveränderbarkeit unterstellt wird, die es aber in Wirklichkeit nur auf dem Papier (oder im Rechner) gibt. Das heißt, die unveränderbare Identität wird auf eine Instanz verlagert, die sich *außerhalb* des menschlichen Körpers befindet und dessen wechselhafte Seinsbedingungen nur unvollständig oder gar nicht wiedergeben kann. Die Macht dieser Instanz ist das geschriebene Wort, das Unvergänglichkeit garantiert und dem Zyklus von Leben und Tod entzogen ist. Um diese Macht der Zeichen geht es auch bei der Blutsverwandtschaft: ein Konzept »identitärer Politik«, die ihre Macht der Tinte verdankt.

Geld ist ebenfalls ein Schriftsystem, und auch ihm verleiht das Blut Realitätsmacht. Je höher der Abstraktionsgrad des Geldes – nach den Münzen kamen Wechsel, Schecks, dann das Papier- und schließlich das elektronische

---

* Die »Identitären« bilden eine Bewegung, die zunächst (2012) von Frankreich ausging und heute in mehreren Ländern Europas aktiv ist. Sie steht der extremen Rechten nahe, bedient sich vieler ihrer Symbole, behauptet aber, es gehe nicht um die rassische oder ethnische, sondern um die kulturelle ›Reinheit‹ Europas. Diese Austauschbarkeit von ›Kultur‹ und ›Rasse‹ praktizierten auch schon die NS-Antisemiten. So bezeichnete etwa der Begriff der »Entartung« eine *Geisteshaltung*, vor allem in der Kunst, entnommen war er aber dem Wortschatz der Biologen. Auch die Begriffe »semitisch« und »germanisch« sind symptomatisch für denselben Vorgang: Beide Begriffe bezeichnen einen Sprachraum; bei den rassistischen Antisemiten wurden daraus jedoch Rassenbegriffe. Auf diese Weise wurde aus dem *geistigen* (oder religiösen) Gegensatz ›Jude‹ der *leibliche* ›Andere‹ der Rassenlehren. Vgl. Balibar/Wallerstein 1988; v. Braun, 1990/2000, S. 174–180; Hall 1996.

Geld – je mehr also das Geld zum reinen Zeichen mutierte, desto häufiger findet sich in ökonomischen und politischen Texten die Analogie von Blut und Geld. So etwa Thomas Hobbes in seinem *Leviathan* von 1651, wo er die Zirkulation des Geldes mit dem Blutkreislauf im menschlichen Körper verglich. Das Geld wandere »innerhalb des Staates von Mensch zu Mensch« und »ernähre« auf seinem Umlauf jeden Teil, den es berührt: »Insofern ist diese Verarbeitung gewissermaßen der Blutkreislauf des Staates.«²⁵

Bedenkt man nun, welche Rolle die Blutsverwandtschaft bei Testament und Erbschaft spielt, dann erkennt man schon einen roten Faden, der dieses Buch durchzieht: Nicht das Blut konstituiert die Verwandtschaftsverhältnisse, sondern die abstrakten Zeichen von Geld und Schrift konstruieren Blutslinien, um in den Körpern zirkulieren zu können. Da die westlichen Blutsbande letztlich auf einem Netz von Texten und Zeichen beruhen, verwende ich für sie den Begriff der ›Roten Tinte‹.

Vaterschaft

Bei der Konstruktion der westlichen Blutsverwandtschaft spielt der Vater eine wichtige Rolle: nicht trotz, sondern *wegen* der Unsicherheit der Vaterschaft. Weil Vaterschaft (bis vor sehr kurzer Zeit) nur über Gesetz und Erbschaftslinien zu definieren war, ist ›der Vater‹ die ideale symbolische Form und damit auch Inkarnation von Schrift und Geld. Das wird besonders deutlich, wenn man patrilineare mit matrilinearer Blutsverwandtschaft vergleicht. Bei der matrilinearen Blutsverwandtschaft entfällt die Unsicherheit der Vaterschaft, denn relevant ist nur die mütterliche Linie; und die ist nachweisbar. Die väterliche Linie dagegen ist auf eine symbolische Form angewiesen. Umso mehr liegt ihr an den Blutsbanden. Sie verleihen der Vaterlinie den Anschein eben jener nachweisbaren Leiblichkeit, die sie eigentlich entbehrt.

Mit der modernen Reproduktionsmedizin verliert sich sowohl die Unsicherheit der Vaterschaft als auch die Sicherheit der Mutterschaft. Davor liegen freilich zwei lange Entwicklungsgeschichten: auf der einen Seite die griechisch-römisch-christliche Patrilinearität, auf der anderen die jüdische Matrilinearität, die nach der zweiten Zerstörung des Tempels im Jahr 70 d. Z. und dem Beginn der Diaspora allmählich bestimmend wurde für die Zugehörigkeit zur jüdischen Gemeinde. Sowohl Judentum als auch Christentum hatten großen Anteil an der Entwicklung der Idee der Blutsverwandtschaft. Generell dienten

Ideen des Blutes immer wieder der gegenseitigen Abgrenzung zwischen den beiden Religionen – und die unterschiedlichen Konzepte der Blutsverwandtschaft bildeten einen Teil dieser Abgrenzungsstrategien.

Wer aber Religion sagt, sagt auch Schrift. Alle großen Weltreligionen basieren auf Heiligen Schriften. Dies gilt in besonderem Maße für die monotheistischen Religionen Judentum, Christentum und Islam, die der Koran nicht durch Zufall als ›Religionen des Buches‹ bezeichnet. So versteht es sich von selbst, dass auch der Faktor Schriftreligion – der wirkmächtigste Beschleuniger der Ideenwelt – für die Betrachtung der Blutsverwandtschaft unerlässlich ist.

Das kulturelle Unbewusste

Bei der Arbeit an diesem Buch war die psychoanalytische Denkweise hilfreich. Allerdings funktioniert der Umgang mit kulturhistorischen Themen notwendigerweise anders als der psychoanalytische, der das Individuum fokussiert. Zwar verhält sich ein ›Kollektivkörper‹ manchmal ähnlich wie ein Individuum, und nicht durch Zufall wird er oft in Analogie zum individuellen Körper definiert.[26] Aber es gibt prägnante Unterschiede: Die Psyche des Kollektivkörpers ist auf Rituale, Gesetzmäßigkeiten und andere Regeln der Gemeinschaftsbildung angewiesen. (Heute werden viele Regeln und Rituale von sozialen Medien wie *Facebook* ersetzt, was noch einmal zusätzliche Fragen aufwirft.) Das Individuum dagegen ist veränderbarer, passt sich neuen Bedingungen in einer Weise an, zu der eine Gemeinschaft nur sehr langsam fähig ist. Auf der anderen Seite ist aber auch das gesellschaftliche Unbewusste nicht statisch; es wandelt sich, lädt neue Dinge auf, verwirft andere, die es nicht mehr braucht – aber potentiell immer wieder abrufen kann.

Die Psychoanalyse geht skeptisch mit dem kollektiven Unbewussten um; die Geschichtswissenschaft zweifelt an den unbewussten Strömungen der Geschichte. Dennoch gibt es auf beiden Gebieten viele, denen diese gegenseitige Abgrenzung fragwürdig erscheint. Das zeigten Studien wie die von George Mosse zu Nationalismus und Sexualität,[27] Ute Freverts Untersuchungen über die politische Wirkmacht von Emotionen,[28] Dagmar Herzogs Forschungen zur Sexualität im Dritten Reich und in der frühen Bundesrepublik[29] oder Claudia Bruns' Untersuchungen der »Männerbünde« im späten Kaiserreich.[30] Sonst aber tauchen Kategorien wie Religion oder Eros in der Geschichtswissenschaft erst dann auf, wenn soziologische, machtpolitische, ökonomische oder andere berechenbare Erklärungsmuster nicht mehr genügen. Dabei ist es breiter Konsens – auch in der Geschichtswissenschaft –, dass alle (noch so faktenbasierten) historischen Erzählungen Konstruktionen sind, die von der jeweiligen Blickrichtung bestimmt werden. Jedes Zeitalter und jede Forschung nimmt eine Auswahl von dem vor, was erinnert, was gesagt und was vergessen wird. Wenn sich ›die Geschichte‹ selbst auch nicht objektiv darstellen lässt, so ist es doch möglich, einige der Deutungsmuster zu beschreiben, auf denen das jeweilige Narrativ beruht. So sind heute auch Mythen für die Geschichtswissenschaft kein Tabu mehr. Der französische Historiker Julien d'Huy zum Beispiel untersucht mit computergestützten Verfahren die historischen Verschiebungen mythischer Erzählungen und liest daran Wanderungsbewegungen und evolutionäre Entwicklungen ab.[31]

Auch die Psychoanalyse verschließt nicht mehr die Augen vor den Einflüssen kollektiver Prozesse auf die Psyche des Einzelnen. Davon zeugen die Arbeiten von Julia Kristeva,[32] Jessica Benjamin[33] und andere Forschungen.[34] Das kollektive Unbewusste lässt sich nicht auf die Couch legen. Doch ohne die Einsicht in die kollektiven Wirkmächte entgehen der Therapie notwendigerweise Faktoren, die Einfluss haben auf das Leben und Leiden der Menschen. Die Geschichte der Hysterie ist ein beredtes Beispiel für diese Macht kollektiver Prozesse auf die Psyche und die Somatisierungen des Einzelnen. Es war bei meinen Arbeiten über die historisch wechselnden Erklärungsmuster für hysterische Symptome, dass ich zum ersten Mal auf die Wirkmacht der Schrift gestoßen bin.[35] Die Schrift, bei der sich die gesprochene Sprache des individuellen Körpers mit der geschriebenen Sprache der Gemeinschaft verbindet, ist wichtiges Bindeglied zwischen der individuellen und der kollektiven Geschichte. Dasselbe gilt für das Geld, mit dem ich mich später beschäftigt habe. Beide – Geld wie Schrift – hatten intensiven Einfluss auf die Entwicklung von Geschlechterbildern und Verwandtschaftsverhältnissen.

In den meisten meiner Forschungen – ob es sich um die Geschichte der Hysterie, das historisch wandelbare Gesicht des Antijudaismus, die Entstehung von kulturell geprägten Krankheitsbildern wie Syphilis und Anorexie oder die Geschichte des Geldes ging – wurde die Frage nach den Wechselbeziehungen zwischen kollektiven und individuellen Prozessen zu einem wichtigen Thema. Dabei erwiesen sich die Kommunikations*formen* – gesprochene Sprache, zirkulierende Gaben, schriftliche Botschaften oder Geld – immer als das strukturierende Element dieser Wechselbeziehung. Sie prägen auch heute die Art, wie Menschen interagieren und als Gemeinschaftskörper zusammengehalten werden. Ich selbst hätte ohne meine theoretischen und praktischen Erfahrungen mit der Psychoanalyse vermutlich nie begonnen, so viel über Schrift und Geld nachzudenken. Andersherum öffnete mir die historische Beschäftigung mit den Zeichensystemen aber auch den Blick auf das Wechselverhältnis von Ideenwelt, Körper und Geschlecht.

Im vorliegenden Buch geht es um die Idee der Blutsverwandtschaft, deren Hintergründe ich in der Entstehung und dem Wandel von Schriftsystemen, religiösen Überzeugungen, sozialen und ökonomischen Verhältnissen nachzuzeichnen versuche. Dabei drängte sich immer mehr die Erkenntnis auf, dass die revolutionären *Neuerungen* der Reproduktionsmedizin (einschließlich der von ihnen bewirkte Wandel von Geschlechter- und Verwandtschaftsordnung) weniger einen Bruch mit der Vergangenheit als deren konsequente Fortsetzung darstellen. Angesichts der Debatten, die die Ausweitung des Begriffs der Ehe auf homosexuelle Partnerschaften in Deutschland auslöste, mag dies überraschen. Die Mehrheit der Gegner dieser Neuerungen ist sich offenbar nicht bewusst, dass die Ehe schon immer eine kulturelle, mithin auch wandlungsfähige Einrichtung war. Allein die Scheidung, bis heute von der katholischen Kirche bekämpft, aber für den säkularen Staat verbrieftes Recht, beweist, dass die Ehe eine Einrichtung ist, die immer schon historischen Veränderungen unterlag. Dass diese kulturelle Bedingtheit auch für eine scheinbar so ›konkrete‹ Angelegenheit wie die Blutsverwandtschaft gilt, soll in diesem Buch gezeigt werden.

Im 1. Kapitel beschreibe ich an einigen Beispielen die unterschiedlichen Definitionen von Verwandtschaft, die weltweit existieren. Im 2. Kapitel geht es um die Schrift als Religionsstifter und das Geld als Reproduktionstechnik. Im Zentrum des 3. Kapitels stehen das Verhältnis von biblischem Judentum und Hellenismus, die Entwicklung der jüdischen Matrilinearität mit dem Beginn der Diaspora sowie die Spaltung zwischen rabbinischem Judentum und frühem Christentum. Im 4. Kapitel wird die Herausbildung der männlichen Blutslinie in der christlichen Gesellschaftsordnung behandelt. Das 5. Kapitel thematisiert den Wandel der Familienordnung in der Neuzeit, das Aufkommen neuer emotionaler Familienbande, die einerseits die Blutsverwandtschaft stärkten, andererseits aber auch schon neue Denkmuster jenseits der Blutsbande eröffneten. Bei diesem Wandel erwies sich das liquide Kapital als bestimmender Faktor. Im 6. Kapitel geht es um kollektive Vorstellungen von Blutsverwandtschaft, die sich in der wachsenden Bedeutung von Nation und Rasse im 19. Jahrhundert niederschlagen, wie auch um neuere Gemeinschaftsdefinitionen, die durch die Genetik ermöglicht wurden. Im 7. Kapitel wird der Wandel jüdischer Identität in der Moderne beschrieben: die zunehmende Hinterfragung des alleinbestimmenden Prinzips der Matrilinearität, das Verhältnis von Israel und jüdischer Diaspora. Im 8. Kapitel geht es schließlich um die Veränderungen, die sich durch die moderne Reproduktionsmedizin sowohl für das biologische und soziale Geschlecht als auch für die Blutsverwandtschaft ergeben. Das 9. Kapitel umfasst einige Schlussfolgerungen, die sich aus diesem langen historischen Bogen ergeben.

Danksagungen

Beim Verfassen dieses Buchs greife ich auf viele Forschungen unterschiedlicher Gebiete zurück: Ethnologie und Anthropologie – darunter die Arbeiten von Marshall Sahlins, Marilyn Strathern, David Schneider, Karl Polanyi, Mary Weismantel, Sandra Bamford, James Leach (um unter den vielen nur einige Namen zu nennen) – boten mir wichtige Einblicke in westliche wie nicht-westliche Vorstellungen von Verwandtschaft. Der Geschichtswissenschaft – vertreten etwa durch David W. Sabean, Simon Teuscher, Jack Goody, David Landes, Anita Guerreau-Jalabert, Christine Klapisch-Zuber – schulde ich viele Erkenntnisse zur Entwicklung in Europa. Ihren mikrohistorischen Studien konnte ich einige konkrete Beispiele entnehmen. Hinzu kamen religionswissenschaftliche Werke wie die von David Biale, Shaye J. D. Cohen oder Daniel Boyarin. Schließlich gab es, last not least, die kenntnisreichen Untersuchungen zu den Auswirkungen moderner Reproduktionstechniken, so etwa die von Sarah Franklin, Janet Carsten, Andreas Bernard und vielen mehr. Wenn auch in all diesen Studien der Grundgedanke, den ich hier verfolge – die Rolle der Schrift für die Geschichte der Blutsverwandtschaft – *nicht* formuliert wird, so bietet ihr reiches Material doch viele Beispiele zur Stützung dieser These. Darüber hinaus gibt es viele nicht zitierte Werke, die für dieses Buch von grundlegender Bedeutung sind. Sie reichen von Michel Foucaults Schriften bis zu frühen feministischen Theorien zur Reproduktionsmedizin und dem Verhältnis von Natur und Kultur wie etwa die von Anne Fausto-Sterling.[36] Oft zitiert man ihre Werke nicht ausdrücklich und steht dennoch unbestreitbar auf den Schultern dieser Pioniere.

Auf einigen Gebieten, vor allem was Schrift, Geld und die vielschichtige Symbolik des Blutes betrifft, konnte ich auf eigene Vorarbeiten zurückgreifen und diese weiter entwickeln. Ähnliches gilt für Gender und jüdische Traditionen, die sich als Perspektiven durch das ganze Buch ziehen. Auch hier gibt es eigene Vorarbeiten, neue kamen hinzu. Mein besonderer Dank gilt Inge Stephan und Adina Stern, die beide das Manuskript in rohem Zustand gelesen haben und mir wertvolle Hinweise und Anregungen gaben. Großer Dank gilt auch Gabriele Dietze, die das Buch einem genauen inhaltlichen Lektorat unterwarf und dabei auf so manche Unklarheiten und Widersprüche hinwies und es so um wichtige Einsichten ergänzte. Last not least geht auch mein Dank an Franziska Günther und den Aufbau Verlag, die mich mit einem mal wieder umfangreichen Werk unterstützt haben.

Eine Postkarte von 1905 anlässlich des ersten Esperanto-Weltkongresses. Die Erfinder dieser Kunstsprache sahen darin die Basis für eine große Weltfamilie. Wenige Jahrzehnte später kam der Ethnologe Claude Lévi-Strauss zu der Erkenntnis, dass Verwandtschaft tatsächlich »wie eine Sprache« funktioniert. Allerdings ist die Grammatik dieser ›Sprache‹ so tief im sozialen Unbewussten verankert, dass sie selten ausbuchstabiert wird. Erst beim Aufeinanderstoßen unterschiedlicher Kulturen wird erkennbar, dass es viele Möglichkeiten gibt, ›Verwandtschaft‹ zu denken. Esperanto entstand ausgerechnet in dem historischen Moment, als die Welt diese Vielfalt zu verstehen begann.

1. KAPITEL:
Verwandtschaft als Sprache

Man ist gewohnt, unter Verwandtschaft Blutsverwandtschaft zu verstehen. Das ist jedoch ein Spezifikum der westlichen Gesellschaft. Die Mehrheit der Menschen auf der Welt geht nicht davon aus, dass sich Verwandtschaft durch Blutsbande konstituiert. Sie wird nach ganz anderen Merkmalen definiert: gemeinsames Wohnen, die Nahrung teilen, sich von demselben Boden ernähren, zusammen arbeiten, miteinander leiden, Erinnerungen teilen, für einander Verantwortung übernehmen. Es hängt von der jeweiligen »kulturellen Logik von Verwandtschaft« ab.[1] Bei den Ilongot der Philippinen zum Beispiel heißt es, dass die, die eine gemeinsame Migrations- und Kooperationsgeschichte haben, »einen Körper teilen«.[2] Im Amazonasgebiet werden Menschen zu Verwandten, sobald sie dieselben Feinde haben. Solche Auffassungen, so Marshall Sahlins, lehren uns, dass »Verwandtschaft, wie sie sich von Geburt bis zum Tod und sogar jenseits davon konstituiert, ausschließlich Kultur, reine Kultur ist«.[3]

Die Tatsache, dass sich mehrere Menschen von ein und demselben Boden ernähren, gehört zu den meist verbreiteten Verwandtschaftsdefinitionen. Sie führt etwa dazu, »dass die Kinder zweier Brüder genauso eng verwandt sind wie diese« – aber dies nicht etwa, weil ihre Väter gemeinsame Eltern haben, »sondern weil sie von ein und demselben Boden ernährt wurden«.[4] Beim Stamm der Ku Waru bedeutet der Begriff *kopong* sowohl Sperma des Vaters als auch Milch der Mutter, und er gilt auch als eine der Substanzen von Süßkartoffeln und Schwein. »In der westlichen Ideologie werden ›echte‹ Geschwister einzig durch pränatale Einflüsse determiniert: Die leibliche Existenz jedes Geschwisters beginnt mit dem Ereignis der Konzeption, also mit der Tatsache, dass die genetische Substanz von denselben Individuen beigesteuert wurde.« Bei den Ku Waru dagegen ist die genetische Substanz nachgeordnet. »Vielmehr erscheint *kopong* in jeder Phase des Prozesses als eine *ernährende* Substanz, ob diese nun direkt dem Garten entnommen, durch die Geschlechtsorgane des Mannes, die Brust einer Frau kanalisiert oder im Fleisch des Schweines bewahrt und konsumiert wird. Im Gegensatz zur westlichen Sichtweise gibt es hier keinen essentiellen Unterschied zwischen pränatalen und postnatalen Einflüssen.«[5] Die Bedeutung der gemeinsamen Nahrung für die Konstitution von Verwandtschaft beinhaltet auch, dass »die Kinder oder Enkel von Immigranten vollkommen integriert sind; sie werden zu den Verwandten der Einheimischen«.[6] Dass Sahlins hier den politisch hoch besetzten Begriff der »Integration« verwendet, hebt hervor, wie fremd dem Westen eine solche Integrationspolitik geworden ist: Wie die Debatten um die syrischen Flüchtlinge im Jahr 2016 zeigten, geht es in den modernen Staaten öfter um Ausschluss als um Einschluss – und diese Vorstellung eines hermetischen Kollektivkörpers ist eng verbunden mit dem Konzept der Blutsverwandtschaft.

Die Nahrung verbindet nicht nur die Lebenden untereinander, sondern diese auch mit den Verstorbenen. Auf den Pentecost Inseln des südlichen Pazifik, so Margaret Jolly, »verschmelzen die Bewohner mit dem Land«. Aber sie sind nicht die Eigentümer des Bodens, ebenso wenig wie sie »Eigentümer« ihrer Kinder sind. Das Land ist vielmehr »Teil der menschlichen Substanz«.[7] Die Iban von Kalimantan in Südostasien verleihen dem Boden sogar eine generationenübergreifende Bedeutung: Da die menschlichen Überreste der Verstorbenen den Boden »ernähren«, ist der Reis, so der Anthropologe Clifford Sather, für sie »die Transsubstantion unserer Ahnen«.[8] Die Verwendung des Begriffs ›Transsubstantiation‹, der für die christliche Welt theologisch besetzt ist, hat hier eine ganz andere Bedeutung. In der christlichen Transsubstantiationslehre verwandelt sich das Zeichen (Hostie und Wein) beim Heiligen Abendmahl in das reale Fleisch und Blut Christi – ein Stoff, von dem sich der gläubige Christ ernährt, um an der Unsterblichkeit Gottes teilzuhaben. Es handelt sich um eine »geistige Nahrung«, die zu einer physiologischen wird, um ihren Zweck als Speise erfüllen zu können. Bei den Iban dagegen haben die Nachfahren durch die Nahrung Anteil am Geist der Ahnen – und damit an einer Form von Unsterblichkeit, die von der Generationenkette vorgegeben ist.

Heute, wo durch eine weltweite Migration unterschiedliche Kulturen aufeinanderstoßen, werden sich die Industrieländer damit vertraut machen müssen, dass die Bezeichnungen ›Vater‹, ›Mutter‹, ›Bruder‹ oder ›Schwester‹ nicht notwendigerweise in der DNA ihre Entsprechungen finden. Diese Begriffe können sich genauso gut auf eine Verwandtschaft beziehen, in der den Sozialbeziehungen mehr Bedeutung beigemessen wird als dem Blut.

1. Verwandtschaftsformen

Die von Ethnologie und Anthropologie* erforschte Vielfalt der Verwandtschaftsdefinitionen zeigt nicht nur, dass es neben dem Konzept der Blutsbande noch viele andere Vorstellungen von Verwandtschaft gibt; sie zeigt auch, dass das Blut, da wo es überhaupt eine Rolle spielt, nicht zwingend biologisch begriffen wird. Bei der von Janet Carsten untersuchten Bevölkerung von Malaysia zum Beispiel erwerben Menschen dasselbe »Blut«, weil sie in demselben Haus leben und auf demselben Herd kochen. »Ein Fötus, so heißt es, besteht aus dem Blut der Mutter und dem Samen des Vaters. Doch nach der Geburt wird das Blut des Kindes zunehmend von der Nahrung geformt, die auf dem heimischen Herd zubereitet wird.« Das schließt auch alle ein, die nicht blutsverwandt sind. »In dem Maße, in dem Menschen zusammenleben und ihre Mahlzeiten teilen, findet eine Angleichung ihres Blutes statt. […] Das Zusammenleben in einem Haus und die gemeinsamen Mahlzeiten machen sie zu Verwandten, auch wenn die, die unter einem Dach wohnen, nicht durch sexuelle Prokreation verbunden sind.«[9]

Ein anderes Beispiel sind die von Sharon Elaine Hutchinson untersuchten Nuer des Südsudan, wo das Blut von zentraler – mythischer wie weltlicher – Bedeutung ist. Dort entwickelten sich unter dem Einfluss der sozialen und politischen Umwälzungen unterschiedliche Parameter für die Bewertung von Verwandtschaftsbeziehungen: Sie reichen von Blut über Vieh bis zu Geld, Papier und Waffen. Ein Kind wird in den ersten Monaten seines Lebens als »Blut« bezeichnet, und ebenso werden auch Nahrungsmittel mit Blut gleichgesetzt und Blut wiederum mit Milch und Samen verglichen. Der Ernährungswert einer Substanz wird in Einheiten von Blut gemessen, wobei Milch den höchsten Wert hat. Diese »Blutsverwandtschaft« entsteht also durch das Teilen von Nahrung; die gemeinsam verzehrte Speise macht zwei Männer zu »Blutsbrü-

---

* Die Begriffe Anthropologie und Ethnologie haben heute fast synonymen Charakter und bezeichnen sehr ähnliche Forschungsfelder. Während im anglophonen Sprachraum eher Anthropologie verwendet wird, ist im Deutschen und Französischen die Ethnologie geläufig. Hinzu kamen Unterschiede innerhalb der einzelnen Wissenskulturen: Im Deutschen unterschied man lange zwischen ›Volkskunde‹ (die sich auf das Brauchtum der eigenen Kultur bezog) und ›Ethnologie‹ (die fremde, sprich: ›primitive‹ Kulturen thematisierte). In der US-Anthropologie wird heute nicht mehr zwischen ›entwickelten‹ und ›vorstaatlichen‹ Gesellschaften unterschieden. Im Folgenden verwende ich die Begriffe Ethnologie und Anthropologie in Anlehnung an die Selbstbezeichnung der zitierten Forscher und Forscherinnen.

dern«, die zur gegenseitigen Verteidigung verpflichtet sind. Auch ist es ihnen verboten, nahe Verwandte des anderen Mannes zu heiraten: Es ist also die Speise, die das Inzesttabu etabliert. Blut wird hier als Recheneinheit gedacht, und auch Vieh (von dem man sich ernährt) gilt »als symbolischer Träger für menschliches Blut«.[10]

Das ist etwas ganz anderes als der Wertmesser Vieh der griechischen und römischen Antike. Dieser wurde abgelöst vom Geld, was sich in der Ableitung *pecunia* (Geld) von *pecus* (Vieh) zeigt und in unserem Begriff des »Pekuniären« erhielt.[11] Auch bei den Griechen konnte das Vieh mit Menschenleben verrechnet werden (beim Freikauf von Sklaven zum Beispiel). Doch die von den Nuern praktizierte Gleichsetzung von Vieh und Menschenblut bewegt sich auf einer anderen Ebene: Vieh ist nicht ein neutraler Wertmesser, sondern *substituiert* menschliches Leben. »Stirbt ein Nuer ohne einen Erben, ist seine Familie verpflichtet, Vieh zu sammeln und ihn mit einer ›Geisterfrau‹ zu verheiraten, die ihm Kinder schenkt. Ebenso kann eine unfruchtbare Frau zu einem ›sozialen‹ Mann werden und sich (mit der Währung Vieh) eine Frau ›kaufen‹, die ihr Kinder schenkt.«[12]

In manchen Kulturen wird Vieh auch geopfert, um die menschliche Fortpflanzung zu sichern. In dieses ›Tauschgeschäft‹ (Opferriten sind Tauschgeschäfte mit den Gottheiten) werden in der neueren Zeit auch Papier, Geld und Gewehre einbezogen. Während das Geld als steril gilt,* bestenfalls geeignet für einen transitorischen Handel, gilt Papier als gleichwertig mit Blut und Vieh. Es scheint ausgestattet mit übermächtigen Kräften. Das hängt einerseits mit der Erfahrung einer übergeordneten Macht des Staates zusammen, die sich in schriftlichen Erlassen ausdrückt, entspricht andererseits aber auch dem Wunsch nach Bildung: Papier symbolisiert Wissen; Schulen und andere Bildungsmöglichkeiten sind rar und begehrt. Die Symbolik von Gedrucktem als Repräsentation des Staates ist ein Import aus der westlichen Kultur. Die Gewehre wiederum repräsentieren männliche Potenz. Deshalb werden sie nicht nur im Kampf gegen Feinde eingesetzt, sondern dienen auch dem Brautkauf, anstelle von Vieh. Über lange Zeit betrachtete die westliche Anthropologie schriftlose Kulturen als statisch und ahistorisch. Aber die von den Nuern praktizierte Vermischung von Tradiertem und Importiertem zeigt, wie sehr sich

---

* Das ist ein Gedanke, der auch Aristoteles auftaucht: Er lehnte den Zins ab, weil die Vermehrung einer unorganischen Substanz widernatürlich sei. Geld musste für ihn steril bleiben. Vgl. Aristoteles, Politik, 1258b-10, deutsch: Bd. 4. S. 23.

vorschriftliches und historisches Denken der Schriftgesellschaften verbinden und gemischte Formen von Beziehungsgeflechten hervorbringen.

Blut rangiert in seiner Bedeutung zumeist hinter anderen Substanzen; dafür bietet das von Barbara Bodenhorn untersuchte Beispiel der Iñupiat Nordalaskas ein gutes Beispiel.[13] Für diese Kultur entstehen bleibende Verwandtschaftsbeziehungen nicht durch Biologie; viel wichtiger sind frei gewählte Bindungen, die durch Namensgebung, Adoption oder durch die Wahl des Ehepartners geschaffen werden. Die Verwerfung fest vorgegebener Verbindungen impliziert, dass Verwandtschaftsverhältnisse permanent neu ausgehandelt oder bestätigt werden müssen.

Während in den westlichen Gesellschaften Sexualität und Blutsverwandtschaft traditionell eng miteinander verwoben sind, spielt dieser Zusammenhang in den Kulturen mit sozialen Definitionen von Verwandtschaft eine untergeordnete Rolle. Die beiden Gebiete gehören unterschiedlichen Sphären an, können aber beide zur Etablierung von Verwandtschaft führen. »In bestimmten Inuit-Gruppen sind Menschen, die an demselben Tag geboren wurden, miteinander verwandt, und als ›Brüder‹ gelten sogar die, deren Eltern einmal – in früherer Zeit – eine sexuelle Beziehung miteinander hatten, auch wenn keiner der beiden ›Brüder‹ aus dieser hervorging.«[14]

Sahlins warnt davor, in den kulturellen und sozialen Definitionen von Verwandtschaft nur eine Metapher oder Allegorie für die ›echten‹, vom Blut bestimmten Verwandtschaftsverhältnisse zu sehen, wie es die frühen Anthropologen taten. »Der entscheidende Trugschluss an dem Argument, dass biologische Beziehungen die ›primären‹ Verwandtschaftsverhältnisse definieren, aus denen sich dann die sekundären ableiten, besteht darin, die Eltern des Kindes aus ihrem sozialen Kontext herauszulösen und ihnen zu unterstellen, dass sie abstrakte Wesen sind, ohne eine andere Identität als die genitale, und dass sie aus ihren körperlichen Substanzen ein ebenso abstraktes Kind produzieren.« In Wirklichkeit konstituieren sich die Eltern aus einem Netzwerk von Verbindungen, und diese sind in allen Substanzen enthalten, die sie an ihre Kinder weitergeben. »Dort wo sie relevant werden, sind Blut, Milch, Samen, Knochen, Fleisch, Geist oder was auch immer zur Prokreation beitrug, nicht nur physiologische Erscheinungen, sondern bedeutungsgeladene soziale Erbschaften, die das Kind in einem weit gefächerten und spezifisch strukturierten Feld von Verwandtschaftsbeziehungen situieren.«[15]

Eben deshalb kommt den Speisen eine *kulturelle* Bedeutung zu, die weit über die der reinen Ernährung hinausgeht: Die ernährte Person ist nicht nur Empfänger, sondern sie legt auch Zeugnis für die Wirksamkeit der Beziehung zur ernährenden Person ab. »Verzehr ist keine einfache Sache des Selbsterhalts, sondern die Anerkennung und Überwachung von Beziehungen.«[16] Bei Völkern des Amazonas entsteht die Verwandtschaft von Vater und Sohn durch das Prinzip der Ernährung. Das geschieht zunächst durch die Ernährung der Mutter während der Schwangerschaft und dann durch die väterliche Fütterung des Neugeborenen. Die Verbindung entsteht »eher durch ›Fürsorge‹ als durch den Transfer körperlicher Substanzen«.[17]*

In einigen Kulturen des Amazonas wird das erwartete Kind erst dadurch zu einem menschlichen Wesen, dass verschiedene Mitglieder der Gemeinschaft zu seiner »Beschaffenheit« beitragen: »Von den einen kommt der Name oder sukzessive Namen, von anderen diese oder jene Substanz wie Blut oder Knochen, von wieder anderen das Aussehen der zweiten, ornamentalen Haut und von noch anderen die Fähigkeit zu sehen, zu verstehen, zu sprechen oder auch die Eignung zur heldischen Tat.« Das bedeutet nicht, dass der Clan den Fötus konstruiert, und auch nicht, dass er »als Teil eines Mechanismus oder als Mikrokosmos eines allesumfassenden Systems« gedacht wird. Vielmehr ist der Körper »ein Palimpsest der kollektiven Existenz«.[18] An der eigentlichen Zeugung haben die Menschen nur geringes Interesse, und auch der Samen wird eher als Ernährung des Fötus in der Gebärmutter denn als Beigabe zur Zeugung gesehen. Er »ist semiotisch, eher Nahrung als generative Substanz«.[19] Geboren, so Anne Taylor, wird man »in einem sozialen Territorium, und in diesem Raum knüpft jeder seine eigenen Verwandtschaftsbeziehungen«.[20]

Solche Vorstellungen von Verwandtschaft sind vollkommen konträr zu denen der westlichen Gesellschaft. Während letztere die Emotionen, die mit Verwandtschaftsbeziehungen oft einhergehen, mit dem gemeinsamen Blut erklärt, gilt für die Amazonier »affinity« (Gefühlsnähe) als »natürlich«, die Blutsver-

---

* Als ich dies las, musste ich an ein Gespräch zurückdenken, das wir mit unserem Sohn führten, als dieser drei oder vier Jahre alt war. Er erklärte uns, wie es zu seiner Geburt gekommen sei. Vorher habe er »dort hinter den Bergen gelebt« – er zeigte auf eine nahegelegene Bergkette. »Dann bist du gekommen«, sagte er zu seinem Vater, »und gabst mir ein Lebensmittel«: Diese Vorstellung von Zeugung hat wenig mit der ›Urszene‹ gemeinsam, die die westliche Welt nicht nur ins Zentrum unserer Verwandtschaftsdefinitionen, sondern auch unserer Psychologie gerückt hat. Aber die so passend ins Spiel gebrachte Doppelbedeutung des Begriffs ›Lebensmittel‹ zeigt auch, dass die westliche Kultur ebenfalls über einen – verschütteten – Fundus anderer Verwandtschaftsdefinitionen verfügt – eine Erkenntnis, auf die ich bei der Arbeit an diesem Buch immer wieder gestoßen bin.

wandtschaft dagegen als »künstlich«.²¹ In beiden Fällen ist Verwandtschaft ähnlich emotional besetzt – aber diese Empfindungen sind eben die *Folge* der jeweiligen Verwandtschaftsdefinition. So wie jede Kultur die eigene Geschlechterordnung für göttlich gewollt oder naturgegeben hält, wird auch den eigenen Verwandtschaftsverhältnissen eine universelle Gültigkeit beigemessen. »Im Gegensatz zu unserer eingeborenen Weisheit und einer anthropologischen Wissenschaft, die ihr zu lange verpflichtet blieb, sind Verwandtschaftskategorien nicht Repräsentationen oder metaphorische Verlängerungen von Geburtsverhältnissen; falls überhaupt, ist die Geburt eine Metapher für Verwandtschaftsverhältnisse.«²²

Die Betonung sozialer oder kultureller Verwandtschaftsdefinitionen führt in vielen Gesellschaften dazu, dass Blutsverwandtschaft ignoriert oder postnatalen sozialen Beziehungen angepasst wird.²³ So kommt es beim Volk der Vezo auf Madagaskar, das Rita Astuti erforscht hat, zur ausdrücklichen *Vermeidung* aller Hinweise auf leibliche Verwandtschaft. Europäer achten beim Betrachten eines Neugeborenen zunächst auf dessen Ähnlichkeit mit den Eltern. Ganz anders in Madagaskar. »Vezo-Eltern finden es seltsam, dass die Geburtseltern exklusive Ansprüche auf ihre Kinder haben sollen, und Bemerkungen über die Ähnlichkeit zwischen den Erzeugern und ihren Kindern würden in eben diesem Sinne interpretiert.« Stattdessen soll Elternschaft »sozialisiert« werden, indem die »leiblichen Verbindungen des Kindes weit über die zu den Eltern erweitert werden«. Es werden alle möglichen Anstrengungen unternommen, die Verbindungen zwischen den leiblichen Familienmitgliedern verschwinden zu lassen. Die Kinder werden ermutigt, jede Küche als ihr Zuhause zu betrachten. Sie werden »trainiert, keinen Unterschied zwischen den Geburts- und anderen Eltern, zwischen leiblichen und sozialen Geschwistern zu machen. Genau dieser Effekt wird hergestellt, wenn die Menschen über die Ähnlichkeit zwischen den Babys und ihren Geburtseltern *hinwegsehen* und es vorziehen, die Zusammengehörigkeit anderswo zu entdecken.«

Dennoch, so Astuti, seien Vezo- und euro-amerikanische Verwandtschaftsdefinitionen durchaus vergleichbar: Beide betonen die Ähnlichkeit von leiblichen Verwandten, nur geschieht dies im einen Fall mit positiver, im anderen mit negativer Absicht. »Auf den ersten Blick mag es so erscheinen, als ob die Verwandtschaftsdefinitionen der Vezo den Unterschied zwischen den ›Fakten der Biologie‹ und den ›Fakten der Gesellschaft‹, zwischen physischer und sozialer Identität, zwischen Organismus und Person transzendieren. Aber diese

Sicht ist irreführend, denn sie übersieht die bewussten Anstrengungen der Menschen, den leiblichen Bindungen entgegenzuwirken, die Abstammungslinien zu verdunkeln und die Unterschiede zwischen Geburt und Fürsorge zu mindern, um eine Gemeinschaft zu errichten, in der Kinder durch ein viel weiteres Netzwerk von Beziehungen generiert, versorgt und geformt werden, als es die Fakten der Biologie bieten.«[24]

Auch in der europäisch-amerikanischen Gesellschaft gab es immer wieder Versuche, neue Formen von Gemeinschaft zu generieren, deren Kern nicht auf leiblicher Verwandtschaft, sondern auf dem Gedanken der sozialen Gemeinschaft beruht. Manche von ihnen, wie etwa die Hutteriten oder die Amish, deren Zusammenhalt auf einem religiös begründeten Regelwerk basiert, hielten sich über lange Zeit – allerdings zum Preis einer strengen Abschottung gegen die Außenwelt. Die Kibbuzim der frühen zionistischen Bewegung bieten ein weniger exklusives Beispiel. Bruno Bettelheim hat sie untersucht. Sein Buch *The Children of the Dream* erschien in den 1960er Jahren und wurde als neues pädagogisches Vorbild rezipiert.[25] Das Modell war jedoch von relativ kurzer Lebensdauer (etwa 40 Jahre). Heute hat die Marktwirtschaft in fast allen Kibbuzim die Prinzipien von Gemeinschaftseigentum und gemeinschaftlicher Kindererziehung verdrängt: Wie in fast allen urbanen Gegenden des Westens lebt jede Familie auf ihrem umzäunten Grundstück und betrachtet Gemeinschaftseinrichtungen wie Schulen als öffentliche Versorgungseinrichtung.

Die Probleme solcher Versuche können als Indiz für die Macht der Blutsverwandtschaft über das soziale und psychische Leben gelesen werden. Aber es lässt sich auch anders deuten: Mit den Industriegesellschaften, in denen die Scheidung zugelassen wurde, entstanden auch neue soziale Verwandtschaftsmodelle, die die Möglichkeit boten, sich ohne Abgrenzung gegen die Außenwelt der Dominanz der Blutsverwandtschaft zu entziehen. Zu ihnen gehörte zunächst die Patchworkfamilie, die sich im Verlauf des 20. Jahrhunderts zu einem akzeptierten Modell entwickelte. Anfang des 21. Jahrhunderts kam die gleichgeschlechtliche Ehe dazu, die heute durch die homosexuelle Elternschaft ergänzt wird. In beiden Fällen kommt es zu einer Vermischung von leiblichen und sozialen Kindern und zu einer Elternschaft, die nicht zwingend leibliche Kinder voraussetzt. Die Selbstverständlichkeit, mit der die Patchworkfamilie heute gelebt wird, indiziert, dass sich die westliche Gesellschaft auf einen Kompromiss zwischen dem Konzept der Blutsverwandtschaft und dem Konzept der Familie als Beziehungsgeflecht zubewegt.

Für die moderne anthropologische Verwandtschaftsforschung gilt, so Sahlins, dass sich jede Verwandtschaft, die durch Geburt oder Fortpflanzung etabliert wird, »auch postnatal oder perfomativ durch kulturelle Handlungen herstellen lässt. Alles, was genealogisch konstruiert wird, kann auch sozial etabliert werden: Das gilt quer durch viele Gesellschaften und nicht selten innerhalb ein und derselben Gesellschaft. […] In der Tat werden konstruierte Formen sogenannter biologischer Verwandtschaft oft sogar den letzteren vorgezogen, so wie brüderliche Vereinigungen ›enger‹ und solidarischer sein können als die durch Geburt.«[26] Es bedurfte allerdings einer gewissen Zeit, bevor sich westliche Gesellschaften zu dieser Erkenntnis durchrangen. Zunächst versuchten sie, ihre Konzepte von Blutsverwandtschaft anderen Kulturen aufzuzwingen.

2. Blutsverwandtschaft als Instrument der Kolonisierung

Das zeigte sich besonders deutlich in den Kolonialgebieten, wo das das Aufeinanderstoßen unterschiedlicher Definitionen von Verwandtschaft zu tiefen Eingriffen in das Regelwerk führte, nach dem die einheimische Bevölkerung vorher gelebt hatte. Die Anthropologin J. Teresa Holmes beschreibt die Umwälzung, die sich etwa durch die britische Kolonisierung Kenias für dortige Verwandtschaftsverhältnisse vollzog. Bis zur Ankunft der Briten wurden Verwandtschaftsverhältnisse mit dem Begriff des »Hauses« umschrieben, der sowohl den konkreten Ort als auch die Gemeinschaft bezeichnete.* Die Kolonisatoren führten eine andere Definition ein, die auf dem in Europa üblichen männlichen Stammbaum beruhte. Den britischen Offizieren war diese Art der Herkunft vertraut, sie hielten sie für universell und übersahen so, dass das Erbrecht der Kolonisierten eigentlich über die weibliche Linie verlief, durch die sich »Ansprüche auf Land und auf eine Identität als Eigentümer von Grund und Boden« konstituierten. An die Stelle dieser Verwandtschaftslinien setzten die Kolonisatoren »genealogische Tabellen, in denen die Herkunftslinien der Clans und deren männliche Repräsentanten portraitiert wurden; letztere wurden als die Clan-Chiefs bezeichnet.«[27] Durch solche »Pedigree-Urkunden«, so hofften die Kolonisatoren, »würden aus wilden Tieren ›Personen‹ und aus primitiven Völkern ›Gesellschaften‹«.[28] Landbesitzansprüche, die nicht schriftlich fixiert

---

* In einem ähnlich Sinne ist auch in der Hebräischen Bibel vom ›Haus Abraham‹ oder dem ›Haus David‹ die Rede.

waren (das galt für die traditionelle Linie) wurden nun als illegitime Forderungen und als »›land grabbing‹ [Landraub] durch ›temporäre Kultivatoren‹« definiert. Von diesen Konflikten profitierten wiederum die Kolonisatoren.

Einerseits ist die Kategorie *pedigree* dem Gedanken der Tierzucht entnommen, andererseits beruht sie aber auch auf der modernen Vorstellung von Personenidentifikation: Der Einzelne konstituiert sich erst durch die schriftlichen oder graphischen Dokumente, die seine Existenz verifizieren. Diesen virtuellen Beweisen wird durch die Verbindung mit Blut wie auch mit Grund und Boden Realitätsmacht verliehen; und andersherum beruhten soziale Autorität und Anspruch auf Land auf schriftlichen Dokumenten. Mit Hilfe dieser Dokumente schufen die Briten »statische und fixierte Kategorien«, laut denen männliche Blutslinien »authentisch« seien, während Verwandtschaft über weibliche Linien als »tribale Fälschung« galt. Das ganze Vorgehen, so die Anthropologin, beruhte auf einer »British anthropological assumption«.[29]

Diese Formulierung lässt die juristische Formel der *assumed paternity* (vermutete Vaterschaft) anklingen: Laut dieser beruht jede männliche Blutslinie notwendigerweise auf der Hypothese der ›vermuteten Vaterschaft‹. Aus dieser Hypothese wird soziale Realität, sobald sie sich mit Erblinien und Eigentumsübertragungen verbindet. Das von Teresa Holmes beschriebene Beispiel zeigt nicht nur, dass die westlichen Eingriffe in den Kolonien dazu beitrugen, weibliche durch männliche Linien zu ersetzen, es zeigt auch die bedeutende Rolle, die bei diesem Vorgang der Schrift zukam: Erst die Verschriftung inthronisierte die männliche Blutslinie. Dieser Vorgang stellte in der Sicht der modernen Anthropologie einen unzulässigen Eingriff in die bestehende soziale Ordnung dar, aber für die Kolonisatoren war er so selbstverständlich, dass sie den Eindruck hatten, der »Natur« zu ihren Rechten zu verhelfen.

Der Eingriff in die Sozialordnung erstreckte sich sogar auf die Ursprungsmythen, die die tradierten Verhältnisse legitimierten. Ein Beispiel dafür hat der Historiker Jack Goody festgehalten: Als die Briten um 1900 ihre Herrschaft über Nordghana ausweiteten, zeichneten sie die Mythen der lokalen Bevölkerung auf. Laut diesen Mythen hatte der Ursprungsvater Japka sieben Söhne, die die Herrschaft über je einen Teil des Landes ausübten. Die sieben Söhne entsprachen den sieben Bezirken der Region. Sechzig Jahre später gab es durch Grenzveränderungen und die Auflösung eines Bezirks nur noch fünf Bezirke. Nun hieß es – zum Erstaunen der britischen Behörden – dass Japta fünf Söhne gehabt habe. Die »Geschichtsschreibung« der Briten stimmte nicht mehr mit den Mythen der indigenen Bevölkerung überein. In Wirklichkeit war den Kolonisatoren einfach entgangen, dass orale Kulturen die Vergangenheit aktuellen Situationen anpassen, um diese zu legitimieren. »Im Laufe der Übermittlung, so sehen wir an diesem Beispiel der Genealogien, verändert sich das soziale Element des Erinnerns, ein Prozeß, dem andere Elemente der Kultur, z. B. Mythen und heiliges Wissen im allgemeinen, in ähnlicher Weise unterliegen.«[30] Die Schrift, so macht dies Beispiel erneut deutlich, verlangt nach fixen, unveränderbaren Genealogien. Und wie Teresa Holmes' kenianisches Beispiel zeigt, kann sie diese auch für die Vergangenheit konstruieren.

3. Patrilinearität in schriftlosen Kulturen

Patrilinearität ist nicht notwendigerweise ein Produkt der Schrift. Sie existiert auch in vielen schriftlosen Kulturen. Allerdings handelt es sich dann nicht um Blutslinien. Ein Beispiel dafür zitiert die kanadische Anthropologin Sandra Bamford. Das Volk der Kamea in Papua-Neuguinea definiert Verwandtschaftsbeziehungen nicht über die physiologische Fortpflanzung; vielmehr wird das »Eltern-Kind-Verhältnis als körperlos imaginiert«. Dennoch gibt es eine genealogische Linie. Diese ist nominell patrilinear und bestimmt auch über die Ansprüche auf Eigentum. »Land, väterliche Namen und Modi ritueller Kompetenz werden allesamt über Männer weitergegeben, meistens von Vätern zu Söhnen.« Diese »Patrifiliation«, so Bamford, hängt aber nicht mit dem Zeugungsakt zusammen, denn die Verwandtschaftslinie konstituiert sich erst nach der Geburt. Kamea wissen um die Beteiligung des Vaters am Zeugungsakt, doch sie unterscheiden »zwischen dem, was zur physischen Erzeugung eines Menschen beiträgt, und dem, was Menschen über einen zeitlichen Raum als soziale Wesen miteinander verbindet«. Das Wissen um die leibliche Abstammung ist also durchaus präsent, spielt aber eine untergeordnete Rolle.

Zwar sprechen die Kamea von Menschen und Gruppen »ein und desselben Blutes«. Aber diese Formulierung bezieht sich nicht auf eine leibliche Genealogie. »Vielmehr orientiert sie sich an der gemeinsamen Erfahrung, in demselben Mutterleib herangewachsen zu sein.« Dies gilt für alle Kinder einer Frau, egal wer der Vater ist. Die Formulierung wird aber auch für die Kinder ein und desselben Vaters mit unterschiedlichen Müttern verwendet. Sie bezieht sich jedoch nicht auf intergenerationelle Verwandtschaftsverhältnisse: Die Eltern sind nicht »von demselben Blut« wie ihre Kinder.

Obgleich es das Wissen über die Funktion des Samens bei der Reproduktion gibt, spielen körperliche Substanzen bei der Definition von generationenübergreifender Verwandtschaft keine Rolle. Dagegen ist Land ein wichtiger Faktor für die Herstellung einer Generationenkette. Dem Jungen wird erzählt, wer den Boden vor ihm bestellt hat, wer das Haus gebaut hat usw. »Die Kenntnis dieser Geschichte – der eigenen Bindungen zu diesem Ort – ist von entscheidender Bedeutung für den Anspruch auf Land. Nicht die genealogischen Verbindungen werden erinnert, sondern die Geschichte einzelner Männer und ihr Bezug zum Boden.« Bleibt ein Mann ohne Sohn, so kann er einen anderen zum Sohn ernennen und ihm das notwendige Wissen vermitteln. Die genealogische Kette etabliert sich, indem Kenntnisse (etwa der Landwirtschaft) weitergegeben werden. Wer aus dieser ›Wissenskette‹ herausfällt – was zum Beispiel dann geschieht, wenn jemand an die Küste oder zu den nahegelegenen Goldminen geht, um dort gegen Geld zu arbeiten –, verliert auch seine Anrechte. Wenn er zurückkehrt, verfügt er zwar über liquides Vermögen, aber er hat keinen Anspruch auf Land. Damit befindet er sich auch genealogisch im »Niemandsland«.

Das Wissen allein genügt noch nicht: »Versäumt es einer, seine Ansprüche auf das Land zu aktivieren, indem er sich in das Land ›investiert‹, so durchbricht er die Kontinuität der männlichen Kette. Nicht nur seine eigenen Ansprüche, sondern auch die seiner Söhne sind gefährdet.« Identität und Genealogie hängen also von einem Grund und Boden ab, der zur »humanisierten Landschaft« wird. Geht der Anspruch auf das Land verloren, verschwindet auch die Erinnerung an die »Vorfahren« in dieser genealogischen Kette. »Faktisch hören sie auf, in der intergenerationellen Zeit zu existieren.«[31]

Nicht nur etabliert der Mensch seinen sozialen Ort und seine verwandtschaftlichen Verbindungen durch das Land, sondern das Land symbolisiert auch seine Fortpflanzungsfähigkeit: Der Yangwabaum (eine Art von Ficus) enthält im Kern eine milchige, weiße Flüssigkeit, die – so der Mythos – den beim Sexualakt verlorenen Samen erneuert. Nach der Geburt eines Sohnes pflanzt der Vater einen Yangwabaum und verwendet dazu Setzlinge vom Baum seines eigenen Vaters. Der neue Baum wächst über die Jahre, und wenn der Sohn heiratsfähig ist, so heißt es, hat er einen Baum, von dem er trinken kann. Auf diese Weise entsteht eine ganz eigene Art von »männlichem Stammbaum«: »Die Kultivierung der Yangwabäume schafft eine Verbindung zwischen Männern unterschiedlicher Generationen, die durch keine anderen körperlichen Substanzen miteinander verbunden sind.«[32] Dieses Beispiel zeigt deutlich, dass Samen und Blut nicht etwa in der Pflanze (dem Yangwabaum) einen symbolischen Ausdruck finden, sondern andersherum: Das, was wir als Signifikate bezeichnen würden (die materiellen Substanzen der Zeugung), wird zu den Signifikanten oder Symbolen für die ›eigentliche‹ Realität, und diese wird durch Wissen, soziale Beziehungen, die Bindung zum Land oder eben auch den Baum etabliert.

Die enge Verbindung von Raum und Zeit, die Definition von Verwandtschaft durch die Bindung an den Ort und die Notwendigkeit, durch eigene Bemühungen diesen Ort zu besetzen – das sind Erscheinungen, die über lange Zeit auch das rurale Leben in Europa prägten. Sie gingen erst mit der Agrarindustrialisierung verloren, als sich Landeigentum und die Bearbeitung des Bodens am individuellen Profit zu orientieren begannen. Bis dahin, so der Anthropologe Karl Polanyi in seinem Buch *The Great Transformation* über die Geschichte der Industrialisierung, waren Grund und Boden verbunden mit »Verwandtschaft, Nachbarschaft, Handwerk und Glauben, mit Stamm und Tempel, Dorf, Gilde und Kirche«.* Mit der Agrarindustrialisierung und dem Aufkommen der freien Marktwirtschaft wurde dieser Nexus gelöst. »Was wir als Grund und Boden bezeichnen, ist ein mit den Lebensumständen des Menschen untrennbar verwobenes Stück Natur. Dieses Stück Natur herauszunehmen und einen Markt daraus zu machen, war das vielleicht absurdeste Unterfangen unserer Vorfahren.«[33] Mit der Vermarktung des Bodens setzte das christliche Europa auch einen Schlussstrich unter eine der wichtigsten bis dahin noch bestehenden sozialen Verwandtschaftsdefinitionen.

Aus den obigen Beschreibungen wird deutlich, dass Verwandtschaft in vielen Gegenden durch eine Mischung aus Nahrung, Fürsorge und Weitergabe kollektiven Wissens etabliert wird. In Papua-Neuguinea zum Beispiel, das hat James Leach dargestellt, sind Menschen, die in dörflicher Gemeinschaft, einem *palem*, leben, schon durch die Tatsache ihres Zusammenwohnens als Verwandte gekennzeichnet. Inzest und Inzestverbot beziehen sich hier auf die geographische Nähe. Die einzelnen *palems* stehen in ökonomischer Beziehung zu

---

* Dass Grund und Boden in der vorindustriellen Gesellschaft nicht nur Sicherheit, sondern auch Abhängigkeit, Knechtschaft, ja sogar Leibeigenschaft beinhalteten, darauf geht Polanyi hier ausdrücklich nicht ein. Ihm geht es darum darzulegen, dass sich soziale Netzwerke mit den ruralen Verhältnissen verbanden – und diese von der freien Marktwirtschaft zerstört wurden.

anderen Dörfern; man tauscht landwirtschaftliche Güter, manchmal auch ein Schwein aus der eigenen Zucht gegen eines aus dem anderen *palem*. Und man tauscht Geschlechtspartner.

Das Land ist Gemeinschaftsgut des *palem,* und alle Männer und Frauen sind verpflichtet, sich an der Herstellung der Güter zu beteiligen. Dabei besteht die »Arbeit« nicht nur in der physischen Bearbeitung des Bodens, sondern auch in der Aneignung des kulturellen Wissens: über die Rituale und Melodien, die Beziehung zu den Geistern, zu Träumen, Mythen etc. Dieses gemeinsame Wissen bildet die eigentliche Basis der Verwandtschaftsverhältnisse. »Die Männer und Frauen, die das *palem* konstruieren, beweisen, dass sie Kontrolle über die Fruchtbarkeit des Bodens haben und sein Potential beeinflussen, Körper in Form von Taro [Wasserbrotwurzeln], Schweinen, Tänzern hervorzubringen; dass sie seine Geister und die Lieder, die diese Geister in ihnen inspirieren, beherrschen.« Bei der westlichen Vorstellung von Verwandtschaft geht es um die Zeugung von Menschen, hier werden Beziehungsgeflechte gezeugt. Es geht um »die Aneignung von Wissen als Grundlage der Verwandtschaftsverhältnisse«.

Es wäre falsch, so Leach, diese sozialen und kulturellen Beziehungen als kognatische Verwandtschaftsverhältnisse zu begreifen. Der Begriff »kognatisch« bezieht sich auf väterliche wie mütterliche Verwandtschaftslinien und wird im Westen mit leiblicher Fortpflanzung identifiziert. Damit geht unser Begriff von ›kognatischer‹ Verwandtschaft »von der Vorannahme aus, dass die Essenz eines Menschen von Geburt an festgelegt ist. Das Wachstum wird als eine autonome Entwicklung verstanden, die nur noch dazu dient, das, was schon vorhanden ist (die empfangene Essenz), ›auszudrücken‹ oder ›sichtbar zu machen‹.« Genau dies trifft auf Papua-Neuguinea nicht zu. Vielmehr handelt es sich um kulturelle, prozessuale, sich ändernde Bindungen, die nicht-biologischer Art sind. Es geht um ein »›Feld der Fürsorge‹, das davon abhängt, dass andere einen bestimmten Ort und seine Geschichte sowie dessen Möglichkeiten und Formen kennen«.[34]

Wenn frühe Anthropologen und Familientheoretiker auf matrilineare oder soziale Verwandtschaftsdefinitionen stießen, gingen sie zumeist davon aus, dass diese Gesellschaften nichts von der Beteiligung des Vaters am Zeugungsakt wussten. Das galt noch bis ins 20. Jahrhundert und führte u. a. zu der von Ernest Borneman vertretenen Ansicht, dass erst die Erkenntnis einer männlichen Beteiligung am Zeugungsakt das »Patriarchat« hervorgebracht habe.[35] Bornemann war Psychoanalytiker und verstand sich zugleich als »marxistischen Historiker« – und man könnte geneigt sein, in dieser Mischung eine besondere Variante jenes Materialismus zu sehen, der auch über die Blutslinie bestimmt: Beim Marxismus ist der Materialismus ökonomischer Art, bei der Psychoanalyse basiert er auf der Sexuallehre. Die Forschungsergebnisse der modernen Anthropologie fügten einen Riss in die Universalitätsansprüche dieser beiden Modelle: Es erwies sich, dass die angeblich überall identischen Triebe viel kultureller bestimmt (und deshalb diversifizierter) sind, als man bis dahin angenommen hatte. In den Worten von Marilyn Strathern, die Gesellschaften in Melanesien untersucht hat: »Das Land, das das Kind ernährt, besteht aus demselben Stoff, aus dem sich auch die lebendige Person zusammensetzt, und ist das Prinzip Leben selbst.«[36] Auf diese Weise »personifizieren« die Menschen das Land – und umgekehrt.[37]

Die Schwierigkeit, sich der Erkenntnis zu stellen, dass Verwandtschaft durch ein Beziehungsgeflecht entsteht, hat viele frühe Anthropologen dazu verleitet, den sozialen Verwandtschaftssystemen ein genealogisches Modell überzustülpen.[38] Das galt etwa für Bronisław Malinowski, der die Ansicht vertrat, dass »kulturelle Prozesse dazu neigen, den angeborenen biologischen Trieben zu folgen; dass also physiologische Fakten allmählich zu Gefühlen heranreifen und diese wiederum in rein kulturelle Institutionen einmünden«.[39] Er, wie viele andere, unterschied zwischen echten (biologischen) und fiktiven (sozialen) Verwandtschaftsverhältnissen, wobei den anderen Kulturen genau diese Verzerrung unterstellt wurde – in Umkehrung.[40] Das genealogische Modell, so Leach, ist rigide, legt durch seine biologischen Ansprüche die Menschen auf vorgeschriebene Existenzen fest; es beruht auf einer Vorannahme, die den Blick für andere Modelle verstellt, sich eben deshalb aber auch über andere Modelle erhebt. In diesem Modell werden Menschen als primär biologische Wesen »mit der Fähigkeit zur Kultur« verstanden, was die Möglichkeit ausschließt, dass die Kultur auch physiologische Lebewesen hervorbringt.[41]

Zwar werden die Eingriffe erkannt, die das westliche Denken mit seinem genealogischen Modell an anderen Kulturen vorgenommen hat, doch es wird so gut wie nie thematisiert, dass sich die westliche Gesellschaft selbst einem Prozess der Einschreibung der Kultur in die Natur verdankt. Genau darin offenbaren sich aber die *Parallelen* zur westlichen Sozialgeschichte. Sowohl die christliche Kultur als auch die utopischen Entwürfe, die das Abendland entwickelte, geben dafür beredtes Zeugnis ab. Utopien, etwa Platons *Staat*, kamen zumeist als intellektuelle Reißbrett-Modelle daher, bevor sie physische (und psychische) Realität erzeugten. Ganz allgemein wundert mich manchmal beim Lesen dieser anthropologischen Berichte, wie selten die Forscher auf die – eigentlich ins Auge springenden – *Ähnlichkeiten* zwischen der Zivilisationsgeschichte Europas und den Entwicklungen hinweisen, die sich in den von ihnen beobachteten Gesellschaften durch die Eingriffe westlicher Theorie vollzog.* Die strukturellen Ähnlichkeiten werden besonders deutlich, wenn man die Wirkmacht der Verschriftungsprozesse betrachtet. Ihnen verdankt sich sowohl die Rigidität als auch der Herrschaftsanspruch des westlichen genealogischen Modells. Warum die Schrift eine so zentrale Rolle spielte, darauf werde ich im nächsten Kapitel eingehen.

4. Mischformen: das Beispiel Adoption

In einigen Gegenden entstehen durch die Begegnung von »traditionellen Verwandtschaftsdefinitionen«** und dem genealogischen Modell Mischformen, die Elemente aus beiden enthalten. Die Probleme, die dieser Mix aufwirft, offenbaren sich etwa im Umgang mit der Frage der Adoption, die einen je anderen Stellenwert hat. Mary Weismantel hat das am Beispiel einer Dorfgemeinschaft in Zambagua in den ecuadorianischen Anden untersucht. Die hier lebende Bevölkerung ist einerseits nah genug an den Industriezentren und dem kapitalistischen Modell, um unter deren Einfluss zu stehen, hält untergründig aber auch noch an den indigenen Traditionen fest. Weismantel, die in Kalifornien lebt, wo die Zeitungen oft von Eltern berichten, die vor Gericht um das Sorgerecht für ihre Kinder streiten, stieß bei ihren Recherchen auf eine völlig andere Vorstellung elterlicher Zuständigkeit. Äußerlich ähneln die Familien von Zambagua der heterosexuellen amerikanischen Kleinfamilie – es handelt sich also nicht um Clans oder Dorfgemeinschaften. Doch bei näherem Hinsehen zeigen sich beträchtliche Unterschiede. »Was in den Diskursen von Zambagua fehlt, sind diese Ängste über natürliche oder unnatürliche Eltern, die auf

---

 * Polanyi gehörte zu den frühen Ausnahmen; ebenso David Schneider, der schon ab den 1960er Jahren den anthropologischen Blick auf die US-Gesellschaft richtete und dabei die vielen nicht-biologischen Verwandtschaftsdefinitionen des westlichen Kulturraums sichtbar machte. Schneider 1968, 1984.

 ** Nennen wir sie so der Einfachheit halber; in Wirklichkeit handelt es sich um eine Vielfalt von Modellen, von denen einige schriftlose Kulturen sind und andere nach vielen Parametern der Moderne leben.

so bedrohliche Weise über die Imagination der Bewohner von Los Angeles bestimmen.«[42]

In den westlichen Industrieländern gilt die Adoption als »kompensatorische Verwandtschaftsform«, die nur als Ersatz für leibliche Verwandtschaft akzeptiert wird (etwa bei Waisenkindern, wegen der Unfruchtbarkeit der Eltern oder weil der männliche Erbe ausbleibt).[43] Obgleich auch im Westen sehr verbreitet,[44] bestimmte die Vorstellung von Adoption als »Notlösung«[45] auch über die frühe Anthropologie. Malinowski, der von der Universalität des biologischen Modells überzeugt war, erschien die Einrichtung der Adoption, bei der die leibliche Verwandtschaft konstruiert wird, so beunruhigend, dass er sie einfach für statistisch unerheblich erklärte: »Statistisch gesprochen, werden die biologischen Fakten so gut wie immer von den kulturellen nur verstärkt, redeterminiert und umgestaltet.«[46] Solche Aussagen widersprachen einer weltweiten Evidenz. In Polynesien zum Beispiel erfasst die Adoption in einigen Gegenden ein Viertel der Bevölkerung, in anderen sind so gut wie alle betroffen.[47]

Malinowskis Einschätzung war eine Folge des »Glaubens« an die Blutslinie, und dieser hat sich so tief in die emotionale Wahrnehmung des Westens eingeschrieben, dass sich viele adoptierte Kinder zwangsläufig auf die Suche nach ihren »richtigen Eltern« begeben. Ohne Kenntnis ihrer leiblichen Mutter – und, wenn auch weniger intensiv: ihres leiblichen Vaters – erfahren sie sich als »fragmentiert und unvollständig«.[48] Es entsteht eine Vorstellung von Menschsein, »bei der Verwandtschaft nicht nur der Individualität hinzugefügt wird, sondern Verwandte als intrinsischer Teil des Selbst verstanden werden«.[49] Allerdings ist die westliche Gesellschaft nicht sehr konsequent bei ihrer hohen Bewertung der leiblichen Verwandtschaft. Wäre sie wirklich überzeugt vom Wert der Blutsverwandtschaft, müsste sie in allen Familien Vaterschaftstests durchführen lassen. Obgleich es seit 1984 – dank den Forschungen des britischen Genetikers Alec Jeffreys – den so gut wie sicheren Vaterschaftsbeweis gibt, wird er von den meisten Gesetzbüchern ausdrücklich verboten. Nur ein Gericht kann ihn einfordern: eine Einschränkung, die zum Beispiel der französische Conseil d'État (Staatsrat) 2009 damit begründete, »das Risiko einer Störung des ›Familienfriedens‹ einzugrenzen«.[50]

In ihrer Falldarstellung beschreibt Weismantel ihr Wiedersehen – nach zweijähriger Abwesenheit – mit einer Gruppe von Menschen, zu denen sie bei früheren Forschungsaufenthalten ein enges Verhältnis entwickelt hatte: Man hatte sie in die Familie integriert und zur Patentante eines kleinen Mädchens,

Nancy, gemacht, das während ihres ersten Aufenthaltes geboren wurde. Zu ihrem Erstaunen stellte die Anthropologin anlässlich ihres erneuten Besuchs fest, dass Nancy nicht mehr bei ihren leiblichen Eltern, sondern bei Heloïsa, der älteren und alleinstehenden Schwester des Vaters, Alfonso, lebte. Nancy nannte Heloïsa »Mutter«, und das Verhältnis zwischen den beiden war nicht nur pragmatischer Natur (Heloïsa hatte einen kleinen Getränkehandel und galt für dortige Verhältnisse als gut situiert), sondern auch von großer Zuneigung und Nähe geprägt – ein Faktor, der bei den leiblichen Eltern keine Verlustgefühle hervorrief, sondern Zustimmung. Wie Weismantel bald feststellte, war der Fall von Nancy und Heloïsa keine Ausnahme. Obgleich sie glaubte, die Familie gut zu kennen, musste die Anthropologin feststellen, dass es viele enge Verwandte gab, von denen sie bis dahin gar nichts wusste. »Jeder Erwachsene schien mehrere Arten von Eltern und mehrere Arten von Kindern zu haben. Sie erinnerten sich an einen Mann, der sie gezeugt, und an einen anderen, der ihr Heranwachsen begleitet hatte; sie erinnerten sich an eine Frau, die sie zur Welt gebracht hatte, aber auch an andere, die sie ernährt hatten, ihnen beigebracht hatten zu sprechen und zu wissen.« Die meisten »Adoptionen«* vollzogen sich innerhalb der leiblichen Familie »und arrangierten vorher bestehende Blutsverbindungen neu«.

Faktisch handelte es sich um eine Mischung aus dem von der spanisch-christlichen Kultur importierten genealogischen Modell und einem traditionellen Familienmodell, das das soziale Beziehungsgeflecht in den Mittelpunkt rückt. Es stellte sich heraus, dass sich die beiden Systeme einerseits ergänzten, ihr Gegensatz andererseits aber auch für Konflikte sorgte. Letzteres wurde dadurch verstärkt, dass das genealogische Modell politisch belastet war: Es repräsentierte den hegemonialen Anspruch der hispanischen Kultur, die die indigenen Kulturen zu »modernisieren« versuchte. »Während ich in der Gemeinschaft lebte, hörte ich den Begriff der ›echten‹ Verwandtschaft nie von Mitgliedern der lokalen Bevölkerung, sondern nur einmal von einer Angestellten des Staates, die beauftragt war, die lokale Bevölkerung zu unterstützen und zu verändern.«

Bei der erwähnten Staatsangestellten handelte es sich um eine Krankenschwester in Ausbildung, die aus der Hauptstadt kam und für ein Jahr zum Landdienst abgeordnet worden war. Sie war zufällig bei der Familie Iza zu Besuch, als die Anthropologin dort eingeführt wurde. Beide wurden empfangen

---

* Der Begriff ›Adoption‹ wird hier nicht im juristischen Sinne verwendet, sondern im Sinne einer Annahme an Kindes statt.

vom Sohn des Hauses, einem jungen Mann um die dreißig. Das Gespräch verlief ruhig – bis zu dem Moment, wo ein verschlafenes Kind das Zimmer betrat, dem der junge Mann von nun an seine ganze Aufmerksamkeit schenkte: Er gab ihm eine warme Suppe und strahlte beim Anblick des Kindes, das seinen Teller leerte: »›Er war ein Waisenkind, ein armer Junge, und ich habe ihn hierhergebracht, damit er als mein Sohn mit mir lebt‹, sagte er. ›Wo er herkommt, gibt es nicht genug zu essen‹. Die Schwester gestikulierte wild und machte ihm Zeichen, er solle leiser sprechen. ›Sprich nicht so vor dem Kind‹, flüsterte sie, ›er ist sehr jung. Vielleicht hat er Glück, vergisst seine Eltern und wächst im Glauben auf, dass du sein echter Vater bist‹. Iza, erstaunt und verletzt, erhob die Stimme, statt leiser zu sprechen: ›Ich werde sein Vater sein‹, sagte er irritiert, ›ernähre ich ihn nicht jetzt schon?‹« Das Verhalten der Krankenschwester beruhte auf der Vorannahme, dass bei fehlenden Blutsbanden die Verwandtschaft von Vater und Kind eine Heuchelei sei. »Falls ein Kind außerhalb des sozialen Bands der Ehe geboren wird, handelt es sich um einen ›natürlichen‹ Sohn. Wenn aber der junge Iza das Band mit einem Kind zu etablieren versucht, dessen Mutter er nicht geschwängert hat, so wird er als Vater nicht anerkannt.« Von den Behörden wird das genealogische Modell als fortschrittlich betrachtet, während das traditionelle Modell als Beleg für indigene Rückständigkeit gilt. »In Zumbagua ersetzt der Herd das Ehebett als Symbol des ehelichen Lebens, der Blutsverwandtschaft, und gilt als Emblem der Elternschaft: Die Zumbagua Familie besteht aus denen, die zusammen essen.«

In der europäischen Kultur, so Weismantel, wird die Mutter immer biologisch definiert, während die Gestalt des Vaters (wie die juristische Unterscheidung zwischen »Erzeuger« und »Pater« zeigt) die biologischen Bande transzendieren kann. In der Kultur von Zambagua gilt auch für Frauen das »doppelte« Prinzip. Das beste Beispiel ist Heloïsa, die zur Mutter von Nancy wird. »Leibliche Mütter sind genauso frei wie Erzeuger, ihre Kinder abzugeben, wenn sie sie nicht selbst großziehen wollen. Sie können auch lose Beziehungen zu ihren Kindern etablieren, falls sie es nicht aufgeben noch betreuen wollen. Ebenso schränkt die früh im Leben getroffene Entscheidung, keine Kinder großzuziehen, nicht die Möglichkeiten ein, in späteren Jahren Mutter oder Vater zu werden.«

Die Definition von Elternschaft als Ernährungsprinzip eröffnet auch dem Mann die Möglichkeit, jene Geschlechtergrenzen zu überwinden, die die biologische Definition von Elternschaft zwangsläufig setzt. Als der junge Iza dem

Kind von seinem eigenen Teller zu essen gab, verdeutlichte er damit seine Intention, zwischen sich und dem Kind ein Band herzustellen. »Seine Aktion war bewusst übertrieben, aber sie war nicht atypisch für die Männer von Zumbagua, die Gendergesetze durchbrechen, um ihre väterliche Identität zu etablieren.« Anders ausgedrückt: Der junge Iza wird erst dann zum Vater, wenn er bewiesen hat, dass er dazu fähig ist – durch die Pflege eines Kindes. »Niemand kann in dieser Gemeinschaft zum Vater werden, der es nicht schon einige Zeit gewesen ist.« Auch bei den Zumbaguanern wird also die Substanz des Blutes durch die Substanz der Nahrung ersetzt – und diese etabliert ihrerseits eine Form von gemeinsamer Leiblichkeit. »Die in einem Haushalt die Nahrung teilen, verfügen im ganz wörtlichen Sinne über dasselbe Fleisch. Hat erst einmal der kleine Junge von Iza so viele Mahlzeiten mit der Familie eingenommen, dass sein ganzer Körper aus demselben Fleisch besteht wie der ihre, wird das Band nicht mehr hinterfragt und ist real, für den Jungen wie auch für die Familie.«[51]

Eine solche Vorstellung von der »Angleichung des Fleisches« gibt es auch in der christlichen Gesellschaft, aber ihr liegt kein sozialer, sondern ein theologischer Gedanke zugrunde: Beim Heiligen Abendmahl erlangt der Gläubige Anteil an der göttlichen Substanz: »Wer von meinem Fleische isst und von meinem Blute trinkt, wird in mir bleiben und ich in ihm.« Das christliche Ritual bietet also die Angleichung zwischen irdischem und transzendentem »Fleisch«, und bei dieser Vermischung setzt sich letzteres durch, weil die göttliche Nahrung (wie ein Kirchengelehrter 1716 ausführte) anders als andere Formen von Speisen »uns in sich verwandelt«. Die Durchsetzung der Transsubstantiationslehre im Jahr 1215, so Piero Camporesi, führte zu einer völlig neuen Wahrnehmung des menschlichen Körpers: »Der Magen wurde zu einem versteckten Altar, in dem magische und unverständliche Dinge geschahen, zu einem Ort liturgischer Kontemplation zwischen Himmel und Erde, dem Göttlichen und dem Tierischen, an dem sich ein unvorstellbarer Ritus der Verwandlung vollzog.«[52] Bedenkt man nun, dass die Transsubstantiationslehre, wie das Christentum überhaupt, einen großen Einfluss auf die Entstehung des genealogischen Modells und die Bedeutung der Blutsverwandtschaft hatte, wird ersichtlich, dass die beiden Modelle – trotz äußerlicher Ähnlichkeit – vollkommen konträre Botschaften vermitteln. Die Nahrung von Iza macht das Kind zum Mitglied einer Familie, die auf sozialen Banden beruht. Die Speise der christlichen Eucharistie dagegen macht den Menschen zum Mitglied einer Gemeinschaft, die auf einem transzendenten Band basiert. Diesem Gegensatz verdankt sich ein Gutteil der Konflikte, die aus der Vermischung der beiden Modelle entstehen.

Die oben beschriebenen Beispiele zeigen, dass es bei den beiden (ähnlichen und dennoch kontrastierenden) Verwandtschaftsmodellen – Blutsverwandtschaft versus soziale Bindung – auch um eine politische Dimension geht, die weit über die reinen Familienverhältnisse hinausweist: Mit im Spiel sind Geschlechterrollen und gesellschaftliche Normen, Christianisierung, Industrialisierungsprozess und die Einführung der Konsumgesellschaft. »Die Bourgeoisie stößt sich an den indigenen und afro-ecuadorianischen kulturellen Traditionen, weil sich diese nicht auf die Kernfamilie beschränken; sie sieht darin ein Fehlverhalten, das als Entwicklungshindernis und als Indikator für die Inkompatibilität mit der Moderne verstanden wird.« Ohne dem Prinzip der Blutsverwandtschaft zu entsagen, erkennen die Zumbaguaner, dass die intensive Beschäftigung der Weißen mit Fragen der Konsanguinität einer *bestimmten* Art von Modernisierung entspricht, und diese lehnen sie ab. Für die indigene Bevölkerung wird die Hauptstadt zum Symbol einer Moderne, die politische und militärische Macht repräsentiert. »Eine der Aktionen, die Heloïsa unternahm, um Nancys Mutter zu werden, bestand darin, sie 1991 zum berühmten indigenen Marsch auf die Hauptstadt mitzunehmen.« Der Konflikt mit der Hauptstadt und der Moderne wird auf der Ebene der Verwandtschaftsdefinitionen ausgetragen; die euro-amerikanische Beschäftigung mit Blutsverwandtschaft stellt für die indigene Bevölkerung »eine besondere Facette des vielfachen ideologischen Drucks dar, mit der sie umgehen muss«.[53]

Es ist kein Zufall, dass ein Gutteil der anthropologischen Forschung auf dem Gebiet des Wandels von Verwandtschaftsstrukturen in früheren Kolonialgesellschaften feministischen Anthropologinnen zu verdanken ist.[54] Erstens verliefen beide ›Emanzipationsprozesse‹ – die der Kolonisierten und die der Frauen – in zeitlicher Parallele; und zweitens schafft das Wissen um die nicht lange zurückliegende Erfahrung der eigenen ›Kolonialisierung‹ innerhalb der europäischen Gesellschaft ein Sensorium für solche Transferprozesse.

5. Individuum und Gemeinschaft in den beiden Verwandtschaftsmodellen

In einem Verwandtschaftsmodell, das auf dem sozialen Netzwerk basiert, ist der Einzelne nur als Knotenpunkte der Gemeinschaft von Interesse. Außerhalb von ihr ist er nichts, innerhalb der Gemeinschaft ist er ein Spiegelbild der vielen Verflechtungen, aus denen sie sich ebenso zusammensetzt wie das Individuum selbst. In der Formulierung des Anthropologen Julian Pitt-Rivers: »Die Mehrheit der Völker der Welt teilt *nicht* den Individualismus des modernen Westens und braucht auch gar nicht zu erklären, was ihr so evident erscheint: Das Selbst ist nicht das individuelle Selbst allein, sondern schließt, je nach Umständen, auch die ein, mit denen das Selbst solidarisch ist. Das gilt vor allem für die Verwandtschaft.«[55] Dagegen fokussiert der Westen das Individuum als autonomes Subjekt. Diese Sicht hat eine lange Geschichte, die schon in der griechischen Antike beginnt,[56] sich weiter entwickelt mit der christlichen Idealgestalt des ledigen Mannes (von Jesus über Paulus, die frühen Eremiten bis zu den zölibatär lebenden Mönchen und Geistlichen) und schließlich im Modell des ›freien Unternehmers‹ zu einem Leitbild wird, das über Politik und Ökonomie, über Kunst und Psychologie bestimmt.[57] Diese Vorstellung findet Ausdruck in der Idee von Selbstverwirklichung und Selbstverantwortung wie auch der individuellen Schuld und dem Gewissen, das sich als ›individualisierte kollektive Moral‹ umschreiben lässt. Jede dieser historisch immer wieder neu definierten Formen von Individualismus haben das Abendland zu dem gemacht, was es heute ist: ein Konglomerat von Einzelnen, die mit einander in Wettbewerb stehen oder auch koalieren – eine Konstellation, die in der modernen Soziologie kritisch thematisiert wird.[58]

Auch die Melanesier, so Strathern, erfahren sich als unterschiedene Individuen, aber die Trennung verläuft nicht zwischen Ich und Gemeinschaft/ Umwelt, sondern zwischen den Einzelnen. »Diese Grenze ist allerdings nie endgültig, der Prozess wird immer wieder erneuert und unter den Menschen ausgehandelt. In Trennung von den anderen zu leben, macht die melanesische Person zu Dividuen.« Den Kontrast zum Westen bringt sie auf die kurze Formel: In Europa werden Beziehungen zwischen Individuen hergestellt, bei den Melanesiern wird das Individuum durch Beziehungen hergestellt. »Die Engländer würden sagen: Nimm den Einzelnen weg, und die Gesellschaft besteht weiterhin. Der Tod eines Melanesiers dagegen erfordert die aktive Trennung von Personen und Beziehungen – die Lebenden müssen ihre Beziehungen neu arrangieren, wenn der Verstorbene diese nicht mehr verkörpert. Das beinhaltet die ›Annulierung‹ kognatischer Bindungen, die Leben konstituieren.«[59]

Die Art der Trauerarbeit ist ein wichtiger Indikator für das jeweilige Verwandtschaftsmodell. In Melanesien werden der Verlust und die Nähe zur verlorenen Person am eigenen Körper demonstriert, so als sei dieser mit dem Toten verschieden (im Sinne von verstorben)*: »Am häufigsten ist eine Form von Trauer, die einen gemeinsamen Tod zum Ausdruck bringt: man stirbt mit dem Verwandten durch Selbstmutilation, durch das Zerreißen von Kleidern, die Weigerung sich zu waschen, zu arbeiten und durch andere Formen des Rückzugs aus der normalen Gesellschaft.«[60] Solche Trauerrituale kommen auch in Schriftkulturen vor, sind aber eher charakteristisch für traditionelle Gesellschaften. In der Moderne rückten sie zunehmend in den Hintergrund, während der Gedanke in den Vordergrund trat, dass das Leben weitergeht.

Bei der Ritualisierung von Verbindung und Trennung gibt es vergleichbare Riten, aber deren Bedeutungen unterscheiden sich. So haben etwa melanesische Vermögensübertragungen, durch die eine Ehe etabliert wird, eine gewisse Ähnlichkeit mit der westlichen »Morgengabe« – das Geschenk, das ein Ehemann am Morgen nach dem Vollzug der Ehe seiner Frau überreicht und mit dem er ihr eine gewisse ökonomische Selbständigkeit einräumt. In Melanesien geht es um »die Übertragung von Wertobjekten, die garantieren sollen, dass die Frau das Kind ihres Mannes und nicht das ihres Vaters austrägt; oder es geht um einen symbolischen Zeugungsakt, der vor der Geburt wiederholt und nach der Geburt durch Ernährung vervollständigt werden muss«.[61] Die Gabe, die im Tausch der Frauen ihren Ausdruck findet und in enger Beziehung zum Inzestverbot steht (ich komme darauf zurück), wird hier durch eine Symbolik verstärkt, die Frau und Kind zu Angehörigen des neuen Stammes macht.

Im Modell der sozialen Verwandtschaft sind nicht nur die Lebenden mitein-

---

* Aufschlussreich ist in diesem Kontext die Doppelbedeutung des deutschen Wortes ›verschieden‹, das sowohl ›verstorben‹ als auch ›anders‹ bedeutet: Es wird eine scharfe Zäsur zwischen dem Selbst und dem Toten vollzogen – ganz im Gegensatz zum Modell der sozialen Gemeinschaft, in der sich der Überlebende mit dem Verstorbenen identifiziert, weil er einen Teil jenes Netzwerkes verkörperte, das das Ich konstituiert.

ander, sondern diese auch mit den Verstorbenen verbunden. »Da Clans und Stämme ›eine Person‹ bilden, ist ein lebendiger Mensch faktisch oder potentiell immer die Verkörperung von jemand, der vor hunderten von Jahren gelebt hat. Wenn dieser Mensch seine ererbte Geschichte erzählt, spricht er in der Ich-Form, so als sei er der Vorfahre und als würden sich die Ereignisse heute zutragen. Etwas Ähnliches geschieht, wenn ein prominenter Mann eine prominente Frau geheiratet hat: Ihre Nachfahren und ganze Clans transformieren sich über Generationen in diesen Mann und diese Frau; man spricht sie als ›diese Frau‹ oder ›diesen Mann‹ an und man verweist auf sie als Ehemann und Ehefrau, sogar dann, wenn die Anwärter auf die beiden Positionen dasselbe Geschlecht haben.«[62] Eine solche Art von Genealogie ist eng verbunden mit den Prinzipien, nach denen schriftlose Gesellschaften Zeit wahrnehmen: als Übereinstimmung von Gegenwart und Vergangenheit. Jack Goodys Beispiel aus Nordghana, wo die Ursprungsmythen der Gesellschaft neu verfasst werden, sobald sich die gegenwärtige Zusammensetzung der Gemeinschaft verändert, ist dafür ein Beispiel unter vielen.

Der Soziologe Émile Durkheim (1858–1917) hat als einer der ersten auf die sozialen Komponenten europäischer Verwandtschaftsverhältnisse hingewiesen. Entgegen den eingefahrenen Vorstellungen seiner Zeit hielt er die leibliche Genealogie nicht für ausschlaggebend. Verwandtschaft, so sagte er, beruht in erster Linie auf juridischen und moralischen Grundsätzen, die von der Gesellschaft oder der Religion sanktioniert werden: Sie »hängt von sozialen Notwendigkeiten ab und hat nur eine lose Verbindung zu den Tatsachen der physischen Abstammung«. In der Organisation der Verwandtschaft komme alles Mögliche zum Ausdruck, nur nicht leibliche Genealogie. Durkheim nennt dafür mehrere Beispiele: einerseits den Umgang mit unehelichen Kindern und andererseits das Römische Recht, laut dem das Kind erst durch einen juristischen Akt zu einer Familie gehört: »Der Vater musste durch eine angemessene Zeremonie das Kind anerkennen. Ebenso konnte er durch einen Akt der Emanzipation der Elternschaft ein Ende setzen, obgleich sich an der Konsanguinität nichts geändert hatte – auch nicht vor den Augen der Welt.«[63]

Gerade dieses Beispiel offenbart aber auch den zentralen *Unterschied* zwischen den europäischen sozialen Verwandtschaftsdefinitionen und denen anderer Kulturen: Im Westen wird die soziale Beziehung durch Texte, das Gesetz, Dokumente etabliert, nicht durch ein (gewachsenes, festgelegtes oder prozessuales) Beziehungsgeflecht. Darüber hinaus verlaufen die Fäden dieser sozialen Verwandtschaftsform, anders als in den traditionellen Gesellschaften, über die männliche Linie. Während sich Adoption und Emanzipation in der westlichen Gesellschaft weitgehend auf den Vater beziehen, werden sie in den von den Anthropologen untersuchten Gesellschaften durch das Verhältnis zur Mutter charakterisiert, wobei diese die leibliche, die soziale oder auch eine symbolische Mutter sein kann.

Gelegentlich wird die Emanzipation des Individuums von der Mutter auch in Kategorien von Geschlechterkampf ritualisiert. So berichtet Marilyn Strathern, dass laut den Ursprungsmythen Papua-Neuguineas einst »die Frauen die Flöte besaßen«. Den Männern gelang es jedoch, dank ihrer Geschicklichkeit, diese zu rauben. Die Entmachtung der Frau wiederholt sich im Initiationsritus des Jungen, der eine Ablösung von der Mutter beinhaltet: »Identität impliziert einen radikalen Bruch mit der Vergangenheit; das Kind muss von einem Teil seiner Vorfahren abgelöst werden.« Ist diese Ablösung vollzogen, ist der Weg frei für das Erwachsenenalter und die eigene Eheschließung. Bei den Frauen vollzieht sich die Emanzipation auf andere Weise: Die Frau wird vom väterlichen Clan gelöst. Auf diese Weise wird sichergestellt, dass ihre Kinder nicht dem Clan des Vaters, sondern dem des Mannes angehören. Beide Formen der Ablösung kreisen um die Mutterschaft und implizieren zugleich die Einsicht, dass »der Ursprung männlicher Potenz bei den Personen liegt, die keine Männer sind«. Die Frau ist so gleich doppelt »das Vehikel, ohne die sich männliche Zeugungskraft nicht realisieren lässt«.[64]

Die Zentrierung des Westens auf ein autonomes Ich ist umso erstaunlicher, als dieses genealogische Modell den Menschen auf eine biologisch vorgeschriebene Existenz festlegt, also wenig Raum für individuelle oder gar prozessuale Veränderungen bietet. Die Paradoxie, dass das Individuum in der westlichen Gesellschaft einerseits im Mittelpunkt steht, andererseits aber auch seinem biologischen Schicksal ohnmächtig ausgeliefert ist, hat dazu geführt, dass das Ich in der westlichen Gesellschaft in zwei Gestalten daherkommt: Auf der einen Seite ein kleines *ich*, dem ein kurzes Leben auf der Welt beschieden ist; und auf der anderen Seite ein großes ICH, das Anspruch auf eine das eigene Leben überdauernde Existenz erhebt, aber nur in entleibter Form lebensfähig ist: als Name, als Buchtitel, als Vermögen zum Beispiel. Dieses große ICH ist verwandt, aber nicht identisch mit dem Über-Ich der Psychoanalyse (womit die Verinnerlichung von Gesetz und Normen gemeint ist). Es ist ein Sprössling des Unvergänglichkeitsgedankens, der mit der Schrift einhergeht, und repräsentiert überwiegend Männlichkeit.[65] Emanzipation bedeutet in diesem Fall, dass sich der Sohn vom Vater ablöst, wenn er sich dem ICH annähert. Eine solche Ablösung wird von den Töchtern gar nicht erst erwartet.

6. Familiäre Allianzen

So sehr sich die Gestalten sozialer Verwandtschaft auch unterscheiden – eines ist allen gemeinsam: In der einen oder anderen Form basieren sie auf einem Sozialsystem, das von der Institution des Gabentausches gelenkt wird. Das System bestimmt über die Regeln des Frauentausches. Grundsätzlich, so Edmund Leach in *Rethinking Anthropology*, muss man zwischen Verwandtschaft und Paarung streng unterscheiden. In jedem System von Verwandtschaft und Ehe gebe es eine Opposition zwischen den Beziehungen, die ein Individuum zum Mitglied einer »Wir-Gruppe« macht, und denen, die »unsere Gruppe« über eheliche Beziehungen mit einer anderen Gruppe verbindet. Letztere heißen »Allianzbeziehungen« und scheinen oft »unter metaphysischem Einfluss zu stehen«.[66] Diese Opposition findet sich in allen Verwandtschaftsmustern, und dasselbe gilt für den metaphysischen Bezug. Das Christentum hat die Ehe zum Sakrament erhoben, was sie zu einer von Gott gegebenen Institution macht. (Darauf basiert die Unauflöslichkeit der Ehe, an der die Katholische Kirche weiterhin festhält.) Im sozialen Verwandtschaftsmodell beruht die eheliche Verbindung auf dem Gesetz der zeremoniellen Gabe. Gemeinsam ist beiden Modellen, dass fast immer die Frau in ein neues Verwandtschaftsverhältnis eintritt. Durch ihren Wechsel in eine andere Gruppe werden Allianzen zwischen der Herkunftsfamilie und der angeheirateten Familie gebildet: Das gilt sowohl für die traditionellen Gesellschaften als auch für die Heiratspolitik europäischer Herrscherhäuser und anderer Dynastien. Erst die spät-modernen westlichen Gesellschaften brachen mit dieser Tradition: Heute ist es nicht immer die Frau, die in eine andere Gruppe wechselt; oft schließt sich auch ein Mann der Familie seiner Frau an. Oder beide lösen sich aus allen Verwandtschaftsbeziehungen. Darauf wird in späteren Kapiteln einzugehen sein.

Die Kultur der Gabe, auf der das Allianzmodell traditioneller Gesellschaften basiert, wurde zuerst 1925 vom französischen Anthropologen Marcel Mauss beschrieben. Bis dahin hatten Ethnologen und Anthropologen vorschriftliche

Gesellschaften gern als »primitiv« und »wild« bezeichnet – noch Claude Lévi-Strauss sprach von »La pensée sauvage«.[67] Doch Publikationen wie die von Marcel Mauss, die erst nach dem Zweiten Weltkrieg breiter rezipiert wurden, gaben zu verstehen, dass hier ein hoch differenziertes Regelwerk über die Gesellschaft bestimmte und dass sich dieses – in unterschiedlichen Ausprägungen – weltweit wiederfand. Sein Prinzip ist einfach: Eine Gabe muss angenommen *und* erwidert werden. Die Verletzung dieser Regel kommt einer Kriegserklärung gleich. Durch Gabe und Gegengabe werden Abhängigkeiten – eigentlich Schuldverhältnisse – hergestellt, und diese beruhen auf dem Prinzip der Gegenseitigkeit.

Obgleich es keine formellen Sanktionen gibt, funktioniert das Regelwerk höchst effektiv: Ein Verstoß mündet im Verlust von Ansehen oder gar im Ausschluss aus der Gemeinschaft. Der Gabentausch weist viele Gemeinsamkeiten mit den Effekten oraler Kommunikation auf. Er erfüllt eine ähnliche Funktion wie die Sprache: Sie schafft einen Zusammenhalt. Deshalb haben Worte »Macht über Dinge«[68] und werden Gaben andersherum als »Botschaften« verstanden. Dass der Gabentausch in Analogie zur oralen Kommunikation steht, macht verständlich, warum es keiner ausformulierten Sanktionen bedarf: Unser Denken und unser Fühlen sind vorgegeben von der Sprache; bei oraler Kommunikation gilt dies in erhöhtem Maße. Aus diesem existentiellen Band herauszufallen, geht nur zum Preis sozialer Existenz, was in Verwandtschaftsbeziehungen, die auf Beziehungsgeflechten beruhen, oft den realen Tod beinhaltet.

Der hohe Wert der Gabe basiert auf dem Gedanken, dass jede Gabe das Selbst des Gebenden enthalten muss. Im Gabentausch, so Marcel Mauss, gibt »man sich selbst, und zwar darum, weil man sich selbst – sich und seine Besitztümer – den anderen ›schuldet‹«. Die Tatsache, dass die Gabe den Gebenden vertritt, verleiht ihr eine seelische und spirituelle Dimension. »Das, was in dem empfangenen oder ausgetauschten Geschenk verpflichtet, kommt daher, daß die empfangene Sache nicht leblos ist. Selbst wenn der Geber sie abgetreten hat, ist sie noch ein Stück von ihm. Durch sie hat er Macht über den Empfänger.«[69] Deshalb hat der Empfänger auch jedes Interesse daran, die erhaltene Gabe weiterzugeben oder durch eine andere Gabe zu erwidern: Nur so kann er die Schuldverhältnisse umkehren und zum Gläubiger eines anderen werden.

Die Gabe erfüllt keine ökonomische Funktion im Sinne eines Warentausches; vielmehr schafft sie ein soziales Netz von interpersonellen und interkommunalen Bindungen. Darin besteht ihre Nähe zu ehelichen Allianzen, durch die ebenfalls soziale Netzwerke geschaffen werden: Der anderen Gemeinschaft eine Frau zu schenken, bildet die höchste Form der Gabe und schafft Verpflichtungen. Die eheliche Allianz stellt *den* Prototyp des Gabentausches dar: Weil jede Gabe den Gebenden beinhaltet, ist »jeder Austausch von Gaben ein Austausch von Menschen«.[70] Das Brautgeld ist ein Relikt des zeremoniellen Gabentausches. Eigentlich, so der französische Anthropologe Marcel Hénaff, ist der Begriff »Brautpreis« falsch: »Dieser berühmte ›Preis‹ ist in Wahrheit nur eine der am weitesten verbreiteten und wichtigsten Formen der Gabe/Gegengabe-Beziehungen. Infolgedessen haben die bei dieser Gelegenheit verwendeten ›Gelder‹ nichts mit dem Handelsgeld zu tun.« Vielmehr handelt es sich um eine Form von Bürgschaft oder Schuldschein: »Dieses ›Geld‹ und diese Güter sind das Pfand dafür, daß der Gebergruppe zu gegebener Zeit eine andere Gattin zurückgegeben wird.«[71] Mit der Bezahlung, so schreibt Lewis Hyde in seinem Buch *Die Gabe*, ist letztlich der künftige Kinderreichtum gemeint.[72]

Es gibt auch einige Kulturen, die den Männertausch praktizieren. Sie bleiben weitgehend matrilinearen oder matrilokalen Gesellschaften vorbehalten. Auch bei diesen gilt das Prinzip der Reziprozität: Der Samen, der vom Mann eines anderen Stammes empfangen wird, muss an diesen durch einen Mann des eigenen Stammes zurückgegeben werden.

Die Überlassung einer Braut an eine andere Gemeinschaft wird oft als Opfergabe beschrieben.[73] Das hängt einerseits mit den Verlustgefühlen der gebenden Gemeinschaft, andererseits aber auch mit der Tatsache zusammen, dass das Opfer eine transzendente Variante des Gabentausches darstellt: Der Tausch vollzieht sich nicht in horizontaler Richtung von Gemeinschaft zu Gemeinschaft, sondern vertikal im Tauschgeschäft mit der Gottheit. Der Zusammenhang zwischen Frauentausch und Opfergabe erschließt sich aus der Geschichte des Opfers. Opferriten entstanden mit den ersten Gesellschaften, die Landwirtschaft betrieben und Tiere gezüchtet haben. Bei den Jägern und Sammlern gibt es keine Opferriten: Die Tierbilder in den Höhlen von Lascaux und anderswo (ca. 30 000 v. d. Z.) stellen keine Opferriten dar, sondern den Versuch, ein (verehrtes) Tier im Bild zu bannen.[74] Mit den Agrargesellschaften entstand ein anderes Verhältnis zur Schöpfung: Sie bemächtigten sich der Natur. Die dadurch entstandene Schuld sollte durch Opfergaben gesühnt werden. Und wie bei der Gabe sollte der Mensch im Opfer ›enthalten‹ sein. Am weiblichen Körper, Symbol der Natur, wurde also einerseits die Ermächtigung über die Natur exemplifiziert, andererseits wurde er aber auch zum deutlichsten Indiz dafür, dass in jedem Opfer auch der Mensch selbst präsent sein muss.

Beides fand in der Domestizierung der weiblichen Sexualität seinen Ausdruck. Diese konnte vielfältige Gestalt annehmen: die Genitalbeschneidung, die abgebundenen Füßen der Chinesinnen und vor allem die Einrichtung der Ehe. In der einen oder anderen Weise ging es immer um die sexuelle Entmündigung der Frau. Diese Doppelfunktion, bei der der weibliche Körper einerseits für die Ermächtigung des Menschen, andererseits aber auch für die damit verbundene Sühne einstehen muss, entspricht einem Gabentausch zwischen Gemeinschaften und ist zugleich ein Opfer, das der Gottheit (oder der Schöpfung) dargebracht wird. Auf den Fidschi-Inseln, so A. M. Hocart, impliziert der Frauentausch ein ganzes theologisches System, bei dem das väterliche Blut über die Tochter als »göttliches Privileg« auf den anderen Stamm übergeht. Ein Teil der empfangenden Seite übernimmt die Götter der mütterlichen Familie, wodurch eine dauerhafte Allianz und Verpflichtung zwischen den beiden Stämmen entsteht.[75]

Die Domestizierung der weiblichen Sexualität bildete die Voraussetzung dafür, dass weibliche Fruchtbarkeit als Gabe zwischen Gemeinschaften zirkulieren konnte. Das bedeutet nicht, dass Frauen eine Ware waren, die zwischen Männern getauscht wird, wie gelegentlich der Topos des Frauentausches interpretiert wird. Denn sie werden nicht zwischen Männern, sondern zwischen Gemeinschaften getauscht, denen auch Frauen angehören. In der Warenwirtschaft dagegen werden Menschen tatsächlich zur Ware,[76] und in der Mehrheit der Fälle betrifft dies in der Tat Frauen.* In der Gesellschaft der Gabe gilt ein anderes Regelwerk. Zwar wird in einigen melanesischen Stämmen, so schreibt Marilyn Strathern, »tatsächlich eine gewisse Äquivalenz zwischen Frauen und Reichtum hergestellt«. Aber das habe nichts mit Eigentum – im Sinne von Verfügungsrecht über das Objekt – zu tun, sondern mit der Tatsache, dass eine Person als Reichtum betrachtet wird.[77] Auch Kinder gelten als Reichtum: nicht weil sie als Arbeitskraft einzusetzen sind, wie es in der ruralen europäischen Gesellschaft oft der Fall war, sondern weil sie einen Surplus an Leben darstel-

---

* Nicht durch Zufall verweist Georg Simmel in seiner *Philosophie des Geldes* wiederholt auf die Ähnlichkeit von Geld und Prostitution: »Der momentan aufgegipfelten und ebenso momentan verlöschenden Begierde, der die Prostitution dient, ist allein das Geldäquivalent angemessen, das zu nichts verbindet und prinzipiell in jedem Augenblick zur Hand ist und in jedem Augenblick willkommen ist.« Simmel 1977, Bd. 1, S. 413.

len. In Zumbagua, so schreibt Weismantel »wird Reichtum und Erfolg als Fähigkeit definiert, das Haus mit Kindern zu füllen« – gleichgültig, ob es sich um leibliche oder angenommene handelt.[78]

Auch in den modernen westlichen Gesellschaften sind Kinder zu einem Indiz für Reichtum geworden. Das zeigen die vor Gericht ausgetragenen (und oft mit hohen Kosten verbundenen) Kämpfe um das elterliche Sorgerecht. Das zeigen aber auch die Kinder, die dank der modernen Reproduktionstechniken gezeugt werden. Die Erzeugung dieser Kinder durch bezahlte Samenspende, Eispende, Leihmutter, Arzt- und Notargebühren setzt eine beträchtliche Zahlungsfähigkeit voraus. »Der Zeugungswunsch«, so die Harvard-Wirtschaftswissenschaftlerin Deborah Spar, »ist ein langsam wachsendes globales Business, das auf Technologie beruht und verleugnet, dass es seine Wurzeln im Markt hat.«[79] Der Unterschied zu traditionellen Gesellschaften lässt sich in einem Satz zusammenfassen: In der Gesellschaft der Gabe gilt das Kind als Reichtum; in der Geldwirtschaft ermöglicht der Reichtum den ›Erwerb‹ eines Kindes.[80] Das hindert nicht, dass in der modernen Reproduktionsmedizin gern die Sprache der Gabe verwendet wird: Samen oder Eizellen werden ›gespendet‹, die Leihmutter bereitet der genetischen Mutter des Kindes das ›Geschenk des Lebens‹ (*the gift of life*). Aber dieser Sprachgebrauch soll in erster Linie verschleiern, dass Geld im Spiel ist und von einer Gegengabe nicht die Rede sein kann.

Einige Prinzipien des Gabentausches tauchen aber auch in den modernen Ökonomien auf – in abgewandelter Form. Das Kreditwesen ist ein gutes Beispiel: Es geht einerseits um Schulden und deren Begleichung, auch wird der Kredit auf der Basis eines Vertrauensverhältnisses gewährt, ja erzwingt dieses. Doch während das Ziel des Kredits darin besteht, die Schulden zu tilgen (für den Kreditgeber mit Gewinn), ist der Sinn des Gabentausches das Beziehungsgeflecht selbst. Die Schulden müssen hier nicht sofort und nicht zwingend beglichen werden. Ja, sie sollen sogar erhalten bleiben: Nur so bleiben gegenseitige Abhängigkeitsverhältnisse bewahrt; sie knüpfen Verbindungen, die »fast unzerstörbar« sind.[81] Auch das moderne Finanzsystem beruht auf einer Verflechtung von Schulden: Ca. 80 Prozent des heute zirkulierenden Geldes ist Kreditgeld; würden diese Kredite ausgelöst, käme es zum Zusammenbruch des Systems, weil es das Geld gar nicht gibt. Hénaff bezeichnet das Netz dieser wechselseitigen Abhängigkeiten, auf dem das soziale Band beruht, als »die unsichtbare Hand der Gabenbeziehung«.[82] Er verwendet mit Absicht einen Begriff, den Adam Smith um 1800 eingeführt hatte.[83] Die Anhänger der freien

Marktwirtschaft machten seinen Begriff der »unsichtbaren Hand« zu *dem* Schlagwort für einen quasi selbständig funktionierenden Markt, der durch das Gesetz von Angebot und Nachfrage geregelt wird. In den Gesellschaften der zeremoniellen Gabe bezeichnet die ›unsichtbare Hand‹ das soziale Netzwerk, das Gesellschaften knüpfen.

Deutlicher als die Ähnlichkeiten sind die Unterschiede zwischen Geldwirtschaft und Gabentausch. In der modernen Ökonomie kann ein Objekt angenommen oder abgelehnt werden. Diese Freiheit verdankt sich dem Geld, das neutral ist (es spielt keine Rolle, wofür es getauscht wird) und den Einzelnen von Verpflichtungen zu entbinden vermag. So Georg Simmel in seiner *Philosophie des Geldes:* »Mit der Hingabe von Geld hat man sich vollständiger aus der Beziehung gelöst, sich radikaler mit ihr abgefunden als mit der Hingabe irgend eines qualifizierten Gegenstandes, an dem durch seinen Inhalt, seine Wahl, seine Benützung leichter ein Hauch der gebenden Persönlichkeit haften bleibt.« Kurz: Geld kann Gemeinschaften herstellen (etwa durch eine gemeinsame Währung, wie das zuletzt in Europa geschah), aber es bietet dem Einzelnen auch die Möglichkeit, sich aus der Gemeinschaft zu lösen (weshalb Simmel die Rolle des Geldes für die soziale Mobilität hervorhebt).[84] Dieser Mechanismus des Geldes macht sich auch auf der Ebene der Allianzen bemerkbar: In der Gesellschaft der Gabe implizieren eheliche Allianzen eine gegenseitige Verpflichtung der gebenden und nehmenden Parteien. Eheliche Beziehungen in der Geldwirtschaft dagegen haben keine bindende Kraft, schon gar nicht für die Familienmitglieder der jeweiligen Ehepartner.

Auf den kulturell je unterschiedlichen Vorstellungen von Paarbildung basieren wiederum divergierende Vorstellungen von Inzest. Claude Lévi-Strauss, der die Theorie des Gabentausches von Marcel Mauss weiterentwickelte, schlug vor, die Frage der Exogamie unter dem Gesichtspunkt der Gabenökonomie zu betrachten: Das Inzestverbot beruhe nicht auf angeborenem oder psychologischem Widerwillen gegen Geschlechtsverkehr mit engen Verwandten. Vielmehr entspreche es einem gesellschaftlichen Regelwerk: »Wie die Exogamie, die seinen erweiterten sozialen Ausdruck bildet, ist auch das Inzestverbot eine Regel der Gegenseitigkeit. Die Frau, die man sich versagt und die man dir versagt, wird gerade dadurch angeboten. Wem wird sie angeboten? Bald einer durch Institutionen definierten Gruppe, bald einem unbestimmten und stets offenen Kollektiv, begrenzt nur durch den Ausschluß der nahen Verwandten, wie es in unserer Gesellschaft der Fall ist.« Auf diese Weise bildet die Exogamie den »Archetypus aller anderen auf Gegenseitigkeit beruhenden Ausdrucksformen«.[85] Die Idee des Austausches geht also der Ablehnung von Inzest *voraus*. »Meine Schwester wird erst zu einer ›Schwester‹, wenn ich fürchte (oder erwarte), dass sie zur Frau eines anderen wird. Männer ›tauschen‹ keine Frauen, und Frauen existieren nicht *für* den Tausch: Dazu werden sie erst durch den Austausch, ebenso die Männer. [...] Die Ehe ist ein Prozess, bei dem Menschen (Männer wie Frauen) Verwandtschafts*beziehungen* miteinander tauschen.« Indem der Strukturalismus die *Regeln* hervorhob, zeigte er freilich auch, dass die Verwandtschaftsdefinitionen, die auf dem Modell der ›Affinität‹ oder der sozialen Bindungen beruhen, nicht minder rigide sind und ihre Vorgaben nicht weniger unhintergehbar als die der Blutsverwandtschaft: Sie sind permanent, internalisiert und konstitutiv für den einzelnen, für die Paarbeziehung und für die Gemeinschaft.[86] Nur hat in diesem Fall die kulturelle Affinität Vorrang vor der Blutsgemeinschaft.

Die Rache ist die Kehrseite der Gabe und ebenfalls eng verbunden mit Verwandtschaft. Wie die Gabe beruht sie auf dem Prinzip der Gegenseitigkeit von Gemeinschaften: »Die Beleidigung wird als kollektiv empfunden und verpflichtet die ganze Gemeinschaft gegenüber dem Beleidiger.« In die Logik der Rache gehört auch der Frauenraub, der oft mit Töten auf eine Stufe gestellt wird. In vielen Kulturen besteht eine Homologie von Blutpreis und Brautpreis. Das zeigt sich schon daran, »daß die Entschädigung für die Tötung eines Menschen sehr häufig in der Gewährung einer Gattin besteht«. Da sich das Rachesystem potentiell unendlich perpetuiert, entstanden zentrale Autoritäten, die das Prinzip ›Leben gegen Leben‹ durch eine Schuldform – vergleichbar dem Brautpreis – ersetzten: Die Zahlung von Rindern oder Geld substituierte die direkte Rache. Das setzt sowohl eine Art von allgemeingültiger Währung (Vieh, Kamele oder Geld) als auch ein gemeinschaftsübergreifendes Regelwerk voraus: »Man stellt hier die Entstehung eines öffentlichen Raums fest, der immer stärker als Raum der Stadt und ihrer Gesetze bekräftigt werden sollte, die niedergeschrieben, allen bekannt und für alle gleich sein müssen.«[87]

Das Blut ist ein wichtiges Symbol in der Logik der zeremoniellen Gabe: Sowohl beim Tausch von Frauen als auch bei der Blutrache ist es »Symbol der Vereinigung und Kontinuität der Sippe und der Generationen«.[88] Diese Symbolik charakterisiert auch die Blutsverwandtschaft. Der Unterschied liegt jedoch in der Art, wie Prioritäten gesetzt werden. Während in den traditionellen Gesellschaften, das zeigen einige der oben genannten Beispiele, das Blut als *Symbol* für ein soziales und kulturelles Beziehungsgeflecht dient, gilt das Blut im Westen als das Reale oder Primordiale, für das die Kultur – oder die sozialen Beziehungen – nur ein Symbol sind. Zu dieser Regel gibt es allerdings eine (wie wir noch sehen werden: nicht unwichtige) Ausnahme: Wenn Tinte oder Geld mit Blut (das ›rote Blut des Kapitals‹) verglichen werden, ist es das Blut, das die Rolle des Symbols übernimmt. Es dient dann der »magischen Aufladung« der Zeichensysteme* und verleiht den Zeichen Realitätsmacht. Dabei wird deutlich, dass Geld und Schrift das Leben weniger symbolisieren als *definieren*. Das Blut und die Blutsverwandtschaft verleihen den Zeichen die Anbindung an die Leiblichkeit.

7. Ethnologie und Anthropologie als Spiegel historischer Veränderungen

Ethnologie und Anthropologie entstanden als Wissenschaft ab etwa Mitte des 19. Jahrhunderts. Sie waren zunächst Begleiterscheinung des Kolonialismus, der das Interesse an den Sitten fremder Völker verstärkt hatte – gelegentlich mit der Absicht, diesen die Standards »zivilisierten Lebens« beizubringen. Vorausgegangen waren die Erzählungen der Missionare: Diese hatten – nicht immer, aber zumeist – über die anderen Völker aus einer Perspektive berichtet, die dem Raster der christlichen Lehren entsprach.[89] Zwar empfanden sich Ethnologie und Anthropologie wie auch die ebenfalls neu entstandene Religionswissenschaft (bei der es viele Überschneidungen zur Ethnologie gab) als frei von missionarischen Absichten, doch die Grundlagentexte, in denen sie antike oder fremde Kulturen interpretierten, waren von den Vorstellungen des christlichen Abendlands durchdrungen. Einer der einflussreichsten dieser Texte war Lewis Henry Morgans (1818–1881) im Jahr 1871 erschienenes Werk *Systems of Consanguinity and Affinity in the Human Family*. Morgan gilt als der Vater der *Kinship Studies* und behauptete, wie der Titel seines Werks schon sagt, die universelle Gültigkeit des Modells der Blutsverwandtschaft. Er ging auch ganz selbstverständlich von Stammes*vätern* und einer Vaterlinie aus: »Als

---

* Der Medientheoretiker Vilém Flusser hat von den technischen Bildern des 19. Jahrhunderts gesagt, sie wurden erfunden, »um die Texte wieder magisch zu laden«. Flusser 1991, S. 16. Eine ähnliche Funktion erfüllt auch das Blut für die westliche Blutsverwandtschaft, die weitgehend auf Zeichen beruht.

System basiert es auf einer wahren und logischen Anerkennung des natürlichen Ausflusses von Blutströmen, der Besonderheit und der permanenten Divergenz mehrerer dieser Ströme und der graduellen Unterscheidung, sowohl in Zahl als auch in Herkunftslinie, einzelner Personen zum zentralen *Ego*. Es handelt sich also um ein natürliches System, gegründet auf der Natur der Herkunft; es ist davon auszugehen, dass es sich um eine spontane Form des Wachstums handelt.«[90]

Parallel zu Morgans Grundlagenwerk, das in der ethnologischen Verwandtschaftsforschung über lange Zeit kanonischen Charakter hatte, erschienen die ersten Texte eines rassistisch geprägten Antijudaismus: In deren Mittelpunkt stand eine Ideologie, die die Angehörigen der anderen Religion zu ›Blutsfremden‹ erklärte und diese auf biologische Weise von der eigenen ›Kultur‹ abgrenzte. Ich komme darauf zurück, will hier nur auf den Zusammenhang zu den Forschungen der Anthropologie hinweisen. Es war zweifellos kein Zufall, dass ausgerechnet Émile Durkheim, der jüdischer Herkunft war, zu den ersten Forschern gehörte, die die Vorstellung der Blutsverwandtschaft neu zu denken versuchten. Durkheim zeigte, dass Verwandtschaft wenig mit Leiblichkeit, jedoch viel mit Kultur und Konvention zu tun hat. Ähnliches galt auch für seinen Neffen Marcel Mauss. Dass Mauss' *Die Gabe* nach 1945 intensiv rezipiert wurde, war auch ein Resultat des Schreckens über die Shoah und der Suche nach Alternativen zum Modell der Blutsverwandtschaft – zu evident war der Zusammenhang zwischen Morgans »Blutströmen« und denen des rassistischen Antisemitismus.

In derselben Zeit, in der Durkheim und andere die kulturellen und sozialen Strukturen von Verwandtschaft hervorzuheben begannen, machte die Biologie umwälzende neue Entdeckungen, von denen viele wiederum das Modell der Blutsverwandtschaft legitimierten. Diese wurden von den Rassisten aufgegriffen. Zum ersten Mal in der Geschichte des Abendlandes lieferte die Biologie gesichertes Wissen über Zeugungsvorgänge und Herkunft. Diese Erkenntnisse (auf die ich zurückkomme) sollten allmählich die Vorstellungen von Verwandtschaft revolutionieren. Sie ließen alle bisher formulierten Phantasien über eine geplante Fortpflanzung realisierbar erscheinen und ebneten den Weg für deren Umsetzung im Labor: Es entstand die Eugenik, später die Genetik und die Reproduktionsmedizin.

Dieselben Erkenntnisse sorgten auch für die Entstehung der Sexualwissenschaften: Diese postulierten einen vom Fortpflanzungstrieb unabhängigen

Geschlechtstrieb, und ihr wichtigstes »Beweismittel« war die Homosexualität. Es entwickelten sich also zwei der bestimmenden Faktoren, die heute zur Neudefinition von Verwandtschaft führen: Einerseits erfuhr das Modell der Blutsverwandtschaft – mit Eugenik und Genetik – eine gewisse Legitimierung; andererseits wurden aber auch die Weichen für eine neue Vorstellung von Familie gestellt, die in vielerlei Hinsicht mehr mit dem sozialen Netzwerk als mit leiblicher Verwandtschaft zu tun hat. Durch diese Änderungen vollzog sich in der anthropologischen Forschung eine komplette Kehrtwende: Das Blut galt nun nicht mehr als das ›Reale‹ der Verwandtschaft, sondern als *Metapher* für soziale Bindungen. »Blut konstituiert Verwandtschaft auf symbolische, nicht auf natürliche Weise. Die so geschaffenen Bindungen werden von der Kultur, nicht von der Natur geschaffen.«[91]

In den modernen westlichen Konzeptionen von Verwandtschaft, so der brasilianische Anthropologe Eduardo Batalha Viveiros de Castro, ist Biologie »nie die ganze Geschichte«. Dies gelte erst recht für die genetische Vererbung. Für die moderne Ethnologie erweise sich die »gelebte Blutsverwandtschaft immer mehr als komplexe Verweiskette von ›sozialen‹ und ›biologischen‹ Dimensionen«, die beide akzeptiert *und* zurückgewiesen werden können. Er unterstreicht den gegenseitigen Einfluss von kulturellen und wissenschaftlichen Entwicklungen: etwa zwischen modernen Reproduktionstechniken und aktueller »Vernarrtheit« in das Ideal von Kreativität und in die Fähigkeit zur »Selbststilisierung«.[92] Damit spielt er auf unterschwellige Hoffnungen und tatsächliche Versuche an, mithilfe der Reproduktionstechniken »höherwertige« Kinder zu erzeugen.

Es ist unbestreitbar, dass Ethnologie und Anthropologie in den letzten Jahrzehnten einen grundlegenden Wandel durchliefen – die Forschungsergebnisse zu sozialen Formen von Verwandtschaft bieten dafür einige Beispiele. Bei diesem Wandel lernten die Forschenden auch, den eigenen Berichten zu »misstrauen«, wie Marilyn Strathern es ausdrückt, und vermehrt nach dem Kontext der eigenen Forschung zu fragen. Statt die Konstruktion in den fremden Kulturen zu sehen, erkannte man, dass sie in den Berichten *über* diese zu finden war. »Ein Text, der über eine andere Kultur spricht, ist selbst nur ein Text, ein kultureller Artefakt eigener Art.«[93] Das implizierte einen *ethnological turn*: Nicht nur wurde der Anspruch auf die Universalität des Modells Blutsverwandtschaft relativiert, darüber hinaus traten auch die sozialen und kulturellen Dimensionen *westlicher* Verwandtschaftsverhältnisse immer deutlicher zutage. Durkheim hatte einige der ersten Anstöße gegeben. In der zweiten Hälfte des 20. Jahrhunderts folgten viele weitere Forschungen.

Zu den frühesten und einflussreichsten Arbeiten gehörte David Schneiders Buch von 1968 *American Kinship. A Cultural Account*.[94] Er stellt dar, dass auch die westliche Verwandtschaftsdefinition viel stärker von sozialen und kulturellen Faktoren bestimmt ist, als es die Tradition der Blutsverwandtschaft vermuten lässt. Seinen Forschungen folgten weitere, die einerseits den ethnologischen Blick auf den Westen richteten, andererseits aber auch kulturvergleichend vorgingen. Dieses vergleichende Vorgehen machte die ethnologische Forschung zu einer ganz neuen Analysekategorie der Wissenschaftsgeschichte – nicht durch Zufall vergleichbar der Geschlechterforschung, die in derselben Zeit aufkam, eine »ethnomethodologische Wende«[95] mit sich brachte und vom amerikanischen Wissenschaftshistoriker Thomas Kuhn als der wichtigste Paradigmenwechsel der jüngeren Wissenschaftstheorie bezeichnet wurde.[96] Beide Gebiete befanden sich zunächst am Rande der Mainstream-Wissenschaft, wenn sie nicht schlicht ausgeschlossen wurden, bevor sie dann neue Rahmenbedingungen für Erkenntnisprozesse setzten. Beiden Wissensgebieten war auch gemeinsam, dass sie parallel zu großen sozialen Umwälzungen (wie etwa Legalisierung der Abtreibung, Einführung der Pille und allmähliche Entkriminalisierung der Homosexualität) entstanden. Mit jeder von ihnen wurde das tradierte Verständnis von ›Natur‹ in Frage gestellt. Politische Revolutionen seien zumeist einem wachsenden Unbehagen an den bestehenden Institutionen geschuldet, so Kuhn, und ähnlich entstünden auch wissenschaftliche Revolutionen durch das Gefühl, »daß ein existierendes Paradigma aufgehört hat, bei der Erforschung eines Aspekts der Natur, zu welchem das Paradigma selbst den Weg gewiesen hatte, in adäquater Weise zu funktionieren«. Sowohl bei politischen als auch wissenschaftlichen Entwicklungen sei »das Gefühl eines Nichtfunktionierens, das zu einer Krise führen kann, eine Voraussetzung für die Revolution«.[97]

Der Kulturvergleich offenbarte, dass sowohl das biologische als auch das soziale Verwandtschaftsmodell von einer ›vorgegebenen‹ Realität ausgehen – und dieser widersprüchliche Universalitätsanspruch machte es erforderlich, beides in Frage zu stellen. »Wenn wir Affinität weiterhin in Kategorien von kulturell oder konventionell denken wollen, so müssen wir uns klar machen, dass menschliche ›Kultur‹ für die Menschen des Amazonas (und andere) eine transspezifische Eigenschaft ist, die dem Bereich des Universellen und ›Angeborenen‹ – oder dem, was wir als ›natürlich‹ bezeichnen – angehört. Die Kehrseite davon ist die Tatsache, dass Blutsverwandtschaft von den Amazoniern als ›konstruiert‹ erfahren wird, als ein institutionalisierter Satz von juristischen Kategorien und Rollen, als eine ›soziale Struktur‹.« Für die Bewohner des Amazonas ist Blutsverwandtschaft also Kultur.[98] Da beide Vorstellungen von ›Kultur‹ kategorischen Charakter haben, schließen sie sich gegenseitig aus. Damit relativieren sie wiederum das Unhintergehbare beider Verwandtschaftsformen. Eben diese Erkenntnis macht sie zu geeigneten Kategorien bei der Analyse der eigenen Kultur. Der auf den *Westen* gerichtete Blick ermöglichte so zum ersten Mal die Frage: Was ist das eigentlich für eine Kultur, die das Paradigma der Blutsverwandtschaft so zentral gemacht hat?

Sobald Ethnologie und Anthropologie vergleichend vorgehen, treten nicht nur die Unterschiede, sondern auch die *Ähnlichkeiten* der beiden Verwandtschaftsmodelle deutlicher zutage. So beschreibt zum Beispiel der Ethnologe Mervyn Meggitt, dass beim Stamm der Enga in Papua-Neuguinea ein patrilineares Modell vorherrscht: Bei diesem gilt der spirituelle Beitrag der Vorfahren mehr als der väterliche Samen. Zwar finde bei der Zeugung zunächst eine Vermischung von männlichem Samen und weiblichem (Menstruations)-Blut statt, doch vier Monate nach der Konzeption komme ein anderes, spirituelles Element hinzu: »Es wird gewissermaßen implantiert von der Gesamtheit der Geister des väterlichen Clans und scheint eine Emanation ihrer gemeinschaftlichen Potenz zu sein.« Für die Geburt eines gesunden Kindes sei die Existenz der »Geister der Ahnen« wichtiger als die ursprüngliche Verbindung von Samen und Menstruationsblut.[99] Eine solche Vorstellung von Konzeption weist einige Parallelen zu Aristoteles' *Zeugung der Geschöpfe* auf. Er deklarierte das weibliche Blut zum »Stoff«, der durch eine (männlich definierte) »himmlische Kraft« geformt wird.[100] Dabei kommt auch bei Aristoteles ein patrilineares Modell heraus, das zwar nicht auf männlichen Geistern, wohl aber auf einem »männlichen Geist« beruht. Bei ihm ist dieser allerdings *im* Samen enthalten; der Geist wird also gewissermaßen biologisiert.

Das aristotelische Modell einer »transzendenten Priorität« des männlichen Beitrags zum Zeugungsakt wurde prägend für das Abendland. In der Moderne hatte dies allerdings einen paradoxen Effekt: Führte es zunächst zu einer Verfestigung und Legitimierung männlicher Macht in politischen und ökonomischen Strukturen, so bewirkte es in den letzten zwei Jahrhunderten, dass der Vater immer mehr an Bedeutung verlor (was noch an konkreten Beispielen zu zeigen sein wird). Parallel dazu näherte sich das Abendland der sozialen Verwandtschaftsdefinition an. Marilyn Strathern, die sowohl die expliziten als auch impliziten Vorannahmen der modernen Reproduktionsmedizin untersucht, hat ihre Schlussfolgerungen (etwa zu Samenbanken) folgendermaßen beschrieben: »Eben weil Samen das Aussehen einer (sichtbar) ablösbaren Körpersubstanz hat, scheint er veräußerbar [im Sinne von verkäuflich]. Und weil er ersetzbar ist, gibt es Zweifel an seiner Herkunft.« Letztlich stelle »die substantielle Beschaffenheit von Samen« wie auch »die Asymmetrie des Verhältnisses von Samen und Uterus« eine Umkehrung der aristotelischen Annahme dar, »dass der Samen die Form und das mütterliche Blut die Substanz des Kindes liefern«.

War bei Aristoteles die Herkunft des Samens »höherer« und immaterieller Herkunft, so ist er mit der Reproduktionsmedizin in den Niederungen eines »Stofflieferanten« angelangt. Er büßte einen Gutteil seines hohen symbolischen Wertes ein. »Wenn im 20. Jahrhundert von ›Samenspende‹ die Rede ist, so wird der Samen als eine Substanz behandelt, die das mütterliche Ei befruchten kann – gleichgültig, *ob seine [die väterliche] Identität bekannt ist oder nicht.*«[101] Weil Aristoteles den Samen als weitgehend transzendent und substanzlos erachtete, ging er davon aus, dass dieser – anders als andere liquide Stoffe – nicht gefrieren könne, sondern bei der Berührung mit Luft evaporiere.[102] Heute wird Samen eingefroren, und er lagert in Banken. Seine Verwertung ist oft anonymisiert. Strathern betont, dass die biologische Beschaffenheit des Samens die Voraussetzung für dessen »transzendente Entleibung« bei Aristoteles war. Aber das ist anfechtbar. Denn der Umgang mit der Samenflüssigkeit in anderen Kulturen – etwa bei dem weiter oben beschriebenen Beispiel der Kamea mit ihrem Yangwabaum – zeigt, dass diese Transzendenz wenig mit der Beschaffenheit der Substanz zu tun hat. Für seine Entsubstantialisierung bedurfte es noch anderer Faktoren, von denen im nächsten Kapitel die Rede sein wird

An sich erscheint der Widerspruch zwischen dem Glauben ans genealogische Modell der Blutsverwandtschaft und dem Glauben ans Modell der sozialen Verwandtschaft unlösbar: Man müsse sich zwischen Affinität und Blutsverwandtschaft entscheiden, sagt Viveiros de Castro, »man kann nicht sowohl Affinität als auch Konsanguinität als gegeben betrachten – oder beide als konstruiert«.[103] Doch im westlichen Denken steht faktisch beides nebeneinander und gilt als kompatibel: Eben dies ist das wichtigste Unterscheidungsmerkmal zwischen der westlichen und den anderen Definitionen von Verwandtschaftsverhältnissen. Denn die Paradoxie zwischen den beiden Modellen löst sich, sobald man einsieht, dass der Westen an eine Blutslinie ›glaubte‹, die patrilinear bestimmt war: eine Blutslinie also, die, wie der Samen, ihrem Ursprung nach *nicht* leiblich, sondern transzendent gedacht wurde. Erst später, und dies im Laufe einer langen Kulturgeschichte, entwickelte Europa Techniken, die es erlaubten, diese geistige Blutslinie *performativ* herzustellen.* Das geschah schon lange vor dem Aufkommen der Genetik und der Reproduktionsmedizin.

In der Moderne zeigt sich die Ähnlichkeit der beiden Verwandtschaftsmodelle – Blutsverwandtschaft und Affinität – immer deutlicher. Das gilt auf vielen Ebenen und schlägt sich auch in zunehmend fließenden Geschlechtergrenzen nieder. Das heutige Interesse an den transsexuellen Verschiebungen, die nicht nur die transsexuelle Operation, sondern auch die Definition von Vaterschaft und Mutterschaft beinhalten, diese Verschiebungen finden ihre Entsprechungen in vielen alten Kulturen, die Ethnologen untersucht haben. Die modernen Verwandtschaftskonstruktionen mit ihren fließenden Geschlechtergrenzen »erinnern an viele afrikanische Beispiele, wo die Brüder der Mutter ›männliche Mutter‹ genannt werden, oder an das Beispiel reicher Lovedu-Frauen, die sich mit Vieh ›Ehefrauen‹ kaufen und zum ›Vater‹ ihrer Kinder werden«.[104] Ähnliches gilt auch für die Bevölkerung Melanesiens, die Marilyn Strathern untersucht hat: »Vaterschaft und Mutterschaft stehen als austauschbare Metaphern für einander.« Mütter werden zu Vätern »insofern als sie Samen in der weiblichen Form von Milch weitergeben. Sie sind metaphorische Väter!«[105] Viele Modelle für die moderne Familie lassen sich also auch in indigenen Sozialstrukturen finden. Heißt dies, dass die Wissenschaft zum Motor einer Rückkehr ins Archaische dient? Wohl kaum. Aber es deutet darauf hin, dass flexible Geschlechterrollen zu den anthropologischen Konstanten gehören.

Die Veränderungen haben auch Einfluss auf Allianzen und Partnerwahl. Auf der einen Seite hängt der Westen weiterhin einer »imperialistischen Version des Gegeben« an, laut der »genotypische Blutsverwandtschaft nicht nur über den Phänotyp, sondern auch über die gefühlsmäßige Wahl des Partners bestimmt: im Interesse der genetischen Reproduktion«. Affinität wird als »fiktive Konsanguinität« beschrieben.[106] Auf der anderen Seite setzt sich aber auch

---

* Der Begriff ›performativ‹ bezeichnet eine Wirklichkeit, die durch Sprach- und Schrifthandlungen hergestellt wird.

die Erkenntnis durch, dass Verwandtschafts- und Paarbestimmung kulturellen und sozialen Faktoren unterliegen. Der Anspruch auf die »Liebesehe« mag als Beispiel dienen. Sie löste im Verlauf des 19. Jahrhunderts die »Vernunftehe« ab, bei der die Eltern die Paare nach rationalen und sozialen Gesichtspunkten aussuchten. Heute zeigt sich jedoch, dass hinter der »Freiheit der Wahl« ein nicht minder mächtiges Regelwerk steht. So haben die beiden Soziologinnen Arlie Hochschild und Eva Illouz in mehreren Untersuchungen dargestellt, dass die Wahl des Sexualpartners und Partnerbeziehungen vor allem von den Bedingungen des Konsums abhängen und damit vom Kapitalismus bestimmt werden.[107]

Jede Form von Verwandtschaft und Allianz ist als ein performativer Akt zu verstehen, und zweifellos besteht die Gemeinsamkeit aller Verwandtschaftsformen – seien sie leiblicher, sozialfürsorglicher oder kultureller Art – darin, dass sie eine Form von Sprache und Kommunikation darstellen. Es scheint jedoch ein Charakteristikum des Westens zu sein, dass sich eine Vereinbarkeit zwischen den beiden konträren Konzepten Affinität und Blutsverwandtschaft entwickeln konnte – und dieses Phänomen, so meine ich, hängt mit den spezifischen Eigenschaften der westlichen Kommunikationsform zusammen. Was bedeutet das kirchliche Inzest-Verbot, so Viveiros de Castro, wenn nicht, dass Konsanguinität letztlich ein Produkt von Affinität ist?[108] Gewiss. Aber ist Affinität immer gleich Affinität? Wie die traditionelle ist auch die westliche Affinität sprachlicher Art – nur wird sie nicht vom gesprochenen, sondern vom *geschriebenen* Wort bestimmt. Hier liegt vielleicht einer der Schlüssel, um zu verstehen, warum heute die beiden Verwandtschaftsdefinitionen in der westlichen Welt kompatibel geworden sind. Wenn die zirkulierende Gabe der traditionellen Gesellschaften als Parallele zur oralen Kommunikation, zur zirkulierenden Sprache zu verstehen ist, so haben sich in der westlichen Gesellschaft, in der das gesprochene Wort durch das Alphabet verschriftet wurde, zwei Formen von Kommunikation entwickelt: eine orale und eine schriftliche. Ihnen entsprechen die zwei Verwandtschaftsformen. Im Abendland galten die beiden über lange Zeit als unvereinbar: Nur die »schriftliche Verwandtschaft« wurde anerkannt. Heute kommt auch die »orale Verwandtschaft« zu ihren Rechten. Wie es zu diesem Wandel kommen konnte, ist eine Leitlinie dieses Buchs, in dem Verwandtschaft als Spiegel der Kulturgeschichte gelesen wird.

8. Verwandtschaft als Sprache

Betrachtet man die Metaphorik von Verwandtschaftsbeschreibungen, so wird deutlich, dass Verwandtschaft eine spezielle Form von Kommunikation darstellt und dass erst diese das Individuum produziert: als einen Knotenpunkt des Netzwerks. »Ganz klar ist der Mensch eine semiotische Funktion von Verwandtschaftsordnung, und nicht Verwandtschaft eine biologische Folge der Geburt.«[109] Das gilt, laut Claude Lévi-Strauss, sogar für biologisch definierte Verwandtschaftsverhältnisse, die ja auf den ersten Blick eine andere Form von Zusammenhalt schaffen. Auch sie sind soziale Konstruktionen. »Ein Verwandtschaftssystem besteht nicht aus den objektiven Bindungen der Abstammung oder der Blutsverwandtschaft zwischen den Individuen; es besteht nur im Bewußtsein der Menschen, es ist ein willkürliches System von Vorstellungen, nicht die spontane Entwicklung einer faktischen Situation.«[110] Aus diesem Grund sind nicht die Familien »elementar«, sondern die Beziehungen selbst. Verwandtschaft, so drückt es Sahlins aus, sind einfach nur »Verknüpfungsbegriffe«, und wahrscheinlich sei das Prinzip Verwandtschaft eine dem Menschen inhärente Möglichkeit. Wenn dem aber so ist, könne man nicht von der Familie als Verlängerung »eines abstrakten Egos« ausgehen; vielmehr bilde sich das Individuum durch die Vernetzung mit dem kommunikativen und sozialen Umfeld. Als Beispiel führt er das Inzesttabu an: Von einer Kultur zur anderen gelten unterschiedliche Gesetze, nach denen geheiratet oder nicht geheiratet werden darf.[111] Sie zeigen am deutlichsten, dass Verwandtschaftsverhältnisse nichts anderes als Kommunikationsformen sind.

Franz Boas, der die Sprache der amerikanischen Indianer untersucht hat, beschrieb als einer der ersten die Analogie von Sprache und sozialen Beziehungen. Beide funktionieren auf unbewusste Weise. Bis zur Entstehung einer wissenschaftlichen Grammatik (die zwingend der Verschriftung der Sprache bedarf) ist dem, der spricht, die Struktur der eigenen Sprache nicht bewusst. Ähnliches gilt für soziale Regelwerke wie Ritus und Verwandtschaft. Allerdings müssen diese zum Teil bewusst erlernt werden, was schon die Frage nach ihrem Sinn impliziert. »Der wesentliche Unterschied zwischen den sprachlichen und den kulturellen Erscheinungen liegt darin, daß die ersteren niemals aus dem klaren Bewußtsein stammen, während die letzteren, obwohl sie den gleichen unbewußten Ursprung haben, sich oft bis in die Höhe des bewußten

Denkens erheben und so zur Entstehung der sekundären Überlegungen und Neuinterpretationen beitragen.«[112] Lévi-Strauss, der diese Analogie von Sprache und sozialen Beziehungen weiterentwickelte, ordnete Verwandtschaft nicht dem Ritus, sondern der Sprache zu: »Die ›Verwandtschaftssysteme‹ werden wie die ›phonologischen Systeme‹ durch den Geist auf der Stufe des unbewußten Denkens gebildet. [...] Die Verwandtschaftserscheinungen sind in einer *anderen Ordnung der Wirklichkeit* Phänomene vom *gleichen Typus* wie die sprachlichen.«[113] Da Lévi-Strauss im Inzestverbot die Grundlage aller Verwandtschaftsstrukturen sah, stellte er auch die Analogie zwischen Frauentausch und dem Tausch von »Nachrichten« her.

Es gibt Verwandtschaftsdefinitionen, die ganz explizit die sprachliche Affinität betonen: etwa an demselben Tag geboren zu sein, denselben Namen zu tragen, gemeinsam eine Prüfung (auf dem Meer oder im Eis) überstanden zu haben. Sprache und Kultur tragen dazu bei, das Bedürfnis nach zwischenmenschlichen Beziehungen in vorbestimmte Verwandtschaftsverhältnisse zu lenken. »Mag sein, dass Verwandtschaft eine universelle Möglichkeit der Natur darstellt, doch durch ihre Kodifizierung in Sprache und Kultur bildet sie zugleich einen kulturellen Einzelfall.«[114] Wegen der Nähe von Verwandtschaft und Sprache wird der Name – sozusagen: das Sprache gewordene Individuum – oft als Teil des Körpers betrachtet.[115] Das hat zur Folge, dass ein Kind, das nach einer bestimmten Person benannt wird, auch die Identität des Namensgebers annimmt. Etwas Ähnliches finden wir auch in biologischen Verwandtschaftsverhältnissen, wo ein Kind oft nach einem Paten benannt wird, mit dem es biologisch nicht verwandt ist, dessen Eigenschaften es aber annehmen soll. Allerdings wird in diesem Fall die Rolle des Paten als sekundäre – metaphorische oder geistige – »Elternschaft« betrachtet, während die biologische als primär gilt. In anderen Kulturen dagegen wird dem Namen der Vorrang vor der Blutsverwandtschaft eingeräumt. »Über die Einwohner der Belcher Islands wird berichtet, dass der Name den Status, Charakter und andere Attribute verkörpert, die an den Namensempfänger weitergegeben werden.«[116] Dieselben Faktoren (Status, Charakter etc.) werden im Westen über die Blutslinie weitergegeben.

Dass Verwandtschaft als Kommunikation verstanden wird, bedeutet nicht, dass das Regelwerk nur aus Worten besteht – wie etwa in den juridischen Regelwerken der westlichen Gesellschaft. Unter Sprache wird mehr als Sprechen oder Schreiben verstanden. Sie wird durch Rituale und Bräuche, die dem Körper und dem Unbewussten die Nachrichten einprägen, vervollständigt – und umgekehrt. Das Semiotische (die Zeichensprache), so Paul Ricœur, ist sehr weit zu fassen, und das bedeutet »nicht nur, dass die symbolische Funktion sozial ist, sondern auch, dass das Soziale grundlegend symbolisch ist«.[117] Den Worten allein, so Marilyn Strathern, trauen die Melanesier nicht. Die Sprache sei »zu leicht«, um ihr das »ganze Gewicht des Lernens und Strukturierens« aufzubürden. Deshalb setzen Melanesier – etwa im Ritus – ihre Körper als Analogon ein: »Körper und Worte werden über einander gelegt«.[118]

Dieses Zusammenspiel von Sprache und Körper ist der jüdischen Orthopraxie (rituelle Praxis) nicht unähnlich: Auch hier gibt es einerseits ein sprachlich verfasstes Regelwerk (festgehalten in den biblischen Büchern *Deuteronomium* und *Leviticus*), andererseits aber auch die Einbeziehung des Körpers ins Ritual. Ein Gutteil der Gesetze des Regelwerks bezieht sich auf den Umgang mit den Bedingungen der Leiblichkeit: Speisen, Sexualität, Geburt, Bestattung etc. Der entscheidende Unterschied zu den traditionellen Gesellschaften besteht darin, dass im Fall der Hebräischen Bibel die Priorität bei der Sprache liegt, im Fall der Melanesier ist sie dem Körper nachgeordnet. Wie erklärt sich dieser Unterschied? Bei den Melanesiern geht es um die gesprochene, im Fall der jüdischen Religion um die verschriftete Sprache. Nur letztere verfügt über das notwendige »Gewicht«.

Dafür bietet die gesprochene Sprache eine größere Vieldeutigkeit. Melanesier »enthüllen verborgene Schichten; sie bringen das Ungesagte, eine schattenartige Gegenwart zum Vorschein; sie lassen keine endgültige Zusammenfassung oder eindeutige Erläuterung zu, und sie leben eine Geschlechteralterität aus, deren Verfeinerung einen westlichen Menschen erblassen lässt. Diese Praxis findet man in Ereignissen und Performances, die, wie geschriebene Texte, eine eigene ästhetische Form haben.«[119] Der Preis für den Vorrang der (geschriebenen) Sprache besteht im Verlust von Vieldeutigkeit – ein Phänomen, das alle Schriftkulturen charakterisiert. Es gilt jedoch in besonderem Maß für die alphabetischen Schriftkulturen, bei denen sich die Schrift einerseits von der gesprochenen Sprache ableitet, diese andererseits aber auch (und eben deshalb) ihrer eigenen Gesetzlichkeit – der Eigendynamik des Geschriebenen – unterwirft. Je umfassender das Alphabet die Sprache wiederzugeben vermochte – und das galt vor allem für das griechische Alphabet –, desto größer wurde das Gewicht der Schrift. Davon ist im nächsten Kapitel die Rede.

Zur Beschreibung von Verwandtschaft, gleichgültig wie sie definiert wird, werden fast immer dieselben genealogischen Begriffe – Mutter, Bruder, Vater, Schwester etc. – verwendet. Diese Übereinstimmung der Begriffe verleitet dazu, die eigene Definition von ›Mutter‹ oder ›Vater‹ in der fremden Kultur wiederzuerkennen. Sahlins fragt sich, ob die Universalität der genealogischen Begriffe nicht doch auf ein Primat des Fortpflanzungsmodells hinweist.[120] Aber gerade das westliche Modell der Blutsverwandtschaft gibt zu erkennen, dass es umgekehrt sein könnte. Robert McKinley macht darauf aufmerksam, dass die Sprache der Genealogie auch für die Beschreibung von sozialem Status verwendet wird: der »Landesvater« zum Beispiel.[121] In diesem Fall hat sich die Kultur biologischer Bilder bemächtigt. Dieselbe Aneignung zeigt sich auch im Begriff der »Brüderlichkeit«. In der Moderne wird eine gerechte Gesellschaft oft als eine »brüderliche Gemeinschaft« beschrieben – ein Idiom, das Viveiros de Castro auf das westliche Modell von Blutsverwandtschaft zurückführt.[122]

Faktisch kam das Bild der Brüderlichkeit aber im Kontext des Klosterlebens auf, aus dem Fortpflanzung und biologische Verwandtschaftsverhältnisse verbannt waren. Auch außerhalb der Klöster, im Protestantismus (sowohl bei den Lutheranern als auch den Calvinisten), verweist der Begriff der ›Brüderlichkeit‹ auf geistige oder seelische Verwandtschaftsverhältnisse. In der Französischen Revolution, deren Ziel gerade die Abschaffung von Privilegien des Blutes war, spielte die ›Brüderlichkeit‹ erneut eine wichtige Rolle: Sie war Unterscheidungsmerkmal gegenüber dem Adel. Trotz dieser vielen unterschiedlichen Verwendungen des Begriffs ›Brüderlichkeit‹ haben alle einen gemeinsamen Nenner: Sie meinen tatsächlich nur Männlichkeit.* In dieser Hinsicht leitet sich der Begriff von einer Patrilinearität ab, die geistiger und gerade *nicht* leiblicher Art war. Die religiöse und politische Verwendung des Begriffs der Brüderlichkeit ist eines von vielen Indizien, dass sich hinter der Blutslinie eine geistige Genealogie verbirgt.

Die westlichen Familienverhältnisse haben in den letzten hundert Jahren

---

* 2011 kam es in Österreich zu Gefühlsaufwallungen, als eine parteiübergreifende Initiative vorschlug, die Nationalhymne zu ändern. Statt »Heimat bist du großer Söhne« solle es heißen »Heimat großer Töchter und Söhne«. (Dass die Frauen zuerst genannt werden, verdankt sich dem Reim: In der folgenden Zeile heißt es: »Volk, begnadet für das Schöne«.) Am 7. Dezember 2011 wurde (in namentlicher Abstimmung!) im Nationalrat das *Bundesgesetz über die Bundeshymne der Republik Österreich* beschlossen. Es trat am 1. Januar 2012 in Kraft. Die FPÖ lehnte die Änderung als ›Gender-Klamauk‹ ab. Frankfurter Allgemeine Zeitung, 14. 7. 2011.

einen beträchtlichen Wandel erfahren: Sie umfassen neben der Patchworkfamilie mit ihren wechselnden Verwandten das weit verbreitete Phänomen alleinerziehender Mütter und Väter, das gleichgeschlechtliche Elternpaar und, last not least, die vielen neuen Definitionen von Verwandtschaft dank der Reproduktionsmedizin. Allein für die Mutter gibt es fünf unterschiedliche Definitionen (auf die ich zurückkomme). Diese Veränderungen haben Verwandtschaft, die immer als festes Regelwerk verstanden wurde (gleichgültig wie sie sich definierte), einer scheinbaren Beliebigkeit unterworfen. »Dank der neuen Reproduktionstechnologien – die die alte schriftlose, ›analoge‹ Verwandtschaft in das digitale genealogische Alphabet der DNA übertragen – können wir heute die Art von Kindern, die wir wollen, wählen (oder glauben, wir können und müssen wählen); und durch neue optative Formen von Solidarität und alternativen Familienmodellen können wir uns auch die Eltern und Geschwister, die wir uns wünschen, aussuchen. Wir können uns heute den Luxus von zwei völlig unterschiedlichen Genealogien leisten: Die eine besteht aus (biologischen) Verwandten ohne soziale Beziehungen, die andere aus Beziehungen ohne Verwandtschaft.«[123]

Diese Aussage von Viveiros de Castro erscheint mir gewagt. Es stimmt, dass die westliche Kultur heute mehrere Verwandtschaftsmodelle zur Verfügung stellt. Aber handelt es sich bei dieser Neuerung wirklich um einen Übergang von einer analogen (und womöglich noch schriftlosen) zu einer digitalen Kultur? Denn auch das alte Modell der Blutsverwandtschaft ist der Schrift geschuldet. Und unterliegt nicht gerade dem digitalen Modell der DNA der tiefe Glaube an die Blutsverwandtschaft? Die aktuelle Entwicklung der Verwandtschaftsverhältnisse hängt eng mit medialen Neuerungen zusammen: Es ist kein Zufall, dass auf der einen Seite Schrift und Geld digitale Form annehmen, während auf der anderen Seite Verwandtschaft durch das »Alphabet« der DNA organisiert wird.* Der Entwicklung dieser Zusammenhänge gehe ich im Folgenden nach. Es werden dabei notwendigerweise viele Gebiete berührt, die von der Medien-, Religions- und Wissenschaftsgeschichte über soziale Verhältnisse bis zu den neueren Entwicklungen von Medizin und Geschlecht führen.

---

* Genetiker selbst vergleichen das Genom mit dem Alphabet, dem »Buch des Menschen«, einem »Wörterbuch« oder auch einer »Bibliothek«. Beispiele dafür in: Nelkin/Lindee, 1995, S. 6 f., 39.

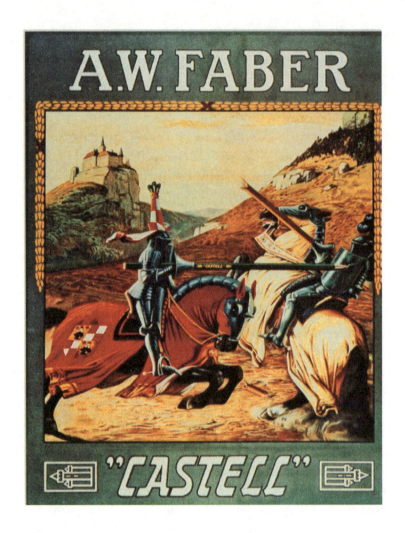

Ein Werbeplakat für den 1905 entwickelten Bleistift ›Castell 900‹. Das Mineral, aus dem Bleistifte gemacht werden, heißt Graphit – von *graphein*, schreiben. Diese Werbung erzählt von der Macht der Schrift: ihre Implikation in die Entstehung und Verteidigung von Religionen, politischen Reichen, Finanzsystemen, Stammbäumen – und Geschlechterrollen. Die Bleistifte der Familie Faber-Castell wurden zum ersten Produkt, das als Marke geschützt wurde. Schon lange vorher war die Schrift zum Markenschutz der männlichen Blutslinie geworden.

2. KAPITEL:
Verwandtschaft als Text

Im Sommer 1993 hatte der Supreme Court von Kalifornien über das Sorgerecht für ein Kind, das von einer Tragemutter ausgetragen worden war, zu entscheiden: der berühmte Fall ›Baby M‹. Im Konflikt zwischen Anna Johnson und dem Ehepaar Calvert ging es um ein Kind, das von einer Tragemutter geboren worden war. Da Crispina Calvert die Gebärmutter entfernt worden war, hatte sich ihre Kollegin Anna Johnson bereit erklärt, das Kind an ihrer Stelle auszutragen. Sie sollte dafür 10 000 Dollar erhalten. Während der Schwangerschaft war es jedoch zu Konflikten gekommen, die schließlich zum Prozess um das Sorgerecht führten. In allen drei Instanzen gaben die Gerichte den Auftragseltern Recht. Doch während die ersten beiden Gerichte mit der genetischen Herkunft des Kindes vom Ehepaar Calvert argumentierten, brachte der Supreme Court noch eine zusätzliche Überlegungen ein: das Urheberrecht.[1] Unter den Richtern des Supreme Court gab es nur eine Gegenstimme: Die Richterin Joyce Kennard wandte sich nicht gegen das Urteil selbst, weil sie der Ansicht war, dass das Kind bei den Auftragseltern besser aufgehoben sei, sondern gegen die Begründung, die direkt vom Urheberrecht abgeleitet worden war und durch die Betonung der Intention das Kind in Parallele zu »geistigem Eigentum« setzte.

Dagegen wandte Kennard ein: »Das Problem ist natürlich, dass Kinder nicht als Eigentumsobjekte zu betrachten sind.« Man könne sie nicht verkaufen und auch nicht, wie etwa Musikstücke, »verwerten«.[2] Trotz dieses Einwands wurde das Modell des Urheberrechts zum zentralen Argument der Rechtsprechung, wenn diese den ›intentionalen Eltern‹ die Elternschaft zuspricht.[3] Das Copyright, das zunächst auf künstlerische Werke (Schrift und Bild) angewandt, dann auf wissenschaftliche Erkenntnisse und industrielle Produkte übertragen worden war, bestimmt heute auch über Verwandtschaft. Diese Logik ist inzwischen »fest eingewurzelt in medizinische Praktiken und technologische Innovationen«.[4] Um zu begreifen, wie es zu dieser Überlagerung von Fortpflanzung und Copyright kommen konnte, bedarf es eines Rückblicks auf die Geschichte der Schrift.

Wenn Verwandtschaft eine Form von Sprache oder Kommunikation ist, so liegt es nahe, dass die Verschriftung der Sprache Einfluss auf die Verwandtschaftsdefinition ausübt. Tatsächlich fällt auf, dass die Gesellschaften, in denen Blutsverwandtschaft von zentraler Bedeutung ist, auch gleichzeitig Schriftgesellschaften sind. Besonders wichtig werden die Blutsbande in den Alphabetkulturen: Dort entstanden Religionen – Judentum, Christentum und Islam –, deren Heilige Schriften in phonetischen Buchstaben geschrieben sind. Worin besteht die Nähe von Schrift und Verwandtschaftsdefinition? Und warum bringen ausgerechnet die alphabetischen Schriftsysteme besonders intensive Formen von Blutsverwandtschaft hervor? Das Blut erfüllt offenbar eine wichtige Funktion für diese Gesellschaften, und – um eine These dieses Kapitls vorwegzunehmen – diese scheint darin zu bestehen, den abstrakten phonetischen Zeichen, die dem Körper die Sprache entreißen und in ein körperfernes visuelles Zeichen überführen, eine neue symbolische Leiblichkeit zuzueignen: durch Blut, das Leben *ist* und Leben *symbolisiert*. Kulturen mit oraler Tradition sind auf diese Symbolik weniger angewiesen, da die mündliche Sprache ohnehin den Körper nicht verlässt.

Zahlreiche Schrifttheoretiker haben die tiefen sozialen Veränderungen beschrieben, die die Schriftsysteme zur Folge hatten; einige werden hier zu Worte kommen. Ich selbst habe in einigen Arbeiten den Einfluss des Alphabets auf die Geschlechterordnung dargestellt.[5] Zu den wichtigsten Auswirkungen gehörte eine neue Religionsform: der Monotheismus, der sich parallel zum ältesten der Alphabete, dem semitischen, durchsetzte. Das nur zweihundert Jahre danach entwickelte griechische Alphabet sollte später (zusammen mit seinem Nachfolger, dem lateinischen Alphabet) zum Mittler der christlichen Heilsbotschaft werden. Auch das arabische Alphabet entstand in enger Verbindung mit dem Islam: Zunächst nur rudimentär vorhanden, entwickelte es sich mit der allmählichen Verschriftung des Koran. In den folgenden Betrachtungen werde ich mich auf Judentum und Christentum beschränken, denn hier zeigte sich die Wirkmacht des Alphabets auf die Blutsverwandtschaft von Anfang an.* Auch spielten Fragen des Blutes eine wichtige Rolle, als Chris-

---

* An anderer Stelle bin ich ausführlich auf den Vergleich von Islam und Christentum eingegangen (v. Braun/Mathes 2007). Kürzlich auch auf fundamentalistische Strömungen im Islam (v. Braun 2016.)

tentum und rabbinisches Judentum praktisch zeitgleich ihre Lehren entwickelten. Während sich im rabbinischen Judentum eine matrilineare Blutslinie herausbildete, nahm sie im Christentum patrilineare Gestalt an.

1. Kurze Geschichte der Schrift

Die Entstehung der Schrift setzte Symbolisierungsfähigkeit voraus, und diese wird unterschiedlich früh oder spät datiert. Die Symbole nahmen oft bildlichen Charakter an und hatten zunächst nur begrenzt mit der Lautstruktur der Sprache zu tun. In der Schrifttheorie gibt es heute weitgehenden Konsens darüber, dass der menschlichen Natur nicht nur das Sprechen, sondern auch die Bildung von Schriftsystemen inhärent ist und dass sich deshalb auch viele von ihnen ähnlich entwickelten. Die Geschichte der Schriftsysteme beginnt oft mit einer Logographie (Darstellung von Worten), die dann allmählich in eine Phonographie (Lautzeichen) übergeht. Das phonographische System hat den Vorteil, mit sehr wenigen Zeichen (zwanzig bis vierzig) auszukommen, denn fast alle Sprachen beruhen auf dem formalen Wiedererkennen von nur ungefähr vierzig Lauten durch die Mitglieder einer Gesellschaft.[6] Wegen ihrer wenigen Zeichen sind alphabetische Schriftsysteme leicht erlernbar, was den Effekt hat, dass in einer Gesellschaft mit Lautschrift die Fähigkeit zu lesen und zu schreiben weit verbreitet ist. So kann das Gedächtnis einer Gemeinschaft nicht einer kleinen Elite von Schriftgelehrten (den Priestern) vorbehalten bleiben, die in Kulturen mit vielen Schriftzeichen (etwa der chinesischen oder der altägyptischen) ihre Macht über das verschriftete Wissen in Herrschaftsverhältnisse ummünzen. Der demokratisierende Effekt des Alphabets wird besonders deutlich beim Vergleich mit einem anderen phonetischen Schriftsystem: der Keilschrift, die um 3300 v. d. Z. von den Sumerern entwickelt wurde und sich bis ins 1. Jahrhundert hielt. Im Vergleich zum Alphabet hatte die Keilschrift den entscheidenden Nachteil, aus vielen Zeichen zu bestehen, die zudem keinen Bildcharakter haben. Damit war sie schwer zu memorieren, »wie jeder bestätigen kann, der sie je zu erlernen versucht hat. Dagegen waren fast alle hieroglyphischen und sehr viele hieratische Zeichen* so bildhaft, daß sie vergleichsweise leicht erlernbar

---

* Hieratische Schrift: griech. »priesterliche Schrift«. Die älteste Schreibschrift der Ägypter wurde um 3200 v. d. Z. entwickelt und hielt sich bis ins 3. Jahrhundert d. Z. Das Hieratische wurde parallel zu den Hieroglyphen (griech. »gemeißelte heilige Zeichen«) verwendet.

waren.«⁷ Die leichte Erlernbarkeit phonetischer Schriften galt also nur für die Alphabete, die schließlich auch die Keilschrift verdrängten.

Bei jeder Kultur, die ihr *eigenes* Schriftsystem entwickelte, ist ein ähnliche Entwicklung zu beobachten: von Piktographie (ein Piktogramm repräsentiert ein Objekt oder auch einen abstrakten Gedanken, ein Ideogramm) über eine Logographie (das einzelne Wort wird bildlich dargestellt), eine Syllabographie (Zeichen repräsentieren die Silben der gesprochenen Sprache; das Schreiben orientiert sich also schon mehr an den Lauten) bis zur alphabetischen Schrift (wo die einzelnen Zeichen einem einzelnen Laut entsprechen). Der Verlauf von der einen zur nächsten Stufe verläuft mit Übergängen und enthält Mischformen. Doch immer impliziert der Prozess eine zunehmende Abstraktion: vom Gesehenen, Objekthaften oder der bildlichen Darstellung von Gedanken und Ideen zur alphabetischen Zerpflückung des Sprechens in seine Einzelteile: Diese Erfahrung der Zerlegung der Sprache in ihre phonetischen Einzelteile macht noch heute jedes Kind, das Lesen und Schreiben lernt, wenn sich plötzlich ein Begriff wie ›Haus‹, mit dem sich leibliche Gefühle wie Wärme, Nähe, Familie, Farben, Gerüche oder auch negative Eindrücke verbinden, in die Bestandteile H-A-U-S auflöst. Ähnliches gilt auch auf kollektiver Ebene: Die Entstehung der Alphabete muss als ein großer, wenn nicht sogar traumatischer Abstraktionsschub erfahren worden sein, der die Umwälzungen der letzten Jahrzehnte durch die digitale Revolution weit übertraf. Denn er spiegelte sich in einer zunehmenden Abstraktion des Denkens wie des Gottesgedankens wider. Lezterer sollte im Monotheismus mit seinem sinnlich nicht erfassbaren Gott den deutlichsten Ausdruck finden.

Die Abstraktion trug dazu bei, das Verhältnis des Menschen zur Natur zu verändern. Schon mit den ersten Kulturtechniken hatte sich der Mensch von den Gesetzen der Natur entbunden: Durch sie erhob sich der homo sapiens an die Spitze der Nahrungskette und der Schöpfung überhaupt. Kulturtechniken implizieren auch die Überwindung des natürlichen Kreislaufs von Untergang und Neubeginn. Da sich die Regeneration der Natur in der Gebärfähigkeit des weiblichen Körpers widerspiegelte – in Mythen und Riten wird diese Symbolik immer wieder beschworen –, war der männliche Körper geradezu prädestiniert, diese Herauslösung, mithin auch die *Überlegenheit* der Kultur über die Natur zu symbolisieren. Solche Zuweisungen hatten wenig mit den physiologischen Gegebenheiten der Geschlechter zu tun, es ging um eine *symbolische* Repräsentation dieser Polarisierung von Natur und Kultur im menschlichen Körper.

In seinem vielgelesenen Buch *Eine kurze Geschichte der Menschheit* fragt sich Yuval Noah Harari, warum »das Patriarchat in fast allen landwirtschaftlichen und industrialisierten Gesellschaften die Regel war«. Obwohl jede Kultur Männer und Frauen anders definiere, sei »daher anzunehmen, dass es auch biologische Gründe gibt, warum fast alle Kulturen der Männlichkeit gegenüber der Weiblichkeit den Vorzug geben«. Er zählt dann Gründe auf, die von der Forschung vorgebracht werden, um diesen Sachverhalt zu erklären – erstens Muskelkraft, zweitens höheres Aggressionsverhalten, drittens »patriarchale Gene« (die die Evolution als Überlegensstrategie hervorgebracht habe) –, bringt aber gegen jede von ihnen stichhaltige Argumente vor. Schließlich konstatiert Harari: »Es gibt zwar viele Theorien, doch keine ist völlig schlüssig. [...] Auf diese Fragen haben wir keine Antwort.«[8] Und wenn sich die Forschung mit der Konzentration auf biologische Gründe schlicht verrannt hat? Hätte sie nach der Rolle der *Kulturtechniken* gefragt (von deren umwälzender Wirkmacht auf die Gegebenheiten der Natur und der menschlichen Gesellschaft Harari selbst so ausführlich berichtet) wäre der Groschen vielleicht gefallen: *It's the culture, stupid!** Auch der im vorigen Kapitel erwähnte Zusammenhang von Opfergabe und Beherrschung der Weiblichkeit verweist auf diesen Zusammenhang.

Die männliche Macht etablierte sich parallel zur Macht der Kulturtechniken. Der symbolische Ursprung der Geschlechterhierarchie geriet in Vergessenheit; immer mehr erschien sie wie ein Naturgesetz. Zu diesen Kulturtechniken gehörten die Schriftsysteme, die sich mit der Landwirtschaft entwickelten. Schriftforscher gehen heute davon aus, dass die Schrift zunächst zum Zweck der Buchhaltung erfunden wurde, als es galt, größere landwirtschaftliche Einheiten zu verwalten.[9] Diese beiden Kulturtechniken – Landwirtschaft und Schrift – schufen nicht nur geschlechtliche, sondern auch andere soziale Hierarchien. Im *Codex Hammurabi* aus dem 18. Jahrhundert v. d. Z. ist schon

---

* Auf die Bedeutung des Pflugs für die Geschlechterordnung haben drei US-Wirtschaftswissenschaftler hingewiesen. Sie konstatierten, dass die Gesellschaften, die heute Frauen besonders wenig Eigenständigkeit zugestehen, identisch sind mit den Kulturräumen, in denen der Pflug zuerst zum Einsatz kam. Die Wissenschaftler führen dieses Phänomen auf die Tatsache zurück, dass die Landwirtschaft durch den Pflug zur Männerarbeit wurde (was sie mit Muskelkraft erklären) und damit die Frauen dieses Machtbereichs verlustig gingen. (Alesina/Giuliano/Nunn 2013) Dabei übersehen sie, dass der Pflug eine der wichtigsten *Kultur*techniken war: Voraussetzung für die landwirtschaftliche Revolution. Mit seiner Erfindung vollzog sich der entscheidende Wendepunkt im Prozess der Naturbeherrschung.

früh dokumentiert, wie Schrift (die im geschriebenen Gesetz ihren deutlichsten Niederschlag fand) und Arbeitsteilung zusammenwirkten. Der Codex hielt die Existenz von drei Klassen fest: Es gab Freie, Gemeine und Sklaven. Dafür berief er sich auf eine göttliche Bestimmung: Weil die Schrift bleibend war, repräsenierte sie eine höhere Gewalt. In die verschiedenen sozialen Kategorien wurde der Mensch *hineingeboren*, womit der Blutsverwandtschaft eine zentrale Bedeutung zukam.

Da die Kulturtechniken mit der Überwindung der Naturgesetze das Versprechen einer Überwindung menschlicher Sterblichkeit in sich trugen, ebneten sie auch den Weg für ein neues religiöses Denken: Der Gedanke der Transzendenz war die logische Weiterentwicklung einer Ermächtigung über die Natur. Herauslösung aus der Zeit, Unsterblichkeit und ›geistige Fruchtbarkeit‹ waren die große Versprechen der Schrift. Damit verstärkten sie auch die Polarität zwischen ›männlicher Kultur‹ und ›weiblicher Natur‹.[10]

Wie entwickelte sich das Alphabet? Fast zeitgleich mit der ersten Schrift in Mesopotamien, nämlich um 3200 v. d. Z., entstand auch das ägyptische Hieroglyphensystem.* Schon in der ersten Hälfte des 2. Jahrtausends v. d. Z. wurden Versuche unternommen, die Vorzüge der ägyptischen Bilderschrift (leichte Erlernbarkeit) und Keilschrift (Vokalisation) zu verbinden. »Aus der uralten ägyptischen syllabischen Schrift wurden etwa Mitte des 2. Jahrtausends v. Chr. rund 30 Zeichen ausgewählt und von da an als ›ägyptische Silbenschrift‹ oder ›Ursyllabar‹ fixiert.« Diese Silbenschrift, die für administrative Zwecke verwendet wurde und nur die Konsonanten schrieb, musste in dem wachsenden Reich auch Wörter und Namen aus fremden Sprachen integrieren. Für ägyptische *native speakers* war der Mangel an Vokalen unwichtig: Sie wussten,

---

* Die neuere Schriftforschung – insbesondere der litauisch-amerikanischen Archäologin Marija Gimbutas – weist auf noch ältere Schriftsysteme in ›Alteuropa‹ hin, die bis ins 7. Jahrtausend zurückreichen und als *Vinča-Kultur* (benannt nach dem Fundort 14 km westlich von Belgrad) bekannt sind. Die Bewohner der Gegend verfügten lange vor dem anatolischen Raum über eine hoch entwickelte Kultur, in der schon ab dem 6. Jahrtausend v. d. Z. Schriftzeichen verwendet wurden, meistens für kultische Zwecke. Das Schriftsystem ging immer mehr vom Bildhaften zu abstrakten Zeichen (Kreuz, Striche) über. Die ersten Schriftzeugnisse der *Vinča*-Kultur liegen etwa zweitausend Jahre vor den ältesten sumerischen Aufzeichnungen, können also nicht von dort übernommen worden sein. Ab der Wende vom 5. zum 4. Jahrtausend drangen indogermanische Nomaden in das Gebiet ein und überrannten die Ackerbaukultur. Damit brach die Schriftkultur ab. Allerdings, so weist Gimbutas nach, tauchen viele der Symbole später im kretischen Schriftsystem Linear A auf. (Gimbutas 1974, S. 81.) Dieses Schriftsystem ist für das Argument in diesem Kapitel nicht wichtig, zeigt aber auch, wie eng Schriftkultur, Ackerbau und Sozialstruktur zusammenhängen.

mit welchen Vokalen das Konsonantengerüst zu füllen war. Doch bei fremden Wörtern und Namen mussten die Schreiber eine Möglichkeit finden, die Vokale wenigstens anzudeuten – durch bestimmte Zeichenkombinationen. Aus diesem Schriftsystem entwickelten sich allmählich die Alphabete: das semitische ab etwa 1500, das phönizische ab etwa 1300 und schließlich das griechische ab etwa 900 v. d. Z.

Über lange Zeit ging man davon aus, dass das griechische Alphabet eine Fortbildung des phönizischen Alphabets darstellte. Doch Zauzich weist überzeugend nach, dass das griechische Schriftsystem über einen anderen Weg nach Griechenland gekommen sein muss, weil »die griechischen Buchstabennamen in einigen Fällen näher am ägyptischen Vorbild sind als die uns überlieferten hebräischen Namen«. Er nimmt, in Übereinstimmung mit dem Schriftforscher Harald Haarman, an, dass es über Kreta nach Griechenland einwanderte. Das heißt, die Hieroglyphen und hieratischen Zeichen entwickelten sich zum semitischen Alphabet; und von diesem leiteten sich wiederum parallel zueinander erstens das hebräische, zweitens das phönizische und drittens das griechische Alphabet ab. Die griechische Schrift beruht also auf einer semitischen Überlieferung, wenn auch nicht auf der gleichen, die zum phönizischen Alphabet geführt hat. Da sich die lateinische Schrift wiederum aus der griechischen entwickelte, bedeutet dies »konkret, daß wir alle, die wir die ›lateinische‹ Schrift gebrauchen, eigentlich ägyptische Hieroglyphen in wenig veränderter Form schreiben, so daß tatsächlich das ganze Wissen der abendländischen Welt in morgenländischen Schriftzeichen fixiert ist«.[11]

Das Alphabet ist heute das weltweit meist verwendete Schriftsystem. »Das Erstaunlichste am Alphabet ist zweifellos, daß es nur ein einziges Mal erfunden wurde. […] Jedes existierende Alphabet – das hebräische, ugaritische, griechische, römische, kyrillische, arabische, tamilische, malaysische, koreanische – rührt in irgendeiner Weise von der originären semitischen Entwicklung her.«[12] Die Herkunft ist an der Gestalt der Buchstaben oft nicht zu erkennen, denn übernommen wurde weniger die Form als die *Idee* der phonetischen Zeichen. Auch hatte das Schriftsystem im neuen kulturellen Umfeld neben der Verschriftung der gesprochenen Sprache oft zusätzliche Funktionen zu erfüllen. Die Entwicklung des koreanischen Alphabets Mitte des 15. Jahrhunderts zum Beispiel hatte ›antikolonialen‹ Charakter und stellte den Versuch dar, »eine von der chinesischen Schrifttradition unabhängige Buchstabenschrift zur Schreibung des Koreanischen zu schaffen«.[13]

Auch die Erfinder des phönizischen Alphabets gehörten einer semitischen Sprache an.* Ihr konsonantisches Alphabet findet sich in der Hebräischen Bibel wieder und kennzeichnet generell hebräisches Schrifttum. (Viele Jahrhunderte später entwickelte sich in Anlehnung daran das arabische Alphabet, das ebenfalls nur die Konsonanten schreibt und auch viele Begriffe aus dem Hebräischen übernahm.[14]) Um 900 v. d. Z. führten die Phönizier Vokalzeichen in ihr Alphabet ein. Rund hundert Jahre später tauchte auch in der griechischen Kultur ein vokalisiertes Schriftsystem auf, das nun aber alle Vokale umfaßte. Dafür schufen die Griechen einige neue Zeichen, oder sie verwendeten diverse semitische Buchstaben, für die das Griechische keine Verwendung hatte. Mit dem griechischen entstand das erste ›volle‹ Alphabet. Anders als oft dargestellt, steuerten die Griechen nicht die Vokale bei, sondern trennten zwischen den einzelnen Lauten und gaben jedem – gleichgültig ob Konsonant oder Vokal – einen eigenen Buchstaben. »Damit stellten sie der Menschheit zum ersten Mal eine visuelle Wiedergabe von Sprechgeräuschen zur Verfügung, die ebenso ökonomisch wie erschöpfend war: eine Elemententafel, deren Elemente sich zu unendlich vielfältigen Kombinationen gruppieren lassen, daß mit ziemlicher Genauigkeit jeder nur denkbare Sprachlaut repräsentiert werden kann.«[15]

»Die ›Stimmen‹ verloren zwischen 2000 und 1000 v. Chr. an Effektivität.« So drückt es Walter Ong poetisch aus. Er meint damit die Zäsur, die durch die Erfindung des Alphabets geschaffen wurde.[16] Eric Havelock spricht eher vom »traumatischen und dramatischen Effekt«, den diese Erfindung mit sich brachte.[17] Tatsächlich beinhaltete die Einführung der phonetischen Zeichensysteme den Beginn einer neuen Denkweise, die sich auf die Psyche des Einzelnen (u. a. die Geschlechterordnung) ebenso auswirkte wie auf die Religionsform und das Konzept der Blutsverwandtschaft.

---

* Der Begriff ›semitisch‹ bezieht sich auf einen *Sprachraum*. Er ist eigentlich biblischen Ursprungs: Die Abstammung Abrahams wird auf Sem, den Sohn Noahs, zurückgeführt. Man bezeichnete alle Völker des Nahen Ostens, die sich als Nachkommen Abrahams betrachten, als ›Söhne des Sem‹. Dazu gehörten u. a. die Araber, Hebräer, Moabiter, Phönizier, Aramäer und andere. Allerdings stimmen die ›Nachfahren Abrahams‹ nicht völlig mit dem semtischen Sprachraum überein. Noch viel weniger eignet sich die Verwendung des Begriffs ›Semiten‹ auf Volksgruppen, wie das bei den Nationalsozialisten geschah. Er wird heute nur noch im Zusammenhang mit den Alphabeten verwendet.

2. Alphabet und Monotheismus

Das semitische Alphabet, die ›Mutter‹ aller anderen Alphabete, schuf die Voraussetzungen für die Entstehung des Monotheismus. Die Verbindung von Schrift und Religion beruht auf ihrer strukturellen Ähnlichkeit: Der Monotheismus griff ebenso tief in den menschlichen Körper und die soziale Gemeinschaft ein wie das Alphabet. Indem sich das phonetische Schriftsystem der gesprochenen Sprache bemächtigte, bestimmte es auch über den Körper der Sprechenden. Der Abstraktionsschub, den dieses körperferne Zeichensystem implizierte, fand seine religiöse Entsprechung in der Entstehung des Monotheismus. Deshalb ist es kein Zufall, das sich parallel zur allmählichen Ausbreitung des semitischen Alphabets der Glaube an einen abstrakten Gott durchsetzte: ein Gott, der nicht zu sehen ist, der sich einzig in den Zeichen der Schrift offenbart und der die Welt aus dem Wort erschafft. Der Prozess zog sich über mehrere Jahrhunderte hin – und so wie sich das Alphabet erst allmählich herausbildete, entwickelte sich auch der Monotheismus über einen längeren Zeitraum.

Schon die ersten Schriftsysteme hatten eine zunehmende Abstraktion und Vermännlichung der Gottheiten zur Folge gehabt. Um 2500 v. d. Z. stieg in Babylon der Gott Marduk, ursprünglich eine kleine Gestalt der mesopotamischen Kosmogonie* zur zentralen Gottheit auf. Auch der Gott Israels war zunächst eine Gottheit unter anderen. In seiner Frühzeit, das heißt, bis ins 7. Jahrhundert v. d. Z. war Israel polytheistisch: »Jahwe ist Staatsgott, wie Assur in Assyrien und Marduk in Babylonien, Amun-Ägypten, aber er wird nicht exklusiv verehrt, sondern als Oberhaupt eines Pantheons. […] Die Religion Israels ist lediglich eine regionale Variante gemein-vorderorientalischer Kulte und Vorstellungen.« Ab etwa 1000 v. d. Z. war das semitische Alphabet (von dem man vermutet, dass es auf der Sinai-Halbinsel entstand) voll entwickelt, und ab 875 kam es zu einer puritanischen Kultreform, aus der im 7. Jahrhundert die »Jahwe-Allein-Bewegung« hervorging. Sie richtete sich gegen die in Israel/Juda immer wieder erstarkenden Baal-Kulte, es kam zu heftigen Konflikten, die sich vor allem intern gegen die eigenen Abtrünnigen wandten. »Die Überlieferung ist natürlich nach dem Sieg dieser Partei rückwirkend vereinseitigt worden, so daß uns die polytheistisch-synkretistische Kultur Altisraels nur im Negativabdruck ihrer Gegner erhalten blieb.«[18]

* Kosmogonie: Erklärungsmodell zur Entstehung der Welt

Warum entwickelte sich diese neue phonetische Schriftform ausgerechnet im Alten Israel? Und warum geschah dies in zeitlicher Parallele zum Aufkommen des Monotheismus? Auf diese Fragen gibt es zwei denkbare Antworten – die eine kreist um Machtpolitik, die andere um Kultur- und Mentalitätsgeschichte. Die machtpolitische Perspektive wurde von Israel Finkelstein und Neil Asher Silberman gut dargestellt. Die beiden Archäologen verglichen die biblischen Erzählungen mit den Funden aus der Frühzeit Israels und kamen zum Schluss, dass die Heilige Schrift »keine Offenbarung, sondern ein herausragendes Ergebnis der menschlichen Einbildungskraft« ist. Sie enthalte nicht mehr historischen Wahrheitsgehalt als etwa die *Odyssee*, die *Ilias* oder die Gründung Roms durch Äneas. Zu dieser Erkenntnis kamen auch schon andere Religionskritiker. Doch die beiden Forscher gehen auch den Gründen für die Entstehung dieses Schriftwerks nach. Die Bibel sei geschrieben worden, um das geteilte hebräische Volk, das in einem Nordreich (Israel) und einem Südreich (Juda) lebte, zu vereinigen. Die beiden Staaten hatten viele Gemeinsamkeiten. Israel und Juda verehrten JHWH (neben anderen Göttern) – was dazu führte, dass bei kriegerischen Handlungen derselbe Gott auf beiden Seiten der Schlachtlinie stand.[19] Die beiden Völker hatten dieselben Sagen, Helden und Geschichten, die auf eine gemeinsame, weit zurückliegende Vergangenheit verwiesen. »Auch sprachen sie ähnliche Sprachen oder Dialekte des Hebräischen, und seit dem 8. Jahrhundert verwendeten sie auch dieselbe Schrift.« Der eine Teil des Landes stand unter assyrischem, der andere unter ägyptischem Einfluss: Politisch, ökonomisch und militärisch waren sie Vasallen der beiden großen und rivalisierenden Mächte dieses Teils der Welt, und eben das bestimmte über ihr Schicksal.* Bis ins 8. Jahrhundert erlebte das fruchtbare Nordreich wachsenden Wohlstand; es entwickelte alle Merkmale einer unabhängigen Staatsbildung – mit bürokratischer Verwaltung und einem Berufsheer –, bis es von Assyrien annektiert wurde. Es folgte die »Assyrianisierung des Nordens«.[20]

Mit Hosea (732–724 v. d. Z.) ging das Königreich Israel unter; viele seiner Einwohner wurden nach Assyrien verschleppt. (In der Bibel wird diese Geschichte einer Unterwerfung und Annektion ›theologisch‹ erklärt: mit den Sünden der Könige des Nordreichs.) Zwanzig Jahre nach dem Untergang Israels versuchte der judäische König Hiskia, der 728 v. d. Z. den Thron bestieg, das Gebiet vom assyrischen Joch zu befreien. Um dieses Ziel zu erreichen,

---

* Die Situation ist nicht unähnlich der Situation Deutschlands während des Kalten Kriegs: mit zwei konkurrierenden Weltmächten, die auf jeweils einen Teil des Landes Einfluss ausübten.

führte er einen strengeren JHWH-Kult ein. Er verfolgte damit die Absicht, dem politischen Ziel der nationalen Unabhängigkeit theologischen Rückhalt zu geben. Der Unabhängigkeitskampf endete mit einem Blutbad, viele Städte wurden zerstört.

Hundert Jahre später bröckelte Assyriens Macht. Ägypten erlebte nun seinerseits eine Renaissance und wollte die beiden Reiche, Juda und Israel, annektieren. Zu diesem Zeitpunkt saß in Juda Josia (638–608 v. d. Z.) auf dem Thron, und er unternahm, zusammen mit den Priestern und Anhängern der »Jahwe-Allein-Bewegung«, den erneuten Versuch, eine große Religionsreform durchzuführen – auch hier mit dem Ziel nationaler Unabhängigkeit. Josia setzte den alten polytheistischen Kulten (über die fremdes Gedankengut nach Israel eindrang) ein Ende und bestimmte, dass JHWH nur noch an einem einzigen Ort, im Tempel von Jerusalem, Opfer dargebracht werden durften. Indem andere Orte verboten wurden, war es leichter, Kontrolle über den Kult, der auch den Zusammenhalt der Bevölkerung stärken sollte, auszuüben. Erst in diesem Kontext wurden die ersten Texte der Bibel verfasst; sie sollten die Religionsreform legitimieren. Während der Bauarbeiten am Tempel von Jerusalem, im Jahr 622, wurden die Gesetze, die Moses am Berg Sinai von Gott erhalten hatte, ›entdeckt‹ und dem Volk verkündet. Sie waren jedoch, wie Finkelstein und Silberman an vielen Indizien nachweisen, erst in der Zeit der Religionsreform verfasst worden. »Die heilige Bundeslade mit den Tafeln mit Gottes Gesetz dient fortan als Schlachtenbanner und heiliges nationales Symbol, das die Israeliten auf allen ihren Wegen begleitet.«[21] Die josianische Reform war der eigentliche Gründungsakt der jüdischen Religion, und es war zugleich ein Kodifizierungsereignis.

Die biblischen Erzählungen wurden aus bestehenden Legenden, Sagen, Prophezeiungen, alten Dichtungen, volkstümlichen Berichten übernommen und den neuen politischen Zielen so angepasst, dass sie »als eine Art frommer ›Vorgeschichte‹ Israels zu betrachten« waren. Die Gestalt Abrahams zum Beispiel, der im Norden und im Süden Altäre errichtet hatte, diente dazu, die »nördlichen und südlichen Traditionen zusammenzubinden«. Da, wo es sich nicht um legendäre, sondern historische Figuren handelte – wie bei David, Salomon und den späteren Königen, deren Herrschaft zudem in die Zeit der ersten schriftlichen Aufzeichnungen fiel – wurden historische Fakten umgeschrieben oder schlicht neu erfunden. So wurde etwa das Bestehen eines vereinigten Königreichs unter David und Salomon behauptet. Doch die archäologischen Befunde zeigen, »daß David und Salomo aus politischer Sicht kaum mehr als Stammesoberhäupter mit einer ziemlich kleinen, lokal beschränkten Verwaltung im Bergland waren«. Im 7. Jahrhundert war das Land bereit für eine nationale Vereinigung. Josia und die »Jahwe-allein«-Priester konnten die Bevölkerung zum Kampf für die Vereinigung bewegen. Mit *Deuteronomium* und anderen Teilen des *Pentateuch* wurde »ein Epos erschaffen, das die Macht und Leidenschaft erneut auflebender jüdäischer Träume ausdrücken sollte. Aus diesem Grund dürften die Verfasser und Redaktoren die kostbarsten Traditionen des Volkes Israel gesammelt und umgearbeitet haben, um die Nation auf den großen nationalen Kampf vorzubereiten, der ihr bevorstand.«[22] Demselben Ziel diente auch die Verfassung der Erzählung von *Exodus*, die die Befreiung vom ägyptischen Joch beschreibt. Die Wissenschaftler bestreiten nicht, dass es Angehörige der Stämme Israels in Ägypten gab: Einige von ihnen befanden sich dort freiwillig (Ägypten unterhielt intensive Handelsbeziehungen mit der gesamten Levante), andere waren bei Feldzügen gefangengenommen worden und leisteten in Ägypten Zwangsarbeit. Aber kein Indiz deutet auf eine kollektive Gefangennahme noch auf einen gemeinsamen »Auszug«.

In dem von mir vorgeschlagenen kultur- und mentalitätsgeschichtlichen Erklärungsmuster liest sich diese Geschichte unter einer Perspektivverschiebung, die die Entstehung des Monotheismus in Zusammenhang stellt nicht nur mit dem politischen Ziel der nationalen Unabhängigkeit, sondern auch mit neuen, dem Alphabet geschuldeten Denkweisen. Finkelstein und Silberman führen die Unterschiede zwischen den beiden konkurrierenden Bruderstaaten Juda und Israel auf unterschiedliche Klimabedingungen und Wirtschaftspotentiale zurück. Das ist sicherlich richtig, erklärt aber nicht, woher ausgerechnet der ärmere und schwächere der beiden Teile, Juda, ab dem 8. oder 7. Jahrhundert plötzlich die Stärke nehmen konnte, das Land zu vereinen und damit den beiden Großmächten Assyrien und Ägypten zu trotzen. Um das zu erklären, bedarf es zusätzlicher, in diesem Fall *kultureller* Erklärungen – und mir scheint, dass die Selbstermächtigung durch das neue Schriftsystem eine entscheidende Rolle spielte.

Betrachtet man die Erzählungen der Bibel unter dem Aspekt der Schrift, so erhält die »nationale Fiktion« die Dimension einer *historischen* Erzählung, indem sie die Geschichte der Schrift und die Entstehung eines neuen Gottglaubens in Parallele zueinander setzt. Warum zum Beispiel muss die Gestalt des Abraham aus Ur kommen? Die Autoren der Bibel, so Finkelstein und Silberman, wollten zeigen, »daß die Ursprünge des Volkes Israel mitten im Herzen der zivilisierten Welt lagen«. Im 6. Jahrhundert war Ur wieder zu einem religiösen Zentrum geworden, und das verschaffte »den Juden einen herausragenden, alten kulturellen Stammbaum«.²³ Ur war aber auch der Ursprungsort der Schrift überhaupt. Auf dem Sinai wiederum erhält Moses die Gesetze Gottes – ein *verschriftetes* Gesetz, was den neuen Gott in enge Beziehung nicht nur zur Schriftlichkeit überhaupt setzt (auf die Göttlichkeit der Schrift hatte sich auch schon der *Codex Hammurabi* berufen), sondern zu *dieser* neuen Schrift, dem Alphabet, das in der Region entwickelt worden war. Diese in Stein gemeißelte *Heilige Schrift* (in jedem Sinne des Wortes: als Werk und als Schriftsystem) sollte fortan über das Leben der Gemeinschaft bestimmen. Auf die Rolle der Schrift verweist schließlich auch die Tatsache, dass die mythische Gründung des Vereinigten Königreichs auf die Regierungszeit von David (1005–970 v. d. Z.) und Salomo (970–931 v. d. Z.) verlegt wird. Für diese Zeit gibt es noch so gut wie keine Belege für Lese- und Schreibfähigkeit, aber sie stimmt mit der endgültigen Entwicklung des semitischen Alphabets um 1000 v. d. Z. überein.

Nur ein geschriebenes Gesetz verfügt über die Macht der Vereinheitlichung. Da die Schrift bleibend ist und sich ihre Gültigkeit über viele Generationen erstreckt, hat sie auch ›göttliche‹ Eigenschaften: Wie Gott ist sie nicht vom menschlichen Gesetz der Sterblichkeit betroffen. So liegt es nahe, hinter dem verschrifteten Gesetz eine ›höhere Gewalt‹ zu verorten. Dies gilt in gesteigertem Maße für phonetische Schriftsysteme wie das Alphabet, die die dem sterblichen Körper verbundene Sprache verewigen. Beim Alphabet wird die Schrift im wahrsten Sinne des Wortes zu einer (transzendenten) ›Überlebensstrategie‹. Theologie *ist* Schrift – und umgekehrt.

Auch die Tatsache, dass *Deuteronomium* »der erste, vollständig ausformulierte Nations- und Gesellschaftsvertrag der Welt [ist], der die Männer, Frauen und Kinder, die Reichen und die Armen einer ganzen Gemeinschaft einbezieht«, entspricht den Charakteristika des alphabetischen Schriftsystems, das dank seiner wenigen Zeichen von allen Mitgliedern der Gemeinschaft erlernt werden kann. Ein Gesetz, das für soziale Gerechtigkeit sorgt (das Gesetz schreibt u. a. die Freilassung von Sklaven nach sieben Jahren vor), den Schutz des Individuums vorsieht (die »Verteidigung von etwas, was man heute als Menschenrechte und Menschenwürde bezeichnet«²⁴) und dem Einzelnen seine Rechte und Pflichten vorschreibt, ist nur denkbar, wenn alle Mitglieder der Gemeinschaft potentiell lesen und schreiben können. Auch die Tatsache, dass dieser Text im 7. Jahrhundert v. d. Z. und damit in einer Zeit entstand, in der es zu einer rasant schnellen Ausbreitung der Schreib- und Lesefähigkeit kam, deutet in diese Richtung.

Das Verhältnis zu Ägypten lässt sich ebenfalls unter der Perspektive der Schrift lesen. Das winzige Land Juda/Israel befand sich nicht nur zwischen zwei (militärischen und wirtschaftlichen) Großmächten, sondern auch zwischen zwei Schriftkulturen. Deren Unterschied dürfte nicht nur die Feindseligkeit von ägyptischer und assyrischer Kultur verstärkt, sondern auch den Druck auf das kleine, zwischen ihnen liegende Reich erhöht haben, einen *eigenen* Ort – symbolisch wie geographisch – zu definieren, der weder der einen noch der anderen Kultur angehörte. Dass ein eigenes – alphabetisches, der Landessprache angemessenes – Schriftsystem der Abgrenzung gegen übermächtige Nachbarkulturen dient, wurde oben schon am Beispiel des koreanischen Alphabets beschrieben, durch das sich Korea im 15. Jahrhundert der kulturellen Überlagerung durch China erwehrte. Hier scheint es sich um etwas Ähnliches zu handeln, nur mit dem Unterschied, dass das semitische Alphabet das erste überhaupt war – und dass es die Vokalisierung des einen Schriftsystems (Keilschrift) mit der Bildhaftigkeit des anderen (Hieroglyphen) verband.

Dass *Exodus* die Befreiung aus dem ägyptischen – und nicht etwa aus dem assyrischen – Joch thematisiert, mag wiederum mit der Tatsache zu tun haben, dass sich die gewählte Buchstabenform von den Hieroglyphen ableitete: Das semitische Alphabet stand diesem Schriftsystem also näher, wie auch Juda, wo diese Geschichte erfunden wurde, an Ägypten angrenzte. Diese Nähe erhöhte die Notwendigkeit einer kulturellen Abgrenzung. Anders als Assyrien repräsentierte Ägypten nicht nur militärische Überlegenheit, sondern auch kulturelle Erbschaft und ›Bevormundung‹ (in jedem Sinne des Wortes). Nur ein *eigenes*, zudem phonetisches Schriftsystem und ein *eigener*, zudem unsichtbarer Gott vermochten diese Emanzipation zu leisten. Deshalb gingen die beiden Entwicklungen, Monotheismus und Alphabet, Hand in Hand, und deshalb bildeten sie sich ausgerechnet in dieser auf wenige Menschen beschränkten Kultur heraus: Sie wäre zwischen zwei großen Mächten zerrieben worden, hätte sie nicht eine solche Eigenständigkeit entwickelt.* In späteren Darstel-

---

* Der französische Gelehrte Lucien Etienne schlug 1932 vor, die Buchstabenfolge des semitischen Alphabets als Nacherzählung des Auszugs aus Ägypten zu lesen. »Männer *(Aleph)* und Frauen *(Beth)* unter dem Joch *(Gimel)* zogen heraus *(Daleth)* aus Ägypten *(He)* nach dem Orient *(Waw)*. Sie vereinigten sich *(Zajin)* bei der Tempel-*(Heth)* Stadt *(Teth)*. Anfangs waren sie verzweifelt *(Jod)*, aber anschließend erhoben sie sich *(Kaph)* voller Mut *(Lamed)*. Und das Volk *(Mem)* lief *(Nun)* durch das Meer *(Samekh)* während des Vollmondes *(Ajin)*. Die Legionen *(Pe)*, die es verfolgten *(Sade)*, ertran-

lungen, als es um die jüdische Abgrenzung gegen die Christen ging, wurde die Erzählung über »die Ägypter« zu einer Metapher für die Christen, in deren Herrschaftsbereich die Juden lebten und von denen sie sich immer wieder zu unterscheiden hatten. Auf diese Weise lassen sich die Ereignisse von *Exodus* auch als immer wieder gegenwärtig beschreiben. Ob die Ereignisse wirklich stattgefunden haben, ist nicht so wichtig wie die Möglichkeit ihrer Übertragung auf die Gegenwart.

Die eigentlich unvorstellbare Widerstandskraft Judas, das es wagte, dem Riesenreich Ägypten zu trotzen, bezog seine Stärke aus einer Quelle, gegen die die Großmächte mit den üblichen militärischen Mitteln nicht ankamen: Es verfügte über ein eigenes Schriftsystem, Voraussetzung für einen eigenen Text und ein eigenes Gesetz. Mit einem Buch des Gesetzes aus Moses' Hand wurde es möglich, »ein für allemal vollendete Tatsachen zu schaffen, also jeden Versuch einer Kritik an den Maßnahmen bzw. einer Revision als gegen den erklärten und schriftlich nachprüfbaren Willen JHWHs zu brandmarken«.²⁵ Die bleibende Schrift bestätigte das Wort Gottes, und als »Wort Gottes« konnte die Schrift auch Anspruch auf unwiderlegbare Gültigkeit erheben. Beide waren ewig, machten schließlich sogar die Monarchie überflüssig. Der große Reformer König Josias wurde von Ägyptern ermordet, bald danach gingen der davidische Thron und das judäische Königtum unter. Doch der Text bestand weiter und sorgte für den Erhalt einer Kultur, die trotz aller Unterdrückungs- oder Vernichtungsversuche vonseiten Ägyptens, Babylons, des Römischen Reichs und der christlichen Gesellschaft überlebte.

Dass diese Geschichte nach Finkelstein und Silberman als »eine typische Familiensaga mit all ihrer Freude und Trauer, Liebe und Haß, Betrug und List, Hunger und Wohlstand« erzählt wird, zeigt, wie eng Schriftsysteme und Religionen mit der Konstruktion von Verwandtschaftsverhältnissen verbunden sind. Die beiden Archäologen beachten nicht die Wirkmacht der Schrift (obgleich sie an mehreren Stellen auf schriftliche Zeugnisse oder die Lese- und Schreibfähigkeit zu sprechen kommen). Sie betrachten die Schrift als ein Instrument, dessen sich die Menschen bedienen, übersehen aber, dass Schriftsysteme, vor allem das Alphabet, selber eine historische Macht entfalten und dass

---

ken *(Qoph)*. Dann besangen alle *(Reš)* den Ruhm *(Sin)* Gottes *(Taw)*.« (Etienne 1932). Zauzich lehnt dies als »unwissenschaftlich« ab, liefert aber kein Argument, das dagegen spricht. Zauzich, S. 9. Wenn man *Exodus* unter der Perspektive einer Abgrenzung gegen die andere Schrift liest, macht Etiennes Interpretation durchaus Sinn.

die judäische Kultur dafür ein paradigmatisches Beispiel ist. »Mit ihrer Kunst«, so schreiben sie, »ist es der Bibel gelungen, die Kinder Abrahams, Isaaks und Jakobs zu einer einzigen Familie zu verschmelzen. Die Macht der Legende hat sie vereinigt – und zwar weitaus machtvoller und zeitloser, als es die vergänglichen Abenteuer einiger historischer Individuen, die ihre Schafe im Bergland Kanaans hüteten, je geschafft hätten.« Eben das belegt aber auch, dass die Erzählung *hinter* diesem »literarischen Meisterwerk«[26] von der Macht der Schrift, also einer kulturellen historischen Realität berichtet.

Gott, so sagt die Religion, hat den Menschen erschaffen. Aber es ist schon seltsam, dass sich dieser Gott ausgerechnet in dem historischen Moment offenbart, in dem ein neues, vom Menschen geschaffenes Werkzeug, nämlich das Alphabet, erfunden worden war. Keine andere Gottesvorstellung hat so tief in die Geschichte der Menschheit eingegriffen wie der Monotheismus, doch die Entstehung dieses Gottglaubens wurde erst denkbar, nachdem die *Kultur* dieses körperferne Schriftsystem bereitgestellt hatte. Damit soll nicht gesagt sein, dass der Mensch das Alphabet erfand, um damit einen neuen Gott zu erschaffen. Die Entstehung des Alphabets entsprach eher einem pragmatischen Bedürfnis nach einem einfachen, leicht erlernbaren Schriftsystem. Dieses entwickelte dann jedoch eine eigene Wirkmacht – darunter ein neues Gottesverständnis.* Auf der historischen Reise, die hier einsetzte, war der Mensch sowohl Kapitän als auch blinder Passagier.

Es mag gewagt erscheinen, die Schrift für die Entstehung einer neuen Religionsform verantwortlich zu machen, wo doch die Heilige Schrift als Offenbarung eines vorgängigen Gottes verstanden wird. Doch in den Religionen selbst wurde der Gedanke einer Abhängigkeit der Religion von der Schrift durchaus reflektiert: nicht nur in der Form der Buchstaben,[27] sondern auch im religiösen Denken. Dies gilt besonders für die jüdische Religion: Die erste der drei »Religionen des Buches« hat sich von Anfang an mit dem Gedanken ihrer Nähe zur Schrift auseinandergesetzt. Besonders in der Mystik wird der Gedanke einer Heiligkeit des Alphabets immer wieder formuliert. Seit der Spätantike bis in den osteuropäischen Chassidismus gibt es im Judentum eine Namen- oder

---

* Auch andere, vor allem Ludwig Feuerbach (1804–74), haben Gott als eine Schöpfung des Menschen beschrieben, durch die sich der Mensch über sich selbst erheben kann – eine Art von Selbstermächtigung. Hier hingegen geht es darum, dass der Mensch ein ›Werkzeug‹ erfand, das (unbeabsichtigt) eine eigene Gottesvorstellung hervorbrachte.

Sprach-Theologie: »Laut dieser Theologie ruht in dem einen (JHWH) oder in einer Vielzahl von Gottesnamen und damit in allen hebräischen Wörtern und einzelnen Buchstaben das Wesen der Gottheit selbst. Gott und sein Name sind eins, seine göttliche Macht ist in den Gottesnamen präsent. […] Die Schöpfung ist eine Wortschöpfung, erzeugt durch solche Gottesnamen, wie auch das Wesen des Menschen sein Name ist.«[28]

Einer der zentralen Gedanken der Kabbala – er taucht über die Jahrhunderte in unterschiedlichen Texten auf – postuliert sogar die Identität von Gott und Thora. So heißt es im Buch *Sohar* aus dem späten 13. Jahrhundert (eine Kompilation kabbalistischer Kommentare zu den fünf Büchern Mose und eine Art Standardwerk der jüdischen Mystik): »Die Thora ist niemand anderes als der Heilige, gelobt sei Er.«[29] Deshalb darf an der Thora auch kein einziger Buchstabe verändert werden: Sie fehlerhaft zu schreiben wäre ein Vergehen an Gott. Die Vereinigung mit Gott versteht der Mystiker wortwörtlich als Vereinigung mit der Schrift. Das Beten bedeutet »Eintauchen des Menschen in die einzelnen Buchstaben und Worte«; ungeachtet des semantischen Sinns eines Textes schreitet der Beter darin voran, »um sich mit dem in den Buchstaben befindlichen Geist der Gottheit zu vereinen«.[30] Auch in späteren, sogar gedruckten Schriften der Kabbala wird immer wieder der Gedanke einer Identität von Gott und Thora formuliert.[31] Er findet, so der Kabbala-Forscher Moshe Idel, sogar in der säkularen Philosophie seinen Ausdruck. Idel verweist auf Jacques Derridas berühmtem Satz: »Ein Text-Äußeres gibt es nicht.«[32]

So sehr es erstaunen mag, dass historisch so wirkmächtige Systeme wie Religionen als *Folge* von Schriftsystemen und deren Entwicklung begriffen werden sollen, so sehr liegt diese Sichtweise auch nahe. Die Alphabete wurden in einem kollektiven kreativen Akt von Menschen erfunden, aber das reduziert sie nicht zu einem Medium, dessen sich der Mensch bedient. Vielmehr formatieren die Schriftsysteme Menschen und deren Zusammenleben, und diese Formatierung kann auch die Gottesvorstellungen prägen. Auch tut die Tatsache, dass ein Schriftsystem der Gottesvorstellung *vorausgeht*, und nicht von dieser hervorgebracht wird, dem Glauben nicht notwendigerweise Abbruch. Denn Schriften schaffen mentale, soziale und kulturelle Bedingungen, mit denen die Menschen umzugehen haben – und zu den Antworten auf diese veränderten Bedingungen gehören die Religion wie auch ihre ›Erzählungen‹. Es sollte einen nachdenklich stimmen, dass zwar jede Religion Anspruch auf Ewigkeit erhebt, wir aber ziemlich genau wissen, wann welche dieser Ewigkeiten begonnen hat. Die Frage nach dem Anfang einer Religion impliziert notwendigerweise auch die Frage nach dem Grund für diesen Anfang: Welche veränderten Verhältnisse machten gerade diese Religion notwendig?

Das Schriftsystem ist zwar eine Erfindung des menschlichen Geistes, aber die Konsequenzen dieser Erfindung waren alles andere als vorhersehbar oder gar geplant. Diese historische Eigendynamik legt es nahe, hinter der Schrift eine göttliche Wirkmacht anzusiedeln. Weil sie nicht dem Gesetz der Sterblichkeit unterliegt, verweist die Schrift auf eine Macht jenseits der diesseitigen Welt. Ihre Fähigkeit zu *bewahren* etabliert einen *Wahrheits*anspruch. Dieser Zusammenhang verleiht einerseits dem Text seine Sakralität, verdeutlicht andererseits aber auch, dass die Religion selbst eine Kulturtechnik ist.* Gott *als* Schrift hat einen neuen Menschen erschaffen – und diese Zeugungsmacht sollte sich auf jüdischer wie auf christlicher Seite in unterschiedlichen Narrativen und ›Familiengeschichten‹ niederschlagen.

3. Alphabet und Sprache

Der Monotheismus war nur die eine Folge des Alphabets. Eine andere war die Entstehung der griechischen Kultur, in deren Nachfolge das Abendland bis heute steht. Die Griechen hatten mit Monotheismus nicht viel im Sinn, aber ihre Kultur durchlief einen nicht minder hohen Abstraktionsschub. Erst später – mit dem Christentum – sollte sich auch diese Abstraktion ein theologisches Gewand überstreifen. Die Unterschiede zwischen der griechischen und der jüdischen Kultur prägten nicht nur die jeweilige Religionsform, sondern auch das Menschenbild und die spezifische Art, Genealogien zu denken. Deshalb ist es wichtig, sich die unterschiedliche Wirkmacht des semitischen und des griechischen Alphabets zu gewärtigen.

Das erste Zeugnis für einen Text in der griechischen Alphabetschrift befindet sich auf einer Vaseninschrift, die zwischen 740–690 v. d. Z. verfasst wurde. Die Inschrift könnte auch erst später dem Gefäß hinzugefügt worden sein. Aber auch andere Objekte von circa 700 legen nahe, dass das griechische Al-

---

* Wie sehr Religion und Schrifttechnik voneinander abhängen, zeigen heute auch die religiösen Anleihen der Cybercommunity und der ›Transhumanisten‹ von Silicon Valley. Eines unterscheidet freilich die Heutigen vom aufkommenden Monotheismus der Antike: Sie versuchen, das Jenseits im Diesseits anzusiedeln.

phabet in dieser Zeit Einzug hielt – zunächst unter Handerwerkern und Handelsleuten, später auch auf gesellschaftlichen und literarischen Gebieten. Lange wollten Gräzisten die Erfindung gern um hundert Jahre vorverlegen, weil sich so auch Homer und damit das gesamte griechische Erbe als Prinzip der Literalität lesen ließen. Sie hielten die Oralität für der Griechen unwürdig.[32] In Wirklichkeit dauerte es jedoch Jahrhunderte, bevor das neue Schriftsystem Allgemeingut wurde. Der erste erhaltene zusammenhängende Text, geschrieben auf eine Mauer, stammt von 450 v. d. Z. Zu dieser Zeit durchlief das griechische Alphabet schon einen Standardisierungsprozess, der um 403 seinen Abschluss fand: Damals wurde in Athen das jüngere ionische Alphabet zur Amtssprache erhoben und für den Schulunterricht vorgeschrieben. Dieser Akt, »die erste Schriftreform auf europäischem Boden«, so Haarmann, implizierte die Vereinheitlichung der griechischen Schriftsysteme und damit die »Normierung des Alphabets«.[34]

Anders als im alten Israel, wo die Verwendung des neuen Schriftsystems mit einer kollektiven Selbstermächtigung einherging, stieß die Alphabetisierung in Griechenland auf beträchtliche Widerstände. Sie hingen einerseits mit der auch auf dem griechischen Festland verbreiteten (und ebenfalls teilphonetisierten) kretischen Linear-B-Schrift, andererseits aber auch damit zusammen, dass dieses Alphabet die Oralität vollkommen erfasste und damit zur Verdrängung der oralen Kultur beitrug. Dies, so der kanadische Klassizist Eric Havelock, sei das griechische Paradox: Obwohl »das Alphabet durch seine phonetische Leistungskraft dazu berufen ist, Oralität durch Literalität zu ersetzen, ist seine erste historische Aufgabe, von der Oralität, bevor sie ersetzt wird, noch einmal Kunde zu geben«. Das habe zunächst zu »einer kreativen Partnerschaft« von Schrift und Sprache geführt, die bis zum Tod des letzten großen Dramaterikers, Euripides, andauerte.[35] Als gesprochener Text war das Theater die ideale Form des Übergangs von Oralität zu Schriftlichkeit. Aber gerade weil es so gut in die orale Tradition passte, war es auch das ideale kulturelle Medium, um die Gesellschaft in das Gesetz der Schrift zu überführen. Faktisch war das Theater, so Ong, »die erste westliche verbale Kunstform, die völlig von der Schrift kontrolliert war«.

Der griechische Abstraktionsschub bestand aus mehreren Komponenten: Das Eine war die Vorstellung einer Veränderbarkeit der Welt. In einer oralen Gedächtniskultur machen Gesang, Tanz, Ritus, Rhythmus und Reim aus dem Körper einen lebendigen Gedächtnisspeicher. Damit das Wissen von Generation zu Generation weitergegeben und nicht vergessen wird, muss es wiederholt werden. Alliteration und formelhafte Ausdrücke, die sich leicht memorieren lassen, prägen die orale Erzählung. Das erklärt die konservative Denkweise oraler Kultur, »die sich aus gutem Grund allen intellektuellen Experimenten widersetzt«. Aus demselben Grund brauchen orale Erzählungen auch heldische Figuren, nicht den Zweifler und Antihelden, der später zur Leitfigur literarischer Texte wurde.[36]

Mit der Verschriftung des Sprechens konnte das Gesagte jedoch bewahrt werden, bei Bedarf war es wieder abrufbar, während Vergessenes oder Verdrängtes in oraler Kultur zumeist endgültig verloren geht. Nun ließ sich das Wissen aufstocken, und es entstand Raum für Neues. Da das Memorialkorsett von Reim und Rhythmus nicht mehr nötig waren, konnte sich auch die Sprache freier bewegen.[37] Zugleich konnte man sich aus dem Jetzt lösen, in historischen Abläufen denken, es entstand die Geschichtsschreibung. Während es in der oralen Kultur vornehmlich um die Wiederholung und damit um eine zyklische, wiederkehrende Zeit geht, entwickelte sich ein lineares Denken, das sowohl in die Vergangenheit als auch in die Zukunft blickte. Man konnte sich eine veränderte Zukunft vorstellen. In der Bibel fand dies in *Exodus* und dem neuen Glauben an einen unsichtbaren Gott seinen Ausdruck. In Griechenland schuf es das utopische Denken: abstrakte auf das Diesseits bezogene Modelle, die ihre Realisierung einforderten. Platons *Staat* lässt sich als der erste utopische Entwurf des Abendlandes verstehen; er ist ein »Meisterplan«, der ein neues Lebens- und Gesellschaftsmodell entwickelt.[38]

Der körperferne Text ermöglichte auch einen Beobachter, der sich außerhalb des Bestehenden stellt und der fähig ist, sich selbst zum Objekt der Betrachtung zu machen. Aus dieser Position entwickelte sich die griechische Philosophie und Wissenschaft,[39] die wiederum Rückwirkungen auf die Sinneswahrnehmung hatte. Der Begriff *theoria* und sein Verb *theorein* beziehen sich beide auf einen Akt des *Sehens*. Mit der Ablösung der oralen Kultur, in der die Wahrnehmung vom Ohr bestimmt wird, durch die Schrift, die nach dem Auge verlangt, entstand eine neue Hierarchie der Sinne: Aristoteles (384–322 v. d. Z) erklärte den Sinn des Sehens zum höchsten der Sinne, weil er, im Gegensatz zum Gehör, zum Tast- und Geruchssinn, *Distanz* vom beobachteten Objekt voraussetzt. Diese Distanz war auch dem Schreiben inhärent. »Das Sehen isoliert, das Hören bezieht ein. Während das Sehen den Beobachter außerhalb des Betrachteten hält, dringt ein Klang in den Hörer ein.«[40] Aus dem Hören entsteht die Hörigkeit, die der Totalität der oralen Welt entspricht. In Griechenland sollte das Sehen, das dem Ich den Blick von einem ›Außerhalb‹ der Welt eröffnet, zu einer prägenden Kulturtechnik werden, und diese sollte auch über das christliche Abendland bestimmen.

Mit dem griechischen Alphabet setzte zum ersten Mal eine Reflexion über die Sprache ein. Orale Kulturen, die gewissermaßen in der Sprache ›schwimmen‹, können die umgebende Flüssigkeit nicht benennen noch ihre Wirkmacht beschreiben. Dazu bedarf es der Möglichkeit, aus dem Sprechen herauszutreten – und eben diese Möglichkeit bot das volle Alphabet. »Man kann sagen, daß sich die ganze athenische ›Aufklärung‹, die die Historiker auf die letzte Hälfte des fünften Jahrhunderts datieren, um die Entdeckung des Intellektualismus und des Intellekts als einer neuen Stufe menschlichen Bewußtseins drehte.« Um diesem Bedürfnis Rechnung zu tragen, wurden neue Begriffe für Denken, Wissen und Erkenntnis, für Verstehen, Untersuchen, Forschen, Prüfen entwickelt.[41] Das fragende Denken wurde durch ein normatives ergänzt, das in der Niederlegung von Gesetzestexten wie auch in der Wissensvermittlung seinen Niederschlag fand. Dies war der griechische Abstraktionsschub, der, wie wir noch sehen werden, ein Familiennarrativ hervorbringen sollte, das sich erheblich von der Israels unterschied.

Wie bei der Hebräischen Bibel ging auch in Griechenland der Übergang von einer oralen zu einer schriftlichen Kultur mit der Ausformulierung eines geschriebenen Gesetzes einher, das über das Leben und den Zusammenhalt der Gemeinschaft bestimmte. Josias Reformen in Juda fanden im Jahr 622 statt. In Griechenland führte Solon (circa 640–560 v. d. Z.) wenige Jahrzehnte später seine Reformen durch – und auch auch hier ging es um die Unterwerfung der Gesellschaft unter das Gesetz der Schrift. Die neuere Forschung datiert Solons Reformen auf 575 bis 570 v. d. Z.[42] – und wie in Jerusalem entwarfen auch Solons Gesetze ein gerecht geordnetes Gemeinwesen, das seine Autorität aus der schriftlichen Fixierung bezog. Allerdings trug Solon, der auch Dichter war, seine Vorstellungen über das Gesetz in bewährter oraler Tradition vor: in Versen und Elegien.[43] Nur so, meinte er, sei es möglich, den Bürger nicht nur verstandesmäßig, sondern auch emotional zu erreichen.[44]

Diese Paradoxie – der Staatsmann Solon verfolgt mit den Mitteln der oralen Tradition das Ziel, das geschriebene Gesetz zur Anwendung zu bringen – betont das Spezifische der griechischen Schriftkultur. Denn bei aller Ähnlichkeit der Entwicklungen gab es einen entscheidenden Unterschied zwischen dem biblischen Judentum und der griechischen Kultur: Er bestand im Verhältnis von Oralität und Schriftlichkeit. Der Unterschied war eine Folge der unterschiedlichen Alphabete. Die Tatsache, dass das semitische Alphabet ursprünglich nur die Konsonanten schrieb, hatte zur Folge, dass der Text nur bei Kenntnis der gesprochenen Sprache lesbar war und einen Sinn ergab. Wenn also auf dem Papier die Buchstaben ›r‹ und ›s‹ stehen, so muss man aus dem Kontext schließen können, ob Rose, Reise, Iris, Ruß, Riss oder noch ein anderes Wort gemeint sind. Das heißt, nur wer die gesprochene Sprache beherrscht, kann einen Text lesen. Eine Kultur, die auf dem Konsonantenalphabet basiert, ist also auf die Oralität angewiesen. »Ohne Lesung, ohne den mündlichen Vortrag ist und bleibt der überlieferte Text stumm. Im Blick auf die Überlieferung der Hebräischen Bibel bedeutet das, dass auch über den Zeitpunkt ihrer Verschriftung hinaus notwendigerweise das gesprochene Wort gilt, die Hebräische Bibel auch weiterhin an ihre mündlich erfolgende Weitergabe gebunden bleibt.«[45]*

Dagegen stellt die Oralität in der Kultur des vollen Alphabets keine Voraussetzung für das Lesen des Textes dar, und sie erfährt eben deshalb eine Abwertung. Zugleich eignet sich die Schriftlichkeit die Charakteristika der Oralität an und besetzt damit den Körper des Lesenden. Der orale Ausdruck, so Ong, ist im Unbewussten verankert und verschwindet keineswegs, wenn jemand »den Bleistift zur Hand nimmt«.[46] Das griechische Alphabet, das die gesprochene Sprache völlig erfasste, bewirkte, dass das Unbewusste in die Schrift ›einwandern‹ konnte. Und umgekehrt. Deshalb leuchtet auch Havelocks These ein, dass die Berufssänger selbst das volle Alphabet erfunden haben könnten.[47] Eine »Verinnerlichung des Alphabets im griechischen Bewußtsein« vollzog sich allerdings erst im späten 5. Jahrhundert, zur Zeit Platons (circa 427–347 v. d. Z.).[48] In dieser Zeit trug die Schrift endgültig den Sieg über das Sprechen davon, und ihr Triumph verdankte sich der Tatsache, dass sie, im Gegensatz zur gesprochenen Sprache, bleibend war und das Leben des Einzelnen transzendierte. Platon übte Kritik an der Schrift, vor allem im *Phädros*, und er tat

---

* Die der Konsonantenschrift geschuldete Vieldeutigkeit hat zur Einführung von Lesehilfen (*matres lectionis*) als Vokalersatz geführt: Die Punkte und Striche in oder über den Buchstaben, die die Vokale bezeichnen, wurden von jüdischen Schriftgelehrten, den Masoreten, im 6. Jahrhundert d. Z. erfunden. Die Lesehilfen haben zwar die Vereinheitlichung der Lesemöglichkeiten befördert, sie beinhalteten aber auch eine Festlegung des Sinns – und das lässt bezweifeln, ob wir heute überhaupt Zugang zu alten Leseweisen, geschweige denn zu einer Ursprungsfassung haben. (Vgl. Schreiner 2018, S. 159.)

dies in dialogischer Form, die die Nähe zur Oralität bezeugen sollte. Gleichwohl war es die geschriebene Sprache, »der er seine eigene Tätigkeit verdankte; und dies bezeugt auch seine literarische Produktion – das erste breite und zusammenhängende corpus einer schriftlich festgehaltenen Spekulation in der Geschichte der Menschheit«. Als Platon Mitte des vierten Jahrhunderts starb, »hatte die griechische Muse die gesamte Welt des oralen Diskurses und oralen ›Wissens‹ hinter sich gelassen. Sie hatte wirklich zu schreiben gelernt: in Prosa – und sogar in philosophischer Prosa.«[49]

Der Unterschied zwischen den beiden Alphabeten hatte Auswirkungen auf das religiöse Denken. Ganz generell gilt für die Schrift – auch nicht-phonetischer Schriftsysteme –, dass sie zur »Entstehung der großen introspektiven Religionen«, darunter Judentum, Christentum, Islam und Buddhismus, beitrugen: Jede von ihnen besitzt sakrale Texte. Die Griechen und Römer verwendeten die Schrift vor allem für die Entwicklung von philosophischen und wissenschaftlichen Kenntnissen; sie schufen keine sakralen Texte wie Bibel oder Koran.[50] Doch ein Blick auf die weitere Entwicklung des griechischen Schriftsystems genügt, um zu begreifen, dass sich auch hier ein theologisches System herausbildete. Begreift man das Christentum, dessen Heilige Schrift in einem vollen Alphabet (Griechisch oder Latein) niedergelegt wurde, als Folgeerscheinung des Hellenismus und des Römischen Reichs, so wird klar, dass sich der griechisch-römische Sonderweg nicht allein in weltlichem Wissen erschöpfte. Vielmehr brachte auch er – als Langzeitfolge – eine eigene Religion hervor, die in bezug zu Introspektion und Berufung auf das Transzendente den anderen großen Religionen in nichts nachsteht. Allerdings gibt es einen entscheidenden Unterschied: Im Christentum nimmt Gott in der Gestalt Christi menschliche Form an. Eben darin ähnelt diese Religion auch dem griechischen Vorbild mit seinen anthropomorphen Gottheiten. Anders ausgedrückt: Griechenland hat keine Heilige Schrift hervorgebracht, sondern das Schriftsystem selbst *war* die heilige Schrift, das volle Alphabet – und dessen religiöse Dimension sollte später im Christentum zutage treten.

Die Unterschiede zwischen dem semitischen und dem griechischen Alphabet hatten auch Auswirkungen auf die Art, wie die Rolle des Menschen gesehen wurde. In allen Religionen spielt das Orale eine wichtige Rolle: in der Predigt, in der Liturgie, im Gebet. Gott ›spricht‹ mit dem Menschen, niemals schreibt er ihm. Und wenn er – wie in den biblischen Religionen – die Welt aus dem Wort erschafft, so ist damit das gesprochene Wort gemeint. Das Gegenstück zum griechischen Vokal Alpha ist im Hebräischen ein gutturaler Laut, der eben diesen göttlichen Atem repräsentiert. *Schma-Israel*, Höre Israel, so beginnt das wichtigste jüdische Gebet. Dennoch entsteht mit der Bibel zum ersten Mal ein Gott, der sich in den Buchstaben der *Schrift* offenbart. Wie erklärt sich dieser Widerspruch? So wie sich im Konsonantenalphabet Schrift und Sprechen gegenseitig ergänzen, so sind auch Gott und Mensch streng getrennt und zugleich aufeinander angewiesen: auf der einen Seite eine transzendente Macht, die sich nur in der Schrift zu erkennen gibt, auf der anderen der sprechende Mensch, der Gottes Worte ins Diesseits überträgt. Eine kleine Geschichte aus dem babylonischen Talmud (die ich verkürzt wiedergebe), illustriert das anschaulich: Mehrere Rabbiner streiten sich über die Auslegung einer Textstelle in der Heiligen Schrift und deren Interpretation in der *Halacha* (dem Verhaltenskodex). Nach einiger Zeit meldet sich eine Stimme ›von oben‹ und sagt, dass Rabbi Eliezer Recht habe. Darauf erheben sich die anderen, Rabbi Jehoschua und Rabbi Jirmeja, und antworten der ›Stimme‹: »Du hast die Gesetze geschrieben, aber nun sind sie bei uns auf der Welt. Bei der Auslegung hältst du dich besser heraus«.[51]

Laut Eric Havelock hatte das Konsonantenalphabet zur Folge, »daß die wahre Oralität dieser nichtgriechischen Völker uns vielleicht gar nicht erreichte und in der Tat unwiederbringlich für uns verloren war, weil die verwendeten Schriftsysteme zu unvollkommen waren, um sie angemessen wiedergeben zu können«.[52] Doch er übersieht einen entscheidenden Punkt: In Schriftkulturen bezeichnet Oralität nicht nur die Art, wie geschriebene Worte korrekt ausgesprochen werden, sie bedeutet auch, dass sich der Text – durch die orale Auslegung – von Generation zu Generation in den Körper einschreibt und dort zum Leben erweckt wird. Auch vernachlässigt Havelock die religiöse Bedeutung, die der Unterscheidung zwischen Schriftlichkeit und Mündlichkeit zugrundeliegt. Gott ist ewig, und das offenbart sich in der Heiligen Schrift, die *schon deshalb Bestand hat, weil sie Schrift ist*. Der Mensch dagegen ist sterblich; seine Existenz ist ebenso flüchtig wie das gesprochene Wort. Diese scharfe Trennung zwischen Gott und Mensch, zwischen dem Weltlichen und dem Transzendenten, die in der gegenseitigen Ergänzung von Heiligem Text und mündlicher Auslegung ihren Ausdruck findet, darf als eines der wichtigsten Merkmale der jüdischen Religion bezeichnet werden.

Im Gegensatz dazu fand im griechischen Alphabet eine Assimilation von Schrift und gesprochener Sprache statt. Für das semitische Alphabet (und die jüdische Religion) büßte das Gehör niemals seine Bedeutung ein, während das vokalisierte Alphabet Griechenlands dem Auge eine primordiale Rolle einräumte. Für das Christentum, das vom Hellenismus geprägt ist und seinen Triumphzug in griechischer und lateinischer Sprache antrat, war diese Tatsache von höchster Bedeutung. Anders als der jüdische gab sich der christliche Gott auch für die Augen zu erkennen: in seinem Mensch gewordenen Sohn. Beide Gottesvorstellungen ähneln sich insofern, als sie eine Reaktion auf das phonetische Schriftsystem darstellen. Aber beide Gottesvorstellungen unterscheiden sich am deutlichsten in der Frage der Unsichtbarkeit oder Sichtbarkeit ihres Gottes.

Dieser Unterschied hatte Auswirkungen auf die spezifische Form von Weitergabe. Während an der Thora kein Wort verändert werden darf – schon die Übersetzung in andere Sprachen impliziert eine Umdeutung –, wurde die christliche Bibel in viele Sprachen übertragen und erfuhr auch innerhalb ein und derselben Sprache Modernisierungen, die immer eine Neuauslegung des Textes implizierten. Der jeweils neue Text wurde zur Referenz, während die aramäischen, griechischen oder lateinischen Fassungen allmählich jenen Gültigkeitsanspruch verloren, der sonst einem Original zukommt. In den jüdischen Traditionen dagegen fand die Erneuerung *außerhalb* des Textes statt: durch die Auslegung. Die Geschichte von *Exodus* soll erlebt werden, als vollziehe sie sich im Hier und Heute (was angesichts der Situation jüdischer Gemeinden in der Diaspora zudem plausibel war). Die mündliche Exegese vollzieht sich im Gespräch von Schüler und Lehrer und fand auch in Talmud und Mischna ihren Niederschlag: Texte, die deshalb auch als »mündliche Thora« bezeichnet werden. Sie sind zwar geschrieben, bewahren aber den Charakter des Gesprächs, indem sie widersprüchliche Aussagen nebeneinander stehen lassen. Mündliche Thora und Lehre replizieren damit die Nicht-Eindeutigkeit, die dem Konsonantenalphabet eigen ist. Noch Ende des 19. Jahrhunderts wurde in Wilna eine große Talmud-Ausgabe gedruckt, in der die verschiedenen Interpretationen enthalten waren, an den Rändern versehen mit Kommentaren, Superkommentaren und Korrekturen, die je andere Auslegungen umfassten.*

---

* Hierin ähnelt der Talmud dem vernetzten Wissen des Internets, das sich aus Querverweisen und widersprüchlichen Informationen zusammensetzt. Auch die Adaptationsfähigkeit des Hebräischen an die jeweilige Landessprachen – etwa im Jiddischen oder im Ladino, den nicht-sakralen Sprachen des Judentums – ist ohne die Bedeutung, die der Oralität zukommt, kaum vorstellbar.

Diese im Schriftsystem angelegte Vielfalt der Lesarten stand im Gegensatz zur Eindeutigkeit, die das griechische Alphabet bot und einforderte. Aus gutem Grund interessieren sich jüdische Religionswissenschaftler und Bibelforscher heute mehr für die rabbinischen Auslegungen des Heiligen Textes als für die Erzählungen der Bibel. An ihnen können sie nicht nur historische Veränderungen nachverfolgen, sondern auch die unterschiedlichen (und widersprüchlichen) Interpretationen der Thora erkennen. Bei den christlichen Theologen ist es umgekehrt: Sie richten ihr Augenmerk vornehmlich auf die Stellen des Alten Testaments, die sich als Referenzpunkt für das Neue Testament eignen. Aus ein und demselben Text werden so zwei völlig unterschiedliche Lektürestoffe.

Die Veränderungen der christlichen Auslegungen des Heiligen Textes ließen einen »fließenden Kanon« entstehen: ein Konzept, bei dem sich die neuen Auslegungen auf vorangegangene kanonische Texte berufen, diese zugleich aber verändern. Der Neuerungsprozess geschieht immer in schriftlicher Form. So entstehen laufend neue Texte, von denen jedem – für eine gewisse Zeit – Kanoncharakter zugewiesen wird. Der fließende Kanon ist ein Widerspruch in sich: Er beinhaltete sowohl Wandel als auch Gewissheit, und er ergab sich aus der Tatsache, dass das griechische Alphabet jedes Wort von Anfang eindeutig festlegt. Kurz: Die griechische Kultur verdankt ihre Langlebigkeit der textlichen Erneuerung, die jüdische Religion dagegen dem Zusammenspiel von unveränderbarem Text und oraler Auslegung.

Die unterschiedlichen Alphabete erhöhen einerseits die Abgrenzung zwischen Judentum und Christentum. Andererseits hatte das griechische Alphabet aber auch Folgen für die Entwicklung der jüdischen Kultur. Das wird besonders deutlich am jüdischen Recht, das über lange Zeit – wie die Interpretation der Heiligen Schrift – einem ständigen Wandel und regional unterschiedlichen bis widersprüchlichen Auslegungen unterlag. Diese Vielfalt wurde mit der Entwicklung des Buchdrucks erheblich erschwert. Dieser entstand nicht durch Zufall im christlichen Kulturraum mit seinem fließenden Kanon und dessen unersättlichem Bedarf nach immer neuen Texten. Der Buchdruck beschleunigte die Überlagerung von Schrift und Sprechen, die das volle Alphabet charakterisiert. Luthers Bibelübersetzung, die zur Angleichung der regionalen Sprachen führte, ist dafür das beste Beispiel. Eine ähnliche Wirkmacht übte der Buchdruck auch auf die Vereinheitlichung des jüdischen Rechts aus. Der letzte große Codex des jüdischen Rechts, der *Schulchan Aruch* (»Gedeckter Tisch«)

des Josef Karo (1488–1575) wurde 1565 in Venedig gedruckt und später durch Kommentare von Moses Isserles ergänzt. »Karo traf bei divergierenden Meinungen der drei Gelehrten eine Entscheidung darüber, welche er für gültig hielt, und komprimierte damit die Vielfalt der Positionen. Es wurde mit der Zeit als abschließende Kodifikation des Jüdischen Rechts betrachtet. Erst mit den Glossen von Moses Isserles (circa 1525–1572), die Karos Werk auch für die aschkenasischen Juden anwendbar machte, wurde der *Schulchan Aruch* zum Leitfaden für das orthodoxe Judentum.«[53]

Dass es überhaupt zu einer Vereinheitlichung aschkenasischer und sephardischer* Rechtstraditionen kommen konnte, verdankte sich also einem Medium, das den Notwendigkeiten des Christentums geschuldet war, beim Judentum aber auch zur »Vernichtung von lokalen mündlichen Traditionen von Autorität und Übermittlung« beitrug. Der gedruckte Text, der in unveränderter Form über weite Gebiete zirkulierte, verhinderte das Eingreifen der einzelnen rabbinischen Gelehrten. »Der Text, nicht der Lehrer, hatte nunmehr das ›letzte Wort‹.« Da Bücher durch den Buchdruck auch preisgünstiger wurden – das galt sogar für die sorgsam gehüteten Texte der Kabbala – gab es zahlreiche »Prediger, Lehrer, Schreiber, Kantoren und andere Angehörige der ›niederen Eliten‹«, die den Rabbinern Konkurrenz machten. (Dass ausgerechnet Christen zu den Ersten gehörten, die den *Sohar* druckten, vereinfachte die Sache nicht.) Auch die heilige hebräische Sprache erhielt Konkurrenz: Zunehmend zirkulierten Bücher in Ladino und Jiddisch – Sprachen, die unter den Bedingungen der jüdischen Diaspora entstanden waren und in denen sich regionale Sprachen mit hebräischen Begriffen vermischten. Ihre Texte wurden zumeist in hebräischen Buchstaben geschrieben; zugleich öffneten sie das Tor für eine Verbeitung jüdischer Texte auf Latein oder in nationalen Landessprachen wie Italienisch. Auch Bilder fanden Eingang in die Texte.[54]

Zusammenfassend: In beiden Alphabetkulturen – der griechischen wie der semitischen – wurde der Schrift, wegen ihres bleibenden, die menschliche Sterblichkeit überdauernden Charakters, der Bereich des Sakralen zugewiesen, während die gesprochene Sprache dem Weltlichen zugeordnet wurde. Doch diese Teilung in ewigen Geist und sterbliche Leiblichkeit hatte in Griechenland ganz andere Konseqenzen als im Judentum: In Griechenland wurde

---

* Als ›aschkenasisch‹ gelten die jüdischen Kulturen des mittel- und osteuropäischen Raums, während die jüdischen Kulturen des Mittelmeerraums als ›sephardisch‹ bezeichnet werden. (Über die Unterschiede und das Verhältnis der beiden Kulturen vgl. Rauschenbach 2018.)

die gesprochene Sprache von der Schrift vereinnahmt; es kam zu einer Abwertung mündlicher Kommunikation, andererseits aber auch zur Entstehung des fließenden Kanons, mit dem Elemente der Oralität (die Idee der Veränderbarkeit) in die Schrift einflossen. In den jüdischen Traditionen dagegen hatte die Oralität einen hohen Stellenwert, der vor allem in der Auslegung der Heiligen Schrift seinen Niederschlag fand. Bewahrung und Erneuerung funktionierten so auf unterschiedliche Weise. Es wird oft darauf hingewiesen, dass die jüdische Kultur viel länger überlebt habe als die griechische oder die römische. Aber dieser Vergleich übersieht einen entscheidenden Aspekt: Dank des fließenden Kanons mit seinen veränderlichen Schriften sind die griechische und römische Kultur in ihre Nachfolger, vor allem das Christentum, *eingeflossen*. Sie haben – verwandelt – in ihnen weitergelebt: in der Religion, im Rechtskodex oder in der Philosophie. Das heißt, Griechenland und Rom sind nicht untergegangen, sondern haben sich in den modernen Kulturen fortgesetzt – nach den Prinzipien, die das volle Alphabet geschaffen hatte: Dieses erlaubte den Texten, zu wandern und von unterschiedlichen Kulturen assimiliert zu werden.

Diese Unterschiede mögen auf den ersten Blick wenig mit den Blutslinien zu tun haben. Doch allein die Tatsache, dass es sich um verschiedene Formen von (textlichen) *Genealogien* handelt, ist schon ein Indiz, dass hier auch Fortpflanzungsphantasien am Werke sind. Wenn man zusätzlich bedenkt, dass sich beide Kulturen, die jüdische wie die griechisch-römisch-christliche, als große – und konträre – ›Verwandtschaftsromane‹ präsentieren (auf der einen Seite die ganze Kette der biblischen ›Söhne Abrahams‹; auf der anderen Seite ein christlicher Gott, der der Welt seinen ›eingeborenen Sohn‹ schenkt), dann wird auch klar, dass hier zwei völlig unterschiedliche Denkweisen über die Kontinuität und Erneuerung *menschlicher* Genealogien entstanden: Die eine wird in der jüdischen, die andere in der christlichen Kultur ihren Niederschlag finden. Die Basis dieser Unterschiede waren – nicht ausschließlich, aber doch zum Teil – in den Schriftsystemen zu finden. Denn im Monotheismus ist Familiengeschichte zugleich Schriftgeschichte.

4. Sekundäre Oralität

Das volle Alphabet zeitigte ein Phänomen, das mit dem Beginn der Moderne für alle drei ›Religionen des Buches‹ äußerst wirkmächtig werden sollte: die sekundäre Oralität. Sie übte nachhaltigen Einfluss auf die Geschlechterrollen und Verwandtschaftskonzepte der Neuzeit aus, worauf ich in späteren Kapiteln zurückkomme. Da sie jedoch eine Erbschaft des griechischen Alphabets ist, skizziere ich das Phänomen an dieser Stelle.

Da das volle Alphabet fähig war, »den Nuancenreichtum der vorangegangenen Oralität wiederzugeben«,[55] konnte es auch auf diese einwirken: Die Schrift führte zur Neugestaltung der gesprochenen Sprache ›nach ihrem Ebenbild‹. Nach dem Niedergang Roms etablierte sich das Alphabet erst wieder unter dem Einfluss der christlichen Kirche. Zwischen 550 und 700 hatten sich aus der lateinischen Sprache in den verschiedenen Teilen Europas unterschiedliche gesprochene Sprachen herausgebildet: Italienisch, Spanisch, Katalanisch, Französisch usw. Ab 700 konnten sich die Menschen, die in diesen Sprachen kommunizierten, nicht mehr verständigen. Zu weit hatten sich die Muttersprachen auseinander entwickelt.[56] Die lateinische Sprache, die fast nur noch in schriftlicher Form verwendet wurde, geriet zum gemeinsamen Nenner der Gelehrten in Europa, aber sie war niemandes Muttersprache. Das verhinderte, dass sie sich wie eine lebendige Sprache fortentwickelte. Latein wurde zu einer »toten Sprache«. Eben diese Unveränderlichkeit prädestinierte sie aber auch, zur Wissenschaftssprache zu werden.*

Die toten Sprachen blieben den Gebildeten vorbehalten. Zwar verbreitete sich die Heilige Schrift zunächst im mündlichen Vortrag: In den Refektorien der Klöster wurde sie nicht still rezipiert, sondern laut vorgelesen, und noch im Mittelalter verfasste Thomas von Aquin seine *summa theologica* in der dialogischen Form der oralen Kultur. Doch je mehr die Gesellschaft vom Gesetz des Geschriebenen beherrscht wurde, desto radikaler trennte sie sich von diesen Gewohnheiten. Originäre Dialekte wurden von einheitlichen Nationalsprachen verdrängt. Es entstand das »Grapholekt«: eine Sprache jenseits der Regionalsprachen, die sich einzig dem Schreiben verdankt und die fähig war, über die Jahrhunderte ein Vokabular zu akkumulieren, das das der gesproche-

---

* Dass sich das Englische und Amerikanische in den letzten zweihundert Jahren nicht viel weiter auseinander entwickelt haben, liegt vermutlich an ihrer weitgehend gemeinsamen Verschriftung, die ein Bremsfaktor bei der Weiterentwicklung von lebendigen Spachen ist.

nen Sprache weit übertraf. Im Standard-Englisch umfasst es mindestens eineinhalb Millionen verzeichnete Wörter, von denen nicht nur gegenwärtige, sondern auch hunderttausende von vergangenen Bedeutungen bekannt sind. Eine mündliche Sprache besitzt im Allgemeinen nur einige hunderttausend Begriffe, und die Benutzer haben in den seltensten Fällen Kenntnis von deren semantischer Geschichte. Der Reichtum des Grapholekts erhöhte sich noch mit dem Buchdruck, der eine weite Verbreitung dieses Vokabulars ermöglichte[57] und zugleich zu einer Vereinheitlichung der Sprache führte.

Der Buchdruck führte zu einer raschen Verbreitung der Lese- und Schreibfähigkeit, und mit dem Beginn der allgemeinen Alphabetisierung um 1800 war der Unterschied zwischen Sprechen und Schreiben verschwunden: Man sprach so wie man schrieb und umgekehrt. An eben dieser historischen Wende wurde die Oralität wiederentdeckt. Der Bedarf nach mündlicher Unmittelbarkeit war so groß, dass sich ein Schotte, James MacPherson, der in den Jahren 1762–63 eine Sammlung alter gälischer Dichtungen unter dem Titel *Ossians Gesänge* herausgab, eine Fälschung erlauben konnte: Die Gedichte waren keineswegs alt, sondern von ihm selbst verfasst. Auch als der Schwindel aufflog, minderte das nicht die Begeisterung. Die »Gesänge« wurden in viele Sprachen übersetzt, allein ins Deutsche vierzehn Mal. Dieser Schwindel ist symptomatisch dafür, dass sich die Schrift das Gewand der Oralität angeeignet, als Oralität verkleidet hatte. Diese neue Form von Mündlichkeit wird als »sekundäre Oralität« bezeichnet: eine Mündlichkeit, die durch die Schrift hindurchgegangen und von ihr gestaltet wurde.

Auf der einen Seite erhöhte die Rotationspresse die Anzahl der Druckwerke. Bücher, Zeitungen, Zeitschriften: »Das erste Fließband, eine Produktionstechnik, die in einer Abfolge von Arbeitsschritten identische Produkte aus Einzelteilen zusammenfügt, entließ keine Öfen, keine Schuhe oder Waffen, sondern gedruckte Bücher.«[58] Auf der anderen Seite wuchs aber auch die Sehnsucht der europäischen Gesellschaft nach der Sinnlichkeit der gesprochenen Sprache. Das Ohr wurde wieder inthronisiert. Doch das, was in dieses Ohr eindrang, hatte mit der Leiblichkeit der alten Oralität nur entfernt zu tun: Es handelte sich um mündliche Schriftlichkeit. Zugleich wurde die sekundäre Oralität zur Vorbotin eines neuen mechanischen Gehörs. Schon bald entstanden Aufzeichnungs- und Kommunikationstechniken wie Grammophon, Telefon, Radio, Fernsehen, die nun auch den Ton, die Stimme, das Gesicht zu verewigen und zu transportieren vermochten. Über sie wirkte die geschriebene Sprache auch auf

Analphabeten und Gesellschaften mit geringen Alphabetisierungsraten ein: Indem Radio und Fernsehen die abwesende Schrift transportierten, drang sie über die sekundäre Oralität in das Denken und Fühlen aller Menschen ein. Eine primäre, d. h. von der Schrift unberührte Oralität gibt es weltweit nur noch an ganz wenigen Orten. Dies ist kurz zusammengefasst der Prozess der Überlagerung von Schrift und Sprechen, der mit dem vollen Alphabet seinen Anfang nahm.

Die Entstehung der sekundären Oralität ist das deutlichste Indiz dafür, dass die alte Mündlichkeit endgültig nach den Regeln der Schrift gestaltet worden ist. Die Schrift hat die Leiblichkeit der Oralität unterdrückt, sie andererseits aber auch in sich aufgesogen. Sie bemächtigte sich der oralen Sinnlichkeit. Das, was Vilém Flusser von den technischen Bildern des 19. Jahrhunderts schrieb – sie wurden erfunden, »um die Texte wieder magisch zu laden«[59] –, gilt auch für die sekundäre Oralität: Sie trug dazu bei, der abstrakten geschriebenen Sprache ein sinnliches Gewand zu verpassen. Damit konnte sie die Emotionen besser erreichen.

Die sekundäre Oralität zeitigte wiederum »sekundäre Religionen«. Wenn die sekundäre Oralität eine von der Schrift hervorgebrachte Mündlichkeit ist, so überträgt die sekundäre Religion den Transzendenzgedanken auf die diesseitige Welt.* Das erklärt die Paradoxie, dass sich viele moderne Religionsbewegungen einerseits auf einen jenseitigen Gott berufen, andererseits aber auch politisch und technisch hochaufgerüstet daherkommen. Der Begriff der sekundären Religion lässt sich auf fast alle religiösen Strömungen anwenden, die sich in der Moderne entwickelt haben, und gilt insbesondere für alle Fundamenta-

---

* Der Begriff »Sekundäre Religion« wurde zuerst von dem evangelischen Theologen Theo Sundermeier geprägt, allerdings mit einer ganz anderen Bedeutung. Er verwendete ihn in Abgrenzung gegen »primäre Religionen«, die sich auch als »ethnische« oder »tribale« Religionen umschreiben lassen und in einem geographisch begrenzten Raum mit ähnlicher Kultur und Sprache wirkmächtig sind. Sekundäre Religionen sind für ihn die »Erlösungsreligionen«, die auf einer größeren geographischen Verbreitung und Heiligen Schriften basieren. (Sundermeier 1987). Jan Assmann verwendet den Begriff »Sekundäre Religion«, um damit »die Wende von den ›polytheistischen‹ zu den ›monotheistischen‹, von Kultreligionen zu Buchreligionen, von kulturspezifischen Religionen zu Weltreligionen, kurz von ›primären‹ zu ›sekundären‹ Religionen« zu beschreiben. (Assmann, 2003, S. 11). Die Schrift und ihr ›Wahrheitsanspruch‹ ist also auch in diesem Bedeutungsfeld von zentraler Bedeutung, allerdings spielt das Verhältnis von Schrift und Oralität keine Rolle, während die »sekundären Religionen« in dem hier dargestellten Kontext genau dies implizieren: eine auf Schrift basierende »Erlösungsreligion«, die sich nach der Aufklärung auch die Qualitäten der Oralität angeeignet hat und in »sinnlicher« Gestalt daherkommt. (Dazu ausführlicher v. Braun 2016.)

lismen – gleichgültig welcher Prägung: Erscheinungen wie der sogenannte »Islamische Staat«, der einerseits eine rückwärtsgewandte Religiosität vertritt, andererseits aber die modernsten militärischen und (für die Rekrutierung) audiovisuellen Techniken einsetzt, sind nicht mit der Religion des Islam, sondern nur mit der Kategorie »sekundärer Islam« zu erfassen.[60] Das Phänomen der sekundären Religion findet heute in allen großen Religionen – auch im Buddhismus und im Hinduismus – seinen Niederschlag. Mit dem Begriff ist keine falsche oder Pseudo-Religion gemeint. Auch impliziert der Begriff nicht das Verschwinden traditioneller Formen von Frömmigkeit. Bei den sekundären Religionen handelt es sich vielmehr um einen Transzendenzglauben, der die Aufklärung integriert hat und diese zugleich verleugnet.*

Gemeinsam ist allen sekundären Religionen eine tiefe Schriftgläubigkeit, die manchmal auch als »Literalismus« oder »Skripturalismus« bezeichnet wird,[61] sowie die strikte Ablehnung einer historisch-kritischen Lektüre der Heiligen Schriften, d. h. sie weigern sich, in diesen Texten etwas anderes als die »historische Wirklichkeit« zu sehen. Sekundäre Religionen gehen mit Intellektuellenfeindlichkeit und einer generellen Ambivalenzunfähigkeit einher. Ihre Berufung auf die »eine Wahrheit« ist eigentlich ein Charakteristikum des vollen Alphabets, das nach Eindeutigkeit verlangt – und die Tatsache, dass die sekundäre Religion heute in so gut wie allen Kulturen zu finden ist, kann als Indiz gelten, dass sich das vom vollen Alphabet geschaffene Denken auf diese ausgebreitet hat. Die modernen Massenmedien – Radio, Fernsehen, Internet, soziale Medien –, über die sekundäre Religionen gern ihre Botschaften verbreiten, verleihen dem Literalismus den Anschein von körpernaher Direktheit und eben jener »Natürlichkeit«, die als Charakteristikum von Oralität gilt. Für das Konzept der Blutsverwandtschaft, der die Idee der Leiblichkeit zugrundeliegt, ist die sekundäre Oralität von zentraler Bedeutung: Durch ihre (scheinbare) Nähe zum Körper trug sie zur ›magischen Aufladung‹ eigentlich geistiger Abstammungslininen bei. Darauf komme ich zurück.

---

* In seinem Buch *Religion nach der Aufklärung* hat der Philosoph Hermann Lübbe diese Integration von Aufklärung *in* die Religion nicht behandelt, sondern sich eher gefragt, warum es überhaupt noch Religionen gibt. (Vgl. Lübbe 2004)

5. Alphabet und Geschlecht

Wie alle Kulturtechniken hatte auch das Alphabet einen prägenden Einfluss auf die Geschlechterrollen: Der Text wurde mit Männlichkeit gleichgesetzt, die flüchtige, veränderbare, mit dem sterblichen Körper verbundene Oralität mit Weiblichkeit. »Vatersprache« nannten die Gelehrten des Mittelalters folgerichtig die geschriebenen Texte; die gesprochenen regionalen Sprachen hießen bei ihnen »Muttersprache«. Bildung, die praktisch identisch war mit Schriftfähigkeit, wurde so zu einem männlichen Charakteristikum. In allen Schriftkulturen entwickelten sich »chirographisch [handschriftlich] beherrschte, geschlechtsspezifische Männersprachen«: rabbinisches Hebräisch, klassisches Arabisch, Sanskrit, klassisches Chinesisch und byzantinisches Griechisch. »Alle diese Sprachen waren als Muttersprachen außer Gebrauch (was im wörtlichen Sinne bedeutet, sie wurden von den Müttern nicht mehr für die Kindererziehung benutzt). Sie waren niemals für irgendjemanden die erste Sprache, und sie wurden ausschließlich von der Schrift kontrolliert, sie wurden nur von Männern gesprochen (mit vernachlässigbaren Ausnahmen, es gab hiervon allerdings besonders viele im klassischen Chinesisch), und sie wurden nur von denjenigen gesprochen, die sie schreiben konnten und die sie mittels des Schreibens gelernt hatten.«[62] Zwar weist Walter Ong auf die geschlechtsspezifische Verwendung dieser toten Schriftsprachen hin, aber weder er noch die Historiker der Verwandtschaftsverhältnisse thematisieren die enge Beziehung zwischen dem Ausschluss der »Muttersprachen« aus Erinnerungskette und Kanon (der Norm und Gesetz hervorbringt) und der allmählichen Exklusion der Frauen aus Genealogie und Blutslinie.

Für den Zusammenhang von Geschlecht und Schrift ist es erhellend, Sigmund Freuds Erklärung für die Zuordnung von Kultur an den männlichen Körper und die von Natur an den weiblichen zu lesen. Freud, der sich nicht nur für die Psyche des Einzelnen, sondern auch für allgemeine kulturelle Entwicklungen interessierte, verwendet oft Bilder aus der Schriftgeschichte, wenn er die Funktionsweise des Unbewussten beschreiben will: Er spricht vom Rebus, von Hieroglyphen und nennt Träume »heilige Texte«.[63] Ganz unbestreitbar gehört die Psychoanalyse mit ihrer dialogischen Form, der *talking cure* und der freien Assoziation in den Bereich oraler Tradition. Sie ist auch eine ›exegetische Methode‹, die die Zeichen der Schrift (etwa im Traum) immer wieder oral zu rezipieren fordert. Zugleich ist sie aber auch Teil der Schriftkultur. Die psychoanalytische Methode zeichnet jener Blick von außen auf das Selbst aus, der der Wirkmacht des vollen Alphabets entspricht, durch das sich der Einzelne außerhalb des Sprechens verorten kann.* Freuds Methode ist also direkt von den Bedingungen geleitet, die die sekundäre Oralität vorgab. Und das zeigt sich u. a. an den Geschlechterbildern, die den Traditionen der Schrift entsprechen.

Eine Reflexion über den Einfluss der Schriftsysteme auf Geschlechterrollen und Sexualität (die beide im Zentrum der Psychoanalyse standen) hätte es eigentlich erlaubt, die Vorstellung von ›männlicher Kultur‹ und ›weiblicher Natur‹ als *symbolische* Zuweisungen zu begreifen und mithin in Frage zu stellen – wie es Freuds Zeitalter ja auch tat, als es Frauen nicht nur das politische Stimmrecht, sondern auch den Zugang zu höherer Bildung und geistiger Tätigkeit eröffnete. Doch in Freuds Weltbild bleibt das Weibliche mit der ›Natur‹ verbunden, und diese Zuordnung wird nicht symbolisch verstanden. Denn er bezeichnet den Prozess einer Ermächtigung der Kultur über die Natur als »Wendung von der Mutter zum Vater«, als »einen Sieg der Geistigkeit über die Sinnlichkeit«, und die Begründung für diese Geschlechterzuweisung bezieht er aus den *physiologischen* Gegebenheiten der Fortpflanzung: »Die Mutterschaft ist durch das Zeugnis der Sinne erwiesen, während die Vaterschaft eine Annahme ist, auf einen Schluß und auf eine Voraussetzung aufgebaut.«[64] Damit macht Freud eine ziemlich gewagte Aussage, nämlich die, dass der Vater das Geistige aus dem einfachen Grund repräsentiert, *dass sich die Vaterschaft nicht feststellen lässt.* Die Zuweisung des Geistigen an den männlichen Körper beruht also auf dem Gesetz des *pater semper incertus est* (die Vaterschaft ist immer ungewiss), das seit der Antike über das Familienrecht bestimmte.

Die Zuordnung von Geistigkeit an die *Unkenntnis* (oder die Vermutung) der Vaterschaft ist an sich schon problematisch, denn sie macht das *Unwissen* über die leibliche Vaterschaft zur Voraussetzung für Kultur. Darüber hinaus besagt die Aussage aber auch, dass die Patrilinearität, die auf eben dieser Zuordnung beruht, nur solange aufrechtzuerhalten ist, als sich die Vaterschaft nicht feststellen

---

* Auch in anderer Hinsicht schließt die Psychoanalyse an die Geschichte des Alphabets an. Wie oben beschrieben sind die Heiligen Schriften der Bibel – das gilt sowohl für die Hebräische Bibel als auch für das Neue Testament – große Erzählungen, die der Gesellschaft Angebote zur Interpretation und Kontextualisierung historischer Prozesse boten. Die Psychoanalyse macht ein ähnliches Angebot – allerdings nicht der Gemeinschaft, sondern dem Individuum. Sie eröffnet die Möglichkeit für ein neues, verändertes, besser zu integrierendes Narrativ für die Krisen und Wunden, die die individuelle Biographie im Einzelnen hinterlassen hat. Die Erarbeitung dieser anderen ›Erzählung‹ stellt den Kern der psychoanalytischen Arbeit dar.

lässt – eine Konstruktion, bei der die Zusammenstellung von Geistigkeit mit Männlichkeit auf unsicherem Boden steht und mit der Erlangung des sicheren Vaterschaftsnachweises im späten 20. Jahrhundert endgültig ad acta zu legen wäre. Wir werden sehen, dass genau dies einer der Gründe für die Umwälzungen von Geschlechterordnung und Verwandtschaftsdefinitionen in der Moderne ist.

Freud (und vielen seiner Zeitgenossen) kam es nicht in den Sinn, dass es die Kulturtechniken waren, die den männlichen Körper zum Symbolträger von Geistigkeit machten. Ich erwähnte oben, dass sich schon mit den ersten Kulturtechniken der Landwirtschaft eine Konfrontation zwischen Kultur und Natur entwickelte, bei der dem männlichen Körper die Rolle der Kultur zufiel. Mit der Kulturtechnik Alphabet verstärkten sich diese Zuschreibungen, weshalb die Verfügung über die Heiligen Texte und der Zugang zu Wissenschaft Frauen über Jahrhunderte verschlossen blieb. Indem Freud diese Zuordnung in den physiologischen Gegebenheiten der geschlechtlichen Körper (darunter der Unsicherheit der Vaterschaft) begründet sieht, verortet er diese in den Körpern und der Biologie. Die Psychoanalyse, die selbst das Instrumentarium für eine Reflexion über das Verhältnis von Oralität und Schriftlichkeit bereitstellt, hätte es eigentlich erlaubt, auch über den Zusammenhang von Geschlechterordnung und Kulturtechniken nachzudenken. Wenn dies nicht geschehen ist, so deshalb weil sich die Vorstellung dieser Zuordnungen so tief ins Unbewusste eingeschrieben hatte, dass sie als naturgegebenen galten.

Eine Generation nach Freud tat der französische Psychoanalytiker Jacques Lacan einen vorsichtigen Schritt in diese Richtung. Er lehrte in einer Zeit, als die Biologie schon die erste Annäherung an den sicheren Vaterschaftsnachweis zu erbringen begann: zunächst in den 1920er Jahren durch die Blutgruppen und ab 1984 durch den genetischen Fingerabdruck. Lacan war erst kurz vorher gestorben: Zeit genug also, die Anzeichen der Zeit zu lesen. Für Lacans Generation war der *pater incertus* kein gutes Argument für den Erhalt des männlichen Anspruchs auf Geistigkeit. Deshalb verlieh er dem Vater eine neue Gestalt: Aus dem (bei Freud) kastrierenden, leiblichen Vater machte er die Sprache – die »Vatersprache« übernahm damit ihre alte Funktion, nun aber in neuer Gestalt. Für Lacan repräsentiert die Sprache das Gesetz, das die Aufhebung der frühkindlichen Symbiose mit der Mutter und den Eintritt in die »symbolische Ordnung« einfordert. Lacan bezeichnet dies bekanntlich als *le nom du père*, womit sowohl der »Name« als auch das »Nein« des Vaters gemeint sind. Aus seinen Ausführungen wird nicht deutlich, ob mit dieser »Vatersprache« Schrift oder die gesprochene Sprache gemeint sind. Im Gegenteil: Er sagt, dass die Mutter – »jene, die spricht, jene, die das Wort weitergibt«⁶⁵ – das »Nein« des väterlichen Gesetzes in ihre (orale) Sprache inkorporieren muss. »Dieser nom du père wird erst zum Nein, wenn es gesprochen wird; die Verbote werden umgesetzt* mit der Stimme der Mutter.«⁶⁶ Lacan selbst betont, dass es schwierig sei, zwischen Schrift (*lettre*, Buchstaben) und Sprechen (*l'être*, Sein) zu unterscheiden, und er hält fest, dass das Symptom (also etwa die Lähmung einer Hysterika, die schon Freud als Körper gewordene Sprache identifiziert hatte) als »Metapher«, also als symbolische Sprache (d. h. letztlich als Schriftsprache) zu verstehen ist.⁶⁷

Lacans »Vater« ist also durchaus symbolischer und nicht physiologischer Art, aber dadurch dass die väterliche Sprache der Mutter (Symbolträgerin von Oralität) »auf die Zunge« gelegt wird, wird ganz deutlich, dass es sich bei seiner »Vatersprache« um Schriftsprache handelt, die nur die Gestalt der Oralität angenommen hat: eine als gesprochene Sprache verkleidete Schriftsprache. Sekundäre Oralität in jedem Sinne des Wortes. Auf diese Weise umgeht Lacan einerseits die problematische Konstruktion, dass männliche Geistigkeit auf dem unsicheren Vaterschaftsbeweis beruhen soll, andererseits erklärt er aber das *gesprochene* Wort, den Kulturtraditionen zum Trotz, zur »Vatersprache«. Damit bleibt alles beim Alten: Der »symbolische Vater«, der als Schrift *und* als Oralität daherkommt, verfügt weiterhin über das Zeugungsmonopol. Ob dieser Vater ein *incertus* oder von gesicherter Leiblichkeit ist, wird unerheblich, weil die ›Natur‹ in dieser Konstruktion immer ein Produkt der Sprache ist. Sie ist Schrift *und* sekundäre Oralität. In den Reproduktionstechniken, von denen noch die Rede sein wird, ist diese Verschmelzung von Natur und Kultur geradezu Programm. Aber sie ist auch schon angelegt in der Aneignung der Ununterscheidbarkeit von Sprechen und Schreiben.

6. Das Zeichensystem Geld: eine besondere Fortpflanzungsart

Dank der Zuordnung des Geistes an den männlichen Körper entstand also ein geistiges Konzept von Vaterschaft. Dieses verfügt über andere Fortpflanzungsmethoden als die Natur. Das wird besonders deutlich an einem spezifischen

---

* Lacan verwendet hier den Begriff ›se *monnayer*‹ (in Geld umwandeln) für die ›Umsetzung‹ von Schrift zu Sprache, was dem Vorgang eine zusätzliche finanzielle Dimension verleiht.

Schriftsystem, das in Griechenland unmittelbar nach der Entstehung des vollen Alphabets Einzug hielt: Das nominalistische Geld, bei dem der Wert eines Schuldscheins oder einer Münze einzig durch die auf dem Träger verbuchten Zeichen festgelegt wird, funktioniert nach dem Prinzip des fließenden Kanons. So wie Texte andere Texte generieren, erzeugt auch das Geld neue Sprösslinge. Die enge Verbindung von Geld und Schrift war schon im Ursprung der Schrift aus der Buchhaltung angelegt, und sie führte dazu, dass sich die beiden Medien immer in Parallele zueinander entwickelten: Das Alphabet ging den nominalistischen Münzen voraus, Buchdruck dem Papiergeld und die digitale Kommunikation dem elektronischen Geld.

Das enge Verhältnis von Geld und Schrift war von grundlegender Bedeutung für die Entstehung neuer Verwandtschaftsdefinitionen und Erbschaftslinien, die sich in Griechenland, Rom und dann in der christlichen Gesellschaft entwickelten: Sie bildeten sich in Analogie zur Fortpflanzungsart des Geldes. Ersetzte das Alphabet Laute durch Zeichen, die wiederum die gesprochene Sprache nach dem Gesetz der Schrift gestalteten, so standen die Zeichen auf dem Geld für eine materielle Wirklichkeit, die sie selbst erzeugten.

Vermögensverhältnisse sind generell ein Indikator für die Art, wie eine Gesellschaft Verwandtschaftsverhältnisse und Erbschaftslinien konzipiert. Doch das nominalistische Geld stand für ein spezifisches Konzept von Fortpflanzung und Vermehrung. Michael Hutter führt Athens Aufstieg zum Geld- und Handelszentrum der antiken Welt zumindest teilweise auf eine Dynamik zurück, »die sich aus den Reproduktionserfordernissen der neuen Münzform ergab«. Zum ersten Mal entstanden Institutionen, die allein mit der »Reproduktion des Geldmediums beschäftigt« waren.[68] Die Fähigkeit dieses Mediums zur Vermehrung »aus sich selbst« war eine Folge jener Zeichenhaftigkeit, die es in der griechischen Antike erlangte, und stand im Gegensatz zu einem aus Edelmetallen oder Landeigentum bestehenden Vermögen.

Der Vermehrung des Geldes sind keine Grenzen gesetzt. Sie geschieht zumeist über Schuldverträge oder Kredite: Indem Eigentümer bereit sind, »Schuldnern Geld – also *Forderungen* gegen ihr Vermögen – verfügbar zu machen«, trennen sie sich nicht von ihrem Vermögen, sondern sie belasten es, indem sie bereit sind, für den Ausfall eines Schuldners zu haften. »Diese Vermögensbelastung wird in der Geldwirtschaft mit der Emission einer Note dokumentiert. *Diese Noten und nicht das Vermögen des Eigentümers oder das Schulddokument des Dritten sind Geld.*«[69] Mit anderen Worten: Nicht nur ermöglicht Geld das Schuldenmachen, sondern das Schuldenmachen führt auch zur Notwendigkeit einer Vermehrung des Geldes. Kreditgeld schafft – wenn alles gut geht – neues Vermögen. Dies ist die Basis für die Vermehrungsfähigkeit des Geldes.

Anders als die menschliche Fortpflanzung können die Zeichen des Geldes nur sich selbst reproduzieren. »Die so entstehende Kette von Zahlungen ist selbstreferentiell geschlossen: Zahlungen schließen immer nur an Zahlungen an.« Wie bildet sich diese Kette? Da es sich beim Geld um eine »Kommunikationsform« handelt, müssen Geber wie Empfänger bereit sein, sich in diesen Positionen abzuwechseln: »Erst ist man der, der ein vorgegebenes Zeichen beobachtet (Alter), dann der, der dieses Zeichen seinerseits verwendet, in der Erwartung beobachtbar zu sein (Ego).« Wer Geber und wer Nehmer ist, wird allein durch die Zeichen bestimmt. »Im Wechsel von Alter zu Ego und zurück zu Alter entsteht die Fortsetzung der Zeichenverwendung durch Kopie oder durch Verdoppelung.« Da das Kreditwesen immer auf die Zukunft gerichtet ist, entsteht so der »Sog zur Fortsetzung der Zahlungsketten«.[70] Die Reproduktion des Geldes beruht also letztlich auf einem Mechanismus, der der biologischen Fortpflanzung ähnelt – nur dass bei der biologischen Fortpflanzung zwei unterschiedliche Partner zusammenkommen, während bei der ›Paarung‹ von Zeichen die Unterschiede zwischen ihnen nicht gegeben sind, sondern artifiziell hergestellt werden.

Dieses monetäre Konzept der Reproduktion wirkte auf die menschliche Fortpflanzung ein. Dabei bildete sich die Reproduktionsfähigkeit des Geldes zunächst in Analogie zur menschlichen Zeugungsfähigkeit; später sollten sich die Verhältnisse umdrehen: Die Vermehrungsart von Geld und Schrift strukturierte die menschlichen Erblinien. Der Umbruch zeigt sich deutlich im Werk von Aristoteles (384–322 v. d. Z.). Dieser lehnte Zinsen (und damit die Vermehrung des Geldes) mit der Begründung ab, dass die Fortpflanzung eines unorganischen Stoffes widernatürlich sei: »Daher hat der ›Zins‹ (*tokos*) auch seinen Namen bekommen. Ähnlich ist nämlich das Geborene selber dem Gebärenden, so bedeutet Zins Geld vom Geld. Demnach ist diese Art des Kapitalerwerbs die, die am meisten der Natur zuwiderläuft.«[71] Seine eigene Wortwahl betont also die *Analogie* von geldlicher und leiblicher Fortpflanzung: Der Begriff *tokos* bezeichnet sowohl Kind, Geburt, Junges als auch Zins; das Wort leitet sich ab von einer Wurzel, die auch »erzeugen« bedeutet.[72]

Dass Aristoteles die Fortpflanzungsart des Geldes als unnatürlich bezeichnet, hinderte ihn nicht, die menschliche Reproduktion der des Geldes anzunähern: Seine in der *Nikomachischen Ethik* beschriebene Erblinie erinnert an die selbstreferentielle Vermehrungsart des Geldes. »Die Eltern lieben also die Kinder wie sich selbst (denn was von ihnen stammt, ist wie ein anderes sie selbst durch die Trennung), die Kinder die Eltern, weil sie von ihnen stammen. Denn die Gleichheit jenen gegenüber macht sie auch untereinander gleich. Und so spricht man von ›demselben Blut‹, ›derselben Wurzel‹ und dergleichen. Sie sind auch gewissermaßen dasselbe, nur in getrennten Wesen.«[73] Diese ›Blutslinie‹ hat wenig mit der biologischen Fortpflanzung zu tun: Weil sich dort zwei Verschiedene paaren, entsteht ein Drittes, das mit den Eltern *nicht* identisch ist. Hier jedoch wird die Fortpflanzung als Kopie und Wiederholung gedacht, wie beim Geld.

Das nominalistische Geld schuf schon im antiken Griechenland eine eigene Art, Genealogie zu denken. Üblicherweise legitimierten sich die Eliten durch das Prinzip der Erblichkeit. Doch mit dem Geld ließen sich alte dynastische Ansprüche ausradieren; neue zahlungskräftige Herrscher, die Söldnerheere aufstellen konnten, usurpierten den Thron und begründeten eigene Dynastien. Auch das Privileg der Bildung – von Platon noch als aristokratisches Vorrecht gedacht – ging den Eliten verloren. Es stiegen neue soziale Schichten auf, die ihr Fortkommen erkaufter Bildung verdankten. Das Alphabet selbst, das mit seinen wenigen Schriftzeichen ein leicht erlernbares Schriftsystem war, ermöglichte eine neue soziale Mobilität. Nach der Einführung des Geldes kam eine weiterer Faktor sozialer Mobilität hinzu: Gute Geschäftsleute konnten leicht zu großem Vermögen kommen. Das war nicht möglich, solange (begrenzt vorhandenes) Landeigentum die Basis von Wohlstand und Elitestatus war. Beim Geld jedoch gab es keine Limitation. Die Aufsteiger waren die Söhne von Händlern und Handwerkern, die durch erworbenes Geld höhere Stellungen errungen hatten. Die Väter der Emporkömmlinge verfügten noch nicht über die nötige Bildung, um politisch einflussreich zu sein, aber ihren Söhnen konnten sie die entsprechende Bildung kaufen. Und die, von denen man dieses Wissen kaufte, waren die Sophisten – eine Schicht von ärmeren, aber freien Bürgern, die Bildung gegen Geld boten.

Platon und anderen Aristokraten waren die Sophisten ein Dorn im Auge. Für sie war Bildung etwas Angeborenes, das nicht erlernbar sei. Die Sophisten bewiesen das Gegenteil. In der Polis, wo »sich die Macht nicht mehr durch Waffen, sondern durch das Wort« definierte und Macht von der Fähigkeit abhing zu überzeugen,⁷⁴ implizierte diese eine vorher nicht gekannte soziale Umwälzung. Kein Wunder, dass Platon im Geld ein »Gift« für die Gemeinschaft sah. Er forderte, den Handel Fremden, d. h. Menschen ohne Bürgerrechte, zu überlassen. Die Kontroverse um die Frage von Bildung gegen Geld rüttelte an den Grundfesten Athens, weil sie auch das Prinzip der Sklaverei, auf dem ein Gutteil der ökonomischen Stabilität der Polis beruhte, in Frage stellte. Platon (und viele andere Athener) hielten die Leibeigenschaft für eine Selbstverständlichkeit. Sie vertraten die Ansicht, dass der Sklave durch eine »angeborene Minderwertigkeit« zum Sklaven geboren sei.⁷⁵ Die Sophisten bezweifelten das aus gutem Grund: Viele von ihnen waren die Söhne freigelassener Sklaven, waren also der lebendige Beweis dafür, dass Bildung und Elite nichts Angeborenes war und die angebliche Minderwertigkeit des Sklaven dem Versklavungsprozess selbst geschuldet war.⁷⁶

Mit den Sophisten, so schreibt Marcel Hénaff, betritt eine Erscheinung, die später »Hellenismus« genannt wird, die Bühne der Geschichte. »Was aus dieser Bewegung hervorgeht, ist die unbestreitbare Intellektualisierung der griechischen Eliten.« Das Auftreten der Sophisten in Griechenland sei das Symptom dieser Veränderung und hänge eng mit dem »demokratischen Charakter der alphabetischen Schrift«, andererseits aber auch mit der neuen Stellung des Geldes zusammen. »Diese Intellektualisierung bedeutet das Ende der homerischen, also der heroischen Welt. Es beginnt nun die Zeit der Schönredner, aber auch der Gelehrten, der Gebildeten, der Männer des Buchs.«⁷⁷ Zugleich waren diese Aufsteiger auch die Männer des Geldes; ihnen wurden Bildung und Erziehung nicht per Stammbaum in die Wiege gelegt, sie erbten keinen »Habitus«, um den Bourdieuschen Begriff zu verwenden, sondern erwarben diesen durch Studien, die die Väter ihnen finanzieren konnten. Mit den Sophisten entstand so eine neue Form von Genealogie, die sich an der Reproduktionsfähigkeit der Schrift- und Geldzeichen orientierte.

Die Genealogie der Zeichen wurde zur Grundlage des westlichen (griechisch-römisch-christlichen) Konzepts von Patrilinearität: Es beruht einerseits auf Tinte (Stammbaum, vererbter Amtsträgerschaft) und andererseits auf ererbtem Vermögen. Eine solche Erblinie war nur auf der Basis des *pater semper incertus est* möglich. Das Bekenntnis zur leiblichen Vaterschaft wäre mit der Analogie zur Zeichenvermehrung in Konflikt geraten. Wegen dieser Nähe von Erblinien und Reproduktion der Zeichen entstand mit jedem Wandel der Geld- und Schriftform auch ein neues Konzept von Blutsverwandtschaft: Buchdruck und Papiergeld, elektronische Kommunikation und digitales Geld brachten und bringen, wie noch an späteren Epochen zu zeigen sein wird, je eigene Formen von Genealogie hervor. Die Frage des Blutes kommt vor allem dann ins Spiel, wenn es gilt, den Aufstieg anderer Eliten zu verhindern. Droht ein solcher, steht sehr rasch die biologische *Vorbestimmung* des sozialen Status im Raum. Die Basis für diese Form von ›Stammbaum‹ wurde in Griechenland gelegt: mit dem vollem Alphabet und seiner spezifischen Geldform.

Bezog also das Geld seine Gültigkeit zunächst aus der Analogie zur menschlichen Reproduktion, so sollte sich der Vorgang allmählich in sein Gegenteil verkehren: Die menschlichen Erblinien gestalteten sich nach der Art der Zeichenvermehrung. Voraussetzung dafür war die Besetzung der Körper durch die Zeichen. »Eine chirographische (schreibende) und mehr noch eine typographische (druckende) Kultur kann vom Menschlichen absehen und es gleichsam denaturieren«, so Walter Ong.[78] Lesen und Schreiben domestizieren den Körper nicht nur, indem sie ihn ruhigstellen (wer liest oder schreibt, befindet sich in einer Ruheposition), sondern auch durch den Normierungsprozess, dem das Individuum in einer Schriftgesellschaft unterliegt. Die Instrumente dieses Prozesses sind das Gesetz, ein gemeinsames Schrift- und ein einheitliches Geldsystem. Natürlich spielt auch in der oralen Gesellschaft die Domestizierung des Körpers eine wichtige Rolle. Aber dort bezieht sie sich eher auf die Körperbeherrschung des geübten Kriegers oder auf landwirtschaftliche/handwerkliche Fertigkeiten. In den Schriftgesellschaften, wo der Körper durch den Geist beherrscht werden soll, geht es dagegen um »Mäßigung«, »Besonnenheit«, »Tugend«. Diese Begriffe, die sich durch alle Kapitel von Aristoteles' *Nikomachischer Ethik* ziehen, standen auch bei den meisten griechischen und römischen Ethikern im Vordergrund. Sie betonten die Beherrschung der Sinne und des Körpers. Sogar die sportlichen Ereignisse, die direkt mit Körperlichkeit zu tun hatten, wurden diesem Prinzip unterstellt. Es ist kein Zufall, dass die ersten Olympischen Spiele 776 stattfanden, also kurz nach der Einführung des griechischen Alphabets. Die Kultur sollte befähigt werden, nicht nur über die Natur, sondern auch über den Körper des Kulturschaffenden zu herrschen und ihn nach dem Gesetz der Zeichen zu gestalten.

Michel Foucault hat dargestellt, dass das Ideal von Tugend und Mäßigung, das sich in der Antike entwickelte, nicht am weiblichen, sondern am männlichen Körper exerziert wurde.[79] Mit Alphabet und nominalistischem Geld erhob die griechische Kultur vom männlichen Körper einen hohen Preis, der mit dem Begriff des »Triebverzichts« nur unzulänglich benannt ist. Trieb*verzicht* setzt Freiwilligkeit voraus. Die Geschichte des Geldes und des Alphabets ließen dem männlichen Körper aber gar keine Wahl: Das Prinzip Vernunft, Beherrschung der Leiblichkeit, Selbstreflexion und Normierung der Gesellschaft durch das Gesetz waren *das sacrificium*, das Opfer, das der Mann den Zeichen darzubringen hatte. *Juno Moneta* hieß die Göttin, in deren Tempel sich die Münzstätte Roms befand. (Daher unser Begriff des ›Monetären‹.) *Monere* bedeutet soviel wie: mahnen, auffordern, zurechtweisen, züchtigen, mäßigen. Das sind allesamt Bedeutungen, die auf einen Akt der Domestizierung hinweisen. Der männliche Körper wurde zum ›versteckten Altar‹, auf dem die Sinnlichkeit der Vernunft dargebracht wurde. Diese Unterwerfung unter das Prinzip Vernunft und Geistigkeit war die Voraussetzung für die Entstehung neuer väterlicher Erblinien, die sich an der Reproduktion der Zeichen orientierte.

Wenn es stimmt, dass das Prinzip des *pater semper incertus est* die Voraussetzung für ein leibfernes Vaterschaftsmodell bildete, dann kann es eigentlich nicht verwundern, dass die Wissenschaft (trotz großartiger Leistungen auf vielen Gebieten der Biologie) solange brauchte, bevor sie den sicheren Vaterschaftsbeweis erbringen konnte. Vielleicht war dieser Nachweis gar nicht erwünscht, solange das Werk der Exkarnation (der Ablösung vom Fleisch) noch nicht vollendet war. Jedenfalls bestimmte das Prinzip geistiger Männlichkeit fast zwei Jahrtausende lang über die Entwicklung von Geschlechterordnung und Verwandtschaft in Europa.

7. Griechenland: Die geistige Vaterschaft wird leiblich

Im ›großen Zeitalter‹ Athens, das mit dem Ende des Peloponnesischen Kriegs (431–404) und dem Niedergang der Vormacht Athens enden wird, entstand also eine neue Form von Genealogie. 451, zur Zeit des Perikles (490–429), als die Macht Athens durch die Kontrolle des Attischen Seebundes ihren Höhepunkt erreichte, wurde ein neues Bürgerrechtsgesetz erlassen, laut dem als Athener Bürger nur gelten kann, wer sowohl väterlicher- als auch mütterlicherseits Athener zu Eltern hat. Blutsverwandtschaft und Bürgerrechte hingen also eng zusammen: ein *ius sanguinis*. Das Gesetz war umstritten, weil es den Adel, der oft außerhalb der athenischen Welt heiratete, benachteiligte; den bürgerlichen Schichten dagegen bot es Vorteile.

Parallel zu diesem Prinzip eines erblichen Bürgerrechts setzte sich ein genealogisches Denken durch, das eine rein männliche – und zugleich geistige – Linie vorsah. Aischylos (525–456) hat es in den *Eumeniden* formuliert. Darin geht es um die Frage, ob Orestes, der seine Mutter erschlug, Blutschuld auf sich geladen hat. Das wird von Apollon mit der Begründung verneint, dass er mit seiner Mutter nicht blutsverwandt sei: »Nicht ist die Mutter des Erzeugten, ›Kind‹ genannt,/Erzeugerin – Pflegrin nur des neugesäten Keims./Es zeugt der Gatte; sie, dem Gast Gastgeberin,/Hütet den Sproß, falls ihm nicht Schaden wirkt ein Gott.« Als Beweis für die Behauptung, dass »man auch ohne Mutter Vater werden kann« verweist Aischylos auf Pallas Athene, die aus dem Haupt des Zeus geboren wurde.[80]

Nun war Pallas Athene eine Göttin. Wie aber sollte bei den Menschen ein solches Modell der Vaterschaft ohne die Mutter aussehen? Euripides (480–406), der jüngste der drei großen griechischen Tragödiendichter, meldete zunächst nur das Bedürfnis nach einer solchen Neuerung an. In seiner *Medea* (431 v. d. Z.) ließ er Jason das Bedürfnis nach einer rein männlichen Fortpflanzung äußern: »Ja, den Menschen sollt auf andrem Weg Fortpflanzung werden, Frauen nicht geschaffen sein; So wär die Welt auch frei von allem Ungemach!«[81] Drei Jahre später machte er im *Hippolytus* den Vorschlag, wie das konkret gehen soll. Der Titelheld seines Dramas verweist Zeus auf neue Modelle der Zeugung: »Denn/gedachtest du den Stamm der Menschen fortzupflanzen,/so brauchtest du das nicht durch Frauen zu gewähren,/nein, brauchten nur die Sterblichen in deinen Tempeln/für Gold, für Eisen oder schweres Kupfer sich/die Sprösslinge zu kaufen, jeder für den Preis,/der seinem Steuersatz entspricht.«[82] Euripides lebte zu einer Zeit, in der sich die Geldwirtschaft und mit ihr auch der Gedanke etabliert hatten, dass es eine andere Art der Vermehrung gebe. Offenbar sah er in der monetären Fortpflanzung das ideale Modell für eine Vaterschaft ohne das »Ungemach« einer weiblichen Beteiligung.

Bei Platon wurde diese Phantasie zur Basis eines gesellschaftlichen Entwurfs, in dem der Staat, gewissermaßen ein geistiger Vater, zum Erzeuger des Nachwuchses wird. In seiner *Politeia* heißt es: »Es müssen ja nach dem Zugegebenen die besten Männer den besten Weibern möglichst oft beiwohnen, und die schlechtesten Männer den schlechtesten Weibern möglichst selten, und die Kinder der einen muss man aufziehen, die der andern aber nicht, wenn die Herde möglichst vorzüglich sein soll, und alles dies muss geschehen, ohne dass es jemand außer den Regierenden selbst bemerkt, wenn andererseits die Herde der Wächter möglichst frei von innerem Zwist sein soll.« Nachdem die Regierung über die Zahl der Vermählungen bestimmt hat, werden die Bräute und Bräutigame auf arrangierten Festen zusammengebracht. Die besonders Tüchtigen dürfen mit den Frauen besonders oft schlafen, »damit zugleich auch unter diesem Vorwand möglichst viele Kinder von solchen gezeugt werden«. Die Kinder der »Tüchtigsten« nimmt der Staat an sich und übergibt sie Wärterinnen; die der »Schlechteren« aber wird er »an einem »geheimen und unbekannten Ort verbergen«. Die Wärterinnen kümmern sich auch um die Ernährung der Kinder, »indem sie die Mütter in jene Wohnung bringen, wenn sie volle Brüste haben, aber jede Vorkehrung treffen, dass keine ihr Kind zu sehen bekommt«.[83] Platons *Staat* war der erste Entwurf einer Geburtenpolitik auf dem Reißbrett und wurde zum Vorbild für viele spätere Modelle dieser Art.

Mit Platons Schüler Aristoteles nehmen die Vorstellungen einer rationalen Fortpflanzungspolitik biologische Gestalt an: Er weist den wichtigsten Anteil der Zeugung dem männlichen Körper zu (bei Platon sind noch beide Geschlechter gleichermaßen einbezogen) und macht daraus zugleich einen geistigen Akt. In seiner Schrift *Über die Zeugung der Geschöpfe* heißt es, dass der männliche Same »von oben her« komme. Er sei zwar nicht die Seele, aber er sei »beseelt« durch »eine von außen eingedrungene Vernunft«, die einen immateriellen »Urstoff der Himmelskörpers« darstelle und göttlich sei. Die Tatsache, dass Frauen überhaupt geboren werden, führte Aristoteles darauf zurück, dass sich der »beseelte Same« in vielen Fällen nicht ausreichend gegen die »Materie«, also das Irdische, durchsetzen könne und so der Lebensquell »sich geschlagen geben muß, bevor er die Entwicklung bis zur eigenen Art fördern« kann.[84]

In dieser Zeugungslehre ist unschwer der Machtanspruch der ›Kultur‹ gegenüber der ›Natur‹ und deren geschlechtliche Codierung zu erkennen. Zugleich ist die Vorstellung von der »himmlischen« Herkunft des männlichen Samens, der den »von außen kommenden Bewegungsanstoß« gibt,[85] als Emanation seiner Theorie vom »unbewegten Beweger« zu verstehen – und diese gehört dem Bereich der Metaphysik an. Der »unbewegte Beweger« der aristotelischen Lehre ist, anders als alle sterblichen Wesen (Tiere, Pflanzen, Menschen) und auch anders als die Himmelskörper, nicht von sinnlicher Gestalt; vielmehr stellt er eine immaterielle Macht dar, die als Bewegungsanstoß dient, so wie der männliche Samen formend ist. Der unbewegte Beweger ist das höchste Prinzip, absolut und zeitlos und der Impulsgeber für jegliche Art von Bewegung (die Aristoteles mit Zeit gleichsetzt).[86] Wenn man will, kann man im unbewegten Beweger eine griechische Variante des Monotheismus sehen, vor allem dann, wenn man den Zusammenhang von Gott und Schrift mitdenkt. Indem Aristoteles nun dem männlichen Samen eine überirdische Herkunft zubilligt, sagt er, dass das Immaterielle des ewigen Wesens irdische Gestalt annehmen kann. Das wiederum präfiguriert schon Christus als das »Fleisch gewordene Wort«, was noch dadurch verstärkt wird, dass laut Aristoteles der Geist seine formende Macht über den Körper nur dann ausüben kann, wenn er sich von der Leiblichkeit abgespalten hat.[87] Auch Christus muss erst am Kreuz sterben, bevor er transzendente Gestalt annimmt.

Aristoteles gilt als einer der konsequentesten Empiriker der griechischen Antike. Aber auf einem Gebiet verließ er sich lieber auf die Metaphysik: bei der Vaterschaft. An ihm ist gut zu erkennen, welche Funktion das Prinzip des *pater semper incertus est* zu erfüllen hatte: Es diente der Gleichsetzung von Männlichkeit mit Unleiblichkeit. Nur so kann, laut Aristoteles, der Geist zum zeugenden Prinzip werden. Denn es ist »nicht der Körper die Wirklichkeit der Seele, sondern diese die des Körpers«[88] – eine Aussage, die mit späteren christlichen Lehren mehr als vereinbar war. So sagt Jesus zu Nikodemus: »Wahrlich, wahrlich, ich sage dir: wer nicht aus Wasser und Geist geboren ist, kann nicht in das Reich Gottes eingehen. Was aus dem Fleisch geboren ist, ist Fleisch; was aus dem Geist geboren ist, ist Geist. Wundere dich nicht darüber, daß ich dir sage, ihr müßt von oben her geboren werden.«[89] Es ist richtig, dass die Schriften des Aristoteles kaum mehr bekannt waren, als das Christentum entstand. Erst im Mittelalter gelangten sie über den arabischen Raum in die christliche Gesellschaft Europas. Ein Gutteil dieses Gedankenguts blieb aber – über Rom – erhalten und fand als hellenistische Erbschaft und in verwandelter Form Eingang in die christlichen Lehren: Genau das ist ein fließender Kanon.

8. Die Theorie schafft soziale Fakten

Eine ganze Reihe von historischen Forschungen – darunter die von Beate Wagner-Hasel,[90] Eva Keuls,[91] Irmgard Schultz,[92] Leslie Kurke[93] oder Elke Hartmann[94] – haben tradierte Vorstellungen über die soziale Geschlechterordnung der Polis zurechtgerückt: »Der Vorstellung, daß die attischen Ehefrauen auf die Sphäre des Hauses beschränkt gewesen seien, liegt ein Mißverständnis von oîkos als einem räumlichen und nicht als einem sozialen Beziehungen konstituierenden ›Ort‹ zugrunde«, schreibt Irmgard Schultz.[95] Auch die Behauptung, dass Frauen in der Antike außerhalb von Ökonomie und Politik standen, sei nicht haltbar: Eine Fülle von Belegen zeigten, dass Frauen als ökonomisches Subjekt – etwa bei Eigentumsübertragungen – selbständig handelten.[96] Ihre Rolle in der Wirtschaft sei in Griechenland ausgeprägter gewesen als in den meisten Geschichtsbüchern dargestellt. Frauen traten als Eigentümerinnen von Land auf, sie nahmen Darlehen auf und erteilten ihren Ehemännern Zustimmung für vermögenswirksame Handlungen. Es gab sogar Geldwechslerinnen und Geldverleiherinnen. Wie schon erwähnt, galt laut attischem Bürgerrecht von 451/450 als Athener Bürger, wer väterlicher- und mütterlicherseits attischer Herkunft war. Grund für die neue Definition »attischer Identität« war die Abwehr gegen eine fremde wirtschaftliche Übermacht.[97] Damit wurde für jeden Athener die Ehelichung einer Athenerin zur Pflicht.

Eine solche Konstruktion erscheint auf den ersten Blick schwer vereinbar mit dem Konzept einer Machtlosigkeit der Frau. Die Geschlechterhierarchie zeigte sich jedoch bei den Erblinien – vor allem im »goldenen Zeitalter« Athens. Denn das auf dem Prinzip des *ius sanguinis* basierende Bürgerrecht bedarf zwar der Frauen, aber es berücksichtigte sie nicht in der Genealogie. Ein neugeborener Junge, für den das Bürgerrecht beantragt wurde, wies die Abstammung von zwei athenischen Eltern nach, indem der Name und der Herkunftsort seines Vaters sowie seines mütterlichen Großvaters nachgewiesen wurden. Der Name der Mutter erschien nicht. In dieser ›Blutslinie‹ wurden die Frauen schlicht übergangen. Das ist umso erstaunlicher, als im attischen Gesetz Halbgeschwister väterlicherseits heiraten durften, mütterlicherseits jedoch nicht – eine Regelung, die als Indiz gelesen werden darf, dass nur die Beziehung zur Mutter als Blutsverwandtschaft verstanden wurde – *mater semper certa est* –, nicht jedoch die zum Vater. Offenbar unterschied man zwischen Genealogie und Verwandtschaft, und nicht einmal das *ius sanguinis* verwies auf eine leibliche Vaterschaft.

Tatsächlich bestimmten nicht die Biologie, sondern ganz andere Faktoren über die Erblinie. Für den griechischen Mann gab es zwei Hauptgründe, eine Ehe zu schließen: Der eine war die »unbezweifelbare Vaterschaft seines Nachwuchses«; der andere war die Bewahrung des Familienvermögens. Frauen erhielten bei ihrer Eheschließung eine Mitgift, sie war sogar gesetzlich vorgeschrieben und sollte sie absichern: Im Fall der Scheidung wurde ihnen das Vermögen plus 18 Prozent Zinsen erstattet. Die Möglichkeit einer Frau, die Scheidung durchzusetzen, war allerdings »weitgehend illusorisch«. Athenische Frauen wurden schon in sehr jungem Alter – mit 14 bis 15 Jahren – verheiratet. Gab es eine Erbschaft, so ging sie an den Mann oder Sohn. Nur für den Fall, dass es keinen männlichen Erben gab, konnte eine Frau die Erbschaft antreten. Allerdings stand sie dann in der Pflicht, den nächsten männlichen Verwandten – meistens den Sohn des väterlichen Onkels – zu heiraten, damit das Vermögen in der Familie blieb. »Falls sie schon verheiratet war, wurde sie gezwungen, sich scheiden zu lassen und sich von ihren Kindern zu trennen. War der männliche Verwandte schon verheiratet, so konnte er sich entscheiden zwischen Scheidung oder Weitergabe seiner Ansprüche an den nächsten männlichen Verwandten.«[98]

Laut Claudine Leduc ergab sich durch die Reformen des Solon und des Kleisthenes eine Aufweichung der alten *Oikos*-Struktur. Der Landbesitz verlor an Bedeutung (für das Bürgerrecht); auch wohlhabende Familien sollten sich dem Gemeinwohl der Polis verpflichtet fühlen. Das Gesetz sah vor, dass bei Heiratsallianzen zwischen zwei vermögenden Häusern den Frauen eine möglichst geringe Mitgift mitzugeben sei. Auf diese Weise verloren vor allem wohlhabende Frauen ihre Autonomie. Zusätzliche Ehegesetze verstärkten noch die Abhängigkeit der Ehefrau von ihrem Ehemann. Aus dem Ehevertrag wurde ein Vormundschaftsvertrag.[99] Beate Wagner-Hasel zieht aus solchen Entwicklungen den Schluss, dass der philosophische Diskurs über den Zeugungsbeitrag von Männern und Frauen im Athen des 4. Jahrhunderts um den Gesellschaftskörper kreist, »dessen Verfaßtheit – die Unterordnung des Hauses unter die Polis bei Aristoteles, die Auflösung der Häuser bei Platon – am konkreten menschlichen Körper verhandelt wird«.[100] Deutlicher lässt sich kaum beschreiben, wie sehr Geschlechterordnung und Erblinie den neuen Zeugungstheorien und der gemeinsamen Herrschaft von Geldwirtschaft und Schrift unterworfen wurden. In der Medizin wurde zwar wiederholt die Beteiligung der Frauen am Zeugungsakt betont – die Hippokratiker, wie später auch Galenus, sprachen von männlichem und weiblichem »Samen«. Doch im Recht der Polis schlugen sich eher die Zeugungsvorstellungen nieder, die Aristoteles alsbald ausformulieren sollte.

Das Gesetz sah außerdem vor, dass allein der Vater über die Legitimität eines Kindes und dessen weiteres Schicksal bestimmte; er war es, der dem Kind einen Namen verlieh: »*Rechtmäßiges Kind* ist dasjenige, welches der Vater fünf Tage nach der Geburt auf die Asche des Herdfeuers hebt und, während er es aufrecht hält, das erste Mal mit seinem Namen anredet, der ihm seinen Platz in der Abstammungsgruppe und der Phratrie zuweist.«[101] Die Genealogie gehörte nun in den Bereich des Sprechakts, der schon bald von der Tinte abgelöst wurde.

Die Sozialordnung der Polis betonte die Trennung von Männern und Frauen. Deren Erziehung folgte unterschiedlichen Richtlinien. Mit etwa sechs Jahren (das Alter, in dem die Kinder auch schon in Athen lesen und schreiben lernten) verließ der Junge den Wohntrakt der Frauen und nahm fortan seine Mahlzeiten mit den Männern ein. Seine berufliche Ausbildung fand außerhalb des Hauses statt. In den öffentlichen *palaestrai* und den *gymnasia* wurde er im Sport unterrichtet; auch seine militärische Ausbildung erhielt er in einer offiziellen Einrichtung. Frauen dagegen wurde eine säkulare Ausbildung verweigert. »Sie wurden durch Mythen und kultische Riten in die Kultur eingeführt.« Am öffentlichen Leben nahmen sie nur anlässlich religiöser Feiern teil. Auch rechtlich galt ihr Wort nichts: Laut einem Gesetz, das noch Solon zugeschrieben wird, war jede Aktion eines Mannes ungültig, wenn bewiesen werden konnte, dass sie »unter dem Einfluss einer Frau« oder »durch ihr Zureden« zustandegekommen war.[102]

Die wichtigste Trennlinie zwischen der Rolle der Frau und der des Mannes lag im Bereich von Bildung und Kultur. Die Griechen, so Eva Keuls, hatten keine sehr klare Vorstellung von einem Leben nach dem Tod, »aber die Vorstellung einer Unsterblichkeit durch Ruhm, sogar durch einen schlechten Ruf, wurde von den Griechen hoch bewertet«. Auf den Gräbern der Zeit sind so gut wie keine Frauennamen zu finden, und auch in den Registern der Familien (Phratrien) und Clans sind sie nicht vermerkt. »Die Frauen des großen Zeitalters der Eloquenz wurden mundtot gemacht und jener Form von Unsterblichkeit beraubt, die griechische Männer höher als alles andere schätzten: eine Hinterlassenschaft mit dem Nachweis ihrer Verdienste.« Bildung, das Auftauchen in Registern und Archiven, der Zugang zu Ämtern, der Anspruch auf Nachruhm, der Unsterblichkeit garantiert: Das sind allesamt Charakteristika einer neuen Schriftkultur, in der der Erwerb der Schriftkompetenz wie auch deren Folgen, das Bleibende, mit Männlichkeit gleichgesetzt werden. Tatsächlich war, so Keuls, »der Versuch, Frauen der Unsterblichkeit zu berauben, erfolgreich. Wir wissen so gut wie nichts über die Bürgerinnen im Athen des 4. und 5. Jahrhunderts.«[103]

Unser Wissen über die griechische Antike basiert weitgehend auf literarischen Zeugnissen. Doch die Werke des »Goldenen Zeitalters«, das auch das Zeitalter der großen Tragödiendichter war, geben nicht unbedingt die soziale Realität wieder; sie erzählen eher von den Modellen, nach denen sich die Neugestaltung der Kultur vollziehen *sollte*. (Ähnliches gilt für die Vasenmalerei, auf der wir heute Zeugnisse über das antike griechische Leben finden.) Die Bühnenliteratur, in der die alte Oralität so perfekt in eine neue Schriftform überführt werden konnte, gab den Ton für das Leben der Polis an. Oft zogen sich die Aufführungen über mehrere Tage hin. Nur 32 der geschätzten tausend Werke haben überlebt, viele nur noch als Fragmente. Das Entscheidende war: Diese Tragödien waren reine Männersache. Sie schrieben, inszenierten und spielten die Stücke, und sie verkörperten auch die Frauen darin. »Im realen Leben hatten die Männer ihre Frauen zu schattenhaften Kreaturen gemacht, die von den meisten Formen sozialer Interaktion abgeschnitten waren. […] Aber auf der Bühne personifizierten diese Männer die Gestalten aus vergessener Vorzeit: machtvolle, beängstigende Frauen, die von übermenschlichen Leidenschaften getrieben wurden. […] Mord, Inzest, Vergewaltigung, Kannibalismus, all dieser Horror der vergangenen Zeiten wurde vor den Augen ausgewälzt, während Männer ihre Früchte mampften, das alte Äquivalent des Popcorn.« Nach den Aufführungen gingen sie nach Hause und suchten »unter den Möbeln nach den vermuteten Liebhabern ihrer Frauen«.[104]

Vonseiten der Frauen gab es durchaus Versuche, sich dieser symbolischen Geschlechterordnung zu widersetzen. In ihrem Buch *The Reign of the Phallus* beschreibt Eva Keuls eines der spektakulärsten Beispiele. Es ereignete sich gegen Ende des Perikleischen Zeitalters, als Athen im Jahr 415 v. d. Z. eine »überstürzte und schlecht geplante Militärexpedition gegen Sizilien unternahm, die seinem Reichtum und seiner Macht für immer ein Ende setzte«. Gegen die Expedition hatte es erheblichen Widerstand gegeben, und das Ereignis wurde zur Zäsur zwischen zwei Perioden des klassischen Athen: »Die eine ist von einem extremen Phallizismus gekennzeichnet, die andere von einer anti-militaristischen Reaktion.« Das Ereignis, das Keuls als das »Watergate of ancient Athens« beschreibt, bestand in der »Verstümmelung (eigentlich Kastration)« der vielen über die Stadt verteilten Hermes-Statuen.[105] Die Statuen waren Stelen, lange viereckige Steine, deren Kopf rudimentär angedeutet war; ihr alleiniges ›Profil‹ bestand aus einem erigierten Penis, der aus der Stele herausragte. In einer einzigen Nacht wurden diesen Statuen – und zwar allen – die Phalloi abgeschlagen.

»Als die Athener an jenem Morgen aus ihren Häusern kamen«, so der Historiker George Grote, »und den göttlichen Helfer an jeder Thür entehrt und entstellt sahen, auch nach und nach erfuhren, daß die Zerstörung allgemein war – mochte es ihnen wohl scheinen, als sei die Stadt gleichsam gottlos geworden [...] – ja, noch schlimmer – daß diese Beschützer, gröblich beleidigt, in feindlichem Sinne geschieden waren.«[106] Diese Aktion, die unmittelbar vor dem Beginn der umstrittenen Militärexpedition stattfand, löste tumultartige Reaktionen aus, weil sie als schlechtes Omen galt. Allerdings kam es nicht zum Abbruch der umstrittenen Sizilien-Expedition. Die Behörden versuchten, die Schuldigen ausfindig zu machen – ohne Erfolg. Denn die Vorstellung, so vermutet Keuls, dass Frauen für diese Tat verantwortlich sein könnten, lag außerhalb des Vorstellbaren. Faktisch hatten die athenischen Frauen jedoch am Vortag das »Adonia«-Fest gefeiert, was ihnen das nur selten gewährte Recht gab, das Haus ohne männliche Begleitung zu verlassen.

Nicht nur das Fest, auch die weitere Entwicklung lassen Keuls' These einer weiblichen Täterschaft plausibel erscheinen. Die sizilianische Expedition von 415, der der Skandal um die Hermes-Statuen vorausgegangen war, endete mit einer katastrophalen Niederlage. Soweit es Überlebende gab, wurden sie als Sklaven verkauft oder in die Steinbrüche geschickt. Einige der Männer konnten fliehen und von den Zuständen berichten. Nach dieser Niederlage bahnte sich in Athen eine Epoche des kulturellen Umbruchs an, bei dem auch die Geschlechterrollen neu definiert wurden. Dieser Wandel spiegelte sich in den Komödien von Aristophanes wider, wenn sie nicht sogar durch ihren betont antimilitaristischen Standpunkt und die neuen Frauenrollen zum Umbruch beitrugen. Aristophanes schrieb drei Komödien über weibliche Rebellion: *Lysistrata* und *Thesmophoriazusai* im Jahr 411 und zwanzig Jahre später das *Parlament der Frauen*. In diesen Stücken wurden Frauen als Rebellinnen dargestellt: sowohl innerhalb der Familien als auch im öffentlichen Raum. Sie übernahmen traditionelle Männeraufgaben und forderten Einfluss auf Politik und Regierung.*

Zur Zeit der Aufführung von *Lysistrata* war die Wunde noch offen, die der Verlust der Männer hinterlassen hatte. Jede Familie hatte Mitglieder verloren, und der Schmerz saß zu tief, um über den Krieg zu spotten. Doch die Komödie spielt weniger auf die Expedition als auf die »Kastration der Hermes-Statuen« an. »*Lysistrata* ist in Wirklichkeit der evidenteste zeitgenössische Hinweis dar-

---

* In dieser Hinsicht ähnelt die Veränderung der Geschlechterrollen nach der gescheiterten sizilianischen Expedition der Situation in Europa nach dem Ersten Weltkrieg, wo der Grabenkrieg viele Opfer unter den Männern forderte. Nach dem Krieg erhielten die Frauen in vielen beteiligten Ländern zum ersten Mal das aktive und passive Stimmrecht.

auf, dass ein Zusammenhang zwischen diesen Ereignissen und dem Adonai-Fest bestand.«[107] Bei Aristophanes werden die Tatsachen freilich ironisch verdreht: Die Athener hatten den Frauen unterstellt, die Männer nach dem Adonai-Fest »verhext« zu haben, so dass sie der »verfluchten« Sizilien-Expedition zustimmten. Der Autor erlaubt seinem Publikum, diese Lüge zu enttarnen. Letztlich, so möchte ich hinzufügen, geht es in dem Stück (bei dem durch die Verweigerung von Geschlechtsverkehr dem Krieg ein Ende gesetzt wird) darum, den (überhöhten) Phallus wieder in ein menschliches Genital zu verwandeln. Gleich im Anfangsdialog zwischen Kalonike und Lysistrata wird deutlich, dass es um die symbolische Männlichkeit nicht gut bestellt ist. Zwar erwähnt Aristophanes die Hermes-Statuen nicht, aber die doppelte Bedeutung seiner Verse weist darauf hin, dass etwas Wichtiges »abhanden gekommen« ist: »Kalonike: Lysistrata, die Sache, das Ding, zu dem du uns Frauen alle rufst, wie ist es? Ist es groß? Lysistrata: Riesengroß. Kalonike: Etwa auch dick? Lysistrata: Bei den Göttern, dick! Kalonike: Und dann stürzen wir uns nicht drauf? Lysistrata: Das nicht, das ist es nicht; wär's das, wir wärn versammelt. Es ist ein Ding, mit dem ich mich nächtelang schlaflos herumgewälzt habe. Kalonike: Dann ist es wohl jetzt auch schwach. Lysistrata: Ja, schwach ists, daß die Rettung Griechenlands jetzt an uns Frauen hängt. Kalonike: Da hängt nicht viel!«[108]

Das Zeitalter des klassischen Athen, das heute oft mit *der* griechischen Antike gleichgesetzt wird, dauerte in Wirklichkeit nur fünfzig Jahre. In der Zeit nach der Niederlage kam es in Athen zu tiefgreifenden Veränderungen, die auch mit dem hohen Verlust an Soldaten zusammenhingen. Viele Frauen wurden vom Webstuhl zu Hause in einen außerhäuslichen Broterwerb getrieben – und das bewirkte einen Wandel der Einstellung zur Weiblichkeit. Dass Platon im letzten Teil seines *Staats* für Frauen dieselbe Bildung einforderte wie für Männer und dabei auch verlangte, ihnen alle Ämter und Berufe zugänglich zu machen,[109] war zweifellos eine Konsequenz dieses Umdenkens. Der Peloponnesische Krieg endete im Jahr 403, und die letzten Teile seines Werks wurden, so wird vermutet, kurz vorher, um 408/407 verfasst. Es sollte aber noch viele Jahrhunderte – bis zum Ende des Ersten Weltkriegs – dauern, bevor Platons Vorschlag auch nur ansatzweise umgesetzt wurde. Dabei fällt natürlich auf, dass dasselbe Zeitalter, das Platons Konzept einer gleichberechtigen Bildung realisierte, auch zur Verwirklichung des Traums einer Fortpflanzung ohne Sexualität beitrug. Auf diese Gleichzeitigkeit – sie ist kein Zufall – wird noch einzugehen sein.

Nach der Niederlage änderten sich auch die Verwandtschaftsdefinitionen in

Griechenland. In den Jahrzehnten vor dem klassischen Zeitalter Athens hatten die Konzepte Blutsverwandtschaft und geistige Genealogie der Väter miteinander konkurriert. Danach setzte sich wieder die Macht einzelner Häuser und damit das Prinzip der Blutsverwandtschaft durch. In der hellenistischen Zeit wurden auch Frauen wieder sichtbarer, sie übernahmen zum Teil sogar öffentliche Ämter.[110] Diese Entwicklung legt die Vermutung nahe, dass Frauenrechte und die Bedeutung, die eine Gesellschaft der Blutsverwandtschaft beimisst, miteinander verbunden sind. Die weitere Entwicklung in Europa widerlegt das jedoch. Schon in Rom entwickelten sich die ersten Ansätze zu einer neuen Art von Blutslinie, die dann im Christentum dominant wurde: Sie verlief in männlicher Linie, basierte auf Schrift, Gesetz und Geld und eignete sich durch die Berufung auf das Blut den Anschein einer ›natürlichen‹ Erblinie an. Es handelte sich um eine Fortentwicklung der Kulturtechnik Schrift, bei gleichzeitiger Aneignung von Leiblichkeit. Eben das ist es, was ich als »Rote Tinte« bezeichne.

9. Römische Genealogie

Der Übergang von Griechenland zum Christentum verlief über die römische Kultur. Bei diesem Transfer verschwand einerseits ein Teil des griechischen Regelwerks zu Verwandtschaft und Geschlechterordnung. In der Medizin z. B. wurde die Zeugung überwiegend »bilineal« gedacht: »Man ging davon aus, dass jeder Elternteil seine Eigenschaften, metaphorisch repräsentiert durch eine Substanz, auf das Kind überträgt.«[111] Andererseits geriet die leibliche Abstammung aber mehr als vorher zur Nebensache. »Vaterschaft« war in erster Linie ein juristischer Begriff: Leibliche Kinder mussten durch einen formellen Akt der Adoption vom Vater anerkannt werden. In Rom konkurrierten so zwei Vorstellungen von Filiation: Die eine war bilinear/physiologisch, die andere wurde durch das Gesetz repräsentiert und war rein väterlich. Nur letztere wurde bestimmend für die Erblinien.[112] Die Macht des römischen *pater familias* übertraf die Griechenlands. Er nahm »eine Stellung ein, die der eines absoluten Monarchen gleichkommt«. Eingeschränkt wurde diese Macht nur durch »die von der Sitte geschaffenen Bindungen«.[113] Das ›Oberhaupt der Familie‹* hatte

---

* Schon die Konnotationen dieses Begriffs, der in das christliche Recht eingehen sollte und bis heute verwendet wird, ist aufschlussreich: Er weist dem Mann den ›denkenden‹ Kopf und allen anderen Familienmitgliedern, darunter den Frauen, die Leiblichkeit zu.

das Recht, über Leben und Tod derer zu bestimmen, die seiner *potestas* (Gewalt) unterstanden – dazu gehörten nicht nur die leiblichen Kinder, sondern auch alle anderen Angehörigen seines Hauses. Er gab diese Macht zu Lebzeiten nicht weiter: Söhne, die unter seiner *potestas* standen, konnten erst nach seinem Tod selber zu *patres* werden. Letztlich war der Vater, so Ann-Cathrin Harders, »ein Rechtsvertreter der *res publica romana* im eigenen Haus«.[114] Er war ein Repräsentant des Staates und musste die Interessen der Gemeinschaft über die eigenen stellen; notfalls wurde von ihm sogar erwartet, dass er den eigenen Sohn tötet, falls sich dieser gegen den Staat vergangen hatte – auch dann, wenn dies das Ende seiner Stammlinie bedeutete. Das Recht des Gesetzes war wichtiger als das der Geburt – und vor diesem Gesetz konnte die Familienlinie niemals bilineal sein.

Anders als in Griechenland konnten römische Frauen ein eigenes Erbe antreten, ohne unter Druck gesetzt zu werden, einen nahen Verwandten zu heiraten, damit das Vermögen in der Familie bleibt. Zudem hatten sie Anspruch auf eine Mitgift, die sie vor den ökonomischen Folgen einer Scheidung schützte. Allerdings gab es ein strenges Regelwerk, das über die Heiratspolitik bestimmte. Im Gegensatz zu Griechenland, wo die Verwandtschaftsehe dem Erhalt des Familienbesitzes diente, durften in Rom nahe Verwandte (bis zum 4. Grad) keine Ehe eingehen. Doch auch in Rom gaben physiologische Überlegungen nicht den Ausschlag für diese Exogamie. In der Literatur der Antike ist nie von der Gesundheit des Nachwuchses die Rede. Vielmehr wurde der soziale Nutzen der Heirat außerhalb der eigenen Familie betont. Die römische Heiratspolitik diente dem Tauschverhältnis zwischen den Clans. Durch soziale Vernetzung, die nicht nur auf ehelichen Verbindungen, sondern auch auf Bündnissen und Verpflichtungen beruhte, entstand »eine große aristokratische Familie«, die sich streng gegen die unteren Klassen abschirmte.[115] Die ausgedehnten Exogamieregeln Roms hatten also nichts mit Blut zu tun. »Vielmehr beruhen sie auf sozialen Werten, die die umfassenden Verflechtungen unterschiedlicher Familien unterstützten.«[116] Insofern praktizierte die römische Gesellschaft eine »Klassenendogamie«.[117]

Die römische Gesellschaft unterschied zwischen kognatischen und agnatischen Verwandtschaftsverhältnissen: *cognatio* bezeichnete leibliche (auch mütterliche) Verwandtschaft; *agnatio* dagegen eine ausschließlich männliche Linie, die ehelich legitimiert war und durch Name, Besitz und sozialen Status vom Vater an den Sohn weitergegeben wurde. »Das römische Namensrecht war einmalig in den Gesellschaften der Antike, insofern es die Verwandtschaftsgruppe durch den *nomen gentile* [Namen eines Clans oder Geschlechts] und nicht durch ein von der agnatischen Linie abgeleitetes Patronym bezeichnete.« Mit dem Namen ließ sich ein Individuum einem bestimmten Clan (*gens*) zuordnen. Auch ein adoptierter Sohn trug diesen Namen. Bei großen Clans verschwamm freilich der Unterschied zwischen agnatischer Linie und *gentiles*. Der Hauptunterschied zwischen ihnen bestand darin, dass sich die *agnati* untereinander kannten, während bei den *gentiles* nur der gemeinsame Name Zusammengehörigkeit bezeugte.[118] Im spätrömischen Reich verschwanden die *gentiles* allmählich. Erst im Italien der Renaissance wurden sie von den Adelsfamilien neu erfunden.[119]

Unverheiratete Töchter gehörten der agnatischen Linie an, aber sie konnten weder den Namen noch den Besitz der Linie fortführen. Heirateten sie, so wurden sie zu kognatischen (mitgeborenen) Verwandten. Agnatisch war ein Mann weder mit den Schwestern seines Vaters noch mit den eigenen (verheirateten) Schwestern verwandt. Und auch eine Mutter war nur auf kognatische Weise mit ihren Kindern verbunden. Der Status eines agnatisch Verwandten konnte auch an Unmündige, an Eunuchen oder an unfruchtbare Männer verliehen werden. Die agnatische Familie hatte also wenig mit leiblicher Fortpflanzung zu tun, wohl aber viel mit einer Genealogie, die vom Gesetz bestimmt war. War eine agnatische Linie vom Aussterben bedroht, so kam es regelmäßig zur Adoption.

Ausgerechnet diese sozialen, vom Gesetz und der väterlichen Macht bestimmten Verwandtschaftslinien erhielten den Namen der *consanguinitas*: Blutsgemeinschaft. Entgegen ihrer Benennung spielte die Blutsverwandtschaft nur eine marginale Rolle. Sie war ausschließlich männlich bestimmt, womit sie dem *pater semper incertus est* und gerade nicht dem Gesetz der leiblichen Verwandtschaft unterlag. Die Kinder desselben Vaters bildeten, soweit sie legitim und von ihm anerkannt waren, eine *consanguinitas*.[120] Auf Kinder, die ein Vater z. B. mit einer Unfreien gezeugt hatte, wurde der Begriff nicht angewendet. Dagegen umfasste die *consanguinitas* auch alle adoptierten Kinder. Adoptierte Söhne hatten oft einen höheren Status und galten als enger verwandt als leibliche.

Die Adoption stellte eine genealogische Kette eigener Art dar: Meist handelte es sich um eine Genealogie der ›Führerschaft‹, so etwa bei Augustus als Sohn Cäsars. Das Procedere unterlag einem komplizierten Regelwerk, bei dem

Geld eine wichtige symbolische Funktion erfüllte. Der Begriff »Emanzipation« bezeichnet ursprünglich die Entlassung des Sohnes aus der väterlichen Gewalt – etwa dann, wenn er selber zum *pater familias* wurde. Das geschah zumeist durch einen dreifachen »Scheinverkauf« an einen Dritten (*pater fiduciarius*). Nach dem ersten Scheinverkauf wurde der Sohn vom leiblichen Vater remanzipiert und nach der dritten *remancipatio* in Freiheit gesetzt.[121] Gerade an der häufig praktizierten Adoption ist zu erkennen, dass der römische Begriff der *consanguinitas* alles Mögliche, nur nicht leibliche Vaterschaft meinte. Es handelte sich um eine geistige Vaterschaft, die durch das Gesetz (Schrift) und Geld definiert wurde. Mit der Berufung auf die *consanguinitas* konnte also nur ein symbolisches Blut gemeint sein.

Gelegentlich kam es vor, dass die Ehefrau der Vormundschaft des Ehemannes unterstellt wurde: Mit der *conventio in manum* wurde sie faktisch zur »Tochter« ihres Mannes. In diesem Fall wurde auch sie der *consanguinitas* zugerechnet – was angesichts des strengen Inzestverbots inkongruent war, aber letztlich beweist, dass es beim Inzest nicht um leibliche Verwandtschaft, sondern um Gesetz und Schrift geht. *Consanguinitas* bezog sich auch auf die Mitglieder eines Staates, einer Gemeinschaft, nicht jedoch auf eine familiäre Blutsverwandtschaft.* Der Begriff signalisierte auch Klassenzugehörigkeit: »*Sanguis* wurde verwendet zur Bezeichnung der Patrizier als einer eigenen (von anderen unterschiedenen) sozialen und religiösen Gruppe.«[122] Er hatte einen restriktiven Einfluss auf die Erbschaft von Frauen insofern als Juristen im Fall eines fehlenden Testaments den Begriff der *consanguinitas* verwendeten, um Erbfolgen im agnatischen Sinne zu regeln. Sie schufen damit eine eigene Kategorie von *agnati*.[123] Insgesamt löste sich der Begriff der *consanguinitas* immer mehr von den biologischen Filiationen; stattdessen näherte er sich einer rein rechtlichen Definition von Verwandtschaft an.

* Insofern bot die römische *consanguinitas* ein Modell für die später sich entwickelnden Bezeichnungen von Nation oder Volk als »Blutsgemeinschaft«. Aber er nahm auch andere Modelle vorweg. Denn der europäische Adel nahm später ähnliche Distinktionsmerkmale für sich in Anspruch, wie sie die *consanguinitas* charkterisieren. In Rom, wie beim Adel der Feudalgesellschaft, hielt die *consanguinitas* eine soziale Schicht zusammen, die auf dem Vermögen (zumeist Landbesitz) dieser Schicht basierte. Diese Verbindung von *consanguinitas* mit Grund und Boden hielt sich einerseits in der Feudalgesellschaft, kehrte andererseits aber auch, wie einige Mythen der *longue durée*, in den NS-Vorstellungen des Zusammenhangs von »Blut und Boden« wieder. Indem *sanguis* ganz generell auf das Vermögen verwies, wurde auch die Analogie von Geld und Blut vorweggenommen, die ab dem Spätmittelalter immer wieder Verwendung fand und der wir auch im Finanzkapitalismus des 21. Jahrhunderts wiederbegegnen.

Erst Mitte des 6. Jahrhunderts, unter dem spätrömischen Kaiser Justinian, der Staat und christliche Kirche endgültig zusammenführte, wurde der Unterschied zwischen *agnatio* und *cognatio* aufgehoben. Das geschah im Zusammenhang mit einem neuen Intestat-Erbrecht (gesetzliche Erbfolge bei Fehlen eines Testaments), bei dem die Erbfolge ausschließlich an die leibliche Verwandtschaft geknüpft wurde. In vielen christlichen Ländern Europas entwickelte sich danach ein (fast) gleichberechtigtes Erbschaftsrecht von männlichen und weiblichen Nachkommen. Diese hatte zur Folge, dass Frauen als Teil der Blutslinie verstanden wurden.

Zugleich nahm der Begriff der *consanguinitas* eine neue Bedeutung im allgemeinen Sinne von Verwandtschaft an.[124] Die Filiation dagegen wurde mit dem Begriff des »Fleisches« umschrieben: Verwandte sind von ein und demselben Fleisch, so wie auch die Ehepartner zu »einem Fleisch« werden. Bis ins 15. Jahrhundert, so Simon Teuscher, ist Blut gerade nicht der Faktor, der Verwandtschaft im bilinealen Sinne konstituiert; er wird zu einem Begriff, der auf »Abstammungslinien« verweist und der Abgrenzung gegen andere dient.[125] Der Begriff unterstüzt also ein Konzept von Genealogie, das vom Gesetz, und damit von der Schrift, bestimmt war und in männlicher Linie verlief. Die Durchsetzung dieser Vorstellung von Blutsverwandtschaft sollte dann zur Zurückdrängung des Gleichberechtigungsprinzips führen und ein neues Verwandtschaftsmodell hervorbringen, bei dem sich Blutslinie und historische Linearität überlagerten. Was aber ist historische Linearität, wenn nicht Schrift?

Der Zusammenhalt des Römischen Reichs basierte auf der lateinischen Sprache, die in allen Provinzen wenn nicht immer gesprochen, so zumindest verstanden wurde. Zusammen mit dem Heer hatte sie das große, viele Kulturen umfassende Reich konstituiert. Durch das Römische Reich wurde die große Erfindung der Griechen, das volle Alphabet, zu *dem* Schriftsystem Europas, der christlichen und später auch vieler Teile der nichtchristlichen Welt. Zunächst wurde das Schriftsystem noch durch die griechische und lateinische Sprache vermittelt, dann wurde der Text zum Transportmittel der lateinischen Sprache. Indem sich Latein »von einer klangbestimmten zu einer visuell bestimmten Sprache« verwandelte, wurde sie einerseits zur toten Sprache, geriet andererseits aber zur *lingua franca*, die in den höheren Schulen zum Pflichtfach wurde. Damit war Latein »über tausend Jahre geschlechtsspezifisch gebunden [...], eine ausschließlich von Männern geschriebene und gesprochene Sprache, welche außerhalb des Hauses in einer Männergemeinschaft erlernt wurde, die im wesentlichen den Rahmen für einen männlichen Initiationsritus bildete, einschließlich physischer Bestrafungen und anderer vorsätzlicher Quälereien. Es hatte, anders als die in der Kindheit erlernten Muttersprachen, keinen direkten Bezug zum Unterbewußtsein.«[126] Diese letzte Aussage von Ong mag angezweifelt werden. Denn die Entwicklung der lateinischen Sprache zu einer Schriftsprache, die Männlichkeit vorbehalten blieb, wirkte natürlich auch auf das Unbewusste ein. Ein Indiz dafür ist die Selbstverständlichkeit, mit der noch um 1900, als es um die Zulassung von Frauen zu akademischer Ausbildung ging, die Kritiker dieser Neuerung die ›Natur‹ der Frau ins Feld führten: Zu einer solchen Selbstverständlichkeit konnte diese Vorstellung nur werden, *weil* sie im Unbewussten abgelagert war.

Schon die Zeugungstheorien Griechenlands und die agnatischen Verwandtschaftsdefinitionen des Römischen Rechts hatten Mütter aus den ›eigentlichen‹ Erblinien ausgeschlossen. Das geschah lange bevor Griechisch und Latein zu toten Sprachen geworden waren. Immerhin gab es in diesen Erblinien aber noch physische Väter, ausgestattet mit einer *patria potestas*, die zu einem lebendigen männlichen Körper gehörte. Die Eingrenzung der toten Sprachen auf das männliche Geschlecht ging einen Schritt weiter: Durch sie entstand eine geistige, unleibliche Vaterschaft, die sowohl über die geistlichen Stammbäume der Klöster und Kirchenämter als auch über die Genealogien von Gesetz und Wissenschaft bestimmen sollte. Die Vorstellung ließe sich mit einem Satz von Jacques Lacan auf den Punkt bringen. Laut ihm ist der »Symbolische Vater, soweit er dieses Gesetz bedeutet, wohl der Tote Vater«.[127] Das benennt ziemlich genau die Tatsache, dass die enge Verbindung von toten Sprachen mit dem männlichen Geschlecht »tote Väter« produziert. Durch die Erfindung der väterlichen Blutslinie versuchte die christliche Gesellschaft, diesen »toten Vater« zu verlebendigen. Das Gegenbeispiel dazu bot die rabbinisch-jüdische Tradition, bei der die männliche Beherrschung der Heiligen Schrift nicht die weibliche Blutslinie verdrängte, sondern ergänzte. Von beiden soll im nächsten Kapitel die Rede sein.

Frédéric Brenner, *The Weinfeld Family*, Jerusalem 2009. Eine *Archäologie von Angst und Begehren* nannte der französische Fotograf Frédéric Brenner seine Serie von Bildern mit Bewohnern Israels. Er hatte gelesen, dass israelische 12-Jährige, die einen Juden abbilden, fast immer einen Mann mit Schläfenlocken zeichnen. Ein »ausgeträumter Traum«, sagt Brenner, »man weiß nicht: Handelt es sich um die Realität oder um eine Filmkulisse?« Dieses Bild erzählt aber auch von einer Geschlechterordnung, in der die beiden Enden des Tisches über die Zugehörigkeit zur Gemeinschaft bestimmen: Der Vater, Leiter einer kleinen Yeshiva, repräsentiert die Schrift, die Mutter, Psychotherapeutin, die Blutslinie, die in der Diaspora das Land ersetzen musste. Beide Eltern kommen ursprünglich aus New York.

3. KAPITEL:
Jüdische Matrilinearität – Christliche Patrilinearität.
Die Blutslinien der Theologen

In oralen Kulturen stellt die Sprache einen zirkulierenden Lebenssaft dar, der die vielen Körper zu einem Gemeinschaftskörper zusammenschließt. Dieses Band durchschnitt das Alphabet als phonetisches Schriftsystem, indem es die Sprache in visuelle, körperferne Zeichen überführte. Für die Gemeinschaftsbildung bedurfte es nun anderer Formen von leiblichem Zusammenhalt. Die Verwandtschaftsverhältnisse, besonders die Blutsverwandtschaft, erfüllten diese Funktion. Deshalb finden wir in allen Kulturen, deren Religion auf alphabetischen Schriftsystemen beruht, eine hohe Bewertung der Blutslinie. Nur unterscheidet sich die Art, wie diese konzipiert wird: patrilinear im Fall von Griechenland, Rom und Christentum, den Kulturen des vollen Alphabets; matrilinear im Fall des Judentums mit seinem Konsonantenalphabet. Dann aber wiederum patrilinear im Fall des Islam, dessen Heilige Schrift, der Koran, ebenfalls in einem Konsonantenalphabet geschrieben ist. Wäre das Schriftsystem ausschlaggebend gewesen, so hätte sich auch im Islam eine matrilineare Blutslinie entwickeln müssen. Das ist nicht der Fall.[1] Die jüdische Matrilinearität hing vor allem mit den Bedingungen der Diaspora zusammen, unter denen die jüdische Gemeinde nach der zweiten Zerstörung des Tempels im Jahr 70 lebte. Bis dahin unterstanden auch die jüdischen Verwandtschaftsverhältnisse dem patrilinearen Prinzip. Ein Judentum ohne Zerstreuung wäre vermutlich, man darf spekulieren, ebenso patrilinear geblieben wie das biblische Judentum.

Allerdings stellt sich die Frage, ob nicht die *Möglichkeit* der Mutterlinie schon in der spezifischen Form des jüdischen Monotheismus angelegt war. Dafür spricht Einiges. Die christliche Religion sieht in ihrer ganzen Struktur ein genealogisches Modell im Sinne einer geistigen Vaterschaft vor – Gottvater erzeugt mit Christus seinen »eingeborenen Sohn«, was an die aristotelischen Zeugungslehren erinnert. Dafür gibt es in der Hebräischen Bibel keine Entsprechung. Gott ist der Schöpfer der Welt oder der »König«, der über die Menschen herrscht. Zwar kennt auch das Alte Testament einige anthropomorphe

Beschreibungen – etwa die Hand oder das Auge Gottes. Aber Gott wird nicht als »Vater« bezeichnet, und wenn an einigen Stellen der Bibel von den »Kindern Israel« die Rede ist, so verweist dies auf ein Autoritätsverhältnis.* Auch gilt der Messias, auf dessen Kommen der Gläubige hofft, nicht als »Sohn Gottes«, er ist sein Abgesandter. Geschweige denn, dass Gott einen Sohn in Menschengestalt zeugt. Zwar gibt es auch in den jüdischen Traditionen – Peter Schäfer macht darauf aufmerksam – gewisse Lehren, die sich in Parallele zu den christlichen Lehren lesen lassen.[2] Doch als Vater-Sohn-Verhältnis ist diese Vorstellung der jüdischen Religion, in deren Zentrum die unüberwindbare Grenze zwischen Gottes Ewigkeit und menschlicher Sterblichkeit steht, fremd.

Diese religiösen Unterschiede hatten wiederum viel mit den Schriftsystemen zu tun. Wie im vorigen Kapitel beschrieben, erhielt sich im Fall der jüdischen Gemeinschaft mit ihrer dem Konsonantenalphabet geschuldeten Rolle der oralen Kommunikation eine körpergebundene Sprache. Das griechische Alphabet unterwarf dagegen Oralität und Körperlichkeit dem Gesetz der Schrift. Das hatte Rückwirkungen auf den Umgang mit der geschlechtlichen Dichotomie. Während sich im Judentum Vater (Schrift) und Mutter (Oralität) *ergänzten*, bestimmte in der griechischen Tradition die ›Vatersprache‹ über die ›Muttersprache‹ – und dieser Unterschied wirkte sich auf die geschlechtlichen und genealogischen Vorstellungen aus. Der *weiblichen* Blutslinie, die schon vom babylonischen Judentum entwickelt wurde, stand in Griechenland eine *männliche*, d. h. geistige Blutslinie gegenüber. Da die väterliche Abstammungslinie nicht denselben Anspruch auf Eindeutigkeit erheben konnte wie die mütterliche, erhielt das patrilineare Blut die Funktion einer Realitätsgewähr: Als ›Saft‹, der wie wenig andere für materielle, körperliche Realität steht, verlieh das Blut der geistigen Väterlichkeit den Anschein von leiblicher Deszendenz.**

---

* Erst im rabbinischen Judentum, dessen Vorstellungen sich oft in Parallele oder in Abgrenzungen gegen das Christentum entwickelten, taucht gelegentlich ein ›Vater‹ in Gebeten auf, so im Gebet zum Versöhnungstag *Avinu Malkenu*, das zwischen 500 und 1000 entstanden sein soll. (Vgl. Ismar Elbogen, 1993)

** Eigentlich ist Blut, so die Soziologin Sarah Franklin, die sich mit Reproduktionsmedizin beschäftigt, ein Stoff, der sich als Beleg für leibliche Verwandtschaft nicht gut eignet. »Das Blut ist die einzige Substanz, die die Placentamembran nicht perfundiert und deshalb auch nie einen gemeinsamen Stoff bildet. Das hat freilich seine weite Verbreitung als Idiom für ›Konsanguinität‹ oder Blutsverwandtschaft nicht verhindert.« (Franklin, 2013, S. 16.) Auch diese Überlegung zeigt, dass das Blut nicht wegen seiner physiologischen Beschaffenheit, sondern wegen seiner *symbolischen* Bedeutung zur Grundlage der väterlichen Blutslinie wurde.

Der durch das Schriftsystem vorgegebene Bezug zur Körperlichkeit wurde im Judentum noch verstärkt durch die Ritualgesetze, die ebenfalls der Zusammengehörigkeit dienten. Viele der 613 Vorschriften richten sich an den Körper: Speisegesetze, Umgang mit Sexualität, Niederkunft, Krankheit und Tod, Beschneidung, *nidda*-Gesetze (die sich auf das weibliche Blut während der Menstruation und nach der Niederkunft beziehen). Manche der Regeln (etwa die zur Beschneidung und zur Reinheit) haben eine hochaufgeladene Symbolik, mit der sich Anthropologen wie Mary Douglas,[3] Kulturhistoriker wie David Biale[4], Sander Gilman,[5] Daniel Boyarin[6] und die Religionswissenschaften ganz allgemein auseinandergesetzt haben. Andere Vorschriften – vor allem die Sexualgesetze – zielten auf die Regulierung der Fortpflanzung und den physischen Erhalt der Gemeinschaft: Das Regelwerk der Sexualität unterstand dem wachsamen Auge der Tempelpriester, später der Rabbiner.

Im Judentum entwickelte sich eine auf zwei Faktoren beruhende Definition von Gemeinschaft. Das Eine waren die Ritualgesetze, festgelegt in der Heiligen Schrift: Sie ließen die vielen individuellen Körper zu einem ›Gemeinschaftskörper‹ zusammenwachsen. Das Andere war der heilige Text selbst: Die jüdische Religionsgemeinschaft, so wie sie sich im babylonischen Exil entwickelte, war die weltweit erste »textuelle Gemeinschaft«,[7] die sich weder durch ein bestimmtes Territorium noch durch eine erbliche Herrscherdynastie definierte. An deren Stellte trat die Heilige Schrift, die Heinrich Heine später so treffend als das »portative Vaterland« des Judentums bezeichnen sollte.[8] Wegen dieser Bedeutung hat jede Thora-Rolle sakralen Status: Auch wenn sie zerfetzt ist, darf eine Thora nie weggeworfen werden. Sie wird bestattet wie ein menschlicher Körper. Sie ist das ›lebendige Wort Gottes‹. Ein kinderloses Paar spendet der Gemeinde oft eine Thorarolle, um auf diese alternative Weise das ›Fortleben‹ der Gemeinschaft zu sichern.

Das griechische Alphabet dagegen, das die gesprochene Sprache nicht nur vollständig erfasste, sondern auch gestaltete, unterwarf die Leiblichkeit dem Gesetz der Schrift. Männliche Geistigkeit und weibliche Leiblichkeit standen in hierarchischem Verhältnis zueinander. In derselben Zeit, in der die Rabbiner die Regeln jüdischer Matrilinearität auszuformulieren begannen, entwickelte Paulus die Grundlinien einer christlichen Geschlechterordnung und Genealogie. Die Vorstellung, dass Christus ein »Sohn Gottes« sei, wird von ihm noch nicht explizit, nur im metaphorischen Sinn eines hierarchischen Verhältnisses, formuliert.[9] Die Übertragung auf die fleischliche Realität wurde erst im 3. Jahrhundert zur Kirchenlehre. Paulus entwarf aber schon ein spezifisches Geschlechterverhältnis, das den Boden für ein christliches Konzept der väterlichen Blutslinie bereitete: Er erklärte die Frau zur Schöpfung des Mannes, was mit den Zeugungstheorien Griechenlands durchaus vereinbar war. Seine Begründung für die Forderung nach der Verschleierung der Frau im Gotteshaus lautete: »Zwar darf der Mann seinen Kopf nicht verhüllen, denn er ist Abbild und Abglanz Gottes; die Frau aber (muß es tun, denn sie) ist Abglanz des Mannes. Es stammt ja (ursprünglich) nicht der Mann aus der Frau, sondern die Frau aus dem Manne.«[10] Dass Paulus die physiologische Realität derartig umkehren konnte, wird nur verständlich, wenn man an die Stelle von ›Mann‹ und ›Frau‹ die Begriffe ›Schrift‹ und ›Mündlichkeit‹ setzt: Hier ist die gesprochene Sprache nicht die Mutter der Schrift, sondern ihr »Abglanz«. Die Schrift ist es, die die Sprache gestaltet, und diese Umkehrung wird an den Geschlechterrollen exemplifiziert. An der paulinischen Genealogie wird erkennbar, dass sich das christliche Konzept der Blutsverwandtschaft eng an die griechische Schriftentwicklung und die davon abgeleiteten Zeugungslehren anlehnt.

In beiden Religionen übten die Geistlichen eine strenge Kontrolle über Sexualität und Genealogie aus. Doch das geschah mit unterschiedlicher Zielsetzung. Die Rabbiner wollten den Erhalt der Gemeinschaft sichern. Den christlichen Priestern war mehr an der *geistigen* Fortpflanzung gelegen: im theologischen, später auch im akademischen Sinne von Vätern, die geistige Söhne zeugen. Frauen waren in dieser Genealogie überflüssig, so wie auch in Griechenland die Mutter »nicht mit ihren Kindern verwandt« war und gesetzlich von der Erblinie ausgeschlossen wurde.* Das christliche Interesse an der Gestalt der unbefleckten Jungfrau liegt hier begründet: In ihrem Leib konnte sich Verwandlung von Wort/Zeichen in weltliches Fleisch vollziehen. Diese Darstellung jüdischer und christlicher Genealogie ist natürlich schematisch und wird der Vielfalt der einzelnen historischen Strömugnen nicht gerecht. Doch die Idealtypen trugen erheblich zur Gestaltung der sozialen Geschlechterverhältnisse bei.

* In seinem Aufsatz *Wasser ist dicker als Blut* hat Thomas Macho treffend dargestellt, wie im Christentum – symbolisiert durch die Taufe – neue Verwandtschaftsverhältnisse symbolischer Art geschaffen wurden, die u. a. im Namen ihren Niederschlag fanden. (Macho 2013) Allerdings versäumt er es, darauf hinzuweisen, dass diese geistigen Verwandtschaftslinien in einer Tradition stehen, die Frauen aus den Genealogien ausschloss. Im frühen Christentum spielten Frauen in der Mission noch eine wichtige Rolle. Doch je mehr sich die Kirche als Staatsmacht etablierte und Frauen von den Machtstrukturen und geistiger Tätigkeit fernhielt, desto geringer wurde ihr Anteil an dieser Verwandtschaft. Gerade die an der Patrilinearität orientierten Familiennamen zeigen das.

1. Patrilinearität und Matrilinearität allgemein

Bevor es im Folgenden um die historische und theologische Ausgestaltung der unterschiedlichen Blutslinien geht, möchte ich ein paar allgemeine Hinweise zu Matrilinearität und Patrilinearität geben. Zunächst darf Patrilinearität nicht mit Patriarchat verwechselt werden, ebenso wenig wie Matrilinearität mit Matriarchat. Im einen Fall geht es um die genealogische Folge und die Einordnung der Kinder in eine Genealogie mit einem väterlichen oder mütterlichen Nachfolgeschema, im anderen Fall um die soziale oder politische Vorherrschaft des einen Geschlechts.* In Gesellschaften, die ihre Verwandtschaftsverhältnisse nach dem Gesetz der ›Mutterlinie‹, ›Mutterfolge‹ oder ›uterinen Deszendenz‹ definieren, orientiert sich die Abstammung an einer weiblichen Genealogie. Meistens wird sie einlinig (also nur matrilinear) gedacht. Manchmal (aber keineswegs immer) geht die weibliche Stammfolge mit der Erbschaft von Eigentum oder sozialen Funktionen einher. In dieser Stammfolge gehören andersgeschlechtliche Geschwister oft unterschiedlichen Linien an, was dazu führen kann, dass relativ nahe Blutsverwandte heiraten dürfen.

Beim matrilinearen Prinzip unterstehen die Kinder gelegentlich einer männlichen Vormundschaft: etwa der des Bruders der Mutter (Avunkulat). Die Ehelichkeit der Nachkommen spielt bei der Matrilinearität eine untergeordnete Rolle, denn die (als sicher geltende) Mutterschaft genügt als Herkunftsindiz. Weltweit leben etwa zehn Prozent der ethnischen Gesellschaften nach dem Prinzip matrilinearer Abstammung. In manchen Gesellschaften gibt es auch Mischformen, die die matrilineare Abstammungsfolge mit patrilinearen religiösen Strukturen verbinden. Zu ihnen gehören etwa die *Minangkabau* auf der Insel Sumatra (Indonesien). Die Gruppe umfasst drei Millionen Angehörige und gilt als die größte noch existierende matrilineare und matrilokale** Kultur weltweit: Die Reisfelder werden an die Töchter vererbt, und die Frauen haben in privaten Angelegenheiten eine hohe Autorität. Die meisten Mitglieder des Minangkabau-Stammes sind jedoch orthodoxe Muslime. Sie praktizieren also eine patriarchal ausgerichtete Religion in einer matrilinearen Gesellschaft.

* Die Existenz eines ›Matriarchats‹ im Sinne einer Frauenherrschaft wurde nie nachgewiesen. Die Idee des Matriarchats war eher die Erfindung einiger Mythologen des 19. Jahrhunderts wie Bachofen. (Bachofen 1975) Ausführlicher dazu: v. Braun 1985/2009, 2. u. 5. Kapitel. Dagegen hat es ein ›Patriarchat‹ im Sinne einer Herrschaft über Frauen durchaus gegeben; eine ihrer Ausdrucksformen ist die Patrilinearität.

** Matrilokal: Der Wohnort orientiert sich am Herkunftsort der Frau.

Im Fall der Patrilinearität werden Eigentum, soziale Funktionen, Ämter und Familiennamen in väterlicher Linie vererbt. Mit der Eheschließung zieht die Ehefrau meist zum Wohnort des Mannes. Etwa die Hälfte aller 1300 Ethnien dieser Welt ist rein patrilinear organisiert. Die Vaterlinie definiert sich zwar oft als »Blutsverwandtschaft«, faktisch ist dies aber nicht möglich, denn den sicheren Vaterschaftsnachweis erbringt erst die moderne Genetik. Weil es sich bei der Patrilinearität um ein soziales Konstrukt handelt, spielt die eheliche Legitimität der Kinder, vor allem der erbberechtigten Söhne eine wichtige Rolle. Noch das deutsche Bürgerliche Gesetzbuch von 2002, § 1591 definiert die Mutter als »die Frau, die das Kind geboren hat«. Daraus wurde wiederum (basierend auf dem Römischen Recht) geschlossen: *Pater est, quem nuptiae demonstrant* (Vater ist [nur], wer durch Heirat als solcher erwiesen ist). Deshalb ist in patrilinearen Gesellschaften die offizielle Vaterschaftsanerkennung eine Notwendigkeit. Sie findet in den ersten Tagen nach der Geburt statt. Die Unsicherheit des Vaterschaftsbeweises ist der Grund für die strenge Monogamie patrilinearer Blutslinien: Zur Sicherung des Anspruchs wird die Forderung nach einer Unterwerfung der Frau unter die Vormundschaft des Mannes erhoben. Das Patriarchat (im Sinne einer Bevormundung der Frau) verdankt sich also in erster Linie der *Unbeweisbarkeit* der Vaterschaft.* Diese Basis galt bis in unsere Zeit: Noch bis 1957 galt im deutschen Gesetzbuch der sogenannte »Gehorsamsparagraph«. Dass die Forderung nach strenger Monogamie auch für das Judentum gilt, zeigt, dass auch im Judentum, trotz Matrilinearität, das in der Bibel angelegte patriarchale Gesetz gilt.

Weil die Vaterschaft eine unsichere Angelegenheit ist, tendieren patrilineare Gesellschaften zu einer »Idealisierung der Manneskraft«. Zugleich entwickeln sie »genealogische Fiktionen«, die etwa einem Herrscher (Alexander dem Großen) eine göttliche Herkunft bezeugen oder ein Herrscherhaus (die christlich-europäischen Dynastien) von heiligem Blut ableiten.[11] Dieses Phänomen bewirkt »genealogische Amnesien« im Interesse einer Legitimierung gegenwärtiger Machtstrukturen. Die genealogische Fiktion ähnelt strukturell der Utopie: Sie erlaubt es, Idealmodelle zu entwerfen, die wiederum auf die realen Verwandtschaftsverhältnisse zurückwirken – wie das in Griechenland der Fall war. Genealogische Fiktionen entstehen eher in patrilinearen Kulturen: Da

---

* Trotz der Unsicherheit der Vaterschaft: Die meisten Kinder sind tatsächlich die biologischen Sprösslinge ihrer rechtlichen Väter. Die geschätzte Abweichung liegt bei 5 bis 10 Prozent. Das patriarchale Regelwerk beruht letztlich auf der *möglichen* Ungewissheit.

diese den Beweis der Vaterschaft nicht erbringen können, bilden sich Freiräume für Imaginationen.

Der in den christlichen Evangelien aufgeführte Stammbaum Jesu mit seinen 78 Generationen in rein männlicher Erbfolge ist ein typisches Beispiel für eine konstruierte väterliche Blutslinie. Weil König David laut Hebräischer Bibel von Gott die Zusage der ewigen Thronfolge erhalten hatte (2 Sam 7,12 f.), entwerfen das Lukas- und Matthäus-Evangelium für Jesus einen Stammbaum in reiner Vater-Sohn-Abfolge, die ihn, der Weissagung entsprechend (Jes 11,1), zum späten »Wurzelspross« des königlichen Hauses David macht. Die vier »Stammesmütter«, die in dieser Genealogie auftauchen, verdanken ihre Erwähnung nur dem Aussterben einer agnatischen Linie, die von Vater zu Sohn vererbt wird.

Wegen der biblischen Patrilinearität verlaufen im Judentum bis heute viele Erblinien in männlicher Erbfolge. Das gilt auch für die Stammeszugehörigkeit. Zwar ist, laut rabbinischer *Religions*definition, Jude, wer eine Jüdin zur Mutter hat, doch die *Familien*zugehörigkeit orientiert sich an der väterlichen Seite – so etwa die Zugehörigkeit zum Stamm der *Cohanim*, den Priestern, die in der Nachfolge von Moses' Bruder Aaron stehen. Es gilt auch für die Zugehörigkeit zu den *Leviten*, benannt nach dem Stammvater Levi, aus denen sich traditionell die Gelehrten der Gemeinde rekrutierten. Auch die Zugehörigkeit zum sephardischen oder aschkenasischen Judentum orientiert sich am Vater.

Im christlichen Europa gab es zunächst Mischformen. So waren bis ins späte Mittelalter Töchter genauso erbberechtigt wie Söhne; sie wurden erst allmählich aus der Erbfolge verdrängt – in einem Prozess, auf den ich noch zurückkomme. Auch zwischen den erbberechtigten Söhnen gab es Unterschiede: In den meisten Fällen galt der erstgeborene Sohn als Erbberechtigter, was damit begründet wurde, dass dem Vater mehr Zeit blieb, Einfluss auf ihn auszuüben, also prägend auf seine Ausbildung und Erziehung einzuwirken. Hier stand die soziale Vaterschaft im Vordergrund. In einigen Fällen begünstigte das Erbrecht jedoch den jüngsten Sohn – mit der Begründung, dass dieser am längsten für die Eltern sorgen kann. Dieselbe Begründung kann in matrilinearen Gesellschaften zur Privilegierung der letztgeborenen Tochter führen.

2. Judentum und Hellenismus

Die Kluft zwischen jüdisch und christlich war lange vor der Entstehung des Christentums im Gegensatz jüdisch-griechisch angelegt. Viele Ausprägungen des Christentums wurden von der griechischen Kultur vorweggenommen. Auch beim Judentum entstand ein Teil der spezifischen Ausprägungen des rabbinischen Judentums, das sich parallel zum Christentum herausbildete, schon im babylonischen Exil. Als der babylonische König Nebukadnezar II. im Jahr 597 v. d. Z. Jerusalem eroberte, wurden der davidische Tempel zerstört und ein großer Teil der Bevölkerung Judäas, vor allem Angehörige der Oberschicht, nach Babylon exiliert. Das Buch Jeremia berichtet davon, dass insgesamt 4600 Menschen ihre Heimat verlassen mussten.[12] Der Rest der Bevölkerung verblieb im Lande. In diesem Exil wurden viele Texte formuliert, die später für das diasporische Judentum ausschlaggebend waren.

In biblischen Erzählungen wird die babylonische Zeit oft als Gefangenschaft beschrieben. Doch in Wirklichkeit konnten die Juden Handel und Landwirtschaft betreiben, sie mussten keine Fronarbeit leisten, und einige stiegen sogar zu hohen Ämtern innerhalb der babylonischen Verwaltung auf. In verschiedenen Kolonien angesiedelt, verwalteten die jüdischen Exilanten sich selbst – und es wurde ihnen auch nicht verwehrt, ihre Traditionen fortzuführen und ihre religiöse Identität zu bewahren. Da es keinen Tempel gab, wurde die Heilige Schrift zum Zentrum religiösen Lebens. Es bildete sich eine jüdische Gelehrsamkeit heraus, die die tradierten Texte überarbeitete, neue formulierte und in die Textsammlung integrierte. Vermutlich entstanden in Babylon auch die ersten Synagogen als Gebets- und Versammlungshäuser.[13]

Mit dem Beginn des Exils in Babylon um 587 v. d. Z. entstand für das Judentum etwas Neues: ein Volk und eine Religion, die nicht von einem bestimmten Territorium abhängt, »sondern von Normen wie Beschneidung, Schabbat, Speisegesetze und einer allgemeinen gemeinsamen Tradition, die unabhängig von einem bestimmten Land ist und überall gelebt werden kann«.[14] Zwar hatten die josianischen Reformen, mit denen der monotheistische Gedanke ausformuliert worden war, den Grundstein dafür gelegt. Doch zu einer Religionsgemeinschaft im eigentlichen Sinne wurde das Judentum erst im Exil. Gerade weil die Gelehrten in der »Babylonisierung« (Anpassung an Babylon) eine Gefahr sahen, verstärkten sie das von Josia geschaffene Regelwerk. Die jüdische Gemeinschaft erhielt so schon Jahrhunderte vor der zweiten Zerstörung des

Tempels im Jahr 70 d. Z. eine diasporakompatible Konstitution mit Verfassung, Richtlinien usw.

Im Jahr 457 v. d. Z. entsandte der persische Großkönig Artaxerxes I. – das Perserreich hatte inzwischen das babylonische Reich erobert – zwei hohe Staatsbeamte, die der jüdischen Priesteraristokratie angehörten, nach Jerusalem. Davon erzählt das Buch *Esra*, das zum historischen Teil der biblischen Berichte gehört. Die Perser, die mit den Griechen im Krieg lagen, wollten die Region beruhigen: Deren Aufständische wurden von Athen und dem Attischen Seebund unterstützt. Der Gelehrte Esra, nach dem das biblische Buch benannt ist, wurde beauftragt, mit einer »Anzahl von Israeliten, Priestern, Leviten, Sängern, Torwächtern und Tempeldienern nach Jerusalem« zu reisen und dort den Tempel wieder herzustellen, den Opferdienst erneut einzurichten.[15] Die Beruhigung des alten Judäas unter jüdischer Herrschaft – das hieß: strenger Monotheismus, mosaisches Gesetz und Zentralisierung des Kultes im Tempel von Jerusalem – kam den Interessen des Perserreichs entgegen. Als sich jedoch die Bevölkerung von Jerusalem über die Bautätigkeiten beschwerte (es sollte eine hohe Mauer um den Tempel errichtet werden), wurden sie wieder eingestellt. 445 erhielt Nehemia das Recht zum Weiterbau der Tempelanlage. In diesem Zusammenhang ergriffen er und Esra weitere einschneidende Maßnahmen: Die eine war die Öffnung der Thora für alle, die andere die erste Ausformulierung jüdischer Matrilinearität.

Um 440 riefen die beiden Gelehrten die Bevölkerung von Jerusalem vor die Tore der Stadt und ließen die Thora laut verlesen und auslegen.[16] In den vorangegangenen Büchern berichtet die Bibel von Propheten, doch mit Esra, »dem Schreiber«, begann die Epoche der Schriftgelehrten, die den Grundstein für die Überlieferung der Schrift legten.[17] Die Tradition wird seither von den »Bibellesern« im Gottesdienst weitergeführt. Vor Esra war die Heilige Schrift Insider-Wissen, ihr Inhalt den Priestern vorbehalten. Nun jedoch wurde die Thora allgemein zugänglich, und sie wurde auch ausgelegt. Damit gehörte sie zum Allgemeinwissen der Gemeinde, und die Befähigung zum Lesen und Schreiben wurden zur Pflicht, zumindest für die männlichen Mitglieder der Gemeinde. Keine andere Kultur oder Religion der antiken Welt hatte bis dahin die allgemeine Schriftkundigkeit propagiert. Im Gegenteil: Je mehr sich eine Priesterkaste in ihrer Macht bedroht fühlte, desto unzugänglicher machte sie die Heiligen Texte. Als Ägypten unter Fremdherrschaft stand, erhöhten die Priester die Anzahl der Schriftzeichen: Sie »verrätselten ihr Wissen«.[18] Dadurch wurde das Wissen nicht nur für die Fremden, sondern auch für die eigene Bevölkerung unzugänglicher. Ein solches Vorgehen ist nur bei Piktogrammschriften (Hieroglyphen) mit ihren vielen Schriftzeichen möglich; die Entscheidung, die Heilige Schrift zu öffnen, setzte dagegen das leicht erlernbare alphabetische Schriftsystem voraus.

Mitte des 5. Jahrhunderts vor der Entstehung des Christentums ging das Gedächtnis der jüdischen Gemeinschaft auf alle ihre Mitlieder über: Von nun an wohnte Gottes Wort in *jedem* einzelnen Körper seines Volkes, nicht nur bei den geistlichen Vertretern – genauso wie es im Buch *Exodus* geschrieben steht. Für die Eliten bedeutete diese Änderung einen beträchtlichen Machtverlust. Warum trafen dann diese Thoragelehrten, die selbst der Herrscherschicht angehörten, eine solche Entscheidung? Vermutlich blieb ihnen gar keine andere Wahl. Im Mittelmeerraum hatte sich eine andere Kultur auszubreiten begonnen – und diese stand nicht nur mit den Persern (unter deren Einfluss das babylonische Judentum stand) in Konflikt, sie beruhte auch, wie das Judentum, auf einem alphabetischen Schriftsystem, schuf also konkurrierende Denkmuster.

Die hellenistische Idee von Kultur erreichte zwar erst mit Alexander dem Großen den Punkt, »wo es möglich wurde, zu sagen, man sei Hellene nicht durch Geburt, sondern durch Bildung, so daß auch ein als Barbar Geborener ein wahrer Hellene werden konnte«.[19] Doch schon lange vorher hatte der Hellenismus eine kosmopolitische Dimension und das griechische Denken eine universalistische Form angenommen, deren spezifisch logische Strukturen in das Denken des östlichen Mittelmeerraums einzudringen begannen. Der Hellenismus breitete sich nicht in Form von Kolonisierung oder militärischer Unterwerfung aus, wie sie die Griechen zwar immer noch (aber immer weniger) betrieben; vielmehr stellte er eine Form von geistiger Eroberung dar, wie sie sich weder militärisch noch politisch hätte herbeiführen lassen. Tatsächlich entfaltete der Hellenismus erst dann seine höchste Wirksamkeit, als Griechenland schon längst kein politisches oder militärisches Schwergewicht mehr war.

Es ist kein Zufall, dass der Begriff »Diaspora« der griechischen Sprache entnommen ist. Er leitet sich ab vom Verb für »zerstreuen, säen« und taucht zum ersten Mal in der *Septuaginta* (der Übersetzung des Alten Testaments ins Griechische) auf, wo er sich auf das Judentum bezog. Das Konzept selbst war aber auch der griechischen Kultur vertraut. Die *Magna Graecia** entsprach einem

---

* Magna Graecia: die griechischen Kolonien, vor allem in Sizilien und auf der italischen Halbinsel. Später sollte auch Alexandria zu einer kulturellen Kolonie Griechenlands werden. Hier stießen

diasporischen Modell, das auf der Idee einer kulturellen Ausbreitung beruhte.[20] Obgleich die Nicht-Hellenen den Hellenen zahlenmäßig weit überlegen waren, kam es zur raschen Verbreitung der griechischen Sprache. Sofern der Osten »überhaupt nach literarischem Ausdruck strebte«, so Hans Jonas, musste er sich »in griechischer Sprache und Manier äußern«.[21] Eben dieser *kulturelle* Einfluss des Hellenismus war für die jüdische Religion bedrohlicher als jede wirtschaftliche und militärische Übermacht. Wollte die jüdische Gemeinschaft ihre Eigenständigkeit bewahren, so musste sie sich gegen diesen kulturellen Einfluss zur Wehr setzen – so wie sie sich einst gegen die ägyptische Bevormundung und später, im Exil, gegen die ›Babylonisierung‹ geschützt hatte.

Den jüdischen Gelehrten aus Babylon ging es also auch um die identitätsbedrohende Anziehungskraft des Hellenismus. Sowohl in Judäa mit den assyrischen und ägyptischen Nachbarn als auch in Persien hatten sie schon früh gelernt, sich gegen andere Kulturen abzugrenzen. Für den Zusammenhalt der jüdischen Gemeinschaft stellte der Hellenismus, der ebenfalls einen hohen Grad an Intellektualität aufwies, eine größere Gefahr dar als die anderen heidnischen Kulturen. Dass es den jüdischen Gelehrten (wenn nicht ausschließlich, so doch auch) um die Abgrenzung gegen den Hellenismus ging, dafür spricht der Zeitpunkt der Entscheidung: Die Öffnung der Thora im Jahr 440 v. d. Z. fiel in jene Zeit, in der sich das griechische Alphabet endgültig etablierte. Das war die Zeit von Platon, Euripides und der griechischen Klassik, als die griechische Bevölkerung das Schreiben »gründlich interiorisiert« hatte und die Schrift fähig war, »die Bewußtseinsprozesse durchgängig zu beeinflussen«.[22] Begann im Judentum mit Esra die Reihe der Schriftgelehrten und Bibelausleger, so setzte in Athen um dieselbe Zeit das Zeitalter der Sophisten ein, die Griechenland, wie schon beschrieben, ein neues Zeitalter »der Gelehrten, der Gebildeten, der Männer des Buchs« bescherten.[23]

Ebenso wie mit der Normierung des griechischen Alphabets im Jahr 403 v. d. Z. das griechische Alphabet »zum zentralen Kulturträger des antiken Hellenismus« wurde,[24] schlug auch mit der Öffnung der Thora die jüdische »Geburtsstunde der Schrift«. Doch für das Judentum, so der Historiker Josef Hayim Yerushalmi, war dies »zugleich die Geburtsstunde der Exegese«.[25] Zum Zeitpunkt der Eröffnung des Geheimwissens wurde einerseits die Thora geschlossen; die Texte hörten auf, in einem fließenden Traditionsstrom zu stehen

denn auch die beiden Traditionen des Judentums und des Hellenismus direkt auf einander – der historische Kontext, in dem die *Septuaginta* entstand.

und nahmen Kanoncharakter an. Günter Stemberger setzt die Endredaktion der jüdischen Bibel mit etwa 400 v. d. Z. an. Ab dann war nur noch der dritte Teil der biblischen Sammlungen, darunter die Psalmen und Weisheitsschriften, nicht kanonisiert und stillgelegt.[26] Andererseits entstand zu diesem Zeitpunkt aber auch die Möglichkeit der vielfältigen Interpretationen: Die allgemeine Zugänglichkeit hatte die Voraussetzungen dafür geschaffen. Sie bereitete das Terrain, auf dem die Heilige Schrift zum ›portativen Vaterland‹ eines jeden Juden werden konnte. Die Heilige Schrift wurde, in den Worten von Emmanuel Levinas, zum »Ersatz des Bodens durch den Buchstaben«.[27]

Allerdings wird die Thora erst durch die Vielfalt der *Auslegungsmöglichkeiten* zu einer ›Heimat in der Fremde‹: Sie erlauben es, den Text immer wieder zu aktualisieren, wechselnden historischen und kulturellen Kontexten anzupassen. Oft besteht die Anpassungsleistung darin, die Gesetze der Thora so auszulegen, dass sie mit den Landesgesetzen kompatibel sind. Indem jeder Jude für sich in der Schrift sein ›Zuhause‹ finden konnte, war die Gemeinschaft weniger anfällig für die Anziehungskraft des Hellenismus.

Esra hatte mit seinen Befürchtungen um eine Hellenisierung der Juden weit vorausgeblickt. Der Konflikt zwischen Hellenismus und Judentum sollte die folgenden Jahrhunderte prägen und im 2. Jahrhundert v. d. Z. mit Ereignissen, von denen die Makkabäer-Bücher berichten, offen ausbrechen. Damals kam es zu innerjüdischen Auseinandersetzungen zwischen hellenisierten Juden und solchen, die mit dem Einfluss der griechischen Kultur nichts zu tun haben wollten. Besonders deutlich zeigte sich der Konflikt an der *Septuaginta*. Die älteste erhaltene Bibelfassung, eine Übersetzung der hebräischen Bibel ins Alltagsgriechische, wurde von hellenisierten Juden aus Alexandrien ab ca. 250 v. d. Z. vorgenommen; abgeschlossen war sie im 1. Jahrhundert. (In Alexandrien lebten viele Juden, die sich die griechische Kultur zu eigen gemacht hatten, ohne ihr Judentum aufzugeben.) Die Übersetzung erwies sich als Zerreißprobe für das Judentum. Denn auf der einen Seite eröffnete die *Septuaginta* der Kultur und Vorstellungswelt Griechenlands Einblicke in die jüdische Kultur und trug zur Verbreitung der monotheistischen Idee bei. Andererseits führte sie aber auch zur ›Kontamination‹ jüdischen Gedankenguts durch den Hellenismus.

Die Forschung nimmt heute an, dass sich die hellenisierten Juden der antiken Welt eher auf die *Septuaginta* als auf die hebräischen Urtexte beriefen. Diese Vermischung von jüdischem und hellenistischem Gedankengut spielte wiederum eine wichtige Rolle bei der Entstehung des Christentums, das sich aus beiden Quellen nährte. Sie ermöglichte Sinnverschiebungen. Der Name *Exodus* zum Beispiel ist griechischen Ursprungs; der hebräische Name für das zweite Buch Mose, *Shemot*, verweist auf ganz andere Zusammenhänge.* Auch die »Synagoge« ist ein griechischer Begriff, das Gegenstück zur »Ecclesia«: Heute verstehen wir darunter Kirchengebäude oder Glaubensgemeinschaften, aber die ursprüngliche Bedeutung ist einfach Versammlung, Gemeinschaft. Darüber hinaus hellenisierten die Autoren der *Septuaginta* auch Inhalte der jüdischen Religion. Aus dem hebräischen Wort Thora, das Lehre/Weisung bedeutet, wurde im Griechischen *nomos* (Gesetz). Diese Sinnverschiebung trug dazu bei, dass die jüdische Religion immer wieder als »Gesetzesreligion« beschrieben wurde, obgleich gerade die Flexibilität der Auslegung zu ihren Charakteristika gehört.[28] Auch der griechische Name *biblia* (Buch) ist mit seinem Verweis auf die Schriftlichkeit irreführend. Diese hatte für die griechische Kultur eine ganz andere Bedeutung als für die jüdische. Die *Septuaginta* wurde zunächst von den Rabbinern begrüßt, dann jedoch abgelehnt. Heute gilt sie als christliches Schriftgut.

Die zweite Innovation Esras bezog sich auf die Blutslinie. Mit Befremden hatte er festgestellt, dass die Juden in Judäa Frauen aus anderen Kulturen geheiratet hatten. Weil sie, wie der gesamte Mittelmeerraum der Antike, in väterlichen Erblinien dachten, war das unwichtig, denn die Zugehörigkeit der Kinder zur israelitischen Gemeinschaft wurde durch den Vater bestimmt. Im babylonischen Exil hatten die Gelehrten jedoch erkannt, dass es zusätzlicher Anstrengungen bedurfte, um die Gemeinde zusammenzuhalten. So forderten sie die Trennung der jüdischen Männer Judäas von ihren nichtjüdischen Frauen und deren Kinder.[29] Schechanja sorgte für die Umsetzung: Fortan sollte ein Kind nur dann als jüdisch gelten, wenn auch die Mutter jüdisch war.

Warum war den babylonischen Gelehrten so viel am matrilinearen Prinzip gelegen? Auch hier ist der Vergleich mit Athen aufschlussreich. Auf der attischen Halbinsel hatte Perikles sein neues Gesetz erlassen (es wurde im vorigen Kapitel erwähnt), laut dem die attische Staatsbürgerschaft voraussetzte, dass *beide* Eltern das lokale Bürgerrecht hatten. Das Gesetz hatte nichts mit einer Abgrenzung gegen das Judentum zu tun; es ging um die Abgrenzung gegen andere Griechen. Esra dagegen ging es um die Abgrenzung gegen die

---

* Schemot: Die Etymologie des Wortes ist nicht genau geklärt, könnte aber soviel wie ›Name‹ bedeuten. Auf jeden Fall gibt es keinen Bezug zu Auswanderung oder Flucht.

umgebenden (heidnischen) Kulturen. Dennoch ist es aufschlussreich, dass sich in den beiden konkurrierenden Kulturen fast zeitgleich ähnliche Strukturen herausbildeten. Allerdings unterschieden sie sich in einem entscheidenden Punkt: Das Athener Gesetz lief auf eine patrilineare, das jüdische auf eine matrilineare Abstammungsfolge hinaus.

Esra und die anderen Gelehrten hatten keine allein-matrilineare Stammfolge im Sinn. Sie dachten in den alten Kategorien biblischer Patrilinearität. Was sie wollten, waren eindeutige Zugehörigkeitsbeweise. Dass es um die Neuerung Konflikte gab, geht aus dem Buch *Rut* hervor, das in etwa dieser Zeit verfasst wurde und sich kritisch mit den Positionen von Esra und Nehemia auseinandersetzt. Rut, die angebliche Urahnin des Königs David, ist Moabiterin und wird in der Bibel dennoch als Teil der jüdischen Traditionen beschrieben. Sie galt als lebendiger Beweis, dass nicht »nur eine Familie, die über Generationen im Geist der Tora erzogen wurde, den Weiterbestand des Judentums gewährleisten« kann.[30] Allerdings wird diese »fiktionale Novelle« in einer Zeit verortet, in der das jüdische Volk festen Boden unter den Füßen hatte. Esras und Nehemias Exilerfahrung ließ sie dagegen ein Modell entwickeln, das den Bedingungen der Diaspora entsprach und sich später auch als solches bewährte.

Der Begriff der Diaspora implizierte eine Form von geistiger Reproduktionsfähigkeit, wie wir sie auch aus der griechischen Vaterlinie kennen. Im Judentum wurde diese geistige Genealogie zur Basis des ›portativen Vaterlands‹ der Thora. Durch die Matrilinearität wurde dieses um eine Blutslinie ergänzt. Da für eine leibliche Abstammungslinie nur die Mutter in Frage kam – *mater semper certa est* –, bot sie die notwendige Eindeutigkeit. So gehörte der einzelne Jude auch in leiblicher Weise seinem Volk an. Das heißt, der verloren gegangene Tempel verlagerte sich in die Buchstaben der Schrift, während das verloren gegangene Heimatland im mütterlichen Körper (im wahrsten Sinne des Wortes) *verortet* wurde. Wie sich schon im hebräischen Alphabet Buchstaben und Oralität, Heilige Schrift und Orthopraxie ergänzten, so erfuhr nun auch die väterliche Geistigkeit in der mütterlichen Leiblichkeit ihr Korrelat. Kurz: Im Exil ersetzte der weibliche Körper (als Zentrum der Familie) das Heilige Land. Die mütterliche Blutslinie vervollständigte die geistige Genealogie des Vaters. Als Heinrich Heine später die Heilige Schrift der Juden als portatives *Vater*land bezeichnete, griff er mit seiner prägnanten Formulierung genau diese Zuordnungen auf. Für die Gelehrten aus Babylon bildete beides – Heilige Schrift und weibliche Blutslinie – die Basis für den Erhalt des Judentums in der Zerstreuung.

Die Ereignisse, die in den Büchern *Esra* und *Nehemia* beschrieben werden, offenbaren noch ein weiteres Spezifikum der jüdischen Situation. Die Gruppe der 1550 Heimkehrer aus dem babylonischen Exil, die völlig neue Grundlagen für die jüdische Identität und das normative Judentum formulierten, machte gerade mal drei Prozent der damaligen jüdischen Bevölkerung aus. Es handelte sich um eine engagierte und vor allem hochgebildete Gruppe, die ihre persönliche Geschichte von Deportation und Heimkehr derart nachhaltig durchsetzen konnte, »dass die Bücher der Chronik im 4. Jh. v. u. Z. erzählen konnten, das Land habe die ganze Zeit ihres Exils brachgelegen«.[31] Der Alttestamentler Klaus Bieberstein nennt dies eine zweischneidige Angelegenheit: »Denn einerseits integriert diese Geschichte vordergründig die zuhausegebliebene Unterschicht in das Schicksal der deportierten Oberschicht. Andererseits aber beraubt sie die zuhausegebliebene Mehrheit ihrer eigenen Geschichte und schließt jene unter ihnen, die auf ihrer eigenen Tradition beharren, als vermeintlich ›Fremde‹ aus.«[32]

Biebersteins Darstellung schränkt freilich die Ereignisse auf einen *sozialen* Machtkonflikt ein. Die Unterordnung der Daheimgebliebenen lässt sich aber auch unter anderer Perspektive lesen: Ein Blick in die Geschichte zeigt, dass orale Kulturen, wenn sie von Schriftkulturen überlagert werden, gegen diese keinen Bestand haben. Das galt auch hier, setzt man die Kultur der babylonischen Juden mit Schriftkundigkeit und die der Juden in Judäa mit Oralität gleich. Nur wegen ihrer höheren Schriftkundigkeit gelang es einer »kleinen, geschichtsschreibenden Minderheit im Laufe der Zeit die Geschichte der Ansässigen durch die Geschichte der Heimkehrer zu verdrängen«.[33] In diesem Fall bewirkte der Vorgang jedoch gerade eine Ermächtigung der Unterlegenen. Denn Nehemia und Esra nutzten ihre Bildung nicht wie die ägyptischen Priester zur Erweiterung ihrer Macht durch Geheimwissen. Vielmehr hatten sie – als Schriftgelehrte – begriffen, dass die jüdische Religion und Kultur nur überleben konnte, wenn *alle* Mitglieder der Gemeinschaft zu Schriftkundigen wurden. Daher die Öffnung der Thora für die gesamte Gemeinschaft. Erst durch diesen Akt schufen sie die Grundlagen für die Tradition der Exegese und der »mündlichen Thora«. Die weitere Geschichte sollte zeigen, dass dieses Konzept für das Überleben des Judentums von essentieller Bedeutung war.

Hatten die Perser den Juden in Judäa große Freiheit in der Ausübung ihrer

Religion gelassen, so wurden unter den Seleukiden, die nach dem Tod Alexander des Großen über den Vorderen Orient und damit auch über das jüdische Reich herrschten, die jüdischen Gesetze eingeschränkt und der Handel am Sabbat freigegeben. Als Antiochus Epiphanes (215–164 v. d. Z.), der in Rom eine griechische Erziehung genossen hatte und von hellenisierten Juden unterstützt wurde, ein Edikt erließ, das es den Juden untersagte, ihre Religion zu praktizieren (die Beschneidung wurde verboten, die Thora sollte verbrannt werden), und sie zum Beweis ihres Gehorsams heidnische Opferhandlungen vollführen ließ, kam es zum Aufstand der Makkabäer, die in Jerusalem einen eigenen jüdischen Staat schufen und die Dynastie der Hasmonäer gründeten.* Die geflohenen Aufständischen gehörten zum großen Teil der Unterschicht von Jerusalem und der verarmten Landbevölkerung an, und auch die Makkabäer selbst waren Mitglieder einer niederen Priesterfamilie. Gehörte diese Schicht also einst den ›Ungebildeten‹ an, so formte sie nun – zweihundert Jahre nach der Öffnung der Thora – das Rückgrat einer Bewahrung des Judentums.

Im letzten vorchristlichen Jahrhundert führt der »Befreiungskampf der Juden gegen die hellenistische Umklammerung« erneut zu einem innerjüdischen Konflikt zwischen hellenisierten und traditionellen Juden. Als hellenistisch gesinnte Aristokraten in Jerusalem eine Stadt nach dem Vorbild der Polis mit Elite-Institutionen wie Gymnasium und Ephebeion (Waffenübungsplatz) schaffen wollten, wurden sie von den anderen Juden bekämpft, die nicht nur ihrem Glauben treu bleiben wollten, sondern auch das allgemeine Recht auf Bildung einforderten.[34] Es kam zum Aufstand gegen die Schriftgelehrten. Die Befähigung zu diesem Aufstand war aber letztlich den babylonischen Schriftgelehrten selbst zu verdanken, die schon im 5. Jahrhundert die allgemeine Zugänglichkeit der Thora durchgesetzt hatten.

Esras Konzept der matrilinearen Abstammung wurde erst mit der zweiten Zerstörung des Tempels im Jahr 70, als das gesamte jüdische Volk den Bedingungen der Diaspora unterworfen wurde, von den Rabbinern aufgegriffen und umgesetzt. Die Rabbiner waren zuvor Thoragelehrte gewesen, die keine priesterlichen Funktionen ausübten. Nach der Zerstörung des Tempels versammelten sich einige

---

* Der Name Makkabäer leitet sich ab von Makkabäus (von aramäisch *Makkaba*, der Hammer) und wurde für Angehörige dieser Familie während der Zeit des Aufstandes verwendet. Für die Königsdynastie, welche sie begründeten, hat sich die Bezeichnung Hasmonäer durchgesetzt. Die Dynastie wurde ab 141 v. d. Z. durch einen Beschluss der Volksversammlung mit dem erblichen Amt des Hohepriesters von Judäa versehen.

von ihnen in Jabne (circa 30 Kilometer südlich vom heutigen Tel Aviv) und begannen die Grundlagen für ein neues Judentum zu formulieren. Die Tatsache, dass sie sich in dieser Situation eines Entwurfs erinnerten, der ein halbes Jahrtausend zuvor im babylonischen Exil entwickelt worden war, macht besonders deutlich, dass es bei der matrilinearen Blutslinie in erster Linie um die Diasporafähigkeit des Judentums ging. Die Rabbiner mussten nach Mitteln suchen, den Zusammenhalt einer verstreuten Gemeinschaft zu sichern. Ende des 2. Jahrhunderts bestimmten die Verfasser der Mischna (wörtlich »Wiederholung«, ein Buch der Lehre, in dem das neue Regelwerk festgehalten wurde) endgültig, dass Jude ist, wer eine Jüdin zur Mutter hat. Ihren Ursprung hatte diese Entwicklung aber schon in einer Zeit, in der sich Juden im babylonischen Exil gegen die Anpassung an die fremde Kultur ihrer Exilheimat wie des Hellenismus zu schützen suchten. Als Esras Konzept in den ersten Jahrhunderten der neuen Zeitrechnung zum zweiten Mal als Gesetz formuliert wurde, hieß der Gegensatz freilich nicht mehr Hellenismus, sondern Rom und später Christentum. In beiden Kulturen stieß der jüdische Wechsel zur Matrilinearität auf heftigen Widerstand.

3. Der Wechsel zur Matrilinearität im Judentum

Der Übergang von einer matrilinearen oder bilinearen zu einer patrilinearen Gesellschaft fand in der Geschichte immer mal wieder statt, vor allem da, wo sich der Monotheismus durchsetzte. In vielen Fällen wurde er als Prozess der Vergeistigung beschrieben, so wie auch Sigmund Freud darin einen »Kulturfortschritt« sah. Seine Einschätzung ist umso erstaunlicher, als das Judentum, zu dem er sich bekannte, zu den wenigen Beispielen gehört, wo eine Gesellschaft von Patrilinearität zu Matrilinearität wechselte. Weil diese Entwicklung so ungewöhnlich ist, lohnt sich eine genauere Betrachtung des Vorgangs. Wie verlief die Entscheidung, und auf welche römischen Widerstände stieß dieser ungewöhnliche Wechsel?

Mit der Frage des Übergangs im Judentum von Patrilinearität zu Matrilinearität haben sich in den letzten Jahrzehnten eine Reihe von Wissenschaftlern und Autoren beschäftigt, auf deren Untersuchungen ich mich stütze.[35] Einige von ihnen stellen die Frage, ob, angesichts des erheblichen demographischen Rückgangs jüdischer Bevölkerungsanteile in den Ländern der Diaspora, nicht die Zeit gekommen sei, das strenge Regelwerk der matrilinearen Blutslinie aufzugeben und durch die biblische Patrilinearität zu ergänzen – also auch die Kinder jüdischer Väter als Juden anzuerkennen. In einigen Gemeinden, etwa des amerikanischen und britischen Reformjudentums wie auch des liberalen Judentums in Deutschland, hat sich dieses Prinzip auch schon durchgesetzt. (Ich komme darauf zurück.) Dieser Wunsch, das Regelwerk zu verändern, ist einer der Gründe für das heutige Interesse an der Entstehung der Matrilinearität in den ersten nachchristlichen Jahrhunderten.

Die Erzählungen der Bibel orientieren sich an Patrilinearität und Patrilokalität: Die Söhne von Moses werden beschnitten, obwohl ihre Mutter Midianiterin ist. Der Tötungsbefehl des Pharao bezieht sich ausschließlich auf die männlichen Kinder (Exodus 1,22). Historisch gab es in dieser Zeit für Frauen keine Konversion; entscheidend war der Familienstand. »Die ›Konversion‹ einer fremden Frau zum Judentum bestand eben einfach darin, einen jüdischen Mann zu heiraten.«[36] Auch die jüdische Frau, die in ein anderes Volk heiratete, wurde Teil der Kultur ihres Ehemannes. In einer Zeit, in der mehr oder weniger alle Gesellschaften dieses Kulturraums nach dem patrilinearen Prinzip organisiert waren, ergaben sich dadurch überschaubare Verhältnisse. Zwar ist es richtig, dass die jüdische Religion die Götter der anderen Religionen nicht duldete, aber wie das Beispiel der weiblichen Konversion zeigt, war es relativ einfach, von einer anderen Religion in die jüdische zu wechseln. Und umgekehrt. Zwar galt diese Flexibilität nur für Frauen, doch musste dies notwendigerweise Auswirkungen auf die Wahrnehmung religiöser Exklusivität haben. Der Monotheismus nahm erst mit dem Christentum, vor allem nach dessen staatlicher Ermächtigung, wirklichen Ausschlusscharakter an.*

Im Judentum vollzog sich der Übergang von Patrilinearität zu Matrilinearität nach der Zerstörung des Zweiten Tempels, der Zerschlagung der jüdischen Gemeinde in Judäa und dem Beginn einer Existenz in der Diaspora. Zu dieser Zeit, so Dohmen und Stemberger, fand auch eine Veränderung im Um-

---

* Erst das Christentum machte die Taufe für Männer wie für Frauen zum ›Entreebillett‹ in die Gemeinschaft – unabhängig von der Religionszugehörigkeit des Vaters oder des Ehemannes. Diese Neuerung hatte für Frauen eine erhöhte Entscheidungsmacht zur Folge, die dem frühen Christentum auch viel Zulauf von alleinstehenden wie verheirateten Frauen brachte, bis auch hier ein Regelwerk geschaffen wurde, das die Frauen entmündigte. (vgl. Brown, 1994; s. a. v. Braun 2000/2017, 3. Kapitel.) In Wirklichkeit schuf erst das christliche Versprechen der freien Entscheidung jenes Entweder-Oder-Prinzip, das Jan Assmann als »mosaische Unterscheidung« und als Ende der religiösen Toleranz der Antike bezeichnete. (Assmann, 2003.)

gang der Gelehrten mit der Heiligen Schrift statt. »Die Schriftauslegung vor 70 u. Z. war von einer gewissen Freiheit im Umgang mit dem Bibeltext geprägt, der noch in gewissem Maß fluktuierte und auch für die Auslegung vorbereitet werden konnte.« Man weiß nicht, so die Autoren, warum es damals so plötzlich zu einer Vereinheitlichung des Textes gekommen sei, aber sie vermuten, dass dies mit der Katastrophe im Jahr 70 »irgendwie zusammenhing«, allerdings nicht unbedingt auf einen autoritativen Beschluss der frühen Rabbiner in Jabne zurückzuführen sei.[37] Jedenfalls kam das Prinzip der Matrilinearität in der Midrasch-Literatur* der Zweiten Tempelperiode praktisch nicht vor, was dafür spricht, »dass dieses Schrifttum mit dem matrilinearen Prinzip eben nicht vertraut war«.[38]

Der Übergang von Patrilinearität zu Matrilinearität vollzog sich nicht von einem Tag auf den anderen, und es gab auch Gegenvorschläge. Philon von Alexandrien (20 v. d. Z – 50 d. Z.), der als Jude im hellenisch beeinflussten Ägypten lebte, formulierte in philosophisch-pädagogischen Schriften ein Modell, das dem des Perikles in Athen nicht unähnlich war: Nur die Ehen sollten gültig sein, in denen beide Partner jüdisch sind.[39] Die Rabbiner entschieden sich für ein anderes Konzept. In einem sich über mehrere Generationen erstreckenden Prozess verfassten sie die Mischna, in der die Halacha, die Grundlagen für ein neues Regelwerk jüdischen Lebens, ausformuliert sind. Allerdings handelt es sich nicht um Gesetze wie bei der Thora; vielmehr boten Mischna und Gemara (eine Sammlung von Kommentaren zur Mischna und anderen religiösen Schriften) mehrere Möglichkeiten, die Heilige Schrift auszulegen, und diese wurden gleichberechtigt nebeneinander gestellt.

Die Zeugnisse der Papyri, die Apostelgeschichte wie auch die Berichte von Flavius Josephus belegen, dass im ersten Jahrhundert die patrilineare Abstammung noch geltendes Recht war. »Ein Jahrhundert später, in der Mischna, gilt gerade die umgekehrte Regel: Das Prinzip der Patrilinearität ist zurückgetreten zugunsten der matrilinearen Abstammung.«[40] Durch diese Umkehrung der Rechtsregeln wurde aber nur die *Zugehörigkeit* zum Judentum neu definiert. Im rabbinischen Familienrecht, das über Verwandtschaftsbeziehungen und Erbschaft bestimmte, galt weiterhin die Vaterlinie: Der babylonische Talmud ist dazu ganz explizit: »Die Familie des Vaters wird als die Familie des Kindes angesehen, die Familie der Mutter nicht.«[41] Auch das Priesteramt der

---

* Midrasch: vom hebräischen Wort für ›suchen‹ bezeichnet die Auslegung religiöser Texte durch das rabbinische Judentum.

Cohanim wurde weiter in väterlicher Linie vererbt. Eine solche Unterscheidung von religiöser Zugehörigkeit und Verwandtschaftsverhältnissen kannte die griechisch-römische und christliche Patrilinearität nicht.

Mit der Mischna entstand die Grundlage für eine Anleitung, die der jeweiligen historischen Situation angepasst werden konnte und die schließlich einen der sinaitischen Offenbarung fast ebenbürtigen Status erhielt. Es hieß nun, dass Gott am Berg Sinai Moses nicht nur die Thora, das schriftliche Gesetzbuch, sondern auch eine »mündliche Thora« übergeben habe, die die Gelehrten von Generation zu Generation weiter tradierten. Nach der Zerstörung des Tempels und dem Beginn der Diaspora verschrifteten die Rabbiner dieses »mündliche Wort Gottes« in zwei unterschiedlichen Fassungen. Die eine entstand in der babylonischen Diaspora (mit etwa dreitausend benannten Gelehrten, deren Meinungen keineswegs einheitlich waren), die andere in Palästina (Eretz-Jisra'el).* Der babylonische Talmud ist wesentlich umfangreicher und gilt bis heute als der Talmud schlechthin. Der palästinensische Talmud hatte nie die Bedeutung des babylonischen.**

Die Mischna wurde zur Grundlage des Talmud, dessen Verschriftung um etwa 600 abgeschlossen war. (Dieser Zeitpunkt entsprach dem historischen Moment, in dem sich einerseits das Christentum als Staatsreligion etablierte und andererseits im arabischen Raum der Islam entstand: Auch in dieser Hinsicht entwickelten sich die monotheistischen Religionen in zeitlicher Parallele zueinander, nur dass ab nun auch der Islam dazukam.) Im Mittelalter wurde der Midrasch kodifiziert – er setzte sich zusammen aus Mischna, Talmud und eigenständigen exegetischen Texten, die überwiegend aus Palästina stammten. Trotz der Verschriftung bestand weiterhin das Gebot der Aktualisierung.

Erst mit der Spaltung des Judentums um 1800 verweigerte sich ein Teil des Judentums, der später als Orthodoxie bezeichnet wurde, dem Gebot der ständigen Erneuerung. Auf die lange Tradition der *flexiblen* Auslegung berufen sich heute die Befürworter einer neuen jüdischen Verwandtschaftsdefinition, die neben der weiblichen auch die männliche Linie berücksichtigt: Die Mischna, so sagen sie, impliziere den Auftrag, »die Halacha den Gegebenheiten der Zeit anzupassen«, die Interpretation des Rechts sei eine »heilige Handlung« und

---

* Das Gebiet des alten Judäa wurde unter dem römischen Kaiser Hadrian, der von 117 bis 138 d.Z. regierte, umbenannt und hieß fortan Palästina.

** Es wird geschätzt, dass die jüdische Gemeinde in Babylon im 3. Jahrhundert d.Z. rund 860 000 Personen umfasste. (Stemberger 1979, S. 90.)

stelle »die einzige heutige Form der Offenbarung« dar.⁴² (Auf diese Diskussion, die aktuell von hoher Relevanz ist, komme ich zurück.)

Beim Verfassen der Mischna versuchten die Rabbiner den Übergang von Patrilinearität zu Matrilinearität, soweit es ging, mit biblischen Quellen zu legitimieren. Dazu verwendeten sie u. a. *Deuteronomium* 7,3–4, wo von der Gefahr der Götzenverehrung die Rede ist, die einer gemischten Ehe innewohnt. Ein explizites Verbot der Mischehe gab die Bibel nicht her; schließlich war Moses selbst mit einer Fremden verheiratet. Die Aussagen von *Deuteronomium* zu den Gefahren der Mischehe sind jedoch so formuliert, dass vom nichtjüdischen Schwiegersohn eine Gefahr ausgeht, während die Kinder des Sohnes mit einer Nicht-Jüdin keine Erwähnung finden. Das entsprach den Traditionen der Zeit, laut denen sich die Frau in die Kultur des Ehemannes integrierte. Aus dieser Nichterwähnung der Kinder des Sohnes mit einer Fremden leiteten die Rabbiner wiederum ab, dass diese Kinder von vorneherein nicht als jüdisch galten. Damit konnten sie dekretieren, dass das Prinzip der Matrilinearität schon in *Deuteronomium* vorgesehen sei. Dort heißt es: »Dein Sohn, der von einer Israelitin geboren wurde, wird ›dein Sohn‹ genannt, aber dein Sohn, der von einer Götzendienerin geboren wurde, wird nicht ›dein Sohn‹ genannt: es ist ihr Sohn.« In der Mischna formulierten die Rabbiner: »Dein Sohn ist nicht dein Sohn, wenn seine Mutter nicht Jüdin ist.«⁴³ So wurde es einerseits möglich, das matrilineare Prinzip einzuführen, dieses andererseits aber auch aus der Heiligen Schrift abzuleiten.* Eine Zeitlang wurde die Neuordnung von Teilen des Judentums bekämpft; Spuren dieser intensiv geführten Debatte finden sich im Talmud. Dann hatte sich die Lehre durchgesetzt und gilt bis heute als Regel des normativen Judentums.

Die neue Richtlinie hatte Rückwirkungen auf den sozialen Status von Kindern aus Mischehen. Laut Mischna war der Nachkomme eines nichtjüdischen Vaters und einer jüdischen Mutter ein »Mamser« (Hurenkind).⁴⁴ Dasselbe galt für alle Kinder, die aus verbotenen Verbindungen stammten: bestimmte Formen von Inzest und außereheliche Beziehungen. Das von den Tannaim (den Weisen der Mischna) aufgestellte Gesetz bestimmte nun jedoch, dass das Kind einer jüdischen Mutter und eines nicht-jüdischen Vaters wie seine Mutter jüdisch ist – und dies, obgleich die Eltern keine nach jüdischem Recht anerkannte

---

* Diese Auslegung wäre nach dem *griechischen* Bibeltext gar nicht möglich gewesen, so Modrzejewski, »denn das darin enthaltene Futur *apostesei*, männlich und weiblich zugleich, kann sich gleichermaßen auf den heidnischen Schwiegersohn wie auf die heidnische Schwiegertochter beziehen«. (Modrzejewski, S. 18.)

Verbindung (kidduschin) eingegangen waren. In der weiteren Entwicklung verschwand allmählich die Kategorie des »Mamser«.

Das veränderte jüdische Regelwerk wies einige Ähnlichkeiten mit dem römischen Recht auf: Bei Beziehungen zwischen Männern und Frauen von ungleichem Stand folgte der Status des Kindes dem Elternteil mit dem niederen Status.[45] Im römischen Recht hieß dies, dass das Kind eines Sklaven oder einer Sklavin ebenfalls dem Sklavenstand angehörte, auch wenn einer der beiden Elternteile frei war. Im Judentum entschied diese Regel weniger über den sozialen Status als über die Zugehörigkeit zur jüdischen Gemeinschaft: Das Kind eines Juden mit einer Nicht-Jüdin folgt dem Status der Mutter.[46] Allmählich wurde so die Beziehung von Vater und Sohn der Zugehörigkeit zur Mutter untergeordnet.[47]

Roms Ablehnung der jüdischen Regeln beruhte vor allem darauf, dass die religiösen Bestimmungen des Judentums zugleich einen Rechtscodex darstellten, mithin die Basis einer politischen Gemeinschaft bildeten. An sich gewährte das Römische Reich Religionsfreiheit, und unter seinem Dach lebten viele unterschiedliche religiöse Strömungen nebeneinander. Doch im Fall des Judentums implizierte religiöse Autonomie auch politische Selbstbestimmung mit eigenem Rechtskodex – und das war schwer vereinbar mit den Ansprüchen römischer Herrschaft. Die Matrilinearität verstärkte diese Autonomie.

Dennoch hatte das römische Recht einen gewissen Einfluss auf die Einführung der Matrilinearität. Dem römischen *conubium*, das darüber bestimmte, welche Personen eine anerkannte Ehe eingehen konnten, entsprach das *kidduschin* im rabbinischen Recht. In beiden Regelwerken richtete sich bei Mischehen der Status der Nachkommen nach der Mutter, weil die legale väterliche Abstammung fehlte. Die Ähnlichkeit der Rechtsbestimmungen dürfte dazu beigetragen haben, dass die römische Herrschaft der jüdischen Änderung des Personenstands stattgab und zuließ, »dass die Zugehörigkeit zum Judentum und damit Volk und Religion sich nach der Mutter richtet«. Diese Konzession widersprach zwar dem römischen Patrilinearitätsprinzip, doch im großen Reich gab es auch andere Völker und Städte, denen dieses Privileg zugestanden wurde: In griechischen Städten wie Troja und Delphi sowie in Antinoupolis, eine im Jahr 130 von Hadrian in Ägypten gegründete Stadt, ergänzte die Matrilinearität das Recht, eine rechtswirksame Ehe mit Ägyptern zu schließen. Unbestreitbar waren gerade im 2. Jahrhundert die historischen Voraussetzungen für eine Orientierung am römischen Recht gegeben – Modrzejewski spricht von einer »zeitlichen Koinzidenz zwischen der Mischna, die um das Jahr 200 unserer Zeitrechnung schriftlich kodifiziert wurde, und dem römischen Recht im Zeitpunkt seiner größten Blüte«.[48] Doch die Anpassung an das römische Recht spielte für die Rabbiner nur eine untergeordnete Rolle. Ihr Hass auf die Römer, die Jerusalem zerstört und die Gemeinschaft zerschlagen hatten, war gewiss nicht geringer als ihre frühere Gegnerschaft zu den Griechen. Warum sollten sie sich dann ausgerechnet am römischen Recht orientieren?

Der wichtigste Grund für die Einführung der Matrilinearität war die Sicherheit der mütterlichen Abstammung. Auf dieses Prinzip hätte auch schon das biblische Judentum setzen können, und dass dies nur im babylonischen Exil geschah, spricht für den Zusammenhang von Matrilinearität und Staatenlosigkeit. Andererseits zeigen Ausnahmen zur neuen Regel der Mutterlinie, dass auch weitere Überlegungen eine Rolle spielten. »Wurde eine Frau als Folge einer Vergewaltigung schwanger, so hat der Nachkomme den gleichen Status wie die Mehrheit der Bevölkerung, bei der die Vergewaltigung geschah. In diesen Fällen ist die Vaterschaft zwar sehr unsicher, aber die Rabbinen beurteilen die Nachkommen nicht matrilinear.«[49] Von diesem Beispiel lässt sich ableiten, dass mit der neuen Betonung der mütterlichen Deszendenz neben der Sicherheit der mütterlichen Herkunft auch das *Bekenntnis* zum Judentum gemeint war. Hatte Gott in der *Exodus*-Erzählung das Volk zu seinem Tempel gemacht, so wurde nun, da das Volk zerstreut war, der weibliche Körper – wie die Heilige Schrift – zu diesem Gotteshaus.*

Diese Sakralisierung des Weiblichen hatte eine Einschränkung weiblicher Selbstbestimmung zur Folge.[50] Frauen verloren an Einfluss in der öffentlichen Sphäre des jüdischen Gemeindelebens – und dies zu einer Zeit, wo Frauen in Rom und im frühen Christentum große Macht ausübten. Der Talmud ist voll von Passagen, die vor den Gefahren warnen, die von den Frauen ausgehen.[51] Diese Bevormundung bestimmte lange über die weibliche Rolle im Judentum –

---

* Mit der Zerstörung des Zweiten Tempels verwandelte sich auch der Ort Jerusalem in eine virtuelle Heimstätte, mit der weitaus mehr gemeint war als der reale geographische Ort. Er wurde zur Metapher für ›Zuhause‹ und konnte deshalb auch auf viele andere Orte übertragen werden – Toledo, Thessaloniki, Prag, Vilnius usw. Weil sich Jerusalem mit der Zerstörung des Tempels in einen imaginären Ort verwandelt hatte, konnte dieser aber auch von den nachfolgenden beiden Religionen ›besetzt‹ werden (imaginär und real). Der Anspruch auf Jerusalem spielt sowohl im Christentum als auch im Islam eine wichtige Rolle. Er wäre kaum denkbar gewesen, hätte der Tempel noch gestanden und als jüdisches Gotteshaus gedient.

hierin vergleichbar den Entwicklungen im Christentum ab dessen politischer Etablierung. Erst mit dem Säkularisierungsprozess sollte es in beiden Religionen zu einem Wandel kommen.

Die rabbinisch umdefinierte Identitätskonstruktion war nur deshalb möglich, weil sich im Judentum ein neues Prinzip geistlicher Zuständigkeit durchgesetzt hatte. Jochanan ben Zakkai gilt als der, der das jüdische Volk nach der Katastrophe von 70 in ein anderes Zeitalter überführte. Schon seine Herkunft – er war nicht aus davidischem Geschlecht und auch kein Priester – prädestinierte ihn, Schöpfer einer *neuen* Sozialordnung zu werden. Dementsprechend stieß diese zunächst auf viele Widerstände, vor allem vonseiten der priesterlichen Eliten, deren Ämter erblich waren.* Jochanan und die um ihn in Jabne versammelten Gelehrten gelten als die Begründer des rabbinischen Judentums. Diese Rabbiner, so Günther Stemberger, waren »anfangs noch eine sehr kleine Gruppe, ohne direkten Rückhalt im Volk, ein elitäre Intellektuellenschicht, die mit öffentlichen Aufgaben nichts zu tun haben wollte«.[52] In gewissem Sinne wiederholte sich also die Situation des 5. Jahrhunderts v. d. Z. – nur dass damals eine kleine Elite von babylonischen Priestern der jüdischen Bevölkerung von Judäa ein neues Identitätsmodell nahezubringen versuchte, während jetzt Gelehrte ohne geistliches Amt das neue Modell formulierten. Einige der überlebenden Priester, Leviten und Tempelbeamten, die nach der Zerstörung des Tempels ohne Amt, Funktion und öffentliche Macht waren, schlossen sich der Gruppe von Jabne an – mit der Absicht, ein Gegengewicht zu der aufstrebenden jüdischen Laiengelehrsamkeit (zu der auch die Pharisäer gehörten[53]) zu bilden. Letztere sollte sich aber schließlich durchsetzen.

In Jabne setzte man »das Studium der Tora an die Stelle des Tempelopfers«

---

* Micha Brumlik vertritt die Ansicht, dass die Entmachtung der Priesterschaft ein zusätzlicher Grund für die Einführung der Matrilinearität war: Schon in den zweihundert Jahren vor dem Beginn der Diaspora war mit den Pharisäern eine neue Elite von Gelehrten herangewachsen, die in Jerusalem mit dem Hohepriester, den *Cohanim* und den *Leviten* um die Macht konkurrierten. Die Rabbiner von Jabne rekrutierten sich zum Teil aus dieser Schicht. Die geistlichen Ämter wurden zwar weiterhin in männlicher Linie vererbt, doch nach der Einführung der Matrilinearität verband sich damit keine Macht mehr. »Von der einstigen Macht der Cohanim blieb im rabbinischen Judentum nicht mehr übrig als das Privileg, als erste zur Tora aufgerufen zu werden. Damit wurde auch die judäische Kastengesellschaft in eine meritokratische, d.h. in eine auf dem Verdienst des Lernens beruhende Gelehrtenrepublik umgewandelt.« (Brumlik 2015, S. 32.) Diese Erklärung leuchtet ein, zumal sie typisch war für den Aufstieg neuer Bildungsschichten in alphabetischen Gesellschaften. Ausschlaggebend für das Prinzip der Matrilinearität dürfte jedoch die Frage des Zusammenhalts der Gemeinschaft in der Diaspora gewesen sein.

und maß ihm eine vergleichbare religiöse Bedeutung bei.[54] Es waren diese Intellektuellen, denen nichts anderes geblieben war als ihre Gelehrsamkeit, die die jüdische Lehre in eine »portable Religion« verwandelten: Auf der einen Seite kanonisierten sie die jüdische Bibel, auf der anderen schufen sie aber auch die Grundlage für einen zweiten heiligen Text, den Talmud, mit seinen Diskussionsbeiträgen, Geboten und Verboten, Interpretationen und Kommentaren. Dieser wurde zur Basis der Halacha, des neuen Verhaltenskodex, der die Gesetze der Thora ergänzte oder auslegte. Erst später wurden aus den Rabbinern die neuen Geistlichen des Judentums: Ihr Amt war nicht erblich, und auch ihre Funktion unterschied sich deutlich von der der alten Priesterschaft: Ihre Tätigkeit bestand weniger im Erteilen von Geboten oder Verboten als in der Auslegung der heiligen Texte.*

Die Gelehrten von Jabne entwickelten nicht nur die Grundlagen für eine neue Definition der Zugehörigkeit zum Judentum, sondern auch für andere Formen des Gottesdienstes, die im Haus oder in kleineren Synagogen stattfinden konnten und den Tempelkult ersetzten (so der Seder, der Vorabend und Auftakt von Pessach). Die einzelnen jüdischen Gemeinden gewannen so an Autonomie: Die einzige Voraussetzung für einen Gottesdienst war die Anwesenheit von zehn jüdischen Männern. Tatsächlich lebten Juden schon bald in unterschiedlichen Sprachgebieten und Kulturen und integrierten einige der fremden Traditionen in die eigene. Die Grundlagen für den kulturübergreifenden Zusammenhalt des Judentums wurden im Lehrhaus von Jabne gelegt. Es war die Keimzelle eines neuen normativen Judentums, das – trotz kultureller Vielfalt – bis heute Bestand hat. Zwar existierte das angesehene und erbliche Patriarchat (der Hohe Priester) von Jerusalem noch über fast vier Jahrhunderte, doch es hatte immer weniger Gewicht und erlosch endgültig im Jahr 429, als es durch das römische Gesetz beendet wurde. »Erst mit der Gründung des Staates Israel 1948 entstand ein neues, potentiell konkurrierendes Objekt der kollektiven Identifikation«,[55] das das in Jabne entstandene Konzept des ›portativen Vaterlands‹ ablöste oder ergänzte (je nach Perspektive).

---

* Die frühesten Belege für den Titel Rabbi stammen aus der Zeit unmittelbar nach der Zerstörung des Tempels. Der Ehrenname bezeichnete ursprünglich den Lehrmeister eines Schülers. Für diese Lehrer wurde erst später eine Ordination (*Semikha*) eingeführt, die zur religiösen und rituellen Unterweisung und zur Ausübung des Gerichts berechtigte. Über die Zeit bildete sich so ein »ausgeprägtes Klassenbewußtsein des Rabbi heraus, das vielfach auch zur Erblichkeit des rabbinischen Standes führte«. (Stemberger 1979, S. 86.)

4. Die Beschneidung

Das römische Privileg zur Einführung der Matrilinearität »erscheint als Gegenstück zur Erlaubnis, die Beschneidung an jüdischen Jungen vorzunehmen, die die Juden um 150 unserer Zeitrechnung durch das Reskript des Antoninus Pius erhielten«, schreibt Modrzejewski.[56] Das waren die beiden großen Konzessionen des Römischen Reichs an das jüdische Recht. Mehr noch als die Matrilinearität widersprach die Beschneidung dem römischen Denken. Das hing einerseits mit der Rolle zusammen, die die Beschneidung für die jüdische Identität (und die damit einhergehende jüdische Autonomie) hatte, andererseits aber auch mit deren vielschichtiger Symbolik: Die Beschneidung wurde, manchmal explizit, mit der Kastration gleichgesetzt – ein Eingriff, der in einer patriarchalen und patrilinearen Gesellschaft als Verbrechen galt. Das jüdische Recht auf Beschneidung folgte einem anderen Männlichkeitsideal. Es wurde schon in der Bibel ausformuliert, war also viel älter als das Prinzip der matrilinearen Abstammung. Doch in der Diaspora sollte es zum zweiten entscheidenden Distinktionsmerkmal jüdischer Identität werden.

Bevor ich auf die Auseinandersetzungen um die Beschneidung in Griechenland und Rom eingehe, noch einige allgemeine Bemerkungen zur Symbolik dieses Ritus. Bei den (zum Teil heftigen und polemisch geführten) Debatten der jüngeren Zeit in Deutschland stand die Frage der Religion im Mittelpunkt. Faktisch ist der Ritus der Beschneidung aber viel älter als die jüdische Religion, geschweige denn als der Islam. Ägyptische Darstellungen zeigen, dass die Beschneidung schon vor circa 4500 Jahren praktiziert wurde, das heißt, der Ritus existierte schon mindestens 1500 Jahre, bevor von Monotheismus und Judentum die Rede sein kann. In einer späteren Zeit wurde die Beschneidung zu einem Privileg ägyptischer Priester, als welche sie dann auch im griechischen und römischen Ägypten erhalten blieb.

Heute sind weltweit (die Zahlen schwanken) circa drei von 20 Männern beschnitten; bei Juden ist der Eingriff religiöse Vorschrift (Gen 17, 10–14; Lev 12, 3), bei Muslimen entspricht er keinem zwingenden Gebot, ist aber Usus als Zeichen der Gemeinschaftszugehörigkeit. Auch in den USA und England ist eine Mehrheit der Jungen beschnitten (jüdischer wie nichtjüdischer Herkunft), weshalb in Amerika und Großbritannien, aber eben auch Frankreich, die deutsche Diskussion auf Unverständnis stößt. Die Begründungen, die die Befürworter der Beschneidung anführen, sind sehr unterschiedlich. Sie reichen von stammesgesellschaftlichen über psychologische, hygienische bis zu religiösen Argumenten.[57]

Das Judentum war die einzige Gemeinschaft, die der Beschneidung eine religiöse Bedeutung zuwies: Sie wurde – zusammen mit den Gesetzestafeln – zu *dem* Symbol des Bundes zwischen Gott und dem Volk Israel. Angesichts der Nähe von Religion und Recht war sie also auch Zeichen der Volkszugehörigkeit. In der Hebräischen Bibel taucht die Beschneidung zuerst als ein Ritual der Vorbereitung auf die Hochzeit (Gen 34, 14–24; Ex 4, 24–26) auf. Als Erzählung ist sie eingebettet in die verhinderte Opferung Isaacs, an deren Stelle Beschneidung tritt: Sie symbolisiert den Bund von Gott und Israel und bezieht alle Männer des Hauses ein, auch Sklaven, gleichgültig ob sie dem Judentum oder einer anderen Kultur angehören. Während des babylonischen Exils im 6. Jahrhundert v. d. Z. wurde sie zu einem festen Ritus*: Dass sie ausgerechnet im Exil kanonisiert (oder religiös gedeutet) wurde, heißt, dass sie – wie später die Matrilinearität – als Symbol einer extraterritorialen Gemeinschaftszugehörigkeit dienen sollte.

Bedenkt man, dass der Bund von Gott und dem Volk Israel auf der Thora basiert, so ist es nicht weit hergeholt, in der Beschneidung auch ein Symbol für den Einschnitt zu sehen, den das Schriftsystem in den Körper des Menschen vornahm – vornehmlich des Mannes, dem symbolischen Repräsentanten der Schrift: ein Topos, auf den Jacques Derrida in seinen *Zirkumfession* eingeht.[58] Auch stimmen die ältesten Beschneidungsdarstellungen in ungefähr mit der Entstehung der ersten Schriftsysteme überein. Der jüdische Gott wurde, wie im vorigen Kapitel beschrieben, oft mit der Schrift identifiziert. Die kabbalistische Tradition interpretiert die Beschneidung als »Einschreibung des Namen Gottes in das menschliche Fleisch«. Sie impliziert Unterwerfung unter das Gesetz Gottes, andererseits aber auch geistige Schöpfungskraft. Philo von Alexandrien behauptete, dass die Beschneidung den männlichen Juden »spiritualisiere«; und Maimonides nannte sie ein Symbol für die Beherrschung der Triebe und die Perfektionierung der moralischen Schwächen.[59] Auch die Tatsache, dass die Beschneidung am 8. Tag stattfindet, deutet in diese Richtung: Gott erschuf die Welt in sieben Tagen und übergab sie dann dem Menschen; mit dem achten Tag beginnt die menschliche Schöpfungsgeschichte.

Die Debatten in der Antike um die Beschneidung haben einige Ähnlichkeit

---

* Die Forschung vermutet heute, dass die Bibelpassagen zum abrahamitischen Bund in Babylon verfasst wurden.

mit denen im heutigen Deutschland. Damals wie heute ging es um die Frage der Verletzung des Körpers. Die antike Ablehnung der Beschneidung nahm in dem Maße zu, in dem sich der Hellenismus als Kultur und das Römische Reich als Staat etablierten. Die Griechen wussten – vor allem durch Herodot (5. Jahrhundert v. d. Z.) – vom Ritus der Beschneidung bei ›anderen Völkern‹. Herodot, der sich kaum eine Chance entgehen ließ, die Überlegenheit der Griechen gegenüber anderen Völkern hervorzuheben, sah darin einen barbarischen Brauch, der allenfalls mit der Hygiene zu erklären sei. Er verwechselte Reinheit (ein Begriff aus der Religion, der auf das Sakrale verweist) mit Hygiene (Sauberkeit).* Einige Völker, so etwa die Phönizier, schreibt Herodot, übernahmen den Brauch zunächst von den ›Syrern aus Palästina‹ (womit er die Juden meinte), gaben ihn aber auf, als sie mit der höheren Kultur der Griechen in Kontakt kamen.

Als sich mit den makkabäischen Unruhen der Konflikt zwischen Hellenismus und Judentum zuspitzte, gab ein Teil der Juden die Beschneidung auf, viele verbargen sogar das beschnittene Glied mit Hilfe falscher Vorhäute, bis diese Praxis verboten wurde. In den Jahrzehnten vor der Zerstörung des Tempels verschärfte sich die römisch-griechische Ablehnung der Beschneidung; sie wurde nun mit der Kastration verglichen – ein Vergleich, den römische Schriftsteller wie Tacitus in eine allgemeine antijüdische Polemik überführten. Weder Griechen noch Römer begriffen die symbolische Bedeutung der Beschneidung, mit der eigentlich eine Form von Vergeistigung – und damit auch von geistiger Ermächtigung – gemeint war.

Nach der Zerstörung des Tempels mussten die Gelehrten von Jabne um das Recht auf Beschneidung kämpfen. Es wurde ihnen von Rom schließlich unter der Bedingung eingeräumt, dass sie ausschließlich an den eigenen Söhnen – aber weder an Sklaven noch Konvertiten – durchgeführt wird. Der Priesterschaft in der römischen Provinz Ägypten, die die Beschneidung praktizierte, bereitete Rom ebenfalls Schwierigkeiten. Ab dem 2. Jahrhundert wurde der Ritus der Aufsicht der römischen Autorität und damit Willkür unterstellt: Ein

---

* Dieser Verwechslung begegnet man auch in den innerjüdischen Debatten des 19. Jahrhunderts um jüdische Riten: Dort wird die Hygiene von aufgeklärten Juden oft als Rechtfertigung für die Beschneidung angeführt. Die Debatten der Moderne sehen in Sauberkeit und Hygiene eine Zivilisationskategorie, die über der Religion steht. Das kann gelegentlich zu Abweichungen von den jüdischen Traditionen führen: So führten einige fortschrittliche jüdische Gemeinden Ende des 19. Jahrhunderts etwa die Feuerbestattung ein – mit der Begründung der Hygiene.

kaiserlicher Prokurator, der die religiösen Kultgemeinschaften kontrollierte, konnte die Genehmigung erteilen – oder auch nicht. Es kam zu aufwendigen Verfahren, weil es sich um eine »Ausnahme von einer reichsweiten gesetzlichen Bestimmung« handelte, mit der die zunehmende Praxis der Kastration von Sklaven bekämpft werden sollte. Unter Nerva im Jahre 97 erging ein Senatsbeschluss: Er »drohte die Konfiszierung der Hälfte des Vermögens einer Person an, die einen Sklaven der Kastration ausliefert«. Unter Trajan erhöhte man die Strafe für Kastration auf Deportation und komplette Konfiszierung des Vermögens. Die Regelung stützte sich auf ein altes Gesetz von Sulla (81 v. d. Z.), »das Mord und Vergiftung unter Strafe stellte und bis in die Zeit von Justinian in Kraft blieb«. Unter dem Kaiser Hadrian (76–138) wurde das Verbot nochmals verschärft: Chirurgen, die den Eingriff vornahmen, und Personen, die sich dazu bereit erklärten, drohte die Todesstrafe. Da im hadrianischen Edikt für die Kastration der Begriff *excidere* (ausschneiden, abschneiden) verwendet wurde und derselbe Begriff auch auf die Beschneidung Anwendung fand, schrieb das Gesetz selbst die Verwechslung fest, »die bezüglich der ›genitalen Manipulationen‹ in den Köpfen herrschte«.[60]

Modrzejewski weist zu Recht darauf hin, dass das Edikt des Hadrian nicht zwingend in Verbindung gebracht werden kann mit dem Kampf gegen die jüdische Selbstbestimmung: Es wurde mehr als eine Dekade *vor* dem Bar-Kochba-Aufstand (132–135 d. Z.) erlassen. Dennoch trug es dazu bei, die Vorurteile gegen die Juden zu schüren. Unterschwellig nahm es damit einen Gedanken voraus, der später sowohl im christlichen Antijudaismus als auch im rassistischen Antisemitismus eine wichtige Rolle spielen sollte: der Gedanke, dass die Andersheit der Juden »irgendwie im genitalen Bereich« zu verorten sei. Diese Vorstellung war wiederum geprägt von der Wahrnehmung, dass Begriffe wie ›Vater‹ und ›Mutter‹ im Judentum eine andere Bewertung erfuhren als in Griechenland, Rom oder im Christentum. Das Prinzip der Matrilinearität bestätigte in den Augen dieser Kulturen, dass der jüdischen ›Andersheit‹ geschlechtliche Codes zugrunde lagen. Tatsächlich bot das andere Konzept der Blutsverwandtschaft dafür Anhaltspunkte. Der jüdischen Gemeinschaft selbst ging es aber vor allem um das Überleben des Judentums: Wenn die Beschneidung ein Symbol für die Schrift ist (womit sowohl der sakrale Inhalt der Thora als auch das Schriftsystem gemeint sind), so wurde daraus in der Diaspora ein Symbol für das portative Vaterland der Thora.

Wie eng Beschneidung und Matrilinearität zusammenhingen, zeigte sich in der Übergangszeit. Während der Kriege gegen die Römer waren viele jüdische Frauen vergewaltigt worden; ihre Kinder sollten in geordneter Weise ins Judentum überführt werden. Zugleich gab es einen dramatischen Männermangel; viele Witwen und unverheiratete Frauen blieben unversorgt. Dieses Problem hätte zwar vorübergehend durch Polygynie (ein Mann ehelicht mehrere Frauen), wie sie auch schon die Einrichtung der Levitischen Ehe vorsah, behoben werden können. Aber dagegen sträubten sich die Juden im Römischen Reich. So gab es nur die Möglichkeit, fremde Männer in die Gemeinschaft aufzunehmen. Vorher wurden, wie oben beschrieben, nicht-jüdische Frauen zu Jüdinnen, indem sie einen Juden heirateten. Seit dem 2. Jahrhundert v. d. Z. gab es ein Reglement, das es auch *Männern* erlaubte, bei der Heirat mit einer Jüdin zum Judentum zu konvertieren. Es funktionierte »wie eine Art ›Einbürgerung‹«.[61]

Allerdings setzte die Konversion zwingend die Beschneidung voraus, und durch die Ergänzungen des hadrianischen Edikts, die die Beschneidung für jüdisch geborene Söhne, nicht jedoch für Konvertiten zuließ, stand diese unter schwerer Strafe. In dieser demographischen Situation, die das faktische Verschwinden des Judentums impliziert hätte, blieb den Rabbinern auch aus diesem Grund keine andere Wahl, als die mütterliche Abstammungslinie einzuführen.* Wäre dies allerdings der einzige Grund für die Entscheidung zur Matrilinearität gewesen, hätte sie nach einigen Generationen wieder verworfen werden können. Da dies nicht der Fall war, ist davon auszugehen, dass die Matrilinearität auch weiterhin eine wichtige Funktion für das Überleben der Gemeinde spielte – und der wichtigste Grund dafür war das Aufkommen des Christentums.

---

* Es fällt auf, dass die Befürworter einer *Abschaffung* des reinen Matrilinearitätsprinzips heute ebenfalls mit der demographischen Situation und dem Rückgang der jüdischen Bevölkerungszahlen argumentieren. In ihren Augen ist gerade die Mischehe (zu der sich die Rabbiner im 2. Jahrhundert d. Z. schließlich durchgerungen hatten, indem sie nichtjüdische Väter akzeptierten) der Grund für die Dezimierung der jüdischen Bevölkerung: Sie führe zu einer wachsender Unkenntnis jüdischer Traditionen und mithin zu einer mangelnden emotionalen Einbindung ins Judentum. Auf diese Frage komme ich zurück.

5. Judentum und Christentum: Aneignungen, Abgrenzungen

Für die Motive der Rabbiner, die Matrilinearität einzuführen, spielte nicht nur die neue Situation der Staatenlosigkeit eine Rolle, sondern auch die Abgrenzung gegen die neu entstehende Religion des Christentums, das sich einerseits auf die jüdische Tradition bezog, von dieser aber auch in entscheidenden Teilen abwich. Das Judentum in seiner heutigen Gestalt, so Micha Brumlik, »ist eine vergleichsweise junge Religion, die ihre definitive Gestalt im frühen 3. Jh. in Abgrenzung und gegen verschiedene Gruppen von Jesusanhängern und Gnostikern, in Auseinandersetzung und Übereinstimmung mit dem römischen Imperium und nicht zuletzt unter dem Einfluss der griechischen Philosophie gewonnen hat; ein in die Sprache des biblischen Glaubens gekleidetes System von ethisch gebundenen Lebensregeln, das sich in seinem menschheitlichen Universalismus von der stoischen Philosophie kaum unterscheidet, aber aufgrund bitterer historischer Erfahrungen einem politischen Quietismus anhängt und gleichwohl – anders als das Christentum nach Augustus – nicht bereit war, die moralische Verantwortlichkeit des einzelnen Menschen preiszugeben.«[62] Von diesen verschiedenen Abgrenzungen sollte die gegen das Christentum die wichtigste Rolle bei der Neuordnung des Judentums spielen.

Christentum und rabbinisches Judentum entstanden zeitgleich, im ersten Jahrhundert d. Z. Sie entwickelten sich nebeneinander, in Abgrenzung gegeneinander, manchmal auch unter Übernahme von Gedankengut aus der anderen Religion. Je mehr sich die christliche Religion mit Staat und weltlicher Macht verband, je mehr sie sich also auf einem festen Territorium verankerte, desto stärker wurde das Abgrenzungsbedürfnis des Judentums gegenüber dem Christentum. Andersherum musste sich das Christentum mit der Tatsache auseinandersetzen, dass sich sowohl die Heilige Schrift als auch die jüdisch-rabbinischen Lehren auf eine explizit *jüdische* Religion bezogen. Die Kirche berief sich auf denselben heiligen Text, musste diesen jedoch im Sinne ihrer Religion umdeuten, um den »Alten Bund« zwischen Gott und Israel zum Vorläufer des »Neuen Bundes« erklären zu können.

Ein Beispiel für diese Art der Umdeutung: Im Buch *Exodus* heißt es, die Israeliten »sollen erkennen, daß ich der Herr, ihr Gott bin, der sie aus Ägypten herausgeführt hat, um in ihrer Mitte zu wohnen«.[63] Das bedeutet, so der Alttestamentler Alfred Marx, dass Gott sein Volk nicht aus Ägypten herausgeführt hat, »um seinem heimatlosen und unterdrückten Volk ein eigenes Land zu geben«, sondern »um in seiner Mitte zu wohnen«. Das Novum gegenüber der vorexilischen Zeit bestehe darin, dass Gott nicht im Tempel, sondern »inmitten Israel« wohnt. »Diese Wohnung wird jetzt zum Ort schlechthin der Begegnung zwischen Gott und seinem Volk.«[64] Diese Formulierung greift Paulus fast wörtlich auf, überträgt sie aber auf die christliche Gemeinde: »Wißt ihr nicht, dass ihr Gottes Tempel seid und der Geist Gottes in euch wohnt? Wer den Tempel Gottes vernichtet, den wird Gott vernichten; denn der Tempel Gottes ist heilig, und der seid ihr.«[65] Trotz – oder gerade wegen – solcher Aneignungen gab es eine tiefe Verunsicherung im Christentum: Die Tatsache, dass der Großteil der antijudaistischen Texte formuliert wurde, *nachdem* das Christentum zur Staatsreligion geworden war, zeigt deutlich, dass nicht einmal die Tatsache, majoritär zu sein, der christlichen Religion die Sicherheit verschaffte, überlegen zu sein.

Während für die christliche Seite schon seit langem anerkannt ist, dass sich ihre Lehren sowohl in Anlehnung an als auch in Abgrenzung gegen das Judentum entwickelten, zeigt erst die neuere Forschung, wie sehr auch die Neudefinition des Judentums unter dem Einfluss des frühen Christentums stand.[66] Beginnend in Jabne, dem ersten Ort rabbinischer Gelehrsamkeit, zogen jüdische Gelehrte klare Grenzlinien gegen das aufkommende Christentum, aber einige unter ihnen – darunter hochrangige – sympathisierten auch mit den Jesusanhängern. Die traditionelle Metapher einer Mutter-Tochter-Religion zur Beschreibung von Judentum und Christentum sei falsch, schreibt David Biale. Es handle sich eher um Zwillinge. »Man könnte die Metapher sogar erweitern und von *identischen* Zwillingen sprechen: ein Embryo, das sich später geteilt hat.«[67] Andere bestreiten sogar die Spaltung und sprechen von »the ways that never parted«.[68] Dagegen sieht Micha Brumlik im Christentum »ein älteres Geschwister« des Judentums, eine »Ausformung des biblischen Glaubens, die das rabbinische Judentum in seiner heutigen Form provozierte«.[69] Das rabbinische Judentum sei jünger als das paulinische Christentum und stelle zugleich einen Protest dagegen dar.[70] Biale nennt die Mischna und andere Texte des rabbinischen Judentums ein »Zweites Testament«, weist zugleich aber auch darauf hin, dass die Polarisierung zwischen Christentum und Judentum zu einer »Rejudaisierung« Palästinas geführt habe.[71] In dieser Lesart werden aus Mischna/Talmud und Neuem Testament zwei miteinander konkurrierende »Kommentare« zum Urtext.[72]

Auch andere Judaisten und Historiker betonen, es sei nicht mehr möglich,

»das Judentum ohne Christentum zu denken«.[73] Israel Yuval schreibt: »Wo immer Ähnlichkeiten zwischen Judentum und Christentum zu beobachten sind, dürfte es sich um christlichen Einfluss auf das Judentum handeln und nicht umgekehrt, es sei denn, die jüdischen Wurzeln des betreffenden Phänomens liegen nachweislich früher als die christlichen.«[74] Michael Hilton, ein an der Universität Manchester lehrender Rabbiner, zögert nicht, das rabbinische Judentum sogar als »Tochterreligion des Christentums« zu definieren.[75] (Offenbar fällt es schwer, das Verhältnis der beiden Religionen anders als in Verwandtschaftsmetaphern zu denken.) Auch Peter Schäfer weist auf viele Parallelen zwischen christlichen und jüdischen Messias-Vorstellungen hin.[76] Wie kommt es dann, fragt Heinrich Olmer, »dass die Unterschiede zwischen aschkenasischem und nordafrikanischem oder babylonischem Judentum so relativ gering sind«.[77] Yuvals Antwort: Der christliche Einfluss auf das Judentum begann eben nicht erst im Mittelalter, als die Kirche fest etabliert war, sondern wurde direkt nach der Zerstörung des Tempels formuliert. Das Christentum und das diasporische Judentum waren unterschiedliche Antworten auf die Krise, die von diesem Ereignis ausgelöst wurde.

Ein entscheidender Unterschied zwischen den beiden Arten der Exegese ergab sich durch die Art der Verschriftung. Sowohl die Evangelien als auch die rabbinischen Texte hatten zunächst orale Form. Doch während im Christentum – nach dogmatischen Kämpfen – die Befürworter eines schriftlichen Kanons den Sieg davontrugen, entwickelte das rabbinische Judentum eine Form von Verschriftung, in der die Eigenschaften der Oralität, mit ihrer Vielfalt an Interpretationsmöglichkeiten, erhalten blieben. Erst ab dem 4. Jahrhundert, als die unterschiedlichen Arten der Auslegung ihrerseits verschriftet worden waren, kann von zwei getrennten Religionen die Rede sein. Damals war einerseits das Christentum zur hegemonialen Macht des römischen Imperiums geworden und »die christliche ›Orthodoxie‹ entstanden«; andererseits hatte sich das rabbinische Judentum gefestigt und trat nun »mit seiner eigenen Orthodoxie und Hegemonie« hervor.[78]

Den Rabbinern, so Philipp Alexander, ging es zunächst um die Abgrenzung gegen die jüdischen Anhänger des Christentums: Ihre Politik gegen das Christentum galt vor allem den Judenchristen.* Sie seien ausgegrenzt und von der

---

* Als ›Judenchristen‹ werden Christen bezeichnet, die vorher dem Judentum angehörten. ›Heidenchristen‹ sind dagegen Christen, die sich vormals einem heidnischen (römischen, griechischen etc.) Kultus zuordneten.

jüdischen Gemeinde (Kehilat Israel) ferngehalten worden. »Die Geschichte der Trennung ist im Wesentlichen die Geschichte des Triumphs der Rabbiner und das Versagen der Judenchristen, eine Mehrheit der palästinensischen Juden von den Zielen der Evangelien zu überzeugen.«[79] Das von den Rabbinern geschaffene Regelwerk verbot es, mit Judenchristen zu essen, Handel zu treiben, Geschäfte zu tätigen. Ihre Bücher wurden als Ketzerei eingestuft, und der Bann schloss sogar die ärztliche Behandlung durch ›Minim‹ (innerjüdische Ketzer) aus – wegen der Gefahr, dass eine Heilung als christliches Wunder bezeichnet werden könne.

Das Prinzip der Matrilinearität, das eindeutig etablierte, wer der jüdischen Gemeinde angehörte und wer nicht, war Teil der Abgrenzungsstrategie. Zwar gab es weiterhin Konversionen, aber sie hatten weniger Gewicht als die mütterliche Deszendenz. Zudem wurde festgelegt, »dass der jüdische Status praktisch unauflösbar war«. Dies galt auch für Konvertiten, die mit dem Übertritt eine neue Identität annahmen. Durch das vollständige Eintauchen im »reinen Wasser« der Mikveh* (Lev 11, 36) wird ein Schlussstrich unter das vergangene Leben gesetzt; ein neues bricht an: »Ein Proselyt ist wie ein neugeborenes Kind.« Aus dem innerjüdischen Konflikt zwischen traditionellen Juden und Jesus-Anhängern wurde später, als Heidenchristen die ursprünglich innerjüdische Polemik übernahmen, die Basis des Antijudaismus und »eines christlich geprägten Antagonismus, der bis in die Gegenwart reicht«.[80]

Die ersten Christen kamen einerseits aus den Traditionen des Judentums, andererseits aber auch aus dem griechischen und römischen Heidentum. Die heidnischen Christen drängten auf eine Hellenisierung des Judentums, weshalb Paulus vorschlug, die Beschneidung durch die Askese zu ersetzen: »So sind wir also, Brüder, dem Fleisch nicht schuldig, daß wir fleischlich leben. Denn wenn ihr fleischlich lebt, werdet ihr sterben. Wenn ihr aber mit dem Geist die Werke des Fleisches tötet, werdet ihr leben.«[81] Da die Beschneidung eines der wichtigsten Gebote des Judentums und Zeichen des Bundes mit Gott ist, ließ die paulinische Aufkündigung der Beschneidung schon früh erkennen, dass es zu einer Spaltung kommen würde. Den Christen heidnischer Her-

---

* Mikveh bezeichnet das jüdische Tauchbad, das der Reinigung von Unreinheit durch rituelle Waschungen dient. Das Wasser der Mikveh muss »lebendiges Wasser« sein. Deshalb liegen die Mikvaot (Plural von Mikveh) niedrig, so dass sie vom fließenden Grundwasser erreicht werden. Heute wird gelegentlich auch Regenwasser gesammelt.

kunft erleichterte der Verzicht auf die Beschneidung den Anschluss an die Gemeinde.[82] Doch Paulus, der nicht auf den Gott der Juden verzichten wollte, formte diesen so um, dass Christus einen »neue(n) Bund in meinem Blute« schließt.[83] Wir Christen, so schreibt Paulus auch, »sind die Beschneidung«.[84] Mit dieser neuen Auslegung der Beschneidung wurde der jüdische Opfergedanke, der mit der Beschneidung verbunden war (der Mensch bringt sich in symbolischer Form dar), durch das Selbstopfer Christi ersetzt. Durch das einmalige Opfer Jesu, so Paulus, seien alle anderen Blutopfer überflüssig geworden.[85] Hier wurde also ein völlig anderes Verhältnis von Gott und Mensch und damit auch eine neue Religion formuliert. Beide Religionen erhoben Anspruch auf den »Bund mit Gott«, doch die Art, wie der Bund besiegelt wurde, unterschied sich zutiefst: Im einen Fall geschah es durch die Beschneidung, die Wunde am Körper des Gläubigen. Im anderen durch das Selbstopfer Christi. Der Gläubige brachte sich insofern ein, als er sich dem Herrn übereignete: »Die Gabe des Gläubigen ist zuerst die Gabe seiner selbst durch den Glauben, die Geste absoluten Vertrauens.«[86]

Mit seiner Ablehnung der Beschneidung bekannte sich das Christentum zur griechisch-römischen Erbschaft; und es erzwang so auch die Ablösung der Judenchristen von ihrem ursprünglich jüdischen Milieu. Wegen der Judenchristen sahen sich die rabbinischen Gelehrten wiederum gezwungen, die Frage zu klären: Wer ist eigentlich Jude? Wie ist der gesetzliche (halachische) Status der Anhänger dieser Religion?[87] Auch damit hatte die Einführung der Matrilinearität zu tun: Es ging um die Abgrenzung gegen die Abtrünnigen aus den eigenen Reihen.

Der christlichen Gemeinschaft war viel daran gelegen, sich selbst nicht nur als Erbin des Bundes mit Gott und der Heiligen Schrift, sondern auch als Erbin des davidischen Throns zu legitimieren. Dazu musste sie das Judentum sowohl geistig als auch genealogisch delegitimieren. Als im Jahr 553 – das war zu einer Zeit, in der die Kirche schon Staatskirche war – der *Codex Justinianus* veröffentlicht wurde, erhob die Kirche den Vorwurf, dass die Juden die Bibel nicht nur anders, sondern sogar falsch interpretieren. Es wurde ihnen unterstellt, »gottlose Wahnreden« zu halten; unter Androhung der Todesstrafe wurde ihnen untersagt, »die Auferstehung oder das Weltgericht oder die Tatsache [zu] leugnen, dass die Engel das Werk und Geschöpf Gottes seien«.[88] Im Prolog des kaiserlichen Dekrets heißt es, die Juden seien die Söhne des Teufels, »weil ihre Genealogie eine von der Wahrheit des Textes her als solche erkennbare *falsche* Genealogie, das heißt, ein Betrug ist. Die Juden sind *falsch*, juristisch falsch, wie gefälschte Schriftstücke; sie sind die *falschen Nachkommen Abrahams*, sie haben den Text *falsch* verstanden, die Formel Abrahams ›et semen eius‹ *falsch interpretiert.*«[89]

Um Anspruch auf die jüdische Blutslinie zu erheben, legten die Christen einige Erzählungen der Hebräischen Bibel als Prophetien aus, in denen die Ankunft des Messias in der Gestalt von Jesus Christus angekündigt wurde. Abenteuerliche Deszendenzkonstruktionen erhoben Jesus Christus zum legitimen Erben des davidischen Throns, deklarierten ihn zum König der Juden. Allerdings gab es ein entscheidendes Problem: Der Thron Davids wurde in *männlicher* Linie vererbt – und das matrilineare Prinzip, das die Rabbiner aus den Thora-Bestimmungen abgeleitet und als göttliches Gesetz legitimiert hatten, widersprach dem. Wie konnte das Christentum unter diesen Umständen Anspruch auf den Thron erheben? Die Antwort wurde nicht so deutlich formuliert, lässt sich aber rückblickend rekonstruieren: Die Kirche erhob Anspruch auf die Rechtsnachfolge, indem die Theologen eine männliche *und* eine weibliche Abstammungslinie für Jesus Christus entwickelten. Die männliche Deszendenz entsprach den Stammeslinien der Bibel und wurde darüber hinaus durch die göttliche Herkunft Christi in eine Art von geistiger Vaterschaft überführt, die ab dem 3. Jahrhundert auch für seine göttliche Herkunft stand.

Für die weibliche Linie bot dagegen die Jungfrau Maria die geeignete Lösung: Erstens war sie ein ›Sprössling‹ aus dem Hause Davids; und da zweitens kein leiblicher Vater ins Spiel kam, handelte es sich eindeutig um eine weibliche Deszendenz, zumindest was die irdische Seite Christi betraf.* In diesem Sinne lässt sich auch die Gestalt des Joseph, der als sozialer Vater von Jesus gelten darf, als ›Kippfigur‹ begreifen: Er kennzeichnete den Übergang von jüdischer Patrilinearität, bei der die leibliche Vaterschaft im Vordergrund steht, zu einem christianisierten griechisch-römischen Konzept von Patrilinearität, das geistige Vaterschaft besagt und in die Vergöttlichung Christi einmünden

---

* Hinzu kamen als ›Weissagungen‹ ausgelegte Verse in Jesaja 7,14, wo es heißt: »Seht, die Jungfrau wird ein Kind empfangen, einen Sohn wird sie gebären.« Die revidierte Einheitsübersetzung der katholischen Kirche, die Anfang 2017 erschien, korrigiert diese Aussage. Es heißt nun: »Siehe, die Jungfrau hat empfangen, sie gebiert einen Sohn.« Von einer Weissagung ist nicht mehr Rede. Darüber hinaus weisen die Übersetzer auch darauf hin, dass das hebräische Wort »almáh« eigentlich nur »junge Frau« bedeutet, womit sie ein Fragezeichen hinter eine der wichtigsten alttestamentarischen Belegstellen für die Jungfräulichkeit Marias setzen.

wird. Die Entmachtung des Joseph als leiblicher Vater bildete die Voraussetzung für diese Entwicklung.

Im Christentum wurde (ab etwa dem 8. Jahrhundert) die Bedeutung der mütterlichen Deszendenz Jesu noch verstärkt durch die Lehre von der »unbefleckten Empfängnis«, laut der Maria ohne Erbsünde geboren wurde, also in einer übermenschlichen Abstammungslinie stand. Mit dieser Erhebung (die freilich erst im 19. Jahrhundert zum Dogma wurde) erhielt die Gottesmutter fast gleichrangigen Status mit dem Erlöser. In ihrem Bedürfnis, sich gegen die jüdische Blutslinie abzugrenzen, bestand die christliche Kirche auch auf einer eigenen Lesart der Schöpfungsgeschichte. Diese bietet zwei Möglichkeiten: Laut der einen wurde Eva aus der Rippe Adams geschaffen; laut der anderen stellte Gott sie Adam als gleichberechtigte, ergänzende Partnerin zur Seite. Während sich die jüdische Religion eher auf die zweite Fassung beruft – im jüdischen Verständnis ist Eva auch nicht die große Sünderin, der die Menschheit die Vertreibung aus dem Paradies verdankt, sondern die Urmutter –, bevorzugten die christlichen Theologen von den frühen Kirchenvätern bis zu Thomas von Aquin die Fassung mit der Rippe. Mit seiner oben zitierten Behauptung, dass »die Frau aus dem Mann stammt«, hatte Paulus für diese Auslegung die Weichen gestellt. Er nahm damit eine klare Abgrenzung gegen die jüdische Matrilinearität vor. Ob die Rabbiner die Absicht hatten, den Christen durch die Matrilinearität die Erbschaft ihrer Heiligen Schrift streitig zu machen oder nicht: Rückblickend kann man sich fragen, ob es ohne den jüdischen Wechsel von Patrilinearität zu Matrilinearität überhaupt zu den christlichen Lehren der Jungfrauengeburt und dem Dogma der unbefleckten Empfängnis gekommen wäre.

Mit dem Übertritt von Konstantin dem Großen zum Christentum zu Beginn des 4. Jahrhunderts war im Römischen Reich das Verbot gegen die christliche Religion gefallen. Waren die beiden Religionen im vorkonstantinischen Reich gleichermaßen Außenseiter, so wurde das Christentum durch die Verbindung mit der kaiserlichen Macht zu einem politischen Schwergewicht – und das veränderte die Rivalität zwischen den beiden Religionsgemeinschaften beträchtlich. Als im Jahr 380 das Christentum im Römischen Reich zur offiziellen Religion avancierte, wurden Juden zu doppelten Außenseitern: der Religionsgemeinschaft wie des Staates. Im Jahre 438 dekretierte der *Codex Theodosianus* den Ausschluss von Juden von öffentlichen Ämtern und das Verbot der Mission unter römischen Bürgern oder Sklaven.

Wie die jüdische Ablehnung des Christentums hatte auch der christliche Antijudaismus innerreligiöse Hintergründe und Auswirkungen – und diese Wechselwirkung zog sich durch die ganze Geschichte. Die antijüdische Literatur des 7. Jahrhunderts zum Beispiel stand in enger Beziehung zum Bilderstreit, der die christliche Gemeinschaft erschütterte: Neben die traditionelle Rechtfertigung der Kreuzesverehrung trat nun die Rechtfertigung des Bildes im christlichen Gebrauch. Andersherum verschärfte sich mit der Entwicklung der christlichen Bilderverehrung das jüdische Bilderverbot.[90] Die kirchlichen Debatten des 11. und 12. Jahrhunderts um die Bedeutung von Brot und Wein bei der Messe wurden auf dem Laterankonzil von 1215 zugunsten der Transsubstantiationslehre entschieden. Zugleich wurde eine Bestimmung erlassen, laut der Juden als Kennzeichen einen gelben Fleck zu tragen hatten. Das heißt, während sich einerseits Brot und Wein bei der Messe in das reale Fleisch und Blut Christi verwandelten, wurde andererseits der Jude als sichtbarer, leiblicher ›Anderer‹ markiert. Die Fixierung auf diese Fremddefinition sollte sich durch die gesamte Geschichte der jüdisch-christlichen Beziehung ziehen: vom ersten Jahrhundert über das Mittelalter bis in die Moderne. Viele innerjüdische Veränderungen stellten wiederum Reaktionen auf diese Entwicklungen dar. Zugleich ist aber auch nicht zu bestreiten, dass viele Strömungen des Christentums wie des Judentums auf einen intensiven Austausch zwischen den beiden Religionen verweisen. Peter Schäfer hat dies nachdrücklich an der Gestalt der *Schechina* gezeigt, die im mittelalterlichen Judentum nicht nur als Weisheit und weiblicher Anteil Gottes verstanden wurde, sondern sogar zur Mittlerin zwischen Gott und Welt aufstieg. Diese Lehren, so zeigt er, entwickelten sich in zeitlicher und geographischer Nähe zur Intensivierung der Mariologie im Christentum.[91]

6. Das christliche Ideal der Enthaltsamkeit

Auch im Bereich von Sexualität und Fortpflanzung kam es zu Unterschieden zwischen Judentum und Christentum. Das von Griechenland und Rom übernommene Modell der geistigen Vaterschaft steigerte sich im Christentum zum Ideal von Keuschheit und Askese. Das Leitbild sexueller Enthaltsamkeit galt zunächst für beide Geschlechter, nach der Etablierung des Christentums blieb es vor allem Männern vorbehalten. Im Frühmittelalter mussten sich Frauen oft mühsam den Weg ins Kloster erkämpfen, bevor sie Anteil an der Askese haben durften, die zugleich intellektuelle Tätigkeit bedeutete.[92] In der Römischen Kirche wurde allmählich die Ehelosigkeit des Geistlichen zur Regel. Die Ablehnung der Sexualität ist den beiden anderen monotheistischen Religionen fremd, taucht aber auch in östlichen Religionen auf.*

Für christliche Geistliche galt die Enthaltsamkeit als Vorbedingung für die Ausübung von Macht. Die Leiblichkeit, delegiert an den weiblichen Körper, gehörte dem Bereich der ›Natur‹ und des Weltlichen an, die es zu domestizieren galt. Indem sich der männliche Körper gegen die Berührung mit der Weiblichkeit verwahrte, wurde der christliche Geistliche fähig, über das Weltliche zu bestimmen. Nicht die Sexualität an sich war das Problem, sondern die Einlassung mit der Gebärfähigkeit des weiblichen Körpers: Sie signalisierte den Zusammenhang von Sexualität und physiologischer Fortpflanzung, gegen die eine geistige Reproduktion institutionalisiert werden sollte.

Eine solche Idealisierung der sexuellen Enthaltsamkeit kannte die jüdische Religion nicht: Im Gegensatz zu den christlichen Geistlichen war ein Rabbiner immer ein verheirateter Mann, und zum Sabbat gehörte der Geschlechtsverkehr (soweit die Gesetze der *nidda* über den Umgang mit dem weiblichen Blut dies zuließen). Die sexuelle Vernachlässigung der Frau wurde von den Rabbinern als Grund akzeptiert, wenn eine Frau sich von ihrem Mann trennen wollte. Der ganzen antiken Welt war der christliche »Boykott des Schoßes« fremd. Die Sexualität galt Griechen und Römern ebenso wie Juden als Tribut, den Männer und Frauen für den Erhalt der Gemeinschaft zu erbringen hatten. Das Christentum dagegen wollte die alte genealogische Kette durchbrechen: durch die Enthaltsamkeit. Jede religiöse Gemeinschaft basiert auf einer Übereinkunft darüber, wie sie dem Gesetz menschlicher Vergänglichkeit zu begegnen hat. Meistens beinhaltete sie das physische Fortleben der Gemeinschaft. Das Christentum gehörte zu den wenigen Religionen, die die Antwort in der Überwindung der Leiblichkeit suchten. »Die neue Denkweise, die im 2. Jahrhundert in christlichen Kreisen aufkam«, so Peter Brown, »verschob den Schwerpunkt des Denkens über die Natur

---

* Zölibat, Klosterleben und Eremiten gab es auch in Indien, schon ab dem 6. Jahrhundert v. d. Z. Das Paradigma der Enthaltsamkeit tauchte im Jainismus (der seine Wurzeln im Brahmanismus, der Vorgängerreligion des Hinduismus hat) zuerst auf, später auch im Buddhismus. Doch anders als für die Kirche waren diese Eremiten nie Figuren der allgemeinen Kirche, sondern ›Sondergestalten‹, ein wenig vergleichbar den christlichen Mystikern.

menschlicher Schwachheit vom Tod auf die Sexualität. Denn die Sexualität wurde nicht mehr als freundliches Mittel gegen den Tod dargestellt.« Vielmehr wurde sie »privilegiertes Symptom dafür, daß die Menschheit in Knechtschaft verfallen war«.[93] Fasten und sexuelle Enthaltsamkeit waren Teil des ›Neuen Bundes‹.

Mit der Idealisierung der Jungfräulichkeit war letztlich eine Aufhebung des Geschlechtsunterschieds überhaupt gemeint. »Unser jungfräulicher Herr«, so nannte der Heilige Hieronymus (347–420) die Gestalt Christi: eine »Jungfrau geboren aus dem Schoß einer Jungfrau«.[94] Gregor von Nyssa verfasste um etwa 370 ein Werk *Über die Jungfräulichkeit:* Ihm erschien der jungfräuliche Körper wie der unbefleckte Spiegel einer Seele, die die strahlende Reinheit Gottes aufgefangen hatte. Mit dem jungfräulichen Leib verband sich für ihn schon im Diesseits das Versprechen eines geschlechtslosen Leibes bei der Auferstehung: »Die Jungfräulichkeit ist stärker als die Herrschaft des Todes.«[95] Die Einteilung der Geschlechter in männlich und weiblich, so Gregor, sei ein vorübergehender Zustand, der im Jenseits verschwinden werde. Sowohl Origines (185–254) als auch der frühe Hieronymus waren überzeugt von einer grundsätzlichen Identität des *Geistes* bei Männern und Frauen, soweit sich diese der Enthaltsamkeit verschrieben. Der jungfräuliche Körper erschien vielen wie die Vorwegnahme dieses Versprechens.[96]

Das Enthaltsamkeitsideal eröffnete für Frauen zunächst einen neuen Handlungsraum und mag erklären, warum sie in der Mission des frühen Christentums eine so prominente Rolle spielten. Durch langes Fasten brachten viele asketische Frauen ihren Körper zu »engelhafter Unbestimmtheit«. Sie schoren sich die Haare und legten Männerkleidung an. Auch wurden sie von den christlichen Gelehrten ermutigt, sich aus den Familien zu lösen und den Heiratsplänen der Eltern zu widersetzen. Für die alte Gemeinschaft war ein solches Verhalten staatsgefährdend, was einen Teil der Unerbittlichkeit erklärt, mit der die frühchristlichen Gemeinden verfolgt wurden.

Zugleich wird aber auch erkennbar, dass das Ideal des geschlechtsneutralen Körpers, das im 20. Jahrhundert plötzlich von großer Aktualität ist, im frühen Christentum (und nur in dieser Religion) seine Vorläufer hatte. Für ein solches geschlechtsneutrales Modell gibt es kaum Beispiele in anderen Kulturen. Viele Konservative und Kirchenmänner, die heute gegen die ›Irrlehren‹ der Gender Studies anwettern, wären gut beraten, sich gelegentlich in die Texte dieser frühchristlichen Meister vertiefen. Sie würden sehen, dass der geschlechtsneutrale Körper zu den Idealen des *Christentums* gehörte und dort schon vor Jahrhunderten eine prominente Rolle spielte.

Den christlichen Asketen ging es nicht nur um die *Verwerfung* des Fleisches und die Überwindung der alten Welt. Sie versuchten auch, durch Hunger und Enthaltsamkeit ihren Leib *neu* zu erschaffen. Die Askese bildete die Voraussetzung dafür, dass der Geist ein Fleisch »nach seinem Ebenbild« formen konnte. Die geistige Fortpflanzung wurde als die wahre Form der Reproduktion und damit auch als eine überlegene Art der Sexualität betrachtet, die dazu ausersehen sei, eine neue Art von Genealogie zu erzeugen. Die fastenden Körper, die für die frühchristlichen Gemeinden zum Vorbild wurden (das galt auch für die Gemeindemitglieder, die sich selbst keiner strengen Enthaltsamkeit verschrieben hatten und an der Familie sowie den traditionellen Werten der Gemeinschaft festhielten), stellten das Gesetz der zyklischen Regeneration, die das Fundament der alten Gemeinschaft bildete, radikal in Frage. Der frühchristliche Schriftsteller Tertullian (160–220) sprach explizit von einer neuen Art der Fortpflanzung: »Das Blut der Märtyrer ist der Samen der Christen (*sanguis martyrium, semen christianorum*)«.[97] David Biale nennt dies »Sexualisierung« des Martyriums. »Für Gott zu sterben ist ein erotischer Akt, dessen Ergebnis die Geburt eines neuen Christen ist.«[98]

Die Kehrtwende kam im 4. Jahrhundert, d. h. in einer Zeit, in der sich das Christentum als weltliche Macht zu etablieren begann. Damals schuf die Kirche eine neue Geschlechterordnung, in der für das Ideal eines geschlechtsneutralen Körpers kein Platz mehr war. Vielmehr betonten die christlichen Lehren nun die *Gegensätzlichkeit* der Geschlechter. 34 der 81 *canones* (Lehrsätze), die im Jahr 306 von den im Konzil von Elvira versammelten Bischöfe erlassen wurden, betrafen Fragen der Ehe und sexueller Vergehen; ein Viertel aller Entscheidungen beinhaltete eine verstärkte Kontrolle der Frauen der christlichen Gemeinschaft. Waren den Heiden die enthaltsamen Christen staatsgefährdend erschienen, so galten nun die asketischen Frauen mit ihren Körpern von »engelhafter Unbestimmtheit« als Gefahr. Um 390 drohten kaiserliche Gesetze, jeden Bischof seines Amtes zu entheben, der Frauen in die Kirche ließ, die unter dem Einfluss »ihrer asketischen Überzeugung gegen die menschlichen und göttlichen Gesetze« verstießen, indem sie sich das Haupthaar schoren, ihren Reichtum den Armen schenkten und die gleiche Kleidung trugen wie die Sklaven.[99] Die frühen christlichen Kirchenväter hatten die jungen Frauen ermutigt, sich der Familie und der Fortpflanzungspflicht zu entziehen; nun jedoch galt die weibliche Askese als Form unbotmäßiger weiblicher Willensfreiheit.

Mit der Verwandlung der Kirche in eine Staatskirche wurde nicht nur die weibliche, sondern auch die jüdische Autonomie eingeschränkt. Neben den Entscheidungen zur Sexualmoral wurden auf dem Konzil von Elvira auch die ersten formellen Regeln der Kirche gegen das Judentum verfasst – Regeln, die später in staatliches Recht überführt wurden. Vier der 81 *canones* von Elvira sahen eine Distanzierung vom Judentum vor: Ehen mit jüdischen oder heidnischen Partnern wurden verboten; Grundbesitzern wurde untersagt, ihre Feldfrüchte von Juden segnen zu lassen, und Gläubige sollten keine Tischgemeinschaft mit Juden pflegen.

Auf der anderen Seite hatte sich zu dieser Zeit aber auch das rabbinische Judentum etabliert – und mit ihr die Halacha, der Verhaltenskodex für gläubige Juden. Zwar galt dieser zunächst nur für Palästina. (Die Verbreitung der neuen Lehre in der erweiterten Diaspora sollte noch einige Jahrhunderte auf sich warten lassen: Erst im 8. Jahrhundert erreichte die Halacha Spanien und Italien, das Rheinland sogar erst im 9. Jahrhundert.) Doch mit der Halacha war ein Instrument geschaffen worden, »das in der Lage war, den wechselnden historischen Herausforderungen entsprechende Antworten zu geben«.[100]

7. Über die Jungfräulichkeit zu geistigen Abstammungslinien

Im Konflikt zwischen der Ausformulierung des Christentums und der Neuformulierung des Judentums war, wie bereits erwähnt, die Gestalt der jungfräulich gebärenden Muttergottes von zentraler Bedeutung. In ihr liefen alle Fäden zusammen, die über die Frage der religiösen Genealogie bestimmten. Dabei ging es erstens um die Frage: Wer hat Anspruch auf die Hebräische Bibel? Zweitens gab es eine Konkurrenz um die legitime Nachfolge auf den jüdischen Thron. Drittens war auch die Art der Blutslinie – Matrilinearität versus Patrilinearität – von entscheidender Bedeutung. Die Evangelien machten deutlich, dass Jesus Familie und Blutsverwandtschaft überhaupt ablehnte. Er sei gekommen »den Menschen zu erregen wider seinen Vater und die Tochter wider ihre Mutter und die Schwiegertochter wider ihre Schwiegermutter. [...] Wer Vater oder Mutter mehr liebt als mich, der ist mein nicht wert; und wer Sohn oder Tochter mehr liebt als mich, der ist mein nicht wert.«[101] Die wahren Verwandten von Jesus sind geistiger Art, und ihre Bindungen sind patrilinear, im Sinne einer geistigen Vaterschaft: »Wer ist meine Mutter, und wer sind meine Brüder? Und er streckte seine Hand über seine Jünger und sprach: Siehe, meine Mutter und meine Brüder! Denn jeder, der den Willen meines Vaters im Himmel tut, der ist mir Bruder und Schwester und Mutter.«[102] Dieser Genealogie eines väterlichen Willens ist die Gestalt der Maria in den mariologischen Dogmen verpflichtet. Es sollte allerdings noch lange dauern, bevor ihr die tragende Rolle zugewiesen wurde, die sie heute in der Katholischen Kirche ausübt. In den Briefen des Paulus wird Maria nicht erwähnt; auch in den Evangelien des Markus und Johannes taucht sie nicht namentlich auf, es ist höchstens von der Mutter Jesu die Rede, und dies unter den Auspizien einer Verwandtschaftsabweisung.

Im Johannes-Evangelium ist zum ersten Mal von der »Fleischwerdung des Wortes« die Rede.[103] In diesem Kontext erhielt die Gestalt der Maria eine Bedeutung, die mit der Vergöttlichung ihres Sohnes wuchs. Auf dem Konzil von Nicäa im Jahr 325 wurde auf Druck des Kaisers der Streit, »ob Christus als präexistenter Gott, als Halbgott oder gar nur als Mensch, wie der Asket Arius behauptet, aufzufassen sei«, im Sinne einer »Wesenseinheit« der beiden entschieden. Maria fiel nun die Rolle einer Brücke zwischen Gott und Mensch, zwischen dem Transzendenten und dem Irdischen zu. Allerdings blieb sie dabei passives Gefäß. Um 431 wurde das erste Dogma zur Gottesmutter formuliert: »als Gottesgebärerin, in deren Leib sich das Wunder der Verbindung des Göttlichen mit dem Menschlichen in dem *heiligen Ungeborenen*, Christus, als vollzogen gedacht wurde«. Die Lehre besagte, Christus sei Gott und Mensch zugleich, »und Maria sei die Hohlform, in der sich dieses Wunder ereignet habe«.[104]

Für das Konzept der jungfräulich Gebärenden bot ausgerechnet die Gestalt der *mater magna*, eine heidnische Muttergottheit, die in prämonotheistischer Zeit im gesamten Mittelmeerraum verehrt wurde, die Vorlage. Nicht durch Zufall versammelte sich das Konzil auf den Trümmern des einstigen Artemistempels von Ephesos. Um 700 wurde in der Ostkirche zum ersten Mal die Lehre von der unbefleckten Empfängnis formuliert. Von dort wanderte sie in die Westkirche, wo sie ab 1100 sehr verbreitet war. Spanien, wo die antiken Muttergottheiten besonders lange verehrt wurden, entwickelte sich zum Vorreiter der Lehre von der unbefleckten Empfängnis. Mit der Intensivierung der Marienverehrung im 12. und 13. Jahrhundert wuchs die Macht der Muttergottes. Es tauchten sogenannte *vierges ouvrantes* auf: Marienskulpturen, die sich öffnen ließen und den Blick freigaben auf das Innere Marias, in dem Gottvater, Christus und der Heilige Geist verwahrt wurden. Diese Darstellungen sollten sowohl Dreieinigkeits- als auch Inkarnationslehre verbildlichen – »das demütig leere Gefäß ihres Leibes füllte sich dogmatisch«[105] –, wurden von der Kirche aber auch kritisiert, weil Maria zur übermächtigen Gestalt geworden war, die die gesamte Trinität umfasste. Dennoch wurde das Bild der schwangeren Madonna, der *Maria Gravida*, zu einem zentralen Topos der Malerei ab dem 13. Jahrhundert, parallel zur Durchsetzung der Transsubstantiationslehre, die das Wort tatsächlich in Fleisch verwandelt hatte.

Die Überlagerung des Kults der *mater magna* mit der christlichen Muttergottes, der Stieropfer dargebracht wurden, ist bis heute in vielen Kirchen Spaniens an Bukranien (Reliefs mit Stierschädeln) zu sehen. Sie bildet auch die emotionale Basis des Stierkampfs, in dem sich ein Relikt des alten Stieropfers erhalten hat.[106] Allerdings gab es einen entscheidenden Unterschied: Während die antiken Fruchtbarkeitsgöttinnen die selbstregenerativen Kräfte der Natur symbolisierten, wird Maria durch das Wort (oder den Geist) befruchtet.

Auf vielen Verkündigungsdarstellungen ist ein Strahl zu sehen, der von oben kommend in ihr Ohr eindringt, mit einer vom geistigen Vater gesendeten »Botschaft«: Auf dem Strahl befindet sich eine Taube oder das heilige Kind – das »Wort« das in ihrem Leib Fleisch wird und die menschliche Gestalt Jesu annimmt. »Kein anderer wurde von Maria geboren als Er, der durch das Ohr glitt und den Leib der Jungfrau erfüllte«, schrieb der Heilige Gaudentius.[107] Wurde das empfangene Wort Gottes zunächst über das Ohr vermittelt – daher der Begriff der ›Hörigkeit‹ –, so mehrten sich nach der Erfindung des Buchdrucks die Verkündigungsdarstellungen, auf denen Maria die Botschaft des Engels *lesend* empfängt: ein Hinweis darauf, dass Theologie und Gesellschaft vom Gesetz der Oralität zum Gesetz der Schrift übergegangen waren. Solche sexuellen Imaginationen wurden wiederum von den Buchdruckern aufgegriffen, die die Wachsbuchstaben als »matrix« und die bleiernen Buchstaben, mit denen sie druckten, als »patrix« bezeichneten. Die leeren Seiten nannten sie »Fleisch«, damit implizierend, dass die bedruckten vom Geist befruchtet worden sind.

1439 (fast zeitgleich mit der Erfindung des Buchdrucks) wurde die Lehre von der unbefleckten Empfängnis auf dem Konzil von Basel angenommen. Dabei wurde auch die Blutsverwandtschaft von Maria und ihrem Sohn thematisiert. Im Zentrum dieser theologischen Debatte stand die Vorstellung, »dass die Zeugung und Geburt eines sündenfreien Christus nicht nur das Wunder einer Jungfrauengeburt, sondern auch die Reinheit des Fleisches erforderte«. Das heißt, Maria selbst musste »ohne Erbsünde« geboren sein, sollte sie einen Erlöser reinen Blutes gebären. Die Theologie löste dieses Problem, indem sie zunächst die Lehre etablierte, Maria sei *nach* ihrer Zeugung oder Geburt gereinigt worden (etwa bei der Verkündigung durch den Engel) und sei so bei der Empfängnis Jesu schon gereinigt gewesen. Doch mit dem Beginn der Neuzeit und der Bedrohung durch die Reformation genügte das nicht mehr: Das Konzept der unbefleckten Empfängnis musste nun auch als Bollwerk gegen den Protestantismus herhalten.

Bei der Neuformulierung des Dogmas spielte Jacques Bénigne Bossuet (1627–1704), Prediger am französischen Hof unter Ludwig XIV., eine entscheidende Rolle. Bei ihm wird Maria durch das reine Blut Christi gereinigt. Ihr Sohn wird zum »zuvorkommenden Mediator« erklärt, der schon vor seiner eigenen Zeugung das Blut der Mutter, die ihn gebären wird, heiligt. »Die Reinheit ist zirkulär, wie der Blutfluss selbst, und diese Zirkulation stellt das essentielle kommunizierende Element zwischen Mutter und Sohn, Sohn und Mutter dar. In den Worten von Bossuet wird das Blut des Sohnes, das Maria rettet, ihrem eigenen keuschen Leib entnommen.«[108] Als Bossuet seine Lehre formulierte, hatte Harvey schon den Blutkreislauf entdeckt; Bossuet verlieh dem Begriff der Zirkulation nur eine neue Bedeutung.*

Zugleich griff der Prediger auf ältere Vorlagen zurück, denn, wie David Sabean hervorhebt, ähnelt Bossuets »Vorstellung, dass die zeugende Männlichkeit in einer Weise auf die weibliche Materie einwirkt«, den aristotelischen Zeugungslehren – nur dass diese hier eine christlich Umdeutung erfahren. Vom Blut des Kindes kann so gesagt werden, »es sei das des Vaters. Jesus (der Sohn) wie Gott (der Vater) sichert sein eigenes Blut und bestimmt über seine eigene Nachfolge.« Dieses theologische Konstrukt, das Glaubensinhalt war und nicht hinterfragt wurde, konnte so zur Vorlage für zeitgenössische Modelle der männlichen Blutslinie avancieren, in der Frauen als »problematische Eindringlinge, als unzuläng-

---

* Die Christen, so hatte es schon Michel de Montaigne (1533–1592) in seinem unnachahmlichen Spott formuliert, »finden allezeit eine Gelegenheit zu glauben, wenn sie etwas Unglaubliches antreffen. Eine Sache ist um so viel vernünftiger, je mehr sie der menschlichen Vernunft widerspricht. Käme sie mit der Vernunft überein: so würde sie kein Wunder mehr seyn.« (Montaigne 1992, Bd. 2, S. 138.)

lich und ›degeneriert‹, aber auch als vermittelnd und nützlich, als Gefäße für die Reproduktion des männlichen Selbst« galten.[109] Eine Perspektive aus dem vorigen Kapitel aufgreifend, würde ich hinzufügen: Wir begegnen hier auch den sich selbst reproduzierenden Zeichen des Geldes. Nur nahmen diese Zeichen nun fleischliche Qualität an. Mithilfe christlicher Lehren entstand so ein theologisch abgesichertes Vorbild für die patrilinearen Erblinien.

Dank der Ur-Reinigung durch das Blut Christi zirkulierte Marias Blut in der gesamten katholischen Gemeinschaft. Die Glaubensgemeinschaft bildete einen geschlossenen Körper im Blut Christi. Zum offiziellen Dogma wurde die Lehre allerdings erst im Jahr 1854, als es – in der katholischen wie in der protestantischen Kirche – Bemühungen gab, die Gestalt Jesu zu entjudaisieren (um nicht zu sagen: zu ›arisieren‹).[110] In Spanien zeigte sich die Nähe des Dogmas zum Antijudaismus schon sehr früh. Das Land, das sich für das Dogma der unbefleckten Empfängnis besonders stark gemacht hatte, verkündete 1492 auch die ersten Gesetze zur Blutsreinheit, *estatutos de limpieza de sangre*. Durch sie wurde zum ersten Mal die Zugehörigkeit zur christlichen Gemeinschaft nicht durch Taufe und Glaubensbekenntnis, sondern durch die Blutsverwandtschaft bestimmt. Auf solche Verschiebungen der sakralen Blutslinie in den weltlichen Raum komme ich in späteren Kapiteln zurück.

8. Unterschiedliche Blutslinien – unterschiedliches Blut

Da Patrilinearität und Matrilinearität konträre Blutslinien repräsentieren, liegt es nahe zu fragen, ob diese Unterschiede auch mit gegensätzlichen Vorstellungen von Blut und der ihm zugewiesenen religiösen Bedeutung einhergehen. Das wäre nicht erstaunlich angesichts der erheblichen Bedeutung, die der Symbolik des Blutes im Verhältnis von Judentum und Christentum zukommt. Zur religiösen Symbolik des Blutes gibt es viele Forschungen, auch ich habe dazu geschrieben.[111] Ich will das Thema deshalb nicht in aller Ausführlichkeit behandeln, sondern nur auf die Aspekte eingehen, die mit unserem Thema – der Blutslinie – zu tun haben.

Mythen des Blutes gibt es in fast allen Kulturen. Doch die christliche Religion ist die einzige, die eine Zweiteilung in ›gutes‹ und ›böses‹ Blut vornimmt. Das gute Blut ist das der Passionsgeschichte, das vergossene Blut der Märtyrer und das Blut der Eucharistie. Dieses Blut trägt den Gedanken des Heils und der Überwindung des Todes in sich. Das böse Blut dagegen verweist auf Sterblichkeit, auf das Vergängliche des Menschen. Der Vergänglichkeit wird auch die Sexualität zugeordnet, zu der das Christentum, wie oben beschrieben, ein ambivalentes Verhältnis hat. Als die sexuell übertragene Syphilis gegen Ende des 15. Jahrhunderts Europa epidemisch überzog (die Matrosen des Christoph Columbus hatten sie aus Südamerika mitgebracht), wurde sie als »Krankheit des bösen Bluts« bezeichnet.[112] Im Zeichen des Kreuzes überwand das gute Blut der Ewigkeit das böse Blut der menschlichen Sterblichkeit.

Eine solche Zweiteilung in gutes und schlechtes Blut ist dem Judentum fremd. Hier gilt das Blut als »Sitz des Lebens« (Dt. 12,23), auch der Seelenkraft. Das Blut stellt einen Teil, vielleicht den wichtigsten, zumindest den symbolisch am stärksten aufgeladenen Teil der religiösen Rituale dar. Dabei steht aber der *Verzicht* auf Blut, die Vermeidung der Berührung von Blut im Mittelpunkt.[113] David Biale, der dem Thema ein Buch gewidmet hat, spricht vom »theologischen schwarzen Loch, das das Blut umgibt«. Die Blutrituale werden in der Bibel nicht erklärt, doch im Judentum wird gerade durch das Schweigen die Bedeutung des Blutes hervorgehoben. »Eben das Fehlen einer expliziten Theologie des Blutes ist das wichtigste Beweisstück.«[114] Ein Verbot von Blutgenuss, wie es die Hebräische Bibel verkündete, gab es bis dahin in keiner anderen Kultur des Orients. Es handelt sich also nicht um ein archaisches Tabu, sondern um ein Kulturgesetz, das mit einer neuen Religionsform und der Macht zusammenhing, die einem Gott zugewiesen wurde, der – anders als alle damals bekannten Götter – unsichtbar blieb, dessen Name nicht ausgesprochen wurde und der sich einzig durch die Buchstaben der Schrift offenbarte.

Einerseits wird das Blut dem Bereich des Irdischen zugeordnet, andererseits gehört es dem Schöpfer – und weil es Gott zugeordnet wird, darf der jüdische Gläubige kein Blut verzehren (Lev 17,11a) und muss vergossenes Blut bestattet werden (Numeri 35:33–34). Ebenso unterliegen Beschneidung und die Blutungen des weiblichen Körpers einem sakralen Regelwerk. Insofern ist eine gängige Interpretation der Gesetze der *nidda*, die diese als Herabsetzung des weiblichen Körpers interpretieren, völlig verfehlt. Wenn die *nidda*-Gesetze den Geschlechtsverkehr während der Menstruation oder nach der Geburt eines Kindes verbieten, so deshalb, weil das Blut, das dem Schöpfer gehört, den weiblichen Körper sakralisiert. Er ist – gerade in diesem Zustand, der von seiner Gebärfähigkeit zeugt – Gottes Tempel, und, wie oben beschrieben, wird er dazu erst recht nach der Zerstörung des Tempels von Jerusalem. Zwar werden die Gesetze der *nidda* schon in der Thora verkündet. Doch das Kapitel *Exodus* fand seine endgültige Form erst in der Zeit des babylonischen Exils. Zudem verlegt der Text die Verkündigung der Gesetze in einen Kontext jüdischer Wanderschaft. Das heißt, schon die biblischen Gesetze dienten dazu, die Existenz einer Gemeinschaft ohne Land sichern – und die Sakralität des weiblichen Blutes spielte dabei eine wichtige Rolle.

In der Zeit von Esra verschärften sich die Vorschriften. Ist noch in Leviticus 15 die Berührung mit dem Menstruationsblut ein Tabu, von dem man sich reinigen kann, so wird daraus in *Esra* ein absoluter Tabubruch. Von denen, die sich der Mischehen mit anderen Kulturen schuldig gemacht haben, heißt es, sie hätten das Land »menstruös« gemacht (*eretz niddah*). Im weiblichen Körper spiegelte sich ein auf Wanderschaft befindliches heiliges Territorium. »Wie der Gotteslästerer, der in einen kultischen Ort eindringt, getötet wird (Numeri 1, 51), verletzen auch die, die während der Menstruation Geschlechtsverkehr haben, heiliges Land und müssen angemessen bestraft werden.« Dass die menstruierende Frau ein Tabu darstellte, verlieh ihr einerseits hohe Bedeutung, implizierte zugleich aber auch einen »dramatischen Autonomieverlust«. Denn heilige Stätten gehörten zur Domäne der Priester.[115] Nach der zweiten Zerstörung des Tempels prädestinierte diese Tradition, die den weiblichen Körper mit seinen tabuisierten Blutungen heiligte, diesen denn auch für die Funktion einer spezifisch jüdischen Blutslinie.

Im Christentum dagegen diese seltsame Zweiteilung, durch die das menschliche, irdische, niedere Blut nur durch die Vermischung mit dem ewigen Blut Christi (beim Heiligen Abendmahl) aufgewertet und in den Stand des guten Blutes versetzt werden kann. »Fast alles wird nach dem Gesetz mit Blut gereinigt, und ohne daß Blut vergossen wird, gibt es keine Vergebung«, heißt es bei Paulus.[116] Ähnliche Aussagen zur Funktion des geopferten Bluts tauchen auch im Babylonischen Talmud auf, nicht jedoch in den palästinensisch-rabbinischen Texten,[117] wo ein erhöhtes Bedürfnis nach Abgrenzung gegen das Christentum bestand. Das Blut, so David Biale, steht in allen Konflikten zwischen Juden und Christen für die Frage: »Was ist real und was ist bildlich?« Die Kontrolle des Blutes sei als Indikator von Macht zu verstehen und habe zu divergierenden Bedeutungen *innerhalb* der Religionen geführt. Dabei entwickelten sich die jüdischen Vorstellungen über die Sakralität des Blutes in »kreativer Interaktion«[118] zwischen Juden und ihrem jeweiligen kulturellen Umfeld: den Griechen, dem Römischen Reich, dem Christentum, zuletzt in Anlehnung an (und Abgrenzung gegen) den europäischen Nationalismus. (Darauf komme ich in einem späteren Kapitel zurück.)

In dieser Entwicklungslinie konstatiert Biale eine enge Verbindung zwischen Blut und Tinte: Um das »vitalste Element« des Körpers in einen ätherischen Geist zu verwandeln, muss es »durch das geschriebene Wort hindurchgehen. Als Vermittler zwischen dem Körper und der Seele bildet das Schreiben eine Analogie zum Blut, dieser höchst zweideutigen Substanz: körperlich und spirituell, lebendig und tot, partikular und universell.«[119] So wie die Sprache Verknüpfungen zwischen den Menschen herstellt, zirkuliert auch das Blut von einem Körper zum anderen: Eben das bildet die Gemeinsamkeit von Sprache und Blutsverwandtschaften.

Sowohl Judentum als auch Christentum etablierten eine Beziehung zwischen Tinte und Blut. Doch der Umgang mit dieser Analogie unterschied sich. In der jüdischen Religion ergänzte das Blut den Text in einer ähnlichen Weise, wie die gesprochene Sprache die Schrift komplettierte. In der christlichen Religion dagegen, wo sich – in Fortführung der Charakteristika des griechischen Alphabets – die Schrift an die Stelle der gesprochenen Sprache setzte, verdrängte die Tinte das Blut niederer Art, das physisches Leben repräsentierte. Auf der anderen Seite bedarf die Schrift aber des Blutes als Indikator von Realität. Dies ist der eigentliche Grund für die beiden Arten von Blut im Christentum: Das ›böse Blut‹ repräsentiert die Körperlichkeit, die domestiziert oder verdrängt werden soll; dieses Etwas von Lebendigkeit und Sterblichkeit, das trotz der Schrift Bestand hat. Das ›gute Blut‹ dagegen wird von der Schrift hervorgebracht: Es dient der »magischen Aufladung der Texte«, wie Flusser von den technischen Bildern gesagt hat. Im vorigen Kapitel war von der sekundären Oralität die Rede: der Mündlichkeit nach der Schrift und aus dem Geist der Schrift. Hier geht es um ein Blut nach dem Gesetz der Schrift – und dieses wird, worauf ich im nächsten Kapitel eingehe, die Rote Tinte der Verwandtschaftsverhältnisse hervorbringen

Obgleich sie so gegensätzlich waren, entwickelten sich die Blutslehren von Judentum und Christentum durchaus in Anlehnung aneinander. Das zeigt sich besonders deutlich an der Art, wie Blut in Tinte überführt wird. Nach der Zerstörung des Tempels von Jerusalem vollzog sich im rabbinischen Judentum eine Hinwendung von Blut zu Wort. Das Fehlen des Tempels hatte den Opferritualen, die sich an die biblischen Geschichten anlehnten, ein Ende gesetzt. An die Stelle des Opfers, so die Rabbiner, sollten Demut, Barmherzigkeit und

Reue treten.[120] Im *Tanchuma*, einer Textsammlung des palästinensischen Judentums, die um 500 abgeschlossen war, heißt es: »Wo findest du die Versöhnung, wenn es den Tempel nicht mehr gibt? Vertiefe dich in die Worte der Torah; diese sind vergleichbar den Opfern, in ihnen wirst du die Versöhnung finden.«[121] Gott akzeptiere, dass der Gläubige in der Heiligen Schrift lese, statt Opferrituale zu praktizieren. Der Textualität wurde eine ebenso hohe Wirksamkeit beigemessen wie der Ritualität.

Eine ähnliche Hinwendung von Blut zu Wort galt auch für die christliche Kirche des östlichen Mittelmeerraums. Symptomatisch dafür Johannes Chrysostomos (347–407), Erzbischof von Konstantinopel und bis heute der meist verehrte Kirchenvater der Ostkirche: Die Mitglieder der christlichen Gemeinde, so schreibt er, sind sowohl das Gefäß, das das Christi Blut aufnimmt, als auch das Buch, in das Gott schreibt. Die Kirche verwandelt »das ›Blut des Bundes‹ in Textualität, eine Bewegung, die wir ebenfalls im rabbinischen Judentum im Bezug zu den Opfern finden werden«. Diese Spiritualisierung des Blutes stieß im byzantinischen Christentum auf viel Zustimmung; und auch in den Kirchen Siziliens, die bis heute Zeugnis von ihrer Nähe zu Byzanz ablegen, findet man selten die blutigen Kreuzigungsdarstellungen römischer und nordeuropäischer Kirchen.

In der Ostkirche wurde das Blut Christi durch Worte ersetzt, und es »ist sühnend, weil es zur Tinte des Christlichen Testaments wird«. Diese Verwandlung von Blut in Text findet sich noch bei vielen frühchristlichen Kirchenlehrern, die in einer Zeit predigten, wo die Eucharistie Zeremonie der *Erinnerung* an das Opfer Christi war. Bis dahin war der Kelch mit dem Blut Christi figurativ gemeint und bedeutete, die Worte der Heilsbotschaft aufzunehmen. Nach der Durchsetzung der Transsubstantiationslehre verwiesen Wein und Hostie auf die Realpräsenz des Gekreuzigten. Doch die textliche Ebene des Bluts blieb oft erhalten. »Eben weil Christen das Blut Christi allegorisch verstehen, als das Wort, können sie überhaupt den antinomischen Akt vollbringen, es zu trinken.«

Die Hinwendung der Ostkirche zur Textualität diente eigentlich der Abgrenzung gegen das Judentum. Allerdings vollzog sich auch bei diesem eine Spiritualisierung des Blutes – und mit dieser gegenseitigen Annäherung erklärt Biale die antijüdischen Polemiken des Johannes Chrysostomos. Bevor dieser nach Konstantinopel berufen wurde, hatte er in Antiochien gelebt und dort erfahren, dass Christen mit den jüdischen Lehren sympathisierten. »Das Argument des

Chrysostomos für die Gleichsetzung von Blut mit ›dem Wort‹ mag vom Bedürfnis motiviert worden sein, das Christentum nicht nur vom heidnischen Kult, sondern auch von den Juden fernzuhalten.« Indem er den Tod des Heilands zum Schlüssel einer Verwandlung von Blut zu Text machte, »mögen die Christen gehofft haben, der anderen monotheistischen Tradition, die für die Erlösung des Opfers bedurfte, zuvorzukommen«.[122] Faktisch geschah das Gegenteil: Durch die beidseitige Hinwendung vom Blut zum Wort kam es zu einer Annäherung, die wiederum durch blutige Zäsuren bekämpft werden sollte.

In der Westkirche vollzog sich allerdings ab etwa 600 eine verstärkte Prädominanz des Blutes; das Figurative begann, seine eigene Realität zu erschaffen. In den Gotteshäusern gab es bis dahin nur das einfache Kreuz, nun tauchten auch Kreuzigungs*darstellungen* auf – und sie führten dem Gläubigen immer drastischer das Leiden Christi und der Märtyrer vor Augen.[123] Diese Hinwendung zum Blut kulminierte im Mittelalter ikonologisch in den bemalten Skulpturen der Passionsgeschichte und dogmatisch in der Transsubstantiationslehre. In der Römischen Kirche, nicht in der Ostkirche, kam es zu einer Art von Überbietungsstrategie des Appells ans Blut.[124] Begleitet wurde diese Entwicklung einerseits durch die von Caroline Walker Bynum beschriebene Ausweitung des Reliquienkults,[125] andererseits durch die Bewegung der Flagellanten, die im Mittelalter das gesamte christliche Europa ergriff. Kam in den Reliquien noch die Verehrung des guten Blutes der Märtyrer zum Ausdruck, so machte die Selbstgeißelung den Körper des Gläubigen zum Ort der Verehrung. Selbstgeißler waren Folterer und Gefolterte zugleich. Die frühchristlichen Asketen hatten Enthaltsamkeit geübt. Nun wurde der Körper nicht durch Fasten, sondern durch Folterwerkzeuge traktiert – solange bis er zu bluten begann.[126]

Die Praxis der Selbstkasteiung hatte um etwa 1000 in den Klöstern begonnen. Es war die Zeit, in der die christliche Gesellschaft endgültig aus einer Kultur der oralen Tradition in eine Kultur der Schriftlichkeit, überging,[127] und weil die Schrift über ihre Existenz bestimmte, bildeten die Geistlichen auch die Avantgarde der Selbstgeißlerbewegung. Schriftlichkeit beinhaltete genau das, was die großen Asketen praktizierten: Beherrschung der Körperlichkeit und der Materie durch den Geist. Die Selbstgeißelung verlieh diesem Prozess der Vergeistigung eine leibliche Dimension. Peitsche und Rute wurden zu den Instrumenten eines Theaters der Augen: Der Sinn des Sehens ist der einzige, nach dem die Schrift verlangt, und der geschundene und blutende Körper der Geißler – wurde zu einem *tableau vivant* dieser Einschreibung.

Auf Juden hatte diese christliche Hinwendung zum ›realen‹ Blut (das Blut der Schrift) katastrophale Auswirkungen: Sie zeigten sich an den Beschuldigungen gegen Juden wegen Hostienfrevel oder Ritualmorden. Das Heilige Abendmahl, bei dem der Gläubige das Blut Christi zu sich nimmt, wurde umgewandelt in die Legenden von Juden, die Hostien zum Bluten bringen und verzehren. Dadurch wurden die magische Verwandlung von Hostie und Wein aber auch verifiziert: Indem die Juden für diese Verbrechen verfolgt wurden, stieg die Gewissheit, dass es sich bei der Eucharistie nicht um ein Symbol, sondern den realen Leib des Herrn handelte.[128]

Das Judentum, das von den Pogromen, die diese Beschuldigungen auslösten, tief betroffen war, hatte wenig Grund, dem Christentum bei dieser Bewegung vom Wort zum Blut zu folgen. Dennoch vollzog sich auch hier eine Hinwendung zur »Körperlichkeit Gottes«.[129] Sie galt weniger für das normative Judentum als für die Kabbala, die mystische Bewegung, bei der die Nähe zum Christentum am deutlichsten zu erkennen ist. Stellten christliche Darstellungen des Mittelalters die Wunden des Erlösers als »nährende Brust« dar,[130] so wurde in den Texten der Kabbala Gott »mit Brüsten versehen, an denen der Mystiker mit göttlicher Milch gestillt wird«.[131] Die Gestalt der *Shechinah* (die u. a. für die weiblichen Anteile an Gott steht*) stellte das jüdische mystische Pendant zum mittelalterlichen Marienkult dar. Zwar war die Gestalt der *Shechinah* sehr viel älter, aber sie wurde von den Kabbalisten mit neuer Bedeutung versehen. Sowohl auf christlicher als auch jüdischer Seite wurde das Blut der Beschneidung zunehmend weiblich konnotiert und mit dem Menstruationsblut gleichgesetzt.

Die Rabbiner reagierten auf die Blutbeschuldigungen ihrerseits durch eine Verschärfung der Regeln zum Menstrualblut; den Geschlechtsverkehr mit einer christlichen Frau verglichen sie mit dem Sexualakt während der Menstruation. Sie erhöhten so die Mauern um den sakralen Körper der Jüdin, dem die strenge Monogamie ohnehin schon enge Grenzen gesetzt hatte. Auf beiden Seiten wurde das Verhältnis von Gott und Glaubensgemeinschaft in Analogie gesetzt zur ehelichen Verbindung. Das Volk Israel wurde als ›Braut Gottes‹ beschrieben und der Ehebruch mit Idolatrie gleichgesetzt.[132] Im Christentum

---

* Der hebräische Begriff *Shechina* bedeutet eigentlich die ›Wohnstatt‹ Gottes. Er benennt die Gegenwart Gottes bei seinem Volk und impliziert weitere Bedeutungen, die mit Haus und darüber auch mit Weiblichkeit in Verbindung gebracht werden wie »Ruhe«, »Glück«, »Heiligkeit« oder »Frieden«.

wurde 1215 – auf dem Laterankonzil, wo die Transsubstantiationslehre verkündet worden war – auch die christliche Ehe zum Sakrament erhoben. Zugleich verkündete die Kirche die Unauflösbarkeit der Ehe – ein Gesetz, das von allen Religionen der Welt nur das Christentum kennt und das in der katholischen Kirche bis heute Gültigkeit hat. Durch die Betonung der Monogamie wurde so – auf jüdischer wie auf christlicher Seite – eine Vermischung mit der anderen Religion und mit der anderen Blutslinie verhindert. Zugleich diente in beiden Fällen die Ehemetapher zur Verfestigung der Bande zwischen Gott und ›seiner‹ Religionsgemeinschaft.

Dennoch gab es Unterschiede: In der Einstellung zum Blut entfernten sich die jüdischen Lehren immer mehr vom Körper, während sich die der Christen immer mehr »beleibten«.[133] Damit hatten sich beide Religionen von ihren ursprünglichen Positionen entfernt. Beim Judentum, das mit der Matrilinearität auch die leibliche Fortpflanzung in den Mittelpunkt der Theologie gestellt hatte, implizierte die Spiritualisierung eine gewisse Abkehr von diesen Prinzipien. Beim Christentum, das ursprünglich die Askese höher bewertet hatte als Sexualität und leiblichen Nachwuchs, brachte die ›Beleibung‹ eine Hinwendung zur Fleischlichkeit. Allerdings war diese Fleischlichkeit anderer Art. Die spätmittelalterliche Hinwendung des Christentums zum Körper richtete sich an einen Leib, der aus dem Geist der Schrift erschaffen war: ein ›sekundärer Körper‹, der in Einklang stand mit der sekundären Oralität. Aus eben dieser Definition von Leiblichkeit leiteten sich die christlichen Definitionen von Verwandtschaft und Blutslinie ab, von denen im nächsten Kapitel die Rede sein wird.

Zusammenfassend: Die jüdischen und christlichen Formen der Blutsverwandtschaft entwickelten sich in enger Anlehnung an ihre jeweiligen Schriftsysteme, wenn auch die Diaspora für die Entstehung der jüdischen Matrilinearität ausschlaggebend war. In beiden Fällen – und das muss bei einem so physiologischen Stoff wie dem Blut betont werden – waren die Blutslinien von Anfang an *kulturell* geprägt. Bei der Ausformulierung der jeweiligen Abstammungslinien spielten die Übernahme von Vorstellungen der anderen Religion wie auch deren Ablehnung eine wichtige Rolle – auch das waren kulturelle Faktoren. Ich komme in späteren Kapiteln auf die Wiederkehr kultureller Verwandtschaftsdefinitionen, die sich heute sowohl in der jüdischen als auch der christlichen Gesellschaft vollzieht, zurück. In den folgenden zwei Kapiteln geht es zunächst um das *Verschwinden* der Kultur hinter einer zunehmend physiologisch verstandenen Blutslinie in der christlichen Gesellschaft.

›Erlösungsvertrag Christi‹ (15. Jahrhundert): Laut der Legende war das Pergament aus der Haut des Erlösers gebildet worden. Die Geißelwerkzeuge waren die Feder, sein Blut die Tinte. Aus dem sakralen Blut Christi wurde das ›heilige Blut der Könige‹, dann das ›blaue Blut‹ der Aristokratie: Es wurde in männlicher Linie vererbt. Allerdings beruhte diese auf der ›Vaterschaftsvermutung‹: Urkunden, Verträge, Stammbäume dienten als Beweis. Christus schrieb mit seinem Blut; die männliche Blutslinie verfügte über Tinte – in der Farbe des Bluts.

4. KAPITEL:
Rote Tinte

Das Christentum ist patrilinear, obgleich es sich doch vom Judentum ableitet. Dafür gibt es zwei Gründe: Erstens beruft sich die christliche Religion auf das Judentum des Alten Testaments, die Hebräische Bibel, nicht auf das von den Rabbinern entwickelte Judentum der Diaspora. Zweitens spielte die Art der Verschriftung eine Rolle: Zwar ging die christliche Religion aus dem aramäischen Sprachraum hervor, doch geschrieben wurden die Evangelien vornehmlich in griechischer und lateinischer Sprache. Für das Alte Testament bezog man sich auf die *Septuaginta*. Damit übernahm das Christentum auch die Denkformen des vollen Alphabets, die dem geschriebenen Wort einen höheren Stellenwert einräumten als der Oralität. Die gesprochene Sprache ist auf den sterblichen Körper angewiesen, während sich die geschriebene vom Körper und seiner Vergänglichkeit unabhängig macht und damit auch den Gedanken an eine menschliche Ewigkeit freisetzt. Was kam zuerst: die Patrilinearität, die diesen überlegenen Anspruch der Schrift symbolisierte, oder schuf das volle Alphabet die Patrilinearität? Wie auch immer die Antwort lauten mag: Mit dem vollen Alphabet übernahm die christliche Religion auch die väterliche Genealogie. In diesem Kapitel werden die Folgen für die christliche Gesellschaft thematisiert.

1. Christliche Verwandtschaftsverhältnisse

Die christliche Verwandtschaftsdefinition unterlag theologischen, gesetzlichen und medizinischen Regelwerken, wobei die medizinischen in dem Maße zurückgingen, in dem der Einfluss der theologischen zunahm. Dachten viele Mediziner der Antike in galenischen Denkmustern, laut denen es einen männlichen und einen weiblichen Samen gibt (der als Derivat des Blutes galt), so setzten sich mit der Etablierung der christlichen Gesellschaft zunehmend geistige Zeugungsdiskurse durch. Sie lehnten sich zunächst an die aristotelischen

Lehren vom männlichen Samen als formgebend und als idealistisches Prinzip an, bevor solche Vorstellungen in der christlichen Theologie neu ausformuliert wurden.

Allgemein weisen die gesetzlichen Verwandtschaftsdefinitionen eine hohe Flexibilität auf; sie sind eng verbunden mit den jeweilgen ökonomischen Bedingungen, die sich von Region zu Region und von einer Epoche zur anderen unterscheiden. Das führte auch innerhalb der christlichen Gesellschaft zu veränderlichen Verhältnissen. »Ein und dieselbe juristische Norm konnte in unterschiedlichen Kontexten einen vollkommen anderen Zweck erfüllen.« Der Zweck musste nur in den lokalen Kontext passen. Unterschieden sich die Anwendungen gar zu sehr, so war man bestrebt, einen gemeinsamen gesetzlichen Nenner zu finden. Im 16. Jahrhundert zum Beispiel wurde in Württemberg eine Kommission eingesetzt, die das Gewohnheitsrecht in den unterschiedlichen Landgemeinden sammelte und daraus ein einheitliches Erbrecht entwickelte. Wir wissen heute, so David W. Sabean, »dass allein durch den Akt des Sammelns viele Details unterdrückt und eine Uniformität hergestellt wurde, die es vorher nicht gab und die Juristen vielfältige Interventionsmöglichkeiten bot«.[1] Der Homogenisierungsvorgang begleitete den Übergang zum modernen Staatsapparat und war, wie vieles in den christlichen Verwandtschaftsverhältnissen, ein Produkt der Vormacht der Schrift über die Gesellschaft. Sie war der gemeinsame Nenner unterschiedlicher christlicher Vorstellungen von Blutslinie.

Besonders tief griff das Prinzip Schrift in die Geschlechterordnung ein. Noch bis ins 15. Jahrhundert waren die Frauen in den meisten Gegenden Europas erbberechtigt, doch allmählich wurden sie aus den Erblinien verdrängt. Gegen Ende des 17. Jahrhunderts hatten sie in fast allen Regionen die Erbberechtigung verloren. Um diesem Vorgang den Anschein von Legitimität zu verleihen, bedurfte es einer Menge Tinte. »Aus meinen frühen Tagen in den Archiven erinnere ich die eindrucksvollste Urkunde, die ich je gesehen habe. Sie befand sich im Kloster von Weingarten, war versehen mit einer Fülle von Siegeln und verkündete, dass Frauen noch nie das Erbrecht auf Höfe oder Teile von Höfen besessen hatten, wobei allein der Umfang der Urkunde diese Aussage Lügen strafte.«[2] Eigentlich stand die Legitimität der unbeweisbren Vaterschaft auf wackligen Füßen. Doch Gesetz und Archiv kompensierten dieses Manko.

Die Unsicherheit der Vaterschaft zeigt sich besonders deutlich am Umgang mit unehelichen Kindern. Laut kanonischem Recht waren uneheliche Kinder nicht erbberechtigt, der Vater musste aber für ihren Unterhalt aufkommen. Um den Vater eines unehelichen Kindes zu identifizieren, gab es drei Möglichkeiten, von denen zwei kaum messbar waren – erstens das Verhalten des Vaters gegenüber dem Kind und zweitens die Ähnlichkeit von Vater und Kind. Die dritte beruhte auf der dokumentarisch festgehaltenen Anerkennung des Kindes.[3] Dieses Regelwerk verdeutlicht die generelle Prekarität der väterlichen Linie, und es wundert nicht, dass die Tinte auch zur *Delegitimierung* der weiblichen Erbschaftslinie verwendet wurde. Allerdings, das betont Sabean in seinen Arbeiten immer wieder, besagen die juristischen Normen nicht notwendigerweise etwas über die Praxis: Wir kennen heute die Gesetze, weil sie schriftlich festgehalten wurden. Aber wir wissen nicht, ob sich die Familien daran gehalten haben oder Möglichkeiten fanden, die Regeln zu unterlaufen.[4]

Der Aufstieg des Christentums ging einher mit dem Niedergang des Römischen Reichs. Der Übergang war fließend, doch schon spätestens ab dem 4. Jahrhundert machte die Kirche ihren Einfluss auf das weltliche Leben geltend. Über die folgenden Jahrhunderte wurden kirchliche Normen durchgesetzt und allmählich verinnerlicht. Die Änderungen waren besonders tiefgreifend im Familienrecht. Das alte Römische Recht kannte ein breites Spektrum von Verwandtschaftsdefinitionen: Neben den legalen und leiblichen Nachkommen eines Vaters gab es auch die Adoption von Söhnen, die mehr Rechte hatten als leibliche Kinder, vor allem dann, wenn letztere mit Sklavinnen gezeugt worden waren. Die römische Praxis, die sowohl biologische als auch soziale Verwandtschaftsverhältnisse einbezog, erlaubte »mehr Flexibilität beim Aufbau der Verwandtschaft als spätere europäische Gesellschaften«.[5] Die Bedeutung von sozialen Verwandtschaftsverhältnissen wurde noch dadurch verstärkt, dass sich im späteren Römischen Reich ein Gutteil der Bevölkerung aus freigelassenen Sklaven zusammensetzte – das Resultat einer sozialen Mobilität, die nicht zuletzt durch die Geldwirtschaft bewirkt worden war. Das Christentum verstärkte diesen Trend. Da es nicht nur das transzendente Heil, sondern auch die Umwälzung der bestehenden irdischen Gesellschaftsordnung versprach, zog es viele unterdrückte oder aufsteigende Schichten an. Unter ihnen befanden sich auch geographisch Entwurzelte, deren Präsenz ebenfalls den Wandel der Bevölkerungsstrukturen beschleunigte.

Die Änderungen im Familienrecht, die sich unter dem Einfluss der christlichen Religion vollzogen, waren unterschiedlicher Art. Vor allem das (im vorigen Kapitel beschriebene) Ideal der Enthaltsamkeit der frühchristlichen Kirche schuf vollkommen neue Kategorien. Noch unter Augustus hatte das Römische Recht Männer und Frauen, die keine Ehe eingingen, unter Strafe gestellt: Für die Antike gehörte die biologische Fortpflanzung zu den Pflichten des Bürgers gegenüber der Gemeinschaft.[6] In Rom mussten unverheiratete Frauen eine Buße entrichten. Unter dem Einfluss des Christentums änderte sich das. Römer priesen nun die Witwen, die nicht wieder heirateten, als *univirae* (wortwörtlich: Einmannfrauen).[7] Die hohe Bewertung, die die christlichen Gründerväter deren Enthaltsamkeit entgegenbrachten, hatte allerdings nicht nur religiöse Gründe. Unter den Frauen, die in der frühen Kirche eine wichtige Rolle spielten, befanden sich viele Vermögende wie etwa Paula (347–404), die aus einer römischen Patrizierfamilie stammte und nach dem Tod ihres Mannes entschieden hatte, nicht wieder zu heiraten. Sie gehörte in Rom einem Kreis wohlhabender Witwen und frommer Jungfrauen an, die der Kirchenvater Hieronymus um sich scharte: Unter seiner Aufsicht verschrieben sie sich – oft auch ihre Töchter – der Askese.[8]

Viele dieser enthaltsamen Frauen vermachten ihre beträchtlichen Vermögen der Kirche. Die Heilige Paula gab so viel, dass sie ihre fünf Kinder um ihr Erbe brachte.[9] Ein solches Verhalten war vollkommen neu und muss die Familienstrukturen derartig verändert haben, dass es sogar die Kirche beunruhigte: Am 30. Juli 370 wurde in den Kirchen Roms ein Edikt verlesen, laut dem es Klerikern künftig untersagt war, das Haus einer Witwe zu betreten.[10] Auch die Annahme von Geschenken und Geld wurde verboten. Trotzdem wurde die Kirche in vielen Hinterlassenschaften bedacht. Da die Frauen zumeist länger lebten als ihre Männer und ihnen im Witwenstand sowohl ihre Mitgift als auch ein Teil des Nachlasses des Ehemannes zufiel, konnte die Kirche mit beträchtlichem Vermögenszuwachs rechnen. Die Kirche versprach, die Verantwortung für die Witwen zu übernehmen; deshalb konnte sie hoffen, dass sie in den Legaten berücksichtigt wurde.

Eine weitere Änderung betraf die Heiratspolitik: In griechischer und frührömischer Zeit war die Heirat unter nahen Verwandten erlaubt, für griechische Erbinnen war die Ehe mit einem nahen Verwandten sogar vorgeschrieben. Mit dem Aufkommen des Christentums wurden solche Verbindungen verboten. Für Ehen zwischen engen Verwandten musste ein Dispens erteilt werden. Diese Bestimmungen hingen zum Teil mit den Abgrenzungsstrategien gegen Judentum und heidnische Welt zusammen. So wurde etwa auf dem Konzil von

Neocaesarea im Jahr 314 die Leviratsehe* verboten, die unter Juden und im ganzen Mittelmeerraum verbreitet war. Noch wichtiger war aber ein anderer Grund: Indem die Kirche Ehen zwischen nahen Verwandten untersagte, erschwerte sie eine Heiratspolitik, die der Sicherung des Familienvermögens diente. Die Macht der Clans, die überwiegend auf dem gemeinsamen Familienbesitz beruhte, sollte so gebrochen werden. Das heißt, die Kirche war bemüht, den Familienbesitz zu zerstreuen. Damit erhöhten sich ihre Chancen, auf das Vermögen zuzugreifen. In vielen Gegenden Europas kam es deshalb zu Konflikten zwischen Kirche und Familien. »In Gallien erwarb die Kirche zwischen dem 5. und dem 8. Jahrhundert die Rechte auf mehr als ein Drittel des gesamten urbanen Landes.« Die Ländereien waren vorher in Familienbesitz. Die Kirche forderte ihren Anteil an jedem Testament und versprach dafür das Seelenheil des Verstorbenen. In anderen Fällen forderte sie jedoch das gesamte Erbe, »namentlich wenn ein Ehepaar keine direkten Erben hatte, das heißt in rund 20 Prozent der Fälle«.[11]

Die Konflikte zwischen Kirche und Familien verdeutlichen erneut, wie eng Besitz- und Verwandtschaftsdefinitionen zusammenhängen. Dabei gibt es eine Wechselwirkung: Zumeist bestimmen die Verwandtschaftsverhältnisse über den Besitz: Die Definition von Familie entscheidet über Verteilung oder Konzentration von Reichtum. Manchmal ist es aber auch umgekehrt: Die Besitzverhältnisse bringen neue Verwandtschaftsdefinitionen hervor. Letzteres zeigt sich immer dann, wenn die Ökonomie für den Aufstieg neuer sozialer Schichten sorgt, wie etwa zur Zeit des Frühchristentums, als sich die Kirche (über Paten und Erbschaften) als Teil der Familie etablierte bzw. über deren Struktur bestimmte; und es zeigte sich auch zu Beginn des Industriezeitalters, als mit dem Kapitalismus neue ökonomische Verhältnisse entstanden, durch die das Bürgertum die alte Feudalgesellschaft mit ihren Erbstrukturen aus den Angeln hob.

Das Inzestverbot wurde zu einem wichtigen Instrument kirchlicher Familienpolitik. Unter Inzest versteht man den Geschlechtsverkehr und die Zeugung von Kindern mit engen Verwandten. Die Ausgestaltung des Inzestverbots hängt folglich davon ab, wie Verwandtschaft definiert wird: Bezieht sie sich auf leibliche oder auf soziale Verwandtschaft? Allen Bedeutungen von Inzest ist gemeinsam, dass sie in engem Zusammenhang zur ›Reinheit‹ stehen:

---

* Leviratsehe: Ein (verheirateter) Mann ehelicht zusätzlich die Witwe seines verstorbenen Bruders, damit diese versorgt ist.

der Reinheit eines Sozialkörpers.* Die Ehe impliziert die Aufnahme eines ›Fremdkörpers‹ in eine als homogen imaginierte Gemeinschaft. Je nach Kultur und Kontext wird die ›Reinheit‹ (und folglich auch der Fremdkörper) unterschiedlich verstanden: Mal wird der ›Fremde‹ oder das ›Unreine‹ biologisch, ein anderes Mal sozial definiert.[12] Die Kirche hat sich beider Kategorien – der biologischen wie der sozialen – bemächtigt, indem sie sowohl leibliche als auch angeheiratete Verwandte in das Inzestverbot einbezog. Ihre Vorstellungen von Reinheit waren ohnehin weit gefasst: »Christliche Reinheitsvorstellungen betrafen jeden Geschlechtsverkehr, nicht nur die Heirat unter nahen Verwandten«, so Goody. »Unrein war die Sexualität selbst. Der Begriff ›Inzest‹ (*incasta*) diente lediglich der Kategorisierung von verbotenen Heiraten.« Das christliche Askese-Ideal bildete wiederum die Basis für eine radikal neue Definition von Verwandtschaft und Fortpflanzungspolitik, die im kirchlichen Inzestverbot eine spezifische Ausgestaltung fand.

Im 8. Jahrhundert setzte die Kirche eine allgemeine Regelung durch, die Heiratsverbote für Blutsverwandte und Affinalverwandte (Angeheiratete) bis zum 7. Grad umfasste. Solche Verbindungen galten als *incasta*. Schon der Geschlechtsverkehr in solchen Beziehungen war untersagt und konnte zur Konfiszierung des Besitzes führen. Außerdem wurde festgelegt, dass jedermann öffentlich heiraten musste, was eine zusätzliche Kontrolle implizierte. Gegen dieses Regelwerk opponierten die Herrscherhäuser, denen (aus Gründen des Machterhalts) an der leiblichen Verwandtschaftsdefinition gelegen war. Die kirchlichen Bestimmungen setzten sich schließlich durch. Schon Anfang des 6. Jahrhunderts gab es ein weit gefasstes Inzestverbot, das es zum Beispiel einem Mann untersagte, die Schwester seiner verstorbenen Frau zu heiraten. Im Konzil von Rom im Jahr 712 erließ Papst Gregor II. eine weitere Einschränkung, die die Heirat mit allen Verwandten ausschloss; auch gab es die ersten Ansätze für ein Heiratsverbot mit spirituellen oder sozialen Verwandten wie etwa den Paten.

Die Patenschaft, eine spezifische Institution des Christentums, galt als Garantie gegen einen möglichen Glaubensabfall der Eltern (oder neuer Stiefeltern). Diese Verwandtschaft konstituierte sich bei der Taufe, und sie schuf Bande von einer Festigkeit, »die der Blutsverwandtschaft ähnelte«. Taufpaten suchten den Namen des Kindes aus und sorgten auch für sein geistiges Wohl.

---

* Generell dienen Kategorien der Reinheit der Aussonderung von allem (oder allen), die als nicht dazugehörig gelten. Deshalb lässt sich Reinheit auch nie positiv, sondern nur durch die Bezeichnung des ›Unreinen‹ definieren. (Vgl. v. Braun 1997.)

Auch sie »fielen unter die ehehinderlichen Verwandtschaftsgrade«. Das heißt, einerseits waren Paten enge Verwandte; andererseits dienten sie aber auch dazu, eine soziale Definition von Verwandtschaft zu etablieren, die jede Form von Leiblichkeit (Sexualität oder Blutsverwandtschaft) ausschloss. »Man berief sich dabei auf die Absicht Christi, die traditionelle Familie zu dekonstruieren und neue Normen an ihre Stelle zu setzen, und die Taufpaten leisteten hierzu einen wichtigen Beitrag.«[13]

Zum Inzestverbot, das nicht nur Cousin und Cousine, sondern auch Verwandte ersten Grades ihrer früheren Ehepartner einschloss, schreiben Teuscher und Sabean, dass das kanonische Gesetz leibliche und angeheiratete Verbindungen gleichermaßen problematisierte. Überdies »behauptete das kanonische Gesetz, das über Jahrhunderte ausformuliert wurde, nur selten, dass der Stoff, der Menschen miteinander verbindet, tatsächlich ›Blut‹ ist – trotz der häufigen Verwendung des Begriffs der ›Konsanguinität‹«.[14] Die auf dem 4. Laterankonzil von 1215 proklamierte Unauflöslichkeit der Ehe wurde mit dem Ersten Korintherbrief begründet: »Die Frau hat kein Verfügungsrecht über ihren Leib, sondern der Mann; ebenso wenig hat der Mann ein Verfügungsrecht über seinen Leib, sondern die Frau.«[15] Außerdem wurde das Eheverbot erweitert auf Cousins 4. Grades – gleichgültig, ob leiblich verwandt oder angeheiratet. Die Konsanguinität umschloss alle Formen von Verwandtschaft und unterstellte damit ein völlig anderes Verständnis von ›Blutsverwandtschaft‹, als die heutige Verwendung des Begriffs nahelegt. Sexualität und Prokreation waren außerhalb dieser Kategorien. Dafür wurde der Begriff ›Fleisch‹ verwendet – aber auch hier schuf die Unauflöslichkeit der Ehe ein Homogenitätsprinzip.*

An den geistlichen Ämtern (zu denen verheiratete Männer zunächst noch zugelassen waren) zeigten sich die Auswirkungen der neuen kirchlichen Verwandtschafts- und Enthaltsamkeitspolitik sehr früh. Ab Ende des 4. Jahrhunderts wurde demjenigen die Ordination verweigert, »der die Schwester seiner verstorbenen Frau (Sorora) oder die Tochter eines Bruders geheiratet hatte«. Prinzipiell wurde von den christlichen Geistlichen erwartet, zölibatär zu le-

---

* Die *leibliche* Symbiose von Mann und Frau spiegelte sich im Gegenbild von der ›anderen‹ leiblichen Beschaffenheit des Juden wider: Auf demselben Laterankonzil, auf dem auch die Unauflöslichkeit de Ehe proklamiert worden war, wurde auch eine Bestimmung erlassen, laut der Juden ein äußerliches Erkennungszeichen, den gelben Fleck, zu tragen hatten. Mit diesem gelben Fleck begann die körperliche Markierung des Juden als ›Anderer‹, aus der im Rassismus des 19. Jahrhunderts schließlich der ›andere Körper‹, das ›andere Blut‹ des Juden hervorgehen werden.

ben; und viele von ihnen – von Paulus über Hieronymus, Origines bis zu Augustinus – hielten sich daran, noch bevor die Kirche ein solches Verhalten einforderte. Sie untermauerten es zudem in dogmatisch-theologischen Traktaten. Faktisch war jedoch bis zur gregorianischen Reform im 11. Jahrhundert das Konkubinat des Priesters üblich. Es wurde nicht gebilligt – für die Kirche war es vorteilhafter, wenn sich das Erbe auf legale Nachkommen beschränkte oder besser noch: gar keine Erben geboren wurden – doch es wurde nicht verfolgt. Mit der Etablierung der Kirche wurde das Regelwerk immer strenger und erschwerte zunehmend die Eheschließungen – nicht zum Schaden kirchlicher Vermögensverhältnisse. Viele Gesetze, die die Kirche ins Familienrecht einführte, verhalfen ihr dazu, Besitz zu akkumulieren.

Auch unabhängig von der Heiratspolitik führten Reinheit und Askese zu einer Erweiterung der kirchlichen Macht. Das galt vor allem für das Klosterleben, das schon ab dem 4. Jahrhundert die tradierten Sozial- und Wirtschaftsstrukturen veränderte. Das Klosterleben implizierte einerseits Verzicht; andererseits aber auch Ermächtigung. »Die Anfänge der Bodenakkumulation in Gallien entsprechen dem großen Aufschwung klösterlicher Gemeinschaften seit Ende des 4. Jahrhunderts.«[16] Mit der Entstehung der *regula* des Heiligen Benedikt im Jahr 540 etablierte sich das Klosterleben endgültig. Die *regula* schrieb vor, wie Mönche leben sollten – Arbeit, Gebet und generelle Disziplinierung des Körpers –, und war das erste verschriftete Regelwerk dieser Art. Es wurde zum Maßstab für alle späteren christlichen Klostergründungen. Jede *regula* war an einen Text gebunden, mit dessen Hilfe die »Gewohnheit« – das sündige Fleisch – besiegt werden sollte. Max Weber hat am Beispiel der Ethik des protestantischen Kapitalismus beschrieben, wie dieses asketische Regelwerk nach der Reformation aus dem Kloster in die Welt der Wirtschaft migrierte. Schon lange vorher bestimmte es aber aus dem Kloster heraus über die Wirtschaft der christlichen Gesellschaft. Goody spricht vom »karolingischen Klosterimperialismus« und bezeichnet das Kloster als »Brennpunkt der Handelstätigkeit, das Investitionen entgegennahm und Zinsen entrichtete«. Aus diesem Besitz bezog die Kirche ihre Macht, auch die Verwandtschaft neu zu definieren.

Eine weitere Abweichung von der antiken Familienstruktur betraf die Adoption, die den Römern die Fortführung agnatischer (männlicher) Linien ermöglicht hatte. »Schon im 5. Jahrhundert wetterte Salvianus gegen die Adoption, mit der Begründung, ein solcher Akt pfusche Gott ins Handwerk und bringe die Kirche um ihren Besitz.« Salvianus sah in adoptierten Söhnen einen

Bruch des Vertrags mit Gott und nannte sie »Kinder des Meineids«. Zwar war die Pflegekindschaft weit verbreitet, aber sie galt nicht als Adoption und implizierte weder eine Integration in die Verwandtschaftslinien noch Erbschaftsansprüche.* In der christlichen Gesellschaft ersetzte die Patenschaft die römische Adoption.[17] Im 7. Jahrhundert kam der Begriff des *compater* auf.[18] Durch dieses Amt konnte sich die Kirche – vertreten durch den Paten – als ›Mitvater‹ etablieren. An der Bedeutung, die der Patenschaft beigemessen wurde, kann man erkennen, wie sehr sich Kirche und Geistliche als die ›echte‹ Verwandtschaft institutionalisierten. Diese Verwandtschaftsdefinitionen standen in vollkommenem Gegensatz zur jüdischen Matrilinearität, mit der eindeutige, weil feststellbare, leibliche Verwandtschaft gemeint war. Aus dem römischen *pater semper incertus est* wurde bei der Kirche eine neue väterliche Gewissheit, die geistiger Art war, sich aber in den Körpern zu verankern suchte: durch scharfe Kontrollen der Sexualpraxis und Heiratspolitik.

Die neue Familienstruktur hatte Rückwirkungen auf die soziale Geschlechterordnung. Weil Frauen für die Mission im frühen Christentum eine wichtige Rolle gespielt hatten und eine Mehrheit in den christlichen Gemeinden bildeten, wurden sie – unfreiwillig – »zur Speerspitze der vom Christentum herbeigeführten Umgestaltung der häuslichen Strukturen«.[19] Die Kirche stärkte die Erbschaftsrechte der Töchter, was vor allem im Eigeninteresse geschah: Die Töchter, die unverheirat und kinderlos blieben, hinterließen ihr Vermögen oft der Kirche. Zugleich minderten die Inzestverbote die Heiratsoptionen. Deshalb begünstigte die Kirche auch die Berechnung von Verwandtschaftsverhältnissen über die männliche *und* die weibliche Linie: Das ergab mehr Hürden für die Überwindung des Inzestverbots.

Allmählich änderte sich die Bedeutung des Begriffs *consanguinitas*: Bezeichnete er in Rom und in frühchristlicher Zeit die Kinder ein und desselben Vaters, so nahm er allmählich die heutige Bedeutung von ›Blutsverwandtschaft‹ an: Er umfasste also auch die mütterliche Linie. Anderseits war im Jahr 511 – also praktisch mit der Etablierung des Christentums als Staatsreligion – unter dem Frankenkönig Chlodwig I. die *Lex Salica* erlassen worden,

---

* Das Verbot der Adoption sollte über Jahrhunderte wirksam bleiben: Erst im 19. Jahrhundert wurde es in den USA und im 20. Jahrhundert in Europa aufgehoben. Diese Änderung vollzog sich gerade rechtzeitig für die vielfältigen neuen Formen von Elternschaft, die im Zusammenhang mit den modernen Reproduktionstechniken entstanden sind: von den Kindern homosexueller Partner bis zur Embryoadoption.

die Frauen von der Thronfolge ausschloss. Ein solches patrilineares Recht war mit dem Römischen Recht vereinbar, nicht jedoch mit dem germanischen oder fränkischen Recht, das für Frauen einen gleichberechtigten Status vorsah. Chlodwig hatte sich kurz vorher taufen lassen. Es erscheint paradox, dass die königliche Macht einerseits nur in männlicher Linie vererbt wurde, andererseits jedoch das Eheverbot männliche wie weibliche Verwandtschaftslinien einbezog. Der Widerspruch löst sich, wenn man bedenkt, dass mit beiden Bestimmungen ein und dasselbe Ziel verfolgt wurde: die Etablierung einer neuen Form von Patrilinearität. Diese neue väterliche Linie entsprach dem Prinzip der geistigen Vaterschaft, und das ambilineare Heiratsverbot, das sich auf väterliche *und* mütterliche Linie bezog, erschwerte einfach nur die Heirat.

Unter dieser Perspektive erscheint es paradox, dass die Kirche die eheliche Bindung verstärkte. Zwar sollte es noch bis 1215 dauern, bevor die Ehe zum Sakrament erhoben und das kirchliche Dogma ihrer Unauflösbarkeit verkündet wurde, aber schon vorher hatte ein Regelwerk gegriffen, das der Institution Ehe einen eigenen Stellenwert zumaß. Bis ins 8. Jahrhundert waren Ehescheidungen nicht ungewöhnlich; doch die Karolinger führten im kanonischen wie im weltlichen Recht das Prinzip der Unauflöslichkeit der Ehe ein. Das geschah also lange bevor die Kirche dieses Prinzip zur bindenden Lehre gemacht hatte. Die Scheidung wurde erschwert und der Ehebruch nicht mehr als Scheidungsgrund anerkannt. Am Ende der Karolingerzeit »hatte die Kirche gesiegt, und die Ehe wurde von der weltlichen wie von der kirchlichen Gesetzgebung als Verbindung fürs Leben geachtet«. Mitte des 12. Jahrhunderts wurde zusätzlich der »Vollzug der Ehe« in die Definition einer gültigen Ehe eingeführt. Gleichzeitig wurden Frauen »von der Verpflichtung befreit, für die Heirat die Einwilligung der Eltern einzuholen«.[20] Damit unterlag die Heiratspolitik endültig der Kirche und nicht mehr der Familie: Der Geistliche konnte ein Paar auch ohne Einwilligung der Eltern trauen.*

Mit dem Scheidungsverbot verhinderte die Kirche die Wiederverheiratung – das war das eigentliche Anliegen dieser Vorschrift. Da mit jedem legitimen

---

* Es gehört zu den Ironien der Geschichte, dass die Kirche mit dieser Politik die Entstehung der ›Liebesehe‹ befördern sollte, die spätestens mit der Aufklärung über die Heiratspolitik bestimmte. Das Modell der ›Liebesehe‹ wurde wiederum zu einem wichtigen Faktor moderner Bindungslosigkeit: Erstens erhebt sie so hohe Ansprüche an die Beziehung, dass diese oft an ihrer Unerfüllbarkeit scheitert. Zweitens führt die ›freie Wahl‹ leicht zur Verschiebung der Entscheidung oder gar zur Entscheidung gegen eine Bindung. Von dieser Entwicklung wird in späteren Kapiteln die Rede sein – ich erwähne sie hier, weil uns die lange Vorgeschichte vieler sozialer Phänomene selten bewusst ist.

Erben die Chancen der Kirche auf eine Erbschaft sanken, war das Scheidungsverbot für die Kirche wichtiger als Empfängnisverhütung, Abtreibung und Homosexualität. Kombiniert mit dem Adoptionsverbot konnten so beträchtliche Vermögen im Schoße der Kirche landen (wobei ›Schoß‹ hier durchaus auch im Sinne eines Organs der Reproduktion zu verstehen ist: der Vermehrung von Vermögen in Gestalt von Ländereien, Gold, Büchern).

Durch die kirchlich dekretierte Unauflöslichkeit der Ehe änderte sich an den Besitzverhältnissen der Frauen wenig. Die Tochter erhielt bei ihrer Heirat von ihrem Vater eine Mitgift. Der Ehemann selbst gab seiner Frau am Morgen nach dem Vollzug der Ehe die ›Morgengabe‹, ein ansehnliches Geschenk in Form von Land oder Gütern.[21] Während in traditionellen Gesellschaften die ›Gabe‹ einer Ehefrau eine Gegengabe bewirkt (ein Pfand dafür, dass die Gemeinschaft zu gegebener Zeit eine Ehefrau zurückerhält), sichert die Mitgift der Tochter deren eigene Absicherung nach der Trennung von einem Mann oder nach dessen Ableben. Oft ging es dabei um einen Schutz gegen die Vermögensansprüche ihrer eigenen Kinder. Umso leichter fiel es der Kirche, auf dieses bei der Witwe verbleibende Vermögen zuzugreifen.

Ergänzt wurden die kirchlichen Erbschaften durch Almosen, die der Kirche zur ›Tilgung der Sünden‹ zuflossen – vor allem nachdem im 11. Jahrhundert das Fegefeuer erfunden worden war, das, so Jacques LeGoff, schon bald »die Testamente beinahe invasionsartig« durchdrang. Mit dem Fegefeuer war eine Art von ›Zwischenhölle‹ eingeführt worden, die »ein Kalkül in die Eschatologie« einführte: Man musste für die Sünden büßen, doch die Höllenqualen konnten durch Gaben an die Kirche verkürzt werden; die Tür zum Paradies war nicht verschlossen. Indem die Kirche so über die Seelen der Verstorbenen verfügte, dehnte sie »ihr Recht auf Kosten des göttlichen Rechts aus, obwohl Gott die Gerichtsbarkeit im Jenseits innehatte«.[23]

Die Kirche verwendete einen Teil des ihr zufließenden Vermögens tatsächlich für karitative Zwecke – und diese Mittel wurden auch dringend benötigt. Denn indem sich die Kirche zum Beschützer der Ehe machte, musste sie auch die Verantwortung für die Nachkommenschaft übernehmen. Nach einigen Schätzungen »haben die städtischen Römer in den ersten drei nachchristlichen Jahrhunderten nicht weniger als 20 bis 40 Prozent ihrer Kinder ausgesetzt, und noch im frühen Mittelalter widerfuhr sehr vielen Kindern dasselbe Schicksal, wobei die Armut der Eltern als akzeptable Entschuldigung galt«.[24] Die Kirche begünstigte solche Praktiken nicht, aber erstens wurde, wie historische Forschung inzwischen nachgewiesen hat, der Schwangerschaftsabbruch praktiziert[25] und auch der Kindsmord stillschweigend geduldet.[26] Zweitens schuf die Kirche Einrichtungen für die Aufnahme von Findelkindern wie die *Innocenti* in Florenz oder die *Maisons Dieu* in Frankreich.

Solche Einrichtungen hielten sich über Jahrhunderte, wobei sich allmählich ein Unterschied zwischen dem südlichen und dem nördlichen Europa entwickelte. Während in den südlichen, mehrheitlich katholischen Ländern die Kirche für karitative Aufgaben verantwortlich blieb, verlagerte sich die Zuständigkeit im protestantischen Norden eher auf den Staat. In beiden Fällen bildete sich ein Bewusstsein heraus, dass das Kindswohl Aufgabe der Öffentlichkeit sei. Das hatte zur Folge, dass die Väter sich aus der Verantwortung für die unehelichen Kinder stehlen konnten, »während die in ›moralisch verwerflichen‹ Umständen lebenden Mütter ihren eigenen Nachwuchs nicht aufziehen (in vielen Fällen nicht einmal stillen) durften, so daß sie ihn in ein Heim geben mußten«.[27] Die Kinder waren also erst recht auf die Unterstützung der Kirche angewiesen, mit dem Effekt, dass viele schon im Säuglingsalter starben.* Die kirchliche Familienpolitik war offenbar an allem interessiert – außer am leiblichen Nachwuchs, was angesichts der unerbittlichen Einstellung der katholischen Kirche zum Schwangerschaftsabbruch erstaunt.

Ab dem 8. Jahrhundert kam es zu einem Anstieg der Bevölkerung. Die Ökonomie erfuhr einen Aufschwung, der wiederum die Herausbildung von staatlichen Strukturen bewirkte, darunter die des karolingischen Staats, in dem das Römische Reich seinen christlichen Nachfolger fand. Die Organisationen dieser neuen Staatsgebilde verdankten sich einem Faktor, der auch über das Imperium von Rom bestimmt hatte: die wachsende Rolle der Schrift für die Organisation des öffentlichen Raums – in der Theologie wie im Staatswesen.**

---

* Hier deutet sich schon sehr früh eine seltsame Konsequenz der Patrilinearität an, die im 19. und 20. Jahrhundert zu einem Massenphänomen wurde: Auf der einen Seite implizierte die Patrilinearität eine Ermächtigung des Vaters, auf der anderen Seite verlor der leibliche Vater aber auch an Bedeutung und wurde ersetzt durch einen abstrakten, ›geistigen Vater‹ – in Gestalt der Kirche oder des Staates. Diese Entwicklung ist zweifellos einer der Gründe dafür, dass die Vaterrolle in der Moderne derartig ambivalente Formen angenommen hat. Auf die moderne Vaterschaft komme ich im letzten Kapitel zurück.

** »Die geschriebene Chronik«, so schreibt Harold Innis, der als einer der Ersten über den Zusammenhang von Schriftlichkeit und Staatsbildung nachgedacht hat, »bezeichnete, versiegelte und übertrug geschwind das, was für die Militärmacht und die Verbreitung der Regierungshoheit essentiell war. Kleine Gemeinschaften wurden größeren Staaten eingeschrieben, und Staaten konso-

Germanen und andere ›Barbaren‹ besaßen (abgesehen von den rudimentären Runen) kein eigenes Schriftsystem. Doch mit der Verbreitung des lateinischen Alphabets (dessen Verwendung sich mit der Macht der Kirche ausbreitete) stand erneut das Instrument zur Verfügung, das Rom und Griechenland so mächtig gemacht hatte. Spätestens mit der karolingischen Herrschaft unterstand die gesamte Gesellschaft dem Gesetz des Alphabets: In der Kirche fand ein Aufstieg des theologischen Gelehrtentums statt; in der Politik entstand ein Königtum, dessen Macht auf dem geschriebenen Wort, der Verwaltung und dem konstitutionellen Recht beruhte.

Nicht durch Zufall leitet sich das englische Wort ›clerk‹ (Büroangestellter, Verwaltungsbeamter) vom ›Klerikalen‹ ab: Beide haben die Aufgabe, in der einen oder anderen Form dem Gesetz der Schrift Geltung zu verschaffen. Die Höfe zentralisierten die Buchhaltung und die Vorgänge der Staatsfinanzen, sie steigerten die Qualität und die Quantität der Urkunden und verstärkten die königliche Kontrolle der Justiz.[28] Dieser Entwicklung der königlichen Administration entsprach eine zunehmende Verschriftung des Handels. Bis etwa 900 genügte für einen Kaufvertrag eine mündliche Einigung vor Zeugen. Nun wurden Eigentumsverhältnisse in Urkunden festgehalten. Sie galten als zuverlässiger, langlebiger, objektiver als die Zeugenschaft sterblicher Menschen.*
Bei der Kirche hingegen mehrten sich die Dogmen und theologischen Schriften, in denen nicht nur Genaueres über das Jenseits festgelegt, sondern auch Bestimmungen über das soziale Leben im Diesseits erlassen wurden. Viele von ihnen bezogen sich auf die Ordnung von Geschlecht und Verwandtschaft. Es waren Bestimmungen, die jeden Einzelnen betrafen: in seiner Körperlichkeit wie seiner psychischen Verfasstheit.

Wer über Sexualität und Fortpflanzung der Menschen bestimmt, gibt auch die Richtung vor, in die sich eine Gesellschaft bewegt, und das neue christliche Familienrecht diente »der Etablierung und Erhaltung der Kirche als einer

---

lidierten sich als Imperien. Die Monarchien Ägyptens und Persiens, das Römische Reich sowie die Stadtstaaten waren vornehmlich Produkte der Schriftlichkeit.« (Innis, S. 7 f.)

* In Wirklichkeit nahmen damit aber auch die Fälschungen zu. »In oralen Kulturen war ein Fälscher nicht jemand, der rechtsgültige Texte veränderte, sondern ein Verräter. Er verriet nicht die Beziehung zwischen Worten und Dingen, sondern die zwischen Menschen. Erst durch die Verbindung von Eigentumsansprüchen mit der schriftlichen Aufzeichnung von Rechtstiteln setzte sich die gegenteilige Ansicht durch. Die Zunahme der Fälschungen – mehr als ihre Entdeckung – ist eines der sichersten Indizien, über die wir verfügen, für die allgemeine Bedeutungszunahme legaler Verfahren.« (Stock, S. 60.)

gesellschaftlichen Großorganisation«. Zwar sprach die Kirche von der Errichtung eines Gottesstaates: »Durch die christlichen Taufe wurde der in die irdische Stadt hineingeborene Mensch wiedergeboren und in den Staat Gottes *adoptiert.*« Aber sie verfolgte dabei auch ganz irdische Interessen: die Etablierung ihrer politischen und ökonomischen Macht. Die christliche Kirche hatte als Institution ohne eigenen Besitz angefangen und sich sogar zur Armut verpflichtet, aber sie sollte zu einer der vermögendsten Organisationen der Welt aufsteigen – und ihre ökonomische Macht verdankte sie zu einem Gutteil dem Bestimmungsrecht über Fragen von Heirat, Fortpflanzung und Geburt. »Wohl keine andere Weltreligion gebietet über einen so formidablen Apparat der lokalen Kontrolle.«[29] Auch wenn die Kirche heute nicht mehr diese Macht ausübt, so hat ihr Wirken doch bis in die Jetztzeit ihre Spuren hinterlassen – gerade in Fragen von Sexualität und Reproduktion. Rückblickend wird freilich erkennbar, dass christliche Lehren und Dogmen auch das geistige Terrain für die moderne Reproduktionsmedizin bereiten halfen.

2. Rote Tinte – Blaues Blut

Das was ich als ›Rote Tinte‹ bezeichne – ein auf Dokumenten beruhendes Konzept von ›Blutsbanden‹ –, wurde zum Leitfaden christlicher Verwandtschaftsdefinitionen. Es fand seinen sozialen Niederschlag in der Herausbildung einer auf ›besserem‹ Blut basierenden Elite, der Aristokratie. Das erscheint paradox, waren es doch gerade die Herrscherhäuser und der von ihnen abhängige Adel, die sich den neuen, von der Kirche angestrebten geistigen Definitionen von Verwandtschaft widersetzt hatten. Doch die Lehren der Kirche boten den Herrscherhäusern auch eine attraktive Neuerung: Das sakralisierte Blut der christlichen Passionsgeschichte wurde zum Modell für die Sakralität der königlichen Blutslinien. Es fand ein Transfer des heiligen Blutes Christi auf das heilige Blut der Könige statt. Die Zweiteilung des Blutes in ›gutes‹ und ›schlechtes‹ Blut prädestinierte die christliche Blutmetaphorik für die Anwendung auf soziale Unterschiede. Sie markierte die Trennlinie zwischen Adel und Nicht-Adel wie auch die zwischen Christen und Nicht-Christen, insbesondere Juden. Das heilige Blut hieß *sanguis*, das andere dagegen *cruor*. Das vornehme Blut des Adels leitete sich vom *sanguis* ab.[30]

Wenn wir heute den Begriff der ›Blutsverwandtschaft‹ verwenden, meinen wir damit leibliche Verwandte. Das Mittelalter meinte damit etwas anderes. Anita Guerreau-Jalabert hat einige der Bedeutungsverschiebungen dargestellt, die sich in dieser Zeit mit den Begriffen ›Fleisch‹ und ›Blut‹ vollzogen.[31] Sie hingen eng mit einer – der Antike fremden – Gegenüberstellung von leiblicher und geistiger Verwandtschaft zusammen. Erstere wurde als *cognatio carnalis*, letztere als *cognatio spiritualis* bezeichnet. Bei dieser Gegenüberstellung bezog sich die Kirche auf ein in den Evangelien überliefertes Wort Jesu, der Mensch müsse »von oben her geboren werden« (Joh 3, 5–7). Von Blut ist in diesem Zusammenhang nicht die Rede. Doch das ›gute‹ Blut entspricht dieser geistigen Genealogie. Laut Guerreau-Jalabert fand die Übertragung Mitte des 14. Jahrhunderts statt.

Für die Gleichsetzung von Blut mit Verwandtschaftsverhältnissen gibt es keine Parallelen in der Hebräischen Bibel: Wohl wird das Blut mit dem Göttlichen in Verbindung gebracht, nicht jedoch mit Sippe, Familie. Wenn von Genealogien die Rede ist, wird eher der Begriff des ›Fleisches‹ verwendet. Auch in der christlichen Gesellschaft ist in diesem Zusammenhang eher von Fleisch die Rede – dafür wird das lateinische Wort *caro* verwendet. *Caro* gehörte zur menschlichen Natur, die auch Christus mit seiner Menschwerdung annahm. Zugleich diente *caro* als Gegensatz zu *spirito*, dem Geistigen (ursprünglich Atem): eine Gegenüberstellung, in der der Gegensatz irdisch und göttlich, böse und gut enthalten ist. Der Kontrast ermöglichte eine soziale Trennlinie: zwischen Mann und Frau, Geistlichen und Laien, Christen und Juden.[32] Aus den Demarkationslinien, die sich von der Gegenüberstellung *caro/spirito* ableiteten, entwickelte sich so eine weitere Trennlinie: die zwischen Adel und Nicht-Adel. Das heißt, nicht nur für das Blut, auch für das Fleisch kam es zu einer Zweiteilung zwischen einer höheren und einer niederen Kategorie.

Die Spiritualität, die dem königlichen Fleisch und Blut – und in Ableitung dem adligen Blut – zugewiesen wurde, verlieh dem ›blauen Blut‹* den Anspruch

---

* Der Begriff ›blaues Blut‹ leitet sich aus der von der Aristokratie gepflegten ›vornehmen Blässe‹ ab, die Befreiung von Feldarbeit indizierte. Vermutlich kam der Ausdruck aus Kastilien, wo unter der maurischen Herrschaft (711–1492) »azurblaues Blut« auf die von den germanischen Westgoten abstammende Oberschicht angewendet wurde. Deren blasse Haut mit bläulich durchschimmernden Adern setzte sich von der dunklen Haut der Einheimischen und der Mauren ab. Später wurde der Begriff auf die spanische Königsfamilie und dann allgemein auf die Adelsschichten übertragen. Als Spanien nach der Vertreibung der Mauren die ›Gesetze zur Reinheit des Blutes‹ einführte, diente der Begriff auch zur Selbstbezeichnung kastilischer Adelsfamilien, die auf diese Weise betonen wollten, dass kein maurisches oder jüdisches Blut in ihren Adern floss.

auf jene Unsterblichkeit, die die christlichen Lehren mit dem Passionsblut verbanden. Das machte diese sozialen Kategorien unanfechtbar: Sie bezogen ihre Gültigkeit aus dem Göttlichen. Es sollte bis zur Französischen Revolution dauern, bevor sich das Volk über diese hohe Hürde hinwegsetzen und mit dem Adel auch die Kirchenlehren entmystifizieren konnte. Auch dann geschah dies nur, weil der Gedanke des heiligen Blutes auf das Volk übergegangen war: Die Vorstellung von der Nation als Blutsgemeinschaft trat die Erbschaft des heiligen Bluts der Könige an.

Der Historiker und Mediävist Ernst Kantorowicz hat in seinem Buch *Die zwei Körper des Königs* dargestellt, wie sich der Transfer vom sakralen Blut Christi auf das sakrale Blut der Könige vollzog. Er beschreibt an den Debatten der Kronjuristen (die zu dieser Zeit Theologen waren) die allmähliche Verlagerung christlicher Vorstellungen auf das politische Staatswesen. Die Neudefinition des Königtums geschah durch eine Anlehnung an die Lehre von den ›zwei Naturen‹ Christi: Auf dem Konzil von Calcedon im Jahr 451 war festgehalten worden, dass Christus eine Person mit zwei Naturen sei – einer menschlichen und einer göttlichen –, die in seiner Gestalt eine unvermischte Form annehmen. Ähnlich, so die mittelalterlichen Kronjuristen, habe auch der König zwei Körper: einen unsterblichen als Regent (*body politic*) und einen sterblichen wie jeder andere Mensch (*body natural*). Von ersterem hieß es: »Dieser Körper ist völlig frei von Kindheit und Alter, ebenso von den anderen Mängeln und Schwächen, denen der natürliche Körper unterliegt. Aus diesem Grund kann nichts, was der König in seiner politischen Leiblichkeit tut, durch einen Defekt seines natürlichen Leibs ungültig gemacht oder verhindert werden.«[33] Solange der König sein Amt ausübte, verlieh der *body politic* (das Korrelat zum göttlichen Leib Christi) dem natürlichen Körper Unsterblichkeit. »Sein politischer Körper, der seinem natürlichen Körper angefügt ist, nimmt die Schwäche des natürlichen Körpers hinweg und zieht den natürlichen Körper, welcher der geringere ist, mit all seinen Effekten an sich.«[34]

Diese Vorstellung, laut der der »würdigere Körper den weniger würdigen an sich zieht«, leitete sich direkt von christlichen Heilsvorstellungen ab, laut denen der menschliche Körper unsterblich wird, wenn sich der göttliche Körper beim heiligen Abendmahl in ihn versenkt[35]. Starb der König, so ging der unsterbliche Körper auf seinen Nachfolger über: Eine spirituellere Form von Genealogie ist kaum denkbar. Aber – und hier zeigten die Juristen ihre säkulare Kompetenz – diese Erbschaft galt nur etwas, wenn sie sich mit einer diesseitigen Genealogie verband: von Vater zu Sohn. Ab 1270 wurde in England und ab 1272 in Frankreich die Thronfolge als Geburtsrecht des ältesten Sohnes anerkannt. Damit war die patrilineare Blutslinie endgültig sakralisiert.

Diese Neuerung vollzog sich nur wenige Jahrzehnte nach der Verkündigung der Transsubstantionslehre und hing eng mit dieser zusammen. Die Doktrin, laut der sich Wein in Blut und Hostie in Fleisch verwandeln, verlieh der Thronfolgeregelung ihre Nachhaltigkeit. Beim Tod oder Begräbnis des regierenden Monarchen wurde ›sein Blut‹ (der Sohn oder ein anderer legitimer Erbe) automatisch zum König. Bildeten in der christlichen Dreieinigkeitslehre ›Vater‹ und ›Sohn‹ eine Einheit, so galt dies auch für die Dynastie: »Vater und Sohn sind nach rechtlicher Fiktion eins.« Damit war die leibliche Kontinuität gesichert, zugleich aber auch die Unsterblichkeit der königlichen Blutslinie garantiert. Der Heilige Geist »saß jetzt im königlichen Blut selbst, sozusagen *natura et gracia*, durch Natur und Gnade«. Das königliche Blut wurde so »zu einer geheimnisvollen Flüssigkeit«.[36] Das erklärt vielleicht, warum in der Französischen Revolution von 1789 derartig viel Blut fließen musste: Die Konfiskation des Eigentums genügte nicht. Da die Macht der Aristokratie auf dem Mythos eines ›heiligen‹ und unsterblichen Blutes beruhte, konnten die Machtverhältnisse erst verändert werden, nachdem das Blut auf dem Schafott ›banalisiert‹ worden war.

Das ›gute Blut‹ ist geistig, und der Geist nimmt die Gestalt des Blutes an: Das ist in einem Satz der Inhalt der 1215 verkündeten Transsubstantiationslehre. Das Dogma lässt sich auch als eine allmähliche Unterwerfung der Leiblichkeit unter das Gesetz der Schrift beschreiben. Denn wenn sich ab dem Spätmittelalter der Begriff des Blutes immer mehr mit den königlichen oder aristokratischen Linien verband,[37] so deshalb, weil diese nur auf dem Papier existierten. Zwar bezeichneten sie leibliche Genealogien, da diesen aber die physiologische Evidenz fehlte, bedurfte es der Stammbücher und anderer Dokumente, um die Verwandtschaftsketten zu ›verifizieren‹. Im frühen Mittelalter hatten Schriftzeugnisse noch wenig Bedeutung für den Adel. Der Adelstitel wurde vom König verliehen (meistens verbunden mit Ländereien) für Verdienste um die Krone, und er implizierte im Fall einer kriegerischen Auseinandersetzung auch die Verpflichtung, der Krone beizustehen. Doch mit der Etablierung staatlicher Organisationen, die ihrerseits auf Verwaltung, also schriftliche Zeugnisse, angewiesen waren, wurde aus dem Adelstitel allmählich ein ›verbrieftes‹ Recht.

Im *arbor consangunitas* (wörtlich: ›Baum des Blutes‹) verbanden sich die schriftlichen Annalen mit dem Blut: Rote Tinte im wahrsten Sinne des Wortes. Die ›Arbores‹ wurden von Isidor von Sevilla im späten 12. Jahrhundert erfunden, um die vom Laterankonzil bestimmten Inzestschranken genauer definieren zu können. Dank der Tabellen konnte man Verwandtschaftsgrade kalkulieren. Da ›Verwandtschaft‹, wie bereits erwähnt, sowohl leibliche als auch soziale Verwandte umschloss, wurde das Kontingent an verbotenen Ehepartnern immer größer, während das der erlaubten schrumpfte.[38]

Doch ab dem 16. Jahrhundert rückte in der Heiratspolitik die Frage des Inzests in den Hintergrund. Stattdessen wurde es wichtig, auf eine lange Kette (aristokratischer) Blutsverwandtschaft zurückblicken zu können. Die verbriefte Erblinie wurde nun wichtig. »Bis Ende der 12. Jahrhunderts waren Genealogien zum sichersten Mittel geworden, die Erinnerung an die eigenen Vorfahren zu wahren und das Prestige einer Elite-Familie zu erhöhen.« Erblinien, auf denen Macht basierte, waren der Hauptgrund für das Interesse des feudalen Adels an der Geschichte der Vorfahren. Das damit verbundene Erbrecht auf Lehnsgüter »charakterisierte fortan die feudale Gesellschaft«. Um 1500 war die Vorstellung, dass in den Adern »eines vornehmen Mannes das Blut eines alten Stamms fließen muss«,[39] zur Selbstverständlichkeit herangewachsen. Was als ›Rote Tinte‹ begonnen hatte, verselbständigte sich und war nur noch Blut. Doch die *Gewissheit* lieferten nur schriftliche Dokumente, »in denen man detaillierte Aufzeichnungen seines Familienbaums führte – ein geschriebener Abstammungsnachweis, der belegte, dass die Reinheit der noblen Linie nicht durch die Kreuzung mit den Außenseitern einer niederen Klasse befleckt worden war«.[40]

Anita Guerreau-Jalabert merkt an, dass sich ab dem 5. Jahrhundert – das heißt, mit der ersten Etablierung der christlichen Kirche – eine »Spiritualisierung des Fleisches vollzog«: Es entstanden »sakralisierte Bindungssysteme, die durch *spiritus* und *caritas* zementiert wurden«.[41] Auch hier muss man hinzufügen, dass die Basis (oder das Werkzeug) dieser »Spiritualisierung« die Verschriftung der Gesellschaft war. Im 14. Jahrhundert war sie abgeschlossen: Zwar konnten noch nicht alle lesen und schreiben, doch alle wurden von der Schrift regiert. Auch die Geldwirtschaft, deren Bedeutung ab dem Spätmittelalter wieder wuchs (zum ersten Mal seit dem Ende des Römischen Reichs), hatte Anteil an dieser Entwicklung. Anstelle von Waren zirkulierten Zeichen, und dank der Kreditsysteme waren diese Zeichen auch fähig, materielle Wirklichkeit zu generieren. Deshalb verwiesen Geld und Inkarnationslehre auf einander: »Der Heilige Johannes von Damascus [um 730 u. Z.] betonte gern, dass er das Neue Testament Christus als ›Münzabdruck‹ (*charaktēr*) Gottes verstand, und für viele bildgläubige Kirchenväter wurde der numismatische Begriff des *charaktēr* zum Schlüsselbegriff der Inkarnationslehre – sie wollten zeigen, dass Bild und Imagination identisch sind.«[42] Kirchenlehrer zogen die antike Gestalt der Danaë, die von Zeus durch Goldmünzen geschwängert wurde, als Beweis dafür heran, dass Gottes Wort im Leib der Jungfrau Maria leibliche Gestalt annehmen könne.[43] So wie man an Gott glaubte, musste man nun auch ans Geld glauben. Es ist kein Zufall, dass die Geldwirtschaft wieder aufblühte, als mit der Scholastik ein neues, auf der Logik basierendes Denken über die christliche Dogmatik bestimmte.

Der Fiskus wurde zum weltlichen Ausdruck einer neuen Macht des Geldes: Der König war Repräsentant des nationalen Eigentums, das auch das Recht umfasste, Steuern zu erheben. Hatte Friedrich II. als ›*lex animata*‹ die Ewigkeit seines Herrschertums »in einer unsterblichen Idee der Gerechtigkeit gesucht«, so entwickelten die englischen Juristen des 13. Jahrhunderts eher pragmatische Vorstellungen von Ewigkeit: »Aus dem König als *vicarius Christi* wurde für sie ein *vicarius fisci*.« Die quasi-ewige Dauer des überpersönlichen Königs machte sich abhängig von der quasi-ewigen Dauer der unpersönlichen öffentlichen Sphäre. »Die Herrscher des 13. Jahrhunderts hatten letztlich das eine gemein, daß sie den Hauch von Ewigkeit nicht so sehr der Kirche als den von Rechtsgelehrten ausgelegten Begriffen von Gerechtigkeit und öffentlichem Recht entliehen, ob sie nun *iustitia* oder *fiscus* sagten.« Auch die Juristen beanspruchten die Funktion einer weltlichen Geistlichkeit. Die Sakralität des Königs beruhte auf der Sakralität eines Ewigen Rechts, der *lex animata*, und der Jurist war als »Inkarnation der Gerechtigkeit« dessen Verwalter. Verwaltungsbeamte übten also quasi-religiöse Funktionen aus: »Ein neuer Typ der *persona mixta* stieg aus dem Recht hervor, mit der Iustitia als Modellgöttin und dem Fürsten als ihrer Inkarnation und ihrem *Pontifex maximus*.«[44]

Die Lehre von den ›zwei Körpern des Königs‹ übte also nicht nur Einfluss auf das Konzept der Monarchie aus, sondern trug auch zur Herausbildung eines neuen *staatlichen* Gemeinschaftswesens bei. Die Definition vom ›unsterblichen‹ Körper des Königs ging so auf den unsterblichen Körper des Staates über. Von dort verlagerte sie sich allmählich auf die Gemeinschaft selbst: auf die Miglieder der nationalen Gemeinschaft. Bald umfasste der mystische Körper der *patria*, etwa Frankreichs, nicht nur jeden lebenden Franzosen, sondern auch alle, die früher gelebt hatten oder in Zukunft leben würden. »La France éternelle«, die in Europa verbreitete Vorstellung vom Staat als einem ewig lebenden ›Organismus‹, hat hier ihre Wurzeln. Zugleich setzte sich eine neue Genealogie durch: Der Einzelne wurde nicht von einem leiblichen Vater gezeugt, sondern galt als Sprössling seiner Gemeinschaft. Das hatte zur Folge, dass es nicht als ein Verbrechen galt, wenn »jemand im Dienste der Vaterlandsverteidigung seinen Vater umbringe«.[45]

Die enge Verbindung von Kirche und Krone entwickelte sich in den europäischen Ländern auf unterschiedliche Weise. Gemeinsam war jedoch allen, dass die Berufung auf das Christentum in die Definition weltlicher Macht einfloss. Deshalb erschien das Kreuz auf vielen Insignien königlicher Macht, darunter Zepter und Krone.[46] Auch andere christliche Insignien – etwa die unbefleckte Empfängnis – fanden Eingang in die Symbole des Königtums. Die Lilie* im Wappen der französischen Monarchie, die *Fleur de Lys*, bezieht sich auf die Reinheit und Unschuld der jungfräulich gebärenden Muttergottes; zugleich verweist sie durch die Dreiteilung der Blüte auf die Heilige Dreieinigkeit. Laut der Legende tauchte das Symbol zum ersten Mal im Anschluss an den Sieg des Merowingerkönigs Chlodwig I. bei der Schlacht von Zülpich (496) auf und ging mit seinem Übertritt zum Christentum einher. Im Mittelalter sollte dieselbe Reinheitssymbolik den Anspruch der französischen Monarchie betonen, die königliche Autorität unmittelbar von Gott erhalten zu haben: so wie Maria in ihrem Leib das ›Wort Gottes‹ empfangen hatte. Ab 1376 gehörte die Lilie endgültig zum Wappen des französischen Königshauses und diente als Insignium der Mitglieder des ›Hauses Frankreich‹ und ihres königlichen Blutes: ein Blut, das sich damit an die Vorstellung einer asexuellen Fortpflanzung anlehnte.

Die Erweiterung der monarchischen ›Blutslinie‹ auf den Adel nahm von Land zu Land unterschiedliche Gestalt an und vollzog sich allmählich. Hatte die Krone zunächst noch Adelstitel verliehen, um Verdienste zu würdigen, so war nun zunehmend vom ›edlen Samen‹ die Rede, der von Vater zu Sohn weitergegeben wurde. Das königliche Blut war geistig ›aufgeladen‹ worden; beim Adel verselbständigte sich das ›blaue Blut‹ als materielle Substanz. Von seiner spi-

---

* Eigentlich handelt es sich um eine Schwertlilie (Iris), die mit der Lilie botanisch nur entfernt verwandt ist. Doch die Symbolik der Lilie – Reinheit, Unberührtheit – floss in das heraldische Emblem ein.

rituellen Qualität blieb nur das zurück, was sich der Schrift verdankte: Die Blutslinie lagerte in den Archiven, wo sorgfältig aufbewahrte Dokumente über Herkunft und Besitzverhältnisse Aufschluss gaben. Als *Corpus fictum*, fiktiven oder imaginierten Körper, hatten die Kronjuristen den Staat bezeichnet, der im fiktiven (unsterblichen) Körper des Königs seine Inkarnation fand. Solche Eigenschaften wurden nun auch dem Adel zugewiesen, sogar dann, wenn dieser verarmt war: »Sie werden nie zu Plebeiern; einiges vom Glanz scheint immer durch in jenen, die adlig geboren wurden«, schrieb der Florentiner Marco della Fratta et Mont'Albano Mitte des 16. Jahrhunderts. [47] Das höherwertige Blut, das beim Königtum religiös abgeleitet worden war, floss schon bald substanziell durch die Adern dieser Eliten, die mit der Qualität ihres Blutes auch Besitztümer vererbten und daraus zugleich ein Distinktionsmerkmal gegenüber anderen sozialen Schichten machten.

Diese Konstruktion griff auch da, wo es keinen erblichen Adel gab, wie in den italienischen Städten von Florenz und Venedig, wo nichtadlige soziale Schichten dasselbe Modell übernahmen. In Venedig war im 12. Jahrhundert ein Ratsgremium, der Hohe Rat, geschaffen worden, der ein Gegengewicht zur Macht der Dogen bilden sollte und aus den Vertretern der bedeutendsten (sprich: wohlhabendsten) Familien der Stadt bestand. Bis Ende des 13. Jahrhunderts umfasste er 2000 Mitglieder, dann wurde die Zahl der Familien auf eine feste Zahl beschränkt, deren Namen im ›Goldenen Buch‹ der Stadt festgehalten wurden. Ab dem frühen 16. Jahrhundert konnte nur noch Mitglied des Hohen Rats werden, wer eine Genealogie reinen Bluts aus dieser Abstammung vorzuweisen hatte. Dabei wurde auch die Abstammung der Frauen berücksichtigt. Ab 1506 hielt ein weiteres Buch alle adligen Geburten fest, und ab 1526 gab es ein Buch der Eheschließungen. Auch hier gilt: Anders als über solche geschriebenen Dokumente ließ sich das ›gute Blut‹ nicht beglaubigen.

Die soziale Ungleichheit erschien wie die Folge einer ›natürlichen‹ Ungleichheit, und das Blut wurde zu einer »Quelle politischer Legitimierungsstrategien«. Das wurde in der Feudalgesellschaft noch dadurch verstärkt, dass in vielen Ländern für die Eheschließung die ›Ebenbürtigkeitsregel‹ galt, laut der für das Erbschaftsrecht nur Ehen zwischen Mitgliedern derselben sozialen Schicht Geltung hatten.* Der Adel von Frankreich und Spanien bekämpfte das Recht

---

* Nach 1800 verschwanden diese Vorschriften aus den Gesetzbüchern, aber auf der Ebene des Sozialprestiges hielten sie sich noch lange, zum Teil bis heute. Das gilt besonders für Österreich, wo 1945 nicht nur die Ebenbürtigkeitsregel, sondern der Adel überhaupt abgeschafft wurde, doch der

des Königs, neue Adelstitel zu verleihen (was der königlichen Schatztruhe Geld einbrachte). Die französische Monarchie führte die Praxis fort, der spanische Thron schränkte sie ein. Der Verzicht der spanischen Monarchie auf das Vorrecht, Adelstitel zu verleihen, so Gérard Delille, trug dazu bei, die Ideologie der Blutsreinheit weiter auszubauen und sie auf andere Bereiche auszudehnen.[48]

3. Die Reinheit des Blutes

Schon im Laterankonzil von 1215 war durch die Kleiderordnung die Differenz zwischen Juden und Christen sichtbar gemacht worden. Die Regelung sollte auch verhindern, dass es zu Paarungen zwischen den verschiedenen religiösen Gemeinschaften kam. Als sich das Blut mit dem Konzept der Verwandtschaft verband, nahm die religiöse Abgrenzung leibliche Form an. Das galt besonders für Spanien, wo sich die im vorigen Kapitel beschriebene frühe christliche Ablehnung des Judentums auf eine physiologische Ebene verlagerte. 1492 stellte die spanische Krone die Juden Spaniens vor die Alternative, zum Christentum überzutreten oder das Land zu verlassen. Mehr als 100 000 Menschen verließen Spanien, andere entschlossen sich zur Konversion. Gegen diese *conversos* enwickelte sich ein tiefes Misstrauen, das schließlich zum Erlass der *estatutos de limpieza de sangre* (Statuten über die Reinheit des Blutes) führte. Laut diesen waren Konvertiten, die keine christliche Genealogie von mehreren Generationen nachweisen konnten, von öffentlichen Ämtern und Privilegien ausgeschlossen. Von nun ab genügte die Taufe nicht mehr; der christliche ›Glaube‹ verlangte nun auch nach einer christlichen Blutslinie. Da Juden schon mit den Römern ins Land gekommen waren und die Mauren seit 711 über Teile von Spanien herrschten, hatten es viele spanische Familien nicht leicht nachzuweisen, dass kein jüdisches oder maurisches Blut in ihren Adern floss.

Adel im sozialen Ranking weiterhin eine wichtige Rolle spielt. In Deutschland wurde das Ebenbürtigkeitsgesetz erst 2004 endgültig aufgehoben. Das geschah durch eine Entscheidung des Bundesverfassungsgerichts anlässlich einer Verfassungsklage von einem Enkel des letzten deutschen Kaisers. Wilhelm II. hatte zusammen mit seinem Sohn Louis-Ferdinand festgelegt, dass jeder Nachkomme vom Erbe ausgeschlossen wird, der »nicht aus einer den Grundsätzen der alten Hausverfassung des Brandenburg-Preußischen Hauses entsprechenden Ehe stammt oder in einer nicht hausverfassungsmäßigen Ehe lebt«. Das Bundesverfassungsgericht erklärte diese Regelung für unvereinbar mit dem Grundgesetz. (www.bundesverfassungsgericht.de/SharedDocs/Entscheidungen/DE/2004/03/rk20040322_1bvr224801.html).

Beliebt wurde die Behauptung einer westgotischen Abstammung, die zwar nichts mit Blut zu tun hatte, aber auf eine alte Herkunft verwies. Die Westgoten hatten deshalb hohen Kurs, weil sie schon im 6. Jahrhundert dem arianischen* Glauben abgeschworen und das katholische Christentum angenommen hatten. Mit einem solchen Stammbaum war man nicht verdächtig, das ›falsche Blut‹ der Mauren oder Juden aufgenommen zu haben. Wo der westgotische Nachweis fehlte, beriefen sich Familien gern auf eine Abstammung aus den bergigen Gegenden von Asturien, Kantabrien oder dem baskischen Land – Gegenden, die weder von den Römern noch von den Muslimen erobert worden waren.

Der Nachweis der ›reinen Blutslinie‹ wurde allerdings dadurch erschwert, dass adlige Titel oft jüngeren Datums war: Während sich im restlichen Europa die Herrscherhäuser durch Allianzen mit der Kirche und den Klöstern herausgebildet hatten, wurde der kastilische Adel vom König nobilitiert. So entstanden immer wieder neue Adelslinien. Dennoch konnte der Adelsnachweis manchmal als Beleg für eine christliche Blutslinie herhalten. Das galt sogar für die von Ruiz recherchierte Familie Chirino, die aus *conversos* bestand (wie viele andere große Familien Spaniens – darunter die Familie der Teresa von Avila, die später vom Vatikan heilig gesprochen wurde). Hier wurde der Adelsnachweis auf besondere Weise erbracht: »Der am häufigsten von der Familie verwendete Beleg für ihren Anspruch auf adligen Status bestand darin, dass die Familie in ihrer gesamten Geschichte noch nie Steuern gezahlt hatte.«[49] Der Adel war in Spanien, wie in vielen anderen Ländern Europas, von Steuerabgaben befreit. In diesem Fall diente dies als Beweis für die christliche Herkunft.**

Die negative Darstellung von Juden und Mauren hatte schon vor der Vertreibung begonnen. Doch Mitte des 13. Jahrhunderts verlagerte sich vor allem in Kastilien und Spanien die Feinseligkeit gegenüber diesen Gruppen auf eine neue und schärfere Ebene. Er war ein typisches Phänomen des *nation building*, das sich in Spanien früher als anderswo vollzog – gerade bedingt durch

---

* Arianische Kirche, benannt nach Arius (256–336): ein Teil der christlichen Kirche, der der Lehre von der Vergöttlichung Jesu nicht gefolgt war und mithin auch die Trinitätslehre (in der die Gleichstellung von Gott und Christus enthalten war) bestritt.

** Die Konstruktion erinnert an moderne Steuervermeidungsstrategien wohlhabender Familien, bei denen sich oft der unbekümmerte Anspruch auf einen steuerlichen Sonderstatus mit der Vorstellung eines ›in den Genen‹ verankerten Privilegs verbindet. Donald Trump ist ein geeignetes Beispiel dafür. Ich komme darauf zurück.

die schwierige bis unmögliche Abgrenzung gegen den maurischen und jüdischen Anteil an der iberischen Kultur. Die Entwicklung ging mit einer Homogenisierung der nationalen Kultur und Sprache einher: Das Kastilische wurde zum ›echten Spanisch‹ erhoben.[50] Das heißt, die Gesetze über die Blutreinheit entwickelten sich parallel zu einer ›Reinigung‹ der spanischen Sprache – eine Entwicklung, die zwingend der geschriebenen Form bedurfte.*

Das Mittelalter und die frühe Neuzeit hatten keine Vorstellung von biologischer Heredität, wie sie sich mit den naturwissenschaftlichen Diskursen des 19. Jahrhunderts herausbilden sollte, aber die Lehren vom besonderen Blut des Adels schufen dafür die Grundlage. Zwar, so Delille, sei die aristokratische Idee von der Erblichkeit der Tugenden und Privilegien etwas anderes als das Paradigma des biologischen Rassismus des 19. und 20. Jahrhunderts. Aber es wurde hier das Fundament für die Naturalisierung sozialer Unterschiede gelegt. Der moderne Rasse-Gedanke, auf den ich im 6. Kapitel zurückkomme, stellt damit eine direkte Erbschaft der Roten Tinte dar. »Die Rasse wurde über das Blut vererbt – mit anderen Worten: über Männer – und sie wurde definiert durch den Namen.«[51]

Der Familienname wurde zu einem integralen Bestandteil der Blutslinie – auch das ist ein Indiz für die Nähe von Schrift und Blutsverwandtschaft. Erbliche Familiennamen hatten sich im karolingischen Reich ab dem 8. Jahrhundert etabliert. »Der Familienname, eng verbunden mit dem *Haus*, fügte sich ein in die Feudalgesellschaft, die den Menschen an den Boden band: ein Haus, eine Familie, ein Name.«[52] Er stellte einen Versuch der ›Klassifikation‹ dar, wie sie Claude Lévi-Strauss in seinem Buch *Das wilde Denken* beschrieben hat. An solchen Ordnungssystemen, so sagte er, könne man ablesen, wie eine Gesellschaft mit der Realität umgeht.[53] In den schriftlosen Gesellschaften, die der Ethnologe beschrieben hat, werden solche Klassifikationen durch die Zuordnung zu einem Totemtier erstellt. In Gesellschaften, die auf einer von der Schrift beherrschten Verwaltung beruhen, sind es Dokumente, Namen und auch Wappen. Sie garantieren die Fortführung/Erblichkeit der Blutslinie.

<small>* Im 19. Jahrhundert sollte auch in Deutschland eine von Herder, Arndt und anderen betriebene ›Bereinigung‹ der deutschen Sprache die Vorstellungen über die Reinheit der deutschen Rasse und des deutschen Blutes vorwegnehmen: Für Herder war die Sprache ein Teil der physischen Identität des Einzelnen und Grundlage des »Nationalgefühls« und der nationalen Zusammengehörigkeit. Arndt definierte das deutsche Vaterland als Ort, »wo allein die deutsche Zunge klingt«. Ausführlicher dazu: Volkov 2001, S. 86.</small>

Seit der Einführung von Familiennamen verlief deren Weitergabe über die väterliche Linie. Der Name der Mutter spielte nur dann eine Rolle, wenn eine männliche Linie ausstarb oder das Kind unehelich war: In vielen Fällen erhielt das uneheliche Kind den Vornamen der Mutter als Nachnamen. Da die Mutter ihren eigenen Familiennamen vom Vater geerbt hatte, kam dieser nicht in Frage, denn das Kind stand in keiner väterlichen Linie. In den europäischen Gesellschaften, so Françoise Zonabend, »gehen Unordnung oder Veränderung immer von der Frau aus: Das Auftauchen von Matronymen ist dafür ein manifestes Zeichen.« Auch die Zuteilung des Vornamens stellte eine Klassifikation dar: Entweder wurde der Name des Paten/der Patin übernommen, oder es gab eine Hierarchie der Familiennamen, bei denen der älteste Sohn den Namen des Vaters oder des väterlichen Großvaters erhielt. »Dieser Name hat dann die essenzielle Funktion, den künftigen Chef der Erblinie zu designieren – gegenüber sowohl den von der Erbschaft ausgeschlossenen Geschwistern als auch der Gemeinschaft.« Vornamen und Familiennamen sind also nicht nur »Familienmarker«, mit ihnen werden auch Erbhierarchien benannt. Sie übermitteln »eine Nachricht, die es im Kontext ihrer Epoche und ihrer Kultur zu dekodieren gilt«.[54]

Durch seine Verbindung zu den Dokumenten erlangte *sanguis* allmählich eine andere Bedeutung: Das Blut war nicht mehr Sitz der Seele oder des Lebens, sondern band seine symbolische Kraft an den (geschriebenen) Namen, der seinerseits ›naturalisiert‹ wurde. Das schuf »neue symbolische und metaphorische Konstrukte von Blut«: Vergossenes Blut, das Opfer und Erlösung impliziert, wurde verdrängt von einem Blut, das Verwandtschaft klassifizierte, das Rassen definierte. Es verlor dabei seine Konnotationen von Erlösung. »Das gesamte symbolische, kulturelle und religiöse Gebäude des mittelalterlichen Christentums war dabei zu zerbrechen.«[55] So fasst Delille die Entwicklung zu Beginn der Neuzeit zusammen.

Sie lässt sich auch anders umschreiben: Die vom Christentum geschaffene spirituelle Genealogie hatte sich aus ihren luftigen Höhen verabschiedet und Bodenhaftung erlangt. Und so wie ihr Weg ›nach oben‹ über das (heilige) Blut verlaufen war, so diente dieser rote Stoff nun auch der Vererdung. Das bedeutet, dass die Vaterlinie nicht mehr des Glaubens *bedurfte*; er war überflüssig geworden. An seine Stelle hatte sich das Blut der Familie gesetzt – und an diese ›glaubte‹ man nicht; sie kam als die ›Natur‹ selbst daher. Insgesamt, das möchte ich an dieser Stelle anmerken, übersehen die material- und kenntnisreichen

Aufsätze in dem von David Sabean, Simon Teuscher und anderen herausgegebenen Band *Blood & Kinship,* dem ich einige hier zitierte Einzelstudien verdanke, eine mir wichtig erscheinende Perspektive: Schrift und Geld. Zwar ist viel von Erbschaft und Vermögen sowie von Stammbäumen (also Tabellen mit Blutslinien) die Rede. Doch wird an keiner Stelle thematisiert, dass diese medialen Formen die patrilineare Blutslinie überhaupt erst ermöglichten. Sie ist eine *verdichtete Form von Geld und Schrift,* und das erklärt, dass sie sich immer parallel zu diesen entwickelte.

In einigen italienischen Gegenden hatte der Vorname eine zusätzliche Funktion, die Christiane Klapisch-Zuber für das Florenz der Renaissance näher untersucht hat. Zu dieser Zeit waren die Frauen schon weitgehend aus Familienstammbäumen verschwunden. Nun verschwanden sie auch aus der Linie der Vornamen. Die Vornamen des Kindes wurden vom Vater festgelegt und griffen einerseits die Namen der Paten, der ›spirituellen Eltern‹, auf, andererseits aber auch die Namen verstorbener Familienmitglieder, vornehmlich in *väterlicher* Erblinie. »Nur ein Sohn unter sechs und eine Tochter unter zehn erhält einen Namen aus der mütterlichen Linie.« Da die Väter bei der Angabe des Namens auch oft eine Begründung für die Namenswahl den Familienarchiven (*ricordanze*) anvertrauten, lässt sich feststellen, an welche Verstorbenen der Name des Kindes erinnern sollte. In den meisten Fällen schrieben die Väter, dass sie einen bestimmten Namen gewählt haben, »weil sie einen kürzlich verstorbenen Verwandten ›erneuern‹ wollten«. So »erneuert« ein Vater seinen verstorbenen Bruder Giovanni, indem er seinem Sohn denselben Namen gibt. Die Töchter aus zweiter Ehe erhalten manchmal den Namen der verstorbenen Ehefrau aus erster Ehe – auch hier, um ihren Tod ungeschehen zu machen.

Manchmal werden Kinder auch bei ihrer Einsegnung »enttauft« und umbenannt, um ein kürzlich verstorbenes Familienmitglied »zu erneuern«. Nur lebende Verwandte dürfen nicht erneuert werden; und wenn es gelegentlich doch geschieht, dann entschuldigt sich der Vater für diese ungebührliche Tat mit einer geeigneten Begründung. »Es scheint fast, als wollte man – vor dem Ende des 15. Jahrhunderts – mit einer solchen ›Reinkarnation‹ des Verstorbenen dem neuen Familienmitglied weniger die persönlichen Qualitäten und Verdienste eines Vorfahren mitgeben, als den Namen selbst mit einem provisorischen Leib versehen.« Auf diese Weise entstand ein »ideales Haus«, in dem alle lebenden und verstorbenen Mitglieder eines Hauses versammelt waren.[56]

Nicht nur der Familienname, auch der Vorname diente also dem Zweck, dem Tod – dem die väterliche Genealogie keine leibliche Kontinuität entgegensetzen konnte – zu trotzen.

Der Zusammenhang von Patrilinearität, Namen und Blut zeigt sich auch an der Tatsache, dass Juden erst ab dem späten 18. Jahrhundert Familiennamen erhielten. Das geschah auf Initiative der umgebenden christlichen Gesellschaft, wo das Staatswesen die Erfassung aller auf seinem Territorium lebenden Menschen erforderlich machte. Bald danach setzte die ›Emanzipation‹ der Juden ein, die mit den vollen bürgerlichen Rechten und der vollständigen Erfassung der jüdischen Gemeinden endete. Diese Akten ermöglichten den Nationalsozialisten die systematische Auslese und Verfolgung der deutschen Juden.

Die verschiedenen Bilder des Blutes sind Indikator für die Entwicklung neuer Verwandtschaftsdefinitionen zu Beginn der Neuzeit: Das Blut, das von den christlichen Lehren in zwei ›Arten‹ geteilt worden war, bot die Möglichkeit, soziale Abgrenzungen vorzunehmen. Zugleich bot das ›gute‹ (spirituelle) Blut die naheliegendste Repräsentation einer männlichen Genealogie: Als väterliche Linie konnte sie nur geistiger Art sein. Schließlich verband sich im Blut, das Signifikant und Signifikat zugleich ist, das Geistige mit dem Physischen. Die Blutslinie war also das ideale Mittel, die patrilineare Erbschaftskette zu etablieren: Geld und andere Vermögenstitel und Ämter an die Vater-Sohn-Genealogie zu binden und dieser zugleich den Anschein von Leiblichkeit zu verleihen.[57] Freilich: Um dieses Werk zu vollenden, musste die weibliche Erblinie ausgelöscht werden. Zu Beginn des Mittelalters wurde noch viel Macht und Vermögen über Frauen vererbt, aber schon bald sollte sich ›das Geschlecht‹ (im Sinne von Familie und Erblinie) auf Kosten des einen Geschlechts etablieren.

4. Die Geschlechter und das Geschlecht

In allen Epochen sind Verwandtschaft und Geschlechterrollen eng miteinander verflochten. Nicht durch Zufall hat die deutsche Sprache nur einen Begriff, Geschlecht, für Familienverbände und sexuelle Zugehörigkeit. In der europäischen Gesellschaft entwickelte sich das Konzept der patrilinearen Genealogie durch die Exklusion der Frauen aus Blutslinie und Erbfolge, wie schon das Beispiel der Namensgebung zeigt. Dieser Vorgang wurde durch die explizite Gleichsetzung von Samen mit ›Blut‹ verstärkt.[58] Die Analogie war schon in

Aristoteles' Lehre vom Samen als ›Himmelsstoff‹ angelegt, erfuhr nun aber unter Autoren des 15. Jahrhunderts eine erneute Ausformulierung.

Die hohe Bewertung des Blutes war, wie oben beschrieben, von seiner Rolle für die Eucharistie vorgegeben; sie erlangte auch Bedeutung für die Ehe. Beim Sakrament des Heiligen Abendmahls verbinden sich der Leib und das Blut Christi mit dem Leib und Blut des Gläubigen, der die ›Stoffe‹ inkorporiert. Auf ähnliche Weise vereinten sich auch Fleisch und Blut des Paares beim Sexualakt. Wie die Sakralisierung der Ehe zeigt, wurde eine Parallele zwischen der Vereinigung von Mann und Frau und der Vereinigung von Gott und Mensch gezogen.[59] Das gemeinsame Bindeglied war das Blut. »Blut erlaubte es, Unveränderlichkeit mit Kontinuität zu verbinden.« Dafür war die Unterscheidung zwischen dem lateinischen Wort *sanguis*, das sich auf fließendes Blut bezog, und dem Begriff *cruor* für geronnenes oder getrocknetes Blut wichtig. »*Sanguis* wurde stärker mit Leben assoziiert als dies heute für den Begriff *Blut* gilt, und das ebnete vielleicht den Weg für die Vorstellung, dass das Blut verstorbener Ahnen noch in ihren Nachfahren lebendig ist.«[60] Was Teuscher freilich nicht erwähnt: Da das Blut auf eine geistige Genealogie verwies, war in dieser Hierarchie eine Aufwertung der männlichen Abstammung und eine Abwertung der weiblichen Abstammungslinien praktisch vorgegeben. Das weibliche Prinzip wurde dem männlichen untergeordnet – und eben das hatte Folgen für die Erbschaftslinien.

In welcher Form sich die männliche Blutslinie durchsetzte, unterschied sich von einer Gegend Europas zur anderen. Allen war aber gemeinsam, dass sich geistige mit leiblicher Genealogie verband. Aufschlussreich ist das von Christophe Duhamelle behandelte Beispiel des rheinischen Adels, wo sich eine enge Verflechtung von familiären Vererbungslinien mit kirchlichen Ämtern herausbildete. Wegen des Zölibats durften die Geistlichen keine legalen Nachfahren haben; dennoch schufen sie eine innerfamiläre Heredität der (mit Macht und Pfründen versehenen) Kirchenämter. »Von den 601 Kanones, die zwischen 1600 und 1803 in den Kapiteln von Mainz und Trier gewählt wurden, kamen 265 (44 Prozent) aus nur sechzehn Geschlechtern (etwas über 10 Prozent aller Erblinien in diesen Kapiteln).« Die meisten Fürsten/Prinzen gehörten ihnen an. Unter den 33 von Duhamelle untersuchten Kurfürsten der Jahre 1599 bis 1800 befanden sich 23 Neffen und Großneffen eines anderen kurfürstlichen Bischoffs. In vielen Fällen waren sie zugleich die Brüder, Schwager oder Cousins anderer Kurfürsten. Sechs weitere waren nicht Neffen, aber als Bruder,

Cousin oder Schwager eng verwandt mit einem Fürsten. »Unter den kirchlichen Fürsten des Rheinlands gab es keinen einzigen ›self made man‹.«[61]

Um für die Kirchenämter überhaupt wählbar zu sein, mussten die Kandidaten (entgegen dem kanonischen Regelwerk) Nachweise ihrer adligen Herkunft vorlegen – und diese Latte wurde immer höher gehängt. So war jeder potentielle Amtsträger (Stiftsherr, Chorherr, Domkapitular, Domherr) gezwungen zu belegen, dass alle Vorfahren – männliche wie weibliche – der letzten vier bis fünf Generationen Mitglied nicht nur einer adligen, sondern auch einer »stiftsfähigen« Familie gewesen waren: Es musste also Familienmitglieder im Kirchenamt gegeben haben. »Dieses System zwang die Familien, über jedes Familienereignis sehr genau Buch zu führen und sich um ihre Archive zu kümmern. Das ›kollektive Erbe‹ hing von einem technischen Know-how ab, das sich andere Familien gar nicht zulegen konnten und das in einer spezialisierten Literatur festgehalten und stolz präsentiert wurde.« Die schriftlichen Zeugnisse, die bei allen Adelshäusern ohnehin eine wichtige Rolle spielten, wurden hier durch den Bezug zu kirchlichen Ämtern zusätzlich erhöht. Das Blut der Adelslinie wurde so zu einem integralen Bestandteil der ›geistigen‹ Erbschaftslinien der Kirche. Das Regelwerk sah vor, dass die Kanones durch andere Kanones gewählt werden. Das erscheint auf den ersten Blick demokratisch. Doch in Wirklichkeit war es ein Exklusionsmechanismus, der dafür sorgte, dass man unter sich blieb: Der Onkel wählte den Neffen, der Neffe seinen Cousin.

An dem rheinischen Modell ist freilich auffallend, dass auch die weibliche Erbschaftslinie Berücksichtigung fand, im Gegensatz zum französischen Adel, der nur die Vorfahren der männlichen Blutslinie einbezog. Während sich im französischen Modell offenbar eher die patrilineare Erbschaft des Römischen Reichs erhalten hatte, war das deutsche Prinzip noch deutlich an den nördlichen Traditionen orientiert, in denen Frauen erbberechtigt waren. Für den rheinischen Adel bedeutete diese Art von Blutslinie, dass eine Mesalliance den »sozialen Selbstmord für die Mitglieder der Reichsritterschaft« implizierte. Sie zerstörte alle Hoffnungen, »eine einwandfreie Herkunft über fünf Generationen präsentieren zu können«. Dadurch wurde der Kreis möglicher Ehepartner sehr eng, die meisten von ihnen kamen »aus einem begrenzten Kreis eng verbundener Familien. Sie umfassten 283 Geschlechter, und mehr als die Hälfte aller Partner kam aus nur 46 Herkunftslinien.«[62] Da die Kirche selber am Erhalt dieses Systems interessiert war, gab es oft einen Dispens vom Inzestverbot.

Den Grund für die regional unterschiedlichen Modelle sieht Duhamelle in der staatlichen Machtverteilung: In einem Fürstentum, das von der Kirche regiert wurde – dies war der Fall im katholischen Rheinland mit seinen Fürstbistümern –, gab es kein Gegengewicht zum Adel. »Innerhalb der Oligarchie war die Ahnentafel das Entréebillett zur Elite.« In den Regionen dagegen, wo die Monarchie dominierte, wie dies in Frankreich der Fall war, stand die Aristokratie unter Erneuerungsdruck. Hier wurde die Mitgift zu einem »flexiblen Instrument, um einen komplexen Heiratsmarkt zu organisieren«. Das Paradox, einerseits innerhalb eines bestimmten Kreises zu heiraten, andererseits aber auch inzestuöse Allianzen zu vermeiden, wurde durch »virtuose« Tauschgeschäfte von Ehepartnern zwischen den verschiedenen Linien gelöst. Dieses Vorgehen war auch in anderen Teilen Europas bekannt, aber im Rheinland war »die Dichte dieser Mechanismen noch größer, weil durch das Nachweissystem das Eindringen von Neulingen in das Spiel strikt ausgeschlossen wurde«.

Die intime Verkettung von adliger Blutslinie mit kirchlichen Machtpositionen hatte zur Folge, dass die Familien zwischen einer »hohen Rate von unverheirateten männlichen Kanones und der Notwendigkeit, die familiäre Kontinuität zu sichern«, lavieren mussten. In der Praxis sah es so aus, dass der Bruder, der heiraten sollte, nicht notwendigerweise der älteste oder der jüngste war. »Vielmehr wurde er wahrscheinlich unter anderem wegen seiner Fähigkeit, Kinder zu zeugen, ausgewählt.« In den Jahren 1600 bis 1649 lag die Proportion kinderloser Paare bei 25,78 Prozent; bei denen, die zwischen 1750 und 1800 heirateten, lag sie bei 9,30 Prozent. Die hohe Fertilitätsrate, so Duhamelle, lasse sich nicht mit der Herabsetzung des Heiratsalters noch mit der Ausbreitung des Stillens erklären, vielmehr indiziere sie »ein kohärentes System der Reproduktion«.[63]

Ergab sich für eine Tochter kein standesgemäßer Ehemann, so wurde sie entweder unter ihrem Stand verheiratet (die Mesalliance spielte dann keine Rolle) oder sie ging ins Kloster. Manche schufen auch ihr eigenes Stift, andere wurden auf einem der sekundären Landgüter untergebracht, wo sich »Generation auf Generation« weibliche Familienmitglieder wiederfanden. Im Gegensatz zum frühen Christentum war in den Testamenten der unverheirateten Frauen nicht die Kirche als Haupterbe vorgesehen, sondern das Familienoberhaupt, dem die Fortführung der Blutslinie anvertraut worden war. Zweifellos waren die unverheirateten Erblasserinnen auch nicht frei bei der Verfassung ihrer Testamente und trugen so als »Opfer der Familiendisziplin« zur Verstärkung von deren Hereditätspolitik bei. Dank solcher Strategien konnte der rheinische Adel den fränkischen Adel, dessen Macht weniger systematisch organisiert war, allmählich verdrängen. Als zudem viele Mitglieder des fränkischen Adels zum Protestantismus übertraten, war dort jedes vergleichbare Zusammenspiel von Adel und Kirche endgültig ausgeschlossen: Der Zölibat war ein entscheidender Faktor des ›rheinischen Modells‹.

Der Bruch des Protestantismus mit den Traditionen der alten Kirche* hatte auch für den rheinischen Adel Konsequenzen: Er schränkte die Zahl möglicher Ehepartner ein. Interkonfessionelle Ehen waren ausgeschlossen, und die Zahl potentieller katholischer Heiratskandidaten und -kandidatinnen ging zurück. Nun wurde das Familienvermögen zusammengehalten, indem einem Teil der Familienmitglieder die Ehe verboten, bei anderen die Inzestschranke gelockert wurde. Im 17. Jahrhundert waren noch 58 Prozent aller Ehen mit Verwandten des 5. Grades (also dem entferntesten Grad) eingegangen worden. Bis ins 18. Jahrhundert sank diese Zahl auf 32 Prozent, viele Ehepartner waren noch enger verwandt. Vor allem aber wurde das erwünschte Ziel durch den Ausschluss der Frauen aus den Erblinien erreicht. Das geschah in einigen Gegenden durch das Recht der *primogenitur* (das Erbrecht des ältesten Sohnes, gelegentlich auch des jüngsten**) sowie durch die Einrichtung des Fideikommiss.***

Durch diese Konstruktion wurden Frauen nicht legal, aber faktisch von der Erbschaft ausgeschlossen und die Erblinie noch enger auf Männer eingeschränkt. Zunehmend wurde die legale Linie als direkte Abkunft vom Gründer des *fidei commissum* definiert. Zugleich wurde die Zahl der Kinder, die heiraten durften, radikal herabgesetzt. Im Rheinland spielte die *primogenitur* keine wichtige Rolle, denn hier wurde der erstgeborene Sohn eher für ein kanonisches Amt ausersehen: Das Bischofsamt galt als die beste Karriere, die ein Adliger anstreben konnte. Auch in italienischen Adelsfamilien, bei denen die *primogenitur* die Regel war, durchbrachen einige Familien – wegen der Bedeutung kirchlicher Ämter – das Erbschaftsprivileg des Erstgeborenen. »Die

---

* Im Jahre 1521 hatten im Heiligen Römischen Reich Deutscher Nation 53 katholische geistliche Fürstentümer bestanden, bis 1648 hatte sich die Zahl auf 23 reduziert.

** Es wäre deshalb präziser, von ›Unigenitur‹ zu sprechen (dem alleinigen Erbe).

*** Das Fideikommiss (von lat. *fidei commissum*: »zu treuen Händen belassen«) war eine Einrichtung des Erbrechts, wonach durch Stiftung das Vermögen einer Familie, meist Grundbesitz, geschlossen erhalten werden sollte und immer nur ein Familienmitglied allein, der Fideikommissbesitzer, das Nießbrauchsrecht innehatte.

rheinische Ritterschaft führte diese Logik konsequent fort, indem sie die ›ekklesiastische Primogenitur‹ zur Allgemeinregel erhob. Dadurch erweiterte sich der Generationenabstand, so dass der Onkel alt genug war, den Weg für den Neffen in den Kathedralenkapiteln zu ebnen.«[64]

Kurz: Da wo sie Macht ausübte, wie das im Rheinland der Fall war, bestimmte die kirchliche Genealogie auch über die weltliche Fortpflanzungspolitik. Zugleich wird ersichtlich, dass hier ein ausgeklügeltes, das Leben der Einzelnen weit überschreitendes System der Verwandtschafts*planung* am Werke war. Das heißt, die Rote Tinte verschafft nicht nur eine lange Vergangenheit, sie dient auch der Kalkulation der künftigen Blutslinie. Angesichts der Tatsache, dass sich diese Planung mit der Physiologie des Blutes verband, entstand ein praktisch unentrinnbares System der individuellen Unterordnung.

Die Erbschaftspolitik der Familie profitierte durchaus von der engen Verbindung zu den Kirchenvertretern. Sowohl die Kirchenvertreter als auch ihre Familien »behandelten die öffentlichen Güter als eine Art von gemeinsamem Privateigentum«.[65] Die kirchlichen Amtsträger trugen zum Vermögen ihrer Familien bei, indem sie ihre eigenen Erbanteile an die verheirateten Brüder weitergaben und in ihren Testamenten ihre im Amt erworbenen (und oft beträchtlichen) Gelder, Sammlungen und Ländereien an die eigene Blutslinie übertrugen. Sie forderten genaue Rechenschaft über die Vermögensentwicklungen vom verheirateten Familienoberhaupt, trugen aber auch zu dessen Institutionalisierung bei. »Sie konzentrierten ihre Erbschaften auf einen Erben, der als (einziger) heiratsfähiger Neffe definiert worden war – und dies obgleich das Gesetz vorsah, dass nichterworbenes Eigentum unter allen Erben geteilt werden musste.« Auf diese Weise wurden die Eheschließungsraten zusätzlich gesenkt, während immer mehr männliche Familienmitglieder in kirchliche Karrieren gedrängt wurden. Für Frauen war in diesem System kein Platz: Sie wurden aus den Erblinien ausgeschlossen – eine Entwicklung, die schließlich in der Entscheidung von 1653 kulminierte, laut der Frauen keine Erbschaftsansprüche geltend machen konnten. Sogar das Recht einer Witwe, Vermögen aus ihrer ersten Ehe in ihre zweite einzubringen, wurde im 18. Jahrhundert unterbunden. Das war ebenfalls »entscheidend für die zunehmende Betonung der männlichen Erblinie«.[66]

Der Ausschluss der Frauen aus den Erbschaftslinien hatte zur Folge, dass den Frauen immer mehr die emotionale Ebene der Beziehungs- und Familienbande überlassen blieb. In Eheverträgen wurde die Mutter zunehmend als die

»natürliche Hüterin« unmündiger Kinder bezeichnet. Dagegen verlor die Familie der Frau, die weibliche Blutslinie, an Bedeutung für die Familienpolitik. »Vor 1675 waren die bischöflichen Onkel neu gewählter Bischöfe immer die Brüder der Mutter, aber nach 1693 waren sie immer die Brüder des Vaters.« Auch wurden die Ehefrauen eher aus der väterlichen als aus der mütterlichen Verwandtschaft ausgesucht. In den Zeiten, in denen die mütterliche Linie noch von entscheidender Bedeutung für Karrieren gewesen war, machten diese ehelichen Verbindungen 34,5 Prozent aus, im 18. Jahrhundert, »als patrilineare Kriterien dominant geworden waren«, sank der Anteil auf 16 Prozent.[67] Was Duhamelle hier nicht sagt: Mit dieser Entwicklung hatte sich das Prinzip der Kirche – die ›geistige‹ Vater-Sohn-Genealogie – in der sozialen wie leiblichen Realität der Blutslinie etabliert. Damit verschwanden auch die letzten Spuren der Gabengesellschaft, die sich im Heiratssystem bis dahin durch den Tausch zwischen weiblichen und männlichen Blutslinien erhalten hatten. Mit der Einschränkung des Tauschgeschäfts auf die männliche Linie wurde der entscheidende Faktor des Gabentausches, der Tausch mit dem Anderen, ausgehebelt. Eine neue Art des ›Inzests‹ war enstanden; er bestand in einer männlichen Endogamie.

Karl-Heinz Spiess hat die Entwicklung des Gesetzes der *primogenitur* in Deutschland beschrieben. Dieses Regelwerk entsprach nicht zwingend den allgemeinen Interessen. Denn Herrschaft basierte nicht nur auf Grundbesitz, sondern auch auf Eheallianzen. Territoriumsteilungen waren ein Mittel, Heiratskandidaten mit angemessenem Vermögen auszustatten. Das neu sich herausbildende Staatswesen veränderte die Bedingungen. Es kam zu einem Konflikt zwischen den kollektiven Interessen des Staates und dem Wunsch der Familien nach Fortführung ihrer Blutslinie: Sorgte die Aufteilung der Güter für die Langlebigkeit einer Dynastie, indem viele Zweige derselben Familie fortbestanden (auf jedem Gut wurde eine neue ›Dynastie‹ gegründet, die den Familiennamen trug), so hatte sie andererseits die Fragmentierung der Güter zur Folge. Nur Fürsten konnten es sich leisten, ihre Territorien zwischen den Söhnen aufzuteilen, während Grafen und Barone zumeist nicht über das nötige Land verfügten. Das war der Grund für die allmähliche Durchsetzung des Alleinerbes.

Das Gesetz implizierte, dass beim Aussterben eines Erbzweigs das Land an ein Familienmitglied zurückfiel und somit im Familienbesitz verblieb. Spiess führt das Beispiel der Wittelsbacher an, die sich 1329 in zwei Linien aufspalteten. In dem Teilungsvertrag wurde eine Klausel aufgenommen, laut der im Fall des Aussterbens einer Linie beide Teile wieder verbunden werden mussten. Das war vier Jahrhunderte später, im Jahr 1777, der Fall: eine Entwicklung, die »die politische Landschaft grundlegend veränderte – nicht durch Krieg, sondern durch Verwandtschaft«. Auch gab es in vielen Familien das Verbot, das Land an Fremde zu verkaufen – eine Praxis übrigens, die einige Industriefamilien bis heute beibehalten haben.

Die Beschränkung der Erbschaft auf einen Sohn verhinderte zwar die Fragmentierung, ging aber mit einer Gefahr einher: Die »Kontinuität der Dynastie war gefährdet, sollte dieser Sohn keine Söhne zeugen«.[68] Deshalb lehnten einige Söhne auch den Ausweg in die Ordination ab – für den Fall, dass sie selbst erbberechtigt werden und mithin der Fortpflanzungspflicht unterliegen sollten. Letztlich standen sich zwei Prinzipien gegenüber: Das eine besagte Macht durch ungeteilten großen Landbesitz, das andere Macht durch eine ausgebreitete Dynastie. Manche Cousins erklärten sich gegenseitig zu Brüdern und Erben: Blieb einer von beiden ohne männlichen Nachkommen, so fiel das Land an den anderen. Manchmal wurde das gleiche Ziel auch durch Eheschließungen innerhalb der breiteren Verwandschaftsgruppe erreicht.

Obgleich die Erbschaftslinie der *primogenitur* ganz anders funktionierte als die des rheinischen Adels, hatte sie für die Frauen denselben Effekt: den Ausschluss von der Erblinie. Bis ins 14. Jahrhundert hatten Töchter im Prinzip genauso viel geerbt wie ihre Brüder. Nur von den erblichen Ämtern waren sie ausgeschlossen. Nach dem 14. Jahrhundert wurden immer mehr Töchter gezwungen, auf ihre Ansprüche zu verzichten. Ab dem 15. Jahrhundert gab es zunehmend Familienverträge, die Frauen explizit von der Erbschaft ausschlossen, solange es einen männlichen Erben gab. In vielen Fällen führte diese Regel zur Wiedervereinigung von vorher geteilten Ländereien. Die Familien sahen also wenig Grund, das Regelwerk zu ändern.

Mit der Reformation wurden die meisten Fürstentümer und unzählige Grafschaften protestantisch – mit Ausnahme der Wittelsbacher und der Habsburger. Auch ganze Bistümer traten zum Protestantismus über; ihre Ländereien wurden von »den benachbarten Gütern geschluckt«. In weiten Teilen Deutschlands verlor die Kirche nun ihre Funktion als Karrieremöglichkeit für die nicht erbberechtigten Söhne. Diese gingen stattdessen oft zur Armee, schlugen eine Offizierslaufbahn ein – was (verglichen mit der kirchlichen Karriere) mit erhöhtem Sterberisiko verbunden war. Da die Evangelische Kirche für Geistliche den Zölibat abgeschafft hatte, gab es beim protestantischen Adel eine signifikante Zunahme von Eheschließungen – mit der Folge einer Teilung der Erbschaft unter den Brüdern. Manche Familien versuchten die Geburten dadurch einzuschränken, dass sie die Eheschließung der Töchter hinauszögerten und generell ein höheres Heiratsalter für die Frauen forderten.

Dass sich die *primogenitur* schließlich durchsetzte, hing nicht zuletzt mit dem 30-jährigen Krieg zusammen – und damit auch mit der protestantisch-katholischen Spaltung. Nach diesem Krieg waren kleine Güter nicht mehr wettbewerbsfähig. Zwischen 1650 und 1700 mussten fast alle adligen Geschlechter das Gesetz der *primogenitur* einführen. Rückblickend wurde diese Entwicklung als Gewinn für den Staat verstanden: Denn für die Herrscher des Absolutismus war »das Wohl des Landes untrennbar mit dem Wohl der Dynastie verbunden«.[69] So Friedrich II. von Preußen im Jahr 1768. Er sollte nicht nur aus dem Fürstentum Preußen einen modernen Staat machen, sondern sorgte auch dafür, dass viele Söhne ohne Erbschaftsansprüche als Soldaten im Dienst des Staates ein neues Betätigungsfeld fanden – so wie der rheinische Adel einst im Dienst der Kirche gestanden hatte.

Zusammenfassend lässt sich für die oben beschriebene Entwicklung sagen, dass sich die ›Geistigkeit‹ des Blutes, die aus den christlichen Lehren abgeleitet worden war, zunehmend in eine ›naturalisierte Blutslinie‹ verwandelte. Sie fand im Eigentum eine Materialisierung oder wurde auch von ihm bestimmt. Der Prozess nahm, je nach Region, einen unterschiedlichen Verlauf, und über einen Zeitraum, der bis in die Neuzeit reicht, lässt er sich fast nur für die Kirche und adlige Linien erforschen. Denn meist liegen nur hier die notwendigen Dokumente vor. Mit dem Buchdruck und der allgemeinen Alphabetisierung dehnte sich die Möglichkeit der Archivierung auf andere soziale Schichten aus, zunächst auf das Bürgertum, später auch auf weitere soziale Gruppen wie Handwerker und Bauern. Die sich nun ausbreitende Geldwirtschaft trug zusätzlich zur sozialen Mobilität bei. Zusammen mit dem Schriftwesen expandierte damit auch die Vorstellung der Blutslinie: Gelang es einer neuen Familie, ›oben‹ anzukommen, so versuchte sie, ihre eigene Blutslinie in den Akten zu etablieren.

5. Eine weibliche Genealogie der Fürsorge

Das Gesetz der *primogenitur* trug nachdrücklich zur ›Naturalisierung‹ der Patrilinearität bei. Aber stimmt es, dass die Frauen damit ›überflüssig‹ wurden? Auf den ersten Blick scheint es so. Doch, wie Michaela Hohkamp zeigt, war die patrilineare Blutslinie in hohem Maß auf eine gesellschaftliche Komponente angewiesen, die allmählich zur Sonderaufgabe der Frauen wurde. Diesen oblag es, die Netzwerke zu knüpfen, auf denen die Fortpflanzungsstrategien angewiesen waren. »Insbesondere wurde die traditionelle Vater-Sohn-Achse in Familienverbindungen durch eine Tante-Nichten-Achse überlagert.« Sie implizierte zum Beispiel, dass ein Sohn in heiratsfähigem Alter die Nichte seiner Mutter ehelichte – den Frauen der Familie blieb es überlassen, dafür die Weichen zu stellen: durch die Bereitstellung von Begegnungsmöglichkeiten. Diese Funktion erhöhte die Rolle der Frauen, während zugleich der Status der von der Erbschaft ausgeschlossenen männlichen Erben sank (es sei denn sie besetzten ein einflussreiches Kirchenamt; andernfalls waren sie nur »biologische Reserve«). Die Frauen prädestinierte ihre Sonderstellung als ›eingeheiratete‹ Ehefrau (also als Fremde in der Familie ihres Ehemannes) wie auch als Blutsverwandte der Herkunftsfamilie für die Aufgabe als soziales Bindeglied. Vor allem in den Herrscherhäusern kam es so immer wieder zu Querverbindungen zwischen den Familien. »Tanten und Nichten heirateten Mitglieder derselben Häuser über zwei Generationen.«[70] Im Vergleich dazu waren die Verwandtschaftsbindungen, die die nachgeborenen Söhne zu bieten hatten, nur sehr eingeschränkt.

Die spezifisch soziale Funktion der Frauen im System der patrilinearen Blutslinie trug dazu bei, dass sich ein Typus von ›weiblicher Aufgabe‹ herausbildete, der bis heute über das Frauenleben bestimmt: Mütterlichkeit, Pflege, emotionale Fürsorge. Wir mögen diese ›typisch weiblichen‹ Charakteristika für ›angeboren‹, halten, in Wirklichkeit waren sie die Folge einer spezifischen Struktur der patrilinearen Blutslinie. Auch da, wo die Vater-Sohn-Erbfolge tatsächlich auf leiblicher Verwandtschaft beruhte, war sie mit dem Makel der Unsicherheit versehen. Daher der Rückgriff auf geistige Genealogien: Namen, erbliche Ämter, aber auch materielle Werte wie Landgüter, später Kapital, verliehen der Patrilinearität jene Eindeutigkeit, die die Vaterschaft selbst vermissen ließ. Für emotionale Bindungen war in dieser Genealogie wenig Platz. Dieses Gebiet blieb den Frauen überlassen, die allmählich transgenerationelle ›Care-Linien‹ bildeten. Sie waren ein *Effekt* der Erbgesetze.

Die Herausbildung weiblicher Zuständigkeit für die Fürsorge in der frühen Neuzeit hat Giulia Calvi am Beispiel der toskanischen Gesellschaft beschrieben. Die von ihr dargestellten Fälle zeigen deutlich, wie gerade die Entmachtung der Frau zum Ausbau dieses Sektors weiblicher Existenz führte. Frühe Neuzeit: Das war die Zeit, in der sich Staat und weltliche Gesetzgebung allmählich an die Stelle der Kirche setzten. Zu Beginn dieser Umwälzung galten noch die alten Normen, in denen es für Frauen eine ›selbstbestimmte‹ Alternative nur durch die Entscheidung zum Klosterleben gab.[71] (Und selbst dafür bedurfte es des Einverständnisses der Familien. Die berühmte Caterina von Siena zum Beispiel konnte ihren Wunsch, in ein Kloster einzutreten, nur durchsetzen, indem sie ihren Körper maltraitierte und extrem fastete, also gewissermaßen in ›Hungerstreik‹ trat.[72]) Im Leben außerhalb des Klosters konnten Frauen die Folgen der Patrilinearität dadurch abzumildern versuchen, »dass sie die rigiden Strukturen durch horizontale Praxis und Verhalten aufbrachen«.[73]

Die von der Kirche geschaffenen Normen für das Frauenleben zeigten sich besonders deutlich am Status der Witwe. »In der Tradition der Kirchenväter wie Ambrosius wurde die Witwe, die auf eine Wiederverheiratung verzichtete, mit der Idee der Freiheit, der Selbstkontrolle, mit Körper- und Geisteskraft assoziiert, wodurch sie zu einem asexuellen Modell, faktisch viril wurde.« Als zu Beginn der Neuzeit der Staat an die Stelle der Kirche rückte, knüpfte er zunächst ähnliche Erwartungen an die verwitwete Frau: Sie sei fähig, ein Haus zu leiten, das Vermögen ihrer Kinder zu verwalten – unter der Bedingung eines Verzichts auf Wiederverheiratung. Entschied sich eine verwitwete Frau zu einer neuen Ehe, so übergab der Magistrat die Vormundschaft der Kinder einem Mitglied der väterlichen Familie. »Für das Recht war eine wiederverheiratete Frau das Äquivalent einer toten Witwe; die Vormundschaft ging unwiderruflich auf den Magistrat über und konnte niemals neu zugewiesen werden.« Auch in ihren Testamenten konnten die Mütter keinen Vormund benennen. »Im Fall ihres Todes waren sie des Trostes beraubt, den man findet, wenn man seine Kinder der Fürsorge von Menschen anvertraut, mit denen man sich durch Vertrauen und emotionale Beziehung verbunden fühlt.« Erkannten die Gerichte die Vormundschaft der Mutter an, so war dies der erste Schritt zur »Sanktionierung ihrer Position als *donna* oder *madonna*«.[74] Wenn jedoch der Schwager oder Schwiegervater zum Vormund ernannt wurde, konnte dies die Vetreibung der Frau aus ihrem eigenen Wohnhaus bedeuten.

Am häufigsten kam es zu Konflikten mit dem Bruder des verstorbenen Ehemannes, der oft über die Vormundschaft auch an das Vermögen der Waisen heranzukommen versuchte. Lag kein Testament vor, so kamen diese Fälle vor Gericht, dem *Magistrato dei Pupilli*. Aus diesen Akten lässt sich die allmähliche Herausbildung eines neuen Frauenbildes ablesen. Zwischen 1648 und 1766 wurden in Florenz und Umgebung 1503 Fälle vor dem Magistrat verhandelt. In der Mehrheit der Fälle (über 70 Prozent) wurde die Mutter zum Vormund ernannt; das galt vor allem für die Städte, weniger für die ländlichen Gebiete. Dieses Vertrauen der Gerichte in die Mütter hing mit deren Machtlosigkeit zusammen. Da das Vermögen und der Name über den Vater vererbt wurden, standen Frauen außerhalb der Erblinien. Sie hatten höchstens Anspruch auf ihre Mitgift oder als Witwe auf den Nießbrauch des Vermögens ihres verstorbenen Ehemanns. Eben das prädestinierte die Witwen in den Augen des Staates für die Vormundschaft.

Immer wieder machten Mütter Eingaben beim Gericht, in denen sie sich über die schlechte Behandlung ihrer Kinder beklagten, wenn sich diese in der Obhut eines Onkels befanden, der dem Kind gegenüber erbberechtigt war. »Das Sorgerecht *nicht* dem anzuvertrauen, der vom Tod seines Schützlings profitieren würde, war deshalb eine Frage von vitaler Wichtigkeit für den Magistrat.« In den Statuten wurde ausdrücklich festgelegt, dass die Überlassung des Sorgerechts für einen Minderjährigen nicht an jemanden gehen darf, »der diesen vermutlich beerben« wird.[75] Da Frauen nicht erben konnten, solange es einen männlichen Erben gab (das schloss den Großvater, den Onkel und auch entferntere Verwandte wie Neffen und Großneffen ein), waren sie der ideale Vormund. Daraus wurde wiederum abgeleitet, dass das Mutter-Kind-Verhältnis über jeden Verdacht erhaben sei. Es wurden ›weibliche Tugenden‹ erfunden, die einerseits den Ausschluss der Frauen aus der Erblinie (und damit auch aus der Blutslinie) festschrieben, andererseits aber auch den Grundstein dafür legten, dass Frauen für die ›häusliche Sphäre‹ verantwortlich seien.

In dieser paradoxen Konstruktion, die auf ökonomischer Machtlosigkeit *und* »ethischer Ermächtigung«[76] basierte, hat der Topos der ›reinen Mutterliebe‹, die später zu den Ideologien der Aufklärung gehören sollte, einen seiner Ursprünge. Sie führte dazu, dass schließlich sogar wiederverheirateten Müttern die Vormundschaft zugesprochen wurde. »Da die Mütter die rechtlichen Garanten reiner Liebe waren, waren sie des absoluten Vertrauens würdig; die Vormundschaft und das Sorgerecht für ihre verwaisten Kinder konnten ihnen deshalb überlassen werden, sogar im Fall einer zweiten Hochzeit.« Die Bindung einer Witwe an ihre Kinder verlieh ihr hohes Ansehen, hatte aber für die Erblinie nicht die geringste Bedeutung. Ihr Prestige »war die direkte Konsequenz ihrer prekären Position innerhalb der Erbschaftslinie«. Die Vormundschaftsurteile hatten aber Einfluss auf eine geänderte Einstellung zu den Emotionen selbst. Es entwickelte sich ein öffentlicher Raum, in dessen Rahmen »Familienkonflikte inszeniert und debattiert werden konnten«. Allerdings gibt es nur wenige Dokumente, die Zeugnis über die Einstellung der Frauen selbst ablegen. Die Aussagen der Mütter fanden keinen Eingang in die Protokolle: Dem »*Reichtum* der Frauenworte, die die Seiten der Magistratsakten füllen«, steht die »*Leere* an Frauenstimmen« gegenüber. Dennoch zeigt »der Übergang vom agnatischen Schrifttum zum Verwaltungsschrifttum«, dass sich ein Raum für Frauen und Minderjährige öffnete, in dem sie ihre eigenen Interessen und Erfahrungen im Familienleben artikulieren konnten. »Es klang wie eine neue Sprache, die nicht mehr das Echo der trockenen Logik von Erbfolge und Erbschaft war, sondern das komplexe Gewirr von Emotionen freilegte, das die verschiedenen Protagonisten miteinander verband.«[77]

Was Calvi freilich nicht erwähnt: Diese ›neue Sprache‹ war zugleich ein Vermächtnis alter oraler Traditionen, die in den Alphabeten mit Weiblichkeit gleichgesetzt worden waren. Auch diese Komponente gehörte zur Entwicklung weiblicher Zuständigkeit für die Fürsorge. Mit dem Beginn der Neuzeit scheint die Schrift, die bis hierher einseitig die männliche Erblinie unterstützt hatte, zunehmend auf die ›andere Stimme‹ der Frauen angewiesen zu sein. In dieser Konstellation diente sie gewissermaßen der ›magischen Auﬂadung‹ der Blutslinie. Diese begann, aus ihrer leibfernen Sphäre herabzusteigen und allmählich die Gestalt ›echter Gefühle‹ anzunehmen, die die westliche Welt heute mit der Blutsverwandtschaft verbindet. In der Logik der Schriftgeschichte wäre hier der Beginn jener ›sekundären Oralität‹ anzusetzen, von der im 2. Kapitel die Rede war. Die Entwicklung hatte zur Folge, dass sich eine neue – nunmehr psychologische – Unterscheidung zwischen den Geschlechtern herausbildete: War der Weiblichkeit einst die ›Materialität‹ zugewiesen worden, so war es nunmehr die Emotionalität; repräsentierte die Männlichkeit vorher ›Geistigkeit‹, so hießen diese Charakteristika nunmehr Nüchternheit und Rationalität.

Erinnern wir uns, dass die patrilineare Blutslinie eigentlich auf der großen Unsicherheit der Vaterschaft beruht, so ist hier noch eine zweite Verschiebung zu erkennen: Während die väterliche Linie zunehmend Kontinuität repräsentierte – durch den vererbten Namen, materielle Güter und den Anspruch darauf, die ›echte‹ Blutslinie zu verkörpern –, nahm die weibliche Linie immer mehr die prekären Eigenschaften an, die ursprünglich die männliche Linie charakterisierten: »Mütterliche Liebe, die im ›sorgenden Körper‹ tief verwurzelt wurde und sich in diesem erhielt, umfasste eben deshalb alle Gefahren der Inkonsistenz, der Imperfektion und des Verlassenwerdens.« Sobald das Kind die frühe Kindheit hinter sich gelassen hatte, begann es die Unzuverlässigkeit der Emotionen zu spüren: »Deren Grenzen waren so fragil wie der Körper und so endlich wie die Präsenz der Frauen in den Abstammungslinien.«[78] Aus dieser Fragilität des Weiblichen sollte sich später nicht nur das Bild weiblicher Fürsorglichkeit, sondern auch das femininer Unzuverlässigkeit und Emotionalität herausbilden, das im 19. Jahrhundert über die Weiblichkeitsvorstellungen bestimmte.[79]

Noch ein weiterer Faktor bestimmte über das Bild der Frau: die Geldwirtschaft. Im 2. Kapitel ging ich auf die Übertragung der generativen Fähigkeiten des Geldes auf die menschliche Fortpflanzung ein. Mit dem Beginn der Neuzeit kam ein weiterer Faktor hinzu: Es ging es um die *Beglaubigung* einer immer prekärer werdenden Geldwirtschaft durch den weiblichen Körper. Ausschlaggebend war eine zunehmend auf Kreditwesen basierende Ökonomie. Verwandtschaftsverhältnisse schaffen Vertrauen, Kreditsysteme bedürfen des Vertrauens. Das verbindet die beiden miteinander. Je tiefer die Geldwirtschaft und Schuldsysteme in die Ökonomie eingriffen, desto mehr bestand die Aufgabe der Frau darin, für die notwendigen Vertrauensverhältnisse zu sorgen. Dazu prädestinierte sie nicht nur der ihr zugewiesene Bereich der Gefühle, sondern auch das, was sie als Ehefrau zu repräsentieren hatte: Ihre Ehrbarkeit garantierte die Vertrauenswürdigkeit ihres Ehemannes und wurde allmählich zum A und O *seiner* Kreditwürdigkeit.

Schon bald nach der Ausbreitung der Geldwirtschaft im Spätmittelalter zirkulierte zu wenig Geld, um den wachsenden Tausch von Waren und Werten zu decken. So entwickelte sich ein dichtes Netzwerk von privaten Krediten.[80] Fast jeder Haushalt machte Schulden oder hatte Schuldner. Menschen und Menschengruppen wurden über Kredite miteinander verbunden. Denkt man an die von Marcel Mauss beschriebene Gemeinschaft der Gabe, bei der das soziale Netzwerk darauf beruht, dass »man sich selbst – sich und seine Besitztümer – den anderen ›schuldet‹«,[81] so basierte der Gemeinschaftskonsens zu Beginn der Neuzeit auf dem Kredit. Das Prinzip war ähnlich, aber es funktionierte anders. Denn in der Geldwirtschaft will der Kreditgeber sicher sein, dass er sein Geld zurückbekommt. Für die Gesellschaft der Gabe ist es wichtig, dass der Andere Schuldner bleibt; in der Geldwirtschaft ist die Kredit*würdigkeit* eines Schuldners ausschlaggebend. Diese zu sichern war die Aufgabe der Frauen und Töchter.

In Shakespeares Dramen taucht das Thema Kredit und Vertrauen wiederholt auf – und die Kreditwürdigkeit wird immer wieder in Verbindung gebracht mit Verwandtschaft. Im *Kaufmann von Venedig* etwa sagt Antonio, der Geld auftreiben muss, um seine Schulden zu tilgen, zu seinem Freund Bassanio: »Also geh, sieh zu, was in Venedig mein Kredit vermag.«[82] Und dieser verortet seinen Reichtum wiederum in seiner guten Abstammung. »Mein ganzer Reichtum rinnt in meinen Adern.«[83] Neben dem ›guten Blut‹ des Adels hatten auch die Frauen durch ihre Ehrbarkeit für diese Kreditwürdigkeit einzustehen – wobei die Ehrbarkeit vor allem darin bestand, dem Ehemann kein uneheliches Kind unterzuschieben.

Einerseits hatte die Lockerung des Zinsverbotes zu Beginn der Neuzeit Ängste vor Geldmanipulationen geschürt. Andererseits, so die Literaturwissenschaftlerin Teresa Lanpher Nugent, die sich mit der Behandlung von Geldwirtschaft und Kredit in der englischen Literatur der frühen Neuzeit beschäftigt hat, war zunehmend Falschgeld im Umlauf. »Geldfälschungen, durch die sich die Menge des zirkulierenden Geldes erhöhte und dessen Wert sank, bedrohten zunehmend das Vertrauenssystem, auf dem das Kreditsystem beruhte.« Das steigerte die Ansprüche an die Ehrbarkeit der Frau, denn sie wurde zur potenziellen »Gussform des Fälschers«.[84] Bei Shakespeare sind es eindeutig die Frauen, die für die ›Deckung‹ des Geldes einzustehen haben. In *Maß für Maß* vergleicht Angelo ein uneheliches Kind mit gefälschtem Geld.[85] Die Ehrbarkeit der Frau, so Curtis Perry, war die »öffentliche Währung des Rufs« eines Mannes.[86]

Mit anderen Worten: Die Unsicherheit der Vaterschaft wurde in Parallele gesetzt zur Angst vor Währungsmanipulationen und Geldfälschungen – und den Frauen oblag es, diese Angst auszuräumen. Auf diese Weise garantierten sie nicht nur den Fortbestand der männlichen ›Blutslinie‹ (ohne Teil davon zu sein), sie waren auch Teil der Kanäle, über die das Kapital fließen konnte. Die zunehmende Abstraktion des Geldes – und zur Zeit Shakespeares bestimmte der Kredit über die Ökonomie, Papiergeld und Aktie folgten erst ein wenig später – sicherte einerseits das Wachstumspotenzial der väterlichen Vermögenswerte. Andererseits stieg aber auch der Faktor Unsicherheit, der der Patrilinearität ohnehin zugrundelag. Diesen Abgrund sollte der weibliche Körper überbrücken. Er diente also der ›Deckung‹ in jeder Hinsicht: einerseits sorgte er für den Fortbestand der patrilinearen Blutslinie; andererseits bot er aber auch die Garantie für die Glaubwürdigkeit des Kredits.

6. Bäuerliche und bürgerliche Erbschaftslinien

In den oben behandelten Beispielen ging es vornehmlich um aristokratische Blutslinien oder um die Familienverhältnisse in wohlhabenden sozialen Schichten. Das Studium der Verwandtschaftsverhältnisse anderer sozialer Schichten sei schon deshalb schwer, so Jack Goody, »weil die meisten Menschen entweder gar keinen oder nur einen topographischen Nachnamen hatten; es gab keine *gens*, ja nicht einmal Patronymiken, so daß es kompliziert war (zweifellos auch für die Akteure selbst), den verwandtschaftlichen Beziehungen zu folgen.« Hinzu kam, dass bis zum Beginn der Neuzeit nur der Adel über Archive und schriftliche Dokumente verfügte. Das änderte sich nach der Erfindung des Buchdrucks und mit der Ausbreitung der Lesefähigkeit. In den Städten bildeten sich schon relativ früh bürgerliche Familienlinien und deren Beurkundung heraus. Sie waren wie beim Adel patrilinear ausgerichtet. Vor allem in den italienischen Städten gab es ›Geschlechter‹ nach dem römischen Modell. Diese wurden »als stützende Mechanismen in der politisch instabilen Situation der italienischen Stadtstaaten wiedererfunden«.[87]

In den bäuerlichen Familien war es nicht möglich, die Frau auf den ›emotionalen‹ Sektor und die Tugend der Ehrbarkeit einzuschränken. Sie wurden als Arbeitskraft gebraucht. Allerdings galten auch hier unterschiedliche Regelwerke für die beiden Geschlechter. Im Fall eines Ehebruchs räumte das Gesetz dem Mann, nicht aber der Frau ein *ius occidendi* ein (bei Totschlag erfolgte keine Bestrafung). Das Gesetz galt in Italien, Spanien und Deutschland bis ins 18. Jahrhundert. Im italienischen Recht hielt sich »die Vorstellung eines ehrenvollen Tötungsdelikts, das Männern, aber nicht Frauen erlaubt ist«, sogar bis 1981.[88] Generell wurde dem Mann ein weit gefasstes Bestimmungsrecht über die Frau eingeräumt, das von dieser zweifellos als Joch empfunden wurde: Als nach der Französischen Revolution im Jahr 1792 die Scheidung zugelassen wurde, beantragten dreimal soviele Frauen wie Männer die Scheidung.

Die strengen Gesetze gegen Kindsmord, die ab dem 16. Jahrhundert zuerst in Frankreich, dann in England erlassen wurden, betrafen ebenfalls in erster Linie die Frauen/Mütter. Ab 1556 mussten in Frankreich alle Frauen – ob verheiratet oder nicht – ihre Schwangerschaft anzeigen, registrieren lassen und den Namen des Vaters offenlegen. Verstöße gegen diese Bestimmungen wurden zeitweise mit der Todesstrafe geahndet. In Italien, Frankreich und einigen anderen Ländern wuchs der Anteil an ausgesetzten Kindern; daunter befanden sich auch viele eheliche Kinder. Die Kosten für die außerfamiliäre Kinderversorgung wurden vom Staat getragen, der in dieser Hinsicht die Nachfolge der Kirche angetrat. Sie waren sehr hoch. »In Portugal verschlang zu dieser Zeit der Unterhalt ausgesetzter Kinder 40 bis 50 Prozent des kommunalen Budgets.«[89] Schon damals bildete sich ein Phänomen heraus, das bis heute die modernen Staaten – vor allem die Industrieländer – prägt: Die öffentliche Hand übernahm die Rolle des Vaters als Versorger der Kinder. Trotz der hohen damit verbundenen Kosten hielt der Staat lange an dieser Rolle fest: Bis ins 20. Jahrhundert war es nicht möglich, uneheliche Kinder zur Adoption freizugeben. Die christliche Ablehnung der Adoption wirkte bis weit in die Moderne nach.

Auf der anderen Seite gingen aber auch die Geburtenraten zurück. Das lag einerseits daran, dass Söhne und Töchter aus bäuerlichen Familien oft erst spät heiraten konnten. Soweit sie nicht erbberechtigt waren, mussen sie sich als Knechte oder Mädge auf fremden Höfen verdingen. Bei vielen kam es nie zur Eheschließung. Andererseits war es für Eltern nicht mehr zwingend notwendig, Kinder zum Zweck der Alterssicherung in die Welt zu setzen, seitdem die Kirche die Versorgung der Armen übernommen hatte. Spuren davon waren an der demographischen Entwicklung Englands zwischen 1200 und 1600 abzulesen.[90]

Das Erbrecht, das deutlicher als irgendein anderer Indikator Aufschluss über die Vorstellung von Verwandtschaft gibt, unterschied sich in Europa von einem Land zum anderen, ja sogar von einer Region zur anderen. In Frankreich setzte sich im Spätmittelalter ein neues Erbrecht durch. Bis dahin verschmolz das Vermögen der beiden Ehepartner bei ihrer Eheschließung: Jeder Partner wurde zum Erben des anderen. Die Kinder erbten erst nach dem Tod des zweiten Partners. Heiratete dieser neu, so ging das Erbe in die neue Ehe ein. Im Spätmittelalter wurde gesetzlich festgehalten, dass jeder Partner Eigentümer des in die Ehe eingebrachten Vermögens blieb. Das wurde oft durch schriftliche Verträge geregelt, doch anders als vorher wurden diese nicht zwischen zwei Per-

227

sonen, Ehemann und Ehefrau, ausgehandelt. Stattdessen kam es zur Beteiligung »einer erweiterten Verwandtschaftsgruppe, die nun auch bleibende Verpflichtungen hatte«. Auf diese Weise konkurrierten gegen Ende des Mittelalters unterschiedliche Erbschafts- und Kontraktmodelle miteinander. Dennoch lässt sich eine generelle Verlagerung der Erbschaftspraxis konstatieren. Verlief die Erbschaft zunächst horizontal (von Mann zu Frau oder umgekehrt), so wurde später vertikal, also entlang der Generationenkette, vererbt. »Eigentum erschien nun wie etwas, das Abstammungslinien und bleibende Verbindlichkeiten zwischen den Mitgliedern der Herkunftsfamilie herstellt.«[91] Mit anderen Worten: Wie schon bei der Aristokratie rückten auch im Bürgertum und bei der Landbevölkerung Erbschaft und Blutslinien näher aneinander.

Erst gegen Ende des 14. Jahrhunderts wurden die Traditionen der Erbschaft kodifiziert. Die Verschriftung trug zur Homogenisierung bei und erhöhte den Einfluss der Behörden. Sie schuf die Voraussetzungen für die allmähliche Übertragung der Befugnisse von den Regionen auf ein frühmodernes Staatswesen. Erst dann konnte sich die patrilineare Erbfolge wirklich durchsetzen. Sie war also auch hier eine Folge des Akts der Verschriftung.

Noch bis in die frühe Neuzeit blieben der männliche wie der weibliche Besitz eng mit der väterlichen Familie des jeweiligen Partners verbunden. Oft organisierten sich Familien auch um ein bestimmtes Gutswesen, von dem sie den gemeinsamen Nießbrauch hatten – das geschah über viele Generationen, und die Verteilung vollzog sich nach einem Schlüssel, der sich von einer Gruppe zur anderen unterschied. Zwar gab es schon ab dem 13. Jahrhundert Bemühungen, das Erbe rein patrilinear auszurichten, aber noch bis ins 16. Jahrhundert gab es viele Fälle, wo beide Ehepartner Eigentümer ihres ererbten Besitzes blieben. Nach der Durchsetzung der *primogenitur* und dem Ausschluss der Frauen von der Erbschaft erhielten die Töchter zunächst beträchtliche Abfindungen (in Form von Mitgift). Doch ab dem 15. Jahrhundert setzte sich ihr völliger Ausschluss aus der Erbberechtigung durch. Wo Söhne fehlten, erbte der nächste männliche Verwandte.

Zunehmend verband sich das patrilineare Erbschaftssystem auch mit erblichen politischen Ämtern. »In diesem Fall verhinderte die patrilineare Vorstellung von *Geschlecht* nicht nur die Aufteilung von Gütern, sondern definierte auch Kollektive mit bleibenden Pflichten und Privilegien.« So verwundert es nicht, dass der Staat in dem sich entwickelnden patrilinearen Verwandtschaftsmodell keine Konkurrenz, sondern vielmehr seine Bestätigung sah und die eigene Organisation auf deren normative Konzepte stützte. Bis zu Beginn der Neuzeit hatten »patrilineare und ähnlich exklusive Verwandtschaftskonzepte fast konstitutionellen Status erlangt«.[92] Während in vielen Fällen die Macht des Staates den Status der Verwandtschaft schwächt (und umgekehrt), zeigt dies, wie gut beides miteinander einhergehen kann: Beide Modelle basieren auf dem Glauben an die ›Verwaltung‹ und die Zuverlässigkeit der Dokumente.

Die entscheidende Phase des Übergangs zur patrilinearen Form der Vererbung lag zwischen 1400 und 1700. In dieser Zeit setzte sie sich auch im Bürgertum durch. Auch hier stand sie in enger Beziehung zur Entwicklung des Schriftwesens. In der ersten Hälfte des 15. Jahrhunderts hatte Johannes Gutenberg die Druckerpresse erfunden. Sie erleichterte den Zugang zu Lesematerial und trug dazu bei, dass sich ein städtisches Bürgertum herausbildete, das sich u. a. durch Bildung definierte. Es entstanden die ersten städtischen Schulen, in denen vor allem die Söhne des Bürgertums unterrichtet wurden. Die Raten der Alphabetisierung waren noch gering, aber sie zeigten schon deutlich ein Stadt-Land-Gefälle. Die Fähigkeit zu lesen und zu schreiben begleitete den Aufstieg des Bürgertums, der wiederum vom Absolutismus befördert wurde. Dieser hatte einerseits den niederen Adel entmachtet, benötigte andererseits aber auch ein neues Beamtentum und eine Schicht von Wirtschaftsfachleuten, die für den Souverän tätig waren. Ihr Einfluss beruhte auf einer qualifizierten Ausbildung, die der Adel vernachlässigt hatte.[93] Das aufgestiegene Bürgertum hatte freilich nichts Eiligeres zu tun, als sich sowohl das Denken in Blutslinien als auch die Patrilinearität des Adels zu eigen zu machen.

Simon Teuscher hat die Entwicklung des Erbrechts im Bürgertum am Beispiel der Bevölkerung von Bern dargestellt. Wie bei vielen anderen Eliten Europas gab es im späten Mittelalter auch in Bern zwei Arten von Verwandtschaft: eine breite bilineale, die auch die angeheirateten Verwandten einbezog, und eine engere, die nur die männliche Herkunft berücksichtigte. Letztere – bezeichnet als »Geschlecht« oder »Stamm« – wurde im 15. Jahrhundert immer wichtiger. Sie wurde von Vater zu Sohn weitergegeben und betonte »die Vorstellung, dass Frauen durch Heirat zwischen Verwandtschaftsgruppen getauscht wurden«. An sich erscheinen die beiden Konzepte von Verwandtschaft inkompatibel, doch in Wirklichkeit gerieten sie selten in Konflikt miteinander, weil sie in unterschiedlichen Situationen zur Geltung kamen. »Gruppen tatsächlich interagierender Verwandtschaft wurden konsequent als *Pfründe* bezeichnet, während der Begriff *Geschlecht* auf eine mehr abstrakte Einheit verwies, die von den Mitglie-

229

dern aufgerufen wurde, wenn sie Anspruch auf Status, Ehre und politische Privilegien erheben wollten.« Beide Arten von Verwandtschaftsverhältnissen gingen mit Verpflichtungen einher. Beim *Geschlecht* waren es die Aufgaben gegenüber der Gemeinschaft. Bei den *Pfründen* ging es um eine Art von ›Gabenkette‹. In den überlieferten Briefen wird immer wieder betont, »dass Verwandte sich gegenseitig bedingungslose Unterstützung in jeder Art von Lage schulden und Konflikte zu vermeiden haben«.[94] Diese Art von Familienverpflichtung spielt bis heute in vielen Familien eine wichtige Rolle. Wenn man so will, kann man darin eine moderne Variante der sozialen Verwandtschaft sehen: Verwandtschaft als Verantwortung füreinander.

Die bürgerliche Gesellschaft von Bern »war zweifellos von dynastischen Vorstellungen der Familie« inspiriert. Doch es kam eine Art ›protestantisches‹ Element hinzu, durch das die Tugend der Bescheidenheit in Konflikt mit Verwandtschaftsverpflichtung geriet. Das zeigte sich besonders deutlich bei Familienfesten. Hier griff der Staat ein: Generell schränkten Gesetze den Luxus – von Kleidung, Schmuck oder Feiern – ein, und eine dieser Einschränkungen bestand darin, »den Kreis der Menschen zu limitieren, die zu Taufen, Hochzeiten oder anderen Feiern eingeladen werden durften«. Statt eine Höchstzahl von Personen zu benennen, »umriss die Gesetzgebung die Arten von Beziehungen, die für die Teilnahme an diesen Feierlichkeiten zugelassen waren«. Durch einen Erlass von 1370 wurde festgelegt, dass beim Tod eines Bürgers nur Mitglieder aus der Gruppe der *Pfründe* sowie zwei Nachbarinnen den Trauerzug begleiten durften. Geregelt wurde auch, an wen Kuchen verteilt und von wem man Kuchen erhalten durfte. Der Staat und die Tugend der Bescheidenheit bestimmten also letztlich darüber, wer zum engeren Familienkreis gehörte und wer nicht – und es verstand sich von selbst, dass bei dieser Definition die patrilineare Familie den Sieg davontrug.

Durch die Begrenzung der *Pfründe* waren die sozialen Hierarchien weniger durchlässig. Das wurde noch dadurch verstärkt, dass das Patriziat zunehmend erfolgreich war bei der Monopolisierung der höchsten und ertragsreichsten Stadtämter. Im frühen 17. Jahrhundert beschloss der Stadtrat, dass die Wahl in höhere Ämter wenigen Stammlinien vorbehalten blieb. »Die Entwicklung verstärkte die Patrilinearität, die sich gegen Ende des 15. Jahrhunderts eingebürgert hatten. Damals führten immer mehr *Geschlechter* Familienwappen ein, richteten gemeinsame Grabstätten ein, bauten ihre eigenen Kapellen und gründeten eigene Stiftungen.« Auch hier erwies sich die Obrigkeit nicht als

Hindernis, sondern als Unterstützer »rigide organisierter Verwandtschaftsgruppen«.[95] Man könnte es auch anders ausdrücken: Die patrilineare ›Blutslinie‹ wurde immer weniger von ›echten‹ (ob leiblichen oder sozialen) Verwandtschaftsverhältnissen zusammengehalten und immer mehr von der Aussicht auf die Akkumulation von Vermögen.

Bei den bäuerlichen Schichten setzte sich allmählich das Gesetz der Primogenitur durch. Mit derselben Begründung wie beim Adel: Es fehlte der Boden, um mehrere Söhne mit ihren Familien zu versorgen. Es mag sogar sein, so die Forschung, dass die Erfindung des Alleinerbes zunächst nicht von den adligen Schichten, sondern vom bäuerlichen Milieu ausging, wo das Land noch beträchtlich knapper war.[96] Wie sich der Wandel des Erbrechts im bäuerlichen Milieu vollzog, sei an einem konkreten Beispiel dargestellt. In diesem Fall geht es um Südfrankreich, dessen Entwicklung vom 16. bis zum 18. Jahrhundert Bernard Derouet beschrieben hat. Auch hier verschwanden die Frauen aus den Erb- bzw. Blutslinien. Traditionell galt in Südfrankreich das Römische Recht, das dem Familienoberhaupt eine relativ große Freiheit einräumte, die eigene Nachfolge zu regeln. Außer in den Bergregionen mit ihren kleinen Höfen, wo das Gesetz des Erstgeboren relativ früh eingeführt wurde, praktizierte man auf den Gütern des fruchtbaren Flachlands ein egalitäres Erbrecht, das nicht nur die nachgeborenen Söhne, sondern gelegentlich auch die Töchter einschloss. Das änderte sich innerhalb von 200 Jahren.

Anders als in Nordeuropa, wo nicht nur die Vererbung von Ländereien, sondern auch des Namens eine Rolle spielte, ging es hier ausschließlich um den Besitzanspruch. Galt, wie oben beschrieben, beim spanischen Adel nur ›das Blut in den Adern‹, so war es hier »das Land, das den Mann machte, nicht umgekehrt«. Diese Bedeutung des Grundbesitzes wirkte sogar auf die Aristokratie zurück. Ein Adliger ohne Landbesitz galt kaum als Adliger, »selbst dann, wenn er prestigeträchtige Ahnen vorweisen konnte«. Die Bedeutung einer Familie bemaß sich ausschließlich am Umfang oder Wert ihres Landbesitzes. Er war es, der Adel etablierte, Privilegien nach sich zog und lokale Macht garantierte. »Dabei muss man verstehen, dass Landbesitz nicht so sehr aus ökonomischen Gründen hoch bewertet wurde, sondern eher als Zeichen von Prestige, sozialem Status und von Verwurzelung, *enracinement* galt. Dieser letzte Faktor ist ausschlaggebend und repräsentierte eine ganze Facette sozialer Anerkennung, die wiederum zu politischer Macht führte.«[97]

Der Besitz von Land hatte also in erster Linie eine symbolische Funktion:

Er verlieh der Blutslinie Bodenhaftung.* Vom Landbesitz leiteten sich auch Ämter ab: Rechte in der Verwaltung öffentlicher Angelegenheiten. Denn Landeigentum wurde mit persönlicher Souveränität gleichgesetzt. Um zu verhindern, dass eine einzige Familie mit großen Gütern das politische Feld monopolisierte, sah das Gesetz freilich vor, dass im Stadtrat niemals zwei Brüder, auch nicht zwei Cousins ersten oder zweiten Grades gleichzeitig vertreten sein durften. Die Veränderung des Erbschaftsrechts, das heißt die Einführung der *primogenitur* hatte in den Familien eine stärkere Geburtenplanung zur Folge – was dazu führte, dass einige Blutslinien ganz aussterben.[98]

An diesem Beispiel werden zwei in sich widersprüchliche Strukturen deutlich. Die eine besteht darin, dass große Armut und großer Reichtum zu ähnlichen demographischen Entwicklungen führen, wenn auch aus unterschiedlichen Gründen: Bei den Armen gingen die Geburtenraten zurück, weil mit der kirchlichen Versorgung der Bedürftigen der Nachwuchs nicht mehr existenziell notwendig war; bei den Wohlhabenden basierte der Geburtenrückgang auf der Absicht, das Familienvermögen zusammenzuhalten. In beiden Fällen besteht ein enger Zusammenhang zwischen Geld/Besitz und Fortpflanzung. Das zweite Paradox verdeutlicht ein grundsätzliches Problem der patrilinearen Blutslinie: Gerade der Versuch, die Dynastie zu sichern (indem das Vermögen nicht fragmentiert wird), kann dazu führen, dass die Linie ausstirbt.

7. Geistige Vaterschaft: von der Kirche zur Wissenschaft

Bis zum Beginn der Moderne beruhte das Prinzip Rote Tinte weitgehend auf den Regelwerken der Kirche und deren theologischen Konzepten. So würde man meinen, dass sich ihr Zugriff mit dem Beginn des Säkularisierungsprozesses lockerte. In mancher Hinsicht – beim Scheidungsrecht zum Beispiel – ist dies auch der Fall. Zugleich verstärkte sich ihr Einfluss aber auch: Sie verschwand nicht, sondern, so die These in diesem Abschnitt, verlagerte sich nur von der theologischen auf eine wissenschaftliche Ebene. Bei diesem Transfer spielten drei Kulturtechniken eine zentrale Rolle: die Räderwerkuhr, der Buchdruck und die Sehtechniken. Alle drei wurden zu Motoren von Wissenschaftsrenaissance und Aufklärung. Nur: Ihre Erfindung verdankte sich den Bedürfnissen der Kirche.

* Dass sich Patrilinearität mit Grund und Boden verband, verweist in Umkehrung auf die jüdische Matrilinearität, die entstand, um den Verlust von Grund und Boden zu kompensieren.

Die Konsequenzen des Buchdrucks für die Verlagerung der Definitionsmacht von Theologie zu Wissenschaft sind bekannt. Weniger bekannt ist die Tatsache, dass die Notwendigkeit für die Entstehung dieser Technik kirchlicher Art war. Schon im Spätmittelalter war mit der Ausbreitung der kirchlichen Befugnisse das Bedürfnis nach Schriften ständig gewachsen: Es ging nicht nur um theologische Lehren, sondern auch um juristische Texte, um Buchhaltung und generell um das archivalische Gedächtnis. Gegen Ende des Mittelalters waren viele Klöster zu besseren Kopieranstalten geworden – und der Buchdruck mit seinen beweglichen metallenen Lettern war eine Erfindung, die aus diesen Bedürfnissen geboren wurde. *Nach* seiner Einführung läutete er allerdings den Prozess der Entkirchlichung ein. Die allgemeine Alphabetisierung beschleunigte sich: Lesen und Schreiben, die bis ins Spätmittelalter noch weitgehend den Autoritäten (Geistlichen und Skribenten der Höfe) vorbehalten blieben, wurden allmählich zur Grundlage sozialer Existenz. Mit dem Buchdruck begann der Übergang von einer Gesellschaft, die an eine Heilige Schrift *glaubte*, zu einer Gesellschaft, wo sich das *Prinzip* Schriftlichkeit in den Körper eines jeden einschrieb. Dieser Prozess sollte in die Aufklärung einmünden, mit der sich die christliche Gesellschaft von der Bevormundung durch die Kirche endgültig verabschiedete und zu einer christlichen *Kultur* wurde. In dieser Hinsicht ist die Aufklärung nicht als Gegensatz zum Christentum, sondern vielmehr als dessen Verwirklichung zu verstehen.

Die Räderwerkuhr vollbrachte ihrerseits den Transfer von Techniken der Frömmigkeit zu denen der Industrialisierung. Wie die Erfindung des Buchdrucks verdankte sich auch die mechanische Uhr den Bedürfnissen der christlichen Klöster. Das französische Wort *horloge* kommt von hora lego (Gebetsstunde). Die Reform der Cluniazensischen Klöster im 10. und 11. Jahrhundert führte zur Wiederaufnahme der *regula* des Heiligen Benedikt und hatte eine feste Gliederung der Zeit durch sieben Gebetsstunden zur Folge. Der gesamte Tagesablauf im Kloster war von der Idee eines gemeinsamen Lebens bestimmt: Man aß, betete, arbeitete zusammen, lebte in Gemeinschaftsräumen. Dieser feste Zeitrhythmus bewirkte, wie das Lesen, eine Domestizierung des Körpers und schuf soziale Homogenität. Da das Gebet auch in der Nacht verrichtet werden musste, kamen Sonnenuhren nicht in Frage; im Norden froren die Wasseruhren im Winter ein. Die Mönche bedurften eines anderen Zeitmessers, und dieser wurde um 1300 in Gestalt der mechanischen Uhr erfunden.

Zunächst schlugen ihre Glocken in den Klöstern, dann tauchten Uhren an den Kirchtürmen auf, und bald begann sie, auch außerhalb der Klostermauern das Wirtschaftsleben zu regulieren. Wie der Buchdruck löste sich auch die Räderwerkuhr bald aus ihrem monastischen Kontext. In den Städten ertönten bald Glocken »für den Arbeitsbeginn, für Mahlzeiten, das Ende der Arbeit, das Schließen der Stadttore, den Beginn des Marktes, das Schließen des Marktes, Notrufe, Sitzungen des Stadtrates, das Ende des Getränke-Ausschanks, die Straßenreinigung, Sperrstunde usw. durch eine bemerkenswerte Vielfalt von Glockentönen in den verschiedenen Städten und Metropolen«.[99] Die Räderwerkuhr schuf die entscheidende Voraussetzung für den allmählichen Prozess der Mechanisierung und Industrialisierung, der ab dem Spätmittelalter über die Textilindustrie, dann auch über andere Sektoren bestimmte. Der Industrialisierungsprozess ist ohne die Räderwerkuhr nicht vorstellbar, und Lewis Mumford hat deshalb zu Recht geschrieben, dass die Schlüsseltechnik des Industriezeitalters nicht die Dampfmaschine, sondern die Uhr war.[100]

Die dritte Kulturtechnik, die Sehgeräte betraf, bahnte den Weg für die Verlagerung von Glauben zu empirischer Wissenschaft. Dem Sehen war im Christentum von Anfang an eine wichtige Rolle zugekommen. Nicht nur weil dem Gesichtssinn schon in der griechischen Antike der höchste Status in der Hierarchie der Sinne eingeräumt worden war, sondern auch aus Gründen, die in der christlichen Heilslehre angelegt sind.

Sowohl die jüdische Religion als auch der Islam gehen von einem verborgenen Gott aus, der nicht abgebildet werden darf – er bleibt mithin verschleiert. Der Gläubige kann nicht unmittelbar in Kontakt zu ihm treten. Moses wie Mohammed verdecken sich das Haupt, bevor sie das Wort Gottes empfangen. Als Enthüllungsreligion folgt das Christentum einer anderen Logik. Das griechische Wort *apokalypsis*, Offenbarung, heißt wörtlich übersetzt ›Entschleierung‹ und ist zusammengesetzt aus *kalypta*, was ›schleierartiger Umhang‹ bedeutet, und dem Präfix *apo* (weg, entfernt). Auch der lateinische Begriff *revelatio* versteht die Offenbarung als einen symbolischen Akt der Entschleierung (von *velum*, Schleier, Vorhang). Der Gedanke der Entschleierung besagt, die Wahrheit Christi, d.h. das Geheimnis Gottes, unverhüllt sehen und begreifen zu können. Im Gegensatz zu den beiden anderen monotheistischen Religionen ist das Christentum eine Religion der *Enthüllung*. In ihrem Zentrum steht ein Gott, der in seinem Sohn sichtbare Gestalt angenommen hat.[101]

Dieser christliche Topos der *revelatio* – als Zugang zur Wahrheit und zum

Geheimnis – sollte bestimmend werden für die westliche Wissenschaft: Auf der Suche nach der wissenschaftlichen ›Wahrheit‹ entwickelte das Abendland eine Fülle von Sehtechniken und Sehgeräten, die neue Paradigmen setzten und ›Ent-deckungen‹ ermöglichten. Die christliche Welt übernahm zu Beginn der Neuzeit viele wissenschaftliche Erkenntnisse aus dem arabischen Raum, wo das Wissen in der Medizin und anderen Gebiete weiter fortgeschritten war. Doch auf dem Gebiet des Sehens schuf das christliche Europa vollkommen Neues: Sehtechniken wie Zentralperspektive, Fernrohr, Mikroskop, camera obscura und später Fotografie und Film sollten das Sehen wie auch die Vorstellung von ›Beweisbarkeit‹ verändern. Dank dieser Neuerungen auf dem Gebiet der Sehtechniken konnte die transzendente christliche Lehre von der Sichtbarkeit der Wahrheit ins Diesseits hinüberwandern.

Beim Transfer von der Theologie zur Wissenschaft spielten die Künste eine zentrale Rolle. Sie ebneten den Weg für ein neues Interesse an der Medizin, die von den Universitäten des Mittelalters marginalisiert, wenn nicht gar aus der Akademie verbannt worden war (mit Ausnahme von Orten wie Salerno in Süditalien, wo sich dank arabischer und jüdischer Gelehrter auch im Mittelalter eine weltliche, von den christlichen Heilslehren unbehelligte Medizin erhalten hatte). Laut Leonardo war nur die Malerei fähig, die Wahrheit der Natur offenzulegen. Auf dieser Fähigkeit begründete er den Anspruch der Kunst, eine ›Wissenschaft‹ zu sein.[102] Hatte der Sterbliche bis dahin aus seiner Teilhabe am Heiligen Abendmahl die Sicherheit bezogen, an der Auferstehung und dem Ewigen Leben teilzuhaben, so übernahm nun die Kunst die Aufgabe der ›Verewigung‹. Die Malerei, die im Mittelalter ganz im Dienst der Kirche gestanden hatte, begriff sich nun als Vertreterin einer irdischen ›Wahrheitsverkündigung‹. Der Künstler wurde zu dem, »der die Seh- und Schaffensweise Gottes zu rekonstruieren versucht – als ein dem Absoluten ins Auge blickender Partner. Aus diesem Selbstverständnis heraus ergab sich ein Wahrheitsanspruch, wie es ihn in der Geschichte der Kunst wohl nie zuvor gegeben hatte. Er verpflichtete den Künstler geradezu auf ein wissenschaftliches Weltbild.«[103]

Dieser wissenschaftliche Anspruch der Kunst versetzte den Künstler auch in die Position eines *Schöpfers* von Leben: Für Leonardo, der tote Tiere und Menschen sezierte, sollte sich in diesem Tun »die schöpferische, göttliche Potenz des Künstlers für das Auge sinnfällig erweisen. Der Künstler repräsentierte sich als autonomer Destruktur und Konstrukteur von *Natur*.« Auch das ungeborene Leben – bis dahin ›das Geheimnis‹ schlechthin – wurde sichtbar gemacht. Leonardo zeigte als einer der Ersten das ungeborene Kind, und seine Darstellung der in der Gebärmutter kauernden menschlichen Gestalt wirkte, »als sei sie auch losgelöst von der Schwangeren überlebensfähig«.[104] Dieses Ungeborene wurde zu einem Beleg für die Zeugungsfähigkeit der Augen.

Auch die Ärzte trugen zur Ermächtigung der Wissenschaft durch das menschliche Auge bei. Wurde der Topos der *revelatio* in vielen Kirchen durch einen über dem Altar aufgerissenen Vorhang dargestellt, so versah Andreas Vesalius (1514–1564) die anatomischen Darstellungen in seinem Buch *de humani corporis fabrica* (Basel 1543) mit einem Vorhang, hinter dem der menschliche Körper zu sehen ist. Sein Werk begründete die moderne Anatomie. Kunst und Medizin wirkten gemeinsam daran, das »göttliche Wunder *sichtbar* zu machen, subtil versprachen sie sogar, an diesen Wundern aktiven Anteil haben zu können«.[105] Bis zu dieser Zeit war die Sezierung von Leichen von der Kirche verboten und verfolgt worden, doch Vesalius' erste Obduktion fand in einer Kirche statt. Seine Anatomie wurde zu einem Theater der Augen, an dessen Vorführungen bis zu 200 Menschen teilnahmen. Gemeinsam setzten Kunst und Anatomie für die sich entwickelnde Naturwissenschaft die methodologischen Richtlinien: »Sichtbarmachen, Aufschneiden, Ent-decken.«[106]

Beide – Künstler wie Wissenschaftler – begannen, mit ihrem Blick den menschlichen Körper zu penetrieren: ein Begriff, bei dem sich nicht durch Zufall visuelle mit sexuellen Bedeutungen verbinden.[107] Beispielhaft für diese Penetrationsphantasie sind die Schriften von Francis Bacon. Er war Generalstaatsanwalt des englischen Königs James I. und lebte in der intensivsten Zeit der Hexenverfolgung. James I. hatte selber ein Traktat dazu veröffentlicht. In seiner Schrift *De dignitate et augmentis scientiarium* (1623) griff Bacon diesen Topos auf – allerdings nicht mit der Absicht, für die Hexenverfolgung eine religiöse Rechtfertigung zu liefern. Vielmehr erhoffte er sich über das Handwerk »dieser zauberischen Künste« Einblicke »in die Geheimniße der Natur«. Es sei »wahrhaftig nicht an dem Eintritt und dem Durchdringen in diese verschloßenen Plätze« zu zweifeln, soweit »man sich einzig die Untersuchung der Wahrheit vornimmt«. Der sexuellen Konnotation entsprechend wurde der Mensch mit dem ›penetrierenden‹ Blick männlich gedacht, während die »gereizte und gefangene Natur«, die nach der »Art eines Verhörs untersucht« werden sollte, weiblich imaginiert wurde.[108] Dieser Topos eines männlichen Betrachters, der mit seinem Blick in einen weiblichen Körper eindringt, tauchte in zahlreichen künstlerischen Darstellungen der Neuzeit auf – nicht nur bei

Leonardo, auch bei Dürer und Tizian.[109] Ab dem 17. Jahrhundert wurde er zum Leitgedanken der Naturwissenschaften.[110] Seinen Ursprung hatte er jedoch in den Inkarnationslehren, laut denen Gottes Wort in den Schoß der Jungfrau Maria eindringt und dort »zu Fleisch« wird. In seinem Buch *Sexualität und Wahrheit* verortet Michel Foucault den Transfer von Kirche zu Wissenschaft im Zeitalter der Aufklärung und sieht ihn vornehmlich auf dem Gebiet des Sprechens.[111] Faktisch fand er schon lange vorher statt, dank der *Seh*techniken, die in der Renaissance erfunden wurden.

Allmählich trat an die Stelle des ›Schauens‹, das sich auf den Glauben an eine transzendente Wahrheit bezog, »das feste Vertrauen in den Gesichtssinn und seine Fähigkeit, Realität zugänglich zu machen«.[112] Der Gedanke des Sehens bestimmte bald über naturwissenschaftliche und medizinische Forschungen. Schon Anfang des 19. Jahrhunderts war in Deutschland, Frankreich und den USA die ›Wahrheit‹ »zum Kampfbegriff aufgestiegen, mit dem die empirisch orientierten Naturwissenschaften ihre Überlegenheit gegenüber rationalistischen und naturphilosophischen Systemen legitimierten«.[113] Das Fundament der christlichen Kirche hatte auf dem Anspruch der Geistlichen beruht, die Wahrheit Gottes zu erkennen; nun verdankten die Naturwissenschaften ihre akademische Institutionalisierung einem ähnlichen Anspruch. Das wird besonders deutlich am Beispiel eines der berühmtesten Ärzte des 19. Jahrhunderts, Rudolf Virchow. Bei ihm stand die ›Wahrheit‹ im Zentrum seines wissenschaftlichen Ethos. Bevor er nach Berlin ging, hielt er 1856 eine Abschiedsrede an der Universität Würzburg, von der Ernst Haeckel in einem Brief an seine Eltern berichtete: »Sein ganzes wissenschaftliches und menschliches Streben und Denken, Dichten und Trachten [gelte] einzig allein der rücksichtslosen, unbedeckten Wahrheit, ihrer vorurteilsfreien Erkenntnis und unveränderten Verbreitung.«[114]

Virchow verkündete eine säkulare Form der *revelatio*, indem er eine weltliche ›Kultur des Sehens‹ entwickelte. In einer Darstellung naturwissenschaftlicher Forschung (der er bezeichnenderweise den Titel »Glaubensbekenntnis« gab) erklärte er, was er unter Wahrheit versteht: »nur DAS zu nennen, was die fünf Sinne des Menschen, unter Einhaltung der von den exakten Wissenschaften vorgeschriebenen Beobachtungs-und Folgerungs-Methoden uns als wirklich seiend (*existirend*) erkennen lassen«.[115] Er beförderte die praktische Lehre und insbesondere das mikroskopische Sehen an der Universität. Ein Schüler nannte ihn in seinen Erinnerungen einen »Heros des Beobachtens und Registrierens«.[116]

Der Historiker Constantin Goschler sieht in diesem Anspruch an die Exaktheit des Sehens, kombiniert mit humanistischem Bildungsideal, den Grund für den wachsenden Autoritätsgewinn der Naturwissenschaften im 19. Jahrhundert – ein Gewinn, den Virchow auch politisch umsetzte, indem er sich ins Parlament wählen ließ. Goschler übersieht dabei freilich, wie sehr die exakten Wissenschaften mit diesem Anspruch in die Fußstapfen kirchlicher Lehren traten: Der ganze Diskurs zur Wahrheit wie der zum Sehen waren eine direkte Erbschaft der christlichen Theologie – nur dass der transzendente Bezug aufgegeben worden war. Aus dieser langen und mit viel Macht versehenen Erbschaft bezogen die Naturwissenschaften ihre Autorität. Schon bald leiteten auch andere akademische Disziplinen ihr Fachethos aus dieser Quelle ab – wobei die sexuelle Konnotation des Sehens nicht verlorenging. »Kritik, Präcision, Penetration«, das verlangte der Historiker Leopold von Ranke von seinen Schülern.[117]

Dieser durch Künste und Sehgeräte etablierte Blick des Wissenschaftlers wurde auch prägend für den Diskurs über die Reproduktion: Den Frauen wurde das Wissen und die Kompetenz über das ihnen ureigenste Gebiet der Geburtshilfe entrissen. Mediziner verdrängten Hebammen, die ihr Wissen mündlich weitergegeben hatten. In der frühen Neuzeit hatten sie noch als Ärztinnen gegolten, doch die Obrigkeit entzog ihnen das Recht zur Geburtshilfe und übertrug es auf männliche Ärzte, die ihr Wissen über die Geburtsvorgänge in Büchern festhielten und damit ›beständig‹ machten. Hatte Vesalius noch erklärt, dass angehende Ärzte aus der Hospitation bei einer Hebamme mehr Nutzen ziehen konnten als aus den akademischen Büchern, so hieß es nun, die mangelnde praktische Erfahrung werde durch die theoretische Ausbildung an der Universität ausgeglichen. Eine gelehrte Fachsprache trat an die Stelle der Praxis. Ihr wurden Prestige und Autorität attestiert. Für die Geburtshilfe gab es, statt der Hand der Hebamme, technische Instrumente wie das Speculum oder die Zange. Die Gebärenden wurden zur ›Natur‹, in die das wissende Auge des Arztes eindrang.[118]

Zwar schrieben auch Frauen Lehrbücher, so die berühmte Hebamme Siegemund. Sie forderte ihre Schülerinnen ausdrücklich auf, sich Bildung und Lesekenntnis anzueignen, war jedoch mit dem Problem konfrontiert, »›Tastwissen‹ zu verschriftlichen«.[119] Dieses ›Tastwissen‹ war von Frau zu Frau, von Mutter zu Tochter, von der Hebamme zum weiblichen Lehrling weitergegeben worden. Den männlichen Wissenschaftlern, die den Vorgang der Schwangerschaft nicht am eigenen Leib erfahren konnten, blieb nur die Möglichkeit einer abstrakten Darstellung durch Text und Bild. In der Geburtshilfe trat das Sehwissen an die Stelle des Tastwissens, und die Reproduktion wurde zu einem ›veräußerten‹ Vorgang. Damit waren die Weichen gestellt für die spätere Verlegung der Zeugungsvorgänge ins Labor.

8. Die Universität – das weltliche Seminar

Die Ablösung des Glaubens durch die Wissenschaft war die Voraussetzung dafür, dass die Universität die Erbschaft der Kirche antreten konnte. Dabei blieb die Art der Reproduktion die gleiche – ›geistige Väter‹ zeugten ›geistige Söhne‹. Das Geschehen verließ nur die Mauern des Klosters und wanderte unter das Dach der *alma mater*, der Universität. Schon Ende des 18. Jahrhunderts begannen die geisteswissenschaftlichen Fächer gleichberechtigt neben die Theologie zu treten, deren Anteil an den Fakuläten zurückging. In seinem Buch *Die männliche Disziplin* stellt der Historiker Falko Schnicke an den Schriften und Ego-Dokumenten – Briefen, Tagebüchern – der Gründer der modernen deutschen Geschichtswissenschaft dar, wie sich dieses Fach ab dem späten 18. Jahrhundert als ›männliche‹ Wissenschaft herausbildete. Auch wenn Schnicke an keiner Stelle die Parallele zwischen den Historikern und den Kirchenmännern zieht, so springen sie doch bei den von ihm zitierten Zeugnissen ins Auge.

Wissensgebiete steigen zu Leitdisziplinen auf, wenn es ein allgemeines Bedürfnis nach den Kenntnissen dieses Fachs gibt. Über lange Zeit hatte die Theologie alle anderen Fächer dominiert: Sie definierte die Gemeinschaft, indem sie zugleich das Regelwerk schuf, nach dem Fortpflanzung und Verwandtschaft definiert werden. Im Zeitalter des aufkommenden Nationalismus wurde die Aufgabe der Gemeinschaftsbildung den Historikern anvertraut. Dass ›die Geschichte‹ in Deutschland schon relativ früh so wichtig wurde – früher als in Frankreich, England oder den USA, wo die Disziplin erst im Verlauf der zweiten Hälfte des 19. Jahrhunderts institutionalisiert wurde –, hing mit ihrer Bedeutung für die Herausbildung des Deutschen Reichs zusammen. Nach der Französischen Revolution und den napoleonischen Besetzungen Deutschlands gab es ein »erhöhtes historisches Orientierungsbedürfnis«,[120] und dieses Bedürfnis konnte nur ein Fach befriedigen, das eine deutsche, bis ins Mittelalter zurückreichende Nationalgeschichte legitimierte. Kurz nach der Niederlage gegen Frankreich wurden die ersten akademischem Lehrstühle für Geschichte geschaffen: an der Universität Berlin geschah das im Jahre 1810. Schon im zweiten Viertel des 19. Jahrhunderts war die Geschichte formell als ›Disziplin‹ mit eigenen Fachzeitschriften etabliert.[121] Ende des 19. Jahrhunderts war sie zur wichtigsten der geisteswissenschaftlichen Disziplinen aufgestiegen.[122] An ihrer Seite standen die Philologien: Das eine Fach stützte die Ansprüche der deutschen Sprache, das andere die der deutschen Geschichte.

Um ihre tragende Rolle beim Aufbau der Nation zu spielen, mussten die Geisteswissenschaften drei Bedingungen erfüllen: Erstens mussten sie protestantisch dominiert sein, denn die Reformation mit ihrer Ablösung von Rom hatte die Weichen für den Nationalstaat gestellt. Die Reformation, so der Historiker Heinrich von Sybel, bietet »academische Triebkraft« und legte »den Samen« für die moderne Universität.[123] Die Dominanz des Protestantismus galt auch für andere Fächer: In Berlin machten die Protestanten 90 Prozent des Lehrkörpers aus, in München, Hauptstadt des katholischen Bayern, immerhin noch die Hälfte. Im Verlauf des 19. Jahrhunderts sank der Anteil der Katholiken noch weiter. Unter protestantischem Einfluss wurde so aus der alten *ecclesia* die säkulare *alma mater*, und die Historiker sahen sich gern als die neuen Domherren. So etwa Theodor Mommsen: »Dem emporsteigenden Riesenbau [der Wissenschaft] gegenüber erscheint der einzelne Arbeiter immer kleiner und geringer.«[124] Das ist die Rhetorik des Kathedralenbaus.

Zweitens musste die Universität, dem christlich-theologischen Vorbild entsprechend, ohne Juden sein. Die ›Wissenschaft des Judentums‹ – eine säkulare, den Prinzipien der Wissenschaftlichkeit verpflichtete Ausrichtung jüdischen Denkens – entstand nicht durch Zufall an deutschen Universitäten: Sie spiegelte den Kampf von Juden um einen Platz in der Wissenschaft wider. Der nationalistische Hintergrund der deutschen Universität verhinderte das über lange Zeit.[125] Auch nachdem Juden (nach der Reichsgründung von 1871) gleichberechtigte Bürger geworden waren, gehörte der Antisemitismus zum akademischen Selbstverständnis, gerade unter Historikern.* Die Geschichtswissenschaft trug so zur Etablierung jener Grundlagen bei, auf denen sich im Laufe des 19. Jahrhunderts

---

* Theodor Mommsen wies seinen jüdischen Freund und geschätzten Kollegen, den Privatdozenten Jacob Bernays, darauf hin, dass ihm »ein wesentliches Professoreningredienz« fehle, nämlich »die Vorhaut«. Zit. n. Rebenich 2002, S. 104. Auch Ranke merkte einem Kollegen gegenüber, der als Jude Karrierehindernisse spürte, fast lakonisch an: »Aber Bresslau, so treten Sie doch über. Sie sind doch auch ein historischer Christ'.« Zit. n. Meinecke 1969, S. 150.

die kollekiven Formen der Blutsverwandtschaft, Nation und Rasse, herausbilden konnten. Diese Spur greife ich im 6. Kapitel wieder auf.

Drittens musste die Universität und exklusiv männlich ausgerichtet sein. An der Abwehr des weiblichen Geschlechts zeigte sich die Erbschaft der Kirche besonders deutlich. Als in der zweiten Hälfte des 19. Jahrhunderts Diskussionen über die Zulassung von Frauen zur Universität aufkamen, gehörten die Historiker zu den entschiedensten Gegnern dieser Neuerung – mehr als die Mediziner und Naturwissenschaftler, deren Fächer noch nicht zu ›Leitwissenschaften‹ aufgestiegen waren. Mit der Zulassung von Frauen, so die Historiker, hätte »der wissenschaftliche Status des Faches als Ganzes zur Disposition gestanden«.[126]* Trotz Ablösung von Rom, trotz Auflösung der Klöster und trotz der Absage an das geistliche Zölibat erhielt sich das Prinzip der Abschottung gegen alles, was mit Weiblichkeit zu tun hatte. Das betraf nicht nur Frauen, sondern auch Homosexuelle und jede Form von ›innerer Weiblichkeit‹ des Mannes. Nur symbolische Frauengestalten überlebten den Transfer ins Diesseits: Nationalallegorien wie Germania, Britannia, Marianne traten ebenso wie die *alma mater* die Erbschaft der kirchlichen Muttergottes an und boten der Gemeinschaft weltliche Geborgenheit.[127]

Freilich unterlagen die Wissenschaftler, anders als Mönche und Geistliche, keinem Zölibat. So gut wie alle waren verheiratet; ein Unverheirater erregte eher Argwohn. Die Abschottung gegen das Weibliche vollzog sich auf andere Weise: Das Weibliche wurde zur »Negativfolie« der Disziplin. Diesen Vorgang stellt Schnicke gut dar. Immer wieder wurde die »Nicht-Weiblichkeit« des Historikers hervorgehoben. Wollte ein Historiker die Arbeit eines anderen diffamieren, so rekurrierte er auf die Negativfolie Weiblichkeit: Der andere sei unseriös, oberflächlich, schreibe ›Salongeschichte‹. Auch der Begriff »eunuchisch« taucht auf.[128] So Droysen über Ranke, dem er in einem Brief vorwirft, »über den gestrengen Friedrich Wilhelm ein parfümiertes Buch« geschrieben zu haben.[129]

---

* Die Korrelation zwischen dem hohen Status einer Disziplin und dem Ausschluss von Frauen gilt heute auch für Einrichtungen außerhalb der Universitäten, vor allem in den Branchen, die sich als Verwalter einer ›neuen Welt‹ verstehen: Davon berichten Mitarbeiterinnen von Google, Uber oder jungen Start-up-Firmen in Berlin. (vgl. Der Tagesspiegel 8. 8. 2017). Die Firmen in Silicon Valley begründen den Aussschluss von Frauen mit ganz ähnlichen Argumenten wie die Historiker des 19. Jahrhunderts: Einer der Gründer der Dating App ›Tinder‹, dem es gelang, seine Mitgründerin aus der Firma zu drängen, deklarierte, eine Frau im Vorstand lasse »die Firma wie einen Witz aussehen«. Tina Kaiser, Schwarze und Frauen müssen draußen bleiben, in: Die Welt, Bericht auf der Wirtschaftsseite über Silicon Valley, 2. 1. 2016.

Trotz dieses Heterosexualitätsimperativs, zu dem Ehefrau und leibliche Kinder gehörten, stand der Historiker unter Druck, seine *geistige* Zeugungsfähigkeit unter Beweis zu stellen, ganz im Sinne der theologischen Erbschaft: in Form von Büchern oder ›Nachwuchswissenschaftlern‹ (auch dies ein Begriff, der von Fortpflanzungsphantasien erzählt). Ranke verglich explizit die beiden Formen der Generation: Er sah seine Schüler als Teil seiner wissenschaftlichen »Familie« an: In ihnen gehe der »Samen« auf, den er als Professor »ausgestreut« hatte.[130] Die Studenten sahen sich selbst als Rankes »wissenschaftliche Söhne und Enkel«.[131] Im Gegensatz zu leiblichen Kindern konnten sich die Wissenschaftler bei diesem Nachwuchs ihrer Vaterschaft sicher sein. Nur mit ihren geistigen Nachfahren erreichten Kirchenmänner und Wissenschaftler das, worum man die Juden so beneidete: eine sichere Nachkommenschaft.

Um die Zeugung der *eigenen* Söhne sicherzustellen, griffen die ›Väter‹ gern auf die Lehrform des Seminars zurück. Der Begriff selbst leitet sich von lat. *semen* (Samen) ab, verweist also auf eine Form von Zeugung, die ihre aristotelischen Wurzeln kaum verleugnen kann. Das Seminar bezeichnet bis heute die Ausbildungsstätte von Theologen. An sich gab es an den Universitäten nur Vorlesungen. Doch einige geisteswissenschaftliche Fächer, darunter auch die Geschichtswissenschaft, führten im Verlauf des 19. Jahrhunderts diese Lehrform ein: als Institutionen »der Elitefortsetzung«, die Frauen, Katholiken und Juden explizit ausschloss. Da die Professoren die Seminare zu Hause abhielten, konnten sie jedem ungebetenen Gast den Zutritt verwehren. Der Aufnahme ging eine strenge Selektion voraus – das Eintrittsritual bestand in einem persönlichen Gespräch mit dem Professor. Indem das historische Seminar »mit männlichen Tugenden konnotiert« wurde, grenzte es sich gegen »weibliche Salonkultur« ab.[132] Es wurde so zur Reproduktionsstätte für die ›geistigen Gene‹. Unter den angesehenen Geisteswissenschaftlern gab es nur einen, der Frauen nicht von seinen Seminaren ausschloss: Georg Simmel. Seine Frau nahm an den Seminaren teil und saß ihm gegenüber am Kopf des Tisches.[133] Offensichtlich fühlte er sich nicht derselben theologischen Tradition verpflichtet. Simmel war Jude – kein religiöser, aber ein kultureller. Seine akademische Andersheit kam ihm teuer zu stehen. Als Jude wurde ihm die Aufnahme in den inneren Kreis der Wissenschaft verwehrt. Obgleich seine Vorlesungen zu den meist gehörten Berlins gehörten, wurde er dort nie auf einen Lehrstuhl berufen.

Das Prinzip der Roten Tinte – das wird spätestens am Beispiel der deutschen Geschichtswissenschaft deutlich – ist immer das gleiche: Zunächst geht es um eine geistige Form der Zeugung, die sich dann ›das Fleisch‹ oder die ›Blutslinie‹ überstreift, um als eine physische, natürliche Art der Fortpflanzung in Erscheinung zu treten. Ob bei Aristoles, den Verwandtschaftssystemen von Griechenland und Rom, den christlichen Dogmen oder der modernen Wissenschaft: Die Entwicklung setzte stets mit einer mit Männlichkeit gleichgesetzten Gestalt der Abstraktion ein und nahm dann über Prozesse, die je nach historischer Epoche unterschiedlich verliefen, leibliche Gestalt an – in Form einer patrilinearen Blutslinie.

9. Von der geistigen Blutslinie zur Zucht

Es dauerte zwar noch bis ins 20. Jahrhundert, bevor – mit der Genetik – aus der geistigen Vaterschaft eine ›echte Blutslinie‹ wurde. Geübt wurde aber schon lange vorher, und das wichtigste Versuchsfeld war die Tierzucht. Bis heute ist die Rinderzucht Erprobungsterrain der genetischen Reproduktion.[134] Die patrilineare Blutslinie fand vor allem in der Zucht von Rennpferden ihren Ausdruck. Diese offenbart ihrerseits *in nuce* die Mechanismen einer leiblichen Patrilinearität nach dem Modell der Roten Tinte.

Das wichtigste Requisit der »Vollblutindustrie«, so die britische Sozialanthropologin Rebecca Cassidy, ist die Ahnentafel. Auf ihr basiert die Wettindustrie, deren Markt auf weltweit eine Billion Englische Pfund geschätzt wird. Der reinrassige Abstammungsnachweis ist so wichtig, dass »sich der Wert eines Pferdes eher an der Ahnentafel als an der physischen Erscheinung des Pferdes ablesen lässt.«[135] Diese »trockenen Fakten« sind geschriebene Dokumente, in denen, wie beim Adel, die Herkunft festgehalten wird. Sie garantieren, dass in den Adern dieses Pferdes edles Blut fließt. Die Parallele zur menschlichen Blutslinie macht offenbar, dass es sich bei Kategorien wie »Vollblut« oder »Reinrassigkeit« um sekundäre Merkmale handelt: Der Körper ist nur der Signifikant, das Signifikat ist der geschriebene Stammbaum.

Der Stammbaum der Rennpferde ist patrilinear. Nur das Vatertier und seine männlichen Nachkommen werden gezählt. Bei den Stuten wird höchstens das Fehlen von Defiziten vermerkt. »Die Linie der Vatertiere repräsentiert angeblich die Kraft, gegenüber der Schwäche des Mutterstamms.« Bei den Auktionen bestimmt deshalb auch der väterliche Stamm mehr als der Mutterstamm über den Wert eines Jährlings. Der Mutterstamm, so Cassidy, »wurde von einem meiner Informanten als ›mobiler Inkubator‹ beschrieben«.[136] Diese Züchtungsvorstellungen, die wiederum über die Paarungsentscheidungen bestimmen, leiten sich natürlich von patriarchalen (und aristokratischen) Theorien zur Erblichkeit ab.

In einigen Stammbüchern zeigen Diagramme sowohl die Ahnenfolge der Pferde als auch die ihrer Eigenümer. War das Pferderennen »einst das wichtigste Ereignis im Sozialkalender der Aristokratie zur Zeit Edward VII., so ist es heute noch immer wichtig für die Betuchten«. Da die Analogie zu den adligen Stammbäumen im Zentrum der Zucht steht, wird der Adel noch immer als Staffage gebraucht. Die Präsenz der königlichen Familie bei den Rennen, der Auftritt der Queen in offener Pferdekutsche ist Teil des Spektakels. »Das Verwischen der Unterscheidung zwischen Mensch und Tier ist besonders suggestiv; in beiden Fällen funktioniert dasselbe Hereditätsprinzip.«

Der ›Stammbaum‹ der Rennpferde beruhte von Anfang an auf einem Mythos. Laut allen Büchern zur Pferdezucht kommen für den Ursprung des Vollblutpferds nur drei Hengste in Frage, die alle arabischer Herkunft sind: der Darley Arab, the Godolphin Arab und der Byerley Turk. Die Pferdezucht in Europa konzentriert sich auf diese Herkunft; alle anderen ›Stammväter‹ werden übergangen. »Die Konzentration auf diese drei Hengste hat den Effekt, die Idee eines Vollbluts als mystisches Tier zu produzieren, das nicht geboren, sondern erschaffen wird und das sich auf asexuelle Weise fortpflanzt, dabei männliche Attribute bewahrend, die nicht durch die Paarung mit weiblichen Tieren verwässert oder gar verunreinigt werden.«[137] Das erinnert an Aristoteles' ›himmlischen Samen‹.

Die Geschichte der modernen Rennpferdzucht begann im 18. Jahrhundert. Bis ins 17. Jahrhundert wurde bei den Rennen vor allem das Durchhaltevermögen der Pferde geprüft, denn sie waren für den militärischen Einsatz vorgesehen. Als im 18. Jahrhundert aus den Rennen ein Sport wurde, mussten die Pferde über andere Qualitäten verfügen: Es ging nicht mehr um ein vielseitig einsetzbares Kavalleriepferd, sondern um ein Tier, das über kurze Entfernungen und unter geringem Gewicht sprinten konnte und multiple Wettmöglichkeiten bot. Die neue Verwendung des Pferdes kam also zu einer Zeit auf, in der auch das Geld neue Wege ging – über Börse, Aktienfirmen und Papiergeld. Die zunehmende Abstraktion von Geld und Werten heizte die Spekulation und das Glücksspiel an, und die Einführung von Pferdewetten sowie die Entwicklung einer neuen Pferdezucht, die mehr ans Papier als an ›Fleisch und Blut‹ glaubte, passte in diese Entwicklung.

Weil bei den Wetten immer höhere Geldsummen eingesetzt wurden, stieg auch der Wert von Rennpferden, was wiederum dem Stammbaum und der ›Identität‹ des Pferdes eine erhöhte Bedeutung verlieh. Faktisch führte das jedoch zu zahlreichen Urkundenfälschungen, die nationale und internationale Verwerfungen mit sich brachten. Die Glaubwürdigkeit amerikanischer wie auch britischer Zuchtbücher wurde angezweifelt. Im 19. Jahrhundert übernahm schließlich der englische Jockeyclub die Aufsicht über die Rennen. Er vergab Lizenzen an Profis und etablierte Regeln für anerkannte Rennen, die es erlaubten, Betrug und Regelwidrigkeit mit lebenslangen Sperren zu bestrafen.

Im 19. Jahrhundert führte die Tatsache, dass die drei ›Urhengste‹ im arabischen Raum verortet wurden, bei einem Teil der Anhänger von Pferderennen zu einem Araber-Hype. Das hoch gezüchtete englische Rennpferd sei nur ein »schmächtiger Sprinter«; die Betonung der kurzen Strecken wurde mit dem Glücksspiel assoziiert. Das westliche Vollblutpferd sei degeneriert, »das alte Blut ist ausgelaufen und bedarf einer Erneuerung an der Quelle«. Ihm wurde die »Authentizität« und »Reinheit« der arabischen Zucht gegenübergestellt, die bei einigen englischen Adligen orientalistische Formen annahm. »Der aristokratische Status vieler von ihnen, der Romantizismus ihrer Schriften und ihre Neigung, sich in national-arabischer Tracht malen zu lassen, verdeutlichte ihr eigennütziges Interesse«, das darin bestand, den Wert des ›alten Blutes‹ hervorzuheben. Die Tatsache, dass die arabischen Pferde langsamer waren als die englischen, erklärte man damit, dass die arabische Zucht vielleicht verkümmert sei, aber immerhin sei sie »ohne Makel des Blutes«.[138]

Hinter der Bemühung, »das arabische Pferd zu retten, offenbarte sich der Aufstand gegen die proto-industrielle Welt«.* Zu den Befürwortern des arabischen Pferdes gehörten vornehmlich Aristokraten; laut ihnen bestand der Fehler des Westens darin, dem Blut zu wenig und der Leistung zu viel Aufmerksamkeit zu schenken – Leistung sei ein »menschengemachtes Ideal«. Westliche Vollblüter seien »Warmblutparvenüs«, das Erzeugnis einer korrupten Zivilisation. Die Pferde der Wüste dagegen würden auf ihre physischen Eigenschaften getestet; es gebe weder Papier noch schriftliche Zeugnisse. Das liege nicht am Mangel an technischer Ausrüstung, denn jeder Scheich verfüge über ein Sekretariat. »Es ist nicht so, dass der arabische Nomade nicht lesen und schrei-

---

* Angesichts dieser Diskussion könnte man auf die Idee kommen, dass eines Tages auch »Design-Babies«, auf die noch zurückzukommen sein wird, durch die Sehnsucht nach »unverfälschten« Kindern abgelöst werden, das heißt, nach Kindern, die ohne die Hilfe von Reproduktionstechniken zur Welt kommen

ben kann«, schrieb einer, »vielmehr ist er stolz darauf, dass er sich das Wissen entweder von den Lippen des Erfahrenen oder durch seine fünf Sinne aneignet. Er bewahrt es nicht in Bücherläden, sondern in seinen Fingerspitzen.«[139] (Man fühlt sich irgendwie an Platons Sticheleien gegen die Sophisten mit ihrer erworbenen – und nicht angeborenen – Bildung erinnert.)

Es ist kein Zufall, dass die Idealisierung orientalischer ›Oralität‹ – die als Ursprünglichkeit und Unverfälschtheit daherkam – ausgerechnet von Aristokraten ausging. Das Modell der Blutslinie war vom Adel (mit Rückgriff auf die christlichen Lehren) entwickelt worden. Eines seiner wichtigsten Merkmale war die Berufung auf schriftliche Dokumente, die dem patrilinearen Blut Unwiderlegbarkeit und Langlebigkeit garantierten. Dass ausgerechnet diese soziale Schicht nun auf die ›Echtheit‹ und ›Reinheit‹ eines Blutes pochte, das keiner schriftlichen Zeugnisse bedürfe, war überraschend, aber aus der eigenen Sicht auch verständlich: Durch das Manöver wurde aus der Roten Tinte echtes Blut. Ich behaupte, dass ein Gutteil der Blutsideologien des 19. und frühen 20. Jahrhunderts eben diese Strategie verfolgte: den Anschein einer ›Ursprünglichkeit‹ der Patrilinearität zu erwecken. Dafür bot die angebliche authentische Leiblichkeit der arabischen Pferde das ideale Vorbild: Diese Hengste waren älter als die Schrift und die geistige Art der Fortpflanzung. Im zweiten Kapitel war von einer ›sekundären Oralität‹ die Rede: einer mündlichen Sprache, die von der Schrift gestaltet worden ist. Hier wäre es angemessen, von einer sekundären patrilinearen Blutslinie zu sprechen: einer Blutslinie, die nach den geistigen Prinzipien der Schrift entsteht, nun aber deren Wirkmacht verleugnet, um als Original daherzukommen.

Was sich hier vollzieht, ist einerseits die Übertragung der patrilinearen Blutslinie auf die Natur (Pferdezucht) und andererseits die Rückübertragung dieser ›Naturgesetze‹ auf die menschliche Gesellschaft. Mit dieser Wechselwirkung waren die Voraussetzungen für das geschaffen, was Michel Foucault später als »Biomacht« bezeichnen sollte, »deren höchste Funktion nicht mehr das Töten, sondern die vollständige Durchsetzung des Lebens ist«.[140]

Dieses Ideal geriet bei der Pferdezucht allerdings an seine Grenzen. ›Promotea‹, das erste geklonte Pferd, wurde 2003 geboren. Es war das Fohlen einer genetisch identischen Mutter, »die auf diese Weise von sich selbst entbunden wurde«. Das Fohlen war gezeugt worden aus den Eizellen von Stuten in einem Schlachthof. »Aus dem Bericht in *Nature* geht nicht genau hervor, ob die Stuten zu dem Zeitpunkt tot oder lebendig waren.« Die DNA der Eizelle wurde entfernt und durch die DNA von erwachsenen männlichen und weiblichen Hautzellen ersetzt. Von den daraus resultierenden 22 Embryonen wurden 17 in neun Stuten implantiert. Vier von ihnen wurden trächtig, ein Fohlen wurde geboren. Promotea ist das Extrembeispiel für die Entwicklung der patrilinearen Blutslinie: Am Ende einer Zucht, die einen rein männlichen Stammbaum verfolgt (und dafür Phantasien über die ›unbefleckte Empfängnis‹ und Jungfrauengeburt und schließlich sogar die Möglichkeit der geschlechtslosen Zeugung entwickelt), steht eine Stute, die sich (wie das geklonte Schaf Dolly) nur weiblich fortpflanzen kann!

Für die auf den männlichen Stammbaum fixierten Züchter von Rennpferden warf dieses Resultat natürlich ein Problem auf. Die Folge war das Verbot der artifiziellen Insemination im Pferderennsport. »Der internationale Bann im Pferderennsport gegen Pferde, die durch künstliche Befruchtung gezeugt wurden, ist der letzte Stand in der Entwicklung der Ideologie des Stammbaums; es ist zugleich der Kontext, in dem diese Vorstellung am weitesten entwickelt wurde.« So Rebekka Cassidy im abschließenden Kommentar zu ihrem Bericht.[141] Auf die Fragen, die die Techniken der Reproduktionsmedizin für den Menschen aufwerfen, werde ich im 6. und vor allem im 8. Kapitel eingehen. Aber soviel schon hier: Wie das Beispiel von Promotea zeigt, stößt die patrilineare Blutslinie heute an ihre Grenzen. Zugleich ist es in eben diesem historischen Moment und dank derselben genetischen Techniken zum ersten Mal in der Menschheitsgeschichte möglich, den sicheren Vaterschaftsnachweis zu erbringen. Was bedeutet dieser Widerspruch und noch wichtiger: Welche Folgen hat das?

Mit Aufklärung und Industrialisierung brach das Zeitalter des Bürgertums an. Das ›blaue Blut‹ des Feudalismus wurde durch das ›rote Blut des Kapitals‹ ersetzt. Auch hier verlief die Rote Tinte in männlicher Linie. Daneben trat jedoch eine neue weibliche Linie, die ebenfalls der Tinte bedurfte: Frauen wurden zu den Garanten bisher unbekannter emotionaler Verwandtschaftsbande, in denen das Kapital Familiengefühle und Familiengefühle Kapital sicherten.

5. KAPITEL:
Das Kapital fließt in den Adern

Zusammenfassung der bisherigen Entwicklung

Die Verwandlung der Schrift in eine patrilineare *Blutslinie* vollzog sich über einen langen Zeitraum. In Rom war die Patrilinearität keineswegs an die leiblichen Kinder eines Mannes gebunden. Der von ihm adoptierte Nachwuchs war mit ihm enger verwandt als die Kinder, die er mit einer Unfreien gezeugt hatte. Zwar umschrieben die Römer ihre Verwandtschaftsverhältnisse mit dem Begriff der *consanguinitas*, aber mit Blut hatte dies nur wenig zu tun. Auch die römischen Exogamie-Regeln bezogen sich nicht auf leibliche Verwandtschaft. Vielmehr sollten sie soziale Vernetzungen zwischen unterschiedlichen Familien derselben sozialen Schicht knüpfen: Exogamie gegenüber engen Verwandten, aber Endogamie gegenüber der Klasse. Mit dem Christentum rückte die Blutsverwandtschaft deutlicher in den Vordergrund: Eine Religion, die unter dem Zeichen eines ›Mensch gewordenen Gottes‹ stand, konnte schwerlich die Leiblichkeit bei Zeugung und Geburt gering achten. Gemeint war jedoch eine symbolische Leiblichkeit. Der Begriff der *consanguinitas* blieb erhalten, bezeichnete aber zunehmend geistige Verwandtschaftsverhältnisse. Auf leibliche Verwandte wurde der Begriff des ›Fleisches‹ angewandt; auch Ehe und Sexualität galten als Beziehungen des ›Fleisches‹. Das Blut dagegen blieb der väterlichen Linie vorbehalten. Wir verwenden heute das Blut zur Beschreibung von biologischen Anlagen, die von väterlicher wie von mütterlicher Seite vererbt werden, aber für das Mittelalter repräsentierte das Blut männliche Abstammung und Erbschaftslinien, die vom Vater zum Sohn verliefen.

Die christlich sakrale Aufwertung des Blutes verband sich mit den römischen Traditionen einer väterlichen Dominanz der Familie. In einem Prozess, der sich über mindestens ein Jahrtausend hinzog, entwickelten Kirche und Gesellschaft eine Definition von Verwandtschaft, in deren Mittelpunkt die Blutslinie stand. Es war ein Konzept, das sich einerseits aus dem mit dem Blut verbundenen christlichen Heilsversprechen ableitete, andererseits aber auch in Abgrenzung gegen das Judentum entwickelt wurde. Im Judentum hatte sich mit der Diaspora eine leibliche Definition von Verwandtschaft herausgebildet, die sich, anders als in Griechenland, Rom und in der christlichen Gesellschaft, auf eine mütterliche Linie bezog: Diese galt als mehr oder weniger sicher. Dagegen beruhte die christliche Blutslinie auf dem *pater semper incertus est*. Sie verdankte ihre ›Sicherheit‹ einerseits der Sakralität des Blutes, die sich vom Glauben an die christliche Passionsgeschichte und Inkarnationslehre ableitete, und beruhte andererseits – dies zunehmend – auf Archiven, Gesetzen, Stammbäumen und Grundbesitz.

Die sakrale Aufwertung des Blutes in der christlichen Lehre ging mit einer Aufspaltung in zwei Arten des Blutes einher: Dem ›guten‹ oder geistigen Blut stand das ›böse‹ Blut gegenüber, das Sterblichkeit und Sexualität repräsentierte. Indem der Gläubige beim Heiligen Abendmahl vom Blut des Herrn trank, vermischte sich sein weltliches, ›niederes‹, Blut mit dem unsterblichen Blut des auferstandenen Gottes: Der Gläubige hatte Anteil an dessen Ewigkeit. Die Zweiteilung in ›ewiges‹ und ›sterbliches‹ Blut erfuhr eine allmähliche Übertragung auf die diesseitige Welt: Sie fand zunächst in der Sakralisierung des Herrschertums ihren Niederschlag und strahlte dann von dort auf die Vorstellung vom ›besseren‹ Blut des Adels aus. Letzteres galt zunehmend als Garant für psychische und moralische Tugenden, und es war Beweis für die Legitimität einer Erblinie: Die Wahrheit lag im guten Blut.

Die dynastische Blutslinie setzte eine weit zurückreichende Herkunft der Familie voraus. Sie etablierte eine Art von diesseitigem Ewigkeitsanspruch der Familie, den die Archive und lange Stammbäume belegten: Die Schrift als Überwinderin der Sterblichkeit wurde so zu einem inhärenten Teil der Genealogie. Je mehr die Menschen in Europa nach dem Gesetz der Schrift zu leben begannen – und das war ab circa 1000 der Fall –, desto mehr setzte sich der Primat der väterlichen Linie durch. Um 1600, d. h. 150 Jahre nach der Erfindung des Buchdrucks, wurde dieses Vorrecht von niemandem mehr bestritten.

Zusätzlich erließ die Kirche ein umfängliches Inzestverbot. Auf diese Weise konnte sie die Fortpflanzung des Adels kontrollieren oder gar verhindern. Diese Einschränkung verlieh der patrilinearen Blutslinie zusätzliches Gewicht. Bis ins 18. Jahrhundert entwickelten sich in vielen Teilen Europas die sogenannten ›alternierenden Linien‹: ein Austausch zwischen väterlichen Blutslinien. Je näher eine Region der katholischen Kirche stand, desto strikter wurde auf die Männlichkeit der Linie geachtet. Gelegentlich fehlte es an männlichen Erben, dann konnte es geschehen, dass eine andere männliche Linie die Nachfolge antrat. Da der Grundbesitz aber immer mit einem Namen verbunden war, kam es innerhalb einer männlichen Linie zum Namenswechsel, was wiederum die lange Herkunft einer Dynastie in Frage stellen konnte. Aus diesem Grund lassen sich Verwandtschaftslinien nur unter Berücksichtigung der jeweiligen Erbschaftsgesetze erforschen. Das gilt auch für erbliche Ämter und Adelstitel, die von der Krone verkauft wurden, wie das in Kastilien unter Isabella und Karl V. der Fall war. Auch Ludwig XIV. verkaufte Adelstitel, um seine Kriege zu finanzieren – sehr zum Ärger des alten französischen Adels. Die (fiktive) Erblichkeit dieser Titel zeigt deutlich, dass es mit der väterlichen *Bluts*linie nicht weit her war und diese weitgehend auf symbolischen Genealogien beruhte.

Zwar kam es vor, dass die Stammbäume – wie im vorigen Kapitel am Beispiel des rheinischen Adels oder der Oligarchie von Venedig beschrieben – auch von der Familie der Mutter eine lange Herkunft verlangten. War dies der Fall, so wurde freilich nur die väterliche Linie der Mutter verfolgt: Die weibliche Herkunftslinie fand höchstens zwei oder drei Generationen zurück Berücksichtigung. Letztlich stellten Mütter und Ehefrauen nicht viel mehr als ein ›Medium‹ dar, das der Reproduktion und Fortführung einer väterlichen Blutslinie diente. Diese Vorstellung von Blutslinie kann ihre Herkunft aus den aristotelischen Lehren von der *Zeugung der Geschöpfe* kaum verleugnen. Hier verband sich der ›himmlische Stoff‹ des väterlichen Samens jedoch mit christlichen Lehren. Denn in der Rolle, die der irdischen Frau und Mutter in dieser Blutslinie zugewiesen wurde, schien die Konstruktionen der jungfräulich gebärenden Muttergottes auf, die das ›Wort‹ (oder den ›Funken‹) in ihrem Leib empfängt, selber aber keinen Anteil an der Entstehung des Lebens hat. Kurz: Nach der Verwandtschaftsdefinition, die sich in Europa unter dem Einfluss des Christentums entwickelte, waren Frauen eigentlich nicht mit ihren Kindern verwandt – man fand nur Verwendung für sie.

Die weltliche Macht der patrilinearen Blutslinie verdankte sich der Verbindung mit Eigentum. Dieser Zusammenhang trat ab etwa 1000 immer deutlicher hervor. Damals vollzog sich ein erheblicher Wandel in der Sozialstruktur Europas, bedingt durch eine neue bürokratische Organisation, die sich auf kirchlicher wie staatlicher Ebene herausbildete. Bis dahin war Verwandtschaft vor allem ›horizontal‹ gedacht worden, d. h. in Form von Bündnissen, die sich aus sozialen Netzwerken von mütterlichen und väterlichen Verwandten zusammensetzten. Dementsprechend verteilten sich sowohl Erbe als auch verwandtschaftliche Identität auf alle Nachkommen, Töchter nicht minder als Söhne. Die Loyalität galt der Krone. Nach 1000 wurden viele königliche Rechte wie Steuereinnahmen und Rechtsprechung auf den lokalen Adel übertragen, dem zugleich Land zugewiesen wurde. Sesshaft geworden, bezog der Adel seine Einnahmen zunehmend aus dem Landbesitz. In diesem Kontext, wo sich das ›sakrale Blut‹ des Adels mit Grund und Boden verband, begann der eigentliche Siegeszug der patrilinearen Blutslinie. (Eine Verbindung, die Jahrhunderte später in der ›Blut- und Bodenideologie‹ des Nationalsozialismus in abgewandelter Form wieder auftauchte – nun bezogen auf ›das Volk‹, nicht auf eine bestimmte soziale Schicht.)

Die Knüpfung der Ahnenreihe an Grund und Boden war einer der Gründe, weshalb mit Land kaum gehandelt wurde. In der Antike war dies durchaus üblich gewesen, das Römische Recht sah in dieser Hinsicht keine Beschränkung vor. Ähnliches galt auch für das Karolingerreich, wobei im 8. Jahrhundert ein beträchtlicher Anteil dieser Geschäfte von Frauen getätigt wurde. Beides, der Verkauf von Boden und weiblicher Grundbesitz, war im Spätmittelalter kaum mehr üblich. Durch die Verbindung mit der Genealogie erhielt Grundeigentum eine hohe symbolische Bedeutung, die mit weiblichem Besitz ebenso wenig vereinbar war wie mit der Verwandlung in eine Ware. Dank seiner metaphorischen Geltung und seiner Relevanz als Einnahmequelle war sicherer Landbesitz zu einer Kompensation für die unsichere Vaterschaft geworden. Das galt nicht nur für den Adel, sondern auch für bäuerliche Schichten. Beim Adel kamen zum ›Stammsitz‹ auch Familiensymbole wie Wappen und Familiensprüche hinzu. Sie verfestigten die patrilineare Blutslinie durch einen visuellen und schriftlichen Ausdruck, der generationenübergreifende Dauerhaftigkeit versprach. Der Zusammenhang von Grundbesitz und Blutslinie wurde noch dadurch befördert, dass es bis zum Ende der Feudalgesellschaft keine Erbschaftssteuer gab, die in vielen Fällen eine Verteilung der Vermögenstitel zur Folge gehabt hätte.

Da Grundbesitz und Kapital von derartig grundlegender Bedeutung für die Blutslinie und Verwandtschaftsdefinition waren, änderten sich letztere auch mit jedem Wandel der ökonomischen Strukturen. Ich habe im zweiten Kapitel dargelegt, wie sich nach der Erfindung des nominalistischen Geldes im antiken Griechenland die menschliche Reproduktion in Parallele zur Vermehrung des Geldes entwickelte. An diesen Gedanken schließt dieses Kapitel an. Es beschreibt den Wandel der Familie unter dem Einfluss der modernen Ökonomie.

1. Mitgift und Morgengabe

Wie oben ausgeführt, wurden Töchter und nachgeborene Söhne allmählich von der Erbschaft ausgeschlossen. Zwischen dem 15. und dem 17. Jahrhundert etablierte sich das Gesetz der *primogenitur* so gut wie überall in Europa. In einigen Gebieten wie Oberschwaben wurde im 16. Jahrhundert der Vorrang des jüngsten Sohnes die Regel, aber das war eher die Ausnahme.[1] Zwar wurde das mobile Erbe – es umschloss andere Vermögenstitel oder kleinere Landgüter – weiterhin auf alle Kinder verteilt. Doch der Hauptwohnsitz der Familie blieb dem Erstgeborenen vorbehalten, und mit diesem Besitz verbanden sich auch zunehmend ertragreiche symbolische Erbschaften: Titel, politische Ämter, Privilegien – ein symbolisches Kapital, das Zugang zu Macht und zusätzlichen Einnahmequellen bedeutete.[2]

Die nicht erbberechtigten Söhne suchten ihr Einkommen in jenen Berufen, die entweder der Kirche (als Geistliche) oder der Krone (als Söldner) verpflichtet waren. Der Ausschluss der Töchter von der Erbschaft wurde abgemildert durch die Mitgift. Hinzu kam die Morgengabe des Ehemannes. Im 16. Jahrhundert war die Mitgift durchschnittlich fünf Mal größer als die Morgengabe. Ein Jahrhundert später lag das Verhältnis bei zehn zu eins. Das heißt, die Absicherung der Frau verlagerte sich zunehmend auf ihre Herkunftsfamilie, was wiederum das patrilineare System und die *primogenitur* verstärkte.[3]*

Die katholische Kirche förderte die Einrichtung der Mitgift – weniger wegen der Rechte der Frauen denn aus Eigennutz, »zum Zwecke frommer Stiftungen und Hinterlassenschaften«.[4] Die Jesuiten, die zunächst weltliche Güter abgelehnt hatten, waren in dieser Hinsicht besonders effizient, und ihre Organisation gilt unter Historikern als »eines der größten Geldbeschaffungsunternehmen aller Zeiten«. In einigen Patrizierfamilien Italiens machte die Mitgift der

---

* Eigentlich ist die Mitgift ein Relikt aus dem ›Gabentausch‹: Die Gabe einer Frau musste durch ein Geschenk abgegolten werden: ein Geschenk, das seinerseits als ›Pfand‹ dafür galt, dass die Gebergruppe eine Frau zurückerhielt. Der Begriff der Mitgift leitet sich vom Verb ›geben‹ ab und bedeutet einerseits Gabe, Belohnung, Geschenk, verweist andererseits aber auch auf den Tod bringenden Stoff, die ›tödliche Gabe‹: Eine Gabe, die nicht erwidert wird, bringt Unheil, verwandelt sich also in Gift, so Marcel Mauss in seiner Beschreibung des Gabentausches. (Mauss, S. 154) Während in der englischen Sprache die alte Bedeutung (Gabe) erhalten blieb, wurde der Begriff im Deutschen immer mehr mit der ›tödlichen Gabe‹ gleichgesetzt. Parallel dazu vollzog sich ein Geschlechtswechsel: von ›die Gift‹ im Althochdeutschen über ein Maskulinum im 15. Jahrhundert zum Neutrum ›das Gift‹ im 16. Jahrhundert. Nur in der Mitgift blieb die ›weibliche‹ Konnotation der Gabe erhalten.

verheirateten Frauen bis zu 20 Prozent der Vermögenswerte der Familie aus. Fiel das Verfügungsrecht über die Mitgift an die Ehefrau zurück (etwa nach dem Tod des Ehemannes), so diente es gelegentlich zur Unterstützung ihres Beichtvaters, von dem die Witwe, wie Goody schreibt, »in oft zweideutiger Weise abhängig war«. Die Folge – zumindest im katholischen Raum – war ein Spannungsfeld zwischen den Familieninteressen und den guten Werken der Kirche. Gelegentlich gab es auch weibliche Erblinien: so etwa in Apulien, wo es bei wohlhabenden Familien die Regel war, dass Mütter ihren Töchtern das Stadthaus vermachten. Dafür kümmerten sich die Töchter um die Alten. Es war eine spezielle Art von weiblicher Care-Linie. »Der Zusammenhang zwischen Pflege im Alter, Generationenvertrag und Schenkungen unter Lebenden ist bereits in der spätmittelalterlichen Gesellschaft klar zu erkennen und bleibt in der mediterranen Gesellschaft bis heute; er ist das Merkmal der meisten früheren Gesellschaften ohne umfassende Fürsorgevorkehrungen.«[5]

Die Einrichtung der Mitgift griff tief in die Geschlechterbeziehungen ein. »In Nordwesteuropa, wo die Mitgift schon früher ungebräuchlich wurde, ist es zwei bis dreimal wahrscheinlicher, daß ein Ehemann seine Frau umbringt als umgekehrt; im Languedoc (und vielleicht noch weiter südlich) ist das Gegenteil der Fall.« Tötete eine Frau des Südens ihren Ehemann, so gab sie oft als Tatmotiv den Wunsch an, die Mitgift wieder in ihren Besitz zu bringen und ein zweites Mal zu heiraten. Hier führte die Mitgift »oft zu dem tiefen Groll der Ehefrau darüber, daß ihr Mann sie und ihr Eigentum mißbrauchte und daß sie durch seine Beseitigung sich zurückholen könne, was ihr gehörte«.[6]

Tatsächlich verspielten viele Ehemänner das Vermögen ihrer Ehefrau, vor allem als ab dem 17. Jahrhundert Spekulation und Glücksspiel aufkamen und einige Ehemänner sich auf diese Weise rasch zu bereichern hofften. Zum Schutz der Mitgift entstanden im 16. Jahrhundert in vielen südeuropäischen Städten Mitgiftfonds. Statt ihre Vermächtnisse Nonnenklöstern zu überlassen, zahlten betuchte Familien in diese karitativen Fonds ein, aus denen die Mitgift für junge Frauen bezahlt wurde. »Rom, die Stadt der Mitgiftfonds par excellence, versorgte bis zum 18. Jahrhundert zweitausend Mädchen pro Jahr.« Die *Monti delle dote* dienten auch als Mitgiftbanken, in die Familien investieren konnten, um ihren Töchtern eine Leibrente zu sichern. Als im 17. Jahrhundert die Spekulation um sich griff, hatten diese Fonds den Vorteil, dass »dieses Kapital vom Ehemann nicht angerührt werden konnte«.[7]

Die Mitgift hatte auch Einfluss auf das Reproduktionsverhalten. In den

Adelsfamilien, wo das Mitgiftniveau besonders hoch war, sanken die Geburtenraten von vier auf zwei Kinder zwischen 1500 und 1800. Es wurde nur so lange gezeugt, bis ein Stammhalter geboren war. In den katholischen Ländern, wo weniger Geburtenkontrolle stattfand, gingen die ›überschüssigen‹ Töchter ins Kloster, wo die von der Familie zu entrichtende Mitgift geringer war. Vor 1650 kamen 75 Prozent der Töchter des mailändischen Adels ins Kloster. Das war allerdings eine Ausnahme. Anderswo lag der Anteil bei rund 30 Prozent, »was jedoch immer noch die Fruchtbarkeitsrate und die Mitgiftaufwendungen verringerte«.[8] Auch in England, wo es zu dieser Zeit schon keine Klöster mehr gab, blieben 25 Prozent der Töchter unverheiratet – in adligen wie in bürgerlichen Haushalten.

Die unverheirateten Frauen der protestantischen Regionen konnten häufig lesen und schreiben, arbeiteten oft als Gouvernanten, Lehrerinnen, Hauswirtschafterinnen, machten sich später auch als Schriftstellerinnen einen Namen. Da sie zölibatär lebten, repräsentierten diese meist gebildeten Frauen die protestantische Variante weiblichen Klosterlebens. Doch verglichen mit dem Klosterleben litten sie unter Statusverlust, »dazu verurteilt, als ›alte Jungfern‹ eine abhängige Familienexistenz zu führen« und im gesellschaftlichen Rang »hinter der verheirateten Frau zurückzustehen«. Das änderte sich erst, so Marianne Weber, als sich diesen Frauen im späten 19. Jahrhundert »allmählich die Selbständigkeit und Würde der außerhäuslichen Berufstätigkeit zu eröffnen begann«.[9] Tatsächlich sollten eben diese Frauen zu den Pionierinnen des Kampfs um Bildung und für das Frauenwahlrecht werden. Dass sich die außerhäusliche weibliche Erwerbstätigkeit im Norden schon früher als im Süden durchsetzte, hing eng mit der der protestantischen Auflösung der Klöster zusammen.

In den weniger privilegierten Klassen, wo es wenig oder gar nichts zu vererben gab, verdienten die Töchter ihre Mitgift selbst: in fremden Haushalten oder auf Höfen.[10] Die Emanzipation von der elterlichen Mitgift fand im Norden Europas früher statt als im Süden. Zugleich nahm die Mitgift ab dem 16. Jahrhundert zunehmend monetäre Form an: Gleichgültig, ob die Mitgift von den Eltern kam oder selbst verdient war, die Frauen sorgten für die Zirkulation dieses »flüssigen Vermögens«, das oft dazu diente, die Mitgift für die Schwestern des Bräutigams zu finanzieren. Die höchsten Summen wurden dann fällig, wenn eine Tochter aus niederem Adel oder einer wohlhabenden bürgerlichen Familie den Sohn eines alten Hauses heiratete, denn das implizierte die gesellschaftliche Aufwertung ihrer Herkunftsfamilie. »Es wurden Millionen für einen Titel getauscht.«[11] Der Frauentausch aus der alten Gesellschaft der Gabe hatte sich in einen Kreislauf des Geldes verwandelt.

2. Der Einfluss der Geldwirtschaft auf Sozial- und Familienstrukturen

In der Entwicklung der Mitgift spiegelt sich der wachsende Einfluss der Geldwirtschaft wider: Ein aus Aktien und Schuldscheinen bestehendes Vermögen lässt sich einerseits leichter teilen, ist andererseits aber weniger gesichert, als dies bei Grund und Boden der Fall ist. Diese ›Liquidität‹ der Vermögenswerte hatte eine ›Flüssigkeit‹ der Geschlechterbeziehungen und Verwandtschaftsverhältnisse zur Folge und beinhaltete, dass die Konstellationen unsicherer wurden. Eine Verstärkung der emotionalen Bindungen war die Folge. Hatte in der frühen Neuzeit die Ehre der Frau zur Kreditwürdigkeit ihres Mannes beigetragen, so sicherten nun die Frauen durch Gefühlsbindungen den Zusammenhalt von Verwandtschaft und Familienvermögen.

Die ›Verflüssigung‹ der Vermögensverhältnisse war paradoxerweise die Folge der vorangegangenen Überbewertung von Landbesitz und den Eigentumsansprüchen der Wohlhabenden. In der Feudalgesellschaft stand den Besitzlosen die Allmende zur Verfügung: gemeinschaftlicher Grund und Boden, der Familien ohne Grundbesitz die Möglichkeit bot, für den eigenen Bedarf einige Tiere zu halten und landwirtschaftliche Produkte anzubauen. Im Verlauf des 17. Jahrhundert, als es dank neuer Techniken möglich wurde, größere Ländereien zu bewirtschaften, begannen große Landbesitzer diesen Raum einzuschränken. Um das Eigentum wurden Grenzzäune gezogen, das Land wurde eingefriedet, den Bauern, die über kein eigenes Land verfügten, das Weiderecht entzogen, in den Dörfern verschwand die Allmende. Stattdessen mussten Besitzlose Dienstleistungen erbringen und wurden dafür zumeist schlecht entlohnt.[12] Nach der Erfindung von Landmaschinen wurden auch die Dienstleistungen eingeschränkt. Der Industrialisierungsprozess begann in der Landwirtschaft, und er hatte – in England früher als anderswo – eine massive Landflucht zur Folge, weil der Boden nicht mehr die ernährte, die ihn bearbeiteten, sondern der Akkumulation von Vermögen diente. Erst mit dieser Entwicklung wurden Grund und Boden zur Ware.

Die Möglichkeit, Land zu verkaufen, wird gelegentlich als »Befreiung aus einer eher traditionsverhafteten, restriktiven sozialen Umwelt« beschrieben.[13] Das ist einerseits nicht falsch, führte sie doch zum Niedergang der feudalen Klassenbarrieren und zum Aufstieg neuer sozialer Schichten, die ihr Vermögen aus Industrie und Handel bezogen. Diese Umwälzung bekam nicht nur der Adel, sondern auch die Katholische Kirche zu spüren: Zum Zeitpunkt der Französischen Revolution gehörte ihr ein Fünftel des gesamten Territoriums von Frankreich. Dieses Land wurde von der Revolution konfisziert und diente zur Deckung der Assignaten, einer Papiergeldwährung, mit der der Krieg gegen die Revolutionsfeinde finanziert wurde.

Andererseits schuf die Kommerzialisierung von Grund und Boden aber auch *neue* Abhängigkeitsverhältnisse. Der ursprüngliche Begriff *familia* des römischen Rechts umfasste nicht nur die Mitglieder der Familie, sondern auch die *res*, vor allem den Landbesitz. *Familia* bezeichnete also letztlich ›das Haus‹, die dort lebenden Menschen und deren Heimstätte mit dem dazugehörigen Boden und Viehbestand. Deshalb war es über lange Zeit selbstverständlich, dass sich das Land der Geldwirtschaft entzog.[14] Als der Grundbesitz mit dem Beginn der Moderne privatisiert und kommerzialisiert wurde, wurden damit auch die Bande zerrissen, die ärmere Familien auf dem Land zusammengehalten hatten. Eben das schuf neue prekäre Verhältnisse und Abhängigkeiten.

Mit der Landflucht verlagerte sich das Elend auf die urbanen Gebiete, die Bevölkerung der Städte verdoppelte sich innerhalb von ein bis zwei Generationen. Der Anthropologe Karl Polanyi, der diesen Prozess in seinem Buch *The Great Transformation* beschrieben hat, bezeichnet die Folgen als »ein ökonomisches Erdbeben, das in weniger als fünfzig Jahren riesige Massen der englischen Landbevölkerung aus seßhaften Leuten in unstete Nomaden verwandelte.« Bis zum Beginn der freien Marktwirtschaft war »die wirtschaftliche Tätigkeit des Menschen in der Regel in seine Sozialbeziehungen eingebettet«. Doch im Verlauf des 19. Jahrhunderts, mit der Einführung des individuellen Profits, drehten sich die Verhältnisse um: Die Gesellschaft, so Polanyi, wurde zum »Anhängsel des Marktes«. Die Einführung des Gewinnstrebens habe einen Mechanismus in Gang gesetzt, der »in seiner Wirksamkeit nur mit wildesten Ausbrüchen religiösen Eifers in der Geschichte zu vergleichen [war]. Innerhalb einer Generation wurde die ganze menschliche Welt seinem kompakten Einfluß unterworfen.«[15]

Um diese großen sozialen Transformationsprozesse zu verstehen, entstanden wenige Jahrzehnte später neue akademische Disziplinen. Verdankte sich die Entstehung des Fachs Geschichte dem Aufkommen des Nationalgedankens und die Anthropologie der Begegnung mit fremden Kulturen im Kolonialzeitalter, so war die Soziologie die Antwort auf die Umwälzungen des Industriezeitalters. Während sich jedoch die Geschichte zur Vorkämpferin des Patriotismus aufschwang und die Anthropologie (des 19. Jahrhunderts) die Überlegenheit der westlichen Kultur im Auge hatte, verschrieb sich die Soziologie von Anfang an der Analyse der Verhältnisse (eine Aufgabe, der sich später auch die beiden anderen Fächer verpflichtet fühlten).

Auf die »Mobilmachung des Bodens«[16] folgte die Mobilisierung der menschlichen Arbeitskraft. Auch sie wurde dem Mechanismus des Marktes unterworfen und zur Ware gemacht. Fortan war der Weg frei für eine Ökonomie, die nicht mehr vom Gedanken der Fruchtbarkeit des Bodens, sondern von der Vermehrung des Geldes oder industrieller Vermögen bestimmt war. Das hatte Folgen für die patrilineare Blutslinie: Zwar konnte sich das Kapital schneller und in größerem Umfang vermehren, als dies beim begrenzt zur Verfügung stehenden Land der Fall war. Doch zugleich bot diese Konstruktion dem *pater incertus* weniger Sicherheiten als der unvergängliche Grundbesitz. Die Reaktionen darauf unterschieden sich je nach sozialer Schicht.

Die Adelsfamilien legten weiterhin Wert auf ihre langen Stammbäume und erweiterten diese sogar: 1763 erschien in Gotha der erste *Genealogische Hofkalender*, der die adligen Stammbäume in gedruckten Büchern festhielt.* Parallel dazu entwickelte sich der Beruf des Ahnenforschers: Ende des 19. Jahrhunderts entstanden die ersten Berufsverbände: 1869 in Berlin; 1870 in Wien. Die Französische Revolution hatte sowohl dem Gesetz der *primogenitur*[17] als auch dem Verkauf von Ämtern ein Ende gesetzt,[18] was freilich einige adlige Familien nicht davon abhielt, am alten Regelwerk festzuhalten, nur dass es zu einem innerfamiliären Gesetz erhoben wurde.

Im Bürgertum dagegen entstanden neue soziale Netzwerke, die von Freimaurern über Burschenschaften bis zu verschiedenen Arten von ›Clubs‹ reichten. In diesen Gemeinschaften wurden Ämter verteilt und über Karrieren entschieden: Es entwickelte sich, wie im antiken Rom, eine soziale Endogamie. Auch das Bürgertum kaufte Land, sobald es über die nötigen Mittel verfügte. Aber der Erwerb von Landbesitz geschah weniger mit der Absicht, Landwirtschaft zu betreiben als wegen seiner symbolischen Bedeutung: Landbesitz un-

---

* Dieses Adelsregister existiert bis heute und firmiert nur noch unter dem Begriff ›Gotha‹.

terstützte den Anschein einer langen (quasi-aristokratischen) Herkunft. Denn auch das Bürgertum begann nun, in genealogischen Ketten zu denken. In den italienischen Stadtstaaten und in den großen Hansestädten hatte dies schon zu Beginn der Neuzeit begonnen, doch zu einem allgemeinen Phänomen wurde es erst mit der Industrialisierung. Um 1900 öffnete sich der *Gotha* auch für bürgerliche Familien und informierte über deren Herkunft aus bäuerlichen oder städtischen Wurzeln. 1904 wurde in Leipzig die *Zentralstelle für Deutsche Personen- und Familiengeschichte* gegründet.

3. Europäische Verwandtschaft im Säkularisierungsprozess

Das Ende der kirchlichen Bevormundung bedeutete eine Erschütterung für das christliche Europa. Sie kam allerdings nicht so plötzlich, wie der Zeitraum von 50 bis 70 Jahren, der sich mit dem Begriff ›Aufklärung‹ verbindet, nahelegt. Der Umbruch hatte sich schon spätestens seit der Renaissance angebahnt. Eine seiner wichtigsten Schnittstellen war die Reformation, die die Ablösung und Emanzipation eines Teils der europäischen Christenheit von der Ausrichtung auf Rom mit sich brachte. Dass sich die Reformation ausgerechnet in Deutschland durchsetzen konnte, war, so Ian MacGregor in seiner Ausstellung über deutsche Memorialkultur, eine Folge der dezentralen Machtverteilung im deutschen Reich.[19] Jedes Fürstentum entschied für sich, wie es mit den Herausforderungen Luthers umgehen wollte. In einem zentralisierten Land wie Frankreich wäre das nicht möglich gewesen, wie die Verfolgung und Vertreibung der Hugenotten zeigen. Allerdings folgte auch ein zentralisiertes Land wie England dem antirömischen Trend der Zeit – und hier, wie auch anderswo, war der Auslöser das Eherecht.

Dass der Papst in die Annullierung seiner Ehe mit Katharina von Aragon nicht eingewilligt hatte, war für Heinrich VIII. zweifellos ein willkommener Vorwand, die Oberhoheit über die Religion ins eigene Land zu holen – so wie es nach der Reformation auch in deutschen Fürstentümern geschah.* In Frankreich, wo das Herrscherhaus eng mit der Katholischen Kirche verbunden blieb, vollzog sich die Ablösung von Rom erst Ende des 18. Jahrhunderts – dies ge-

---

* Beim Anspruch Heinrichs VIII. auf die religiöse Oberhoheit spielte zweifellos auch eine Rolle, dass englische Kronjuristen, wie im vorigen Kapitel beschrieben, den ›unsterblichen‹ Körper des Königs in Analogie zu Christus definiert hatten.

schah dann aber umso plötzlicher und brutaler: Innerhalb von wenigen Jahren setzte die Guillotine nicht nur dem Königshaus und der Macht der Aristokratie, sondern auch der Macht der Kirche ein Ende.

Aufklärung und Säkularisierungsprozess sind oft und in unterschiedlichen Weisen dargestellt worden. Ich will mich deshalb auf Aspekte beschränken, die mit Verwandtschaftsverhältnissen, Blutslinie und einer neuen Definition von Familie zu tun haben. Da vor allem die Reformation zu tiefen Veränderungen der Geschlechterverhältnisse führte, lassen wir in dieser Chronologie die Aufklärung mit dem Protestantismus beginnen, durch den »der geistliche Stand ehelich und die Ehe geistlich« wurden.[20] Die Reformation verlegte das Gewissen nicht nur in den einzelnen Kopf, sondern auch ins einzelne Paar. »Das protestantische Schrifttum erklärt das tätige und erwerbsame Hausleben als Ganzes zum Gottesdienst. Familien sind nicht weniger als ›kleine Kirchen‹.« Da der Protestantismus die Familie »zur Sozialisationsagentur der neuzeitlichen Staatsordnung umbaute«, verschmolz die Gestalt des Familienvaters mit der des Landesvaters und Gottvaters.[21] Es war, so möchte ich im Vorgriff auf die weitere historische Entwicklung anmerken, die letzte große Blüte der patrilinearen Instanz.

Eine wichtige Rolle bei der Veränderung der Geschlechterverhältnisse spielte auch die allmähliche Erleichterung der Scheidung. Indem die Reformation die Ehe nicht mehr als Sakrament betrachtete und damit »einer säkularisierten Form der Ehe Tür und Tor« öffnete,[22] bahnte sie auch den Weg für Ehescheidung, anschließende Wiederverheiratung und die Lockerung der kirchlichen Inzestverbote. Die großen europäischen Gesetzeswerke wie der Code Napoleon und das Preußische Allgemeine Landrecht liberalisierten das Eherecht um 1800 so weit, dass nur noch die Eheschließung zwischen Blutsverwandten ersten und zweiten Grades untersagt war. Zwischen dem 16. und dem 19. Jahrhundert wurde das Eheverbot um ganze drei Verwandtschaftsgrade zurückgeschraubt, und auch dies wurde noch einmal gelockert, bis sogar Ehen zwischen Cousins und Cousinen ersten Grades möglich und akzeptiert waren.[23] Luther und Calvin argumentierten, dass das Alte Testament keinen Hinweis auf die göttliche Bestimmung der strengen Inzestverbote biete. Darüber hinaus kam die Endogamie aber auch den engen innerfamiliären Bindungen protestantischer Familien entgegen. Als Folge dieser Veränderungen gingen auch in den katholischen Regionen die Heiratsverbote zurück.[24] Eine Reform des Gefühlslebens war die Folge: Die Reformation, die »die Beziehungen zwischen den Familienmitgliedern mit einer Aura der Heiligkeit« versah,[25] schuf die Basis für die Forderung nach der Liebesehe, die ab dem 18. Jahrhundert relevant wurde.

Die Reformation brachte vor allem eine neue Mündigkeit des Gläubigen: Schließlich hatte Luther die Bibel ins Deutsche übertragen, damit jeder sie lesen konnte. Das führte zu einer Selbstverantwortung des Bürgers, was sich in den höheren Bildungsraten der protestantischen Regionen niederschlug. Auch Mädchenschulen entstanden in den protestantischen Gebieten früher als in den katholischen. Das sollte Jahrhunderte später noch spürbar sein: Der Kampf, den Frauen für das Recht auf höhere Schulbildung und Zugang zu akademischer Ausbildung im 19. Jahrhundert führten, fand vornehmlich in den reformierten Gegenden statt. Einen wichtigen Anteil am Kampf um Bildung hatten auch Jüdinnen, in deren Familien Bildung traditionell einen besonderen Stellenwert hatte.

Die protestantische Abschaffung des Zölibats änderte nicht nur das Leben des Pfarrhauses, sie schuf auch eine neue Frauenrolle. Zwar waren Frauen weiterhin von geistlichen Ämtern ausgeschlossen. (Es gab Ausnahmen: Im calvinistischen Flandern, wo es einen hohen Anteil an gebildeten Frauen gab, übernahmen einige von ihnen auch Kirchenämter.[26]) Doch im evangelischen Pfarrhaus schufen sich viele ein (fast) äquivalentes Einflussgebiet. Es begann jene Karriere des evangelischen Pfarrhauses als Produktionsstätte von Bildung und Wissenschaft, für die es in den folgenden Jahrhunderten berühmt wurde.[27] Ein großer Teil der wissenschaftlichen Neuerer des 18. und 19. Jahrhunderts wurde in protestantischen Pfarrhäusern geboren und hatte Mütter und Schwestern, die über ein hohes Bildungsniveau verfügten, lange bevor sich Frauen den Zugang zu akademischer Ausbildung erkämpft hatten. Und wenn, wie im vorigen Kapitel beschrieben, die preußische Universität eine fast ausschließlich protestantische Einrichtung war, so verdankte sich das zum Gutteil den evangelischen Pfarrhäusern, in denen Frauen ihre Bildung nicht zu verbergen brauchten.

Zugleich betonte die protestantische Kirche die Notwendigkeit eines freien Einvernehmens bei der Eheschließung. Zwar bestanden auch die Protestanten zunächst noch auf der Einwilligung der Eltern, aber diese Forderung hatte schon ab Mitte des 17. Jahrhunderts zu bröckeln begonnen. Nur Eltern, die etwas zu vererben hatten, übten noch Einfluss auf die Partnerwahl ihrer Kinder aus. Die Änderung des Erbrechts sollte auch diese Macht einschränken. In Frankreich schaffte die Revolution die *primogenitur* ab, »um nach Möglichkeit die Macht der grundbesitzenden Eltern abzuschwächen«. Das Erbe sollte gleichmäßig zwischen allen Kindern, Töchter eingeschlossen, geteilt werden, »was den Süden des Landes in schwere Unruhe stürzte«.[28]

In den katholischen Gegenden wurden Eheschließung und Scheidung zum zentralen Topos der Konkurrenz zwischen Kirche und Staat: Es ging dabei um die Herrschaft über Geschlecht, Familie und Gemeinschaft. Ab 1789 war in Frankreich für die Eheschließung nicht mehr die Trauung in der Kirche notwendig. Das erleichterte einerseits die Scheidung, denn »Ehen, die der Staat (und nur er) für gültig erklärt hatte, konnten auch wieder aufgelöst werden«. Es bedeutete andererseits aber auch, dass der Staat nun an die Stelle trat, von der aus vorher die Kirche ihre Macht ausgeübt hatte. Diese Ablösung vollzog sich sukzessive in ganz Europa. In England ging im Jahr 1857 die Zuständigkeit für die Ehe von kirchlichen auf weltliche Gerichte über. Der Prozess wiederholte sich in Italien, als sich dort im 19. Jahrhundert der Nationalstaat herausbildete. Als die Kirche die Legitimität der Staatsgründung bestritt, »führte das Parlament die obligatorische standesamtliche Trauung ein, während kirchlich geschlossene Ehen nicht mehr anerkannt und die Kinder aus solchen Verbindungen für nicht-ehelich erklärt wurden«.[29] Familienpolitik war zur Staatspolitik geworden.

Trotz des Abrückens von der Religion erhielten sich Unterschiede zwischen protestantischen und katholischen Gebieten. Die Unauflösbarkeit der Ehe sowie die Unmöglichkeit der Wiederverheiratung hatten »ein hohes Maß an Toleranz gegenüber ehelicher Gewalt und sexueller Untreue« zur Folge gehabt.[30] Daran änderte sich nicht viel in den katholischen Ländern. In den protestantischen Gebieten dagegen, wo die Mitgift schon früher entfiel, nahm die eheliche Gewalt oft zu. Zugleich wurde sexuelles Fehlverhalten mehr als vorher bekämpft. Im calvinistischen Genf konnten ehebrecherische Paare aus der Stadt gejagt werden. In katholischen Ländern wie Frankreich dagegen, wo sich der Einfluss der Kirche weiterhin im Staatsrecht niederschlug, wurden außereheliche Geschlechtsbeziehungen entkriminalisiert.

Auch das Verhältnis zur Prostitution entwickelte sich auf unterschiedliche Weis. Bis zur Aufklärung waren Prostituierte nicht nur geduldet worden, sie unterstanden oft sogar direkt der Kirche. Im 15. Jahrhundert hatten die Dominikaner sie gefördert; viele Bordelle wurden von kirchlichen Einrichtungen (etwa den bischöflichen Sitzen) geleitet, die über die Einnahmen verfügten.[31] Die Kirche hielt ihre ›schützende Hand‹ über die Bordelle mit der Begründung, die ehrbaren Frauen vor sexueller Belästigung zu schützen. In Wirklichkeit hing das opulente Angebot aber mit der Nachfrage zusammen, die aufgrund des Zölibats der Geistlichen und des späten Heiratsalters der Männer im Süden Europas bestand. Die Protestantische Kirche verurteilte die Prostitution. In Deutschland wurden städtische Bordelle geschlossen. Doch die Tatsache, dass bis Ende des 17. Jahrhunderts das konzessionierte Bordell so gut wie verschwunden war, war vor allem eine Folge der Syphilis, die die Matrosen des Christoph Columbus aus der Neuen Welt mitgebracht hatten und die schon ab Ende des 15. Jahrhunderts ganz Europa in Angst und Schrecken versetzte. Sie war der eigentliche Grund für die jähe Eindämmung der sexuellen Freizügigkeit im 16. Jahrhundert.[32] Mit dem Industriezeitalter, dem städtischen Elend und der Ausweitung der Geldwirtschaft nahm die Prostitution wieder zu.

Indem die protestantischen und katholischen Gegenden ihre je eigene Sexual- und Heiratspolitik verfolgten, kam es im Norden und Süden Europas zu divergierenden Verwandtschaftsstrukturen. Eines der Symptome war das Heiratsalter. Bis ins 16. Jahrhundert heirateten die Frauen im Süden sehr jung, Männer dagegen in höherem Alter. Im Norden waren beide etwa gleich alt. Im Süden verließen die Frauen das elterliche Haus, um zu heiraten; im Norden, um zu arbeiten. Sowohl Männer als auch Frauen gingen hier aushäusigen Tätigkeiten nach und akkumulierten Ersparnisse. Eltern verloren so den Einfluss auf die Partnerwahl ihrer Kinder. Allerdings blieben viele Frauen und Männer ihr Leben lang in Dienstbotenstellung und konnten gar nicht heiraten.

Die Spaltung wurde durch die unterschiedliche Entwicklung von ländlicher und urbaner Bevölkerung verstärkt. Während es auf dem Land, wo die Söhne den Hof erbten, oft zu einem Männerüberschuss kam, bestand die urbane Bevölkerung mehrheitlich aus Frauen, die in den Städten nach Arbeit suchten. Durch die Aushäusigkeit der jungen Leute gab es im Norden nur wenige Haushalte, in denen drei Generationen zusammenlebten. Dagegen kam es vor, dass sich ein Paar mit einem verwitweten Elternteil ein Haus teilte: Hier regelten oft Übergabeverträge die Beziehungen.

In der Geschichtswissenschaft, so Sabean und Teuscher, ist der Wandel der Verwandtschaftsverhältnisse in Europa oft als Entstehung der Kleinfamilie beschrieben worden, während der Rest der Welt an der Großfamilie festgehalten habe. Dafür gebe es jedoch wenig Belege.[33] Ähnlich auch Goody: Laut Studien, in denen die Register der englischen Pfarreien untersucht wurden, waren die Haushalte schon im 16. Jahrhundert relativ klein. Dabei spielte das immer höhere Heiratsalter eine gewisse Rolle. Im Norden verließen fünfzig Prozent der Kinder als Heranwachsende das elterliche Haus, um sich als Knechte oder Mägde zu verdingen: Man schob die Heirat auf, sparte Geld dafür und errang so Unabhängigkeit von den Eltern. Durch die späte Heirat gab es wiederum weniger Kinder. Auf diese Weise, so Goody, hatte auch das protestantische Europa ein Instrument in der Hand, »um die Fruchtbarkeit in Schach zu halten«.[34]

Die Grenzlinie zwischen Norden und Süden, Katholizismus und Protestantismus »deckt sich teilweise mit der Grenze zwischen dem Geltungsbereich des römischen Rechts und dem des *common law*«. Ersteres entsprach einem schriftlich fixierten Recht, letzteres dem Gewohnheitsrecht. Es bleibt zwar offen, ob sich die Praxis immer mit dem schriftlichen Gesetz deckte, doch ist zu konstatieren, dass die patriarchale Kontrolle im Gebiet des römischen Rechts stärker ausgeprägt war als in den protestantischen und urbanen Gegenden. Im Süden standen die Frauen für die ›Ehre‹ des Mannes ein. Im Norden dagegen herrschte eher das Prinzip der Komplementarität zwischen den Geschlechtern. Ein Nord-Süd-Gefälle gab es auch innerhalb Frankreichs, das nur teilweise das römische Recht übernommen hatte.[35] Es dauerte lange, bevor die Teilung des Landes in zwei Sprach- und Kulturgebiete, die *langue d'oeil* des Nordens und die *langue d'oc* des Südens, dank der zentralisierenden Kräfte von katholischer Kirche und Krone überwunden worden war. Beide forcierten die Vereinheitlichung der französischen Kultur.* Erst als es mit der Industrialisierung zu einer Trennung von Staat und Kirche kam, näherten sich auch die Sozialstrukturen von Norden und Süden an.

Die Tatsache, dass der Norden beim Industrialisierungsprozess eine Vorreiterrolle spielte, war auch eine Folge des Protestantismus: Bei den Religionskriegen waren die Protestanten aus dem Süden vertrieben worden. Im Norden bereitete die Reformation, die den Individualismus beförderte, den Boden für jene soziale und geographische Mobilität, nach der die Marktwirtschaft alsbald funktionieren sollte. Die Verlagerung des ökonomischen Schwerpunkts innerhalb von Europa – »von Süden nach Norden, vom Mittelmeerraum nach

---

* Die französische Zentralisierung der Kultur hatte, wie die meisten Prozesse der Homogenisierung, nachhaltige Folgen für die Geschlechterrollen. 1635 wurde unter Ludwig XIII. und auf Betreiben des französischen Ministers und Kardinals Richelieu die Académie Française gegründet, in der bis heute 40 auf Lebenszeit berufene Mitglieder (die ›Unsterblichen‹) für die »Vereinheitlichung und Pflege der französischen Sprache« sorgen sollen. Bis zur Aufnahme von Marguerite Yourcenar im Jahr 1980 war die Académie eine der letzten ›frauenreinen‹ Bastionen Frankreichs. (Vgl. v. Braun 1982)

Mitteleuropa, von der katholischen Orthodoxie zum protestantischen Sektierertum«[36] – entsprach auch dem Verlauf, in dem sich die Modernisierung der Familie vollzog.

Im Norden wuchs die Unabhängigkeit der Frauen. Zwar unterstützte die protestantische Kirche – im Gegensatz zur römisch-katholischen – die Wiederverheiratung der Witwe. Aber viele Frauen strebten beim Tod ihres Ehemannes weder eine neue Ehe noch die Rückkehr in die Herkunftsfamilie an. Sie konnten auf eigenen Beinen stehen, denn ihnen fielen nach dem Tod des Ehemanns die Mitgift plus die Einkünfte daraus zu. Auch im Fall einer Trennung hatten die Frauen Anspruch auf die Rückgabe der Mitgift. Allerdings machten eher die Frauen mit wenig Vermögen von der Scheidung Gebrauch. In den von Handwerkern bewohnten Pfarrgemeinden gab es bald eine »signifikante Anzahl weiblicher Haushaltsvorstände«. Es waren keine wohlhabenden Frauen und sie gehörten auch keinen reichen Gemeinden an. Aber anders als vermögende Frauen hatten diese Witwen selten ein Problem, das Sorgerecht für ihre Kinder zu erhalten. Insgesamt genossen diese Frauen »eine viel größere Autonomie als Frauen der besitzenden Klasse«.[37] Im 19. Jahrhundert waren es vor allem Frauen der bürgerlichen Schichten, die den Kampf um Bildung und Stimmrecht vorantrieben. Aber schon lange vorher hatte sich unter den Frauen der unteren sozialen Schichten eine weibliche Selbständigkeit entwickelt: Fast ein Drittel der weiblichen Haushaltsvorstände lebte allein; über acht Prozent lebten in Gemeinschaft mit einer anderen, nicht verwandten Frau.

Mit der Unabhängigkeit der Frauen wuchs allerdings auch die Prekarität weiblicher Existenzen. Das ist abzulesen an der Zunahme der Prostitution. Im 18. Jahrhundert konkurrierten Paris und London um die »höchste Anzahl von Huren«. In Paris bestritt ungefähr jede 13. Frau, zumindest teilweise, ihren Lebensunterhalt mit sexuellen Dienstleistungen. Zugleich wurde immer mehr Frauen die alleinige Verantwortung für ihre Kinder zugeschoben. Die Frauenklöster, die sich einst der ledigen Mütter und ihrer Kinder angenommen hatten, waren aufgelöst worden, und der Staat übernahm diese Aufgabe zunächst nur selten. Schon ab dem 18. Jahrhundert bestand die Bevölkerung großer Städte mehrheitlich aus Frauen.[38] Sie verrichteten niedere Arbeit, wurden schlecht entlohnt und mussten zudem ihre Kinder durchbringen. Es gelang ihnen jedoch, soziale Netzwerke zu bilden, und deshalb spielten sie auch eine wichtige Rolle, als es zu den Umwälzungen des späten 18. Jahrhunderts kam: Die Französische Revolution begann als Aufstand der Marktfrauen, die nach

Versailles zogen, um den König in die Hauptstadt zu holen.[39] Die ersten feministischen Manifeste – wie Olympe de Gouges' *Déclaration des droits de la Femme et de la Citoyenne* (Erklärung der Rechte der Frau und Bürgerin) von 1791 – stammen aus dieser Zeit.[40] In diesen alleinerziehenden Frauen ist schon der Kern jenes Phänomens zu erkennen, das im 19. und 20. Jahrhundert gesellschaftlich relevant werden sollte: die Alleinernährerin und, damit einhergehend, die Zentrierung von Elternschaft auf die Mutter.

Während die katholische Kirche durch die Einrichtung der Waisenhäuser Männer um die Sorge für den unehelichen Nachwuchs entlastete (zugleich aber die Mütter entmündigte), wurden die Väter in den protestantischen Ländern zunächst noch zur Verantwortung gezogen. Das hielt freilich nicht lange. Schon bald gab man es auf, die Vaterschaft zu klären. Die Französische Revolution hob den Unterschied zwischen ehelichen und unehelichen Kindern auf: Alle leiblichen Kinder hatten die gleichen Erbansprüche. Zugleich wurde es jedoch verboten, »den biologischen Vater ausfindig zu machen«. Im Code Napoléon von 1804 verloren die unehelichen Kinder dann wieder ihre Erbberechtigung, »während das Verbot des Ausforschens des Erzeugers beibehalten wurde«.[41] Auch der säkulare Staat hielt also am *pater semper incertus* fest.

4. Gefühlte Verwandtschaft

Solange das Vermögen vornehmlich auf Grundbesitz und unvergänglichem Boden beruhte, waren Vaterlinie und Erbfolge relativ stabil. Als Vermögenstitel mit Geld und Aktien liquider und weniger beständig wurden, bedurfte die patrilineare Blutslinie einer neuen Form von Unterstützung – und diese kam in der Gestalt des ›Gefühls‹ daher. Mit dem Industriekapitalismus wuchsen die Ansprüche an die Familien, emotionale Bande herzustellen. Zuständig für diese ›gefühlten Bindungen‹ waren die Frauen. Während Männer an ihren Schreibtischen die Netzwerke für die Ströme des Kapitals knüpften, webten ihre Ehefrauen, Mütter und Schwestern jene Geflechte von Gefühlen, die dem Kapital eine neue – der Virtualität des Kapitals angemessene – Form von Gewähr verleihen sollten.

In ihrer Einführung zu *Blood & Kinship* gehen Teuscher und Sabean auf die von Anthropologen beschriebene ›Verschwisterung‹ von Kindern ein, die von derselben Frau gestillt werden: Allein die Tatsache, von derselben Brust getrunken zu haben, mache sie in einigen Kulturen zu Verwandten. Die beiden Historiker vergleichen dieses Band mit den Kommunikationsformen moderner Gesellschaften. Man müsse diese ›Substanz‹ nur in einem erweiterten Sinne denken: als Botschaften, die Menschen miteinander tauschen, als eine materielle Form von Kommunikation. Als Beleg führen sie den intensiven Briefverkehr vieler Frauen des Bürgertums an und sprechen in diesem Zusammenhang von der »Metapher der Tinte«.[42]

Die Tinte erscheint mir keineswegs so sekundär, wie der Begriff der Metapher unterstellt. Die Schrift war weiterhin eine historisch wirkmächtige Kraft, nur mit dem Industriezeitalter war sie nicht mehr ein männliches Privileg; vielmehr verlagerte sie ihre Wirkmacht – der sekundären Oralität entsprechend – auf das Feld des Weiblichen. Sie bildete sich nun auch weniger im Blut als in einem substanzlosen, allerdings nicht minder bindungsfähigen Element ab: den Gefühlen. Die Frauen, die die Briefe schrieben, galten nicht als ›blutsverwandt‹ im traditionellen Sinne, ihre Funktion tauchte nirgendwo in den Stammbüchern der Blutslinien auf. Doch auf ihren Episteln – Briefe, Tagebücher, Notizen – beruhte der gesamte Familienzusammenhalt. Weil die Forschung, so Elisabeth Joris, bisher diese soziale Funktion der Frauen für die Etablierung der genealogischen Kette vernachlässigt hat, seien ihr wichtige Aspekte von Verwandtschaft überhaupt entgangen: jene sozialen oder kulturellen Bindungen, über die Verwandtschaft weltweit definiert wird.[43] (Im ersten Kapitel habe ich diese an einigen Beispielen außereuropäischer Gesellschaften darzustellen versucht.) Die sozialen Verwandtschaftsverhältnisse spielten für die alten Stammbücher keine Rolle, doch im 19. Jahrhundert kam ihnen plötzlich eine neue Bedeutung zu. Das Ende des Feudalismus bedeutete für die Patrilinearität das Ende tradierter Formen von Beständigkeit. An deren Stelle traten neue: ›gefühlte Bindungen‹, die von den Frauen – und oft nur unter Frauen[44] – geknüpft wurden. Umfassten die Familienarchive einst nur die Dokumente männlicher Stammlinien, so wurden sie nun auch zur Sammelstätte dieser weiblichen Schriftstücke.

In der neuen Rolle der Frau schien freilich das alte Modell noch auf. Im Mittelalter orientierte sich das Idealmodell (wenn auch nicht immer die soziale Realität) der Geschlechterverhältnisse am Konzept einer ›geistigen Vaterschaft‹. Die Frauen galten – in Analogie zur Gestalt der Maria – als ein ›Gefäß‹ für die männliche Blutslinie: In ihrem Leib wurde der geistige väterliche Samen zu ›Fleisch‹. Sie sicherten die Fortsetzung des Stammbaums, hinterließen in diesem aber keine eigenen Spuren. Im Zeitalter der Industriedynastien kam eine weitere Funktion hinzu: Frauen sollten nun nicht nur die Kinder gebären, sondern auch zur Vermehrung des Kapitals beitragen.* Damit kam es zu einer weiteren Annäherung von menschlicher und monetärer Reproduktion. Voraussetzung für diese Form der Fruchtbarkeit war die neue Vermehrungsfähigkeit des Geldes, die im 19. Jahrhundert dank seiner modernen Substanzlosigkeit durch Aktie und Papiergeld gegeben war. Diese modernen ›Schriftstücke‹ fanden in den Briefen der Frauen ihr Korrelat.

Für die Industrieunternehmen stellte sich die Frage, »wie man durch Kredite an Investitionskapital herankommt und geeignete Mitarbeiter und Partner findet. Das erforderte Überzeugungskünste, Netzwerke von Freunden und Verbündete, die bereit waren, Ressourcen in neue Unternehmungen zu stecken.« Gerade weil das Vermögen auf Kredit und flexiblem Kapital beruhte, wurden Vertrauen und emotionale Bindung zu einem primordialen Faktor der Ökonomie. Noch bis ins späte 19. Jahrhundert wurden Darlehen zumeist im Familienkreis gegeben. Söhne, Neffen, Schwiegersöhne waren die bevorzugten Businesspartner. Die Familien waren ihrerseits eingebettet in eine soziale Schicht, deren Mitglieder dieselbe Kirche besuchten und deren Kinder auf die gleiche Schule gingen. In diesem Milieu wurden Ehen gestiftet und fand man seine Gläubiger. »Die Kinder heirateten untereinander und schufen so eine Serie von sich über das Jahrhundert immer wieder erneuernden Allianzen.«[45] Es entstand eine Vielzahl von Verwandtschaftsverknüpfungen, die auf der Ähnlichkeit des sozialen Status basierten. »Horizontale Linien galten als Garanten einer guten Ehe und wurden von den Eltern auf der Suche nach einem geeigneten Partner für ihre Kinder vorgezogen.« Sogar die Eheschließung *innerhalb* der Familie wurde zu einer vorteilhaften Option. Denn ähnliche Lebenserfahrungen »nährten die emotionale Intensität solcher Beziehungen« und führten dazu, dass Gefühle und materielle Interessen eine gemeinsame

---

* Die Funktion des Gebärens sollte schon bald in den Hintergrund treten. Denn zeitgleich mit dieser Entwicklung wurden schon die ersten Versuche unternommen, die Reproduktion aus dem Ehebett ins Labor zu verlagern. Der Gedanke der Samenspende kam Ende des 18. Jahrhunderts auf: 1765 und 1785 führten ein deutscher Forscher, L. Jacobi, und ein italienischer Priester, Abbé Lazarro Spallanzani, die ersten Experimente an Fischen bzw. Säugetieren durch. 1799 experimentierte der englische Chirurg John Hunter mit Menschen. 1866 berichtete ein führender amerikanischer Gynäkologe, Marion Sims, er habe 55 künstliche Befruchtungen an sechs Frauen durchgeführt, in einem Fall sei es zu einer Schwangerschaft gekommen. Auf diesen parallelen Strang der Geschichte komme ich in den folgenden Kapiteln zurück.

Basis fanden. Um diese Strukturen zu begreifen, so Joris, müsse man sowohl die Kapitalstrukturen als auch die privaten Briefwechsel in die Forschung einbeziehen.[46]

Da im Industrialisierungsprozess und mit der Marktwirtschaft individuelle Leistung (und Bildung) höher bewertet wurden als im Ancien Régime, bot sich mehr Menschen als vorher eine Chance zu sozialem Aufstieg. Umso wichtiger wurde das Schmieden von »informellen Beziehungen« – und dies gerade deshalb, weil die Bourgeoisie, im Gegensatz zum Adel, kaum über formale Organisationen verfügte.[47] Um diesem Manko zu begegnen, entstanden im 19. Jahrhundert, vor allem in Deutschland, zahlreiche Familienverbände, die oft mehrere hundert Mitglieder umfassten und als Vereine eingetragen waren: mit Präsident, Kassenwart, Archivar etc. Sie orientierten sich nicht an der Blutsverwandtschaft, sondern am gemeinsamen *Nachnamen,* für den – vergleichbar dem *Gotha* als Adelsregister – ein Verzeichnis erstellt wurde.

War der Name bei der Aristokratie eng verbunden mit Grundbesitz, so verselbständigte er sich nun. Die Vereine unternahmen genealogische Forschungen, brachten entfernte Verwandte (oft nur Namensvettern) zusammen, schufen Netzwerke und boten gegenseitige Unterstützungen bei der Karriere des Nachwuchses. Manchmal bestand der ausdrückliche Zweck der Vereinsgründung auch darin, die Ehre des Namens hochzuhalten. Auch hier galt das patrilineare Prinzip: Obwohl die Töchter erbberechtigt waren, nahmen sie bei ihrer Heirat einen anderen Namen an. Uneheliche Kinder wurden aus der Namenslinie von vornherein ausgeschlossen: Sie trugen den Namen der Mutter.[48] Zugleich, das sei hinzugefügt, spiegelte sich in dieser Gewichtung des Familiennamens auch die neue ökonomische Entwicklung wider: Solange Verwandtschaftsbeziehungen von Grund und Boden abhingen, war die Möglichkeit der familiären Vermehrung begrenzt. Dagegen waren der Multiplikation des Namens ebenso wenig Grenzen gesetzt wie der Vermehrung von Papiergeld und Aktie.

Das Interesse an Familienlinie und Ahnen ließ also nicht nach, es verlagerte sich nur auf den Namen, der nun in ähnlicher Weise funktionierte wie zuvor das Blut in den Adelslinien. An die Stelle des Stammvaters trat der ›ursprüngliche Namensgeber‹, wodurch das Prinzip der Genealogie freilich auf den Kopf gestellt wurde: Man begann mit dem aktuellen Namensträger und suchte nach dessen Vorläufern bis zur ›Ursprungsgestalt‹ (die oft im mythischen Nebel verschwand).

5. Die Verweiblichung der Verwandtschaftsverhältnisse

In den wohlhabenden Schichten bestand die Mitgift meist aus liquidem Vermögen, und die Eheschließung implizierte damit auch einen Zufluss von Investitionskapital. Seit der Französischen Revolution hatten im Prinzip alle Kinder Anrecht auf denselben Erbanteil; und tatsächlich ließ sich flüssiges Vermögen leichter dividieren als Grund und Boden. Schon bald floss viel ›weibliches Kapital‹ in die Firmen der Ehemänner wie auch der Brüder oder Söhne. »Die Vermögen der Frauen waren nicht nur die Basis für Kapitalinjektionen, darüber hinaus sicherten Überkreuzheiraten auch, dass das Vermögen über einen langen Zeitraum innerhalb derselben Unternehmerfamilie blieb und den Töchtern nicht als Mitgift ausgezahlt werden musste.«[49] Frauen waren also oft die Quelle der von der Industrialisierung dringend benötigten Liquidität. Mindestens ebenso wichtig war aber auch ihre Rolle bei der Herstellung horizontaler Verwandtschaftsbeziehungen: Sie knüpften die notwendigen Vertrauensnetzwerke unter den Familienmitgliedern. Wenn es um die Anbahnung von Ehen ging, wurde das Wort Geld allerdings vermieden – die ›Liebe‹ war großgeschrieben.

Die ›Liebesehe‹, die aus der Heiligung der Familie erwachsen war, erhielt so eine (kaschierte) ökonomische Funktion. Sie war ein wichtiger Grund für den Raum, den das 19. Jahrhundert den Gefühlen zubilligte. Weil sich diese Gefühle nicht auf die väterliche Linie beschränkten, kam den Frauen zum ersten Mal seit hunderten von Jahren eine wichtige Rolle in der Blutsverwandtschaft zu. Es entstand das, was ich eine neue ›weibliche Genealogie‹ nennen würde. Sie war nicht zu vergleichen mit der kognatischen (angeheirateten) Verwandtschaft Roms und hatte auch nichts zu tun mit Matrilinearität, wie sie das Judentum charakterisiert. Vielmehr handelte es sich um eine *soziale* Filiation: keine *mater semper certa est* also, aber doch eine Verwandtschaftsform, aus der Frauen nicht mehr ausgeklammert werden konnten. Diese neue Rolle der Frauen in der horizontalen Verwandtschaftsdefinition ist ein Indiz unter anderen, dass sich die Gesellschaft auf einen Wandel der Geschlechterordnung zubewegte. Die Zuständigkeiten verschoben sich: Bis dahin war das Prinzip Familie ausschließlich vom Mann und seinem Stammbaum vertreten worden; nun wurde die Blutslinie durch die sozialen Filiationen der Frauen ergänzt. Mehr noch: Frauen begannen, das *Prinzip* Familie zu repräsentieren – und dies sowohl in ihren Herkunftsfamilien als auch in denen ihrer Ehepartner. Es entstand eine Art von virtueller Matrilinearität.

Die ›Außenbeziehungen‹ der Familie, die einst zur Domäne des Familienoberhaupts gehörten, ruhten nun in den Händen der Frauen. Damit wurden die Frauen auch zu den Bewahrerinnen der Familiengeschichte. Bis Anfang des 19. Jahrhunderts blieb das Verfassen von Familienchroniken eine fast rein männliche Domäne. »Doch im Verlauf des 19. Jahrhunderts wurde daraus ein Genre, das auch von Frauen geschrieben wurde, wobei sich der Focus immer mehr auf die Tagesereignisse und die Familienbeziehungen verlagerte.« Natürlich schrieben auch Männer weiterhin Memoiren, aber diese tendierten dazu, »über sich in der Gesellschaft von Geschichte zu reflektieren«. Frauen dagegen wurden »zu den Hüterinnen der Familienerinnerung«.[50] Auch hinterließen Männer die Spuren ihrer Aktivitäten in rückblickenden Betrachtungen – die rückwärtsgewandte Perspektive erleichterte die Einbettung der eigenen Geschichte in ›die Geschichte‹.[51] Frauen dagegen verewigten sich in persönlichen Dokumenten, die auch die an sie gerichteten Briefe umfassten. Insofern kann man sagen, dass aus der Familienchronik, die eine lange Genealogie bezeugen sollte, allmählich eine ›gefühlte‹ Familiengeschichte wurde – und diese setzte sich zumeist aus vielen Einzelgeschichten zusammen.

Vermutlich lag es an der Bedeutung dieser Frauenrolle für die Familie, dass Liebe und Emotionen nun auch im Frauenkörper biologisch verankert wurden. Schon in der jüdischen Diaspora hatte sich der mütterliche Körper als geeignetes Territorium erwiesen, um das fehlende Land zu substituieren. Nun sollte er auch dem prekär gewordenen Kapital jene ›Bodenhaftung‹ verleihen, die durch den Bedeutungsverlust von Grundbesitz – als Deckung von Vermögen und Vaterlinie – verloren gegangen war. Um diese Verankerung der Emotionen im weiblichen Körper kümmerten sich die Philosophen der Aufklärung. In Frankreich war es Jean Jacques Rousseau mit seinem vielgelesenen Bildungsroman *Émile*, der die Emotionalität in der Weiblichkeit verortete. In Deutschland übernahm Wilhelm von Humboldt, der Architekt einer neuen Wissensordnung, diese Aufgabe.

Jede Zeugung, so schrieb Humboldt, stellt »eine Verbindung zweier verschiedener ungleichartiger Principien« dar, von denen die eine tätig, die andere empfangend sei. Diesem Prinzip sei nicht nur die »Fortdauer der Gattungen in der Körperwelt anvertraut« worden, es gelte auch für alle kulturellen Schöpfungen. In der modernen Welt sei das männliche Prinzip »mehr aufklärend«, das weibliche dagegen »mehr rührend«: »Das eine gewährt mehr Licht, das andere mehr Wärme.«[52] (Der Hinweis auf das Licht galt natürlich dem

Zeitalter der ›Lumières‹, der Aufklärung:* Aus Männlichkeit wurde so das helle Bewusstsein und aus Weiblichkeit das dunkle Unbewusste.**)

Humboldt wollte diese geistige Dichotomie nicht nur in der Psyche, sondern auch in die Natur der Geschlechter eingebettet wissen. Deshalb erkannte er sie im »Geschlechtsbau« wieder: Beim weiblichen Körper habe sich die Natur »mit unverkennbarer Sorgfalt alle Theile, die das Geschlecht bezeichnen, oder nicht bezeichnen, in Eine Form gegossen, und die Schönheit sogar davon abhängig gemacht«. Beim männlichen Körper hingegen habe sie sich »eine größere Sorglosigkeit erlaubt; sie verstattet ihr mehr Unabhängigkeit von dem, was nur dem Geschlecht angehört« und sei zufrieden, diese »nur angedeutet zu haben«. Sein Geschlecht, so Humboldt, müsse der Mann »der Menschheit zum Opfer bringen«. Damit, so muss man sagen, schuf er eine Definition von Männlichkeit, die einerseits dem alten Prinzip von ›männlicher Geistigkeit‹ entsprach, andererseits aber mehr als vereinbar war mit dem neuen entmaterialisierten Konzept von kapitalisiertem Vermögen: »Wo die Männlichkeit herrscht, ist das Vermögen: Kraft des Lebens, bis zur Dürftigkeit von Stoff entblößt.«[53]

Den Frauen, so Elisabeth Joris, blieben die wichtigsten Errungenschaften der Aufklärung verwehrt: die volle Rechtsfähigkeit und der Anspruch auf ein eigenes Vermögen.[54] Das ist zwar richtig, doch die Begründung für diese Zurücksetzung hatte sich verändert. Bis zu dieser Zeit war Frauen die Gleichberechtigung auf der Basis von theologischen Argumenten vorenthalten worden. Nun begannen wissenschaftliche und medizinische Begründungen an deren Stelle zu treten.[55] In den ganzen Debatten des späten 19. Jahrhunderts

---

* Tatsächlich fanden in dieser Zeit auch die ersten Versuche zur Entwicklung des elektrischen Stroms statt, der später echtes, nicht nur metaphorisches Licht spenden sollte. Benjamin Franklin experimentierte mit Blitz und Blitzableitern, und der italienische Theologe und Mediziner Luigi Galvani (1737–1798) entdeckte 1780 den nach ihm benannten ›Galvanismus‹. Seine Experimente mit Froschschenkeln zeigten, dass sich die Muskeln zusammenzogen, sobald sie mit Kupfer und Eisen, die ihrerseits verbunden sein mussten, in Berührung kamen. Ohne es zu wissen, hatte er einen Stromkreis hergestellt, der aus unterschiedlichen Metallen, einem Elektrolyten (Salzwasser im Froschschenkel) und einem Stromanzeiger (Muskel) bestand. Er legte damit die Grundlage für die Entwicklung elektrochemischer Zellen.

** Eine Kategorisierung, die den Weg für Sigmund Freuds spätere Geschlechtertheorien vom ›dunklen Kontinent‹ der Weiblichkeit ebnete. »Über das Rätsel der Weiblichkeit haben die Menschen zu allen Zeiten gegrübelt. […] Auch Sie werden sich von diesem Grübeln nicht ausgeschlossen haben, insofern sie Männer sind; von den Frauen unter Ihnen erwartet man es nicht, sie sind selbst das Rätsel.« Sigmund Freud, Die Weiblichkeit, in: GW Bd. XV, S. 120.

um die Zulassung von Frauen zur akademischen Ausbildung ging es immer um den Unterleib der Frau – der einzige Ort, wo ein biologischer Unterschied zu verorten war – und nicht um ihren Kopf.[56]

Den Frauen sollte ihre Rolle als Trägerinnen horizontaler Verwandtschaftsverhältnisse näher gebracht werden. Es galt, Eigenschaften wie Empathiefähigkeit zu einer körperlichen Eigenschaft zu machen. Genau das gelang: Sabean und Teuscher betonen, dass von einem (oft behaupteten) Niedergang der Verwandtschaftsverhältnisse im Industriezeitalter keineswegs die Rede sein kann. »Wenn überhaupt, ist das 19. Jahrhundert nur als ›verwandtschaftsheiße‹ Gesellschaft zu denken«, in der viele Energien in die Aufrechterhaltung und den Ausbau verwandtschaftlicher Beziehungen, die über viele Generationen halten sollten, investiert wurden.[57] Indem diese weitgehend von den Frauen getragenen ›gefühlten Verbindungen‹ quasi-egalitären Status mit der männlichen ›Blutslinie‹ erhielten, wurde es möglich, »das mütterliche Blut als Vermittler oder Instrument für die Herstellung von Allianzen zu betrachten«.[58]

Damit, so möchte ich hinzufügen, war die christliche Zeugungslehre – der geistige Samen des Vaters verbindet sich mit dem mütterlichen Fleisch – obsolet geworden. Vater und Mutter boten sowohl geistige Verwandtschaftsverhältnisse – im Fall der Frauen waren es die Emotionen – als auch »Substanzen« in Form von Fleisch und Blut. Das heißt, neben der Patrilinearität war eine andere, dieses Mal weibliche Linie aufgetaucht, die schon deshalb nicht minder schwer wog, weil sie vermögenssichernd war. Auch diese Neuerung trug zum Niedergang der Patrilinearität bei.

Es gab eine Kehrseite zu der neuen emotionalen Aufladung des weiblichen Körpers – und sie ist vielleicht der beste Beleg dafür, dass der Wandel der Geschlechterordnung wenig mit der Natur der Geschlechter, viel jedoch mit den Aufgaben zu tun hat, die diesen in jeder historischen Epoche zugewiesen werden. Der Medizinhistoriker Edward Shorter sieht in den verwandtschaftsintensiven Beziehungen den Grund für die Entstehung eines neuen Krankheitsbildes, das im 19. Jahrhundert zum ersten Mal auftaucht, fast nur Frauen betraf und bis heute den Industrieländern (oder solchen auf dem Weg dorthin) vorbehalten bleibt: die Anorexie, bei der Nahrungs- und Sexualverweigerung zumeist miteinander einhergehen.[59] 1873 erschienen fast zeitgleich in Paris und London, den Metropolen des Industriezeitalters, die ersten Untersuchungen über Frauen und Mädchen, die nicht essen wollen.[60] Viele dieser Fälle, so Shorter, hingen mit dem neuen hoch aufgeladenen Familienideal zusammen, das sich in den Jahrzehnten zuvor entwickelt hatte. »Eine Drohung mit freiwilliger Selbstzerstörung durch den Hungertod erscheint nur glaubwürdig in einem Familienklima, in dem die verschiedenen Familienmitglieder durch Gefühle und Zärtlichkeiten aneinander gekettet sind. Im traditionellen Familienleben wäre die Drohung, nichts zu essen, entweder mit einem Gähnen aufgenommen worden, oder sie hätte einen Besuch beim örtlichen Priester zur Folge gehabt, um die ›Dämonen‹ auszutreiben. Im Kontext der modernen Familie des 19. Jahrhunderts können wir die Anorexie vielleicht als eine der neuen ›Neurosen der Intimität‹ betrachten.«[61] Allerdings berücksichtigt Shorter nicht, dass diese verwandtschaftsintensiven Verhältnisse zugleich kapitalintensiv waren. Denn die enge Verknüpfung der Familie »stand keineswegs im Gegensatz zu den ökonomischen Erwägungen: Vielmehr bewegten sich die Gefühlsströme und die Geldströme über dieselben Kanäle«.[62] Das wiederum erhöhte den Druck auf die Frauen; es behinderte die Möglichkeit, sich der Funktion einer emotionalen Netzwerkerin zu entziehen. Bis heute sind die Essstörungen vornehmlich ein Phänomen der Mittelschicht.

Die Polarisierung der Geschlechter war nicht neu, nur die von diesem Zeitalter entworfene und von Humboldt ausformulierte Aufgabenverteilung – männliche Rationalität versus weibliches Gefühl – war eine Innovation. Sie war an die Stelle der alten Geist-Leib-Dichotomie getreten. Ein Novum war auch die positive Besetzung des Faktors ›Gefühl‹. Wenn in den Jahrhunderten zuvor davon die Rede war, dann vornehmlich als Ausdruck weiblicher Irrationalität und Unberechenbarkeit. Weil die neue Art von Polarisierung in der Ehe besonders wirkmächtig wurde, konnten sich Unverheiratete diesen Zuweisungen eher entziehen. Sie verfügten in dieser Hinsicht über mehr Autonomie als verheiratete Frauen. Das spielte zweifellos eine wichtige Rolle, als Frauen begannen, sich im Kampf um Bildung und für das weibliche Stimmrecht zu engagieren.

6. Literatur und Verwandtschaft

Bei der Neudefinition der Geschlechter- und Verwandtschaftsverhältnisse spielte die Literatur eine wichtige Rolle. Das ist nicht erstaunlich, war doch, wie im 2. Kapitel beschrieben, die Generationsfähigkeit von Texten (und Geld) so eng verflochten mit der menschlichen Reproduktion. Das neue Ideal der

Liebesehe entwickelte sich in Parallele zu einem neuen literarischen Genre: dem Roman, der auf die weitere Gestaltung von Verwandtschaftsverhältnissen einen erheblichen Einfluss ausübte. So wie die Heilige Schrift in der Antike ein Narrativ entwickelt hatte, an dem sich die Neuordnung der Gesellschaft, darunter auch die Geschlechterordnung, ausrichtete, so nahm auch die Gattung Roman viele der sozialen Entwicklungen voraus, die sich im 19. und 20. Jahrhundert herausbilden sollten. Unter den Verfassern dieses neuen Narrativs befanden sich auch viele Schriftstellerinnen, in deren Werken der Familienroman seine größte Blüte erfuhr.

Angesichts der neuen Rolle der Frauen als Briefeschreiberinnen und Chronistinnen der Familiengeschichten war es nicht erstaunlich, dass sie sich auch auf dem Gebiet der Fiktion hervortaten. Frauen, denen über Jahrhunderte der Zugang zum Heiligtum des geschriebenen Wortes verwehrt worden war, durften nun zur Feder greifen. Ja, man hat den Eindruck, sie sollten es. Ihre Romane und Erzählungen verliehen den neuen Narrativen von Familie und Geschlecht die notwendige ›Authentizität‹ – und Frauen ergriffen bereitwillig diese Chance. Insofern wurden sie auch zu den Protagonistinnen der neuen weiblichen Emotionalität. In Deutschland trieben Schriftstellerinnen wie Sophie von Laroche, in England die Brontë-Schwestern oder Jane Austen diese literarische Gattung in bis dahin unbekannte literarische Höhen. Diese Frauen bildeten die Avantgarde des Kampfs um Bildung und um Zugang zu akademischen Berufen, der erst gegen Ende des 19. Jahrhunderts gewonnen wurde. Mit ihren fiktiven Familienchroniken, die als Spiegel der Realität gelesen wurden, bestätigten sie einerseits die Klischees über ›das Weibliche‹; andererseits flossen aus ihren Federn aber auch viele kritische Darstellungen über soziale Missstände. Bettina von Arnim war dafür ein beredtes Beispiel.* Diese Erzählungen fanden nicht weniger Gehör als die romantisierenden Ideale ›imaginierter Weiblichkeit‹, wie Silvia Bovenschen die Identifizierung von weiblicher Existenz und weiblichen Texten so treffend genannt hat.[63]

Über das Verhältnis von Literatur und Genealogie wurden – u.a. von den Literaturwissenschaftlerinnen Sigrid Weigel und Ulrike Vedder und dem Wissenschaftshistoriker Ohad Parnes[64] – schon einige umfangreiche und differen-

---

* In ihrem Buch *Dies Buch gehört dem König* (1848) prangerte Bettina von Arnim soziale Missstände an. In *Gespräche mit Dämonen* (1852) trat sie für die politische Gleichstellung von Frauen und Juden ein und plädierte für die Abschaffung der Todesstrafe. Danach arbeitete sie an einem *Armenbuch*, das bereits vor seinem Erscheinen von der preußischen Zensur verboten wurde.

zierte Bände veröffentlicht, so dass ich mich auf ein einziges Beispiel beschränken möchte: Goethes *Die Wahlverwandtschaften* (1809). Der Roman war das einflussreichste unter den deutschsprachigen Werken, die die Veränderungen der Verwandtschaftsverhältnisse in dieser Zeit behandelten. (Die von Frauen verfassten Werke hatten weniger Einfluss – aus dem einfachen Grund, dass Texte von Frauen nicht als normativ galten.) Zudem war es der erste Roman, der das Unbewusste thematisierte – der erste »Neurosenroman«, wie Joseph Vogl es ausdrückt.[65] Einige von Goethes Stoffen – etwa die Trennung von Sexualität und Reproduktion – waren auch schon früher behandelt worden: vom Marquis de Sade (1740–1814) zum Beispiel, der, wie keiner vor ihm, die Befreiung des Sexualtriebs von der Fortpflanzung forderte. »Ein hübsches Mädchen sollte sich nur damit befassen zu ficken und niemals zu zeugen«, heißt es in seinem Werk *Philosophie du Boudoir*, denn die Libertinage habe »ihrem Wesen nach nichts mit der Vermehrung zu tun«.[66]

De Sade träumte von einer »Menschheit, die der Mutter nicht bedarf«,[67] und in der *Neuen Justine* (1797) erhob er sich gegen die Verbote, die mit den Blutsbanden einhergehen: »Praktizieren wir den Inzest doppelt und dreifach, ja, soviel wir nur können und ohne zu bangen. Und je näher wir dem Objekt unserer Begierde verwandt sind, desto reizvoller ist es, uns daran zu vergehen.«[68] Hinter dieser Glorifizierung des Inzests ist unschwer der antikatholische Impetus zu erkennen, der viele Intellektuelle der Aufklärung und ganz besonders de Sade umtrieb: Er sprach von sich als »Atheist bis zum Fanatismus«[69] und nannte Gott eine »ohnmächtige und unfruchtbare Chimäre«.[70] Mit dem Skandalon Sexualität und seiner Verherrlichung des Inzest – »Die geschwisterlichen oder elterlichen Gefühle der Zuneigung zwischen den Geschlechtern sind nichts anderes als geile Begierden«[71] – wollte de Sade mit der Macht der Kirche brechen, die die Kontrolle der Sexualität zu ihrem zentralen Anliegen gemacht hatte.

Goethe dagegen lebte in einem vom Protestantismus geprägten Umfeld, wo das kirchliche Inzestverbot schon längst zurückgedrängt worden war und die Kirche ohnehin einen großen Teil ihrer Macht eingebüßt hatte. Zu den Faktoren, die für ihn im Vordergrund standen, gehörten der Wandel von Verwandtschaftsverhältnissen und das neue Gefühlsleben, das durch den Bedeutungsverlust von Grundbesitz und das Aufkommen der Geldwirtschaft entstanden war. Hintergründig sind auch schon die Neuerungen auf dem Gebiet der Zeugungsforschung zu erkennen. Goethe war sich beider Revolutionen bewusst, wie sein *Faust II* belegt, wo es einerseits um die Einführung des Papiergeldes und andererseits um die Phantasien einer Zeugung in der Retorte geht. Nicht durch Zufall werden in den Gesammelten Werken die beiden Teile des *Faust* und die *Wahlverwandtschaften* in einem Band zusammengefasst.

Der Roman stellt Eduard und Charlotte als ein wohlhabendes Ehepaar dar, das von den Einnahmen aus einem verpachteten Landgut leben kann. Schon im ersten Satz wird ein Typus, nicht eine Person, vorgestellt: »Eduard – so nennen wir einen reichen Baron im besten Mannesalter«. Mit Unterstützung seines Freundes, des Hauptmannes, gestaltet Eduard das Land »nach Plan« und macht daraus eine Landschaft, die vor allem das Auge erfreuen soll. Die Kulturtechniken erobern die Natur: Aus Teichen wird ein See, umgeben von repräsentativen Bäumen (Platanen), und Felsen werden gesprengt, damit aus einer beschwerlichen Bergbesteigung ein vergnüglicher Spaziergang wird. Es werden Blickpunkte geschaffen, von denen man »über die reichen Baumwiesen in eine heitere Ferne« blickt, an geeigneten »Aussichtspunkten« werden Ruhebänke aufgestellt. Da, wo das Panorama am meisten bietet, lässt Charlotte eine »Mooshütte« errichten, in der sie Eduard »dergestalt niedersitzen ließ, daß er durch Thüre und Fenster die verschiedenen Bilder, welche die Landschaft gleichsam im Rahmen zeigten, auf einen Blick übersehen konnte«.

Landschaft verwandelt sich in ein Gemälde – und damit befinden sich Eduard und Charlotte ganz im Trend eines neuen Bürgertums, das sich Landgüter als Dekoration zulegt, zumeist mit der Absicht, einen langen, auf Grundbesitz basierenden Stammbaum zu suggerieren. Dass sich das Paar dieser neuen dekorativen Funktion von Grund und Boden annähert, wird auch daran klar, dass es die Grabsteine vor der Kirche, Symbol schlechthin eines im Boden verwurzelten Stammbaums, versetzen lässt. Der nun an anderer Stelle aufgerichtete Stein erinnere zwar an die Toten, so die Klage der Nachfahren, »aber dieser Stein ist es nicht, der uns anzieht, sondern das darunter Enthaltene, das daneben der Erde Vertraute«. Für eine andere Einstellung zu Grund und Boden spricht auch, dass der Hausherr nicht zögert, sein Land zu kommerzialisieren, um Geld für seine Parkanlagen daraus zu ziehen: »so genießen wir vergnüglich auf einem unschätzbaren Spaziergange die Interessen eines wohlangelegten Kapitals«.[72]

Die Folgen dieser Anpassung an die Moderne stellen sich alsbald ein. War die Beziehung des Paares zunächst von Vertrautheit und Gewohnheit geprägt, so erfährt es nun die Macht der Emotionen. Sowohl Eduard als auch Charlotte entdecken ein neues Begehren in sich, von dessen Existenz sie bis dahin nichts ahnten. Es stellt sich eben jene Intensität der Gefühle ein, mit der das Bürgertum sein liquides Kapital zu sichern sucht. Die neuen Liebenden, Eduard und Ottilie, erleben sich – entsprechend dem Ideal des symbiotischen Paares der ›Liebesehe‹ – als ununterscheidbar. Sogar die Migräne vereint sie: »Es ist doch recht zuvorkommend von der Nichte, ein wenig Kopfweh auf der linken Seite zu haben; ich habe es manchmal auf der rechten. Trifft es zusammen und wir sitzen gegeneinander, ich auf den rechten Ellbogen, sie auf den linken gestützt und die Köpfe nach verschiedenen Seiten in die Hand gelegt, so muß das ein Paar artige Gegenbilder geben.« Die Gefühle schweben in einem offenen Raum, sie werden von keiner Konvention eingegrenzt; sie verstärken sich (so wie sich auch das Papiergeld leichter vermehren kann). Es dauert nicht lange, und schon beginnt Ottilie, mit Eduards Schrift zu schreiben. Dieser wiederum bekennt: »Ich schreibe süße und vertrauliche Briefe in ihrem Namen an mich; ich antworte ihr und verwahre die Blätter zusammen.«

Als sich Eduard von Ottilie entfernt, um Ordnung in seine Gefühlswelt zu bringen, »mischt sich ihr Bild in jeden meiner Träume. Alles, was mir mit ihr begegnet, schiebt sich durch- und übereinander. Bald unterschreiben wir einen Kontrakt; da ist ihre Hand und die meinige, ihr Name und der meine, beide löschen einander aus, beide verschlingen sich. Auch nicht ohne Schmerz sind diese wonnevollen Gaukeleien der Phantasie.« Egal, ob die Liebenden getrennt oder unter einem Dach sind, sie erleben sich immer als Einheit. »Nicht eines Blickes, nicht eines Wortes, keiner Berührung bedurfte es, nur des reinen Zusammenseins. Dann waren es nicht zwei Menschen, es war nur ein Mensch im bewußtlosen vollkommenen Behagen, mit sich selbst zufrieden und der Welt. Ja, hätte man eines von beiden am letzten Ende der Wohnung festgehalten, das andere hätte sich nach und nach von selbst, ohne Vorsatz zu ihm hinbewegt. Das Leben war ihnen ein Rätsel, dessen Auflösung sie nur miteinander fanden.«[73]

Dass dieses hoch aufgeladene Gefühl von Nähe dem Zeitalter geschuldet ist, geht nicht nur aus dem Verhalten der Paare, sondern auch aus der Nebengeschichte des Grafen und seiner Geliebten, der Baronesse, hervor. Mit ihnen rückt das Thema ›Scheidung‹ – ein »trauriges Wort«, wie Charlotte sagt – in den Vordergrund. Wenn der Graf die Ehe auf Zeit verteidigt, so scheint in seinen Argumenten die ganze Flexibilität der Marktwirtschaft auf: »Wenn man die Welt kennt, so sieht man wohl, auch bei dem Ehestande ist es nur diese entschiedene ewige Dauer, die etwas Ungeschicktes in sich trägt.« Die Gefühle sollen nicht nur dem liquiden Kapital, sondern auch der nicht minder liquiden (weil nunmehr lösbaren) Ehe eine neue Sicherheit verleihen.

Es erstaunt nicht, dass wir auch in den *Wahlverwandtschaften* – lange vor den ersten medizinischen Beschreibungen der Anorexie – der Nahrungsverweigerung begegnen, mit der sich eine junge Frau den Zumutungen dieser neuen Intimität zu entziehen sucht. Ottilie, die schon in der Pension wegen ihrer spärlichen Nahrungsaufnahme gerügt worden war, verweigert gegen Ende des Romans jegliche Speise – aber sie tut dies auf heimliche Weise, wie viele Frauen mit Essstörungen. Allerdings wächst dabei auch ihr Ansehen. Man beginnt, in ihr eine ›Heilige‹ zu sehen – eine Entwicklung, die im Roman schon an mehreren Stellen vorweggenommen wird: etwa durch die Art, wie über ihre Tugenden gesprochen wird, oder durch die Rolle als Jungfrau Maria im *tableau vivant,* das der Architekt organisiert.[74] Die Essstörungen haben eine lange Vorgeschichte, die in der christlichen Religion verankert ist.[75] Im Roman nehmen sie säkularen Charakter an. Doch das mindert nicht die Hoffnung auf Wunderheilungen. »Zärtliche Mütter brachten zuerst heimlich ihre Kinder, die von irgend einem Übel behaftet waren, und sie glaubten eine plötzliche Besserung zu spüren. Das Zutrauen vermehrte sich, und zuletzt war niemand so alt und so schwach, der sich nicht an dieser Stelle eine Erquickung und Erleichterung gesucht hätte. Der Zudrang wuchs, und man sah sich genötigt, die Kapelle, ja, außer den Stunden des Gottesdienstes, die Kirche zu verschließen.«[76] Die geschlossene Kirche ist ein passendes Bild für den Säkularisierungsprozess, aber Goethe verdeutlicht auch, dass die Leerstelle, die der Glaube hinterlässt, leicht mit Aberglauben gefüllt werden kann.

Freilich: Die Wahlverwandtschaft, von der in diesem Roman die Rede ist, bietet alles andere als die freie Wahl. Alle Protagonisten sind Gewalten unterworfen, die über sie bestimmen. Das verdeutlicht Goethe durch den Vergleich mit dem Verhalten chemischer Elemente. »Man muß diese todscheinenden und doch zu Thätigkeit innerlich bereiten Wesen wirkend vor seinen Augen sehen, mit Theilnahme schauen, wie sie einander suchen, sich anziehen, ergreifen, zerstören, verschlingen, aufzehren und sodann aus der innigsten Verbindung wieder in erneuter, neuer, unerwarteter Gestalt hervortreten; dann traut man ihnen erst ein ewiges Leben, ja wohl gar Sinn und Verstand zu.«[77] Der Unterschied besteht allerdings darin, dass chemische Elemente nach Naturgesetzen agieren; Menschen dagegen verändern die Natur, nach deren Gesetzen sie leben.

Eben dies geschah zur Zeit Goethes auf dem Gebiet der Reproduktion. Die Forschungen hatten schon Ende des 17. Jahrhunderts begonnen. Bis dahin beherrschten noch die alten, zum Teil seit Aristoteles tradierten Vorstellungen über die Zeugungstheorie. 1677 hatte der Delfter Antoni van Leeuwenhoek (mit einem selbstgebauten Mikroskop) das Spermatozoon entdeckt: winzige ›Tierchen‹, kleiner als Blutkörperchen. Er erkannte, dass die Hoden einzig dazu da sind, diese ›Tierchen‹ zu bilden. Fast zeitgleich entdeckte Regnier de Graaf, ebenfalls in Delft, das Ovarialfollikel im Eierstock, das als ›Graaf-Follikel‹ noch heute nach ihm benannt ist. Er beschrieb auch schon die Funktion des Eileiters. Sein erklärtes Ziel war, »deutlich zu machen, dass Frauen und Männer ganz unterschiedliches Material zum Prozess der Zeugung beisteuern«.[78]

Mit diesen Erkenntnissen begann eine neue europaweite Zeugungsforschung, in der sich die katholische Priesterschaft besonders hervortat, weshalb am Anfang noch gelegentlich eine Anlehnung an die Lehren von unbefleckter Empfängnis und Jungfrauengeburt zu finden sind. So verkündete der englische Naturforscher und katholische Priester John Needham (1713–1781) in seinem Werk *Observations upon the Generation, Composition, and Decomposition of Animal and Vegetable Substances* 1748 die Theorie der ›spontanen Zeugung‹: Er hatte entdeckt, dass sich Lebewesen gleichsam aus dem Nichts entwickelten, wenn er aus Nahrungsmitteln eine Soße herstellte, die er einige Tage stehen ließ. Unter dem Mikroskop beobachtete er die Entstehung kleiner Kreaturen, die er als »eine neue Klasse von Lebewesen« bezeichnete. Seine Beobachtungen warfen die Frage auf, ob sich die Genese neuen Lebens einer höheren Macht oder einer (noch unbekannten) Naturkraft verdankte.[79]

1780 führte der Priester Lazzaro Spallanzani experimentelle Befruchtungen bei Fröschen, Kröten und Salamandern durch. Er hatte beobachtet, dass Froschlaich zuerst vom Weibchen abgesondert und dann außerhalb des Körpers vom Männchen mit Samen besprüht wird. Es gelang ihm, diese Befruchtung auch künstlich nachzuvollziehen – nicht nur bei Kaulquappen, sondern auch bei einem Säugetier, einer Hündin, bei der er den Samen eines Hundes einführte. Spallanzani wollte mit seinen Experimenten beweisen, dass im weiblichen Ei schon der ganze Mensch enthalten ist. Doch als Karl Ernst von Baer 1827 die menschliche Eizelle und den Eisprung entdeckte, war mit solchen Präformationslehren (der Idee, dass in Samen- oder Eizelle schon der ganze Mensch enthalten ist) endgültig Schluss: Das Kind war das Erzeugnis von zwei Eltern. Ab Ende der 1830er Jahre kam die Zelltheorie hinzu: die Erkenntnis, dass Wachstum durch eine Zellteilung stattfindet, die durch den Akt der Befruchtung ausgelöst wird.

Goethe schrieb seine *Wahlverwandtschaften* inmitten dieser Neuerungen. Angesichts seines Interesses an den Naturwissenschaften ist es schwer vorstellbar, dass diese Erkenntnisse, die in der Wissenschaft so viel Aufsehen erregten, an ihm vorbeigingen. Im Gegenteil: Sein Interesse für die Zeugung im Labor kommt in der Gestalt des Homunculus im *Faust II* ausführlich zur Sprache. So liegt es nahe, dass er den Stoff auch in diesem Roman behandelt, in dem es um die Zukunft der Verwandtschaft geht und ein Kind gezeugt wird. In der Gestalt des Kindes Otto kommt eben dies zum Ausdruck. Zu dessen ›Erbgut‹ trugen alle vier quasi-gleichnamigen ›Eltern‹ des Dramas bei: Charlotte, Eduard (der, wie der Leser erfährt, eigentlich Otto getauft wurde), der Major Otto und Ottilie. Das Kind wird zwar von Eduard und Charlotte gezeugt, aber in einer Nacht, in der sich beide in ihrer Phantasie mit dem oder der abwesenden Geliebten vereinen. Was im Sexualakt als Phantasie angelegt war, nimmt im Kind leibliche Gestalt an. »Was noch mehr in Verwunderung setzte, war jene doppelte Ähnlichkeit, die sich immer mehr entwickelte. Den Gesichtszügen und der ganzen Form nach glich das Kind immer mehr dem Hauptmann, die Augen ließen sich immer weniger von Ottiliens Augen unterscheiden.« In den *Wahlverwandtschaften* nimmt Goethe viele der modernen Familienkonstellationen voraus – weshalb deren Beschreibungen heute auch oft auf den Titel seines Werkes rekurrieren. Auch die Multiplikation der Mutter, die heute mit Patchworkfamilie und vor allem der Reproduktionsmedizin zum zentralen Thema von Verwandtschaft geworden ist, findet sich im Roman. Ottilie, so heißt es, wurde Charlottes Kind (das der von Ottilie geliebte Eduard gezeugt hatte) »soviel als eine Mutter, oder vielmehr eine andere Art von Mutter«.[80]

Unter Züchtern fand Goethes Titel schon bald ein frühes Echo. Cyrill Napp, der Abt des Augustinerklosters von Alt Brünn, in dem der Mönch Gregor Mendel seine Vererbungslehre entwickelte, unternahm Forschungen in der Tierzucht – ein Gebiet, das von nachhaltigem Einfluss auf die Industrialisierung der Landwirtschaft war. Der Abt bereicherte die Zuchtforschung um eine besondere Variante: Er forderte, dass sich die Eltern (Bock und Mutterschaf) nicht nur äußerlich, sondern auch ›innerlich‹ ähneln sollten. Denn laut Napp beruhe die Vererbung von Charakteristika auf den »gegenseitigen Wahlverwandtschaften« der sich paarenden Tiere.[81]

Als der französische Astronom und Physiologe Joannes Fernelius (1497–1558) 1554 zum ersten Mal den Bezug zwischen der Vererbung von Vermögen und Ämtern und der allgemeinen Beobachtung einer Ähnlichkeit zwischen Eltern und Kindern herstellte, war dies eher eine Metapher. Noch im 17. Jahrhundert gab es für die Gerichte nur die drei bereits erwähnten Möglichkeiten, den Vater eines Kindes zu identifizieren: 1. Der juristische Vater galt auch als leiblicher Vater, soweit nicht ein gegenteiliger Beweis vorlag. 2. Wurde das Verhalten des Vaters gegenüber dem Kind bewertet, was schwer objektiv zu bemessen war. An 3. und letzter Stelle kam die Ähnlichkeit, die ebenfalls subjektiven Kriterien unterlag. Zudem gab es die Theorie, dass die Imaginationen der Frau während Zeugung oder Schwangerschaft das Aussehen des Kindes beeinflussen können.[82] Dieser Punkt wird in den *Wahlverwandtschaften* thematisiert. Den biologischen Vaterschaftsbeweis, der diese drei Kriterien der Vaterschaft obsolet gemacht hätte, konnte die Zeugungsforschung noch nicht liefern, aber sie war auf gutem Wege.

Goethes Roman *Die Wahlverwandtschaften* (von dem ich hier nur einige Aspekte hervorgehoben habe) erschien also zu einer Zeit, in der Verwandtschaftsverhältnisse einen tiefgehenden Wandel – ökonomischer, sozialer, zeugungstheoretischer Art – durchliefen. Der Verfasser beschrieb sowohl in diesem Roman als auch im *Faust II* einiges von dem, was den Menschen im 20. Jahrhundert zu schaffen machen würde. Was er zweifellos nicht vorhersah, war die mentalitätsgeschichtlich unglaublich kurze Zeit, in der sich dieser Wandel vollziehen würde. Es ist keine Koinzidenz, so Andreas Bernard in seinem Buch *Kinder machen,* dass »die fundamentalen Umstellungen im Verhältnis von Liebe und Ehe, die neue Emphase der romantischen Liebesheirat, historisch genau mit dem Ende der Präformationslehre einhergehen«.[83]

Der neue ›Familienroman‹ entstand parallel zur sekundären Oralität, bei der das Schreiben über die mündliche Sprache bestimmt, und stellte – nach dem großen genealogischen ›Roman‹ der Bibel – eine sekundäre Heilige Schrift dar: In ihr wurde die Heilige Familie in der Zeit nach der Aufklärung entworfen. Deren Entstehung wurde durch ein neues visuelles Medium begünstigt. 1830 wurde die Fotografie erfunden, und ab Mitte des 19. Jahrhunderts – in der Zeit also, wo sich die weibliche Emotionslinie in die Genealogie einschrieb – begann diese Bildtechnik in der Familienchronik eine erhebliche Rolle zu spielen. Das Familiengedächtnis konstituierte sich nicht nur über die Privatkorrespondenzen und -erinnerungen, sondern zunehmend auch über die Portraits der Lebenden und der Verstorbenen. Man mag das Zusammenfallen von ›weiblicher Genealogie‹ und dem Auftauchen der Fotografie für einen Zufall halten. Erinnert man sich jedoch, dass Vilém Flusser von den technischen Bildern des 19. Jahrhunderts sagte, dass sie erfunden wurden, »um die Texte magisch zu laden«, so wird erkennbar, dass Fotografie und Film als Phänomene der sekundären Oralität zu verstehen sind und ihre Aufgabe darin besteht, den Texten Sinnlichkeit zu verleihen. Genau darin bestand die Gemeinsamkeit von Familienbriefen, Familienroman und Fotoalbum.

Die Abstraktheit des Textes war über Jahrhunderte durch das Blut ›magisch aufgeladen‹ worden. Nun übernahmen sekundäre Oralität und Fotografie diese Funktion. Bedenkt man zusätzlich, dass Oralität in allen drei alphabetischen Kulturen mit Weiblichkeit gleichgesetzt wurde, ja, der Gegensatz von Schrift und Mündlichkeit über die Definition der Geschlechterrollen bestimmte, so erscheint das zeitgleiche Auftreten von Familienalbum und ›weiblicher Genealogie‹ kein Zufall. Sekundäre Oralität und Fotografie bedingen geradezu die Verweiblichung der genealogischen Kette.

7. Die Verwandtschaftsentwicklung in den nicht-vermögenden Schichten

Das sicherste Indiz für die Kapitalintensität der emotionalen Verwandtschaftsbeziehungen ist die Tatsache, dass in den Schichten, die über kein Vermögen verfügten, zeitgleich ganz andere Verwandtschaftsverhältnisse aufkamen. Diese wurden zum Teil schon oben beschrieben – hervorzuheben wäre in diesem Zusammenhang der relativ hohe Anteil an alleinerziehenden Müttern im Norden Europas. Hinzu kamen aber noch weitere Faktoren, die durch die Industrialisierung bedingt waren. Die Veränderungen, die sie für die Arbeiterschaft herbeiführte, griffen später auf die gesamte Gesellschaft über.

Die Zusammenlegung von Grundbesitz hatte zu vielen heimatlosen Arbeitern geführt. In England waren Anfang des 18. Jahrhunderts noch 30 Prozent des Landes in der Hand kleiner Grundbesitzer; hundert Jahre später machten sie nur noch 10 Prozent aus. In der vor- oder protoindustriellen Zeit bestand die Textilindustrie zumeist aus Heimarbeit. Frauen und Kinder waren daran beteiligt, und deshalb war es für die Familie ein Gewinn, viele Kinder zu haben. »Kinderarbeit war das ›Kapital des armen Mannes‹.«[84] Die Heimarbeit war verantwortlich für das Anwachsen der Familien im 18. Jahrhundert. In der zweiten Hälfte des 18. Jahrhunderts kam es zur vorher beschriebenen Einengung des Allmende-Landes bei gleichzeitiger Vergrößerung der Familien. Das Familieneinkommen reichte nicht mehr aus, und viele Menschen vom Land sahen sich gezwungen, in die Städte zu migrieren. Schon ab Mitte des 18. Jahrhunderts arbeitete die Mehrheit der Bevölkerung in den Städten, die nun sehr rasch wuchsen. Während die Industrialisierung auf der einen Seite zu einem Aufschwung von Handel und Handwerk – und damit zu einem Anwachsen der mittleren Schichten und des Bürgertums – führte, kam es auf der anderen Seite zu einer Proletarisierung der Arbeiterschaft. Hier bildete sich eine Familienstruktur heraus, die sich von der bürgerlicher Schichten wesentlich unterschied.

Die Dampfmaschinenindustrialisierung mit ihren großen Fabriken setzte der Heimarbeit, und damit auch dem Bedarf an vielen Kindern, ein Ende. Mitte des 19. Jahrhunderts wurde in Mailand ein Drittel aller ehelichen Kinder ausgesetzt. Ebenso in Florenz. In den Industriestädten wurden Findelhäuser zur Gewohnheit.[85] Die Fabriken beschäftigten weitgehend Männer und alleinstehende Frauen. Die Frauen bekamen weniger Kinder, damit sie rascher für außerhäusliche Erwerbstätigkeit zur Verfügung stehen konnten. Es kam zu einem Rückgang der Geburtenraten. Zu Beginn der Industrialisierung waren die Löhne derartig miserabel, dass sie durch die öffentliche Hand (manchmal auch Pfarreien) aufgebessert werden mussten.

Die Freiheit der Partnerwahl, die sich das Bürgertum mühsam erkämpft hatte, galt für die Arbeiterschaft schon lange vorher: Anfang des 19. Jahrhunderts waren ›einvernehmliche Beziehungen‹ oder ›wilde Ehen‹ in der Arbeiterklasse schon weit verbreitet. Als Schulen für die Arbeiterklasse allmählich zugänglich wurden – die Schulpflicht und eine allgemeine Alphabetisierung kamen erst gegen Ende des 19. Jahrhunderts –, begann die Arbeiterschicht, bürgerliche Normen und das Modell des Vaters als ›Ernährer‹ der Familie zu übernehmen. Der Prozess ging mit einer moralischen Aufwertung der Mutterschaft und dem Verschwinden traditioneller Frauenarbeit einher. Proletarische Frauen verloren das geringe Maß an wirtschaftlicher Unabhängigkeit, das sie bis dahin besessen hatten.[86] Nur alleinstehende Frauen, die in den Fabriken (später in den Büros) arbeiteten, verfügten über ihren eigenen Lohn. Frauen der Arbeiterklasse kämpften um bessere Arbeitsbedingungen und angemessene Entlohnung, während der Kampf um Bildung (der es in Deutschland besonders schwer hatte) zum Anliegen bürgerlicher Frauen wurde: Es war zunächst ein Kampf um die Erweiterung der Möglichkeiten alleinstehender Frauen, sich selbständig zu versorgen.[87] Dieses Anliegen ging dem Kampf um das politische Wahlrecht voraus.

In dem Maße, in dem die Industrialisierung Verwandtschaftsnetzwerke auseinanderriss, wuchsen neue Nachbarschaftsnetzwerke: ein Phänomen, das sich seither noch verstärkt hat. Es führte dazu, dass mancherorts ›soziale Verwandtschaftsverhältnisse‹ entstanden, die denen ähnelten, die im 1. Kapitel beschrieben wurden. Zwei Dinge allerdings unterschieden diese neuen ›sozialen Verwandtschaften‹ von den dort erwähnten: erstens die Tatsache, dass die sozialen Netzwerke weitgehend von den Frauen, die ›zu Hause‹ blieben, geknüpft wurden, und zweitens der Rückzug der Väter. Beides beschleunigte die Entwicklung eines Phänomens, das die moderne Familie kennzeichnet: die Zentrierung auf die Mütter. Durch die Industrialisierung, verschwand das »Privatpatriarchat« weitgehend aus der Arbeiterklasse. Der Ehemann hatte kaum mehr Anteil an den »emotionalen Strömungen in der Familie«.[88] Der Eingrenzung der Familie auf die Frauen war im England des 19. Jahrhunderts schon unübersehbar: 66 Prozent der Witwen lebten mit ihren Töchtern zusammen, und 57 Prozent der verheirateten Kinder wohnten in der Nähe der Verwandten der Frau. Die Bindung zwischen Mutter und Tochter wurde ausschlaggebend für die Bestimmung des Wohnorts. Die ›matrilinearen‹ Emotionslinien der bürgerlichen Frauen fanden hier ihre soziale Entsprechung bei der Arbeiterschaft.

Das zweite Phänomen erscheint wie eine Ergänzung zu dieser Entwicklung, ging ihr aber zeitlich voraus: das Verschwinden der Väter als Zentralfigur der Familie. Dieser Prozess setzte schon mit der Industrialisierung und der von ihr geforderten Mobilität ein, zeigte sich aber auch dort, wo der Vater nicht an einen anderen Ort ziehen musste, um Arbeit zu finden. »Das Verschwinden des Vaters scheint ein wesentlicher Grund für die Zunahme unehelicher Geburten gewesen zu sein. […] In der ersten Hälfte des 18. Jahrhunderts heiratete das Paar in zwei Dritteln der Fälle von außerehelich empfangener Erstgeburt; hundert Jahre später waren es nur noch 50 Prozent.«[89] Goody spricht in diesem Zusammenhang von »kaputten Vätern«, und er weist daraufhin, dass auch heute sowohl in Großbritannien als auch in den USA drei Viertel der abwesenden Elternteile – das sind ganz überwiegend die Väter – nichts zum Unterhalt der Kinder beitragen. Ähnliche Zahlen gelten für Deutschland, wo heute 2,2 Millionen Kinder mit nur einem Elternteil leben (davon 90 Prozent bei der Mutter). Hier, wie auch in anderen Ländern, übernimmt sehr oft der Staat die ›Vaterschaft‹ – auch dann, wenn der leibliche Vater eigentlich über die Mittel verfügt, um für seine Kinder aufzukommen.* Mit dieser Entwicklung tritt der Staat praktisch die Erbschaft der patrilinearen Blutslinie an. Dasselbe gilt auch für die Versorgung der Alten – eine Aufgabe, die ebenfalls auf den Staat übertragen wurde. In beiden Fällen fließen die Mittel über die Rentenkassen, in die jede Generation einbezahlt. Da der Staat diese Gelder verteilt, hat er sich somit in die Rolle des ›Ernährers‹ begeben.

Es ist richtig, dass sich mit der Sozialgesetzgebung, die im 19. Jahrhundert eingeführt wurde, eine Kultur der Versorgung ausbreitete.[90] Ebenso richtig ist aber auch, dass sich diese neu entstandene Bindung auf das Gemeinwesen, und nicht etwa auf leibliche Eltern, bezieht. Unter dieser Perspektive lassen sich die Mütter dieser neuen Verwandtschaftsverhältnisse des Industriezeitalters auch als ›Delegierte‹ des Staates begreifen: Über ihren verlängerten Arm ist der Staat nicht nur kontrollierender Vater, sondern auch fürsorgliche ›Mutter‹.[91] In dieser Konstellation hat die Mutter noch eine gewisse Rolle, der Vater dagegen wurde durch den ›Vater Staat‹ ersetzt.

Obwohl Goody den Zusammenhang zwischen Industrialisierungsprozess und Bedeutungsverlust des Vaters selber beschreibt, schlägt er eine psychologische Interpretation für das Phänomen vor: »Der Vater wird ›getötet‹, aber nicht von seinem Nachfolger, seinem Sohn, sondern von seiner Frau oder von sich selbst, durch ›Selbstmord‹ oder Resignation.«[92] Solche Deutungsmuster, bei denen kollektive Phänomene mit individueller Psychologie ›erklärt‹ werden und die zudem mit Schuldzuweisungen expliziter oder impliziter Art an die Frauen/Mütter operieren, haben heute hohen Kurs, sind aber nicht besonders aussagekräftig angesichts der Tatsache, dass das Phänomen einerseits sehr verbreitet, andererseits aber auch ein Spezifikum der westlichen Industrieländer ist. Beides spricht gegen eine aus der individuellen Psychologie abgeleiteten ›Erklärung‹.

Ergiebiger sind dagegen Erklärungsmuster, wie sie der große Soziologe Émile Durkheim (1858–1917) in seiner Untersuchung über den Suizid (1897)

---

* Laut Statistik der Bundesagentur für Arbeit beliefen sich 2013 die offenen Forderungen des Staates an zahlungsfähige Unterhaltspflichtige auf knapp 170 Millionen Euro. Süddeutsche Zeitung, 5. 9. 2014. Der Verband alleinerziehender Väter und Mütter (VAMV) schätzt, »dass ein Drittel der Väter zahlt, ein Drittel nicht zahlen kann und ein weiteres Drittel zwar zahlen könnte, aber es nicht tut«. Westdeutsche Allgemeine Zeitung, 18. 8. 2010.

vorgelegt hat. Es war die erste empirische Erforschung dieses Themas, und sie bezog sich auf die Industrieländer, also die Regionen, von denen hier die Rede ist. In seiner Untersuchung konstatiert Durkheim, dass in den Ländern, in denen die Scheidung zugelassen wurde, die Suizide von Frauen zurückgingen, während die von Männern zunahmen. Letztere entwickelten auch eine höhere Rate an psychischen Erkrankungen, Kriminalität und Alkoholismus. Am Ende des Kapitels, in dem er diesen Sachverhalt mit Zahlen belegt, kommt Durkheim zum Schluss, dass die Institution Ehe offenbar nicht dem Schutz der Frau, sondern des Mannes dient. Und er präzisiert: Nur weil er sich von der Ehe Schutz erhoffe, habe der Mann die Einschränkungen der Monogamie hingenommen. »Die Freiheit, auf die er so verzichtet hat, mußte demnach für ihn eine Quelle des Leidens sein. Die Frau hatte nicht dieselbe Veranlassung zu einem solchen Verzicht, und man kann hierzu behaupten, daß eigentlich sie das Opfer gebracht hat, als sie sich der gleichen Norm unterordnete.«[93]

Man könnte Durkheims Forschungsergebnisse freilich auch anders interpretieren: Da es für den Mann keine Sicherheit der Vaterschaft gibt, muss er sich, soweit er als Vater anerkannt werden will, gezwungenermaßen auf die Ehe einlassen. Genau dies war ja auch geschehen, nur dass ›das Patriarchat‹ über lange Zeit die eigentlichen Abhängigkeits- in Machtverhältnisse umkehren konnte. Im 19. Jahrhundert wurde zum ersten Mal der hohe Preis spürbar, den der einzelne Vater für diese Macht zu zahlen hatte: Indem er die ›Vaterschaft‹ an einen abstrakten Übervater – die Kirche, das Gesetz, den Staat – delegiert hatte, hatte er sich um seine Vaterschaft gebracht. Der männliche Körper, der sich für seinen Autoritätsanspruch auf eine ›höhere Gewalt‹ berief, war allmählich von dieser ersetzt worden.* Es ist zweifellos kein Zufall, dass parallel zu dieser Entwicklung auch die Suche nach dem sicheren Vaterschaftsnachweis einsetzte.

* Die von Durkheim konstatierte ›Krise des Mannes‹ lässt sich auch auf die ›Jungenkrise‹ der Jetztzeit übertragen: Soziologen und Männlichkeitsforscher konstatieren zunehmend, dass Jungen sozial schlechter integriert sind als Mädchen. In der Kriminalstatistik sind sie 60 Mal häufiger vertreten als Mädchen, sie weisen acht Mal häufiger psychische und psychosomatische Störungen auf; ihr Anteil in Förderschulen und Institutionen für Verhaltensauffälligkeit beträgt zwei Drittel; sie sind drei Mal so häufig Klienten von Erziehungsberatung wie Mädchen. Vgl. Walter Hollstein, Die Jungenkrise, Tagesspiegel v. 26.7.2016. Bei diesen Jungen geht es schwerlich um den Verlust der Institution Ehe, sondern eher um die Probleme männlicher Identität, wie sie etwa durch die Delegation von Männlichkeit an eine ›höhere Instanz‹ entstehen. Andersherum würde das auch die Bereitschaft einiger Jungen erklären, sich einer ›Autorität‹ oder einer ›höheren Gewalt‹ – einem Gangleader oder dem IS – zu unterwerfen.

Zusammenfassend lässt sich konstatieren, dass im 19. Jahrhundert – allen Beweisen einer neuen männlichen ›Macht‹ zum Trotz – eine tiefe Verunsicherung über Männlichkeit um sich zu greifen begann, die Goethe in den *Wahlverwandtschaften* in der Gestalt des von seinen Gefühlen getriebenen Eduard beschrieben hat und die Friedrich Schlegel etwa zeitgleich mit der Aussage bekräftigte: »Viele Thiere werden ganz aussterben; so auch das Geschlecht der Männer.«[94] Wahrscheinlicher ist freilich, dass eine *bestimmte* Männlichkeit dem Untergang geweiht war.

8. Gefühltes Blut

Die ›Gefühlsnähe‹, die das Kapital in den bürgerlichen Schichten bewirkte, ging mit einem erneuten, wenn auch veränderten, Appell an das Blut und die Blutsnähe einher: Es kam zunehmend zu endogamen Eheschließungen. In vermögenden (oft auch weniger reichen) Familien wurden immer häufiger Ehen zwischen Cousins und Cousinen geschlossen. Auf Familienfesten, Sportereignissen, Abendveranstaltungen und gemeinsamen Urlauben war ihren Körpern die Intimität »antrainiert« worden.[95] Aus Cousins und Cousinen wurden zudem oft Schwager und Schwägerinnen. Auf den ersten Blick erinnert diese Berufung auf das ›richtige‹ Blut an die Strukturen des Feudalismus. Doch es gab zwei essentielle Unterschiede: Erstens bildeten sich die Allianzen der Aristokratie um väterliche Erblinien, und zweitens verwies das ›richtige Blut‹ des Feudalismus auf eine Statusfrage. In den neuen Allianzen dagegen hatten die Frauen eine tragende zentrale Rolle. Die Endogamie wiederum erfüllte den Sinn, die emotionale (für das Kapital essentielle) Familiennähe noch zu verstärken.*

Die Endogamie bewirkte, dass sich die ›gefühlten Verbindungen‹ mit dem bewährten roten Stoff anreicherten: Auf diese Weise beruhte die Verwandtschaft nicht nur auf den (schwankenden) Emotionen, sondern auch auf der (scheinbar materiellen) Realität des Bluts. Dem Blut kam in diesem Kontext eine neue symbolische Funktion zu. In der Feudalgesellschaft hatte es sich vom

---

* Als Sigmund Freud seinen Ödipus-Komplex entwickelte, suchte er die Bilder zu dessen Beschreibung in der griechischen Mythologie. Mit Griechenland selbst hatte diese Vorstellung von Inzest wenig zu tun. Dagegen hatte die soziale Realität, auf die Freud bei seinen Patienten stieß, sehr wohl mit Inzest zu tun. Die Entwicklung zur endogamen Ehe, die gegen Ende des 19. Jahrhunderts ihren Höhepunkt erreichte, ist dafür ein Beleg. Sie war ein Problem der Zeitgenossen von Freud, auch wenn er die Bilder zur Beschreibung des Phänomens aus der Antike bezog.

›heiligen Blut‹ der Könige abgeleitet und war so zum Distinktionsmerkmal des Adels geworden. Es hatte dann, als Rote Tinte, auch den langen Stammbaum symbolisiert. Nun stand es für Verwandtschafts*nähe*. Es wurde zum Garanten eines Kapitals, das in der Familie bleiben sollte: Geld und Blut zirkulierten parallel zueinander in immer enger geschlossenen Kreisen. Die ›Liebesehe‹ bot den geeigneten Hintergrund, um diese neue Form von ›Vernunftehe‹ zu legitimieren, und die Koalition mit der Blutslinie verstärkte das zusätzlich.

In ganz Europa, so der Sozialhistoriker David Sabean, kam es im 19. Jahrhundert zu einer Aufweichung des Inzestverbots. So wurden in Frankreich gegen Ende des Jahrhunderts drei Prozent aller Ehen mit den Schwestern der verstorbenen Ehefrauen geschlossen.[96] (Diese Verbindung war vorher unter das Inzestverbot gefallen.) In einer Kleinstadt wie Neckarshausen, dessen Archive Sabean durchforstet hat, hatte es bis ins 18. Jahrhundert weder Ehen zwischen Blutsverwandten gegeben noch gab es sich wiederholende Allianzen zwischen Familien. Das änderte sich nach 1800. Wurden um 1820 schon 25 Prozent der Ehen mit Verwandten geschlossen, so stieg der Anteil in den 1860ern auf das Doppelte an. Zu den Cousin-Ehen ersten und zweiten Grads kamen auch Ehen mit den Ehepartnern verstorbener Geschwister. »Um 1820 scheiterte nur eine von 10 Familien bei der Aushandlung einer neuen Ehe innerhalb der schon bestehenden Allianzen.«[97]

Die Familienendogamie ging mit Klassenendogamie einher, und bei dieser Entwicklung spielte auch die wachsende geographische Mobilität eine Rolle. Sie erlaubte es, außerhalb des Dorfes zu heiraten. Das hatte zur Folge, dass reiche Dorfbewohner nicht mehr arme Dorfbewohner heirateten, sondern ihre Partner in einer anderen Ortschaft suchten, wo »das Eigentum der Neuverheirateten mehr oder weniger genau aufeinander abgestimmt war«. Diese soziale Endogamie, die der Familienendogamie folgte, ging mit Bevölkerungswachstum, Kapitalisierung und Intensivierung der Landwirtschaft einher, was wiederum »Klassendifferenzierung, regionale Mobilität, Integration in größere Märkte sowie Verkleinerung und die immer raschere Fluktuation von Landbesitz« mit sich brachte. Indem Land zur Ware wurde, verlor es seine Attraktivität für den Familienzusammenhalt: Um 1700 hatten nur etwa 10 Prozent der Eigentumsübertragung von Neckarshausen außerhalb der direkten Familie stattgefunden. Um 1820 wurde etwa die Hälfte des Bodens über den Markt verkauft, nur 50 Prozent blieb innerhalb der eigenen Familie. Kapital trat an die Stelle, und dieses verlangte nach anderen Formen des Zusammenhalts: Die Endogamie ersetzte gewissermaßen den Boden. Nach den Landeigentümern folgten die Handwerker demselben Prinzip. »Zu der Zeit, wo die Landbesitzer begannen, Verwandte ersten Grades zu heiraten, gingen letztere dazu über, Verwandte zweiten Grades zu ehelichen.« In den ländlichen Gegenden kam es zu mehr Ehen zwischen Blutsverwandten als in den Städten.[98]

Bei den besitzenden Schichten des Industriekapitalismus kam ein weiterer Faktor hinzu. Zwar regulierte auch hier die Mitgift den Parallelfluss von Eros und Kapital, und auch hier bewegten sich diese Ströme um einen immer engeren Kreis von Familienangehörigen. Zugleich verlangte der Industriesektor aber auch nach neuen fähigen Leuten, die zur Vermehrung des Geldes beitragen konnten. So diente die Mitgift auch der Suche nach begabten Männern, deren Talente an die Familienfirma gebunden werden konnten. Das alte System war mit dem Erhalt von Erbschaften beschäftigt, während sich das neue dafür interessierte, Chancen zu eröffnen. Im Feudalsystem hatten Talente nur in der Kirche und in der Verwaltung der Herrscherhäuser eine Rolle gespielt, für den Erhalt des aristokratischen Besitzes galten sie wenig. Sogar die Vergabe öffentlicher Ämter folgte den Erblinien. Nach der Französischen Revolution, die ein neues Staatswesen zur Folge hatte, konnte Amtsträger nur werden, wer die entsprechenden Leistungen vorzuweisen hatte. »Nepotismus funktionierte nicht mehr als offen anerkanntes System der Rekrutierung.« Die Marktwirtschaft tat ihr Übriges: Das Kapitel brauchte die ›Liebe‹ nicht nur für die innerfamiliäre Bindung von Kapital, sondern auch als Köder für die Anwerbung kompetenter Geschäftspartner. Egal auf welche Weise, »immer bestimmte die Liebe über den Fluss von Kapital, den Zugang zu Ämtern und den Verlauf der Karriere«.[99]

Die Endogamie war, so Sabean, ein vorübergehendes Phänomen, das der Etablierung einer neuen bürgerlichen Klasse diente. Im Industriezeitalter entstanden auf der einen Seite neue Staaten, »die die Kolonisierung ihrer ›öffentlichen‹ Interessen durch private Familien nicht mehr tolerieren wollten«. Auf der anderen Seite bildeten sich aber auch neue Eliten heraus. Die Neugestaltung privater Allianzen wurde zum »Nährboden für die Konstruktion von Klassen«, die sich der neu entstehenden Nationalstaaten bemächtigten. Dabei dienten die endogamen Verwandtschaftsverhältnisse der Etablierung von Distinktionsmerkmalen, wie schon beim Adel. Man wollte sich gegen andere soziale

Schichten, darunter auch die Aufsteiger aus der eigenen Ursprungsschicht abgrenzen.

Diese Verwandtschaftsdynamik »war die fundamentale Kraft, aus der sich die Akkumulation von Kapital und die Gründung von Geschäftsunternehmen nährte, und ebenso diente sie auch als Mechanismus für die Selbstreproduktion von politischen Eliten und höheren Amtsträgern«.[101] Als sich die neue Klasse etabliert hatte, erübrigte sich die Endogamie. Aus allen Untersuchungen geht hervor, dass es zwischen 1880 und 1920 zu einem »Höhepunkt konsanguiner Eheschließungen kam«. Danach ging das Phänomen – manchmal plötzlich, manchmal allmählich – zurück, bevor es um 1950 fast überall, »sogar aus den entlegensten Dörfern Skandinaviens«, verschwunden war.[102] Vielleicht, so schreibt Sabean, »verlor deshalb auch die Klassenkohäsion ihre bindende Kraft: Sie war ihrer wichtigsten Requisite verlustig gegangen«.[103] Allerdings weisen einige Indizien, auf die ich im nächsten Kapitel zu sprechen komme, darauf hin, dass wir mit dem Finanzkapitalismus erneut auf eine familien- und klassenspezifische Endogamie zugehen.

Bei der Entwicklung der endogamen Ehe ist ein Phänomen auffallend: In vielen Ländern kam die *gesetzliche* Lockerung des Inzestverbots lange (mehrere Jahrzehnte), bevor »die Bevölkerung davon Gebrauch machte«.[100] Die Gesellschaft zog also erst nach, nachdem das Regelwerk verändert worden war. Bedenkt man, dass diesem neuen Regelwerk eine gewandelte Ökonomie zugrunde lag, deren wichtigstes Charakteristikum Papiergeld und Aktie waren, so wird erkennbar, dass hier, wie schon in der Antike, das Schriftsystem dem Wandel der sozialen Realität vorausging – nicht andersherum.

9. Das Beispiel zwei großer Finanzdynastien: die Barings und die Rothschilds

Das Modell Familienunternehmen erlebte im Industriezeitalter seine größte Blüte, und es gedeiht auch weiterhin, trotz der Bedeutung von Aktienfirmen und managergeleiteten Unternehmen. Noch immer sind die meisten Firmen in aller Welt Familienbetriebe: In der EU sind, mit Unterschieden von Land zu Land, 60 bis 90 Prozent aller Firmen Familienbetriebe; sie sind für zwei Drittel der Wirtschaftskraft und der Arbeitsplätze verantwortlich. »Die Wirtschaft dieser Länder braucht das Vertrauen und die Erziehung und Ausbildung, die ein Familienverband leisten kann.« So David Landes in seiner Untersuchung über Wirtschaftsdynastien.[104] Ähnlich auch *Business Week* (selbst Bestandteil eines Familienunternehmens) in einem Artikel von 2003: »Einer der größten strategischen Vorteile, die ein Unternehmen haben kann, ist, wie sich herausstellt, sein Familienstammbaum. Firmen, in denen die Gründer oder ihre Familien sich eine starke Position bewahrt haben – im Management, im Vorstand, im Aufsichtsrat und/oder als Großaktionäre –, behaupten sich am Markt entschieden besser als ihre managergeführten Konkurrenten.«[105] Die Zeitschrift nennt Zahlen, die diese Aussage belegen. Theoretisch könnte auch eine Aktiengesellschaft Ähnliches leisten – und das Streben danach hat es auch durchaus gegeben: Als die IG-Farben gegründet und zu einem managergeleiteten Unternehmen wurden,* antwortete Carl Bosch, der erste Vorstandschef der IG Farben, auf die Klagen der Aktionäre über dürftige Dividenden: »Die IG ist nicht dazu da, ihren Aktionären große Gewinne zu schenken. Unser Stolz und unsere Pflicht ist es, für die zu arbeiten, die nach uns kommen, die Verfahren zu entwickeln, mit denen sie arbeiten werden.«[106]

Solche Auffassungen blieben eher die Ausnahme. Aktiengesellschaften unterliegen zumeist den kurzfristigen Interessen der Aktionäre, worüber sich schon Joseph Schumpeter in seinem Buch von 1942 *Kapitalismus und Sozialismus* beklagte. Mit dem Einzelunternehmer gehe auch der große Visionär unter. Der Manager einer Firma werde »zu einem Bureauarbeiter mehr«, der leicht durch einen anderen zu ersetzen sei. Es verschwinde der einstige Unternehmer, der bereit sei, für ›seine‹ Fabrik zu kämpfen »und wenn nötig auf ihrer Schwelle zu sterben«.[107] Diese Veränderung habe Folgen für die Familie. Schumpeter weist auf die zeitliche Parallele zwischen der Entstehung der großen Aktienunternehmen und der Auflösung der bürgerlichen Familie hin. Zumeist wird diese dem Sozialismus zugeschrieben, doch Schumpeter sah darin eher eine Auswirkung des modernen Kapitalismus. Wegen der »Verflüchtigung der Eigentumssubstanz« seien Kinder »nicht mehr ein wirtschaftliches Aktivum«. Damit »schrumpft der Zeithorizont des Geschäftsmannes, grob gesprochen, auf seine Lebenserwartung zusammen«.[108]

Während die Industriedynastien erst im 19. Jahrhundert – mit der Entwicklung von Technik und Elektrizität – entstanden, setzte die Geschichte der großen Finanzdynastien schon Ende des 18. Jahrhunderts ein: mit dem Aufkom-

---

* IG steht für Interessengemeinschaft und stellte einen Zusammenschluss mehrerer Chemieunternehmen dar.

men des Papiergeldes und liquider Geldströme, die sich von materiellen Sicherheiten ebenso gelöst hatten wie von den Garantien durch den Souverän. 1702 hatte die französische Krone auf Anraten von John Law mit Papiergeld zu experimentieren begonnen. Das Experiment ging bekanntlich schief.[109] Mit den Assignaten der Französischen Revolution wurde es neu aufgelegt, parallel zum Beginn des Papiergeldzeitalters, das sich vor allen in der USA schon früh durchsetzte. 1797 entband das englische Parlament die Bank of England von der Pflicht zur Konvertierung ihrer Noten. Das war der Beginn einer neuen Ära des Kredits; es entstanden große neue Privatbanken.

Einige von ihnen gehörten jüdischen, andere christlichen Familien. Alle entwickelten ein Profil, das dem der alten Aristokratie ähnelte.[110] Warum galt dies ausgerechnet für das Finanzwesen? Weil im Bankgeschäft laut Walter Bagehot alles auf Beziehungen ankommt – und damit auf Familie, Kontinuität und Vertrauen: »Die Berufung des Bankiers ist eine erbliche; das Ansehen der Bank geht vom Vater auf den Sohn über; der ererbte Reichtum bringt ererbte Kultiviertheit hervor.«[111] Das Geldwesen repräsentierte also ein neues dynastisches Prinzip. Die Bankerfamilien wurden zu den »Aristokraten der modernen Industriegesellschaft; nicht nur aufgrund der wirtschaftlichen Macht, die sie verkörpern, sondern auch aufgrund ihres nicht selten extravaganten und exzentrischen Lebensstils«. Die Ähnlichkeit von Finanzdynastien und altem Adel zeigte sich u. a. daran, dass oft schon die zweite Generation dazu neigte, Landgüter zu kaufen und den Lebensstil der Aristokratie nachzuahmen, indem sie Orden, Titel oder politische Ämter anstrebte. »In dem Maß, wie ein Unternehmen an Macht und Ansehen gewinnt, stellen seine Erben fest, dass es für sie sehr viel interessantere und amüsantere Dinge zu tun gibt, als die Rolle des Firmenchefs zu spielen.«[112]

Das Schema traf auf mehr oder weniger alle Bankfamilien zu. Dennoch gab es Unterschiede, und diese hingen, so möchte ich an zwei große Finanzdynastien – den Barings und den Rothschilds – darstellen, mit der Art zusammen, wie Verwandtschaft funktionierte. Die Barings Bank verschwand Mitte der 1990er Jahre (nachdem sie etwa 250 Jahre bestanden hatte), während das Bankhaus Rothschild bis heute als angesehenes Finanzinstitut weiterbesteht und das Familienunternehmen zudem noch zahlreiche weitere Unternehmen (die vom Handel über den Weinanbau bis zu Tourismus und Filmproduktion reichen) umfasst. Was unterscheidet diese beiden Familienunternehmen – abgesehen davon, dass sie schon früh in Konkurrenz zueinander gerieten? Um die

These vorwegzunehmen: Im einen Fall haben wir es mit der patrilinearen, im anderen mit der matrilinearen Blutslinie zu tun. David Landes, der in seinem Buch *Die Macht der Familie* auch die Geschichte dieser beiden Finanzdynastien beschreibt, berücksichtigt diese genealogischen Prinzipien nicht, aber sie ergeben sich aus seinem Material.

In zwei Punkten ähneln sich beide Familienunternehmen: Erstens kam der Gründungsvater in beiden Fällen aus Deutschland. Und zweitens wurden sie »zusammengehalten vom Mörtel der Blutsverwandtschaft […] Ihr wesentliches Strukturmerkmal ist das Prinzip der väterlichen Führung.« Aber hier endet auch schon die Gemeinsamkeit. Die Barings gründeten die erste moderne Universalbank. Die Familie stammte ursprünglich aus einer Bremer Pastorenfamilie, die durch Heirat in den Mitbesitz einer der führenden Wollwebereien der Region gekommen war. Einer der Söhne dieser Familie, Johann, wurde 1717 nach Exeter geschickt, um den Handel zu erweitern. Er heiratete dort die Tochter eines erfolgreichen Textilproduzenten; sie brachte eine große Mitgift in die Ehe ein, die nach dem Tod ihres Vaters noch durch eine Erbschaft erweitert wurde. Als Johann, nun John, mit 51 Jahren starb, hinterließ er ein beträchtliches Vermögen, das seine Witwe, die das Unternehmen weiterführte, noch einmal fast verdoppelte. Mehrere der Söhne ließen sich an unterschiedlichen Orten nieder, um die Textilfirma zu vertreten. Die Londoner Niederlassung florierte besonders, und der dafür verantwortliche Sohn Francis beschloss, sich ganz aufs Bankgeschäft zu verlegen.

Francis Baring machte viel Geld zur Zeit der Französischen Revolution: durch Staatsanleihen an die britische Regierung und die Finanzierung ihrer Verbündeten. Dann erneut in den Kriegen gegen Napoleon. Um diesen Krieg zu finanzieren, musste eine große Menge Bargeld mobilisiert werden, das in England nicht mehr vorhanden war, weil die Insel durch die napoleonische Blockade vom Handel mit dem Festland abgeschnitten war. Auf dem Kontinent geriet die Barings Bank in Konkurrenz zum Hause Rothschild, »das gerade dabei war, zur führenden Kraft auf dem europäischen Festland zu werden, und das in allen Dingen, die mit Devisenumtausch zu tun hatten, einen ungewöhnlichen Erfindungsgeist und Elan an den Tag legte«.[113] Als auch Frankreich nach der Niederlage Napoleons im Jahr 1815 Geld brauchte, um Kriegsschulden zu tilgen, trommelte Barings ein Konsortium von Banken zusammen, schloss aber die Rothschild-Bank aus. In einem Brief schrieb er, die Juden seien »gierig und arbeiteten an zwanzig Transaktionen gleichzeitig, wie eine

Horde Börsenjobber. Ihnen gehe es nur darum, sich nach vorne zu drängen und Geld zu verdienen.«[114] Ironisch merkt Landes an: »Als ob die Barings über dergleichen erhaben gewesen wären!«

Francis Baring wäre gern geadelt worden, gab sich aber damit zufrieden, dass seine Kinder in den Adel einheirateten. Anfang des 19. Jahrhunderts wurde die Barings-Bank als eine Weltmacht wahrgenommen: In Europa hieß sie ›Die Sechste Großmacht‹. In eben dieser Zeit begannen die wichtigsten Eigentümer »mit dem Rückzug in ein Leben nach Aristokratenart«. England war damals das wichtigste Industrieland, doch die Erwerbsarbeit galt als eine »›gewöhnliche‹, zweitklassige Betätigung, unter der Würde eines Aristokraten« – und einige Barings folgten diesem Prinzip. Von nun an stiegen immer mehr Außenseiter – Leute, die keine Barings waren – in die Führungsschicht der Bank ein. Einerseits fehlte »das Feuer und der Nerv«, dem neuen Zeitalter der Industrialisierung und der Eisenbahnen die Stirn zu bieten; andererseits kam man zur Auffassung, »Schuld an Verdruss und Frust trage ihre jüdische Konkurrenz sowie deren Hinterlist und unethisches Verhalten«.[115]

Der Rückzug der Familie aus den Geschäften sollte über das 19. Jahrhundert immer weiter fortschreiten. Es gab zwar noch einige erfolgreiche Generationen von Bankern – etwa Edward Baring (1828–1897), der allerdings einen kapitalen Fehler beging. Er hatte Argentinien eine große Summe Geld geliehen, was sich als eine unheilvolle Investition erwies, weil Argentinien von Unruhen und revolutionären Kämpfen erschüttert wurde. Die Bank stand kurz vor dem Konkurs. Zu dieser Zeit galt für alle Gesellschafter noch unbeschränkte Haftung. Die Familienmitglieder hätten mit ihrem Privatvermögen einstehen müssen, hätte nicht die Bank of England ein Konsortium gebildet, das die Barings-Bank rettete.

Danach wechselten sich Barings mit Nicht-Barings an der Spitze des Unternehmens ab. Oft war auch nur ein Baring pro forma in der Leitungsfunktion. Einer der Außerfamiliären war Andrew Tuckey, der Ende des 20. Jahrhunderts das Ruder übernahm. Er rief 1980 eine Abteilung für Unternehmensfinanzierung ins Leben; die Barings Bank fand so Zugang zum asiatischen Markt. Sie wurde in mehrere Segmente aufgeteilt, wobei der Löwenanteil an die Investment Bank ging, die im großen Stil in den Wertpapierhandel einstieg. 1995 kam es schließlich zur Katastrophe: Einer der Trader, Nick Leeson, hatte auf eigene Faust in Derivate investiert. Er erfand fiktive Kunden, die immer neue Optionskontrakte orderten.

Bei dieser Krise unternahm weder die Bank of England noch andere Banken Rettungsversuche. Die Barings Bank war keine Weltmacht mehr, ihr Untergang bot keine Gefahr für das Finanzsystem und andere Banken. Anders als 1895 sprang auch die Familie nicht mehr ein; viele Mitglieder hatten sich ohnehin aus dem Unternehmen zurückgezogen. Firma und Name wurden zum symbolischen Preis von einem Pfund an den niederländischen Versicherungskonzern ING verkauft. 1999 wurde der Name aus der Firmenbezeichnung gestrichen. »Die Bank selbst wurde liquidiert; 250 Jahre des Reichtums, der Macht und der dynastischen Kontinuität waren damit zu Ende.«[116]

Nach dieser Beschreibung zu urteilen ist der Hauptgrund für den Niedergang der Barings-Bank in eben jenem Phänomen, das Schumpeter beschrieben hat, zu suchen: die Einschränkung des Engagements eines Unternehmers auf seinen persönlichen Lebenshorizont. Bei den Barings führte er zum allmählichen Rückzug der Unternehmer*familie*. Von Generation zu Generation sank das Interesse am Fortbestehen der Bank. Gewiss, einige der Familienmitglieder bezogen daraus noch ihre Dividenden. Aber sie setzten sich nicht für das Unternehmen selbst ein. Warum nicht? Landes bietet dafür keine Erklärung – vermutlich weil er nur die ökonomischen Aspekte der Erblinie und nicht deren Rolle für die Blutsverwandtschaft berücksichtigt. Ich möchte deshalb eine These formulieren, die diese beiden Aspekte miteinander verbindet und die zugleich erklären mag, warum es unter den großen europäischen und amerikanischen Industrie- oder Finanz-Dynastien kaum eine gibt, die bis ins 21. Jahrhundert fortbesteht. Die Barings sind dafür nur ein Beispiel.

Offenbar identifizierten sich die Barings immer weniger mit ihrer Erb*linie*. An dieser Entwicklung mag zwar die Unbeständigkeit des Finanzmarktes und der hohe Abstraktionsgrad moderner Geldinvestitionen (bei denen keine ›Produkte‹, sondern nur die Geldsummen, also Zahlen wahrgenommen werden) ihren Anteil gehabt haben. Entschieden wichtiger erscheint mir aber die mangelnde *Familienbindung*. Diese, so meine ich, hat mit der Tatsache zu tun, dass hier Familie und Erblinie einzig auf dem unsicheren Prinzip der Patrilinearität beruht. Als es darüber hinaus im 19. Jahrhundert zum oben beschriebenen Rückzug (oder Verschwinden) des Vaters kam, wurde diese Unsicherheit noch verstärkt. Mit anderen Worten: Offenbar büßte mit dem Niedergang des Vaters auch die Patrilinearität an Bindungskraft ein. Hinter dem Niedergang der Baring-Bank stand letztlich der Niedergang einer familiären Erblinie, die vom Vater-Sohn-Prinzip bestimmt war.

Die Barings Bank war eines von vielen Familienunternehmen im Finanz- und Wirtschaftssektor, die im Industriezeitalter entstanden. Derselben Liga gehörten auch andere Unternehmen an, deren Namen bis heute für großes Kapital und Unternehmergeist stehen: Krupp, Siemens, Thyssen, Renault, Citroën, um nur ein paar zu nennen. Anders als Barings gingen sie nicht unter. Aber sie verwandelten sich in Aktiengesellschaften; die Familie hat entweder wenig oder gar nichts mehr zu sagen. Deshalb ist es interessant, sich das Gegenbeispiel zu den Barings, die Rothschilds, anzusehen und nach dem Grund für ihren langen Fortbestand zu fragen.

Die Familie Rothschild bewahrte sich über Jahrhunderte »ihren Sinn für Zugehörigkeit und Loyalität«; sie verkörpert »eine Fallstudie in Sachen Beharrlichkeit, eine Dynastie, in der die Tugenden von Hartnäckigkeit und der eisernen Zielstrebigkeit von einer bemerkenswerten Generation zur nächsten weitergegeben wurden«. So David Landes, der freilich nicht in Erwägung zieht, dass diese Kontinuität auch etwas mit den matrilinearen Gesetzen des Judentums zu tun haben könnte – Gesetze, die von den Rabbinern für die Diaspora erarbeitet worden waren. Heute zwingt der Prozess der Globalisierung fast alle großen Unternehmen, international zu agieren (oder unterzugehen); die jüdischen Gemeinden dagegen waren immer schon auf diese Fähigkeit angewiesen. Und es scheint fast, als habe das diasporische Regelwerk der Rabbiner, zusammen mit den Gesetzen aus *Exodus*, *Leviticus* und *Deuteronomium*, ihnen dafür ein (ethisch und ökonomisch) besonders geeignetes Rüstzeug geboten.* »Nur wenige Familien haben über einen so langen Zeitraum hinweg

---

* »Von den nach rabbinischer Tradition 613 Mitzwot (365 Ver- und 248 Gebote) des Pentateuch beziehen sich mehr als 100 direkt auf die Ökonomie. [...] Den Verpflichtungen biblischer Eigentumsethik unterliegen drei Grundsätze: Jeglicher Besitz gehört letztendlich Gott (Lev 25,23), mit Eigentum ist verantwortungsvoll umzugehen, und eine lebenslange Besitzlosigkeit ist ungerecht. [...] Eigentumsrecht wird durch Verpflichtungen zur Zedaka [verteilende Gerechtigkeit, CvB] eingeschränkt. Die Ernte des Schabbatjahres soll auch Bedürftigen zugutekommen (Ex 23,11; Lev 25,6), und spezifische Teile des Ertrags sind explizit nur für Arme bestimmt (Lev 19,9–10; 23,22, Deut 24,19; 24,21.) Armut sollte gesellschaftlich-rituelle Partizipation nicht ausschließen, wodurch das Opfergesetz spezielle Bestimmungen und Rechte für die sozial Schwachen enthält (Lev 5,7–11; 14,21; 27,8; Deut 14,28–29). Insgesamt sollen so Verelendung und extreme Bedürftigkeit verhindert werden, zur Stärkung des Allgemeinwohls und des gesellschaftlichen Friedens.« (Kaplan 2018, S. 241 f., 245.) Inzwischen gibt es auch einen Zweig der Wirtschaftswissenschaften, der versucht, aus den ökonomischen Grundsätzen der Halacha eine neue Wirtschaftstheorie zu entwickeln, in der sowohl die Prinzipien der freien Marktwirtschaft als auch die Notwendigkeit der sozialen Gerechtigkeit Berücksichtigung finden. Ebda. Vgl. auch v. Braun 2012, 2. Kapitel: Geld und Glaube.

einen so unbeirrbaren Sinn für Pflicht, Verantwortung und Engagement gezeigt, und die Belohnungen, die ihnen dafür über Generationen zugeflossen sind, legen beredtes Zeugnis davon ab.«[117]

Gerade im Finanzsystem, wo es in erster Linie auf Vertrauen und Glaubwürdigkeit ankommt, erwies sich ein solcher Ruf als hilfreich: sowohl für den Familienzusammenhalt als auch für die Kunden. Das Pflichtgefühl schlägt sich einerseits in einer höheren Bereitschaft nieder, Gewinne generationenübergreifend zu investieren, andererseits bietet die Tatsache, dass der Finanzier mit seinem Namen einsteht, auch eine gewisse Garantie für solide und ethisch zu rechtfertigende Investitionen. In einer Aktiengesellschaft verschwindet der einzelne Anteilseigner hinter dem Unternehmen; die Anonymität macht es leichter, nur noch an die eigene Dividende zu denken und andere Perspektiven beiseite zu schieben. So geschehen zum Beispiel im Jahr 2005, als die Deutsche Bank (trotz Rekordergebnissen im vorangegangenen Jahr) die Streichung von 6400 Stellen verkündete und die Aktien in die Höhe schossen.

Der Gründer des Familienunternehmens war Mayer Amschel Rothschild (1743–1812), der in den beengten Verhältnissen des Frankfurter Judenghettos zur Welt kam. Mit drei Jahren kam er in die Religionsschule, wo er Hebräisch lesen und schreiben lernte. Unterrichtssprache war das Judendeutsch, eine Variante des Jiddisch. Eigentlich sollte Mayer Amschel Rabbiner werden: 1755 kam er auf eine Rabbinerschule nach Fürth. Zwei Jahre später wechselte er jedoch auf eine Lehrstelle bei der Firma Oppenheim in Hannover. Er erlernte den Umgang mit wohlhabenden Kunden, damals vor allem Aristokraten. Auch freundete er sich mit Carl Friedrich Buderus an, der in der Finanzverwaltung des Fürsten von Hessen tätig war. Buderus sollte später zu einem stillen Teilhaber bei Rothschild werden.

Die Firma Rothschild handelte mit Textilien und Gewürzen, Tee und anderen Waren, die bei der Familie in der Judengasse gelagert wurden. Alle zehn Kinder arbeiteten, sobald sie dazu in der Lage waren, im Familienbetrieb mit. Bei der Heirat der Kinder traten auch deren Ehepartner in die Firma ein, allerdings nur als Angestellte, nicht als Teilhaber. Einige Schwiegertöchter brachten eine beträchtliche Mitgift ein, »was für das gestiegene Ansehen und Vermögen von Mayer Amschel sprach«.[118] Amschel erhielt die Sondergenehmigung, auch am Sonntag das Ghetto zu verlassen: Er konnte die internationale Erweiterung des Unternehmens geltend machen, denn sein dritter Sohn, Nathan Mayer Rothschild (1777–1836) war nach England ausgewandert. In den 1780er und -90er Jahren hatte dort die maschinelle Produktion von Textilien begonnen, die nun sehr viel günstiger zu haben waren.

Nathan wickelte den Handel zwischen Frankfurt und London ab. Er war vom Vater mit einem guten Vermögen ausgestattet worden und schon bald erfolgreich. 1796 heiratete er Hannah Barent-Cohen, die Tochter eines der reichsten Juden Englands; sie brachte eine große Mitgift in die Ehe. Nathan übersiedelte von Manchester nach London, wo er seine Tätigkeiten bald ganz auf das Bankgeschäft konzentrierte. Mit ihm begann die eigentliche Finanzdynastie. Es war eine gute Zeit, um in England tätig zu sein: Sowohl die industrielle Revolution als auch die Finanzmethoden und das Kreditwesen waren denen anderer europäischer Länder weit voraus. Zudem brauchte die britische Krone Kapital für den Krieg gegen Napoleon.

Die Situation des Hauses Rothschild war einerseits durch die Achse London-Frankfurt begünstigt, andererseits profitierte sie aber auch vom leistungsfähigen Netzwerk jüdischer Geschäftsleute und Bankiers. Die Familie war freilich nicht gefeit gegen die typischen Entwicklungen beim Aufstieg zu Reichtum und Macht: Auch ihre Mitglieder kauften oder bauten große Landhäuser, imitierten den Adel oder strebten danach, selber in den Adelsstand erhoben zu werden. Das gefährdete jedoch nicht die Stabilität der Familie. In den beengten Verhältnissen des Ghettos hatten die Rothschilds schon früh gelernt, »dass ihre wichtigste und beste Ressource die Familie war, als die einzige Entität, in die sie absolutes Vertrauen setzen konnten«.[119] Auch die Religion spielte eine Rolle. Als der Gründervater Mayer Amschel 1812 starb, hinterließ er ein Testament mit Ordnungs-, Verhaltens- und Nachfolgeregeln, das sich wie ein auf das neue Zeitalter des Finanzwesens zugeschnittener Codex vom Berg Sinai liest: Er enthielt Regeln für das berufliche wie private Leben.

Dieses Dokument unterscheidet die Finanzdynastie Rothschild von allen anderen Dynastien. Es sah vor, dass nur direkte männliche Nachkommen zu Teilhabern werden konnten: Weder Töchter noch angeheiratete Mitglieder der Familie sollten dazugehören. Außerdem, das wurde zwar nicht so deutlich gesagt, war aber implizit im Regelwerk enthalten: Die Familie sollte die Riten beibehalten und jüdisch heiraten. Andere Familienunternehmen nahmen auch angeheiratete Schwiegersöhne in die Teilhaberschaft auf. Selbst unter jüdischen Unternehmen war eine solche Einschränkung auf ein bewusstes Judentum ungewöhnlich. Die große Bankiersfamilie Mendelssohn bestand fast nur aus konvertierten Mitgliedern (allerdings suchten diese ihre Ehepartner meistens auch unter den konvertierten Juden).

Was bedeutete ein solches Regelwerk? Indem sich die Rothschilds an jüdische Eheschließungen hielten, schufen sie eine ›sichere‹ Blutslinie, die auf dem Prinzip der Matrilinearität beruhte. Gut möglich, dass Mayer Amschel sein Regelwerk verfasst hatte, weil er ein frommer Jude war, der sich an die von den Rabbinern aufgestellten Gesetze hielt. Wahrscheinlicher ist jedoch, dass er sich bewusst war, dass diese *mater semper certa est* die Bedingungen erfüllte, auf denen nicht nur die Diaspora, sondern auch der Zusammenhalt eines modernen Finanzimperiums beruhen konnte: Sicherheit und Vertrauen. Mayer Amschels Codex war strikt patriarchal, und über viele Generationen hinweg hielt sich die gesamte Familie daran. Aber das Regelwerk, das er geschaffen hatte, entsprach den zwei Aspekten, die über fast zwei Jahrtausende zur Bewahrung jüdischer Identität beigetragen hatten: Der ›Vater‹ repräsentiert das Buch, die Mutter dagegen die Blutslinie. Nur war bei Mayer Amschel mit dem ›Buch‹ nicht nur die Heilige Schrift, sondern auch die ›Buchführung‹ und das ›Buchgeld‹ der Bank gemeint.

Das patriarchalische Regelwerk bedeutete nicht, dass die Rothschild-Frauen entmündigt wurden. Die Liste der Berufe und Berufungen, in denen die weiblichen Mitglieder der Familie über Generationen hinweg erfolgreich waren – darunter Malerin, Lehrerin, Komponistin, Philanthropin, Wissenschaftlerin, Schriftstellerin – ist lang. Einen Beruf aber schloss sie nie ein: den des Bankiers. Auf allen anderen Gebieten konnten die Frauen der Familie ihre intellektuellen Möglichkeiten und Talente geltend machen.

Das Regelwerk der Rothschilds basierte auf der Religion, führte aber auch dazu, dass die bindende Kraft der Religion dem Familienzusammenhalt zugutekam. Bis ins 20. Jahrhundert kamen Assimilation und Konversion für die Rothschilds nicht in Frage. Die in den Geldadel aufsteigenden Rothschild-Männer heirateten Frauen, die »gebildeter und geschmackssicherer« waren als sie selbst. Da sie aber gleichzeitig auch jüdisch sein sollten, also einer Minderheit angehörten, war das Reservoir an möglichen Kandidatinnen nicht groß. Zudem durfte die Frau auch keinen konvertierten Bruder, Schwager oder sonstigen Verwandten haben, der das Jüdische ihrer Herkunftsfamilie geschmälert hätte.

Wie löste die Familie das Problem der geringen Zahl an Kandidatinnen? »Laut jüdischen Religionsvorschriften waren Ehen zwischen Neffe und Tante untersagt, nicht aber zwischen Onkel und Nichte.« Diese Verbindungen wurden zur Regel. »Beginnend mit James Rothschild, der 1824 Betty, die Tochter seines Bruders Salomon, heiratete, waren sechzehn der achtzehn Ehen, die die Enkel der Mayer Amschels schlossen, Verbindungen zwischen Onkel und Nichte oder zwischen Vettern und Cousinen ersten Grades.« Die Heirat innerhalb der Familie hielt das Vermögen zusammen, die Mitgift wanderte nur von einem Zweig zum anderen. Hinzu kam: »Familiengeheimnisse drangen nicht nach außen, und alle konnten sich in jiddischer Sprache verständigen (zusätzlich zu Französisch, Englisch und Deutsch). Zudem bekam man so gleichsam automatisch einen standesgemäßen Partner. Nur ein Rothschild war genug für einen Rothschild.«[120]

Wir begegnen hier also demselben Phänomen, das sich im 19. Jahrhundert auch für nicht-jüdische vermögende Familien herausgebildet hatte: die endogame Eheschließung. Und wie bei den nicht-jüdischen Familien entsprach diese Entwicklung auch hier einem veränderten Familienverständnis. »In der Familie Rothschild, die im 18. Jahrhundert keine Cousin-Heiraten gekannt hatte, wurden im 19. Jahrhundert 50 Prozent der 56 Ehen mit Cousins ersten Grades geschlossen.«[121] Bei allen Familien, jüdisch und nicht-jüdisch, verfolgte die Endogamie das Ziel, das Vermögen zusammenzuhalten. Und in allen Fällen wurde es den Frauen aufgetragen, die emotionalen Netzwerke zu knüpfen und zu stabilisieren. So war es auch bei den Rothschilds. Dennoch gab es Unterschiede: Die nicht-jüdischen Cousins und Cousinen kannten einander (das war der Grund für ihre Nähe), während sich Cousins und Cousinen bei den Rothschilds vor der Heirat nicht notwendigerweise begegneten. Die Familie war über ganz Europa verstreut und ihre Mitglieder lebten in Frankfurt, Paris, London, Neapel oder Wien.

Zweitens (und das war noch wichtiger) war auch die Begründung für die Endogamie eine andere. Bei den Nicht-Juden wurde gern die ›Liebe‹ angeführt, für die die endogame Beziehung als Verstärker funktionierte. Bei den Rothschilds dagegen stand die Religion, d. h. eine jüdische Eheschließung, im Vordergrund. Für diese Familie gab es gar keinen Zweifel daran, dass diese Art der Paarung nicht aus Liebe, sondern aus rationalen Gründen erfolgte. So schreibt zum Beispiel eine der Rothschild-Ehefrauen, Charlotte (die, als Tochter von Carl Mayer Rothschild, in Neapel aufgewachsen war und ihren Londoner Cousin Lionel, Sohn von Nathan, geheiratet hatte) über ihre Tochter Leonore: »Laury legt großen Wert auf eine bestimmte Stellung in der Welt und würde nur ungern von dem, was sie als den Thron der Rothschilds empfindet, herabsteigen, um die Braut eines Mannes aus bescheidenen Verhältnissen zu werden. Mir kam der Gedanke, dass in der Welt nicht viel aus Liebe geschieht. Umso besser – sie ist bestenfalls eine gefährliche Leidenschaft, gefährlich in ihren Resultaten, in ihrem Einfluss über viele Jahre hinweg, die besten Jahre im Leben einer Frau.«[122] Leonore heiratete ihren Pariser Cousin Alphonse.*

Dennoch machte der Säkularisierungsprozess auch vor den Rothschilds nicht Halt: Mit dem deutsch-französischen Krieg von 1871 entwickelte sich eine Kluft zwischen den deutsch-österreichischen Teilen und dem Rest des Familienunternehmens. Diese Kluft wurde allmählich überwunden, indem Vermögenswerte und Wohnsitze in den Westen verlagert wurden. Die Niederlassungen in Wien und Frankfurt wurden geschlossen. Und auch bei den Rothschilds gab es (wie bei nicht-jüdischen Gelddynastien) in jeder Generation das eine oder andere Familienmitglied, das das Geld eher genießen als zu seiner Vermehrung beitragen wollte. Hinzu kamen Familienmitglieder, die sich anderen ökonomischen Zweigen zuwandten – Weinbau, Tourismus, Filmproduktion. Ein Kern an Bankiers blieb der Familie aber immer erhalten.

Heute kann das Haus Rothschild mit den großen Aktienbanken nicht mithalten, was Kapitalkraft und Finanzvolumen betrifft. Doch der Name, der für Kontinuität und Vertrauen steht, ist vielen Privatkunden wichtig. »Die Rothschilds sind die vielleicht wichtigste und langlebigste Dynastie in der modernen Unternehmensgeschichte. Nur einige wenige Herrscherdynastien haben sich über Jahrhunderte hinweg als so beständig erwiesen, haben dabei jedoch deutlich weniger Macht und weniger Möglichkeiten gestaltender Einflussnahme gehabt.«[123] Die jüdische Identität blieb erhalten, ist heute aber weniger religiös bestimmt – doch der wichtigste Faktor dieser Kontinuität scheint mir in der matrilinearen Familienlinie zu bestehen, die Sicherheit der Herkunft und damit auch der Familienbindung impliziert.

Bei vielen Juden ist heute aus der religiösen eine kulturelle Identität geworden. Dass dennoch eine Kontinuität besteht, zeigt sich an familiären Sitten. Nicht nur für religiöse, auch für viele säkulare jüdische Familien ist das wöchentliche gemeinsame Sabbat-Mahl bis heute ein unerlässlicher Teil der All-

---

* Eine Tochter von Nathan dagegen, Hanna Mayer, versuchte auszuscheren. 1839 heiratete sie einen Christen, Henry Fitzroy, Sohn des Earl of Southampton. Und dies auch noch kirchlich. Die Familie Fitzroy war verärgert, aber die Familie Rothschild war schlicht empört. Nur ihr Bruder Nat begleitete Hanna in die Kirche. Die anderen wandten sich von ihr ab.

tagskultur. Auch für christliche Familien war das gemeinsame Mahl am Sonntag eine Selbstverständlichkeit. Doch mit dem Prozess der Entkirchlichung im 20. Jahrhundert ging diese Tradition zurück: ohne Gottesdienst kein gemeinsames Mahl. In zahlreichen jüdischen Familien dagegen blieb die Tradition erhalten, auch da, wo die Mitglieder nicht in die Synagoge gehen. Mag sein, dass sich die Traditionen auch ohne religiöse Inhalte erhalten haben, weil eine Blutsverwandtschaft, die als ›gesichert‹ wahrgenommen wird, das nahelegt.

10. Das Geld ersetzt die Endogamie

Für den von Sabean konstatierten Rückgang der Endogamie, den er mit der Etablierung der bürgerlichen Klasse in Zusammenhang bringt, lassen sich auch weitere ökonomische Gründe geltend machen. Die Endogamie war ein Symptom für die Auflösung des Systems von Gabe und Gegengabe, das jahrhundertelang über Eheschließungen mitbestimmt hatte. Im Industriezeitalter schien dieses System seine Bedeutung als Mittel der sozialen Kohäsion endgültig verloren zu haben. Aber hatte die Gabe tatsächlich ausgedient? Oder hatte nur ein anderer Stoff – oder ein anderes Medium – die Funktion des Gabentausches übernommen? Diese These vertritt der französische Ökonom André Orléan, für den das Finanzkapital in den modernen Gesellschaften ein Netzwerk konstituiert, das der Gesellschaft der Gabe nicht unähnlich ist. Für ihn ist das Geld kein Instrument des Handels, sondern Kernbedingung des Gemeinschaftszusammenhalts. Geld sei »ein öffentliches Gut, das an das Sakrale stößt, wie der soziale Glauben, auf dem es beruht, zeigt«. Geld zu haben bedeutet, bei der Gemeinschaft über einen Kredit zu verfügen, denn diese ist im Geld gegenwärtig: »Wenn das Geld ›spricht‹, d. h. sichtbar wird, geschieht dies nie in der Sprache der Ökonomie, sondern immer in der des Souveräns.« Seine ›Sprache‹ kann ebenso gut im Gesetzbuch zum Ausdruck kommen (das dem Staat die Emission vorbehält und dem Einzelnen verbietet, Geld zu drucken) wie im Spruch auf den amerikanischen Dollarnoten: »In God we trust«. Kurz, so paradox das klingen mag: Das (an sich prekäre) Zeichensystem Geld erringt Glaubwürdigkeit, indem es den Glauben an die Gemeinschaft erzwingt.[124]

Die Anrufung dieses Glaubens, so Orléan, geht über die Lebenszeit des Einzelnen hinaus. Denn wenn zum Beispiel Menschen in eine Rentenkasse einzahlen, dann kommt dieses Geld nicht ihnen selbst, sondern den Generationen vor ihnen zugute. Sie zahlen es jedoch in der Erwartung ein, dass sie, wenn sie selbst das Rentenalter erreichen, davon profitieren werden. Orléan schließt daraus: »Was die Bereitschaft, Geld anzunehmen, motiviert, ist der Glaube, dass auch die künftige Generation dieses Geld akzeptieren wird – und so weiter über viele Generationen.« So entstehe »eine Kette des Glaubens«. Man solle, so sagt er, das Verhältnis von Individuum und Gemeinschaft als »Lebensschuld« denken, bei der das Geld das Medium bildet. Das »finanzielle Band ist konstitutiv für die menschliche Gemeinschaft«, denn es ermöglicht den Menschen, »die Lebensschuld abzutragen«. Der individuelle Tod wird durch die Fortdauer der Gemeinschaft überwunden – und in den modernen Gesellschaften ist das Geld das deutlichste Symptom dieser generationenübergreifenden Bindung. »Das Geld wird gebraucht, weil Menschen sterben.«[125] Darauf beruhe seine Glaubwürdigkeit: Das Vertrauen ins Geld ist also eine Form von Schutz gegen die menschliche Vergänglichkeit. Es macht den Einzelnen zu einem Teil eines generationenübergreifenden Gemeinschaftskörpers.

Damit ist aber auch gesagt, dass das Geld eine Form von Beziehungsgeflecht herstellt, das dem von Verwandtschaftsverhältnissen nicht unähnlich ist. Fanden diese einst ihre Unvergänglichkeit in dem ›Haus‹ (das Namen, Familienmitglieder wie auch Grund und Boden umfasste), so garantiert nun das kollektive Band einer Währung den Fortbestand – nur dass es im einen Fall um Familie, im anderen um die (nationale) Gemeinschaft geht. Allerdings, so Orléan, könne das Geld als Glaubenssystem nur funktionieren, »wenn die Gemeinschaft als außerhalb der Individuen stehend gedacht wird«.[126] Wie soll man sich eine solche übergeordnete Gemeinschaft vorstellen: als abstrakten Staat, als Gesetzgeber? Wenn dies die Basis wäre, müsste man eher von einer Konsensgemeinschaft sprechen, die auf der Basis einer Vereinbarung beruht. Orléan spricht aber ausdrücklich von einem ›Glaubenssystem‹. Und auch andere Geldtheoretiker wie Christoph Binswanger verwenden diesen Begriff für die Geldwirtschaft.[127] Der Begriff verweist auf eine Gemeinschaftsform, die sich dem Leib und der Psyche des Einzelnen einschreibt und von jedem Körper internalisiert wird. Eben darin besteht die Ähnlichkeit von moderner Geldwirtschaft und Gabentausch.

Wie schon beschrieben, beruht das Prinzip der Gabe darauf, dass »man sich selbst – sich und seine Besitztümer – den anderen ›schuldet‹«. Dieser Grundsatz gilt auch für die moderne Gesellschaft, und Marcel Mauss war in Tat der Ansicht, mit dem Gabentausch »einen der Felsen gefunden zu haben, auf denen unsere Gesellschaften ruhen«. Dem Kredit, der heute den weitaus größten Teil des vorhandenen Geldes ausmacht, ordnete er diesem Schuldprinzip zu. Die Gabe mit ihrem Schuldprinzip zieht »notwendig den Kreditbegriff nach sich«. Die ökonomische Entwicklung habe nicht vom Tausch zum Verkauf geführt und dieser nicht von der Barzahlung zum Kredit. Vielmehr hätten sich Tauschhandel und Darlehen »aus dem System der Gaben und Gegengaben« vorschriftlicher Gesellschaften entwickelt.[128]

Wenn Mauss für den Gabentausch wiederholt den Begriff des »›totalen‹ gesellschaftlichen Phänomens« verwendet, so meint er damit nicht die modernen totalitären Regimes, die auf Gewalt angewiesen sind, sondern ein ›System‹, das dem Einzelnen so sehr in Fleisch und Blut übergegangen ist, dass er nicht mehr darüber nachdenkt. Für Mauss bleibt die Frage der Sanktion das große Rätsel dieser Systeme: »Ist sie nur moralischer und magischer Natur? Wird das Individuum, das ›schwerfällig im Kula‹ [in der Erwiderung der Gabe, CvB] ist, nur verachtet und eventuell verhext? Verliert der unehrliche Partner nicht noch etwas anderes: seinen Rang oder zumindest die Stellung unter den Häuptlingen? Das wissen wir noch nicht.« Seine naheliegende Schlussfolgerung: Die Funktionsfähigkeit dieses Systems ist unbewusster Art.[129] Auf eine ähnlich unbewusste Weise funktioniert auch das soziale Band der modernen Geldwirtschaft.

Im 17. Jahrhundert hatte Thomas Hobbes schon in ähnlichen Kategorien über die Gemeinschaft reflektiert. Auch er sah im Geld ein Mittel der sozialen Kohäsion. Sein *Leviathan* erschien mehr als 200 Jahre vor der Einführung der staatlichen Rentensysteme, aber die Gedanken weisen auf eine Zukunft, bei der das Geld die von Orléan beschriebene gemeinschaftsbildende Funktion übernimmt. Hobbes wies dem Geld eine wichtige Rolle zu bei der Etablierung der ›Überperson‹ (bei ihm der Staat). Aber er ging noch einen Schritt weiter: Er zog die Parallele zur Blutsgemeinschaft. William Harveys Entdeckung des Blutkreislaufs lag nur wenige Jahrzehnte zurück (1628), als Hobbes seinen *Leviathan* verfasste. Er übertrug diese neue medizinische Erkenntnis auf den staatlichen Gemeinschaftskörper, den er als »künstlichen Menschen« bezeichnete. »Und auch darin bleibt die Ähnlichkeit des künstlichen Menschen mit dem natürlichen bestehen, dessen Venen das Blut aus verschiedenen Teilen des Körpers erhalten und zum Herzen leiten, so es aus dem Herzen belebend gemacht und durch die Arterien ausgesandt wird, um alle Glieder des Körpers zu beleben und zur Bewegung fähig zu machen.«[130] In der Nachfolge tauchte die Analogie von Kapital und Blut immer wieder auf. Sie hatte einerseits die Funktion, der zunehmenden Abstraktion des Geldes entgegenzuwirken. Andererseits ermöglichte sie aber auch eine zunehmende Überlagerung von Geld und Blutsverwandtschaft.

Hobbes' Analogie von Geld- und Blutzirkulation entstand nicht lange bevor die ersten Versuche mit Papiergeld unternommen wurden.* Sie war nicht nur der Gemeinschaftsbildung geschuldet, sondern hatte auch die Funktion, Materialität zu signalisieren. So wie die Blutslinie der in der Schrift verankerten Patrilinearität den Anschein von Realität verlieh, bedurfte auch das Geld der Faktizität der Natur. Das älteste von einer Regierung herausgegebene Papiergeld der westlichen Welt waren Dollarscheine, die im Jahr 1690 emittiert wurden. Die Prekarität des Papiergeldes war allen Beteiligten bewusst.** Auch Adam Smith sprach Ende des 18. Jahrhunderts von den »Dädalus-Flügeln des Papiergeldes«.[131] Durch die Berufung auf das Blut wurde dem Geld der Anschein von Sicherheit verliehen, weshalb auch John Law (bei der ersten – und gescheiterten – Einführung des Papiergeldes in Frankreich Anfang des 18. Jahrhunderts) diese Metaphorik verwendete: »Money is the blood of the state and must circulate.«[132] Mit der Analogie von Geld und Blut konnten die neuen Ökonomen des Papiergelds zwei Probleme auf einmal lösen: Erstens verschaffte der Verweis auf das Blut dem Geld die erwünschte Realitätssicherung, und zweitens vermittelten sie die Botschaft, dass das Geld ein Stoff ist, der ähnlich wie das Blut die Gemeinschaft zusammenhält.

Die Analogie von Blutkreislauf und Geldzirkulation ist schließlich auch ein Indiz dafür, dass sich ab etwa 1700 eine Verlagerung der Verwandtschaftsverhältnisse von der Familie auf den Kollektivkörper vollzog. Die Metapher der Blutslinie, die bis dahin der Familiengenealogie vorbehalten blieb, wurde nun zunehmend auf die Gemeinschaft übertragen: Aus der Nation wurde eine ›Blutsgemeinschaft‹. Dieser Transfer ging mit einem weiteren Wandel einher: Basierte die aristokratische Blutsline der Feudalgesellschaft auf der Tinte in

---

* Da sich das British Empire des Mittels Währung bediente, um die amerikanischen Kolonien in Abhängigkeit zu halten, ist es nicht erstaunlich, dass sich der britische Staatstheoretiker Hobbes Gedanken über die gemeinschaftsbildende Funktion des Geldes machte. Beim Kampf der amerikanischen Kolonien gegen die Abhängigkeit vom Mutterland sollte das Papiergeld (das eine eigene, von England unabhängige Währung ermöglichte) eine entscheidende Rolle spielen. (Galbraith 1976, S. 54 ff.)

** Die Chinesen nannten Papiergeld »fliegendes Geld«, was den Sachverhalt anschaulich umschreibt. China hatte schon lange vor der westlichen Welt Papiergeld eingeführt, machte damit aber schlechte Erfahrungen und hat es dann auch wieder verworfen. (Vissering 1877)

den Archiven, so gründete die des bürgerlichen Kapitalismus auf dem Schriftsystem Geld. In beiden Fällen ließ die Analogie zum Blut den Vorgang plausibel erscheinen. Das Blut gab der neuen Gemeinschaft, die durch Geld zusammengehalten wurde, die Möglichkeit einer ›totalen‹ Erfassung – in einem ähnlichen Sinne, wie Marcel Mauss den Begriff verwendet. Denn die neue Ordnung, bei der das Geld die Gabe ersetzte, war erfolgreich, weil sie, wie diese, ihre Macht auf unbewusste Weise ausübte. Wer sich diesem System zu entziehen versucht, setzt noch heute seine soziale Existenz aufs Spiel.* Kurz: Die alte Verwandtschaftsmetaphorik des Blutes verlieh auch dem Geld jenen Anschein von ›Natur‹, der die Blutsverwandtschaft kennzeichnete. Diese Natur wurde wiederum auf eine kollektive Verwandtschaft übertragen: die Nation, deren Tochter, die Rasse, und neue Klassensysteme. Von dieser kollektiven Blutsverwandtschaft ist im nächsten Kapitel die Rede.

---

* Dies gilt übrigens auch für die, die heute ›ohne Geld‹ zu leben versuchen. Weil ihnen dies nur auf der Basis der Überflussgesellschaft gelingen kann, erscheinen sie nicht wie die Überwinder des Systems, sondern verharren in dessen ›Schuld‹. Dasselbe gilt auch für das Schreiben und Lesen. Wer sich der Schrift verweigert, das zeigen alle Untersuchungen zum Analphabetismus in den Industrieländern, ist nicht nur der sozialen Existenz beraubt, sondern erleidet auch ähnliche Schamgefühle wie der, der in der Gesellschaft der Gabe die Gegengabe verweigert oder nicht zu leisten vermag.

Ein US-Aufruf zur Blutspende im Zweiten Weltkrieg: Protestantisches, katholisches, jüdisches Blut gilt hier als gleichwertig. Doch zu derselben Zeit unterschied das Rote Kreuz der USA zwischen ›weißem‹ und ›schwarzem‹ Blut. Die Idee einer kollektiven Verwandtschaft verstärkte den Ruf nach nationaler Homogenität und rassischer Reinheit. Wie bei der Fiktion vom blauen Blut des Adels schuf auch hier die Imagination gefühlte und soziale Realität. Heute hat die Genetik die Blutsmetaphorik abgelöst. Sie erlaubt es, lange Erbschaftslinien zu etablieren, offenbart aber auch die mythische Dimension der Blutslinie.

6. KAPITEL:
Kollektive Blutsverwandtschaft

1. Die Folgen der Aufklärung

Die Aufklärung des christlichen Kulturraums lässt sich nicht nur als Abwendung von Religion und Kirche verstehen, sondern auch als Verweltlichung der religiösen Botschaft – ein Gedanke, der dem Christentum von Anfang an inhärent war, bedenkt man, dass ein Mensch gewordener Gott im Zentrum dieser Religion steht. Wie tief das christliche Denken in das weltliche Leben auch jenseits der Aufklärung eingriff, zeigten schon die Beispiele ›katholischer‹ und ›protestantischer‹ Verwandtschaftsdefinitionen, die ich im vorigen Kapitel beschrieben habe. Was beim Säkularisierungsprozess verloren ging, war die transzendente Legitimierung; doch viele alte Strukturen blieben erhalten. Aus dem religiösen Christen wurde so ein ›kultureller Christ‹. Einen ähnlichen Prozess durchlief auch das Judentum: Im 19. Jahrhundert verwandelten sich viele religiöse Jude in ›kulturelle Juden‹. Die frühesten Vertreter dieser Entwicklung gründeten die ›Wissenschaft des Judentums‹ und trugen zur Entwicklung einer Religionsdefinition bei, die der Orthopraxie weniger Bedeutung beimaß und das christliche Modell der Konfession auf die jüdische Religion übertrug. Diese Entwicklung hatte einerseits eine Annäherung von Christentum und Judentum zur Folge; andererseits sollte eben diese Annäherung aber auch ein neues Bedürfnis nach Abgrenzung hervorbringen: ein Konflikt, der erstens von einer neuen Gruppenidentität bestimmt war und zweitens nach weltlichen Formen der Unterscheidung verlangte. Als an die Stelle der alten religiösen eine neue kulturelle Zusammengehörigkeit trat, erhielt das Blut, das dem *pater incertus* als Realitätsanker gedient hatte, eine neue kollektive Funktion. Es ging nun nicht mehr um Bluts*verwandtschaft*, sondern um die Bluts*gemeinschaft*. In diesem Kapitel werden die verschiedenen Gestalten dieser kollektiven Blutslinien thematisiert: wie sie entstanden und welche Wirkmacht sie entfalteten.

2. Die Geburt der ›Generation‹

Die Entdeckungen der Biologie trugen zu einer neuen kollektiven Symbolik des Blutes bei. Heute versteht man unter Erblichkeit oder Heredität die Weitergabe von Eigenschaften und biologischen Anlagen. Uns erscheint es selbstverständlich, dass diese Begrifflichkeit im Zentrum der Lebenswissenschaften steht. Doch die Idee der biologischen ›Erblichkeit‹ (Heredität) etablierte sich erst spät – lange nachdem der Begriff ›Erbe‹ juristisch besetzt war und sich auf die Weitergabe von Eigentum oder Ämtern bezog. Erst ab dem späten 18. Jahrhundert setzte sich die Vorstellung durch, dass nicht nur Vermögen, sondern auch körperliche Eigenschaften vererbt werden. Festgemacht wurde dies zunächst an hereditären Krankheiten. Im 19. Jahrhundert wurde das Thema zu einem »einflussreichen Erklärungsinstrument bei den Naturalisten, den Physiologen, und, auf einer anderen Ebene, den Psychiatern, Sozialreformern und Romanschriftstellern des Niedergangs«. Im öffentlichen Gesundheitswesen musste diese Perspektive schon bald als Erklärung für Krankheiten ohne evidente organische Ursache herhalten: etwa für die Epilepsie, vor allem aber für psychische Erkrankungen wie ›Manie‹, ›Melancholie‹, ›Hysterie‹, ›Hypochondrie‹ oder ›Apoplexie‹.[1] Einige dieser Krankheitsbegriffe hatten eine lange und kulturell hoch besetzte Geschichte (das gilt insbesondere für die Hysterie, der älteste Begriff unseres medizinischen Vokabulars, versehen mit einer Vielfalt von Erklärungsmodellen[2]) und sind inzwischen aus dem DSM* verschwunden oder wurden mit anderen Etiketten wie ›dissoziative Störung‹ und ›histrionische Persönlichkeitsstörung‹ versehen.

Anfang des 19. Jahrhunderts verlagerte sich die Hereditätsforschung von den Krankheiten auf alle erblichen Faktoren. Damit rückte das Interesse an der menschlichen Fortpflanzung in den Vordergrund. Auch hier gerieten bald die ›unsichtbaren‹ (also psychologischen) Eigenschaften in den Blick, was sich als »entscheidend für den Sprung von physischer zu moralischer Erblichkeit« erwies. Schon um 1830 war der Begriff der hérédité weit verbreitet, und er verband sich mit traditionellen medizinischen Erklärungsmustern wie »Konstitution und Temperament«.[3]

Wie erklärt es sich, so fragen die beiden Wissenschaftshistoriker Staffan

---

* DSM: Diagnostic and Statistical Manual of Mental Disorders – ein in den USA erscheinendes psychiatrisches Handbuch, das seit 1952 erscheint und in regelmäßigen Abständen neue Klassifikationen vornimmt. Inzwischen bestimmt es in vielen Ländern über die wissenschaftliche Diagnostik.

Müller-Wille und Hans-Jörg Rheinberger, dass ein so grundlegendes Konzept wie die biologische Heredität erst so spät entwickelt wurde? Sie kommen zum Schluss, dass das Konzept erst dann eine Bedeutung erlangte, als Menschen, Flora und Fauna keine feste Verwurzelung mehr hatten und sich immer nachdrücklicher die Frage stellte: Was ist gleichbleibend an den Lebewesen? »Erst als Organismen aus ihrem natürlichen und traditionellen Umfeld entfernt wurden, konnten sich die Spuren von Umweltänderungen in den Eigenschaften manifestieren, und erst dann konnten vererbte Eigenschaften ihre Kontinuität gegenüber der Umwelt manifestieren.«

Die ›Mobilisierung‹ von Menschen, Flora und Fauna hatte schon mit der Renaissance und den ersten Entdeckungsreisen begonnen; im Kolonialzeitalter wurde sie zur Regel. Unter diesen Umständen wurde das Gleichbleibende – ob im Aussehen oder im Verhalten – zu einem zuverlässigen Indikator für genealogische Evidenz. Mit Darwin erweiterte sich der Blick noch einmal. Es ging nicht mehr nur um die Erbschaft von Eltern auf Kinder, sondern um die ganzer Generationen. »Darwin evozierte ein Bild, in dem die horizontale Dimension dominiert, d. h. die Dimension eines gemeinsamen Reservoirs von Dispositionen, die von einer Gesamtzahl von Ahnen vererbt und unter den Individuen einer Generation verteilt werden, die nun miteinander im Wettstreit stehen.«[4]

Parallel dazu entwickelte sich ein neues Wissensfeld, das linguistisch ausgerichtet war und die Erkundung des Ursprungs der Nationen zum Ziel hatte. Die Forschung berief sich auf biblische Traditionen aus dem Buch Genesis und begann, menschliche Gruppen als Äste an einem biblischen Baum zu verstehen. Die gesamte Menschheit sollte so auf die Abstammung von Adam und Eva zurückgeführt werden können. Die Erzählungen der Bibel wurden als reale Geschichte begriffen – ein Indiz unter vielen, auf welche Weise die Theologie ins Diesseits gelangte. Als die Hypothese von der biblischen Linie um 1850 aufgegeben werden musste, war zwar das Vertrauen in diesen Forschungszweig erodiert, aber das Bild des genealogischen Baums blieb erhalten und wirkte dann weiter bei Darwin und Haeckel. Die Metapher vom Baum, die schon über die mittelalterlichen Genealogien vom ›Stammbaum‹ bestimmt hatte, wurde nun auf größere Zusammenhänge übertragen.

Indem auf diese Weise alle ›Familien der Menschheit‹ in verwandtschaftliche Verhältnisse zueinander gesetzt wurden, konnte die unterschiedliche Herkunft in ›Rassen‹ unterteilt werden, die nun ihrerseits den Status des Unveränderbaren annahmen. In den Museen wurden diese Volksgruppen visualisiert, es wurden genealogische Diagramme entworfen, und dieser optische Eindruck, so Mary Bouquet, schuf einen »biologischen Referenten«.[5] Dieser hatte wiederum Einfluss auf die Entstehung einer *biologischen* Vorstellung von Verwandtschaft, individueller wie kollektiver Art. Soziale und kulturelle Faktoren, die bis dahin über Zusammengehörigkeit bestimmt hatten, gerieten dagegen aus dem Blickfeld. Anders ausgedrückt: Die Visualisierung, die, wie im 4. Kapitel beschrieben, schon erheblichen Anteil daran gehabt hatte, dass sich die Wissenschaft an die Stelle der Religion setzen konnte, schuf auch hier soziale Wirklichkeit.

Verstärkt wurde dieser Prozess der Biologisierung durch neue Erkenntnisse zur Zeugung und Entstehung neuen Lebens. Die im vorigen Kapitel bereits erwähnte Entdeckung der Eizelle und des Eisprungs durch Karl Ernst von Baer im Jahr 1827 hatte die Beteiligung beider Eltern am Zeugungsakt belegt. Ab Ende der 1830er Jahre kam die Zelltheorie hinzu: die Erkenntnis, dass Wachstum durch eine Zellteilung stattfindet, die durch den Akt der Befruchtung ausgelöst wird. Doch den Beweis für die Verschmelzung von Sperma und Eikern lieferte erst der Zoologe und Anatom Oscar Hertwig um 1875, als eine verbesserte Mikroskopiertechnik den Zeugungsvorgang tatsächlich zu *sehen* erlaubte. Hertwig sprach von der »Copulation zweier Kerne«,[6] womit er, so Andreas Bernard, auch die Doppelung des Zeugungsakts andeutet: »Denn auf zellulärer Ebene wiederholt sich die Struktur des Geschlechtsakts; die ›Penetration‹ der Eihaut durch das Spermium erinnert an jene andere Penetration etliche Stunden zuvor, die die zwischen den Zellen gewöhnlich erst auslöst.«[7] Diese ganzen Entdeckungen machten Schluss mit alten Spekulationen über die menschliche Fortpflanzung: Die Entstehung neuer Lebewesen verdankte sich keinem ›göttlichen Funken‹, sondern einem biologischen Vorgang, der beide Eltern einbezog. Damit waren auch die Voraussetzungen für die weibliche Erbberechtigung gegeben. Die patrilineare Genealogie hatte den weiblichen Körper nur als ›Behälter‹ der Fortpflanzung betrachtet. Nun wurde sie vom weiblichen Anspruch eingeholt: Es hieß nun teilen.

Zeugung und Ökonomie, das biologische und das monetäre Erbe, gingen fortan gemeinsame Wege. In der Biologie – vor allem der Reproduktionsmedizin – bürgerten sich ökonomische Begriffe ein, wie die Wissenschaftshistorikerin Bettina Bock v. Wülfingen gezeigt hat. Für die Fortpflanzung wurden dieselben Bezeichnungen verwendet wie für das ökonomische Vermögen: Das ›Erbe‹, die ›Vererbung‹ oder die ›Anlage‹ definierten einerseits Nachlässe und

Depots, prägten ab 1850 aber auch das Vokabular der Biologie. So beschrieb Rudolf Leuckart 1853 im *Handwörterbuch der Physiologie* zum Stichwort ›Zeugung‹, dass sich das Material, aus dem neues Leben erwächst, einem elterlichen »Überschuss« verdankt, der in neuem Leben »angelegt« wird: »Es ist gewissermaßen Capital, das [sich] im Getriebe des individuellen Lebens allmälig erübrigt und für andere Zwecke bestimmt wird. Je günstiger sich das Verhältniß zwischen Erwerb und Verbrauch, die Bilanz zwischen den Einnahmen und Ausgaben gestaltet, desto schneller wird dieser Ueberschuß natürlich herbeigeschafft werden, desto mehr das zurückgelegte Capital in bestimmter Zeit anwachsen.«[8] Ähnlich auch Oscar Hertwig.[8] Aus diesen Erkenntnissen entwickelte sich der Gedanke einer Generationenverantwortung.

Die Idee eines Generationenvertrags war schon mit der französischen Revolution aufgekommen: Damals war die Erblichkeit von Ämtern mit der Begründung abgeschafft worden, dass die damit verbundenen Privilegien verdient werden müssen und nicht erblich sein dürfen. Der Gedanke wurde nun aufgegriffen und auf die Verantwortung einer Generation für die darauffolgende übertragen. Dabei erhielt die Biologie eine neue Funktion: Hatte der Adel seinen Anspruch auf einen Sonderstatus aus einer in die Vergangenheit verlängerten Blutslinie bezogen, so richtete sich der Blick des Bürgertums auf die Zukunft: Man stand in der Pflicht, der nächsten Generation ein ›gesundes Erbe‹ mitzugeben. »Bei Eheschließungen mussten nicht nur die Regeln der sozialen Homogenität und das Hochzeitserbe, sondern auch die Aussichten und Risiken der Heredität berücksichtigt werden.«[10] Ehepartner hatten eine ›biologische Verantwortung‹, und die Paare mussten dementsprechend ausgesucht werden.

Aus Eltern und Kindern wurden die Glieder von Generationenketten. Goethe hatte durch den Vergleich mit dem Verhalten chemischer Elemente die Unfreiwilligkeit ›gefühlter Verwandtschaft‹ gezeigt; ebenso übte nun das biologische Erbgut Macht über Nachwuchs und Erzeuger aus. So erklärte Carl Nägeli: »Statt dass die Eltern einen Theil ihrer Eigenschaften auf die Kinder vererben, ist es vielmehr das nämliche Ideoplasma*, welches zuerst den seinem Wesen entsprechenden elterlichen Leib und eine Generation nachher den seinem Wesen entsprechenden und daher ganz ähnlichen kindlichen Leib bildet.«[11] Allmählich gewann die Vorstellung einer bleibenden Substanz, die von

---

* Ideoplasma: Erbsubstanz. Der Begriff verbindet die beiden griech. Worte *ideo* (das Gleiche) und *plásma* (Gebilde). Er ist heute nicht mehr gebräuchlich.

Generation zu Generation weitergegeben wird, an Gewicht. Die Eltern wurden nurmehr als die ›Hüter‹ ihrer Erbschaften betrachtet.* Nägelis ›Ideoplasma‹ war gut vereinbar mit einer kollektiven Gestalt der Blutsverwandtschaft. Zugleich stellte es eine von der familiären Blutslinie auf den Staat oder die Nation hinübergewanderte Form von Patrilinearität dar. Sie fand in den im vorigen Kapitel angesprochenen Rentensystemen ihre ökonomische Entsprechung: ›Vater‹ Staat sammelt das Geld ein und reicht es an die nächste Generation weiter.

Ab etwa 1800 verlagerte sich die Vorstellung von Erblichkeit von der Familienlinie auf die gesamte Kohorte einer Generation. Der Terminus ›Generation‹ nahm nun eine doppelte Bedeutung an: Er bezeichnete sowohl den Zeugungsakt als auch die Mitglieder einer Alters- und Zeitgruppe. Bis dahin war er nur mit Bezug zur Familie, nicht zur Gesamtbevölkerung verwendet worden. Diese neue Bedeutung von ›Generation‹ ähnelte zwar dem alten Modell der königlichen Genealogien – unterschied sich aber insofern, als die Generation alle Klassen umfasste und eine »egalitäre Einheit« bildete.[12] »Die Rechte des Menschen«, so schrieb Thomas Paine, einer der Gründerväter der USA, in seinem Buch *The Rights of Man* (1791), in dem er die Menschenrechtserklärung der Französischen Revolution gegen ihre Kritiker verteidigte und sich insbesondere gegen eine erbliche Herrschaft aussprach, »sind die Rechte aller Generationen und können von keiner monopolisiert werden. […] Wenn jemand seinen Erben Eigentum hinterläßt, so verbindet er damit nicht die Verpflichtung, daß sie es annehmen müssen. Warum sollten wir es dann mit Konstitutionen anders halten.«[13] Auch die Erträge aus der Natur, so ergänzte Thomas Jefferson, sollten nur als Leihgabe begriffen werden, die »frei und unbelastet« an die nächste Generation weiterzugeben seien.[14] Dieser Forderung kamen zwar nicht alle nach.** Doch es entstand ein kollektives Zusammengehörigkeitsgefühl: »Als Bestandteile von Generationen konnten Individuen als Glieder genetischer Ketten wie auch als zeitgenössische soziale Einheit gedacht werden.« In dieser Hinsicht war die Kategorie der Generation nicht nur für die Biologen, sondern auch für Soziologen und Ökonomen brauchbar. Das, was eine Genera-

---

* Im späten 20. Jahrhundert wird dieser Gedanke den Genetiker Richard Dawkins dazu veranlassen, vom »egoistischen Gen« zu sprechen: Die genetischen Erbanlagen bedienen sich des Menschen als Mittel des Selbsterhalts oder der Reproduktion. (Vgl. Dawkins 1976)

** Vor allem die freie Marktwirtschaft, die das Eigeninteresse in den Mittelpunkt rückte, brachte Generationen hervor, die wenig Rücksicht auf Nachgeborene nahmen.

tion hinterließ, war das »seed capital« (Keimkapital) der nächsten. In den Worten von Ohad S. Parnes: »Eigenschaften wurden mit Waren und körperliche Konstitution mit Investitionskapital verglichen.«[15]

In Darwins Evolutionstheorie verbanden sich genealogische Kette und Generation zu einer Entwicklungsgeschichte, die nicht nur alle Menschen, sondern auch die Tierwelt umfasste. Im Rahmen dieser Theorie erschien die individuelle Erblinie nebensächlich. »Vielmehr ging es um ein Reservoir erblicher Veranlagungen, die Vorfahren über multiple Linien an eine bestimmte Generation als ganze weitergaben, und es ging um die Vorteile, die diese Veranlagungen den Individuen unter aktuellen Lebensbedingungen Wettbewerbsvorteile bei der Fortpflanzung verschafften.« Die Evolutionstheorie, so Staffan Müller-Wille, war gut vereinbar mit den anderen großen Themen der Moderne wie Gleichheit vor dem Gesetz, Legitimität des Fortschritts und Autonomie des Individuums.[16] Aber sie war, so möchte man hinzufügen, auch kompatibel mit dem Konzept der Vaterlinie, das nun freilich kollektiv gedacht wurde. Und so wie die väterliche Erblinie, die ursprünglich auf Schrift und Vermögen basiert hatte, allmählich soziale Realität geworden war, wurde auch hier aus der ›Idee‹ der Generation ein *leibliches* Paradigma.

Der Fortbestand der alten Vorstellungen trat deutlich in Darwins Evolutionstheorie hervor. Seine Studie *Die Abstammung des Menschen und die geschlechtliche Zuchtwahl* (1871) kann ihre Anlehnung an die alte Vaterlinie kaum verleugnen. Darwin, der Theologie studiert hatte, ging, wie die kirchlichen Theoretiker, von einer geistigen Überlegenheit des männlichen Geschlechts aus. Sie zeige sich darin, dass »der Mann in allem, was er beginnt, zu größerer Höhe gelangt, als es die Frau kann, mag es nun tiefes Nachdenken, Vernunft oder Phantasie oder den bloßen Gebrauch der Sinne und Hände erfordern«. Neu war an dieser Theorie eines: Wurde die männliche Überlegenheit einst im Kopf verortet, so verlagerte sie sich nun in die Genitalien. Bezog der männliche Samen vorher seine Gestaltungsmacht aus dem Himmel (die aristotelischen Lehren hatten noch hohen Kurs bis Ende des 18. Jahrhunderts), so produzierte nun – genau andersherum – seine biologische Beschaffenheit geistige Überlegenheit.

Laut Darwin führt die »natürliche Zuchtwahl der Völker« dazu, dass die intelligenteren und »sittlicheren« Völker die anderen zurückdrängen und deshalb in Zukunft der »Grad der Sittlichkeit und die Zahl gut befähigter Menschen überall höher und größer werden«. Wie aber stellt er sich die höchste

Stufe dieses evolutionären Veredelungsprozesses vor? »Als ich die barbarischen Bewohner des Feuerlandes beobachtete, drängte sich mir plötzlich die Überzeugung auf, daß der Besitz eines bestimmten Eigentums, ein fester Wohnsitz und die Vereinigung vieler Familien unter einem Führer die unentbehrlichen Grundlagen der Zivilisation seien.«[17] Aus dem *pater familias* war ein kollektiver Vater geworden.

Im Gegensatz zu Darwin erkannten die Tierzüchter schon früh, noch vor der Entdeckung des Eisprungs, dass der weibliche Anteil an der Zeugung von entscheidender Bedeutung für die ›Verbesserung der Art‹ war. (Eine Ausnahme blieben, wie im 4. Kapitel beschrieben, die Züchter von Rennpferden.) Robert Bakewell (1725–1795) war ein britischer Farmer in Leicestershire, der durch seine Schafzucht berühmt wurde. Für ihn kam es auf beide Geschlechter gleichermaßen an. Seine Überzeugung lautete (und darin war er ein Neuerer): Guter Nachwuchs beruht auf der guten Qualität beider Eltern. Andere Tierzüchter äußerten sich ähnlich: »Kein sicherer Grad an Exzellenz kann erreicht werden, wenn das Weibchen nicht ein ebenso gutes Blut wie das Männchen besitzt«, hieß es. Bakewell selektierte die Tiere nach diesem Prinzip und setzte zugleich auf Inzucht. Seine Technik hieß: »breeding in-and-in« (vermehrte Inzucht).[18] Auf dem Gebiet der Schafzucht, wo die Resultate rasch zu sehen sind, konnte damit Pionierarbeit geleistet werden.*

Bakewell wollte eine Herde züchten, in der alle Tiere dieselben Charakteristika aufweisen. Seine Art der Zucht wurde als »population thinking« bezeichnet, fand international großen Anklang und beeinflusste das Zuchtwesen nachhaltig. Individualität erachtete er als kontraproduktiv: »Der Wert einer Rasse kann nicht von ein paar Individuen von besonderer Schönheit abhängen: Vielmehr muss die große Zahl ihren Stempel der Masse aufdrücken. Wenn sich die Rasse nicht durch eine große Zahl etablieren kann, wird sie dieses nicht durch ein paar Exemplare leisten können.« Bei dieser Zucht wurde der Begriff ›Blut‹ nur verwendet, um auf eine »Anzahl von Vorfahren vornehmer Exzellenz« hinzuweisen; man ordnete ihn dem alten Stammbaum-Denken zu.[19] Bei einer auf die Zukunft gerichteten Zucht dagegen waren diese symbolischen Kategorien nicht gefragt. Vielmehr legte man Wert auf Gesundheit, Stabilität usw. In dieser Hinsicht ähnelte dieser Zuchtgedanke sowohl dem darwinschen Gedankengut mit seinem Prinzip der Veredelung als auch

---

* Aus demselben Grund – rasche Sichtbarkeit der Resultate – konzentriert sich auch die genetische Forschung auf Schafe, bis sie schließlich das geklonte Schaf ›Dolly‹ hervorbrachte.

dem Zeugungsdenken, das sich im 19. Jahrhundert beim Bürgertum entwickelte und den Blick zunehmend auf die Qualität der Nachfahren richtete.

Bakewells Gedanke des »breeding-in« war gut vereinbar mit der Endogamie, die sich zeitgleich im Bürgertum um das Familienvermögen entwickelte – nur dass es im einen Fall um die Bewahrung des Familienvermögens und im anderen um die Qualität der Herde ging. Auch auf einer anderen Ebene kam es zu einer Annäherung von Tierzucht und menschlicher Entwicklung: Gute Züchter wurden als große Wissenschaftler und Erzeuger gehandelt. Aus der Qualität ihrer Herde bezogen sie ihren Ruhm. Von Bakewell hieß es, er habe »wie ein Künstler gearbeitet, der ein Bild im Kopf entwickelt und dann in die Realität umsetzt«. Hatte sich der Wert eines Rennpferdes am (zumeist adligen) Besitzer eines Stalls orientiert, so war es hier genau umgekehrt: Mit dem Wert seiner Zucht stieg auch der soziale Status des Züchters. Dennoch scheint auch hier die alte ›geistige Vaterschaft‹ auf: Zwei berühmte Viehzüchter, die Brüder Charles und Robert Colling, nannte man die »Väter« des berühmten Shorthorn Cattle.[20] Das lässt schon die Entwicklungen des 20. Jahrhunderts vorausahnen, wo der Biologe Robert Edwards und der Gynäkologe Patrick Steptoe, denen die erste In-vitro-Zeugung gelang, als die »Väter« des so gezeugten Kindes bezeichnet wurden.

Von der Tierzucht, die früher zu den Aufgaben einfacher Bauern gehört hatte, hieß es nun, sie eigne sich für »den professionellen Gentleman der Rechtswissenschaft, der Physik, der Theologie oder jede andere Person, die sich fortgesetzten und exzessiven intellektuellen Anstrengungen hingibt«. Für Darwin, der in seiner *Abstammung* wiederholt auf die Begrifflichkeit der Züchter zurückgriff, verkörperten die Züchter die »selektiven Kräfte der Natur«.[21] Im Typus des erfolgreichen Tierzüchters verbindet sich also das Ideal des *self made man*, eine Zentralfigur der Marktwirtschaft, mit der Gestalt des ›geistigen‹ Erzeugers neuen Lebens. Beides, Heredität und Zucht, wurden zur Basis neuer kollektiver Verwandtschaftsverhältnisse.

3. Nationalität als Verwandtschaftsdefinition

»Ich gehe davon aus«, schreibt Benedict Anderson, »daß Nationalität […] und gleichermaßen Nationalismus kulturelle Produkte einer besonderen Art sind«. Diesem Phänomen der Neuzeit seien drei paradoxe Charakteristika eigen: Erstens stehe der objektiven Neuheit von Nationen das subjektive Gefühl schon lange existierender nationaler Gemeinschaften gegenüber. Zweitens kontrastiere die formale Universalität von Nationalität als soziokultureller Begriff – »in der modernen Welt kann, sollte und wird jeder eine Nationalität ›haben‹, so wie man ein Geschlecht ›hat‹« – mit der marginalen Besonderheit ihrer jeweiligen Ausprägungen, der ›Einzigartigkeit‹ der französischen, griechischen oder deutschen Nation. Drittens widerspreche die politische Macht des Nationalismus seiner philosophischen Armut. »Anders als andere Ismen hat der Nationalismus nie große Denker hervorgebracht – keinen Hobbes, keinen Marx und keinen Weber.« Das hänge damit zusammen, dass der Nationalismus keine Theorie, sondern ein Gefühl sei. Es würde »die Angelegenheit leichter machen, wenn man Nationalismus nicht für eine Weltanschauung unter anderen hält, wie ›Liberalismus‹ oder ›Faschismus‹, sondern wie ›Verwandtschaft‹ oder ›Religion‹«. Nur so habe ein Gefühl von »Brüderlichkeit« entstehen können, durch das Millionen von Menschen für die Vorstellung der Nation »bereitwillig gestorben sind«.[22]

Diese Charakteristika – kulturelles Konstrukt, objektive Kurzlebigkeit, mangelnde Theoretisierung – gilt für die patrilineare Blutsverwandtschaft ebenso wie für den Nationalismus, sobald dieser als eine neue Form von Blutsverwandtschaft begriffen wurde. Wie in eine Familie wird man auch in eine Nation hineingeboren oder von ihr adoptiert. Bei der Nation heißt die Adoption ›Naturalisierung‹.[23] Obgleich es sich bei letzterer um einen juristischen Akt handelt, wird eine Aufnahme in einen ›natürlichen Gemeinschaftskörper‹ suggeriert. Dasselbe gilt auch für den Begriff der ›Nation‹ selbst: Sie ist ein kulturelles Konstrukt, aber es wird ihr der Anschein von Ursprünglichkeit verliehen: Das Wort ›Nation‹ kommt vom lateinischen Verb für ›geboren werden‹.

Die Grenzen zwischen Verwandtschaft und Nationalität wurden fließend. Der Kollektivkörper – egal, ob er die Nationalgemeinschaft, den Clan oder die Kleinfamilie umfasst – wird immer in Analogie zum menschlichen Körper konzipiert, was in Bildern vom Vater als dem ›Haupt‹ der Familie ebenso zum Ausdruck kommt wie in den Vorstellungen, dass eine Gemeinschaft durch einen geschlossenen Blutkreislauf zusammengehalten wird.[24] Zwar unterscheiden sich die kulturellen Codes der verschiedenen nationalen Gemeinschaften. Da jedoch jede von ihnen Anspruch auf ›Natürlichkeit‹ erhebt, grenzen sie sich notwendigerweise auch gegeneinander ab. Eben das ist der Grund, weshalb die kulturellen Codes des Nationalismus – und das mit ihnen einhergehende Regelwerk – nicht interpretiert werden dürfen: Ein solcher Vorgang würde ihren

Anspruch auf Natürlichkeit oder Unhintergehbarkeit in Frage stellen. Die Art der Verwandtschaftsbande wurde nicht in Frage gestellt, und ebenso verweigerte sich auch der Nationalgedanke der Reflexion.

Das Spezifische des Nationalismus ist am besten zu verstehen, wenn man ihn mit der Diaspora kontrastiert. Die Diaspora verlangt nicht nur nach einem extraterritorialen Zusammenhalt; sie ist auch ein *Zustand*, der erlebt und am eigenen Leibe erfahren wird und der deshalb von vorneherein die Reflexion über diesen Zustand bedingt: Wer nicht a priori, durch das Gefühl oder die Geburt, zu einer Gemeinschaft gehört, wird über das Prinzip Zugehörigkeit mehr nachdenken als jemand, für den dies eine Selbstverständlichkeit ist. Ebenso wird auch ein adoptiertes Kind (unabhängig von der Qualität der Beziehung zur Adoptionsfamilie) notwendigerweise mehr über sein Verhältnis zu dieser reflektieren als leibliche Kinder. (Deshalb versuchen auch viele Adoptiveltern die Tatsache der Adoption vor ihren Kindern zu verbergen.) Das mag einer der Gründe dafür sein, dass die Adoption so lange (bis ins 20. Jahrhundert) nicht möglich war. Sie stellte das Konzept der Blutslinie in Frage.

Die Nähe von Verwandtschaft und Nationalstaat entwickelte sich nicht über Nacht. Dem Nationalgedanken war eine lange christliche Geschichte vorausgegangen, während derer das Terrain für den säkularen Nationalstaat abgesteckt worden war. Durch die Lehre von den ›zwei Körpern des Königs‹ waren Reich und königlicher Herrscher identisch geworden. Der Souverän hatte dem Staat seine Leiblichkeit verliehen, was wiederum durch die schon in der Antike gängige Analogie von Staat und Körper plausibel erschien.[25] Im Verlauf des Säkularisierungsprozesses verlagerte sich die Analogie von Körper und Gemeinschaft vom herrschenden Souverän auf das ›Volk‹, das an die Stelle des Königs trat und die Gestalt des ›unsterblichen Körpers‹ (oder *body politic*) annahm. Im Mittelalter wurde im Fall eines Kriegs von den Mitgliedern der Gemeinschaft die Bereitschaft eingefordert, für den König zu sterben. Mit dem Nationalismus, der den Einzelnen zu einem Teil der ›gefühlten Gemeinschaft‹ machte, erübrigte sich diese Forderung: Man opferte sich freiwillig auf dem ›Altar des Vaterlandes‹. Das Volk war zum Garanten einer neuen kollektiven Unsterblichkeit geworden.

Indem die Mitglieder eines ›Volks‹ einen kollektiven Körper annahmen, wurde die Gestalt des königlichen Herrschers überflüssig. Ein politischer Denker wie Thomas Hobbes konnte deshalb auf den Körper des Königs verzichten. Sein *Leviathan* erschien nach den Wirren des Bürgerkriegs, die zur Enthauptung des englischen Monarchen geführt hatten. Charles I. war mit dem Parlament über Kriegsmittel und das Verfügungsrecht über die Steuereinnahmen in Konflikt geraten, und dieser hatte sich zu einem Bürgerkrieg ausgeweitet, an dessen Ende der König »im Namen des Königs« hingerichtet wurde. Ein solcher Widerspruch – das symbolische Haupt des Reichs verfügt die eigene Enthauptung – war nur denkbar, weil die Lehre von den zwei ›Körpern des Königs‹ durch eine andere Anschauung ersetzt worden war: Das Gemeinwesen, vertreten durch die Administration, war in die Rolle des Souveräns hineingewachsen.

Die Lehre von den zwei Körpern wurde in der Urteilsbegründung ausdrücklich angesprochen, nun aber neu interpretiert. »Es wird anerkannt«, so verkündete das Parlament, »daß der König die Quelle der Gerechtigkeit und des Schutzes ist, aber die Handlungen der Justiz und des Schutzes werden nicht von seiner Person ausgeübt und hängen nicht von seinem Gefallen ab, sondern von seinen Gerichten und Ministern, die hier ihre Pflicht tun müssen, *auch wenn es ihnen der König in eigener Person verbieten sollte*: und wenn sie gegen den Willen und persönlichen Befehl des Königs Urteile fällen, sind es *immer noch die Urteile des Königs.*«[26] Da das Volk in den Augen von Hobbes immer einer starken Führung bedurfte, wies er dem Staat die Rolle einer ›Überperson‹ zu, deren Autorität die absolute Unterwerfung des Einzelnen voraussetzte. Hobbes gestand dem Individuum weder Glaubens- noch Gewissensfreiheit zu (eine Errungenschaft des Protestantismus), weil er darin den Ausgangspunkt für Uneinigkeit sah. Schon im *Leviathan* nahm also die Idee Gestalt an, dass die Gemeinschaft erst dann eine Gemeinschaft bildet, wenn die Individuen einen kollektiven Körper bilden – ein Ziel, das laut Hobbes auch die Anwendung von Gewalt rechtfertigt.[27]

Die Verlagerung des Fokus von Familie auf nationale Gemeinschaft hatte zur Folge, dass die Familie dem kollektiven Prinzip untergeordnet wurde und setzte voraus, dass etwas anderes – das Kollektiv – an die Stelle der familiären Blutslinie getreten war. Der ›Vater‹ hatte eine neue kollektive Gestalt angenommen. Damit löste sich die ›geistige Vaterschaft‹ noch weiter von der leiblichen Gestalt des Vaters. Andererseits übernahm dieser neue Vater aber auch alle Charakteristika der Blutsverwandtschaft. Eben dies erklärt die hohe Emotionalität des Nationalismus.

4. Der Einfluss der Medien auf die Entstehung des Gemeinschaftsgefühls

Dass der nationale Kollektivkörper in die Gefühlswelt des Einzelnen eindrang, war denselben Medien der Neuzeit – Buchdruck, Räderwerkuhr und Geld – geschuldet, die schon den Säkularisierungsprozess beschleunigt hatten. Hinzu kamen Technologien wie Eisenbahn, Telegraf, Telefon, die es erlaubten, weit auseinanderliegende Orte miteinander zu verbinden und zu vernetzen: Menschen rückten physisch näher aneinander heran. Basis dieser Kommunikationstechnologien war eine synchron geschaltete Zeit, die sich der mechanischen Uhr verdankte. Ab 1884 wurde die Erde in 24 Stundenzonen von je 15 Längengraden aufgeteilt. Noch bis 1893 gab es in Deutschland fünf Zeitzonen, jeder größere Ort hatte seine eigene Ortszeit (12 Uhr mittags war dann, wenn die Sonne am höchsten stand). Vorreiter einer deutschlandweit einheitlichen Zeit waren die Eisenbahnen, die sich schon ab 1890 auf die MEZ als allgemeine Betriebszeit einigten. Ab dem 1. 4. 1893 wurde diese dann auch für den Alltag verbindlich.

Währungseinheiten verstärkten die Nationenbildung. Aber vor allem der Buchdruck spielte eine wichtige Rolle. Das ist nicht erstaunlich, bedenkt man die Wirkmacht des Alphabets in der Antike. Das Schriftsystem hatte nach Brian Stock »textual communities«[29] entstehen lassen, die sich in den Kulturen der alphabetischen Schriftsysteme herausbildeten. Zu Beginn der Neuzeit beschleunigte sich dieser Prozess. »Man hat geschätzt, daß in den etwa vierzig Jahren, die zwischen der Veröffentlichung der Gutenberg-Bibel und dem Ende des 15. Jahrhunderts liegen, mehr als 20 Millionen Bücher in Europa gedruckt wurden. […] Zwischen 1500 und 1600 erreichte die Produktion 150 bis 200 Millionen.«[30] Der Buchdruck schuf die Möglichkeit einer massenhaften Verbreitung *desselben* Textes: Luthers Werke machten nicht weniger als ein Drittel *aller* deutschsprachigen Bücher aus, die zwischen 1518 und 1525 verkauft wurden. »Hier treffen wir zum ersten Mal auf eine wirkliche Massenleserschaft und eine jedem zugängliche Volksliteratur.«[31] Der Buchdruck erlaubte die Gleichschaltung von Ereignissen, die gerade dadurch ihre Bedeutung erhielten, dass ein und derselbe Text in weiten Teilen des Landes gelesen wurde.

Um 1800 trugen Rotationspresse und allgemeine Alphabetisierung zu einer weiteren ›Gleichschaltung‹ der nationalen Gemeinschaften bei. Für Benedict Anderson, der die modernen Nationen als »imagined communities« oder als

»vorgestellte Gemeinschaften« bezeichnet, ermöglichte die Verbreitung der Druckerzeugnisse die Entstehung jenes nationalen Sprach- und Literaturschatzes, der zur Basis des National*gefühls* wurde.[32] Allein die Tatsache, dass man über tausende von Kilometern Entfernung dieselben Nachrichten lesen kann, schafft ein Gefühl von Gleichzeitigkeit und Gleichsprachigkeit.

Die Alphabete hatten, wie im 3. Kapitel beschrieben, auch die Herausbildung der Blutslinien bewirkt; diese trugen zur ›Naturalisierung‹ der Textgemeinschaften bei. Nun erfüllte die sekundäre Oralität eine ähnliche Funktion: Sie verlieh der durch den Buchdruck entstandenen nationalen Gemeinschaft einen kollektiven *Körper*. Symptomatisch dafür ist der Wandel des Begriffs der ›Muttersprache‹. (Deutlicher als das deutsche Wort Muttersprache vermittelt das englische *mother tongue* die enge Beziehung der Oralität zum Körper.) Bezog sich der Begriff im Mittelalter auf die gesprochenen Regionalsprachen, die als Gegensatz zum geschriebenen Latein der Gebildeten galten, so nahm er im Verlauf des 18. und vor allem im 19. Jahrhundert eine nationale Bedeutung an, die emotional hoch aufgeladen war und auf eine ›natürliche‹, ›authentische‹ Beziehung zwischen dem Sprechenden und seiner nationalen Gemeinschaft verwies.

Bildung und Alphabetisierung hatten ihren Anteil an dieser Entwicklung. »Das Wachstum der Schulen und Universitäten«, so Hobsbawm, »ist ein Maßstab für das Anwachsen des Nationalismus, ebenso wie die Schulen und Universitäten zu seinen bewußtesten Verfechtern wurden.«[34] Allerdings war der Nationalismus nicht zwingend auf die allgemeine Alphabetisierung angewiesen: Noch um 1840 war in England und Frankreich, den Ländern Europas, wo die Industrialisierung am weitesten fortgeschritten war, fast die Hälfte der Bevölkerung des Lesens und Schreibens unkundig. In Russland waren es sogar 98 Prozent. Aber auch die Unbelesenen kannten den nationalen Literaturschatz, der ein kollektives Familiengefühl schuf. Parallel dazu wurde die nationale Vergangenheit neu erfunden. Sie half, jenes Bild vergangener Zeiten zu errichten, »das für die subjektive Vorstellung der Nation von zentraler Bedeutung ist«.

Durch die ›nationale Geschichte‹ wurden die Verstorbenen zu einem Teil der Gegenwart. Das heißt, mit dem Nationalismus wurde jeder Bürger zum Mitglied einer Schicksalsgemeinschaft, und so wie allem ›Natürlichen‹, Unveränderbaren immer der Aspekt des ›Nicht-bewusst-Gewählten‹ eignet, erschien auch diese Zugehörigkeit vorgegeben, vergleichbar Hautfarbe, Geschlecht, Herkunft: »Was man in diesen ›natürlichen Bindungen‹ verspürt, könnte man die ›Schönheit der Gemeinschaft‹ nennen. Mit anderen Worten: gerade weil solche Bindungen nicht bewußt eingegangen werden, erhalten sie den hehren Schein, hinter ihnen steckten keine Interessen.«[35] Dass es sich bei der Nation aber um *keine* naturgegebene Zugehörigkeit handelte, zeigt allein die Möglichkeit, die nationale Zugehörigkeit zu wechseln. So erscheint das Schicksalhafte und die ›Natürlichkeit‹ der nationalen Zugehörigkeit eher wie die ›Camouflage‹ für ein *kulturell* bedingtes Gefühl von Zusammengehörigkeit.

Zu den Medien, die die gefühlten Gemeinschaften schufen, gehörten auch Vermessungstechniken wie Kartographie und Zensus. Erstere verlieh dem Kollektivkörper ein gemeinsames Territorium, das auf den ersten Blick viel gemeinsam hat mit der Bodengebundenheit der feudalen Verwandtschaftsverhältnisse. In Wirklichkeit handelte sich aber um einen Entwurf auf dem Reißbrett. In den Köpfen der Menschen erschien die Landkarte wie ein Spiegelbild der Wirklichkeit. Doch die Landkarte ist der Wahrnehmung des Raums vorgängig. Sie ist nicht Abbild, sondern Vorbild. Ihr Instrument ist die Kartographie. Man braucht nur an die Wetterkarte im Fernsehen zu denken: Sie führt Millionen von Zuschauern täglich vor Augen, wo sich alle ›Familienmitglieder‹ befinden. Vor 1989 galt das nur bis zum Eisernen Vorhang; danach gehörten auch die ›anderen Deutschen‹ dazu. Ähnlich willkürlich zerschneidet die Wetterkarte auch den nordamerikanischen Kontinent: eine Linie, die sich schnurgerade zwischen den USA und Kanada zieht und auch faktisch zwei unterschiedliche Kulturen hervorgebracht hat.

Die Wirkmacht des Zensus war ähnlich: Schon im 19. Jahrhundert wurden Statistik und Volkszählung zu entscheidenden Faktoren bei der Definition nationaler Zugehörigkeit. Sie schufen Normen und Bevölkerungsgruppen, die sich durch Visualisierung der Wahrnehmung einprägten. »Durchgängig an quantifizierbares und quantifiziertes statistisches Wissen gekoppelt, stellen die graphisch-statistischen Verfahren den Musterfall einer normalistischen Kollektivsymbolik dar.«[36] Kurz: Mediale Bedingungen, die allesamt den Zeichensystemen geschuldet waren, trugen dazu bei, dass die ›Nation‹ zu einer ›gefühlten Gemeinschaft‹ wurde und diese eine neue Art von ›Verwandtschaft‹ darstellte.

Eben weil sie ein kulturelles Konstrukt war, verlangte diese kollektive Verwandtschaft nach einer verstärkten Verankerung in der Leiblichkeit. Der Signifikant Blut, der schon für familiäre Verwandtschaftsverhältnisse gesorgt hatte, bot nun auch eine ideale Basis für das Nationalgefühl. So wiederholte sich auf der Ebene des Kollektivs ein ganz ähnlicher Prozess, wie er bei der

Etablierung der väterlichen Blutslinie stattgefunden hatte: Bei jener hatten sich Schriftzeugnisse der Bilder des Bluts bemächtigt, um den Anschein leiblicher Realität zu erwecken. Nun schufen neue Medien nationale Verwandtschaftsverhältnisse, und auch sie verlangten nach einer Verankerung im Blut. Das fand u. a. im *ius sanguinis* seinen Niederschlag.

Eine Staatsbürgerschaft im modernen Sinne gibt es erst seit der Französischen Revolution, nachdem der König als Symbol der Gemeinschaft vom Volkssouverän abgelöst worden war. Im Laufe des 19. Jahrhunderts wurde in den meisten Staaten die Staatsbürgerschaft eingeführt und durch Staatsbürgerschaftsgesetze geregelt. Die Definition war nicht überall gleich; nur in einigen Ländern wurde das Blut zur Basis nationaler Zugehörigkeit. Zu den Ländern, die die Staatsbürgerschaft über das *ius sanguinis* (Abstammungsprinzip) definierten, gehörte Deutschland. In anderen wurde das *ius soli* (Geburtsortprinzip) eingeführt. Bei der nationalen Identität konkurrierten also Blutslinie und Territorium miteinander.*

In Deutschland, wo die proto-nationale Zugehörigkeit noch lange einzelnen Fürstentümern (Preußen, Bayern etc.) zugeordnet blieb, wurde zwar mit der Reichsgründung 1871 eine deutsche Nation geschaffen, doch eine einheitliche deutsche Staatsangehörigkeit gab es erst ab 1934, als unter den Nationalsozialisten die Souveränität der Länder abgeschafft wurde. Das *Prinzip* der Zugehörigkeit hatte sich aber schon vorher verändert: Bis Anfang des 19. Jahrhunderts hatte das Geburtsortsprinzip gegolten; mit der Einführung der ersten deutschen Staatsangehörigkeitsgesetze (Preußen 1842) wurde das Abstammungsprinzip vorherrschend. Mit dem Reichs- und Staatsangehörigkeitsgesetz von 1913 galt im ganzen Deutschen Reich das *ius sanguinis*. Erst durch die Staatsangehörigkeitsreform im Jahr 2000 wurde zusätzlich das sogenannte ›Optionsmodell‹ eingeführt: ein ergänzendes *ius soli*, das Einwanderern der zweiten Generation den Erwerb der Staatsbürgerschaft ermöglicht.[37]

Die Geschichte Deutschlands als ›verspätete Nation‹ mag erklären, warum hier nicht nur das *ius sanguinis*, sondern auch der Gedanke der rassischen Blutsgemeinschaft besonders nachhaltig Fuß fasste. Deutschlands Geschichte –

---

* Das bedingte *ius soli* gilt heute u. a. in Belgien, Griechenland, Großbritannien, Irland, Portugal. Das doppelte *ius soli* (ein Staat verleiht seine Staatsbürgerrecht nur an ein Kind, von dem zumindest ein Elternteil schon im Land geboren ist) trifft auf Frankreich, Griechenland, Luxemburg, Niederlande, Portugal, Spanien zu. Das reine *ius sanguinis* gilt in Bulgarien, Dänemark, Estland, Finnland, Lettland, Litauen, Italien, Malta, Österreich, Polen, Rumänien, Schweden, Slowakei, Slowenien, Tschechien, Ungarn, Zypern.

mit seiner religiösen Spaltung, seiner sprachlich-kulturellen Vielfalt und der Aufteilung in viele souveräne Fürstentümer – verlieh der Blutsgemeinschaft eine übergreifende Bedeutung. Da das Territorium zerstückelt war und auch die Religion keine gemeinsame Grundlage bot (in vielen Ländern wie England, Frankreich oder Spanien verstärkte die Religion die nationale Einheit), blieb als einziger gemeinsamer Nenner Deutschlands das, was auch lange der Definition von Verwandtschaft gedient hatte: die Blutsbande. Von den verschiedenen Arten des Nationalismus neigt jener, der auf dem *ius sanguinis* beruht, eher zu physiologischen Bildern der Abgrenzung: Sie reichen von Vorstellungen über ›Unreinheit‹ bis zur Markierung des Anderen als ›Fremdkörper‹ und ›Infektionsherd‹. Als in Deutschland aus Nationalismus Rassismus wurde, sollten diese Bilder eine erhebliche Rolle spielen.

5. Die Blutsgemeinschaft der ›Rasse‹

Dem Rassismus (gleichgültig welcher Ausprägung) geht immer eine kulturelle Konstruktion voraus: Erst kommt eine Idee und dann deren Umsetzung in die Leiblichkeit. Beim Nationalismus waren die Kulturtechniken dem Nationalgefühl vorausgegangen. Beim Rassismus war es die Idee einer ›geistigen‹ Genealogie, die nun körperlich verstanden werden wollte. Das verbindet beide mit der Roten Tinte der patrilinearen Blutslinie. Auch bei dieser (mit ihrem *pater semper incertus*) gehen kulturelle Faktoren der leiblichen Gestalt voraus. Bei den matrilinearen Blutslinien des Judentums ist das anders: Im Gegensatz zu den Vaterlinien ›wissen‹ die Träger um die (mütterlich vererbten) Verwandtschaftsverhältnisse. Die kollektiven Faktoren Kultur und Religion *ergänzen* die Verwandtschaft, sie geben sie nicht vor. Beim Rassismus dagegen kommt erst die Idee, dann die Blutslinie.

Die rassistische Idee kann manchmal theologischen, in anderen Fällen politischen oder ökonomischen Ursprungs sein. In der Kolonialpolitik kamen alle drei Ideen zusammen und überlagerten sich. Während sich die portugiesischen Kolonialisten in Brasilien mit der indigenen Bevölkerung vermischten und entsprechenden Nachwuchs zeugten (was an den Schattierungen der Hautfarbe bis heute zu erkennen ist), untersagte die spanische Krone in ihren Kolonien – darunter Argentinien und Mexiko – Sexualbeziehungen zwischen den Kolonialisten und der Landesbevölkerung. Natürlich kam es dennoch zu

Vermischungen, und um diese hierarchisch zu erfassen, entstanden die ersten Rassentheorien. Die im 3. Kapitel erwähnten spanischen Gesetze der *limpieza de sangre* (Blutsreinheit), die erst einige Zeit nach dem Beginn der Vertreibung entstanden, wurden von der Katholischen Kirche zunächst im Zusammenhang mit der Kolonialpolitik entwickelt und erst dann auf Juden und Mauren übertragen. Das heißt, schon in der Kolonialpolitik überlagerten sich religiöse und politisch-ökonomische Motive mit Rassentheorien. Die Kirche schuf die Aufteilung in Halb-, Viertel- und Achtel-Zugehörigkeit: Die Achtel und Viertel-Dunklen galten als ›weiß‹, während die Indios und Mestizos als ›Neukonvertiten‹ eingestuft wurden.[38]

Die neu geschaffenen Kategorien schufen einerseits soziale Hierarchien. Andererseits formulierten sie auch Indizien für eine geistige und moralische Über- oder Unterlegenheit. »Der intellektuelle und moralische Charakter der Europäer verliert durch die Mischung mit schwarzem oder rotem Blut an Wert. Dahingegen tendiert eine Infusion mit weißem Blut dazu, die Qualitäten der dunklen Varianten zu verbessern und zu veredeln.«[39] Theologisch schloss diese Argumentation an christliche Doktrinen an, laut denen das (ewige) Blut Christi dem (vergänglichen) Blut des Menschen die Unsterblichkeit verleiht. In diesem Fall verlief das Argument umgekehrt: Das ›gute‹ Blut des Weißen wurde durch die Vermischung mit dem ›schlechten Blut‹ der Einheimischen verunreinigt.

Das soziale Vorbild für die Einteilungen in unterschiedliche Blutskategorien waren die *castas* (Kasten) – ein Begriff, der nicht aus Indien stammt, sondern von der europäischen Kolonialpolitik entwickelt und erst später von den Engländern auf das hierarchische System Indiens zurückübertragen wurde. 1516 verwendeten die Portugiesen in Indien den Begriff der *castas*, um soziale Klassen zu bezeichnen, die jedoch keineswegs so monolithisch waren, wie das spätere indische Kastensystem nahelegt. Vielmehr handelte es sich dabei um eine »historisch wandelbare soziale Konfiguration«. Der Begriff wurde dann von der spanischen Krone übernommen und in Mexiko eingeführt: zur Kategorisierung von Klassen, die sich an der Hautfarbe orientierten. Das Ziel, so Renato Mazzolini, bestand darin, »eine hierarchische Sozialstruktur zu schaffen, die auf Geburtsort und vor allem Herkunft beruhte. Die wichtigsten Indikatoren zur Feststellung der Kaste, in die ein Neugeborenes gehörte, waren die Kaste der Eltern und ihre Hautfarbe.« Von den Kasten hingen die Rechte und Pflichten des Einzelnen ab: seine Karriere und soziale Position innerhalb der kirchlichen Hierarchie. Jede Gruppe hatte ihre eigenen Steuer- und Gesetzsysteme.

Sozialstruktur und Hautfarbe überlagerten sich. Die Hierarchie galt auch für die Ehefrauen. »Je höher ein Spanier in der Sozialhierarchie stieg, desto heller musste die Haut seiner Ehefrau sein.« Auch wurde davor gewarnt, dass der äußere Anschein trügen könne: Oft zeige sich das ›minderwertige Blut‹ mit einer Verzögerung von ein oder zwei Generationen.[40]

Erst um 1800 wurde der Begriff der ›Kaste‹ auf Indien übertragen. Zwischen 1790 und 1830 etablierte sich die Vorstellung, dass »das determinierende Prinzip des indischen Kastensystems in der Gemeinschaft der Rasse und nicht etwa des Berufs bestehe. Die hierarchische Stratifizierung war eine Konsequenz der Machtkämpfe und Antagonismen zwischen den verschiedenen Bevölkerungsgruppen des Landes.«[41] Das heißt, erst mit der englischen Herrschaft in Indien etablierte sich die Vorstellung, dass die Zugehörigkeit des indischen Kastensystems *im Körper* verankert und durch die Geburt bedingt sei. Doch ursprünglich verdankte sich der hier etablierte Bezug zur Leiblichkeit der europäisch-kirchlichen Kolonialpolitik in Lateinamerika.

Mit der europäischen Erfindung der ›Kaste‹ und seinem Geburtsprinzip stand auch die Vorstellung im Raum, dass Rassen unveränderlich und in ihrer Unterschiedlichkeit nicht miteinander vereinbar seien. Die Vermischung wurde mit der ambivalenten Rolle des unehelichen Kindes verglichen.[42] Sie galt als ein »lebendiges Zeichen der Scham«. Das Kind einer solchen Beziehung wurde zum Wesen, »das zwischen verschiedenen Kulturen und Loyalitäten hin- und hergerissen ist und deshalb eine Gefahr für das Reich und die Rasse darstellt«.[43]

Anders als Spanien war Frankreich, vor allem in den transatlantischen Kolonien, zunächst »assimilatorisch« eingestellt. Denn für die Kolonisatoren, so Guillaume Aubert, war sowieso nur eine Verbindung zwischen einem weißen Mann und einer Indianerin (nicht andersherum) vorstellbar; sie gingen von »einer strikt aristotelischen Samenlehre als ›natürliche‹ Bestätigung einer politischen und sozialen Inferiorität der Frauen« aus. Man verließ sich darauf, dass sich der männliche, ›weiße‹ Samen als dominant gegenüber der anderen Rasse erweisen würde. Als die sichtbaren Fakten diese Vorstellung widerlegten, änderte sich die Einstellung. Die Sprösslinge aus Mischehen wurden nun sogar vom französischen Mutterland verbannt. Ab 1778 folgte ein Verbot der Vermischung von Weißen und allen Andersfarbigen, inklusive Mulattos. Bei den Kolonisierten dagegen wurde es zu einem Distinktionsmerkmal, »französisches Blut in den Adern« zu haben. Sie nannten die Kolonisatoren »unsere

Väter, die Franzosen«.⁴⁴ Das *ius territorialis*, das bis heute über die Zugehörigkeit zur französischen Nation entscheidet, war zweifellos auch ein Mittel, Ansprüche, die aus der Blutsverwandtschaft erwachsen konnten, abzuwehren.*

In Kontinentalfrankreich schuf die Revolution von 1789 eine völlig neue Situation. Als 1791 die königlichen ›Väter‹ und ›Mütter‹ Frankreichs die Macht mit dem Volk teilen mussten, wurden sie, so Christopher Johnson, durch »körperlose Eltern ersetzt: dem Vater*land* mit seiner ›nationalen Familie‹.⁴⁵ In der *Marseillaise* wurden die Bürger zu »Kindern der Nation« (*enfants de la patrie*), und auf dem Schlachtfeld sollte das »unreine Blut« (*sang impur*) der Feinde fließen. Aus der Blutsverwandtschaft war so unversehens eine nationale Blutsgemeinschaft geworden.

Deutschland betrieb in seinen Kolonien eine strikte Rassentrennungspolitik. In Deutsch-Südwestafrika zum Beispiel gab es ein genaues juristisches Regelwerk, das jegliche Vermischung von Schwarz und Weiß verhindern sollte: Ab 1905, nach dem Aufstand der Herero und Nama, wurden ›Rassenmischehen‹ verboten; es gab Sanktionen gegen weiße Männer, die Beziehungen zu Afrikanerinnen unterhielten.⁴⁶ Hinzu kam der ›deutsche Sonderweg‹ der Geopolitik in der Ideologie des späten 19. und frühen 20. Jahrhunderts. Während die Kolonialeroberungen der anderen Großmächte Europas den Blick nach Übersee richteten, sollte nach der deutschen Auffassung auch der osteuropäische Raum durch deutschen Samen ›befruchtet‹ werden. So die Metaphorik der im Kaiserreich sehr erfolgreichen Gazette *Gartenlaube*, die zahlreiche Aufsätze zu dem Thema veröffentlichte.⁴⁷ Anders als bei England und Frankreich richtete sich die deutsche Kolonialpolitik auf den *inner*europäischen Raum. Diese spezifische Blickrichtung trug dazu bei, dass sich der NS-Rassismus gegen die eigenen Staatsbürger wandte und in Osteuropa das hinterließ, was der amerikanische Historiker Timothy Snyder als »Bloodlands« bezeichnet hat: die blutgetränkten Gebiete der Shoah und des Zweiten Weltkriegs.⁴⁸

---

* Im September 2016 erklärte Nicolas Sarkozy, französischer Präsidentschaftskandidat der Republikaner, auf einem Parteikonvent, dass jemand, der die französische Staatsbürgerschaft annimmt, von diesem Moment an »wie ein Franzose lebt – und unsere Vorfahren sind nun mal die Gallier«. Die Reaktionen ließen nicht auf sich warten, darunter auch die der sozialistischen Bildungsministerin, Najat Vallaud-Belkacem, die meinte, »Ja, die Gallier gehören zu unseren Vorfahren, aber es gibt auch Römer, Normannen, Kelten, [...] Korsen, Guadelupianer, Martiniquaner, Araber, Italiener, Spanier – all das ist Frankreich.« Le Figaro, 20. 9. 2016.

6. Rassistischer Antisemitismus

Die Verbindung, die der deutsche Antisemitismus des 19. Jahrhunderts zwischen Religion und Blutslinie herstellte, griff einerseits auf die Bilder der Kolonialpolitik, andererseits aber auch auf ein religiöses Gedankengut zurück, wie es sich im Spanien des 15. Jahrhunderts entwickelt hatte. In Spanien hatten die im 4. Kapitel bereits erwähnten ›Statuten über die Reinheit des Blutes‹ für die Verdrängung der getauften Juden (der sogenannten ›neuen Christen‹) aus allen öffentlichen Ämtern und Privilegien gesorgt. Um der katholischen Gemeinschaft Spaniens anzugehören, genügte die Taufe nicht. Es wurde auch der Nachweis für eine lange ›christliche Genealogie‹ verlangt. Über Generationen zurück mussten die Konvertiten nachweisen, dass in ihren Adern ›christliches Blut‹ floss.

Die *estatutos de limpieza de sangre* führten dazu, dass 1673, also zweieinhalb Jahrhunderte vor den Nationalsozialisten, ein Pater, Fra Francisco de Torrejoncillo einen *Mahnruf gegen die Juden* veröffentlichte, der im Kern das Nürnberger NS-*Gesetz zum Schutze des deutschen Blutes und der deutschen Ehre* von 1935 vorausnahm: »Um ein Feind der Christen, von Christus und seines Heiligen Gesetzes zu sein, bedarf es nicht eines jüdischen Vaters und einer jüdischen Mutter. Ein Elternteil alleine genügt. Es will nichts bedeuten, dass der Vater nicht Jude ist; die Mutter genügt. Und selbst wenn sie nicht völlig jüdisch ist, schon die Hälfte genügt; und selbst wenn sie das nicht ist, auch ein Viertel genügt oder selbst ein Achtel. Die Heilige Inquisition hat in unserer Zeit entdeckt, dass das jüdische Blut sich bis ins einundzwanzigste Glied fortsetzt.«[49] Der rassistische Antisemitismus des 19. Jahrhunderts griff diese Vorlage auf, allerdings ohne den religiösen Bezug. Zugleich ging er weiter: Weil das ›jüdische Blut‹ als ›giftig‹ und ›zersetzend‹ galt, stand nicht nur das Anrecht der Juden auf Privilegien und Ämter zur Disposition, sondern alsbald auch das Recht auf Fortpflanzung – ein Gedanke, der im Kern schon eliminatorisch war.

Dennoch trat auch im Nationalsozialismus der religiöse Ursprung des rassistischen Antisemitismus deutlich zutage. In Hitlers eigenen Worten klang das so: »Ostern ist nicht mehr Auferstehung, sondern die ewige Erneuerung unseres Volkes. Weihnachten ist die Geburt unseres Heilandes: des Geistes der Heldenhaftigkeit und Freiheit unseres Volkes. Sie werden das Kreuz durch unser Hakenkreuz ersetzen. Sie werden anstatt des Blutes ihres bisherigen Erlösers das reine Blut unseres Volkes zelebrieren; sie werden die deutsche Ackerfrucht als heilige Gabe empfangen und zum Symbol der ewigen Volksgemeinschaft essen, wie sie bisher den Leib ihres Gottes genossen haben. Und dann, wenn es soweit ist, werden die Kirchen wieder voll werden. Wenn *wir* es wollen, wird es so sein, wenn es *unser* Glaube ist, der dort gefeiert wird.«[50]* Es handelte sich also um einen Gemeinschaftsgedanken, der sich aus dem Fundus christlicher Traditionen bediente – nur ohne den transzendenten Bezug. An dessen Stelle trat das Konzept der kollektiven Blutsverwandtschaft, das im deutschen Nationalismus schon angelegt war.

Antijudaismus und nationale Judenfeindlichkeit gab es auch in anderen Ländern Europas, doch die meisten Texte des rassistischen Antisemitismus erschienen im deutschsprachigen Raum, wo die aus dem Christentum übernommene Metaphorik des ›guten Blutes‹ auf den Geschlechtsverkehr übertragen wurde. So heißt es in Theodor Fritsch' 1887 erschienenem *Antisemiten-Katechismus*: »Erstes Gebot: Du sollst Dein Blut reinhalten. – Erachte es als ein Verbrechen, Deines Volkes edle arische Art durch Juden-Art zu verderben. Denn wisse, das jüdische Blut ist unverwüstlich und formt Leib und Seele nach Juden-Art bis in die spätesten Geschlechter.«[51] Ähnlich auch in Artur Dinters Roman *Die Sünde wider das Blut* (1917), wo der Bezug der antisemitischen Lehren zur christlichen Überlieferung besonders deutlich wird: Bei Dinter stellt die ›Rasse‹ die wörtliche Umsetzung der christlichen Lehre vom ›Fleisch gewordenen Wort‹ dar: »Der Geist ist nicht […] ein Erzeugnis der Rasse, sondern umgekehrt ist die Rasse, der Körper, die irdische Erscheinung eines Menschen, ein Erzeugnis seines Geistes. Der Geist ist's, der sich den Körper baut, nicht ist es umgekehrt.«[52] Dinters Roman erreichte hohe Auflagen; an höheren Mädchenschulen wurden Auszüge verteilt.

Der deutsche Rassengedanke offenbarte sich besonders deutlich am Begriff der »Blutschande«. Bis etwa 1800 bezeichnete er den Inzest, also die ›Sünde‹ des Verkehrs mit dem eigenen Blut. Im Verlauf des 19. Jahrhunderts nahm er eine konträre Bedeutung an: Aus der ›Blutschande‹ wurde die ›Sünde‹ des Verkehrs mit dem ›fremden‹ Blut. Wo der Begriff der ›Blutschande‹ in diesem Sinne auftauchte, war damit immer das jüdische Blut gemeint.[53] Die Akzeptanz für die-

---

* Diese Aussage wurde von Hermann Rauschning aufgezeichnet. Seine *Gespräche mit Hitler* geben ihn nicht wortwörtlich wieder. Sie sind aus der Erinnerung niedergeschrieben. Dennoch werden sie von Geschichtsforschung als Quelle benutzt, denn sie treffen in erstaunlichem Maße sowohl den Sprachduktus Hitlers als auch die Inhalte seiner Ideen. Vor allem die Aussagen über die Religion stimmen zum Teil wortwörtlich mit den später, auf Veranlassung von Martin Bormann, durch Heim und Picker aufgezeichneten Tischgesprächen überein.

sen Bedeutungswandel war bereitet worden durch das Endogamie-Ideal der bürgerlichen Gesellschaft und durch ein literarisches Motiv, das sich durch die gesamte deutsche Literatur des 19. und frühen 20. Jahrhunderts zog und ausschließlich von nicht-jüdischen Schriftstellern (mit einer Ausnahme[54]) aufgegriffen wurde: das Motiv einer Liebesbeziehung zwischen Bruder und Schwester.

Das Motiv taucht in der Literatur ganz Europas auf, fand aber vor allem im deutschen Sprachraum weite Verbreitung. Bei Richard Wagner ist die religiöse Dimension des Bruder-Schwester-Inzests unübersehbar: Wenn das Geschwisterpaar Siegmund und Sieglinde miteinander Siegfried zeugt, so soll auf diese Weise der Beweis erbracht werden, dass sich diese ›deutsche Christusfigur‹ einer höheren Art von Sexualität verdankt. Die ›Unvermischtheit‹ seines Blutes macht Siegfried zum Auserwählten, ja zum Gottessohn. Bei anderen Autoren ist das Motiv irdischer. Dennoch bleibt auch dort die religiöse Dimension deutlich erkennbar. Ganz offenkundig in Thomas Manns Roman *Der Erwählte*, der die Geschichte eines Mannes erzählt, der nicht nur Sohn einer inzestuösen Bruder-Schwester-Beziehung ist, sondern auch seine eigene Mutter heiratet – bevor ausgerechnet er, der Träger der schwersten Sünden, zum Papst gewählt und Oberhaupt der Katholischen Kirche wird.

Deutlich wird der religiöse Bezug auch bei Georg Trakl, den eine nicht nur imaginäre Liebesbeziehung mit seiner Schwester Grete verband. »Karfreitagskind« nennt er sie in seinem Gedicht *An die Schwester*, und im Dramenfragment *Offenbarung und Untergang* schreibt er: »O, die Schwester singend im Dornbusch und das Blut rinnt von ihren silbernen Fingern. Schweiß von ihrer wächsernen Stirn. Wer trinkt ihr Blut?«[55] Die christliche Dimension des Motivs zeigt sich auch daran, dass in vielen literarischen Werken Juden als Gegenfiguren zu den ›erwählten‹ Geschwistern auftauchen. Sie repräsentieren nicht nur die Unreinheit, sondern auch das Ambivalente, der die homogene Liebesbeziehung ein Ende setzen soll: Erst die Vereinigung der Geschwister, so heißt es in Frank Thiess' vielgelesenem Trivialroman *Die Verdammten*, ermögliche es den Menschen, »auserwählt« und »Gott ganz nahe zu sein«.[56]

Als Robert Musil Anfang des 20. Jahrhunderts den Topos des Geschwisterinzests in seinem unvollendeten Roman *Der Mann ohne Eigenschaften* aufgriff, war die politische Dimension dieses Motivs schon deutlich erkennbar. Musil beschreibt die geistige, seelische und schließlich auch sexuelle Vereinigung der Geschwister Ulrich und Agathe als »unio mystica« und als »den anderen Zustand« der Mystiker, den Ulrich zuvor vergeblich in der Religion und in der Mathematik gesucht hatte. »Er und Agathe gerieten auf einen Weg, der mit dem Geschäfte der Gottergriffenen manches zu tun hatte, aber sie gingen ihn, ohne fromm zu sein, ohne an Gott zu glauben, ja, ohne auch nur an ein Jenseits und Nocheinmal zu glauben; sie waren als Menschen dieser Welt auf ihn geraten und gingen ihn als solche: und gerade das war das Beachtenswerte.« Die sexuelle Vereinigung wird in einem Abschnitt unter dem Titel ›Das Tausendjährige Reich‹ beschrieben. Doch statt Erfüllung bringt dieser Zustand die Leere. »Es ist ganz einfach«, sagte Ulrich zu Agathe, ›und alle Leute wissen es, bloß wir nicht. Die Phantasie wird von dem erregt, was man noch nicht oder nicht mehr besitzt; der Leib will haben, aber die Seele will nicht haben.‹«[57] Anders als viele andere Autoren, die das Motiv des Bruder-Schwester-Inzests aufgriffen, hatte Musil, der selbst nicht Jude, aber mit einer Jüdin verheiratet war, die Gefahren begriffen, die in diesem Motiv steckten. 1938, nach dem Anschluss Österreichs an das Deutsche Reich floh er aus Wien in die Schweiz.

Das Motiv der sexuellen Vereinigung mit dem *eigenen* Blut unterstützte einerseits die inzestuösen Begehrensstrukturen (von denen auch schon im Zusammenhang mit dem Kapitalismus des 19. Jahrhunderts die Rede war), bereitete andererseits aber auch den kulturellen Nährboden für die Verwerfung von Sexualbeziehungen mit ›fremdem Blut‹. Das im Inzest zelebrierte ›reine Blut‹ war die Kontrastfolie für das Phantasma der Unreinheit des ›anderen‹ Blutes. Mit den Nürnberger Gesetzen von 1935 ›zum Schutze des deutschen Blutes und der deutschen Ehre‹ wurde aus diesem Phantasma Gesetz und leibliche Realität: Aus der alten ›Blutschande‹ erwuchs so die ›Rassenschande‹.

Die Gegenüberstellung von zwei genealogischen Prinzipien und zwei Arten des Blutes war, wie im 3. Kapitel beschrieben, immer schon dem Antijudaismus inhärent: Er beinhaltete die Konkurrenz um die Erbschaft der Hebräischen Bibel und schlug sich auch im Anspruch der christlichen Kaiser auf den judäischen Thron nieder: Auf der Reichskrone aus dem 10. Jahrhundert sind Salomo, David und König Ezechias mit dem Propheten Jesaja dargestellt.* Nur eine der vier Bildplatten auf der Krone zeigt Christus. Die anderen repräsen-

---

* Die Krone entstand wahrscheinlich im 10. Jahrhundert, anlässlich der Herrschaft Ottos I., der 960 den Thron bestieg. Allerdings gab es wiederholt Versuche einer späteren Datierung der Reichskrone auf die Mitte des 12. Jahrhunderts: Das hätte der Thronbesteigung des ersten Stauferkönigs Konrad III. entsprochen. Einer der Gründe für diese Datierungskämpfe war die Konkurrenz unter den christlichen Herrscherhäusern um die legitime Nachfolge des alten judäischen Throns.

tieren den Anspruch der christlichen Kirche, das ›Erwählte Volk‹ Gottes darzustellen. Dieser Anspruch auf ›Erwähltheit‹ sollte den verschiedenen Etappen der Blutslinie folgen: Von den religiös begründeten dynastischen Ansprüchen bis zum endogamen Liebesideal des 19. Jahrhunderts zog sich eine Spur, die das Bild einer christlichen Blutsverwandtschaft immer tiefer im kollektiven Unbewussten verankerte. Als es auch die widerständigsten sozialen Schichten erreicht hatte und zu einem kollektiven Phantasma geworden war, erübrigte sich der transzendente Bezug.

Warum wurde dieses Gedankengut im 19. Jahrhundert virulent und führte im 20. Jahrhundert zum realen Genozid? Auf diese Frage haben schon viele Forschungen eine Antwort zu geben versucht; sie fällt manchmal theologisch, manchmal psychologisch, ein drittes Mal sozialhistorisch aus. Im Kontext dieses Buches, wo es um die Idee der Blutsverwandtschaft und deren Verortung in der Geschichte von Schrift und Theologie geht, möchte ich eine zusätzliche Perspektive einbringen. Sie schließt andere, eher sozial- oder ideologiehistorische Erklärungsmuster nicht aus, ergänzt sie vielmehr.

Die allgemeine Alphabetisierung des frühen 18. Jahrhunderts markierte den Beginn der ›sekundären Oralität‹, von der im 2. Kapitel die Rede war. Das bedeutete, dass das Prinzip Schriftlichkeit in alle sozialen Schichten eingedrungen war. Von nun an ging es nicht mehr um die Abstraktion, sondern um die ›Beleibung‹ der Texte, ihre ›magische Auflading‹. Die sekundäre Oralität fand ihren Ausdruck in zahlreichen audiovisuellen Techniken wie Radio, Film, später Kinowochenschauen und Fernsehen – Techniken, die bekanntlich zum Erfolg der Nationalsozialisten (wie auch aktueller fundamentalistischer Bewegungen) beitrugen. Mit dieser Entwicklung vollzog sich auch bei der Blutslinie ein Wandel: Anders als die Rote Tinte war sie nicht mehr das Produkt der Schrift, sondern mit ihr identisch. Mit der sekundären Oralität war die Schrift in den menschlichen Körper eingeflossen und schien aus dieser Leiblichkeit direkt hervorzugehen. Ebenso wurde auch die Blutslinie als ›Natur‹ und nicht mehr als Produkt der Kultur verstanden. Michel Foucault hat dies als einen Prozess der Umkehrung von christlicher Askese zu säkularer Lust umschrieben: »Die Macht ergreift und umschlingt den sexuellen Körper. Das steigert gewiß die Wirksamkeiten und die Ausdehnung des kontrollierten Gebietes. Zugleich führt es aber zu einer Versinnlichung der Macht und zu einem Gewinn der Lust.«[58] Was hier geschah, lässt sich auch in Kategorien der Blutsverwandtschaft ausdrücken: Parallel zur sekundären Oralität entstand eine ›sekundäre Blutslinie‹ – und diese nahm in den Ländern des christlichen Kulturraums *matrilineare* Form an.

Damit war ein Konflikt mit jüdischer Matrilinearität geradezu vorprogrammiert. In den Kategorien der Roten Tinte hieß dies: Die weltlich gewordene christliche Blutslinie vertrat nicht nur die Patrilinearität (mit ihrem prekären *pater semper incertus*), sondern beanspruchte auch die ›Sicherheit‹ des matrilinearen Prinzips. Deshalb rückte im rassistischen Antisemitismus der weibliche Körper ins Zentrum der Vorstellungen über Genealogie. War im Christentum Fortpflanzung über Jahrhunderte in Kategorien von männlicher Linie gedacht worden, so bestimmte im antisemitischen Diskurs die Weiblichkeit über das Geschick der Blutslinie. Alle Darstellungen von ›Rassenschande‹ zeigen männliche ›Juden‹ und ›arische‹ Frauen, und auch die oben zitierten ›Zehn deutschen Gebote‹ des *Antisemiten-Katechismus* richteten sich an die Frauen.

Die Anpassung der traditionellen Konzepte christlicher Blutsverwandtschaft an die jüdische Matrilinearität verstärkte das Bedürfnis der Antisemiten nach Abgrenzung gegen ›den Juden‹. Der Arier, zum ›biologischen Christen‹ mutiert, musste eine Unterscheidung zwischen der eigenen mütterlichen Blutslinie und jüdischer Matrilinearität herstellen, und das tat er, indem er behauptete, das Blut des Juden sei ›giftig‹ und beschädige das ›reine‹ Blut der arischen Frau. Damit vollzog sich eine Umkehrung der alten Bilder des Judenhasses.

Zum ersten Mal wurden dem ›Juden‹ all jene *geistigen* Eigenschaften zugeschrieben, die eng mit den bleibenden Qualitäten der Schrift zusammenhingen und über Jahrhunderte der patrilinearen Blutslinie vorbehalten geblieben waren: Geistigkeit wurde nun zum Schimpfwort. Die Bücherverbrennungen auf der Wartburg von 1817 und des Nationalsozialismus vom 10. Mai 1933 erzählen von einem tiefen Hass auf Intellektuelle und jede Form von abstraktem Denken. (Das haben sie mit den modernen Fundamentalisten gemeinsam.)[59] ›Der Text‹ – und alles, was er repräsentiert wie Zweifel, Reflexion, Urteilsvermögen – sollte zum Verschwinden gebracht werden. Denn die Schrift sollte aufgehen im Blut und den Ursprung aus der Tinte vergessen machen.

Am Begriff des ›Intellektuellen‹ wird die Umkehrung besonders deutlich. Der Begriff taucht an einigen Stellen schon zu Beginn des 19. Jahrhunderts auf – als Adjektiv sogar schon gegen Ende des 17. Jahrhunderts; um 1800 wird dieses oft verwendet.[60] Seine politische Tragweite erlangt das Wort Intellektueller aber erst mit der Dreyfus-Affäre, die sich von 1894 bis 1899 hinzog. Diente der Begriff zunächst zur *Beschimpfung* der Dreyfus-Verfechter, die sich, allen voran Émile Zola, für die Rehabilitierung des Offiziers Alfred Dreyfus einsetzten, so änderte sich das im weiteren Verlauf. Als klar wurde, dass Dreyfus zu Unrecht des Landesverrats beschuldigt und verurteilt worden war, wurde der Begriff Intellektueller in Frankreich zum Leitmotiv des Kampfs für den Rechtsstaat. Ganz anders das Schicksal des Begriffs in Deutschland. Sogar im Vokabular des liberal-humanistischen Bürgertums wurde der Begriff ›Intellektueller‹ fast nur polemisch benutzt und schon bald zu einem Synonym für ›undeutsch‹.

Die Feindseligkeit gegenüber dem Intellektuellen war allen politischen Lagern in Deutschland gemeinsam, und seine diffamierende Verwendung blieb deshalb auch keineswegs nur den Nationalisten und Konservativen vorbehalten, wie Dietz Bering gezeigt hat.[61] Viel deutlicher war jedoch die Verwerfung des Intellektuellen bei der Rechten. Galten die Intellektuellen der Linken als Gefahr für den *internationalen* Zusammenschluss der Arbeiter, so sahen die Rechten in ihnen das Haupthindernis bei der Herausbildung der *Nationalgemeinschaft*. Deshalb trat hier auch die antisemitische Dimension besonders deutlich hervor. Mit der Intellektuellenhetze der Nationalsozialisten war immer ein ›Feind‹ im ›Volkskörper‹ gemeint. Hier diente ›intellektuell‹ als Synonym für ›jüdisch‹ – und deshalb wurde der Intellektuelle auch mit denselben Vokabeln umschrieben, die der Diffamierung des ›jüdischen Blutes‹ und der ›jüdischen Rasse‹ galten: giftig, fremd oder zersetzend. Ein bekannter nationalsozialistischer Kalendervers macht dies mehr als deutlich: »Hinfort mit diesem Wort, dem bösen / Mit seinem jüdisch-grellen Schein! / Nie kann ein Mann von deutschem Wesen / Ein Intellektueller sein.«[62]

Die antisemitische Zentrierung auf die weibliche Genealogie wurde von einigen Frauen der NS-Zeit begeistert aufgegriffen. Sie sahen darin eine emanzipatorische Möglichkeit. Auf politischer Ebene hatten sie nicht viel zu sagen, aber die neue ›arische‹ Matrilinearität bot Stoff für eine Aufwertung der Weiblichkeit. Als Beispiel sei die bekannte deutsche Lyrikerin und Romanautorin Ina Seidel (1885–1974) genannt, die sich schon im Oktober 1933 den 88 Schriftstellern anschloss, die ein »Gelöbnis treuester Gefolgschaft« für Hitler unterzeichneten. Zu Hitlers 50. Geburtstag im Jahr 1939 schrieb sie: »Wir Mit-Geborenen der Generation, die im letzten Drittel des vergangenen Jahrhunderts aus deutschem Blute gezeugt war, waren längst Eltern der gegenwärtigen Jugend Deutschlands geworden, ehe wir ahnen durften, daß unter uns Tausenden der eine war, über dessen Haupte die kosmischen Ströme deutschen Schicksals sich sammelten, um sich geheimnisvoll zu stauen und den Kreislauf in unaufhaltsam mächtiger Ordnung neu zu beginnen.«[63]

Seidels Hauptwerk *Das Wunschkind* erschien 1930 und verband das Bild einer ›emanzipierten‹ weiblichen Sexualität und Prokreation mit der NS-Blut- und Bodenideologie. Im Roman heißt es an einer Stelle von der weiblichen Hauptfigur (die sich die Bearbeitung des Bodens im Frühjahr vorstellt). »›Erde ist deine Mutter!‹ sang's ihr zu Häupten, über ihr, in ihr. Und sieh, hinter dem Gespann, dem Pflug, der aus der Ferne des Horizonts auf sie zukam, hinter stampfenden Gäulen, von ihrem Atem umdampft, schritt einer heran, im braunen Rock, das mächtige Haupt erhoben, die Augen auf sie gerichtet wie zwei Sterne, doch so, als sehe er sie nicht – unaufhaltsam – gewaltig. Unter ihr stieg und sank der Acker, so war ihr. Und dann, als sie eins ward mit der Erde – als der Pflug über sie hinging, was sie nicht hindern konnte, noch auch wollte, da sagen Gestirne und Heerscharen: ›Wo es aber erstirbet, so bringet es Frucht‹.«[64] Erinnert man sich daran, dass die Rabbiner in den ersten zwei Jahrhunderten der Diaspora den weiblichen Körper zum neuen ›Boden‹ der jüdischen Gemeinde erklärt hatten, so erkennt man in der hier ausgebreiteten Metaphorik den Versuch einer Aneignung der Verbindung von Land und Mutter.

Die NS-Mutterschaftsideologie wird oft als Fortpflanzungsideologie beschrieben, die dem Ziel diente, künftige Soldaten in die Welt zu setzen. Sie war weitaus mehr: Sie repräsentierte auch die Phantasie einer Rückkehr ins ›Goldene Zeitalter‹ der Präindustrialisierung, wo ›Abstammung‹ und ›Boden‹ noch etwas wert waren. (Dass der Feudalismus bestenfalls für die Aristokratie ein goldenes Zeitalter gewesen war, wurde übersehen oder geflissentlich verschwiegen.) Darüber hinaus bot sie aber auch ein ideales Instrument für weibliche Machtphantasien, die sich auf der Basis einer ›arischen Matrilinearität‹ entwickeln konnten. Besonders deutlich geschieht dies bei der Ärztin Johanna Haarer. In ihrem Buch von 1934 *Die deutsche Mutter und ihr erstes Kind* heißt es gleich zu Beginn: »Kein Ereignis im Leben der Frau entreißt sie aber auch so sehr ihrem Einzelschicksal und ordnet sie ein in das große Geschehen des Völkerlebens wie dieser Gang an die Front der Mütter unseres Volkes, die den Strom des Lebens, Blut und Erbe unzähliger Ahnen, die Güter des Volkstums und der Heimat, die Schätze der Sprache, Sitte, Kultur weitertragen und auferstehen lassen in einem neuen Geschlecht.«[65]

Diese Aussage umfasst alle Schlagworte, die in der Zeit hohen Kurs hatten. Auf der einen Seite verweist sie auf die Ideologie alter Abstammungslinien

(›unzählige Ahnen‹), auf der anderen bietet sie das Versprechen künftiger Generationen (›ein neues Geschlecht‹). Zugleich greift sie all die Elemente von ›Authentizität‹ auf, die mit oralen Traditionen verbunden werden (›Güter des Volkstums‹). In diesem Buch, das noch bis in die 1990er Jahre aufgelegt und gelesen wurde,* erlebt die Rolle der Mutter wahre Triumphe, während der Vater sowohl bei der Zeugung als auch bei der Erziehung nur noch eine marginale Rolle spielt. Ganz explizit verweist Haarer darauf, »daß das Miterleben auch einer normalen Entbindung über die Kraft mancher Männer geht«. Das war eine weibliche Ermächtigung, wie sie das ›christliche Abendland‹** noch nicht erlebt hatte. Haarer polemisiert gegen die Berufstätigkeit der Frau, indem sie ihr zugleich eine bessere Art der Ermächtigung bietet: »Es ist ein Versprechen auf Alleinherrschaft und unbegrenzte Gestaltbarkeit des Rohstoffes Kind, über den die Mutter autonom verfügt.«[66]

Im Verlauf der NS-Jahre weitet Haarer diese Macht der Mutter noch aus. Weist sie der Mutter in der Ausgabe von 1938 schon die alleinige Verantwortung für die Erziehung zu,[67] so wird dies in der Ausgabe von 1943 noch übertroffen, indem sie die alleinige Entscheidung über das biologische Erbe trifft. »Die Frau hat nur einmal im Leben einen entscheidenden Einfluß darauf, wie ihre Kinder geartet sein werden: Zu dem Zeitpunkt nämlich, da sie sich ihren Gatten, ihren künftigen Kindern also den Vater wählt.«[68] Die Mutter bestimmt in jeder Hinsicht über die Blutslinie: Sie sucht sich aktiv ihren Mann aus; sie ist es, die sich im Kind ›fortpflanzt‹. Das ist Darwins Zuchtwahl, nun aber in weiblicher Gestalt. Der Mann ist bestenfalls noch Samenspender, aber schon für das *Screening* ist die Frau verantwortlich. An Beispielen wie diesem werden einige Entwicklungen der modernen Reproduktionstechniken erkennbar, auf die ich noch eingehen werde. Doch vor allem erzählen sie von den Machtphantasien, die die Idee einer ›arischen Matrilinearität‹ bei einigen Frauen auslöste.

Heute lesen wir solche Texte entweder gar nicht oder mit dem Blick der Sozial- und Psycho-Geschichtswissenschaft. In ihrer Zeit lag diesen Texten eine ›Gewissheit‹ zugrunde, die über jede Reflexion erhaben war. Sie bestimmte

---

* Bis 1943 erschienen von Haarers Buch viele weitere Auflagen. Auch nach 1949 und bis in die 1990er Jahre wurde es immer wieder gedruckt: von der Nazi-Terminologie formell ›bereinigt‹ und unter dem Titel *Die Mutter und ihr erstes Kind*. Allein bis 1987 erreichte das Werk eine Gesamtauflage von etwa 1,2 Millionen, wurde also auch prägend für Frauen in der Nachkriegszeit.

** Ich verwende hier absichtlich den von AfD und Pegida so gerne verwendeten Begriff, weil die Ideologie, die hinter diesem Mutterbild steht, auch dort hohen Kurs hat. (Vgl. dazu auch Bax 2015)

über das Denken, die Emotionalität und den Eros. Weder Seidel noch Haarer oder ihre breite Leserschaft zweifelten daran, dass mit diesen Aussagen die ›wahre Natur‹ getroffen war. Dass die Psyche so – und nur so – empfinden könne. Es hilft, sich dieser Tatsache bewusst zu sein, wenn man heute über Blutsverwandtschaft nachdenkt. Dem gleichen Trugbild könnten auch unsere Emotionen unterliegen, wenn sie Verwandtschaft mit Blutsverwandtschaft gleichsetzen.

7. Die Genetik als neue Gestalt der Blutslinie

Man könnte meinen, dass die Rote Tinte mit der Entstehung der ›sekundären Blutslinie‹, die ihren Ursprung aus den Schriftsystem zu verleugnen sucht, obsolet geworden sei. Doch historische Entwicklungen verlaufen selten so geradlinig. Denn in zeitlicher Parallele zu den oben beschriebenen Entwicklungen erschien ein völlig neues Paradigma der Blutsbande: die Genetik und die mit ihr einhergehenden Reproduktionstechniken. Sie schufen eindeutige Blutslinien, repräsentierten zugleich aber auch etwas völlig anderes als die metaphorische Blutslinie, die noch den Nationalsozialismus beherrscht hatte.*
Dass es sich bei der Genetik dennoch um eine Erbschaft der Roten Tinte handelt, zeigt sich an drei Faktoren: erstens die Nähe zu den christlichen Lehren, zweitens die Rolle der Schrift in der genetischen Praxis und drittens neuen Diskursen, laut denen die Vermögensverhältnisse wohlhabender sozialer Schichten ›genetisch‹ bedingt seien.

Die ›christliche‹ Erbschaft der Genetik wird besonders evident bei der Jungfrauengeburt, die dank der Reproduktionsmedizin nicht mehr religiöses Dogma, sondern praktizierte Medizin ist. Schon 1999 schrieb die *taz*: »In Großbritannien soll erstmals ein Kind durch Jungfernzeugung geboren werden. Eine junge Frau, die noch keinen Geschlechtsverkehr hatte, wurde in einer

---

* Trotz ihrer eugenischen Orientierung lehnten die Nationalsozialisten die Neuerungen der Reproduktionsmedizin ab. Die ›Blutsbande‹ des NS fanden in der ›negativen Eugenik‹, die von der Sterilisierung bis zum Mord reichten, ihren Niederschlag. Eine ›positive Eugenik‹ fand höchstens in ihrer klassischen Form statt: der Kanalisierung der Sexualität, wie sie etwa in Einrichtungen wie dem ›Lebensborn‹ umgesetzt wurde. (vgl. u. a. Clay/Leapman 1995; Lilienthal 1985). Heinrich Himmler, der an der Idee der Züchtung durchaus interessiert war, schlug die Einwerbung von »Zeugungshelfern« vor, die Techniken der Reproduktionsmedizin mit ihrer andernorts schon praktizierten heterologen Insemination (künstliche Befruchtung durch einen fremden Samenspender) lehnte er ab. (Bernard 235) Es gab in der NS-Zeit auch keine Versuche mit assistierter Reproduktion.(Bernard 246)

Klinik von Birmingham künstlich befruchtet und suchte sich Haut-, Augen- und Haarfarbe des Samenspenders aus. Drei weitere Frauen, die ebenfalls ohne sexuellen Verkehr ein Kind empfangen wollen, werden für umgerechnet DM 500,– von der Klinik behandelt. Nach den Angaben des Hospitals steigt die Zahl der Frauen, die Jungfrau und Mutter in einem sein wollen.«[69]

Auch die Unsterblichkeitsphantasien, die sich mit der Genetik verbinden, rücken diese in die Nähe der christlichen Religion. Schon die Eugeniker um 1900 sprachen von einem »Körperextrakt«, dem »Beständigkeit bis zur Unsterblichkeit« eigen sei.[70] »Das ewige Leben«, schrieben die amerikanischen Eugeniker Paul Popenoe and Roswell Hill Johnson, »ist mehr als eine Metapher oder ein theologisches Konzept«.[71] Der Tod einer riesigen Agglomeration hochspezialisierter Zellen habe wenig Bedeutung, sobald das Keimplasma weitergegeben worden sei, denn es enthalte »die Seele selbst« des Individuums. Rund 80 Jahre später bekämpft der überzeugte Atheist Richard Dawkins zwar erbittert jeglichen Gottglauben,[72] aber das hindert ihn nicht, dem Gen Unsterblichkeit zu attestieren.[73] Im Gen hat die ›geistige Vaterschaft‹ eine neue Gestalt gefunden. Doch vorangegangenen symbolischen Vätern wie Kirche, Staat, Schrift oder Geld hat sie eines voraus: Sie kann *echte*, biologische Kinder zeugen. Damit übertrumpft sie sogar die Mutter, die bisher über das Privileg des *mater semper certa est* verfügte.

Die Nähe der Genetik zum Christentum zeigt sich auch am Verhältnis von Zeichensystem und Physiologie: Ist Christus der Fleisch gewordene Logos, so geht es in der Genetik um das Biologie gewordene Bit. Insofern erinnert das Gen an die Worte des katholischen Priesters während der Messe, kurz nachdem die Glocke den Akt der Verwandlung von Hostie und Wein in Fleisch und Blut verkündet hat: *hic est enim corpus meum*. Tatsächlich lässt sich das undefinierbare Gen am besten mit der Hostie vergleichen, dem *corpus christi mysticum*, als welcher sowohl der Leib Christi als auch die Gemeinde der Gläubigen bezeichnet wird. Beide Funktionen hat das Gen übernommen. Das Gen ist eine Metapher für den individuellen *und* den kollektiven Körper; es bietet das Versprechen einer fleischlichen Unsterblichkeit, und wie Hostie und Heiliges Abendmahl macht es das Göttliche ›gegenwärtig‹. Das Gen birgt die Erlösung von der ›Erbsünde‹ (erblicher Krankheit oder Behinderung); und wie bei der Transsubstantiation verspricht es mirakulöse Verwandlungen. Es ist die Leib gewordene Heilige Schrift: ein sakraler Text, der über die Schöpfung der Natur und über die moralische Ordnung bestimmt. So wie Genetiker das

Genom mit dem Alphabet, dem ›Buch des Menschen‹, einem ›Wörterbuch‹ oder auch einer ›Bibliothek‹ verglichen,[74] wurde auch Christus als Gral, Buch, Bibel und Speise zugleich beschrieben.[75] Ebenso wie Christus Gott *und* Mensch, unsichtbar und dennoch materiell ist, verbinden sich auch in der DNA Kultur und Natur, Zeichen und Fleisch. Daher haben Abtreibungsgegner die DNA auch als »die Zeichen eines göttlichen Alphabets« bezeichnet.[76]

Vor allem die zentrale Rolle der Schrift stellt Genetik und moderne Reproduktionsmedizin in die Nachfolge der Roten Tinte. Erstens stehen Kontrakte, Gesetze und Geldbeträge am Anfang jedes Geschäfts mit Samenspendern, Tragemüttern oder Eizellspenderinnen. Elizabeth Kane, die unter diesem Pseudonym ein Buch über ihre Erfahrungen als Leihmutter veröffentlichte, schreibt von der »Macht der Papiere über ihren Körper«.[77] Kein Samenspender, keine Eizellenspenderin oder Leihmutter, die nicht eine Fülle von Formularen ausfüllen und Verträge unterschreiben muss, bevor es zur ›eigentlichen Sache‹, der Biologie, kommt. Zweitens ist die moderne mit digitalen Techniken arbeitende Genetik selbst eine Art von Schriftsystem. Begriffe wie *genomic imprinting* oder *genomic editing* (›Edierung‹ von Genen) sind Erben der Gutenbergpresse und hängen mit Computer und digitalen Verfahren als Trägern der modernen Biotechnologien zusammen. Auf die Nähe der Reproduktionstechniken zur Schrift verweist auch die Tatsache, dass US-Gerichte, wie zu Beginn des 2. Kapitels am Beispiel von Baby M. beschrieben, bei Konflikten zwischen Tragemüttern und intentionalen Eltern* oft zugunsten von letzteren entscheiden – und dies auf der Basis des Copyrights, das ursprünglich erfunden wurde, um *geistiges* Eigentum zu schützen. Faktisch stellen die Reproduktionstechniken eine ›Beleibung der Schrift‹ dar. Die Gene selbst werden heute auch nicht mehr als eine feste Substanz, sondern als Information oder als Informationsträger betrachtet.[78] Andersherum werden digitale Systeme auch mit ›Familien‹ verglichen: Mütterliche und väterliche Codes erzeugen weitere Codes: ihre ›Sprösslinge‹.[79]

Die Nähe der Reproduktionstechniken zur Schrift zeigt sich auch am Prinzip der Planbarkeit: Wie im 2. Kapitel beschrieben, trug das griechische Alphabet zur Entstehung von Phantasien über eine ›geplante Gesellschaft‹ bei. Nun bestimmt die biologische Schrift über eine geplante Fortpflanzung. Mit dem Einfrieren des Samens, so hatte schon Jerome Sherman gesagt, einer der Pio-

---

* ›Intentionale Eltern‹: Eltern, die ein Kind bei Samenspender, Eizellspenderin, Trage- oder Leihmutter in Auftrag gegeben haben.

niere der Kryokonservierung, entsteht »ein praktikables Instrument« zur Bewertung der Spender. Zum ersten Mal könne die Wissenschaft »die Fragen menschlicher Vererbung auf einer kontrollierten empirischen Basis von Generation zu Generation« studieren.[83] Ebenso erweitern auch Präimplantationsdiagnostik und die epigenetische Modifikation der DNA die Möglichkeiten der Planung.

Heute sind dank Computer Ahnenforschung und Stammbaum-Erfassung zum neuen Familiensport geworden. Besonders extrem ist das Beispiel des Konfuzius-Stammbaums in China, der längste Stammbaum der Welt. Konfuzius lebte von 551–479 v. d. Z. Die Ehrung der Ahnen spielte eine wichtige Rolle in seiner Lehre. Wegen dieses ›aristokratischen‹ Anspruchs wurde die Verehrung des Meisterdenkers unter Mao verboten. Nun erlebt sein Ansehen eine neue Blüte. Systematisch erfasst wird die »erste Familie unter dem Himmel« seit Kaiser Tianqi (1621–1627). Bei der Suche nach Familienmitgliedern orientiert man sich am gemeinsamen Name Kong: Er existiert inzwischen in der etwa 80. Generation. Später soll auch die genetische Erfassung der Nachfahren einbezogen werden. (Allerdings haben die Wissenschaftler noch nicht erklärt, »wie und woher sie an das Erbgut des Konfuzius gelangt sein wollen«.[84]) Bis ins 20. Jahrhundert wurde der Stammbaum ausschließlich in männlicher Linie geführt. Bei einer Aktualisierung, die von 1930 bis 1937 durchgeführt wurde, kam man auf die Gesamtzahl von 560 000 Konfuzius-Nachkommen. Mit der Digitalisierung des Stammbaums wurde dieser erweitert und schließt nun auch weibliche Nachkommen sowie Ausländer und im Ausland lebende Chinesen ein. Damit wuchs der seit 2012 im Netz stehende ›Stammbaum‹ um das Dreifache an und umfasst heute mehr als zwei Millionen Nachfahren.[85] Mit der Verlagerung vom analogen zum digitalen Schriftsystem könnte sich der ›Stammbaum‹ also endgültig vom patrilinearen Prinzip verabschieden – auch in den Kulturen des Westens.

Ich denke, Genetik und Reproduktionsmedizin hätten wenig zu verlieren, aber viel zu gewinnen, sich ihrer Erbschaften aus den Quellen der Schrift und der Theologie bewusst zu werden. Dass dies in nur beschränktem Maß geschieht, mag damit zusammenhängen, dass die Lebenswissenschaften zur Leitwissenschaft aufstiegen, *weil* sie eine religiöse Erbschaft übernommen und zugleich übertroffen haben. Sie haben etwas zu bieten, das der Theologie abgeht: die Möglichkeit, auf die *physische* Schöpfung einzuwirken. Theologen versuchten, durch den Transzendenzgedanken und Disziplinierungsmaßnahmen auf den Menschen einzuwirken. Die Lebenswissenschaften greifen weiter: Anders als Theologen sind Genetiker fähig, ›echte‹ Kinder, Sprösslinge aus Fleisch und Blut zu erzeugen. Mit den Gentechniken, so der Wissenschaftshistoriker Hans-Jörg Rheinberger, »wird das Labor, diese privilegierte Schmiede epistemischer Dinge, in den Organismus selbst verlegt und damit potentiell unsterblich, fängt sie doch an, mit der eigenen Schreibmaschine des Seins zu schreiben«.[86]

8. Geld und Genealogie

Ein Indiz für die Nähe der Reproduktionsmedizin zur patrilinearen Blutslinie ist auch ihre Nähe zur Geldwirtschaft. Es gab schon immer einen engen Zusammenhang zwischen Geldvermehrung und Reproduktion, den ich hier noch einmal kurz in Erinnerung rufe. Der Einfluss des Geldes auf die menschliche Fortpflanzung begann schon mit der Geldwirtschaft in der griechischen Antike; er setzte sich fort in den christlichen Lehren. Die Idee von der Jungfrau Maria, die durch das Wort Gottes geschwängert wird (ein Zeichen, das sich in Fleisch verwandelt), enthält im Kern auch die Theorie vom Geld, das aus Zeichen Realität zu erzeugen vermag. Die Ablehnung des Geldes im Christentum, so Marc Shell, basiert auf eben dieser Nähe von Theologie und Ökonomie. Zwar werde in den christlichen Lehren immer wieder der ›Geldteufel‹ in Bild und Text thematisiert, doch selten »die Internalisierung der Geldform in die Doktrin« behandelt.[87]

Realitätsmächtig wurde dieses Fortpflanzungssystem, als sich das Geld von jeglicher Art materieller Bindung löste. Das geschah in einem langsamen Prozess, der schon in der Antike dazu führte, dass der Wert einer Münze weniger vom Metallgehalt als vom Zeichen auf der Münze bestimmt war. Parallel dazu kamen Schuldscheine, später Schecks in Umlauf. Im 17. Jahrhundert erfanden englische Privatbanken *promissory notes*, durch die die Schuld einer Bank gegenüber einer Einzelperson bestätigt wurde; diese Noten zirkulierten in Händlerkreisen bald als eine eigene Währung. Die Verwendung dieser *running cash notes* der Banken wurde immer anonymer; gedeckt waren sie durch Forderungen auf Anleihen bei der Zentralregierung, der Bank of England. »Der Deckungsgrund hatte seine materiellen Fundamente verlassen, an deren Stelle war ein selbst generiertes Regelwerk, die Institution der ›Issue Bank‹ getreten.« Im 19. Jahrhundert übernahmen Regierungen mit den Zentralnotenbanken die Garantie der Währungen. Obwohl sie sie ähnlich ausbeuteten wie die Herrscherhäuser das Münzprivileg missbraucht hatten, »verselbständigte sich die Reproduktion der Geldformen«.[88]

Als sich das Geld auch vom Goldstandard, einer nur noch symbolischen Bindung an materielle Werte gelöst hatte, begann das große Zeitalter der sich selbst reproduzierenden Geldmengen, in dem wir heute leben. Allerdings stellte sich heraus, dass die »Welt der Zeichen« viel schneller wachsen kann als »die Welt der Dinge«. Hutter veranlasst dies, eine neue »zeichentheoretische Interpretation der Wirtschaft« zu fordern.[89] Bezieht man die Nähe von Verwandtschaft und Geld in die Überlegungen ein, so stellt sich allerdings die Frage, ob wir uns nicht in eine Richtung bewegen, wo die Welt der Zeichen ein Wachstum der Welt der Dinge *erzwingt*. Eine solche Vermehrung funktioniert natürlich nicht mit allen Produkten. Doch die Biologie, bei der es um Fortpflanzung und die Entstehung neuen Lebens geht, eignet sich gut. Auffallend sind auf jeden Fall die Parallelen zwischen der Entwicklung von Finanzmarkt und Reproduktionsmedizin: Als sich das Geld in ein System der sich selbst reproduzierenden Zeichen verwandelte, verlagerte sich auch die menschliche Fortpflanzung ins Labor, wo die Blutslinie ihre eigene Form von Reproduktion entwickelte. Verzichtet das Geld auf den lästigen Umweg über materielle Werte, so überspringt die Fortpflanzung den Umweg über die Sexualität. Auffallend ist auch, dass die Länder, die dem Finanzkapitalismus am ehesten freie Hand lassen – das gilt für die USA und Großbritannien –, auch die Länder sind, in denen die Gesetze zu den Reproduktionstechniken am liberalsten gehandhabt werden.

Betrachtet man zusätzlich die historisch gewachsenen Verbindungen zwischen geldlicher und menschlicher Reproduktion, so erscheint es kein Zufall, dass im Computer drei ähnliche Systeme zueinander finden: Geld, Genetik und Verwandtschaft. Während Schneider Familienbeziehungen als »Konzept des Zeichens *in seiner Beziehung zu anderen Zeichen innerhalb desselben Systems*« beschreibt,[90] lautet die moderne Definition des Genoms: unter einander kommunizierende Gene. Eine ähnliche Begriffsbestimmung gilt auch für das Geld: Die »entscheidend neue Qualität der modernen Wirtschaften ist die Autonomisierung der Regeln der Wiederholung der Geldzeichen«.[91] Mit anderen Worten: Im Zeichensystem der Genetik fand das Zeichensystem Geld seine ideale Deckung – und zwar ›Deckung‹ in jedem Sinne des Wortes. Diese Entwicklung sollte in einem neuen Konzept von Blutsverwandtschaft ihren Niederschlag finden.

9. Das Geld steckt in den Genen

Das Zeitalter der assistierten Reproduktion verlieh der weiter oben erwähnten Doppelbedeutung von Begriffen wie ›Erbe‹ und ›Anlage‹ eine zusätzliche Dimension. Jeremy Rifkin, Präsident der *Foundation on Economic Trends* in Washington, sieht eine Zukunft voraus, in der die Suche »nach dem gesündesten Kind, das man sich für Geld kaufen kann«, über die Forschung bestimmt. »Wer die Gene kontrolliert, kontrolliert das 21. Jahrhundert.«[92] Eines hat sich allerdings geändert: Legitimierte eine begüterte Verwandtschaft einst den Anspruch auf die Erbschaft von Vermögen, so rechtfertigen Vermögen heute den Anspruch auf die Produktion von gutem Nachwuchs. Wer über das nötige Geld verfügt, kann sich mehr oder weniger jeden Kinderwunsch erfüllen.

Die Nähe von Geld und Fortpflanzung legt es an sich schon nahe, dass die Fortpflanzung als ›unternehmerische‹ Tätigkeit verstanden wird, die der ›Optimierung‹ des Nachwuchses dient. Bei der assistierten Reproduktion stand dieser Gedanke von Anfang an im Vordergrund. Er versteckt sich oft hinter dem Wunsch, genetische Defekte zu vermeiden oder zu ›reparieren‹. Mit dieser Begründung wurde bisher fast jede Neuerung der Reproduktionsmedizin gerechtfertigt: angefangen vom Einfrieren des Samens und der Eizellen (wo oft mit der Auswahl ›guter Exemplare‹ argumentiert wird) über die In-vitro-Fertilisation, ICSI* bis zur Präimplantationsdiagnostik und dem Austausch von Mitochondrien. (Ich gehe im 8. Kapitel ausführlicher auf diese Techniken ein.) Marilyn Strathern, die als Ethnologin schon lange über die Reproduktionstechnologien forscht, fordert, die Nutzer dieser Techniken heute nicht mehr als ›Behinderte‹, sondern als ›Klienten‹ zu betrachten, die Dienstleistungen in Anspruch nehmen. Erst das richte den Blick auf einen wichtigen Faktor: »Geld ist der Befähiger der befähigenden Technologien.« Mit der Reproduktionsmedizin verlagerte sich der Blick von der eugenischen Forderung nach einer Verbesserung des ›Menschenmaterials‹ zum Anspruch auf die Erfüllung des Kinderwunsches – was die Reproduktion in die Nähe der Konsumindustrie rückt. Aus der Frage der Rechte wurde so allmählich »das Recht, sich einen Wunsch zu erfüllen, und – in einer breiteren Perspektive – auch die Ermächtigung zu den dazu notwendigen Technologien, die Personen dazu verhelfen, sich zu verwirklichen«.[93]

Damit werden Fortpflanzung und Verwandtschaft auch zu einer Angelegen-

* ICSI: Intrazytoplasmatische Spermieninjektion

heit, an der man ›arbeiten‹ kann, die ›Performanz‹ und Leistung erfordert.*
Von einer Reproduktion, die nach den Kategorien von ›Leistung‹ und ›Leistungssteigerung‹ funktioniert, ist es wiederum nicht weit bis zum Begriff des ›Leistungsträgers‹, der heute in den Debatten über soziale Ungleichheit oft verwendet wird, um hohe Einkommensunterschiede zu rechtfertigen. Der Begriff soll vermitteln, dass hoher Verdienst die Entlohnung für besondere Leistung darstellt. Allerdings vollzog sich in der jüngeren Zeit eine Verschiebung, die hohes Einkommen weniger an die Leistung als an die genetische Veranlagung bindet. Eben das ist neu: Status und Einkommen werden zu einem Teil der *physiologischen* Konstitution des ›Leistungsträgers‹.

Einer der Protagonisten dieses neuen Diskurses wurde im Januar 2017 als 45. Präsident der Vereinigten Staaten vereidigt. »Alle Menschen sind gleich. Nun, das ist nicht ganz richtig, denn einige sind schlau, andere nicht. Man muss die richtigen Gene haben. Ich glaube an die Gene. Ich bin stolz auf mein deutsches Blut. Keine Frage. Ein großartiger Stoff.«[94] Donald Trump, der hier exemplarisch für einen ganzen Diskurs steht, hat viele Aussagen dieser Art gemacht, und sie zeigen, dass das Paradigma des besseren Blutes, das einst die Privilegien des Adels sicherte, nun auf der Ebene der Gene verhandelt und zugleich im Einkommen verankert wird. Über das nötige Geld zu verfügen, wird mit ›angeborenen‹ Eigenschaften erklärt. Ohne dies zu beabsichtigen, tragen Gentechnologie und Reproduktionsmedizin so dazu bei, dass das Geld als ein Teil der physischen Konstitution begriffen wird. Das ›blaue Blut‹, das die Privilegien der Aristokratie sicherte, beruhte noch auf einer Metaphorik, und auch für die engen Blutsbande kapitalträchtiger Familien des Industriezeitalters mussten Familien noch Anstrengungen unternehmen. Im Finanzkapitalismus geschieht etwas Neues: Die ökonomischen Anlagen werden in eins gesetzt mit den biologischen Anlagen.

Besonders in den USA fällt dieser Gedanke auf fruchtbaren Boden. Denn hier verbindet er sich mit religiösem Gedankengut. Das zeigt sich besonders deutlich im ›Biblischen Kapitalismus‹, dem nicht wenige konservative Christen, zumeist evangelikale Protestanten, aber auch einige Katholiken anhängen. Er pro-

---

* Die Optimierung des Nachwuchses wird von der Anforderung an das moderne Individuum begleitet, an sich selbst zu arbeiten: im Fitness-Studio, durch das Kultivieren des äußeren und inneren Erscheinungsbilds, durch den Erwerb von Management-Kompetenzen usw. Diese Anforderungen stehen im Einklang mit der freien Marktwirtschaft, die die Profitorientierung in den Mittelpunkt stellt und dafür leistungsfähiger Egos bedarf.

pagiert einen neuen Glauben, »laut dem der Schöpfer des Universums einen freilaufend, deregulierten, Plutokratie-befördernden Kapitalismus mit geringen Steuern vor allem für reiche Investoren als ideales irdisches Schema für seine menschlichen Geschöpfe bevorzugt«.[95] Diese religiöse Strömung kann ihre Herkunft aus dem Calvinismus, laut der weltlicher Wohlstand als Indiz für Erwählung gilt, nicht verleugnen. Doch der ›biblische Kapitalismus‹ will mehr: Er fordert den bedingungslosen *Glauben* an den Kapitalismus. Christen, die die sozialen Aspekte der Religion hervorheben, sind für diese Glaubensrichtung Atheisten, Blasphemiker, Säkularisten, Marxisten und Kommunisten.[96]

Zu den Protagonisten des ›biblischen Kapitalismus‹ gehört Michael Pence, Donald Trumps Vizepräsident. Pence zweifelt einerseits an der Evolutionstheorie, hängt anderseits aber einer Art von religiösem Darwinismus an. Laut Serena Jones, Präsidentin der *Union Faculty*, ein angesehenes überkonfessionelles theologisches Seminar in New York, versteht Pence unter ›biblischem Kapitalismus‹ zwei Dinge. »Einmal glaubt er, dass Gott uns auffordert, unseren Weg in dieser Welt zu machen, indem wir Verstand und Körper nutzen, um soviel Geld wie möglich zu machen, und dass eine Regierung, die diesen Prozess stört, letztlich blasphemisch handelt. Und zweitens, dass, wenn man an Gott glaubt und das Leben an den christlichen Prinzipien ausrichtet, die Wirkkraft des Glaubens selbst wohlhabend macht; die, die nicht wohlhabend sind, haben das ihrem fehlenden Glauben zu verdanken.«[97] Millionen, darunter auch gerade einkommensschwache US-Bürger, folgen dem neuen Glauben: Denn auf der einen Seite hat der ›alte Glaube‹, laut dem es in den USA jeder ›schaffen kann‹, mittlerweile seine Plausibilität eingebüßt. Doch auf der anderen Seite bietet die Religion noch immer die besten Aussichten auf ein Wunder.

Das *Pew Research Center* veröffentliche im Februar 2016 einen Report, in dem von einer »Aushöhlung« der Mittelklasse in den USA die Rede ist: Gehörten 1971 noch 61 Prozent der amerikanischen Bevölkerung der Mittelschicht an, so waren es 2015 nur noch knapp 50 Prozent. Während die Gehälter der reichsten Amerikaner in der ersten Dekade des 21. Jahrhunderts um drei Prozent stiegen, gab es keinerlei Lohnverbesserung für die Geringverdiener.[98] Die USA, das Land der hohen sozialen Mobilität, kennzeichnet mittlerweile eine soziale Stagnation, wie die Forschung mit zunehmender Beunruhigung feststellt. Laut einer Untersuchung der *Pew Charitable Trusts* von 2012 schaffen es zwei Drittel der Amerikaner im unteren Fünftel der Einkommensskala zeitlebens nicht in höhere Sozialschichten – ebenso wenig wie das oberste Fünftel nach unten absinkt. »Amerikaner am oberen Ende und am unteren Ende der Skala verharren auch als Erwachsene in diesem Status.« Ähnlich stagnieren auch die Vermögensverhältnisse.[99] Das trifft vor allem auf Weiße der Arbeiterklasse zu, die von der Finanzkrise besonders betroffen waren. Diese Schicht trug erheblich zum Wahlsieg Donald Trumps bei.

Auch in Deutschland stagniert die soziale Mobilität. Das zeigen unter anderem die Forschungen des Soziologen Michael Hartmann zu deutschen Eliten. Hartmann unterscheidet zwischen den Eliten der Wirtschaft, der Justiz, der Politik, der Wissenschaft und der Medien und untersucht die soziale Herkunft ihrer Mitglieder. In allen Bereichen bestehen die Eliten aus einem hohen Anteil von Personen, die bürgerlichen und großbürgerlichen Schichten entstammen. In den Eliten besonders unterrepräsentiert sind Frauen, Ausländer und Bürger der neuen Bundesländer. Für letztere ist die ›Glasdecke‹ noch undurchlässiger als für Frauen, bei denen Deutschland ohnehin schon ein Schlusslicht im EU- und OECD-Vergleich bildet.[100]

Die relativ höchste soziale Durchlässigkeit bieten die politischen Eliten, aber auch in den Parteien ist der Anteil an Arbeiterkindern gesunken, was an der wachsenden Ungleichheit zwischen dem höchsten und dem niedrigsten Einkommensfünftel der Parteimitglieder abzulesen ist.* Die politischen Eliten, die bisher noch für einen gewissen Ausgleich zur hohen sozialen Homogenität der wirtschaftlichen Eliten sorgten, nähern sich diesen in ihrer sozialen Zusammensetzung an. In Privatunternehmen kommen die Vorstands- und Aufsichtsratsvorsitzenden zu über 83 Prozent aus dem Bürgertum oder Großbürgertum. In öffentlichen Unternehmen liegt dieser Anteil bei weniger als der Hälfte.[101] Offenbar gilt hier die tatsächliche Leistung noch etwas mehr als in den anderen Eliten. Die zunehmende Homogenität der Eliten geht mit einer wachsenden Kluft in den allgemeinen Einkommens- und Vermögensverhältnissen einher. Während auf der einen Seite die Gehälter und Pensionszusagen der Topmanager stiegen, nahm auf der anderen Seite die Zahl der Geringverdiener und Billiglohnempfänger deutlich zu.

Parallel dazu wuchsen sowohl die großen Vermögen als auch die Gruppe je-

---

* Dass die SPD-Abgeordnete Petra Hinz meinte, sich ein akademisches Profil (mit Abitur und Jurastudium) zulegen zu müssen, um als Abgeordnete zu reüssieren, besagt viel über die alte Arbeiterpartei. »Wie keine andere Partei sind die Sozialdemokraten stolz auf ihre Bildungsaufsteiger. Ein Arbeiterkind zu sein, ist hier tatsächlich kein Problem. Man darf nur keines bleiben.« Ursula Weidenfeld, Tagesspiegel 25. 7. 2016.

ner, die unter der Armutsgrenze leben. Laut dem Armuts- und Reichtumsbericht der Bundesrepublik von 2017 sind heute zwei Millionen Kinder armutsgefährdet. Derselbe Bericht weist daraufhin, dass der Reichtum bei den besonders Wohlhabenden zu zwei Dritteln auf Erbschaften und Schenkungen beruht, während auf der anderen Seite die Löhne der unteren 40 Prozent im Jahr 2015 real geringer waren als Mitte der 1990er Jahre.[102]

Auf die sich vergrößernde ökonomische und gesellschaftliche ›Schere‹ machen Sozial- und Wirtschaftsforscher seit Jahren aufmerksam. Das Deutsche Institut für Wirtschaftsforschung warnte schon 2010 vor den politischen Folgen: »Die Polarisierung der Einkommen kann die soziale Kohäsion gefähren, da die stabilisierende Wirkung einer breiten Mittelschicht nachlässt.«[103] Michael Fratzscher, Chef des DIW, thematisierte in seinem Buch *Verteilungskampf. Warum Deutschland immer ungleicher wird* 2016 erneut die Folgen.[104]

Anlässlich der Vorstellung des Armuts- und Reichtumsberichts sagte Bundesarbeitsministerin Andrea Nahles: »Wenn sich harte Arbeit für die, die klein anfangen müssen, kaum auszahlt und gleichzeitig große Vermögen häufig ohne eigene Leistung zustandekommen, ist das nicht nur für die Betroffenen ungerecht, sondern das schadet uns allen.«[105] Diese Warnungen laufen jedoch ins Leere – und einer der Gründe dafür ist die sich zunehmend festsetzende Vorstellung, dass der Einzelne von Geburt an einer bestimmten Schicht angehört, diese Zuordnung mithin angeboren und nicht veränderbar ist.

Bildung war früher das Zauberwort der sozialen Mobilität, und gewiss spielt sie auch weiterhin eine Rolle. Doch die fehlende Chancengleichheit hat nicht nur mit Bildung zu tun; sie ist auch das Resultat eines Netzwerks von Beziehungen und der tief verankerten Vorstellung, dass in Wirklichkeit nur ein wohlhabender Mensch das notwendige ökonomische Wissen mitbringt, um in der Wirtschaft zu reüssieren. War diese Betrachtungsweise zunächst vor allem in den Wirtschaftseliten verbreitet, so gilt sie nun, mit der Verbürgerlichung von Politik und Medien, auch für andere Eliten: Das erleichtert den in den letzten Jahren immer häufiger zu beobachtenden Austausch zwischen den Eliten: vor allem zwischen Politik und Wirtschaft. Die Folgen dieser sozialen Homogenisierung der Eliten zeigen sich an der Einstellung zum Leistungsprinzip: Die Eliten stehen diesem »erheblich skeptischer gegenüber als die restliche Bevölkerung«, bezweifeln aber zugleich, dass die sozialen Unterschiede mit Ungerechtigkeit zu tun haben. Besonders verbreitet ist diese Einstellung unter Elitenangehörigen aus Großbürgerfamilien.[106]

Die soziale Herkunft bestimmt auch über die Interpretation politischer und wirtschaftlicher Entwicklungen. So sahen deutsche Spitzenmanager in der *Staatsverschuldung* den Grund für die Finanzkrise von 2008, während Gewerkschaftsführer eher die *mangelnde Kontrolle über die Banken* dafür verantwortlich machten. Sie sahen »den Hauptgrund der Finanzkrise in der Deregulierung der Finanzmärkte«. Für den Industriellensohn war dagegen die »skrupellose Verschuldungspolitik« führender Politiker entscheidend.[107] Ähnlich auch die Einstellungen zur Krise nach der Lehman-Pleite: Die Elitemitglieder bürgerlicher oder großbürgerlicher Herkunft machten staatliche Ausgaben (die u. a. der Förderung benachteiligter Schichten dienen) verantwortlich, während die anderen das Verursacherprinzip im unverantwortlichen Handeln von Banken und Spekulanten sahen. Obwohl die Staatsverschuldung erst massiv zunahm, als die Banken mit öffentlichen Mitteln gerettet werden mussten, sollte die Ansicht der Eliten politikbestimmend werden – eine Umdrehung der Tatsachen, die die Zeitschrift *Cicero* im Mai 2012 mit einem Artikel unter der Überschrift ›Wie aus der Finanz- eine Schuldenkrise gemacht wurde‹ quittierte. Der Artikel beginnt mit dem Satz: »Es ist der wohl der größte PR-Coup der Geschichte. Die Banken haben sich aus der Schusslinie genommen, indem sie aus der Finanz- eine Schuldenkrise gemacht haben.«[108]

Soziale Ungleichheit erscheint nun auch als Folge *erblicher* Faktoren – vergleichbar den am Anfang dieses Kapitels erwähnten Krankheiten wie Gicht, Tuberkulose oder ›Wahnsinn‹, die das 19. Jahrhundert zu ›Erbkrankheiten‹ erklärt hatte, bevor klar wurde, dass sie den Lebensumständen geschuldet waren. Heute ist nicht minder als damals eine Korrelation von Krankheit und Klasse festzustellen – nur ist die Krankheit die Folge, nicht die Ursache der Ungleichheit. 2009 warteten der Wirtschaftshistoriker Richard Wilkinson und die Epidemiologin Kate Pickett in ihrem Buch *The Spirit Level: Why Greater Equality Makes Societies Stronger* mit einer Fülle von Daten aus 23 Industrieländern auf, die nachwiesen, dass soziale Desintegration mit psychischen Erkrankungen, Kindersterblichkeit, Übergewicht einhergeht und diese zu einem Sinken der Lebenserwartung führen.[109] Der Kern ihrer Aussage lautet, dass es einen direkten Zusammenhang zwischen sozialer Ungleichheit und der Pathologie von Menschen auf den unteren Stufen der sozialen Hierarchie gibt. Dieser zeigt sich auch an regionalen Unterschieden: US-Staaten wie Mississippi und Louisiana, wo der Anspruch auf soziale Gerechtigkeit niedrig ist, weisen höhere Raten an Erkrankungen auf als Staaten wie New Hampshire oder Minnesota, wo soziale Gerechtigkeit höher angesetzt ist. Ähnlich in Europa, wo eine über 10 Jahre durchgeführte und Anfang 2017 veröffentlichte Studie mit 1600 Kindern nachwies, dass »soziale Nachteile in jungen Jahren Übergewicht, Bewegungsmangel und ungesunde Ernährung fördern«.[110] Die körperlichen Auswirkungen ökonomischer Prekarität schlagen sich sogar in erhöhter Schmerzempfindlichkeit nieder, wie eine im Januar 2016 in *Psychological Science* publizierte Studie nachwies.[111]

Solche Krankheitsbilder offenbaren, dass sich Vermögensverhältnisse tatsächlich als physiologische Zustände manifestieren. Doch in der Wahrnehmung wird die Kausalität umgedreht: Die Korrelation von Krankheit und niedrigem Einkommen lässt die Armut wie eine leibliche, unveränderbare Gegebenheit erscheinen – und verleiht damit dem Mythos einer Verankerung des Reichtums in den Genen sogar eine empirische Evidenz. Die aus dem Bürger- und Großbürgertum stammenden Spitzenmanager, so Hartmann, erkennen zwar »die großen sozialen Unterschiede hierzulande als existent an und sehen das Elternhaus mehrheitlich als entscheidend für den Lebensweg an«. Doch sie sehen darin keine Ungerechtigkeit. »Ganz offensichtlich fällt es ihnen leichter, vorhandene soziale Unterschiede einzuräumen, als deren Berechtigung anzuzweifeln. Diese Position verdankt sich einer Sichtweise, wonach soziale Unterschiede gleichsam eine naturgegebene, universelle anthropologische Konstante darstellen.«[112] Die Genetik kommt da gerade recht: Sie liefert den Beweis für eine biologische Erblichkeit, und diese wird wiederum zusammengeschaltet mit dem ererbten Vermögen.

Die neuere genetische Forschung, die es erlaubt, in das Erbgut einzugreifen, mindert diesen Effekt nicht, sondern könnte ihn im Gegenteil noch verstärken. Mit Crispr* und anderen Methoden der Epigenetik können erbliche Krankheiten verändert werden. Befürchtet wird jedoch, dass diese Eingriffe dazu beitragen werden, ›designer babies‹ zu erzeugen, die »größer, schlauer oder bessere Athleten sind«. Oder wie es ein führender Wissenschaftsjournalist, Rob Stein

---

* Die crispr-Methode (oder Keimbahntherapie) gehört zum *genome editing* und wurde schon vor circa 30 Jahren dem Verhalten von Bakterien abgeschaut. Bakterien wehren sich gegen das Eindringen von Viren durch ein Gegenrezept: Crispr-Cas9. Die entwickelte Technologie besteht aus einem molekularen Scanner und Eiweiß, das die Substanz des Erbguts, die DNA, sauber schneiden kann. Diese genplastische Chirurgie lässt sich auch an den lebenden Zellen von Menschen einsetzen, mit ihrer Hilfe können auch neue Gene (oder ›Buchstaben‹) in das Genom eingefügt werden. vgl. Süddeutsche Zeitung 10. 12. 2015.

von National Public Radio, ausdrückt: »Es gibt die Sorge, dass diese Methoden eines Tages dazu dienen werden, genetisch Vermögende und genetische Habenichtse zu erzeugen.«[113]

In eine ähnliche Richtung weist auch das Paarungsverhalten. Bei den Eheschließungen wächst die soziale Endogamie: Um zu heiraten und Kinder zu zeugen, bleibt man unter sich. Im Juli 2015 veröffentlichte der französische Wirtschaftswissenschaftler Nicolas Frémeaux eine Untersuchung, laut der der Kreis immer enger wird, aus dem reiche Erben ihre Ehepartner rekrutieren.[114] *Le Monde*, wo diese Untersuchung kommentiert wurde, schrieb dazu: »Die Tendenz der Menschen zur Homogamie, d. h. sich mit jemandem zusammenzutun, der aus demselben sozialen Milieu kommt, denselben Bildungsstand und ein vergleichbares Einkommensniveau hat, ist wohlbekannt.« Hier jedoch werde zum ersten Mal nachgewiesen, dass die Erbschaft der *ausschlaggebende* Indikator sei. »Nicht nur leben und reproduzieren sich die Erben in einem geschlossenen Kreislauf, sie errichten auch Mauern um sich. Und sie lassen sich nicht einmal dazu herab, sich in jemanden mit hohem Einkommen, aber ohne Familienerbe zu verlieben. Das vererbte Vermögen ist der einzige Kompass.«[115] Voraussetzung für diese Entwicklung war das Bündnis von Geld und Genetik.

10. Das Kapital des roten Bluts

Blut steht im 20. Jahrhundert wieder für sozialen Status. Aber er wurde auch zu einem geldwerten Rohstoff: Blut *ist* heute Kapital, wie der menschliche Körper überhaupt monetarisiert wurde.* 1922 wurde in London die erste ›Blutbank‹ mit freiwilligen Spendern gegründet. Perry Lane Oliver nannte seine Einrichtung zunächst *Blood Preservation Laboratory*, »aber angesichts der ›Einzahlungen‹ und ›Abhebungen‹ kam er bald auf den heute verwendeten Begriff der ›Blood Bank‹«. In London entstand auch das erste Blutspenderverzeichnis, und als es ab den 1930er Jahren weltweite Spenderverzeichnisse gab, wurde das Geschäft mit dem Blut zu einer globalen Ökonomie. Bernard Fan-

---

* Aus Gerichtsurteilen zu Schmerzensgeldentscheidungen deutscher und österreichischer Gerichte lässt sich ableiten, dass der Wert des Lebens durchschnittlich 1,7 Mio. Euro beträgt. Dabei gibt es signifikante Unterschiede zwischen dem, was Frauen, und dem, was Männern zugesprochen wird. Dasselbe gilt in erhöhtem Maße für die Körper der Industrieländer und die der Dritten Welt. (vgl. Leitner/Thöni/Winner S. 81, 89.)

tus, der 1937 in Chicago eine Blutbank gründete, hatte eigentlich das Gemeinwohl im Sinn: Jeder, der Blut empfangen hatte, sollte selber (oder an seiner Stelle ein Familienmitglied) wieder ›einzahlen‹. Nach dem Krieg geriet das Gemeinwohl aus dem Blickfeld: In USA fand bereits ab den 1950er Jahren eine Kommerzialisierung der Spende statt. Professionelle Blutspender erhielten bis zu 50 Dollar für eine Spende.[116] Der Weltmarkt für Blut repräsentiert heute einen Wert von 23 Milliarden Dollar. Die meisten dieser Gewinne kommen nicht den Spendern, sondern den Blutbanken und -händlern zugute.

Der Begriff der Blut*spende*, der auf eine altruistische Gabe verweist, verschleiert den damit verbundenen profitorientierten Markt.[117] Es handelt sich um die gleiche Doppelzüngigkeit wie sie – trotz handfester Zahlungsvorgänge – auch bei der Samen- und Eizellspende praktiziert wird. In ihrem Buch *Banking on the Body. The Market in Blood, Milk, and Sperm in Modern America* plädiert Kara Swanson denn auch dafür, diesen *double talk* aufzugeben und sich einzugestehen, dass Körperprodukte Eigentum sind.[118] Was sie allerdings nicht thematisiert, ist die Tatsache, dass gerade der Handel mit Blut zu einer massiven Eigentums*entwendung* geführt hat. Nach der Finanzkrise von 2008 nahm in den USA die Bereitschaft, Blut zu spenden, rasant zu: In Distrikten mit hoher Arbeitslosigkeit wie etwa Cleveland wurde die monatliche, manchmal sogar zweimonatliche Spende für viele Menschen zur einzigen Möglichkeit, ein Einkommen zu sichern – obgleich diese Praxis zu chronischen Erschöpfungszuständen führt. Nicht durch Zufall liegen die meisten der 530 privat betriebenen Plasmazentren in den ärmeren Distrikten der Städte. Sie bleiben 24 Stunden am Tag, sieben Tage die Woche geöffnet. In der Dokumentation der Filmemacher Marie Maurisse und François Pilet zu diesem Thema sagt Jean-Daniel Tissot, Dekan der medizinischen Fakultät von Lausanne, was das konkret bedeutet: »Das Blut der Armen wird den Reichen in die Arme gespritzt.«[119] Blut ist also nicht nur als Signifikant, sondern auch als Signifikat zu einem Indikator von Reichtum geworden.

Zwar hat sich die EU gegen eine Kommerzialisierung von Blut und Körpersubstanzen ausgesprochen. Doch der europäische Gerichtshof entschied kürzlich, dass Blut als Medikament gilt, sobald Bestandteile davon verändert oder verarbeitet werden. Genau das geschieht: Das Blutplasma, das 55 Prozent des Blutvolumens ausmacht, kann über Monate ohne Beeinträchtigung der Eigenschaften eingefroren und weltweit transportiert werden. Manchmal landet es bei den Kranken; zumeist jedoch werden Medikamente gegen Immunkrankheiten entwickelt – und diese unterliegen den Grundsätzen des freien Marktes und dürfen kommerzialisiert werden.[120]

Auch Muttermilch wird in ›gemeinnützigen‹ Banken gelagert, und auch hier sind es Unternehmen, die daraus gewinnbringende Erzeugnisse herstellen. Die Muttermilch wird von Müttern mit einem Überschuss an Milch abgetreten, eingefroren und dann mit einem hoch proteinhaltigen Produkt vermischt, das für Frühgeburten, aber auch für Patienten, etwa mit Crohn's Disease, verwendet wird. Manchmal wird es auch an männliche Bodybuilder verkauft, die sich davon einen besseren Muskelaufbau erhoffen. Das Produkt ist mittlerweile eine »industrielle Ware«; die Firma Prolacta Bioscience erhielt von Investoren 46 Millionen Dollar für weitere Forschung.[121]

Der Staat legt heute Blutreserven an, die in Krisenzeiten die Versorgung der Bevölkerung sichern sollen. Diese »Biosecurity« verbindet »die ›persönliche‹ Sicherheit mit der Verteidigung des Nationalstaates«. Eine solche Begründung macht die Währung Blut zu einer Einrichtung des Gemeinschaftswohls und erhöht die Spendenbereitschaft. Aber auch hier beherrscht der Markt die Praxis: Nach 9/11 wurden in den USA 475 000 Blutspenden eingesammelt. Nur 258 von ihnen wurden für die Überlebenden verwendet. Der Rest wurde kommerziell verwertet.[122]

Inzwischen steigt der Finanzsektor auch intensiv in die Erforschung von synthetischem Blut ein. Es ist derselbe Finanzsektor, »der uns Hedgefonds, Derivate, Venturekapitalisten und strukturierte Kreditprodukte bescherte«.[123] Und er hat für diese Investitionen auch ähnliche Modelle von »securitization« entwickelt wie jene, die die Finanzkrise von 2007/08 auslösten. Bei den Immobilien hatte man geglaubt, dass der Markt nur in einem Gebiet, nie aber landesweit erodieren könne. 2009 – die Lehman-Pleite lag gerade ein Jahr zurück – wurde ein ähnliches Modell für Lebensversicherungen aufgelegt. Der ideale Bond (oder Fonds) bestand »aus einem breiten Spektrum von Krankheiten – Leukämie, Lungenkrebs, Brustkrebs, Diabetes, Alzheimer. Denn wenn zu viele Menschen mit Leukämie im Portfolio sind und eine Kur gefunden wird, stürzt der Bond ab.«[124] In beiden Fällen – den Lebensversicherungen wie der »Biosecuritization« mit synthetischem Blut – ist Kapital involviert. Doch während die Lebensversicherungen auf Krankheit und frühen Tod spekulierten, geht es nun um die Produktion von *Leben*. Das ist der entscheidende Unterschied. Nicht das Sterben, sondern die *Herstellung* von Leben ist zum Geschäft geworden.

Die alte patrilineare Blutslinie suchte ihre Legitimation im Jenseits oder in göttlichen Gesetzen, die über das Leben des Einzelnen und der Gemeinschaft bestimmten. Die auf Biologie beruhende genetische Kette schafft einen irdischen Determinismus. Die biomedizinischen Diskurse, so die Anthropologin Kaja Finkler, die die Sprache der Genetik untersuchte, verstärken unsere Vorstellung, »dass Familie und Verwandtschaft in genetischen Verknüpfungen verankert sind, die von der Vergangenheit in die Zukunft führen und über eine Beständigkeit verfügen, die die Zeit transzendiert«. Solche Zukunftsperspektiven können auf den Bezug zum Jenseits verzichten. Die »Medikalisierung der Verwandtschaft« habe zur Folge, dass einerseits nach »defekten Genen« gesucht, andererseits aber auch klar wird, »dass man sich seine Verwandten nicht aussuchen kann«.[125] Derzeit entsteht also ein neues Narrativ, das dazu beiträgt, die religiösen und kulturellen Fäden, die der tradierten Blutslinie zugrunde lagen, durch biogenetische zu ersetzen. Diese treten die Erbschaft der alten Blutsverwandtschaft an. Sarah Franklin nennt das »the blooding of the genes«[126] – was sich mit ›Aufbluten der Gene‹ nur unzulänglich übersetzen lässt.

11. Das Buch des Lebens: Das Beispiel Island

Inzwischen stellt nicht das Blut, sondern die Genetik kollektive Identitäten her. Das beste Beispiel ist das 2003 veröffentlichte *Book of Icelanders*. Hier fallen digitale und biologische Identität in eins. Diese computerbasierte Datensammlung über isländische Familien erfasst circa 700 000 Menschen, »die Mehrheit aller Menschen in Island seit der altnordischen Besiedlung im 9. Jahrhundert«. Die Rate der dargestellten Verbindungen zwischen Individuen und ihren Eltern liegt bei fast 95 Prozent. Gibt es Lücken, so beruhen diese zumeist auf fehlenden Informationen über die Vaterschaft. Auch Adoptionen erwiesen sich als ein Problem sowie die ›Korrekturen‹, die einige Familien vornahmen, »möglicherweise um Enthüllungen über Teenager-Mütter oder Inzest zu vermeiden«. Zugang zu den unverschlüsselten (mit Namen versehenen) Daten haben nur Isländer: Der Einzelne erhält ein Passwort, soweit er eine isländische Sozialversicherungsnummer angeben kann.[127]

Am *Book of Icelanders* sind mehrere Schriftmodelle beteiligt: die in den Taufbüchern verzeichneten Stammbäume, die genetischen Codes und das digitale Netz. Nachdem das Netz öffentlich zugänglich wurde, änderte sich das

Leben vieler Isländer: Sie begannen, nach genetischen Verwandten zu suchen; soziale Verwandtschaftsformen rückten in den Hintergrund. Zugleich forderten viele aber auch Korrekturen an ihren genealogischen Abstammungslinien – vor allem dann, wenn eine uneheliche Filiation zutage kam. (Erweist sich der Konflikt als unlösbar, wird die betroffene genetische Kette einfach aus der biomedizinischen Forschung herausgenommen, während die Webversion mit den Namensangaben den legalen Verwandtschaftslinien folgt und die Genetik unberücksichtigt lässt.) Bei den mütterlichen Linien, so zeigten die Untersuchungen, gab es nur eine Fehlerquote von maximal 0,7 Prozent. Die Firma Frisk erklärte, »dass die Firma dank der enthusiastischen Mitarbeit der isländischen Öffentlichkeit einen substantiellen Teil der Bevölkerung unentgeltlich ›angeheuert‹ hat, damit diese die genealogische Datenbasis korrigiert und ›finalisiert‹.« Das Publikum gab der Maschine also den Feinschliff und stellte sicher, »dass sie reibungslos und akkurat läuft« – während zugleich eine Neudefinition von Gemeinschaft und Verwandtschaft einsetzte.

Der Grund für die Entstehung des *Book of Icelanders*, so Gísli Pálsson, war zunächst die genetische Forschung: Island verfügt über eine relativ hohe Homogenität der Bevölkerung und über mehr oder weniger vollständige Geburts- bzw. Taufregister, die hunderte von Jahren zurückgehen. Dank dieser Kombination kann man u. a. die Erblichkeit von Krankheiten untersuchen, das heißt an den heute lebenden Einwohnern die Gene aufspüren, die für bestimmte Krankheiten zuständig sind. Tatsächlich gab es Erfolge: So konnte die Osteoarthritis an den Händen auf die Chromosen 2, 3 und 4 eingeschränkt werden. Auch beim ›mapping‹ der Parkinson-Krankheit kam man weiter; es wurden Beweise für »eine starke familiäre Komponente bei Langlebigkeit« erbracht.[128] Das wichtigste Resultat bestand jedoch in der Erkenntnis, dass die Gene nur selten unverändert weitergegeben werden und vielmehr ein ›gene-swapping‹ (Genentausch) stattfindet, einiges davon über Nahrung oder Bakterien.

Das brachte einerseits ›messiness‹ in die biologischen Klassifikationen, andererseits offenbarte sich auch immer mehr, dass der »horizontale Transfer« der Gene »vielleicht die wichtigste evolutionäre Quelle wirklicher Erneuerung ist«. Diese Einsicht implizierte, dass der Artenwandel nicht nur durch Notwendigkeiten – natürliche Auslese –, sondern eher durch zufällige Begegnungen zustandekommt: »Ein Teil des menschlichen Genoms wird horizontal oder zweiterhand acquiriert«. Auf jeden Fall brachte das *Book of Icelanders* die Erkenntnis, dass Darwins universeller Evolutionsbaum revidiert und auch der

Begriff der ›Kontamination‹ neu gedacht werden muss. Er wird heute häufig auf das Verhältnis von Biologie und Technik angewendet und beschreibt die Art, wie beide sich gegenseitig beeinflussen. Im Kontext mit dem *Book of Icelanders*, wo es tatsächlich auch um Bakterien geht, bezieht er sich auf Einflüsse, die ›von außen‹ kommend die Evolution verändern.

Neben den naturwissenschaftlichen Erkenntnissen brachte das *Book* auch neue Einsichten in die Wahrnehmung von Verwandtschaftsverhältnissen. »Nach den Kommentaren zu schließen, wurde die Aufnahme in die Datenbasis und die Herstellung einer Verbindung zu ihr mit einer Staatsbürgerschaftserklärung gleichgesetzt.« Einer, der seine Daten im *Book* nicht finden konnte, schrieb, dass »er laut seiner Online-Recherche mit keinem einzigen menschlichen Wesen verwandt ist«. Er bat die Firma, den Irrtum zu korrigieren, »damit ich sicher sein kann, dass ich tatsächlich existiere«.[129]

Was bisher der Pass zu leisten hatte, wird nun von der Bio-Datenbank erwartet. Implizit vermittelte das *Book of Icelanders* die Vorstellung, dass alle Isländer miteinander verwandt sind und eine »auf Verwandtschaftsbeziehungen basierende imaginierte Gemeinschaft« bilden.[130] Wie weiter oben beschrieben, bezeichnet Benedict Anderson die Nation als eine ›imaginierte Gemeinschaft‹, deren Basis er im Buchdruck sieht. Hier erfüllt eine genetische Datensammlung denselben Zweck. Allerdings schafft diese – im Gegensatz zum Buchdruck, der eine ›gefühlte Gemeinschaft‹ herstellt – eine biologische Gemeinschaft. Dies wäre ein weiterer Hinweis darauf, dass das von der Schrift geknüpfte Netzwerk immer weniger abstrakt und immer körperlicher geworden ist.

Die Isländer selbst begannen, in Bio-Kategorien zu denken, die bis dahin kaum eine Rolle gespielt hatten. »Meine Blutslinie, mein Zweig, mein Name, mein Wappen«, so beschreibt es Connerton. »Diese ganzen Begriffe verweisen auf eine deutliche und direkte Leiblichkeit: das Blut.«[131] Eine Sprache und eine Metaphorik, die über Jahrhunderte entwickelt worden waren, um der (unsicheren) Patrilinearität einen scheinbaren (zumindest sicht- und lesbaren) Realitätsgehalt zu verleihen, wurden plötzlich zur nachweislichen Wirklichkeit. So unterschiedlich die alte Basis (Stammbaum) und die neue Basis (Genom) auch sind: Gemeinsam ist ihnen, dass sie eine »deterministische und essentialistische Klassifikation betonen, die ethnisch, national oder rassisch ist«.[132]

Es kam zu Konflikten um die Rechte auf die Daten im *Book of Icelanders*. Von mehreren Seiten wurden Ansprüche auf das in der Datenbank gespeicherte Wissen erhoben. Auch hier versuchte man es mit dem Copyright. Ging es im Gerichtsfall von 1993 um das ›Urheberrecht‹ auf das Kind, so wurde hier um die ›Verwertung der Rechte‹ an menschlichen Genealogien gestritten. In alten Zeiten verwendete die Regulierung von Eigentumsansprüchen oft das Material, über das verhandelt wird. So legte man im frühen Mittelalter bei Verträgen über den Kauf von Boden »Pergament, Feder und Tinte auf das zu verkaufende Land. In der Vorstellung der Teilnehmer wurden so die Werkzeuge von den Kräften der Erde durchdrungen. Mit dem ›Signieren‹ des Vertrags verwandelte sich dieser in ein symbolisches Abbild des Rituals, das den Tausch feierlich besiegelte.«[133] Allmählich ersetzte die Schrift solche Bezüge zur Materialität: eine Markierung auf einem Grundstein oder ein Wappen über der Eingangstür besiegelten die Eigentumsverhältnisse. Zuletzt blieben nur der Vertrag und das Katasteramt übrig. Mit dem *Book of Icelanders* sind wir am anderen Ende dieser Entwicklung angekommen: Schrift und Material (in diesem Fall menschliches Leben) fallen in eins.

Leibliche Genealogien stellen heute eine heiß umkämpfte Ware dar, auf die unterschiedliche (meist internationale) Firmen Eigentumsansprüche erheben, um sie kommerziell auszuwerten: durch den Export des bio-technologischen Modells wie durch die Auswertung des akkumulierten Wissens. Die Firma DeCODE wollte die gewonnenen Erkenntnisse kommerziell verwenden. Als auch Genealogie-Verlage Ansprüche auf die Verwertung der in der Datensammlung enthaltenen Informationen erhoben, machte DeCODE geltend, dass Genealogien »ein Gemeinschaftsgut aller Isländer« sei. Den Kritikern von DeCODE entging nicht die Paradoxie, dass sich ausgerechnet »eine Firma, die genetische Daten privatisieren und kommerzialisieren will, auf das ›Gemeinschaftseigentum‹ beruft«.[134]

Das Beispiel des *Book of Icelanders* zeigte auch, dass Verwandtschaft einen zunehmend *monetären* Wert hat. »Mit der Kommerzialisierung der Biologie wird die Vorstellung von Genealogie und Familiengeschichte aus dem Bereich der Sozialgeschichte herausgenommen und in einen anderen Kontext versetzt – den des wachsenden biologischen Warenhandels.« Gene sind zu »mobilen Informationseinheiten« geworden.[135] Als solche sind sie genauso umlauffähig wie das Kapital, das sich ebenfalls in eine Informationseinheit verwandelt hat.

12. Die Genetik korrigiert ›falsche Blutslinien‹

Die Genetik stellt nicht nur eine neue Homogenität her, sie korrigiert auch falsche Ideen über biologische Identitäten. Das zeigt das Beispiel jüdischer Erbschaftslinien, die sich heute dank der Genetik über sehr lange Zeiträume zurückverfolgen lassen. Schon vor Jahren hatte die Untersuchung von Blutgruppen gezeigt, dass aschkenasische und sephardische Juden weniger eng miteinander verwandt sind als mit ihren jeweiligen nicht-jüdischen Wirtsvölkern.[136] Nun belegt die genetische Forschung, dass die aschkenasische Bevölkerung vor 25 bis 32 Generationen, d. h. vor etwa 700 Jahren nur rund 350 Menschen umfasste, »bevor sie rapide anwuchs und mittlerweile Millionen von heute lebenden aschkenasischen Juden umfasst«.[137] Auch die Wanderwege lassen sich zurückverfolgen: Die Vorfahren der aschkenasischen Juden kamen ursprünglich aus dem Nahen Osten, wanderten dann nach Europa aus und vermischten sich mit der einheimischen Bevölkerung. Sie lebten weit weniger isoliert, als die Wissenschaft bisher angenommen hat – eine Tatsache, auf die auch schon die im 2. Kapitel zitierten Archäologen gestoßen waren, als klar wurde, dass sich das Volk Israel aus der Bevölkerung Kanaans entwickelt hatte.* Das heißt, allen patrilinearen und matrilinearen Narrativen zum Trotz, handelt es sich beim Judentum (wie bei christlichen oder nationalen) Gemeinschaften um *kulturelle* Allianzen. Es genügt ein Blick ins Diaspora-Museum von Tel Aviv, um zu sehen, dass die Homogenität von Blutsverwandtschaft auch beim matrilinearen Prinzip eine Illusion ist. Wenn aber kulturelle Merkmale über die Zusammengehörigkeit von Gemeinschaften bestimmen, so impliziert dies auch deren historische Veränderbarkeit. Tatsächlich dürften genetische Forschungsergebnisse wie die obigen auf die derzeit stattfindende Diskussion über die Abkehr vom Prinzip der Matrilinearität und die Akzeptanz der Kinder von jüdischen Vätern Einfluss haben (worauf ich im nächsten Kapitel zurückkomme) und generell eine größerer Hinwendung zum Prinzip sozialer oder kultureller Verwandtschaft bewirken.

* »Der Aufstieg des frühen Israels war ein Ergebnis des Zusammenbruchs der kanaanäischen Kultur, nicht ihre Ursache. Und die meisten Israeliten kamen nicht von außen nach Kanaan – sondern aus seiner Mitte heraus. Es gab keinen Massenauszug aus Ägypten, ebenso wenig wie eine gewaltsame Einnahme Kanaans. Die meisten Menschen, die das frühe Israel bildeten, waren Einheimische – die gleichen Menschen, die im Bergland in der Bronze- und Eisenzeit zu sehen sind. Die frühen Israeliten waren – ein Gipfel der Ironie – selbst ursprünglich Kanaanäer!« (Finkelstein/Silberman, S. 135.)

In anderen Fällen sollen mithilfe der Genetik ›saubere Stammbäume‹ bewiesen werden. Die Tests sind unter amerikanischen Rassisten besonders beliebt, erbringen aber oft nicht das erhoffte Ergebnis. So geschehen bei Craig Cobb, der 2013 verurteilt worden war, weil er in North Dakota eine rein-weiße Community mit Gewalt durchzusetzen versuchte. 2017 wurde ihm in einer TV-Sendung vor laufender Kamera mitgeteilt, dass sich sein Erbgut zu 86 Prozent aus Europa und zu 14 Prozent aus Subsahara-Afrika zusammensetzt. Er und andere *white supremacists* mit ähnlichem Schicksal wenden sich dann gern an ihren Blog *Stormfront* (der von seinen Mitgliedern eine hunderprozent weiße Herkunft einfordert). Dort bringt man ihnen bei, den Wert genetischer Tests in Frage zu stellen. Das eigene Wissen über die Herkunft sei zuverlässiger. Dieses beruht auf dem ›Spiegeltest‹. »Wenn du in den Spiegel siehst und ein Jude blickt zurück, ist das ein Problem. Wenn nicht, ist alles in Ordnung.« Andere sagen, dass genetische Tests keine Rolle spielen, »wenn man sich dem weißen Nationalismus wirklich verpflichtet fühlt«. Insgesamt sieht sich diese online community aber inzwischen gezwungen, über die Zugehörigkeitskriterien nachzudenken und neu zu definieren, wer als »weiß« gilt.[138]

Die Genetik kann auch dazu beitragen, unterbrochene Verwandtschaftsverhältnisse wieder herzustellen und Verbrechen zu ahnden. Während der argentinischen Junta-Diktatur (1976–1983) sind geschätzte 30 000 Oppositionelle, darunter viele Studierende und junge Intellektuelle, »verschwunden worden«, wie die offizielle Formulierung für diese Verbrechen lautet. Sie wurden aus ihren Wohnungen, von ihren Arbeitsplätzen oder auf offener Straße entführt, in geheime Folterlager gebracht und schließlich ermordet – ohne dass eine Spur von ihnen blieb. Viele von ihnen wurden aus Militärflugzeugen ins Meer geworfen. Einige der Verschwundenen hatten bei ihrer Verhaftung ihre Kinder bei sich, und diese Kinder – man schätzt rund 220 Babys – wurden an regimenahe Familien, manchmal sogar an die Polizisten und Militärs, die an den Folterungen beteiligt waren, vergeben oder verkauft.[139] Außerdem waren drei Prozent der Frauen bei ihrer Verhaftung schwanger. In diesem Fall verblieben sie bis zur Geburt ihrer Kinder in den Lagern – das berüchtigtste der Gefängnisse, die Mechanikschule der Marine (ESMA), verfügte über eine eigene Entbindungsstation[140] – danach wurden sie ermordet. Auch diese Kinder gingen an regimetreue Familien. Bei allen Kindern wurden die Geburtsurkunden gefälscht und den Babys eine neue Identität verliehen. Die Zahl der so geraubten und fremdadoptierten Kinder wird auf 500 geschätzt; sie sind jetzt in ihren

30er Jahren. Es ist eine der zynischen Paradoxien dieses systematischen Verbrechens, dass die Kinder der Dissidenten sehr begehrt waren, denn die Eltern galten als intelligent, von den Kindern war mithin gute genetische Anlagen zu erwarten.

Schon 1977 begannen die Mütter – die *Madres de la Plaza de Mayo* – vor dem Amtssitz der Regierung gegen die Politik des Verschwindens zu demonstrieren. Einige Jahre später bildete sich aus diesem Kreis eine eigene Gruppe: die *Abuelas*, die Großmütter, die sich dem Anliegen verschrieben, ihre Enkel, die Kinder der Verschwundenen, von denen man ausging, dass sie überlebten, ausfindig zu machen. Die Suche mit den Mitteln der DNA-Analyse hatte schon während des Junta-Regimes begonnen – 1980 wurden die ersten beiden Kinder mit Hilfe von DNA-Proben gefunden –, doch erst ab 1984, nach dem Ende der Militärherrschaft, wurde sie intensiv betrieben. Damals wandten sich die *Abuelas* an Genetiker in Argentinien und den USA. Die US-Genetikerin Mary-Claire King und die argentinische Genetikerin Ana Maria di Lonardo (die später die entsprechende DNA-Bank in Argentinien leitete) entwickelten in ihren Laboratorien neue bahnbrechende Methoden, bei denen dentale Genetik zur Identifikation der Vermissten verwendet wurde. Sie verfolgten die Spuren der mitochondrischen DNA. 1987, vier Jahre nach dem Sturz der Junta, etablierte das argentinische Parlament eine *Nationalbank der Genetischen Daten*. Sie verdankte ihre Entstehung vornehmlich den Bemühungen der *Abuelas* und den neuen Fortschritten in den »Identifikationswissenschaften«.[141] Es war die weltweit erste genetische Datenbasis dieser Art, ihre Dienste waren kostenlos; heute umfasst sie mehrere hundert Familienprofile.[142]

Schon ab 1996 hatten 175 Familien und 2100 Personen DNA-Proben bei der Nationalbank für genetische Daten abgegeben. 1997 wurde ein Gesetz erlassen, das die Adoptionen der Junta-Zeit aufhob und den Zugang zu den Adoptionsakten öffnete. Allerdings waren mittlerweile einige der Adoptivfamilien mit ihren Kindern ins Ausland gezogen. In allen Fällen, in denen die ursprüngliche Identität der Kinder etabliert werden konnte, musste das Gericht entscheiden, ob das Kind besser bei der Adoptivfamilie bleibt oder zur Ursprungsfamilie, d.h. den Großeltern, zurückkehrte. Bis zum Jahr 2002 hatten genetische Tests 59 Kinder, die während des Militärregimes geraubt und adoptiert worden waren, ausfindig gemacht. 31 der Kinder kamen zu ihren Ursprungsfamilien zurück. In einigen Fällen konnten die Adoptiveltern glaubhaft machen, dass sie vom Raub nichts gewusst und angenommen hatten, es handle sich um ein Kind, das von der Mutter verlassen worden war.[143] Andere dagegen wurden des Menschenraubs angeklagt.

Etwa 10 000 junge Erwachsene ließen freiwillig ihre DNA testen, andere mussten dazu gezwungen werden. Im November 2009 erließ das argentinische Parlament fast einstimmig ein Gesetz, das von den *Abuelas* und den Müttern der Plaza de Mayo eingebracht worden war und das den Staat autorisierte, DNA-Proben (von Blut, Speichel, Haaren oder anderen biologischen Materialien) zu entnehmen, wenn der Verdacht bestand, dass es sich um ein ›gestohlenes Kind‹ handelt – auch gegen den Willen der betroffenen Person.[144] Tatsächlich wollte eine ganze Reihe der inzwischen jungen Erwachsenen nicht an den Tests teilnehmen, weil im Fall einer Übereinstimmung mit der DNA eines Verschwundenen den Adoptiveltern Anklage und Gefängnisstrafe drohten. Dies war aber auch einer der Gründe für das Interesse des Staates am Aufspüren der Zwangsadoption: Da die Verschwundenen nicht nur physisch, sondern auch administrativ ausgelöscht worden waren, war dies die einzige Möglichkeit, deren Ermordung zu beweisen und zu ahnden. Das argentinische Gesetz wendete damit zum ersten Mal eine Methode an, die sonst nur bei der Identifizierung von Straftätern verwendet wird – hier dagegen ging es um die Identifizierung der Opfer. Das war das Neue daran. Zwar gab es auch in Großbritannien, den USA und Frankreich schon Pilotprojekte, wo DNA-Tests verwendet wurden, »um die Familienverbindungen von Asylbewerbern zu konfirmieren«. Aber bis zum argentinischen Gesetz von 2009 hatte es noch keinen Fall gegeben, wo Blut- oder genetische Proben von Unschuldigen genommen worden waren, um Beweismaterial für die Verbrechen anderer zu sammeln. Bis zum Jahr 2015 wurden 117 der Kinder wiedergefunden.*

Für den argentinischen Staat bot die Genetik die Möglichkeit, die Verbrechen der Junta zu verfolgen. Und auch die internationale Politik zog aus den Ereignissen ihre Konsequenzen: 2006 wurde eine internationale Konvention

---

* Meiner Ansicht nach ist es absehbar, dass die Staaten in Zukunft von jedem Neugeborenen einen genetischen Fingerabdruck anfertigen werden. Ob er der Geburtsurkunde beigefügt wird oder diese ersetzt, mag dahingestellt bleiben. Dieser Fingerabdruck kann sowohl der Verbrechensbekämpfung als auch einer Opferforschung wie im Fall Argentinien dienen. Er ebnet aber auch den Weg für ganz andere Formen der Bevölkerungspolitik. So schuf China kürzlich die Grundlagen für eine massive Erfassung der genetischen Daten der Uiguren, einer mehrheitlich muslimischen Bevölkerung, mit der sich die Zentralregierung oft in Konflikt befindet. Associated Press 16. 5. 2017. Auf jeden Fall werden mit dem digitalisierten Abdruck unserer biologischen Identität Dokument und Biologie ununterscheidbar.

»zum Schutz aller Personen gegen erzwungenes Verschwinden« geschaffen. Sie trat 2010 in Kraft, nachdem der Irak, als 20. Staat, das Gesetz ratifiziert hatte. Den Großmüttern, die dreißig Jahre lang um ihre Enkel gekämpft hatten, verhalf die Genetik dazu, ihre Nachfahren wiederzufinden und damit auch Spuren für die Verbrechen an ihren Kindern zu sichern. Dass in diesem Zusammenhang ausschließlich von den Großmüttern und nicht von den Großvätern die Rede ist, hängt einerseits mit dem Engagement der Mütter der Plaza de Mayo, andererseits aber auch damit zusammen, dass sich über die Mitochondrien nur die weibliche Linie nachverfolgen lässt. Ganz nebenbei wurde hier also ein grundlegender *Unterschied* zwischen genetischer und männlich definierter Blutslinie etabliert.

Mit der genetischen Suche nach den Verschwundenen entwickelten sich auch neue forensische Methoden. 1986 hatte sich in Argentinien das erste forensisch-anthropologische Team gebildet. Es arbeitet seitdem in über 30 Ländern und hilft bei der Suche nach Vermissten. Viele andere Länder profitierten von der »argentinischen transitorischen Justizerfahrung«.[145] Deren Methoden werden inzwischen auch bei anderen ähnlichen Verbrechen zur Identifikation der Toten eingesetzt. Die Arbeitsorte des forensisch-anthropologischen Teams sind Gräber, Archive, DNA-Labore. Verwendet werden Instrumente der Archäologie und der Bio-Anthropologie. Dabei ist neben DNA – wie beim *Book of Icelanders* und wie für die alte Blutslinie – ein Faktor von entscheidender Bedeutung: die Schrift. Die forensischen Anthropologen, so der spanische Soziologe Gabriel Gatti, seien »aktive Verteidiger unseres Paktes zwischen Dingen und Wörtern, Körpern und Sinn, Namen und Bewusstsein«. Ihre Tätigkeit ermögliche es, eine verschwundene Person »wieder in die modernen Anerkennungsketten zu integrieren, d. h. sie in die Dokumente zu re-inkorporieren, in die Archive wieder aufzunehmen«.[146] Dabei half, so einer der beteiligten Forensiker, dass die Militärdiktatur mit ihrer Politik des erzwungenen Verschwindens »eine neue Existenzweise« geschaffen habe: »die inhaftierte verschwundene Person«.[147] Die Genetik trug dazu bei, diese Akten lesbar und vernichtetes menschliches Leben wieder ›aktenkundig‹ zu machen.

Tatsächlich ist es oft leichter, eine Person über Dokumente als über die leiblichen Überreste wiederzufinden. Letztere können restlos ausgelöscht werden, bei den Akten gelingt das nie vollständig. Denn die staatliche Archivarbeit während der Repression »produzierte schmutziges Material: kleine Einschnitte auf dem Papier, Zeichen, die auf ein inexistentes oder unvollständiges Dossier verwiesen, Notizen über den (vorübergehenden oder definitiven) Abgang von jemandem«. Diese Auslöschungen wie auch die Verschlüsselung der Akten trug dazu bei festzustellen, was aus einem Menschen geworden war. »Das Ziel besteht darin, die verschwundene Person wieder in den Zustand eines registrierten Individuums zu versetzen, indem sie den Dokumenten oder die Dokumente ihr zugeführt werden.«[148] Es geht also um die Reintegration in eine *schriftliche* Existenz.

Wie sehr sich diese archivalische und genetische Spurenarbeit in den alten Diskurs über das Blut einreiht, zeigt gerade das Beispiel des oben zitierten Soziologen Gatti. Er schreibt: »Die zerstörerische Katastrophe, die das erzwungene Verschwinden für unsere Identität bedeutet, wurde mit noch mehr Identität bekämpft – und keiner geringeren als jener zähflüssigen Materie: dem Blut.« Laut Gatti konnten die Toten, die ›verschwunden worden‹ waren, aus ihrer Inexistenz nur durch diesen alten mythischen Stoff herausgeführt werden. »Das Blut, wie andere körperliche Stoffe, schuf im Laufe unserer Geschichte immer wieder solide Bindungen. Es repräsentiert: Wahrheit, Familie, Filiation, Identität.« Von den geraubten Kindern sei nichts geblieben außer diesen Spuren, die ihr Körper hinterließ. Damit nicht genug: Der Soziologe stellt die Bindung durch das Blut über alle anderen Formen der Identitätsbildung. »Wenn sie verstanden wird als Materialisierung der einzigen *echten Identität* vertreibt dieser rote Saft alle anderen Ansprüche auf Substantive wie Wahrheit und Identität, er reduziert alle, die diese Begriffe hinterfragen, zu sozialen Situationen: transgender Personen, Adoptionen, multiple Formen von Mutterschaft oder Vaterschaft, Leihmutterschaft, Eizellspende, Indigenität und hybride Nationalitäten.«[149]

Eine solche Aufzählung ›falscher‹ Identitäten oder ›nur sozialer‹ Verwandtschaftsverhältnisse kann ihre Herkunft aus der europäischen Geschichte kaum verleugnen. Sie führt auf geradezu paradigmatische Weise vor Augen, dass – trotz aller Neuerungen auf dem Gebiet der Verwandtschaftsdefinitionen – noch immer das alte Paradigma der Blutsverwandtschaft tief verankert ist und dass DNA zum Instrument geworden ist, das Überleben der alten Blutsmetaphorik zu sichern. Dabei hätte gerade das Beispiel der *Abuelas* die Möglichkeit eines neuen Diskurses geboten, bei dem zwischen sozialer und leiblicher Verwandtschaft unterschieden wird.

* * *

»Unser Verwandtschafts- und Ehesystem ist intrinsisch verbunden mit den Machtverhältnissen in einem demokratischen Regime. Nichts garantiert, dass dieses System den Untergang oder profunde Veränderungen zeitgenössischer Machtverhältnisse überleben wird«, schreibt Gérard Delille.[150] Faktisch spricht aber vieles dafür, dass die modernen Machtverhältnisse den alten entsprechen und in erster Linie das Produkt eines der mächtigsten Faktoren der ›geistigen Vaterschaft‹ sind: des Geldes. Wie schon dargestellt, erfuhr der Begriff ›Vermögen‹ (der so eng mit der Blutslinie verbunden ist) in den letzten Jahrhunderten einen grundlegenden Wandel. Er wurde immer abstrakter: von Land über industrielle Produktionsstätten bis zum Finanzkapital. Parallel dazu erhöhte sich seine Vermehrungsfähigkeit: Mittlerweile kann das Geld in immer kürzeren Abständen neue ›Sprösslinge‹ erzeugen (in Form von Zinsen oder durch den Handel mit Finanztiteln). Wenn sich, wie im 2. Kapitel dargestellt, die menschliche Fortpflanzung an der Vermehrungsart des Geldes orientiert und wenn die Verwandtschaftssysteme die jeweiligen Machtverhältnisse widerspiegeln, so müsste eigentlich die Folge eine beschleunigte Reproduktionskompetenz der biologischen Verwandtschaft sein.

Auf dem Gebiet der Samenspende ist dies heute tatsächlich der Fall. Schon in der Frühzeit der Samenspende gelang es einem einzigen Mann (ein österreichisch-englischer Arzt), 600 Kinder zu zeugen.* In den USA gibt es heute Väter, die über ihren Nachwuchs Excel-Tabellen führen: Um den Überblick zu behalten, sind sie auf die Mittel der Buchführung angewiesen. Die New York Times berichtete von einem solchen Vater mit 150 Sprösslingen.[151] Allerdings vollzog sich bei dieser Entwicklung eine Kehrtwende: Einst folgte das vererbte Vermögen der (vermuteten) väterlichen Blutslinie und verlieh dieser Sicherheit. Nun folgt die ›Blutslinie‹ dem Kapital: Sie wird da relevant, wo Eltern für Kinder zahlen können. Auf diese Entwicklung deuten der wachsende Handel mit Samenspenden, gefrorenen Eizellen, Embryonen sowie die Verträge mit Leih- und Tragemüttern hin. (Erstere ist genetische Mutter, die andere trägt ein Kind aus, das durch Samen- und Eizellspende gezeugt wurde.) Indem die assistierte

---

* Berthold Paul Wiesner (1901–1972) war ein österreichischer Arzt, der in den 1920er Jahren nach England emigrierte. Er wurde für seine Forschungen über die menschliche Fertilität bekannt (Wiesner schuf die Grundlagen für den Schwangerschaftstest auf der Basis von Urin) und erwarb weiteren Nachruhm, als bekannt wurde, dass er durch Spermaspende (geschätzte) 600 Kinder gezeugt hatte: Das (anonym) gespendete Sperma wurde von seiner Ehefrau, der Gynäkologin Mary Barton, in einer Londoner Privatklinik zur Befruchtung von Frauen verwendet. Vgl. The Star (Toronto) 9. April 2012, The Mail (London) 8. April 2012, Daily Mirror (London) 8. April 2012.

Reproduktion hohe Kosten verursacht, entsteht auch ein neues Klassen- oder Kastensystem der Fortpflanzung. Das gilt vor allem seitdem die Epigenetik, die eigentlich für therapeutische Zwecke eingesetzt werden sollte, auch die ›Verbesserung‹ des Nachwuchses in Aussicht stellt.[152] Mit der Reproduktionsmedizin hat sich der Kapitalismus der ›Blutslinie‹ bemächtigt – aber dies war nur möglich, weil die Genetik die Erbschaft der Roten Tinte angetreten hat.

Bevor ich diese Frage im 8. Kapitel weiter verfolge, möchte ich zunächst auf die jüdische matrilineare Blutsverwandtschaft zurückkommen. Auch hier vollzieht sich heute – in zeitlicher Parallele, aber mit konträrem Effekt – eine tiefgehende Strukturveränderung.

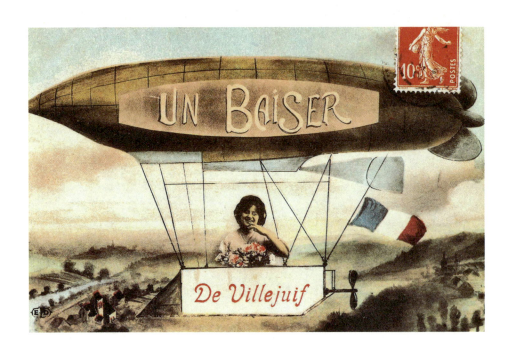

Gruß aus Villejuif – ein Vorort von Paris, benannt nach der jüdischen Gemeinde, die hier schon im Frühmittelalter lebte. In der christlichen Gesellschaft verlor mit den Kenntnissen über die Zeugungsvorgänge die Idee der männlichen Blutslinie an Glaubwürdigkeit. Zeitgleich löste sich ein Teil des Judentums von den Fesseln der mütterlichen Blutslinie, die in der Diaspora die territoriale Bindung ersetzt hatte. Mit der Entstehung von Israel kehrte ein Teil der Juden zur territorialen Verankerung zurück. Ein anderer verstärkte die Ablösung von den allein-mütterlichen Blutsbanden.

7. KAPITEL:
Die Entstehung des modernen Judentums

1. Jüdische Reaktionen auf die Aufklärung

Dass der rassistische Antisemitismus mit einer eliminatorischen Praxis einherging, wurde mit dem Nationalsozialismus evident. Für Juden, auf die sich die Projektionen des Rassismus richteten, war dies schon lange vorher spürbar. Wie reagierten sie darauf? Auf zwei unterschiedliche, fast konträre Weisen: Auf der einen Seite fand eine Abkehr vom Konzept der Blutslinie statt – und diese Abkehr zeigte sich besonders deutlich beim Reformjudentum, das inzwischen sogar den Verzicht auf die allein-matrilineare Bestimmung jüdischer Identität unterstützt und auch Kinder jüdischer Väter als Juden anerkennt. In Deutschland vertritt etwa der Pädagoge und Judaist Micha Brumlik diese Position. »Wenn es historischen Umständen geschuldet war, im zweiten Jahrhundert gegen die biblischen Abstammungsregeln die Mischna der Matrilinearität einzuführen, sollte es gemäß dem Geist des rabbinischen Pragmatismus doch heute möglich sein, die Matrilinearität zwar nicht abzuschaffen, sie aber doch um die Patrilinearität zu ergänzen.«[1] Auf der anderen Seite gab es nach der Aufklärung auch eine jüdische *Hin*wendung zur säkularen Blutsmetaphorik. »Juden waren selten immun gegen das rassistische Denken über ihre eigene Identität, zumindest solange, bis die Nazis diesen Diskurs unwiderruflich beschmutzten«, schreibt David Biale. Die Ideologie des späten 19. Jahrhunderts über das Blut habe auf viele von ihnen Anziehungskraft ausgeübt.[2] Diese unterschiedlichen Positionen zur Blutslinie waren um 1900 freilich noch kein Thema. Damals ging es eher um die Konsequenzen der Spaltung, die sich im Judentum nach der Aufklärung vollzogen hatte.

Ab 1750 entwickelten sich zwei Arten, Judentum zu denken: einerseits die *Haskala*, die jüdische Aufklärung, und andererseits die Orthodoxie. Der Begriff ›Orthodoxie‹ kam überhaupt erst auf, als sich ein Teil der Juden den Prinzipien der Aufklärung verschrieb. »Moses Mendelssohn, der 1786 in Berlin starb, bezeichnete sich selbst nicht als orthodoxen Juden, obwohl er sich streng an die Tora hielt. Das gleiche gilt für Maimonides oder die rabbinischen Gelehrten, die den Talmud herausgaben. Auch König David bezeichnete sich nicht als orthodox.«[3] Eine Orthodoxie als Gegenpol ergab erst Sinn, als es für einige Juden denkbar geworden war, ein Judentum außerhalb der Synagoge – ein ›kulturelles‹ Judentum – zu denken und zu leben. Diese Möglichkeit hatte sich durch den christlichen Säkularisierungsprozess ergeben, der (in Deutschland vor allem durch den Protestantismus) zu einer Verlagerung christlichen Gedankenguts auf bekenntnisneutrale Gebiete wie Kultur und Wissenschaft geführt hatte. Gegen die damit verbundene Säkularisierung des Antijudaismus, die im Antisemitismus der deutschen Universitäten schon früh ihren Ausdruck fand (sie begleitete die im 5. Kapitel beschriebene Herausbildung der Nation und des Nationalgefühls), entstand Anfang des 19. Jahrhunderts eine jüdische Bewegung, die in die ›Wissenschaft des Judentums‹ einmündete.[4] Die jüdische Orthodoxie wiederum lehnte sich gegen diese Hinwendung zur säkularen Moderne auf. Damit kam es zur ersten regelrechten Spaltung innerhalb des Judentums.

Sich als Bewahrer des Brauchs verstehend, verzichtete der orthodoxe Teil des Judentums auf die Tradition der flexiblen Auslegung. Diese Absage an die Vielfalt der Interpretationen ging mit einer neuen, der rabbinischen Überlieferung konträren Art von Schriftgläubigkeit einher. Für die Rabbiner beruhte der Glaube an den Text auf einer gegenseitigen Ergänzung von Oralität und Schrift, und er fand sogar in den Texten, insbesondere im Talmud und anderen nachbiblischen Schriften seinen Niederschlag: Die Gegensätzlichkeit der darin enthaltenen Aussagen und Interpretationen entsprach der Offenheit und Unabgeschlossenheit oraler Kommunikation, die auch im Zeitalter des Buchdrucks weiterlebte. Noch Ende des 19. Jahrhunderts wurde in Wilna eine große Talmud-Ausgabe gedruckt, in der die verschiedenen Fassungen enthalten waren, an den Rändern versehen mit Kommentaren, Superkommentaren und Korrekturen, die je andere Auslegungen umfassten. Bei einem Teil der Orthodoxie entstand nun jedoch eine neue Textlastigkeit, die mit dem Verlangen nach Eindeutigkeit einherging und der Oralität eine untergeordnete Rolle zuwies. Der durch die Shoah ausgelöste Schock verstärkte in diesem Teil des Judentums noch den Wunsch nach Unzweideutigkeit. Haym Soloveitchik, der an der *Yeshiva University* Jüdische Geschichte und Philosophie lehrt und sich mit der Geschichte der modernen Orthodoxie beschäftigt hat, beschreibt die Neuerung folgendermaßen: »Wenn ich die Veränderungen in der jüdischen religiösen Gemeinschaft in der letzten Generation mit einem Satz beschreiben sollte, so würde ich auf die neue und kontrollierende Funktion der Texte verweisen, die im religiösen Leben eingetreten ist.«

Soloveitchik führt die neue Dominanz des geschriebenen Wortes auf einen Akkulturationsprozess zurück, der der Migration in die USA, der Anpassung an die Lebensformen der Moderne und einer »dramatischen Zunahme von interkulturellen Eheschließungen« geschuldet sei.[5] Das jüdische Leben der Vormoderne habe im osteuropäischen Judentum aus gelebter Tradition und den von Generation zu Generation weitergegebenen Riten bestanden. Das Jiddische, über Jahrhunderte die meist verwendete Sprache des Judentums, gehörte, wie Ladino und andere regionale jüdische Sprachen, zur mündlichen Tradition, während das Hebräische dem Gottesdienst vorbehalten blieb. Jiddisch galt zugleich als ›Frauensprache‹,[6] die die Kinder, zusammen mit den spezifisch jüdischen Speisegewohnheiten, von den Müttern erlernten. Diese aber inkarnierten, wie im 2. Kapitel beschrieben, ihrerseits die Oralität. Der Verlust der alten mündlichen Traditionen, so Soloveitchik, sei von einer nachrückenden Generation junger männlicher Juden durch ein geschriebenes Regelwerk ersetzt worden. »Aus der Lebensweise ist eine regula* geworden, und das Verhalten, einst von Gewohnheit bestimmt, wird nun von der Bestimmung regiert.«

Die Zunahme der Textorientierung, so Soloveitchik, sei der Tatsache geschuldet, dass die neue, in den USA aufgewachsene Generation ihr ganzes Wissen für Beruf und Alltag aus Büchern erlernt habe und nun auch durch Bücher – Handbücher, Führer, die auf Englisch oder in modernem Hebräisch geschrieben sind – Zugang zur Religion suche. Die Entwicklung stelle einen Bruch mit der oralen Tradition dar, die er vornehmlich im Jiddischen verortet. »Jiddisch wurde für den Alltag und die mündliche Lehre verwandt. Das Hebräische für das Gebet und alle gelehrten Schriften.« Nun sei Englisch zur ›Muttersprache‹ geworden – und diese Sprache, wie auch die moderne Gesellschaft, in der religiöse Juden leben, werde von »geschriebenen Regeln« beherrscht. Die »Verlagerung der Autorität zum Text als einziger Quelle der Authentizität« habe Folgen für die Definition jüdischer Identität und religiösen Lernens: »Darauf erpicht, jüdische Traditionen zu bewahren, gründen religiöse Juden heute ihr Bedürfnis nach Spiritualität nicht auf einer unerreichbaren Intimi-

---

* Es ist aufschlussreich, dass Soloveitchik den Begriff der *regula* verwendet: Er wurde im 6. Jahrhundert vom Heiligen Benedikt eingeführt, um das Regelwerk des christlichen Klosterlebens zu beschreiben. Die Verwendung dieses Terminus offenbart, wie sehr diese Textgläubigkeit nicht im Judentum, sondern in der christlichen Kultur des vollen Alphabets verortet wird.

tät mit Ihm, sondern auf einer Intimität mit Seinem Willen. […] Nachdem sie der Berührung mit Seiner Gegenwart verlustig gegangen sind, suchen sie nun unter Seinem Joch Geborgenheit.«[7] Dieses ›Joch‹ ist die Schriftgläubigkeit. Sie bedeutet Verzicht auf Auslegungsvielfalt und Verlust der Komplementarität von Oralität und Schriftlichkeit, die die jüdische Religion bis dahin kennzeichneten. Was Soloveitchik hier also letztlich beschreibt, ist die Tatsache, dass die jüdische Tradition – und zwar ausgerechnet in ihrer strenggläubigsten Form – unter den Einfluss des vollen Alphabets mit seiner Schriftdominanz und Eindeutigkeit geriet.

Diese Nähe zur eindeutigen Schriftlichkeit (des lateinischen Alphabets, das alle englischsprachigen Texte beherrscht) rückt die Orthodoxie (zumindest in der von Soloveitchik beschriebenen Form) in die Nähe eines Konvertitentums. Das klingt widersprüchlich, betrachtet sich diese Strömung des Judentums doch als die Bewahrerin der alten Tradition. Doch faktisch gilt das, was Soloveitchik für die Orthodoxie der USA geltend macht, auf ähnliche Weise für Konvertiten zum Judentum, die in einer Kultur des vollen Alphabets sozialisiert wurden. Weil ihr Denken und Sprechen in einer anderen Schriftkultur geformt wurden, fehlt vielen Konvertiten eine internalisierte Tradition der gegenseitigen *Ergänzung* von Oralität und Schriftlichkeit. Dies, mindestens ebenso wie die leibliche Zugehörigkeit zum Judentum über die mütterliche Blutslinie, scheint mir ein wichtiges Hindernis für die Konversion zum Judentum zu sein – zumindest für eine Konversion, die über die reine Formalität hinausgeht.

Zwar gibt es heute orthodoxe jüdische Gemeinden in New York und Israel, die *wieder* Jiddisch sprechen, doch angesichts des Akkulturationsprozesses, den viele Mitglieder vorher durchlaufen hatten, lässt sich dieses Jiddisch nur als ›sekundäre Oralität‹ bezeichnen: eine Oralität, die durch die Schrift (oder die englische Sprache) hindurchgegangen ist. Das wiederum hebt umso mehr die Nähe zum griechischen Alphabet hervor. Ob sie es wollte oder nicht: Die Orthodoxie, die heute Anspruch darauf erhebt, die ›wahre‹ Form jüdischer Gläubigkeit zu vertreten, verwandelte sich so in eine ›sekundäre Religion‹: eine Religion nach der Aufklärung.*

Um 1900, hundert Jahre nach der Entstehung der Orthodoxie, tauchte im Judentum ein Phänomen auf, das diese Entwicklung aus einer völlig anderen

---

* Es sei freilich betont, dass diese Entwicklung nur einen Teil der Orthodoxie betrifft. Es gibt durchaus orthodoxe Strömungen, die Tradition mit flexibler Auslegung verbinden. In ihnen sind – vielleicht nicht durch Zufall – viele Frauen aktiv.

Perspektive ergänzte: Es bestand in einer *Hinwendung* zur Blutslinie, nun aber weltlicher Art. Martin Buber gab dieser Bewegung, zu deren Protagonisten er gehörte, den Namen der ›Jüdischen Renaissance‹. Der Begriff ist aufschlussreich: Es handelt sich um eine bewusste *Reaktivierung* religiösen Denkens nach dem Modell des Ostjudentums. Auch hier handelt es sich also um eine ›sekundäre Religion‹. Die beiden Leitfiguren dieser Bewegung – Martin Buber (1878–1965) und Franz Rosenzweig (1886–1929) – waren Intellektuelle, die zunächst eine säkulare Ausbildung genossen und auch keine besonders religiösen Neigungen an den Tag gelegt hatten. Buber hatte in Wien Nationalökonomie, Philosophie, Germanistik, Kunstgeschichte, Psychiatrie und Psychologie studiert. Er hatte eine Christin geheiratet, die zum Judentum übertrat. Er selbst suchte zeitlebens den Dialog mit den Christen, was ihn nach 1945 auch gerade unter den Deutschen zu einem ihrer beliebtesten Juden machte.[8] Auch Rosenzweig kam aus einer Familie, die dem emanzipierten, liberalen Judentum angehörte. Er studierte zunächst Medizin, dann Geschichte und Philosophie in Freiburg i. Br. und Berlin. Seine Dissertation, *Hegel und der Staat* (erschienen 1920), war die erste umfassende Analyse der politischen Philosophie Hegels. Der Religion stand Rosenzweig distanziert gegenüber, bis er nach einem langen Gespräch mit dem Konvertiten Eugen Rosenstock-Huessy sogar in Erwägung zog, zum Christentum zu konvertieren.

Ausgerechnet diese beiden Männer traten also an, die jüdische Religion zu neuem Leben zu erwecken. Während des Ersten Weltkriegs meldete sich Rosenzweig freiwillig zum Wehrdienst. Während der Kriegszeit an der Front schrieb er sein glaubensphilosophisches Hauptwerk *Stern der Erlösung* (es erschien 1921). Nach dem Krieg schloss er sich der Bildungseinrichtung ›Freies Jüdisches Lehrhaus‹ in Frankfurt/M. an, wo er versuchte, die Möglichkeiten eines jüdischen Lebens auszuloten, das den Bedingungen der Moderne entsprach. Er wurde zu einem Erneuerer der jüdischen Erziehung und Bildung. Zusammen verfassten Buber und Rosenzweig eine Neuübertragung der Heiligen Schrift in die deutsche Sprache. Deren erster Teil, *Die fünf Bücher der Weisung*, erschien 1925.

Wie sah dieses ›neue Judentum‹ aus? Es war zunächst ein Judentum der »Unmittelbarkeit«, in dem die Oralität eine wichtige Rolle spielte. In seinem Kommentar zu Jehuda ben Samuel ha-Levi (1075–1141), einem berühmten sephardischen Dichter des Frühmittelalters, dessen Gedichte und Hymnen Rosenzweig ins Deutsche übertrug, schreibt er: »Die Gedichte sind natürlich nicht zum Ge-

371

lesenwerden bestimmt, sondern, wie in allen Zeiten, wo die Dichtung, oder ein Teil der Dichtung, Volkssache war, zum Vortragen- und Gehörtwerden. [...] Wo Dichtung für einen bestimmten Menschenkreis gedichtet wird und von ihm, von seinen Kehlen natürlich, nicht etwa nur im Geiste, aufgenommen ist, da ist die ›Zeit‹ da.«[9] Der Begriff der ›Zeit‹ beschreibt hier einen Bezug zur Gegenwart, wie er der Oralität eignet (während die geschriebene Sprache, wie im 2. Kapitel beschrieben, die lineare, fortlaufende Zeit bedingt). Rosenzweig nannte den Dichter »unseren großen Sänger des Exils«[10] und betonte, dass es vor allem Rhythmus, Reim, Metrum, Alliteration, Wiederholung sind, die diesen Versen ihre Macht verliehen. Damit beschreibt er die Charakteristika oraler Memorialkultur – und genau darauf will er auch hinaus: Er will der Sprache ihre ›alte‹ Funktion aus der Oralkultur zurückgeben. Als ›Revival‹ in der Moderne kann diese Sprache aber nur sekundäre Oralität sein, und wenn Rosenzweig sich auf sie zur Erneuerung des religiösen Denkens stützt, so nimmt damit auch das Judentum, das er davon ableitet, sekundären Charakter an. »Praktisch hieße das für unsere Zeit, daß die befugte Stelle, also die Synagoge, und zwar gerade die ›Reform‹-Synagoge Mittel- und Westeuropas und Amerikas, sich weit mehr als bisher auf diese Dichtung besänne.«[11]

Diese Wiederentdeckung von Oralität und Unmittelbarkeit sollte auch über sein Konzept von Blutslinie bestimmen. Im *Stern der Erlösung* thematisiert Rosenzweig viele Aspekte der Moderne – vom Idealismus, über Goethe bis zu Richard Wagner und der modernen Kunst –, bevor er in den letzten Kapiteln auf das Spezifische des Judentums eingeht. Hier rückt er vor allem die Körperlichkeit ins Zentrum jüdischer Ewigkeit. Dem zerstreuten Judentum seien ein eigenes Land und eine gemeinsame Alltagssprache verwehrt, während Heilige Sprache und Heilige Schrift den sakralen Funktionen vorbehalten blieben. Für den Ewigkeitsgedanken vertraut Rosenzweig nicht auf Schrift und nicht auf den Transzendenzgedanken, sondern auf die Ewigkeit des Volkes.

Eben dies unterscheide den Juden vom Christen, der an die Zeugnisse der Heiligen Schrift glaube. In früheren Schriften hatte Rosenzweig noch die Bedeutung der Schrift gegenüber dem flüchtigen gesprochenen Wort hervorgehoben.[12] Doch im *Stern der Erlösung* sieht er darin eine christliche Eigenschaft. »Das ist genau das Entgegengesetzte wie der Glaube des Juden. Sein Glaube ist nicht Inhalt eines Zeugnisses, sondern Erzeugnis seiner Zeugung. Der als Jude Gezeugte bezeugt seinen Glauben, indem er das Ewige Volk fortzeugt. Er glaubt nicht an etwas, er ist selber Glauben; er ist in seiner Unmittelbarkeit, die kein christliche Dogmatiker für sich je erschwingen kann, gläubig.« Der Christ dagegen beziehe seinen Glauben aus der Schrift. »Er ist im höchsten Sinne dogmatisch und muß es sein. Er darf nicht auf Worte verzichten. Im Gegenteil: er kann sich gar nicht genug tun an Worten; er kann nicht genug Worte machen.«[13] Einen ähnlichen Sinneswandel durchliefen auch Rosenzweigs Bilder des Blutes. Hatte er in früheren Schriften darüber nur in Zitatform gesprochen, so schreibt er im *Stern* das Wort Blut ohne Anführungszeichen. Während die Idee eines leiblichen Judentums mit dem Prinzip der Matrilinearität durchaus vereinbar war, erstaunt Rosenzweigs Verwerfung der Schrift: des portativen Vaterlands, zu dessen Ergänzung die Rabbiner den mütterlichen Körper ausersehen hatten.

Sowohl bei Rosenzweig als auch bei Buber beruht das Fortleben des Judentums auf der Leiblichkeit – in dieser Hinsicht war dies nicht unähnlich dem christlichen Säkularisierungsprozess, bei dem sich in einem langen historischen Prozess der Transzendenzgedanke allmählich ins Diesseits verlagerte hatte: vom sakralen Blut Christi über das heilige Blut der Könige, das blaue Blut der Aristokratie bis zum ›Kapital, das in den Adern fließt‹. Rosenzweig verortet aber gerade darin den wichtigsten *Unterschied* zwischen Christentum und Judentum. »Die Christenheit muß missionieren. [...] Sie pflanzt sich fort, indem sie sich ausbreitet. [...] Statt des fleischlichen Fortströmens des einen Bluts, das im gezeugten Enkel den Ahn bezeugt, muß hier die Ausgießung des Geistes in dem ununterbrochenen Wasserstrom der Taufe von einem zum anderen weiterfließend die Gemeinschaft des Zeugnisses stiften.«* Während andere Völker das Blut ihrer Söhne vergießen, um an der »Erde der Heimat« festzuhalten, habe das jüdische Volk von Anfang an im Blut die »Gewähr ihrer Ewigkeit« gefunden. »Wir allein vertrauten dem Blut und ließen das Land; also sparten wir den kostbaren Lebenssaft, der uns Gewähr der eigenen Ewigkeit bot.«[14] Von der einstigen Komplementarität von Text und Leiblichkeit ist hier nicht mehr viel zu erkennen.

Rosenzweigs *Stern der Erlösung* erschien drei Jahre *nach* Artur Dinters Roman *Die Sünde wider das Blut* (1917), dem ersten ›arischen Rassenroman‹.[15] (Ich habe ihn im vorigen Kapitel erwähnt: Er spielte für den deutschen rassis-

---

* Mit der Gegenüberstellung von Wasser (christlich) und Blut (jüdisch) greift Rosenzweig einen Topos der Verwandtschaft auf, laut dem »Blut dicker als Wasser« ist. Trotz Taufe spielte dieser Topos aber auch im Christentum mit seiner intensiven Blutsmetaphorik eine wichtige Rolle und gewann dann in den antisemitischen Diskursen des 19. und 20. Jahrhundert eine zentrale Bedeutung.

tischen Antisemitismus eine wichtige Rolle.) Rosenzweigs *Stern* stellte keine Reaktion auf dieses Werk noch auf andere vorangegangene antisemitische Schriften (Houston Stewart Chamberlain, Paul de Lagarde) dar, die er allerdings intensiv rezipierte.[16] Sein Text entsprach vielmehr dem Versuch einer ›jüdischen Erneuerung‹. Dennoch frappiert die Ähnlichkeit der Argumentation. Offenbar gehörten die Bilder, die von den Antisemiten beschworen wurden, zu den eindringlichsten Metaphern, die der deutsche Kulturraum der Zeit bereithielt. Dabei ist sowohl in den antisemitischen Texten als auch in Rosenzweigs Werk die ›sekundäre Religion‹ zu erkennen, die transzendentes mit weltlichem Gedankengut verbindet.

Buber stellte seinerseits die zionistische Idee in den Vordergrund. Er spielte mit dem Gedanken einer Auswanderung nach Eretz Israel lange vor dem Nationalsozialismus, realisierte ihn aber erst 1938. Sein immer wieder aufgelegtes und breit rezipiertes Buch *Ich und Du* (zuerst erschienen 1923) kann seine Nähe zu christlichem Gedankengut kaum verleugnen: nicht nur weil er sich auf die Mystik des Meister Eckehart beruft, sondern auch wegen der Bilder, die darin verwendet werden. Es ist vom »Gottesbild« und vom »bildenden Schauen« Gottes die Rede: »schauend bilden wir ewig Gottes Gestalt.«[17] Natürlich sind das Metaphern für ein geistiges Schauen, aber sie liegen doch sehr nahe an der Tradition des Sehens, die für die christliche Religion leitend ist. Sogar die Personifizierung Gottes (sonst ein Anathema für jüdische Traditionen) spielt hier eine Rolle. In seinem Nachwort zu *Ich und Du*, verfasst 1957 in Jerusalem, heißt es: »Die Bezeichnung Gottes als einer Person ist unentbehrlich für jeden, der wie ich mit ›Gott‹ kein Prinzip meint.« Zwar sei der Begriff der Personenhaftigkeit »völlig außerstande das Wesen Gottes zu deklarieren, aber es ist erlaubt und nötig zu sagen, Gott sei auch eine Person«.[18] Eine solche Aussage hätte auch von einer christlichen Kanzel erklingen können – und zweifellos ist dies einer der Gründe, weshalb Christen nach 1945 in Buber so gerne den ›echten Juden‹ sahen.

Wie Rosenzweig verwirft auch Buber in seinen frühen Texten die Tradition der Geistigkeit, indem er die »lebensferne, gleichgewichtsfremde, gleichsam außerorganische Intellektualität« jüdischer Existenz in der Vergangenheit kritisiert. Sie habe verhindert, »daß wir Jahrhunderte und Jahrtausende lang kein gesundes, gebundenes, vom Rhythmus der Natur bestimmtes Leben kannten«. Wie Rosenzweig denkt auch Buber nicht in Kategorien transzendenter, sondern irdischer Ewigkeit – und diese bestimmt über seine Gestalt der Blutslinie. In einem Vortrag von 1909 vor jüdischen Studenten in Prag zum Thema *Das*

Judentum und die Juden stellt er die Frage: »Welcher Art ist die Gemeinschaft, von der wir Zeugnis ablegen, wenn wir uns Juden nennen?« Er kommt zum Schluss, dass diese Gemeinschaft heute – außer bei wenigen Ausnahmen wie den chassidischen Juden – nicht auf Gläubigkeit beruht. Auch erscheint ihm die Orthopraxie, die so lange für den Zusammenhalt des Judentums gesorgt hatte, von minderer Bedeutung. Ausschlaggebend ist für ihn »eine Gemeinschaft von Menschen, die waren, sind und sein werden, eine Gemeinschaft von Toten, Lebenden und Ungeborenen, die zusammen eine Einheit darstellen«. Diese Einheit empfinde ein junger Jude heute als Kern »seiner innersten Eigentümlichkeit; was sie erlebt haben und erleben werden, das empfindet er als ein innerstes Schicksal. Die Vergangenheit seines Volkes ist sein persönliches Gedächtnis, die Zukunft seines Volkes ist seine persönliche Aufgabe. Der Weg des Volkes lehrt ihn sich selbst verstehen und sich selbst wollen.«[19]

Diesen jungen Mensch überkomme »der Schauer der Ewigkeit«, wenn er die Folge der Geschlechter entdeckt, »die Reihe der Väter und Mütter schaut, die zu ihm geführt hat, und inne wird, was alles an Zusammenkommen der Menschen, an Zusammenfließen des Blutes ihn hervorgebracht, welcher Sphärenreigen von Zeugungen und Geburten ihn emporgerufen hat. Er fühlt in dieser Unsterblichkeit der Generationen die Gemeinschaft des Blutes, und er fühlt sie als Vorleben seines Ich, als die Dauer seines Ich in der unendlichen Vergangenheit.« Das Ich erreiche so das Wissen, »daß die tiefsten Schichten unseres Wesens vom Blut bestimmt, daß unser Gedanke und unser Wille zu innerst von ihm gefärbt sind«.[20] Mit anderen Worten: Das Blut, das in den jüdischen Riten Gott vorbehalten bleibt und auf dessen ›Unberührbarkeit‹ eben deshalb auch viele Zeremonialgesetze abzielen, wird bei Buber zu einem irdischen Stoff, der die Generationen miteinander verbindet. Für ihn wird die Gemeinschaft nicht durch die Heilige Schrift und auch nicht durch die Ritualgesetze zusammengehalten, sondern vornehmlich durch dieses Blut, das durch alle Adern ihrer Mitglieder fließt. Es ist fast, als versuche Buber den Blutdiskurs des ›arischen‹ Denkens zu übertreffen. Faktisch waren er und Rosenzweig aber eher befangen in der sekundären Oralität und der sekundären Religiosität, die im 2. Kapitel als Konsequenz des vollen Alphabets beschrieben wurde.*

---

* Caspar Battegay, der eine großartige und differenzierte Untersuchung über Bilder des Blutes bei deutsch-jüdischen Denkern und Schriftstellern des 19. und frühen 20. Jahrhunderts verfasst hat, beschreibt darin u. a. das Verhältnis von Blut und Schrift: Bei Buber und Rosenzweig substituiert das Blut die Schrift, bei Franz Kafka dagegen substituiert die Schrift das Blut – so ein Fazit. Der Litera-

Bubers und Rosenzweigs Definitionen von Judentum sind einerseits diesseitsbezogen: Das jüdische Volk *ist* die Religion. Anderseits spiegeln sie die Entwicklung wider, die sich in der christlichen Gesellschaft vollzogen hatte: die Verlagerung vom Transzendenten zum Irdischen, von Glaubensgemeinschaft zur nationalen Gemeinschaft. Dabei steht im Zentrum *beider* Entwicklungen die Figur der Mutter – und so deutet sich hier auch auf jüdischer Seite die Konkurrenz zwischen jüdischer und antisemitischer Matrilinearität an, die im vorigen Kapitel an den antisemitischen Texten festgemacht wurde. In einem Aufsatz von 1920 *Das Zion der jüdischen Frau* macht Buber die Frauen der jüdischen Gemeinden für die Assimilation und den Verlust der eigenen Kultur verantwortlich. Dabei übersieht er nicht nur die eigene Annäherung an die christliche Kultur, sondern er verschiebt auch die Schuld für die Akkulturation auf Jüdinnen. Vor allem in der emanzipierten Frau zeigt sich laut Buber »das Grundleiden des modernen Juden, das Überwuchern des Nervenleidens«. Am »Assimilationsfanatismus« hätten die Frauen, »die sich am leichtesten der Umgebung anschmiegen und deren Art annehmen«, den größten Anteil. Der »königliche Schönheitsdrang der jüdischen Frauen« werde durch diesen Typus »zu einer geschmacklosen und ungesunden Prunksucht verzerrt«. Dieser »Entartung« stellte Buber das Ideal der »Mutter« gegenüber, von der die nationale Erneuerung ausgehen soll. »Von unserem Herde, von dem uns stets das Feuer des Lebens kam, wird uns auch die Erlösung kommen.«[21] Wenn Buber die Figur der Mutter hervorhebt, so hing dies einerseits mit der langen matrilinearen Tradition des Judentums zusammen, anderseits begibt er sich damit aber auch auf ein Terrain, das die Antisemiten gerade erst für sich entdeckt hatten. Die Angst des ›Ariers‹, dass die Juden auch hier die längere Tradition für sich in

turwissenschaftler erkennt auch, dass das ›Blut‹ sowohl bei Buber als auch bei Rosenzweig für die *gesprochene* Sprache steht: Bubers Rede vom Blut bezeichnet er als »Sound«, der »dem Rauschen des Bluts in den Ohren nachempfunden« sei; bei Rosenzweig muss das Blut »in der Sprache aufgehoben und aktualisiert werden, wie die Sprache erst im Blut authentifiziert wird«. Doch ihm entgeht, dass sich beide mit genau dieser Wendung von Schrift zu Oralität in die lange Tradition des vollen Alphabets und damit der sekundären Oralität stellen. Dies – mehr noch als das Blut selbst – ist das eigentliche ›Assimilationsgefängnis‹ der beiden Autoren. Es erklärt auch, warum sie sich in ihren Entwürfen für die jüdische Renaissance nicht nur auf jüdische Quellen, sondern auch auf deutsche Klassiker berufen. Rosenzweigs »Projekt«, so Battegay, hatte »nicht nur eine Re-Authentifizierung des Jüdischen, sondern ebenso eine Re-Authentifizierung des Deutschen« im Sinn. (Battegay 2002, S.178, 235, 231 f.). Das ist richtig, bedeutet aber auch, dass ausgerechnet die Wiederbelebung eines ›authentischen Judentums‹ im Fahrwasser eines Denkens stand, das vom Hellenismus bis in die christliche Kultur reichte.

Anspruch nehmen konnten, dürfte zum Hass der Antisemiten beigetragen haben.

Wie eine jüdische Religion aussehen könnte, die sich weder der ›jüdischen Renaissance‹ noch der Orthodoxie verschreibt, zeigt das Beispiel von Jeshajahu Leibowitz (1903–1994), der als Naturwissenschaftler und praktizierender Jude sowohl die Aufklärung als auch die Religion vertrat, die beiden Seiten jedoch strikt auseinanderhielt (wie er auch in Israel für eine Trennung von Staat und Religion eintrat). Über Buber sagte er: »Wenn ich es mit scharfen Worten ausdrücken soll, so würde ich sagen, Buber war jüdischer Theologe für Nicht-Juden. Das lag natürlich nicht in seiner Absicht, aber es hat sich so ergeben. Nicht-Juden sehen in seinen Lehren eine jüdische Theologie. Aber Bubers Ansichten stehen in keinem Bezug zu dem historischen Judentum – das ein Judentum der Tora und Mitzwot [Pflichten] ist.« Der Chassidismus habe für ein frommes Judentum gestanden, das sich besonders streng ans jüdische Regelwerk gehalten habe, doch das tauche in Bubers Darstellungen nicht auf. Seine chassidischen Geschichten seien »eigentlich ›Kitsch‹ und bewußte Fälschungen«. »Buber hat ein Judentum beschrieben, das es nicht gibt und niemals gegeben hat.« Leibowitz hatte zwar Bewunderung für die großartige Leistung von Buber und Rosenzweig, die Hebräische Bibel neu zu übersetzen. Aber er hatte Zweifel daran, ob Buber ein wirklich gläubiger Mensch war, was er Rosenzweig immerhin zugestand. Doch auch von ihm sagte er: »Auch Franz Rosenzweigs Welt ist sehr weit von der Welt des historisch-normativen Judentums entfernt.«

Andererseits kritisiert Leibowitz aber auch die orthodoxen Juden. Sie hätten die Beschäftigung mit der Thora zu »einem professionellen Torastudium gemacht«, und es sei auffallend, dass es »in der gesamten jüdischen Geschichte keine Generation gegeben hat, in der die Zahl der Jeshivastudenten so hoch war wie in unseren Tagen«. Er nimmt also, vergleichbar der oben zitierten Kritik von Soloveitchik, an der Verlagerung in die reine Textlichkeit Anstoß, während er an den Vertretern der jüdischen Renaissance kritisiert, dass sie der Definition des Judentums eine rein körperliche und emotionale Ebene zu verleihen suchten. In diese Kritik schloss er auch Gershom Scholem und dessen Erforschung der Kabbala ein: »Der Ursprung seines Irrtums lag in dem großen Interesse, das dieser extreme Rationalist gerade den irrationalen Komponenten der menschlichen Kultur und des menschlichen Bewußtseins – nicht nur im Judentum allein – entgegengebracht hat.«[22]

Es sollen hier nicht die großen Verdienste von Rosenzweig, Buber und Scholem für die Erneuerung des Judentums geschmälert werden. Doch alle Kritikpunkte, die Leibowitz gegen diese drei überzeugten Juden vorbrachte, die, wie viele deutsche Juden, durch die Aufklärung hindurchgegangen waren, lassen sich mit dem Begriff der ›sekundären Religion‹ erfassen. Diese ist jedoch, wie im 2. Kapitel beschrieben, ein Phänomen des vollen Alphabets und trat deshalb auch zuerst im Christentum (um 1900 mit dem amerikanischen evangelikalen *Fundamentalism*) in Erscheinung. Die hier genannten Beispiele zeigen, dass sich die sekundäre Religion inzwischen auch eines Teils der ganz anders strukturierten jüdischen Denktradition bemächtigt hatte.

2. Die Entstehung eines modernen kulturellen Judentums

Die nachhaltigste Reaktion von Juden auf den christlichen Säkularisierungsprozess bestand jedoch in der Jüdischen Aufklärung, der *Haskala*, mit der moderne Wissenschaft und Bildung ins Zentrum jüdischen Denkens rückten. Sie führte u. a. dazu, dass Juden auf Ritualgesetze wie das Verbot von Schweinefleisch, die Beschneidung oder das Regelwerk der *nidda* (zum weiblichen Blut) entweder ganz verzichteten oder diese mit Hygiene rechtfertigten – also Erklärungsmuster heranzogen, die mit den Ansprüchen einer modernen Wissenschaft vereinbar waren.[23] Es kam zur allmählichen Herausbildung von dem, was später als ›Reformjudentum‹ bezeichnet wurde. Die *Haskala* war zunächst ein Phänomen des deutschen Sprachraums: Zwischen 1778 und 1816 wurden nicht weniger als zehn moderne jüdische Schulen im deutschen Sprachraum gegründet, darunter in Berlin, Breslau und Frankfurt.[24] Nach 1933 und der erzwungenen Emigration vieler deutscher Juden in die USA, nach Lateinamerika und in andere Teile der Welt breitete sich das Gedankengut des Reformjudentums auf viele andere Regionen aus und ist heute in den Ländern der Diaspora weit verbreitet, wenn nicht sogar dominant.

Gegen Ende des 19. Jahrhunderts entwickelte sich zunehmend eine kulturelle Definition jüdischer Identität – nicht unähnlich der kulturellen Definition des Christen, die nach der Aufklärung entstanden war. Der ›kulturelle Christ‹ übernimmt Paradigmen der Verantwortung aus den christlichen Lehren (etwa die Sorge um die sozial Schwachen und Kranken), hat zum Glauben aber keinen oder höchstens einen ästhetischen Bezug, etwa in der Gestalt klassischer Kirchenmusik. Die Definition des ›kulturellen Juden‹ umfasst ebenfalls ethische und soziale Kategorien. Hinzu kam eine kritische Betrachtungsweise, die einerseits der jahrhundertelangen Rolle des Außenseiters geschuldet war, andererseits aber auch die Traditionen der mündlichen Exegese mit ihren widersprüchlichen Interpretationen in den säkularen Raum überführte. Am Beispiel von Sigmund Freud spricht der Historiker Yosef Hayim Yerushalmi auch vom ›psychologischen Juden‹: »Den klassischen jüdischen Texten entfremdet, spricht der psychologische Jude gern von unveräußerlichen jüdischen Zügen. Befragt man ihn weiter, so nennt er als typische jüdische Eigenschaften unter anderem Intellektualität und geistige Unabhängigkeit, höchste ethische und moralische Normen, Sinn für soziale Gerechtigkeit und Unbeirrbarkeit angesichts der Verfolgung.«[25] Die Entstehung neuer Denk- und Deutungsmuster, die sich in Deutschland wie anderswo unter dem Einfluss von kulturellen Juden ausbreiteten, verdankte sich dieser Konstellation: Zugehörigkeit zur jüdischen Gemeinschaft bedeutete nicht unbedingt Besuch der Synagoge, sondern Ausbildung eines spezifischen Ethos oder einer bestimmten Kritik- und Denkfähigkeit.

Die strenge Orthopraxie, die seit dem Beginn der Diaspora über Alltag wie religiöses Leben der Juden bestimmte, gilt heute nur noch für die Orthodoxie (und in beschränktem Maße auch für das konservative Judentum). Nathan Glazer, der eine Professur für Bildung und Soziologie an der Harvard University hatte, schrieb schon 1957 in seinem Buch *American Judaism*: »Die Gesetzestreue entspricht nicht mehr der äußeren Lebensform des Juden, sie ist die ideologische Plattform nur von einer der verschiedenen Strömungen jüdischen Lebens.« Aus dem praktizierten Judentum, das einst die Religion des ganzen jüdischen Volkes war, sei eine Orthodoxie geworden, mit der sich nur ein Teil des Judentums identifiziere. Das verursache einen tiefen Bruch in der Kontinuität jüdischer Geschichte. »Die jüdische Geschichte kennt Massaker, aber die jüdische Geschichte kennt nicht die Aufgabe des Gesetzes, und ist auch nicht darauf vorbereitet.«[26]

Jeshajahu Leibowitz geht so weit zu fragen, »ob das jüdische Volk vom halachischen Standpunkt [dem traditionellen Regelwerk] aus überhaupt noch existiert«. Er sieht »ziemlich gute Überlebenschancen für bestimmte orthodoxe jüdische Gruppierungen, aber ich bezweifle doch, dass man darin die Fortexistenz der großen Geschichte des jüdischen Volkes sehen kann«. Die moderne Orthodoxie habe keine Antwort auf die aktuellen Probleme des jüdischen Volkes; sie habe »eigentlich kein Verständnis für diese Probleme«. Die Schlussfolgerung dieses Gelehrten, der nachdrücklich für eine Trennung von Religion und Staat in Israel eintrat: »Wenn ich meine Worte zu diesem Thema zusammenfassen soll, dann muss ich sagen, dass die Zukunft des jüdischen Volkes mir wirklich nicht klar ist, nicht in Israel und nicht in der Diaspora. Möglicherweise gibt es für die innere Krise, die im 19. Jahrhundert begonnen hat, wirklich keine Lösung.«[27]

Das nicht-religiöse Judentum stellt heute die meist verbreitete Form moderner jüdischer Identität dar. Adam Chalom unternahm 2009 den Versuch, für diese vielfältige Wesensbestimmung eine Definition zu entwickeln.[28] Doch inzwischen können viele dieser neuen Beschreibungen mit den tatsächlichen Veränderungen kaum Schritt halten. Im Vordergrund des säkularen Judentums stehen einerseits ethische Definitionen und andererseits die Geschichte des Judentums: Seit dem Holocaust wurde letztere für viele säkulare Juden bestimmend, und das fand im Begriff ›Humanismus‹ einen Niederschlag.* Auf der Webseite der *Society for Humanistic Judaism* heißt es, dass viele Juden ihre jüdische Identität nicht in der Religion, sondern in »der historischen Erfahrung des jüdischen Volkes« verorten: »Das humanistische Judentum verschreibt sich einer Mensch-zentrierten Philosophie, die jüdische Kultur ohne übernatürliche Vergewisserung feiert. Humanistische Juden schätzen ihre jüdische Identität und jene Aspekte jüdischer Kultur, die einen authentischen Ausdruck zeitgenössischen Lebens bieten.« So feiere man auch die jüdischen Feiertage und halte sich an die Zeremonien des Lebenszyklus, doch geschehe dies jenseits traditioneller Symbole und Liturgien.[29] Das Recht, darüber zu entscheiden, wer Jude ist, gehöre den Juden selbst – eine Formulierung, die über den Widerspruch hinwegsieht, dass man nicht weiß, wer überhaupt ein Anrecht darauf hat, dieses Recht auszuüben. Oder aber die Formulierung will besagen: Jude ist, wer sich selbst als Jude bezeichnet. Tatsächlich hatte Ben Gurion im Jahr 1950 einen Fragebogen an Intellektuelle verschickt, in dem er diese nach ihrer Definition von jüdischer Identität befragte, und erhielt genau diese Antwort. »Die Mehrheit der Befragten war der Ansicht, dass jeder, der sich als Jude oder Jüdin betrachtet, Teil des jüdischen Volkes sei.«[30] Das klärt freilich noch nicht die Kriterien jüdischer Identität. Im Gegenteil, wie Daniel Boyarin bemerkt: »Jewishness durchbricht jegliche Kategorie von Identität. Sie ist weder national noch genealogisch,

---

* Der Begriff ›Humanismus‹ wird in Europa eher mit einer bestimmten Epoche der frühen Neuzeit verbunden, in den USA dagegen mit allgemein-weltlichen Aspekten der Kultur – so etwa beim Fächerbündel der ›humanities‹, der den in Europa unter Geistes- und Sozialwissenschaften firmierenden Fächern entspricht.

noch religiös, sondern all dies zugleich – und zwar in dialektischer Spannung unter einander.«[31]

3. Israel und Diaspora

Mit der Moderne entstanden also unterschiedliche Arten, Judentum zu leben: orthodoxes versus reformiertes, religiöses versus kulturelles Judentum. Diese Spaltung wird heute ergänzt durch eine weitere Spaltung: die zwischen territorialem (israelischem) und diasporischem Judentum. Schon in der Vergangenheit gab es unterschiedliche Positionen zur Diaspora. Allerdings ging es dabei eher um die Frage, ob sie Segen oder Unheil für das jüdische Leben bedeutet. Während die Diaspora von vielen Juden als Strafe Gottes betrachtet wurde, sah der große Gelehrte Rashi (1040–1105), der den wichtigsten Kommentar des Mittelalters zu Tanach* und Talmud verfasste, in ihr eine Überlebenschance: Ein zerstreutes Volk lasse sich nicht mit einem Schlag auslöschen. (Im Holocaust sollte sich diese Zuversicht bewahrheiten.) Wieder andere verstanden die Zerstreuung als eine Chance, den Gedanken des Monotheismus in die Welt hinauszutragen, und diese Möglichkeit war ja in der Tat in der ursprünglichen Bedeutung von Diaspora im Sinne von Säen, Verteilung des Samens angelegt.

Diesen Gedanken griff der russische Historiker Simon Dubnow (1860–1941) auf, als er Anfang des 20. Jahrhunderts eine *Weltgeschichte des jüdischen Volkes* verfasste. In einem Artikel von 1931 – der Zionismus war in dieser Zeit schon zu einer bedeutenden politischen Bewegung angewachsen – bezeichnete er die jüdische Diaspora als »kulturelles Ferment und Fortschrittskraft« einer Gesellschaft. Mit dieser Formulierung verwies er auf den Einfluss des Judentums auf andere Völker, der in der Tat nicht gering war: Wie Dubnow betont, trug die jüdische internationale Vernetzung zum Handel wie auch zum Aufbau eines modernen Kreditwesens und dem Börsenhandel bei.[32]** Was er frei-

---

* Tanach: Bibeltexte, die für die jüdische Religion als normativ gelten. Er besteht aus den fünf Büchern Mose, den ›Propheten‹ und den ›Schriften‹. Manchmal wird der Tanach auch als ›jüdische‹ oder ›hebräische Bibel‹ bezeichnet.

** Der Demographieforscher Sergio DellaPergola verwirft die Möglichkeit, dass die Entwicklung eines Landes Juden geschuldet sei, als eine »naive Art, sich über Weltpolitik Gedanken zu machen«. (Della-Pergola S. 1085) Was sich jedoch sagen lässt: Eine Gesellschaft, die Juden ausschließt (aus Gründen der religiösen, ethnischen oder kulturellen Homogenität), erlebt zumeist auch einen Niedergang in Bildung und Wirtschaft. Dabei spielt aber vor allem der produktive Faktor der *Diversität* eine wichtige Rolle.

lich nicht sah: Das »Ferment« der Diaspora wirkte auch auf das Judentum ein. Es bezog seine Erneuerungskraft nicht zuletzt aus der Zerstreuung und der damit verbundenen Notwendigkeit zur permanenten Aktualisierung der Lehre und zur Selbstreflexion. Die Diaspora selbst erklärt mindestens ebenso so sehr wie das portative Vaterland der Heiligen Schrift das lange Überleben der jüdischen Kultur: Sie erhielt sich nicht nur trotz, sondern auch *wegen* der Zerstreuung. Denn die positive Umsetzung der Diaspora in reale Überlebensstrategie war schon seit dem babylonischen Exil ›trainiert‹ worden.

Um 1900, so Dubnow, deckte sich die moderne jüdische Religionsvielfalt mit den unterschiedlichen Einstellungen des frühen 20. Jahrhunderts zum Zionismus: Während die Reformer in der Diaspora einen Vorteil sahen, der zur Verbreitung eines »ethischen Monotheismus« beitrage, vertraten Orthodoxe den messianischen Gedanken, dass das Jüdische Volk ohne eine Heimstatt in Palästina zum Untergang verdammt sei.[33] Für sie verband sich der Zionismus also eng mit Religion. Anders als von Dubnow beschrieben, trat jedoch mit der Entstehung des politischen Zionismus im späten 19. Jahrhundert eher das antireligiöse Element in den Vordergrund: Die zionistische Emigration nach Palästina war mehrheitlich politisch und säkular oder sogar atheistisch; ihre Anhänger planten einen »säkularen jüdischen Nationalstaat«, in dem die Religion »nur ein Bestandteil des nationalen kulturellen Erbes« sein sollte – eine Vision, die dem religiösen Zionismus konträr war.[34]

Doch *nach* der Gründung Israels und vor allem im Verlauf der letzten Jahrzehnte nahm die religiöse Orientierung des Zionismus zu. Ausschlaggebend war der Sechstagekrieg von 1967, der die Notwendigkeit einer einheitsstiftenden Kraft deutlich machte – und für diese kam vor allem die Religion in Frage. (Nicht unähnlich der Situation in der Antike, als unter Josia die Heilige Schrift

---

Über Jahrhunderte waren Juden der deutlichste Indikator für die Bereitschaft einer Gesellschaft zur Diversität. Heute bieten auch andere Faktoren, vor allem die Frauenrechte, einen solchen Indikator. Das zeigt eine Untersuchung in Ländern der Dritten Welt, die eine Korrelation zwischen Frauenrechten und demokratischen Entwicklungen belegt. In einer Langzeitstudie, die sich von 1980 bis 2005 erstreckte und 123 Länder umfasste, erwies sich das Empowerment der Frauen als entscheidender Motor nicht nur der Demokratisierung, sondern auch des wirtschaftlichen Fortschritts. Dagegen waren Verstädterung, Wirtschaftswachstum, Entwicklungshilfe und Religion von geringem Einfluss. Auch Bildung hatte keinen Effekt, soweit diese nur von Männern wahrgenommen wurde. (Vgl. Jianghong/Wyndow/Mattes; s.a. http://voxeu.org/article/democracy-and-growth-new-evidence.) Die Frauenrechte stellen heute einen zentralen Bestandteil aller politischen und ökonomischen Modernisierungstheorien dar. Über lange Zeit galt dies eher für die Akzeptanz der jüdischen Bevölkerungsanteile.

verfasst wurde, um der Bevölkerung von Judäa eine gemeinsame Bestimmung zu geben.) Inzwischen setzt sich in Israel zunehmend das Gedankengut der Orthodoxie durch, und dieses übt inzwischen auch Druck auf den (an sich majoritären) Teil der Bevölkerung aus, der sich als säkular begreift oder einer liberalen Interpretation der Religion nahesteht.[35]

In Israel gibt es Ultraorthodoxe, Nationalreligiöse, und von den Verbleibenden bezeichnet sich jeder Vierte als gemäßigt traditionell und vier von zehn als säkular. Da jedoch in Israel auch die Säkularen eher nach den Regeln des Reformjudentums leben (sie halten sich an Rituale und Feiertage wie Sabbat, Beschneidung, Bar Mitzwa, Pessach, Jom Kippur etc.), wird hier ›jüdisch sein‹ – wie es sich auch immer definiert – als soziale Kategorie begriffen. Die Rituale werden nicht unbedingt als Teil der jüdischen Religion wahrgenommen, sondern als »Bestandteile der Kultur in der israelisch-jüdischen Mehrheitsgesellschaft«.[36] Die meisten areligiösen Israelis, so Amos Oz, sind »Reformjuden, ohne es zu wissen«.[37] Auch der säkularste Israeli sei täglich mehr »Jiddischkeit« ausgesetzt als ein orthodoxer amerikanischer Jude; allein die hebräische Sprache sei eine stete Erinnerung an die eigenen Wurzeln. Was Israel also garantiert, ist die Selbstverständlichkeit des Jüdisch-Seins – übrigens eine Erkenntnis, zu der viele Israelis erst kommen, wenn sie sich außerhalb Israels in einer minoritären Situation befinden.

In der Diaspora ist die Entwicklung genau gegenläufig: In den USA und England dürfte bis in die 2020er Jahre die Reformbewegung zur größten jüdischen Strömung geworden sein. Und auch in den anderen Ländern der Diaspora bilden sich zurzeit viele nicht-orthodoxe jüdische Gemeinden. Diese Pluralisierung gilt auch für die jüdischen Gemeinden in Deutschland, wo es mittlerweile mehrere Strömungen gibt, die von orthodox über konservativ bis zum liberalen Judentum reichen. Manche ihrer Geistlichen werden in ein und demselben Rabbinerseminar ausgebildet.

Die Mehrheit der Juden in der Diaspora hat sich überhaupt keiner Denomination angeschlossen. Viele unter ihnen – in manchen US-Städten der überwiegende Teil – gehören keiner Synagogengemeinschaft an. In New York ordnen sich nur 39 Prozent der Juden einer Gemeinde zu. »Man schätzt, dass ca. 2 Millionen amerikanischer Juden in Haushalten leben, die sich als nicht-jüdisch identifizieren.«[38] Zugleich gibt es aber auch viele, die sich wegen ihrer Herkunft oder aus kulturellen Gründen als ›jüdisch‹ und mit dem Judentum verbunden fühlen.

Das Verhältnis zwischen religiösen und säkularen Juden spiegelt sich im Zahlenverhältnis von Diaspora und Israel wider. Die jüdische Weltbevölkerung wurde 1945 auf 11 Millionen Personen geschätzt und umfasst heute 14,1 Millionen Menschen.* Mehr als drei Viertel von ihnen leben heute in Israel oder in den USA. Während 1945 noch die Mehrheit der Diaspora zugerechnet wurde, sank dieser Teil der jüdischen Weltbevölkerung auf heute 8,1 Millionen. In demselben Zeitraum wuchs die jüdische Bevölkerung Israels von einer halben auf 6,1 Millionen Personen an.[39] Israel hat heute die USA als größte jüdische Gemeinde überholt. 2050, so die Prognose, werden 57 Prozent aller Juden in Israel und 34 Prozent in den USA leben. Der europäische Anteil werde in demselben Zeitraum von neun Prozent im Jahr 2006 auf sechs Prozent im Jahr 2050 zurückgehen. Man rechnet also mit einem weiteren Wachstum zugunsten von Israel und zu Lasten der Diaspora.

Die Entstehung des Staates Israel bedeutete für einen Teil der jüdischen Weltbevölkerung das Ende der Diaspora. Denn auch für Diaspora-Juden wurde Israel zu einem Ort der Sicherheit im Fall von Verfolgung. Er impliziert für viele die Bindung an ein Heimatland, auch wenn sie dort nicht leben. Israel hat nicht die Bibel als Mittel der Kohäsion ersetzt; der Staat hat nicht das portative Vaterland verdrängt. Doch das »Heilige Land« ergänzt die »Heilige Schrift«. Dadurch besteht nicht mehr in demselben Maße die Notwendigkeit, den weiblichen Körper zur Heimstätte des Judentums zu machen. Zwar gilt auch in Israel das matrilineare Prinzip jüdischer Identität, doch in der Praxis wird es teilweise durchbrochen.** Auch die Immigrationsgesetze, die die Zuwanderung sichern sollen, veränderten sich im Laufe der Jahre erheblich.

Das Rückkehrgesetz von 1950 garantierte allen Juden, wo immer sie leben, das Recht, als jüdische Einwanderer nach Israel zu kommen und Staatsbürger

---

* Wer wird mitgezählt? Die Demographie verwendet für diese Statistik den Begriff der *core Jewish population*, einer jüdischen Kernbevölkerung. Sie »umschließt alle Menschen, die sich in einer soziodemographischen Befragung selber als Juden bezeichnen oder von Angehörigen desselben Hauses als jüdisch identifiziert werden.« Es geht weder um eine halachisch definierte Zugehörigkeit noch um religiöses Verhalten oder Engagement für jüdische Angelegenheiten. Die Definition der jüdischen Kernbevölkerung umfasst Konvertiten (egal nach welcher Prozedur sie konvertierten) und auch Personen, die sich mit einer jüdischen Gemeinde identifizieren, ohne konvertiert zu sein. Sie begreift auch all die Personen als jüdisch, die sich nicht aus religiösen, sondern ethnischen oder kulturellen Gründen dem Judentum zurechnen. (Vgl. DellaPergola, S. 1088 f.)

** So erkannte das israelische Oberrabbinat Personen als Juden an, deren Mütter in der Zeit des NS zum Christentum übertraten und diesen Schritt nach dem Krieg nicht rückgängig machten: Ihre dann volljährigen Kinder wurden als Juden anerkannt.

zu werden. »Als Juden im Sinne dieses Gesetzes gelten, wer als Kind einer jüdischen Mutter geboren wurde oder zum Judentum übergetreten ist und (seit 1970) keiner anderen Religion angehört.« Seit 1970 bezieht das Rückkehrrecht auch die Ehepartner, Kinder und Enkel eines Juden, den Ehepartner des Kindes eines Juden und den Ehepartner des Enkels eines Juden ein – auch wenn diese nicht jüdisch sind. Dadurch soll die Einheit von Familien, in denen es zu religiös gemischten Familien kam, bewahrt werden.[40] Dieses Gesetz implizierte also, dass auch die Kinder jüdischer Väter und Großväter einwandern können und die israelische Staatsangehörigkeit erhalten. Das Personenregister sieht dafür den Begriff »israelisch« vor. Doch dann wird differenziert: Anders als bei den halachisch anerkannten Juden (also denen mit einer jüdischen Mutter) wird unter »Nation« nicht die Bezeichnung »Jüdisch« eingetragen, und auch die Kategorie »Religion« bleibt unbenannt.[41] Für die Einwanderung und die israelische Staatsbürgerschaft reicht also der Vater, aber sie reicht nicht für den Status als Jude.

Später beschloss die Regierung, das traditionelle Gesetz als Ergänzung in das Rückkehrrecht zu integrieren. Denn es wurde immer klarer, »dass ein Konsens, der die Halacha missachtet«, nicht herzustellen war.[42] Die Änderung war eines von mehreren Indizien für eine zunehmend religiöse Ausrichtung Israels. Die Verschränkung von Religion und Staat wurde noch dadurch verstärkt, dass das Personenstandswesen (Familien-, Ehe- und Scheidungsrecht) den orthodoxen Rabbinatsgerichten unterstellt wurde. Zivilrechtliche Ehen werden nicht anerkannt. (Allerdings haben im Ausland geschlossene Zivilehen Gültigkeit, und viele Paare weichen deshalb auch nach Zypern und andernorts aus. Für ihre Kinder ist das Problem dadurch freilich nicht gelöst.) Ein 2009 vorgelegter Entwurf für die Einführung der Zivilehe ist bis heute nicht im Gesetz verankert.[43] Auch die Konversion und die Frage, ob die Staatsbürgerschaft zum Eintrag »Jude« berechtigt, gehören weiterhin zu den Streitpunkten zwischen den Orthodoxen und den Liberalen. So kann es kommen, dass das Kind einer nichtjüdischen Mutter, das als jüdisch registriert ist und in Israel aufwächst, später vom orthodoxen Rabbinat nicht zur Heirat zugelassen wird und auch keinen Anspruch auf eine religiöse Bestattung hat. Zwar gibt es für diese Israelis die Möglichkeit der Konversion, doch erstens wollen viele gar nicht zu religiösen Juden werden, und zweitens werden Konversionen nur dann anerkannt, wenn sie von bestimmten Rabbinern (die zunehmend dem orthodoxen Spektrum angehören) durchgeführt wurden.

Mit der russischen Einwanderung – seit 1990 immigrierte etwa eine Million Menschen aus den ehemaligen Sowjetrepubliken nach Israel – kam es zu einer erneuten Unsicherheit über den jüdischen Status. Waren im Jahre 1990 nur sechs Prozent der GUS-Einwanderer Nichtjuden, so galt dies 1995 bereits für jeden Dritten und 1999 für jeden Zweiten; in den letzten Jahren stieg der Anteil auf geschätzte drei Viertel. Die Älteren unter ihnen sind meist jüdisch, die Jüngeren (die noch im Alter sind, Kinder zu zeugen) überwiegend nichtjüdisch, zumindest nach dem halachischen Gesetz. Die jüdische Zuordnung dieser Einwanderer wird noch dadurch erschwert, dass sich die religiöse Zugehörigkeit in Russland nach dem Vater richtete und entsprechend im Pass vermerkt war (ein Problem, mit dem sich auch die jüdischen Gemeinden in Deutschland auseinandersetzen). Ende 2006 lebten in Israel bereits 310 000 Personen, die weder arabisch waren noch als jüdisch galten. Sie machten fast fünf Prozent der Bevölkerung aus. Auch bei ihnen stellt sich die Frage nach der Zugehörigkeit zum Judentum.

In der Diaspora, wo sich zunehmend eine Abwendung vom halachischen Standpunkt vollzog, kam es zu geographischen Verschiebungen. In vielen Ländern, in denen noch 1970 Juden lebten, gibt es heute keine mehr – darunter Belarus, Moldawien, Usbekistan, Iran, Rumänien, Georgien, Marokko, Aserbaidschan. In Russland werden, so schätzt man, bis 2050 nur noch 2000 bis 3000 Juden leben.[44]* In anderen Ländern, wo sich 1970 kaum Juden befanden, entstanden oder wuchsen jüdische Gemeinden – darunter Deutschland, Mexiko, Belgien, Niederlande, Italien, Chile, die Schweiz, Uruguay. Was die Diaspora betrifft, »deutet alles auf eine Verwestlichung des globalen jüdischen Kollektivs«.[45] So Heinrich C. Olmer, auf dessen Zahlenmaterial ich mich hier stütze. Was er nicht betont: Diese Verlagerung des Judentums in den Westen bedeutet auch die Verschiebung in ein Kulturgebiet, das vom Christentum geprägt ist. Die Transformation von Religion zu Kultur in der Diaspora könnte also auch mit der Anpassung an eine Kultur zusammenhängen, die aus dem christlichen Säkularisierungsprozess hervorging. Heute definiert sich etwa die Hälfte der jüdischen Gemeinschaften weltweit nicht als religiös, sondern als kulturell oder ›humanistisch‹.

* Allerdings ist auch diese Zahl schwierig einzuschätzen: Eine ganze Reihe von Russen, vor allem Intellektuelle, sind nicht religiös gebunden und ›wissen‹ dennoch um ihre jüdische Herkunft. Diese Bevölkerungsanteile lassen sich statistisch kaum erfassen, können aber politisch relevant werden, vor allem als Regimekritiker.

Unter den nichtreligiösen Juden ist wiederum die Rate der Mischehen besonders hoch: Rund die Hälfte aller Juden außerhalb Israels gehen Mischehen ein. Ist die Mutter jüdisch, so besteht eine höhere Chance als bei einem jüdischen Vater, dass sich die Kinder als Juden betrachten. In Ehen, wo beide Eltern jüdisch sind, liegt die Wahrscheinlichkeit bei 92 Prozent. Da die meisten Kinder aus Mischehen zudem oft nicht jüdisch erzogen werden, wird mit einer Abnahme der amerikanischen jüdischen Bevölkerung gerechnet – trotz der Einwanderung aus der ehemaligen Sowjetunion in die USA (circa 300 000 Personen). Auch in Europa geht die jüdische Bevölkerung zurück: wegen eines generellen Sinkens der Geburtenraten, aber auch wegen vieler interkonfessioneller Ehen. »Man muss davon ausgehen, dass in den USA und durchweg in der Diaspora die jüdische Gemeinschaft aus demographischen Gründen gefährdet ist.« Hinzu kommen die niedrigen Geburtenraten, vor allem in Europa. Das führt insgesamt zu einem Rückgang der jüdischen Diaspora-Bevölkerung. Laut Schätzungen von Bevölkerungsstatistiken wird diese im Jahr 2020 auf 7,3 Millionen und bis zum Jahr 2080 auf 5,3 Millionen absinken. Legt man bei der Zählung das strengere halachische Prinzip zugrunde, so wäre der Bevölkerungsrückgang noch erheblich höher. In Israel sieht es zwar anders aus, weil die Immigration weiterhin relativ hoch ist. Da jedoch die Herkunft der Immigranten oft nicht den Prinzipien der jüdischen Mutterlinie entspricht, können sie nicht offiziell heiraten, ihre in Zivilehe geborenen Kinder gelten nicht als jüdisch. Unter diesen Bedingungen ist sogar in Israel schon bald eine nichtjüdische Bevölkerungsmehrheit zu erwarten, die bis zum Jahre 2050 auf zwei Drittel der dortigen Bevölkerung anwachsen könnte. Kurz: Bei strikter Anwendung des Matrilinearitätsprinzips, so Olmer, bedeutet diese Entwicklung, dass »das jüdische Volk täglich um 150 Personen schrumpft«.[46] So liegt es nahe, dass vor allem das Diaspora-Judentum die Matrilinearität in Frage stellt.

Auf der einen Seite kommt es also zu einer Verschiebung im Verhältnis von Diaspora und Israel. Auf der anderen Seite steigen die Zweifel am Sinn der Mutterlinie. Zwischen beiden Entwicklungen besteht ein Zusammenhang. Denn die beiden Charakteristika jüdischer Existenz – Extraterritorialität und Matrilinearität – sind, wie im 3. Kapitel beschrieben, eng miteinander verbunden. Heute ermöglicht Israel zum ersten Mal seit 2000 Jahren eine territoriale jüdische Existenz; zugleich werden beim Diaspora-Judentum zum ersten Mal seit 2000 Jahren Bedenken gegen das matrilineare Prinzip formuliert. Überraschend ist nur, dass die Hinterfragung des halachischen Gesetzes eher im Diaspora-Judentum stattfindet als in Israel, war doch die Matrilinearität von den Rabbinern eingeführt worden ist, um den Zusammenhalt in der *Extra*territorialität zu sichern.

4. Von der Matrilinearität zur Bilinearität im Judentum

Trotz der vielen Spaltungen blieb die Matrilinearität über zwei Jahrtausende ein Garant der Einheit innerhalb der Vielfalt, und sie ist bis heute »eine Art Dogma für die Zugehörigkeit zum Judentum«. Neben der Mutterlinie gab es nur die Konversion. Inzwischen bahnt sich jedoch eine Neuerung an, die einen völligen Bruch mit der jüdischen Geschichte seit dem Beginn der christlichen Zeitrechnung beinhaltet. Einem Gutteil des diasporischen Judentums mit seinem wachsenden Bekenntnis zu einer kulturellen Identität erscheint die rein matrilineare Zugehörigkeit zur jüdischen Gemeinschaft nicht mehr angemessen. Eine jüdische Mutter, so der israelische Gelehrte, Philosoph und Talmudkommentator Rabbi Steinsaltz, ist noch keine Garantie, dass sich jemand jüdisch verhält oder denkt. Auch argumentieren die Befürworter einer Änderung des halachischen Regelwerks, dass der Zufall der Geburt nicht über die Zugehörigkeit zum Judentum entscheiden sollte: »In ganz entscheidendem Maße werden umfassende religiöse Bildung, Erziehung und Verständnis für das Judentum als zusätzliche Komponenten hinzukommen müssen.«[47] Die Mutterlinie, die einst das Überleben der jüdischen Religion und Kultur sicherte, erscheint nun, wo es um geistige oder kulturelle Definitionen von ›Jüdisch sein‹ geht, sogar unzureichend. Damit bahnte sich eine Entwicklung an, die zurzeit neue Begriffsbestimmungen von ›jüdisch‹ entstehen lässt: Sie entsprechen sowohl einem wachsenden Pluralismus *innerhalb* des Judentums als auch dem Bedürfnis, Jüdischsein nach anderen Kriterien als denen der Blutslinie zu definieren.

Eigentlich ist es erstaunlich, dass Israel an der Matrilinearität festhält, obwohl diese durch die Diaspora bedingt war. Mit der Entstehung eines jüdischen Staats mit eigenem Territorium wäre das ›Ersatzterritorium‹ Mutter eigentlich verzichtbar. Wenn der Staat Israel dennoch das Prinzip beibehält, so hängt dies einerseits mit den orthodoxen Gemeinden und der zunehmenden religiösen (und halachischen) Ausrichtung des Landes zusammen. Es mag andererseits aber auch daran liegen, dass die Frage der Territorialität weiterhin als prekär empfunden wird. An diesem Zustand haben auch die israelischen Behörden und die Siedlungspolitik ihren Anteil. Bis heute gibt es keine von israelischer Seite anerkannten Grenzen. Da es derzeit keine Indizien dafür gibt, dass Israel von der religiösen Ausrichtung des Staates abrückt, ist hier auch nicht mit einer Aufgabe des matrilinearen Prinzips zu rechnen. Andererseits ist es auffallend, dass eine Bewegung wie *Regretting Motherhood*, in der Frauen ihr Bedauern ausdrücken, Mutter geworden zu sein, ausgerechnet in Israel entstand.[48] Es ist vorstellbar, dass dieses Gefühl, »in der Mutterrolle gefangen zu sein«, mit der Verdoppelung von Mutterland *und* mütterlichem Körper als sakralem Territorium zu tun hat.

Ganz anders im diasporischen Judentum: Hier fordern heute viele Gemeindemitglieder von den Rabbinern, auch die Kinder von jüdischen Vätern als Juden anzuerkennen.* Diese Entscheidung, die sich – außer in Israel – durch keine staatliche Gesetzgebung bestimmen lässt, kann nur von den jüdischen Gemeinden selbst getroffen werden. Heinrich C. Olmer, der verstorbene Vizepräsident des Landesverbandes der israelitischen Kultusgemeinden in Bayern, veröffentlichte 2010 ein Plädoyer für die Zulassung der jüdischen Vaterschaft. Er konstatiert, dass das Judentum heute vor ähnlichen Fragen steht wie das Rabbinat vor 2000 Jahren – nur in Umkehrung: Können die alten Gesetze, die damals das Überleben des Judentums sicherten, heute noch diese Funktion erfüllen? Sind das Matrilinearitätsprinzip, das Verbot der Mischehe, die Verknüpfung von Religion, Ethnizität und Nationalität der heutigen Situation noch angemessen? Seine Antwort lautet: »Es ist fraglich, ob mit dieser Position in der globalisierten, säkularen Welt des 21. Jh., eines pluralen Judentums und einer immens ansteigenden Mischehenrate die Menschen, die dem Judentum verbunden sind, aber von der Orthodoxie mit der starren Definition ›Wer ist Jude?‹ von der jüdischen Gemeinschaft ausgeschlossen werden, die Zukunft des jüdischen Volks gesichert werden kann.«[49]

Viele reformjüdische Gemeinden in den USA und Großbritannien sind inzwischen dazu übergegangen, Kinder, die nur einen jüdischen Vater, aber keine jüdische Mutter haben, zu Bar Mitzwa und Bat Mitzwa zuzulassen, sofern sie jüdisch erzogen wurden. Am 15. März 1983 fasste das *Committee for Patrilineal Descent* der amerikanischen Reformgemeinden einen Beschluss, in dem es heißt: »Die Central Conference of American Rabbis erklärt, dass das Kind eines

---

* Es ist bemerkenswert, welche Kehrtwende sich hier mit dem Begriff der ›Anerkennung‹ vollzieht: Musste bisher der Vater sein Kind anerkennen, damit es als legitim galt, so geht es nun darum, dass der Vater ›anerkannt‹ wird, damit sein Kind zu einem legitimen Mitglied der Gemeinde werden kann.

jüdischen Elternteils unter der Vermutung einer jüdischen Abstammung steht.« Diese Vermutung (es ist aufschlussreich, dass derselbe Begriff wie für die ›Vaterschaftsvermutung‹ verwendet wird) muss allerdings durch den Akt eines öffentlichen Bekenntnisses zum jüdischen Glauben und eine entsprechende Unterweisung ergänzt werden.[50] Nahezu alle Gemeinden, die der *World Union for Progressive Judaism* angehören, haben die Positionen des amerikanischen Reformjudentums übernommen. Sogar in konservativen Gemeinden zeigen Umfragen, dass zwei Drittel der Befragten die patrilineare Abstammung unterstützen würden. Insgesamt zeichnet sich in den USA die Herausbildung einer neuen, »mehr individualistisch empfundenen jüdischen Identität außerhalb der etablierten jüdischen Strukturen« ab.[51] Ähnliche Entwicklungen gelten auch für Großbritannien und Frankreich. Je nachdem, wie die jüdische Identität definiert wird – halachisch oder nach den Kriterien des Reformjudentums –, ergeben sich so erhebliche Differenzen in der Definition jüdischer Identität und der entsprechenden Bevölkerungsstatistik.

Die jüdische Gemeinde in Deutschland setzt sich heute zu einem Gutteil aus Juden zusammen, die nicht den halachischen Kriterien entsprechen, was nicht ausschließt, dass sie sich selbst als religiöse Juden definieren. Seit 1990 kamen 220 000 sogenannte ›Kontingentflüchtlinge‹ aus der ehemaligen Sowjetunion nach Deutschland. Israel, die USA und Deutschland nahmen 92 Prozent der gesamten russischen Immigration auf. Seit 2001 ist Deutschland das wichtigste Zielland, noch vor den USA und Israel. Die aus Russland immigrierten Juden machen heute 80 Prozent der deutschen Juden aus – das ist weltweit einmalig. Der Mitgliederbestand der jüdischen Gemeinden hat sich wegen dieser Immigration seit den 1990er Jahren verdreifacht. Die alteingesessenen Juden, die die neuen eigentlich »integrieren« sollten, bilden mittlerweile eine Minderheit – mit entsprechendem Konfliktpotential. Man vermutet, dass inzwischen 200 000 Juden in Deutschland leben, hat aber keine genauen Zahlen, weil viele (man schätzt etwa die Hälfte) keiner Gemeinde angeschlossen sind.[52] Der Grund: Die meisten jüdischen Gemeinden in Deutschland halten an den halachischen Gesetzen fest, während sich in Russland die religiöse Zuordnung am Vater orientierte.[53] Das hat zur Folge, dass zwar die deutschen Behörden, aber nicht die Gemeinden die immigrierten Juden als Juden anerkennen – eine widersprüchliche Situation, die die Betroffenen in eine schwierige Situation versetzt. Zudem wird von vielen Einwanderern die Gemeinde eher »als Sozialstation oder Kulturinstitut gesehen. Religion? Nein danke«, so Moritz Neumann.[54]

Für Kinder von jüdischen Vätern und nicht-jüdischen Müttern findet nun immer öfter der Begriff »Halbjude« Verwendung. Er erinnert – wie auch der Begriff der »Mischehe« – an die nationalsozialistischen Kategorien. Doch während diese ausschließlich die Blutslinie meinten, sind mit diesen Halbjuden auch neue *kulturelle* Identitäten gemeint, die sich stärker an der Frage der jüdischen Erziehung orientieren. 2006 hat eine Gruppe um Robin Margolis das *Halbjüdische Netzwerk* ins Leben gerufen. Es fand bereits Anerkennung beim US-Reformjudentum und bei den Rekonstruktionisten.* Eine Studie konnte nachweisen, dass im Großraum Boston 60 Prozent der Kinder aus Mischehen als Juden erzogen werden. Sie galten bisher als halbjüdisch, könnten nun aber ihren Einfluss auf die Formulierung einer neuen Definition von ›jüdisch‹ geltend machen.[55] Die französische Historikerin Esther Benbassa schreibt dazu: Die exogame Ehe bedeutet »nicht notwendigerweise den Austritt aus dem Judentum, sondern die Erfindung einer neuen jüdischen Identität, die es erlaubt, exogam zu heiraten, gleichzeitig Mitglied einer Gemeinde zu bleiben und diese Identität seinen Nachkommen weiterzugeben«.[56] Manche reformjüdischen Gemeinden gehen so weit, bei Mischehen die jüdische Mutter als Kriterium für Zugehörigkeit zum Judentum *auszuschließen*, wenn die Familie keine Erziehung zum Judentum garantiert. Diese Entwicklung bedeutet, dass derzeit zwei unterschiedliche, ja sogar konträre Definitionen von Judentum entstehen: eine halachische, die sowohl in Israel als auch in der Orthodoxie dominiert, und eine reformierte bis kulturelle, die in der Diaspora verbreitet ist und dem Vater bei der Zugehörigkeit zum Judentum eine wichtige Rolle zuweist.

Damit wird zum ersten Mal seit 2000 Jahren *der* gemeinsame Nenner aller jüdischen Gemeinden – das Prinzip der Matrilinearität – in Frage gestellt. Da sich, wie wir noch sehen werden, auch in der christlichen Gesellschaft eine vergleichbare Umwälzung vollzieht, steht möglicherweise die Idee der Blutslinie überhaupt zur Disposition.

---

* Der Rekonstruktionismus wurde in den 1930er Jahren in den USA durch den Rabbiner Mordechai Menahem Kaplan entwickelt. Kaplan verstand das Judentum nicht als Religion, sondern als eine sich weiterentwickelnde »religiöse Zivilisation«, die nicht nur rituelle, sondern auch kulturelle Aspekte wie Geschichte, Literatur und die Künste umfasst. Für den Rekonstruktionismus gilt die Halacha nicht als festgelegt, sondern befindet sich in einem permanenten Prozess der Fortentwicklung. 1955 wurde die *Jewish Reconstructionist Federation* gegründet, sie umfasst etwa 100 Gemeinden und Gruppen und macht drei Prozent des amerikanischen Judentums aus. (Vgl. Kaplan 1934/2010; Dashefsky/Sheskin 2013).

5. Neue Formen jüdischer Zugehörigkeit

Das Judentum der Diaspora scheint sich weiter in die Richtung einer kulturellen Identität zu bewegen. Rabbi Walter Jacob, der 1930 in Augsburg als Sohn einer bedeutenden Rabbinerfamilie geboren wurde und 1938 mit seiner Familie in die USA flüchtete, wo er zu einer der wichtigsten Persönlichkeiten des liberalen Judentums wurde (1999 war er wiederum an der Gründung des liberalen Rabbinerseminars Abraham Geiger Kolleg in Potsdam beteiligt), konstatiert, dass die überwältigende Mehrheit der Juden in Nordamerika, Israel und dem Rest der Welt nur in einem ganz losen Sinne jüdisch ist. Dennoch, so sagt er, formen diese Menschen »eine neue, in ethnischer Hinsicht unverwechselbare Jüdischkeit. Sie teilen ein kollektives, kultur-sittliches Gedächtnis und obwohl sie Maimonides, Buber oder Gaon von Wilna fernstehen, sind sie doch nicht verloren. Sie entwickeln eine jüdische Kultur, die auf losen Verbindungen zwischen Freunden beruht, auf dem Internet und einer unbestimmten Spiritualität. Diese Spielart der Jüdischkeit hält sich seit Generationen, vielleicht schon ein Jahrhundert lang.«[57] Auch wenn Steinberg den Begriff ›ethnisch‹ verwendet, der heute in vielen Kontexten im Sinne einer leiblichen Herkunft verwendet wird, so beschreibt er doch ein kulturelles und psychologisches Verständnis von jüdischer Identität, das mit der Blutslinie so gut wie nichts mehr gemein hat, sich aber den sozialen Formen von Verwandtschaft annähert, von denen im 1. Kapitel dieses Buchs die Rede war.

Die modernen Gesellschaften haben es mit zwei großen Neuerungen zu tun. Das Eine ist die Globalisierung und eine damit einhergehende Zunahme der Migration. Weltweit befinden sich heute 65 Millionen Menschen auf der Flucht oder aus anderen Gründen auf der Wanderung. Zwar hat es schon immer große Migrationsbewegungen gegeben, gerade rund ums Mittelmeer, aber erst nach dem Zweiten Weltkrieg nahmen diese weltweite Dimensionen an, die schon innerhalb einer Generation spürbar werden. Die andere Neuerung, die Beschleunigung der Verkehrsmittel und die Verdichtung des Kommunikationsnetzes, hängt mit der ersten zusammen: Das Zusammenrücken der Kontinente, der Austausch zwischen den Kulturen beeinflussten auch die Bewegung der Menschen. Von deren Migration sind heute nicht nur die betroffen, die sich auf Wanderung befinden, sondern auch alle, die die Fremde ›vor der eigenen Haustür‹ erleben. Während viele Menschen zum ersten Mal die Begegnung mit einer anderen Kultur am eignen Leib erfahren, ist die jüdische Kultur damit schon lange vertraut. Allerdings kam es im 20. Jahrhundert auch hier zu einer besonderen Verdichtung. Zwischen 1900 und den Beginn des 21. Jahrhunderts migrierten rund 10 Millionen Juden »von, zu und quer durch Länder und Kontinente«, davon mehr als die Hälfte in den Jahren zwischen 1948 und 2013.[58]

Die jüdische Migrationserfahrung begann vor zweieinhalbtausend Jahren im babylonischen Exil, wo die theologischen Texte ausformuliert wurden. Seither ist sie der Religion selbst eingeschrieben. Denn schon in Babylon fand das Judentum in den Buchstaben der Schrift eine stellvertretende ›Heimat‹.[59] Nach der zweiten Zerstörung des Tempels erwies sich diese Verlagerung des Gotteshauses in die Buchstaben erneut als überlebenswichtig. Dank dieser langen Tradition ist die jüdische Kultur heute besser als irgendeine andere für die Konsequenzen gewappnet, die sich aus der Verdichtung des Kommunikationsnetzes ergeben. Die jüdische Kultur hatte die Schrift zu ihrem ›portativen Vaterland‹ gemacht. Was aber ist das Internet anderes als eine auf das Schriftsystem verschobene ›Heimat‹? Im Cyberspace wird das Festland durch ein bewegliches Territorium der Zeichen ersetzt, und dieses schuf eine neue Form von Zusammengehörigkeit, für die die Blutslinie so gut wie keine Rolle mehr spielt. Umso wichtiger werden aber soziale und kulturelle Verflechtungen.

Der amerikanische Kultur- und Kommunikationsforscher Jeffrey M. Peck, der ein Buch über die Frage der jüdischen Identität in Deutschland seit der Wiedervereinigung verfasst hat, vertritt die Ansicht, dass für Juden in der Diaspora die modernen Informationstechnologien zu einem wichtigen Vehikel der Vernetzung geworden sind. Das gelte insbesondere für die sich wandelnde jüdische Gemeinde in Deutschland – sowohl in ihrer Beziehung zum Rest von Europa als auch zu Israel als der privilegierten Heimat des jüdischen Volkes. »Das Erscheinen eines Cyber-Jew wäre nicht erstaunlich angesichts der wachsenden technischen Möglichkeiten, Informationen auszutauschen und, in diesem Fall, Identitäten zu konstruieren und ein neues Diaspora-Bewusstsein zu schaffen.« Peck erwähnt Portale wie *Jewhoo* und *ClickonJudaism*, das von der Union of American Hebrew Congregations of Reform Movement in der Hoffnung geschaffen wurde, kulturellen Juden ein »Eintrittsportal zur Synagoge« zu bieten.[60] Jüdisch-russische Immigranten in Deutschland Europa haben das Portal *www.jeurope* eingerichtet, das jungen jüdischen Singles helfen soll, Partner zu finden. Hier verbindet sich die kulturelle Ebene dann wieder mit dem leiblichen Prinzip.

Es entstanden Netzwerke, die sowohl eine »ethnische Gemeinschaft« als

393

auch eine »virtuelle Ethnizität« ermöglichen. So der Medienwissenschaftler Mark Poster in seinem Buch *What's the Matter with the Internet?* Als Beispiel zitiert er ein Foto, auf dem ein orthodoxer Jude an der Klagemauer zu sehen ist, der sein Mobiltelefon dem Heiligen Ort entgegenstreckt, damit ein Freund am anderen Ende der Leitung mit ihm beten kann. Das Internet, so Poster, sei weit davon entfernt, ethnische Zugehörigkeit aufzuheben, vielmehr erlaube es »Juden, wo auch immer sie sich auf dem Planeten befinden, in Verbindung zu treten«.[61]

Besonders in Deutschland spielt das Netz eine wichtige Rolle: Einerseits, so Peck, wachse die deutsche jüdische Gemeinde rascher als irgendeine andere der Diaspora, hier befinde sich mittlerweile die drittgrößte jüdische Gemeinde Europas bzw. die neuntgrößte der Welt. Andererseits gebe es in Deutschland eine vollkommene Unklarheit über die Definition von ›Jüdischkeit‹. Das gilt auch für andere Länder der Diaspora. In Pecks Augen ist das Internet zu *dem* Symbol für das Leben in der Diaspora geworden – das ›portative Vaterland‹ der Moderne. »Die neue jüdische Diaspora-Identität, die ich hier beschreibe, trägt zwar die Kennzeichen einer konventionellen, auf dem Blut beruhenden Affinität, verwandelt sich nun aber in eine andere Art von ziviler, politischer Gemeinschaft, die sich nach den Kategorien des globalen elektronischen Netzwerks bildet, das heute alle Identitäten reformiert.«[62] Auf dieser Art von Netzwerk und jüdischer Identität basiert die Zuversicht des Rabbiners Walter Jacob über die Zukunft des Judentums: »Da uns für unsere jüdische Identität eine Vielzahl von Optionen zur Verfügung steht, sollten wir uns nicht allzu sehr um die Zukunft oder unsere demografische Entwicklung sorgen. Einige mögen für immer verloren gehen, aber die meisten werden in Nordamerika, Israel und Europa neue Formen der Jüdischkeit und des Judentums schaffen.«[63] Dieses neue ›soziale‹ oder ›virtuelle‹ Konzept von Judentum *ist* Globalisierung.

Es sei in Erinnerung gerufen, dass das Reformjudentum, das heute die Kinder von jüdischen Vätern als Juden mehrheitlich anerkennt, auch aus dem Bedürfnis entstand, sich von den antisemitischen Definitionen eines angeblichen ›jüdischen Blutes‹ und einer ›jüdischen Rasse‹ abzugrenzen und diesen eine geistige Definition jüdischer Identität gegenüberzustellen. Ungeplant erwuchs aus dieser geistigen Definition eine neue, mit der Moderne und den Bedingungen der Globalisierung kompatible Definition von Judentum. Sie impliziert, dass die jüdische Zugehörigkeit nicht nur durch Geburt, sondern auch durch die Identifizierung mit traditionellen Werten des Judentums bestimmt wird. Aus einer von der Blutslinie bestimmten Gemeinschaftsbildung wurde so ein soziales Netzwerk, das die jüdische Kultur und jüdisches Ethos ins Zentrum rückt. Symptomatisch dafür ist etwa die Entstehung des Verbandes *Circle of Secular Jews* mit seinen *Jews of no Religion* wie auch die Tatsache, dass laut einem *Pew Report* von Mai 2015 heute jeder sechste erwachsene Jude in den USA ein Konvertit ist.* Die Konvertiten bezeichnen sich selbst als *Jew by Choice*, als ›Wahljuden‹.

Diese Entwicklung eines kulturellen Judentums, das auf die reine Matrilinearität verzichtet, wäre ohne die Entstehung des Staates Israel als territorialem Gegenpol allerdings kaum vorstellbar. Das heißt, erst seitdem das portative Vaterland der Thora durch ein (reales) Heiliges Land ergänzt wurde, konnte das Judentum eine derartig plurale Gestalt annehmen. Es ist kein Zufall, dass die Juden der Diaspora erst *nach* der Gründung des Staates Israel die matrilineare Blutslinie in Frage zu stellen begannen. Die Entwicklung hing also weniger mit dem Säkularisierungsprozess zusammen, der schon lange vorher begonnen hatte, als mit dieser neuen Territorialität. Eigentlich sollte das Konzept der mütterlichen Blutslinie das feste Heimatland substituieren. Doch mit der Entstehung von Israel wurden die Rollen neu verteilt: In Israel fallen mütterlicher Körper (Matrilinearität) und Territorialität in eins, während die Diaspora das portative Vaterland (mit oder ohne Transzendenzbezug) repräsentiert. Beide ergänzen sich gegenseitig, nur anders, als die Rabbiner sich das mal vorgestellt hatten.

Die Korrelation von Israel und Diaspora zeigt sich an einer erstaunlich hohen Übereinstimmung des Wertekanons: Sowohl in den USA (als dem modernen ›Vaterland‹ der Diaspora) als auch in Israel hat die Erinnerung an den Holocaust hohe Priorität – höher als der Glaube an Gott. Bei beiden nimmt auch die Familie einen wichtigen Stellenwert ein – sie gilt mehr als die jüdischen Feiertage zum Beispiel. Beiden Kulturen gemeinsam ist auch der gestiegene Bildungsanspruch: 1957 hatten in den USA nur 26 Prozent der jüdischen Männer und 10 Prozent der jüdischen Frauen einen akademischen Abschluss. 2001 lag er schon bei 67 Prozent der Frauen und 71 Prozent der Männer – das ist erheblich höher als bei der restlichen Bevölkerung. Ähnlich in Israel, wo besonders der Anstieg unter den Frauen auffallend ist. Eine weitere Gemein-

---

* Von diesen ordnen sich, laut demselben *Pew Report*, 44 Prozent dem Reformjudentum, 22 Prozent dem konservativen, 14 Prozent dem orthodoxen, 5 Prozent anderen Bewegungen und 16 Prozent gar keiner bestimmten Strömung zu.

samkeit ist die Sorge um Israel. Nur in einem Punkt unterscheidet sich der Wertekanon: »Unter US-Juden hat die Identifizierung mit jüdischer Kultur, Geschichte und Politik einen ebenso hohen Stellenwert wie die Teilnahme an der Zivilgesellschaft für israelische Juden.«[64]

Mit anderen Worten: Die Juden der Diaspora – und diese sind überwiegend identisch mit den kulturellen Juden – haben die Aufgabe übernommen, für den Bestand der *geistigen* und historischen Erbschaft zu sorgen, die Juden in Israel dagegen bewahren die Erbschaft der Orthopraxie, d. h. sie erhalten das traditionelle Regelwerk. Das mag die zunehmend religiöse ›Aufladung‹ des Lebens in Israel erklären. Diaspora und Israel ergänzen sich in einer ähnlichen Weise wie im rabbinischen Judentum Schrift und Matrilinearität – nur verlaufen die Unterschiede nun nicht mehr entlang der symbolischen Geschlechtergrenzen: Vater (›Heiliger Text‹) und Mutter (›Heiliges Land‹). An deren Stelle trat das Paar: Territorialität und Extraterritorialität.

Im *innerjüdischen* Diskurs wird der Unterschied zwischen Diaspora und Israel selten als Aufgabenverteilung und gegenseitige Ergänzung verstanden. Vielmehr wird die Spaltung betont: zwischen Reformjuden und orthodoxen oder konservativen Gemeinden wie auch zwischen Diaspora und Israel. Die *Jerusalem Post,* die im Mai 2015 über die Ergebnisse des oben zitierten *Pew Reports* zu jüdischen Konvertiten berichtete, illustrierte die Nachricht mit einem Foto von Juden aus Brooklyn, die Purim feiern, sich also ›verkleidet‹ hatten.[65] Offenbar sollte mit dieser Illustration unterstellt werden, dass es sich bei der hohen Zahl von Konvertiten in den USA um ›unechte Juden‹, *fake Jews* handelt. Die Konversion stößt auch bei vielen jüdischen Gemeinden Deutschlands auf Ablehnung*. Das hat die schon erwähnte paradoxe Konsequenz, dass russische Juden, deren Judentum sich (der russischen Gesetzgebung entsprechend) vom Vater ableitet, zwar von den deutschen Behörden als jüdische Immigranten anerkannt wurden und einen deutschen Pass erhielten, in den jüdischen Gemeinden jedoch keine Aufnahme fanden. Bei der Spaltung zwischen ›echten‹ und ›falschen‹ Juden wird schlicht übersehen, dass die Existenz von Israel und die Pluralisierung jüdischer Identität in der Diaspora historisch und aktuell zusammengehören.

* * *

---

* Was nichts daran ändert, dass in Deutschland einige Konvertiten zu den Wortführern der jüdischen Gemeinde und zu Gemeinderabbinern geworden sind.

In der christlichen und post-christlichen Kultur treten heute ebenfalls neue soziale und kulturelle Formen der Verwandtschaft neben die Blutslinie. Ebenso wie das diasporische Judentum das Prinzip der Matrilinearität in Frage stellt, geriet auch in den Ländern der christlichen Kultur das Prinzip der Patrilinearität in die Kritik. An der Wende zum 20. Jahrhundert errangen Frauen in den Industrieländern das aktive und passive Stimmrecht, sie wurden zu akademischer Ausbildung zugelassen und sind heute in so gut wie allen Berufen tätig. Bei dieser Umwälzung übten Jüdinnen eine Pionierrolle aus. Zugleich waren sie Vorreiterinnen beim Zugang von Frauen zu geistlichen Ämtern. Von den drei monotheistischen Religionen öffnete sich das Judentum als erste dieser Neuerung der Moderne. In Berlin legte 1935 Regina Jonas als erste Frau die Prüfung zum Rabbinat ab und wurde ordiniert.[66] Sogar das orthodoxe Judentum Israels hat es mittlerweile mit einer feministischen Bewegung zu tun, die eine der umfangreichsten Facebook-Seiten des ganzen Landes mit 600 engagierten Frauen umfasst. Es ist nicht auszuschließen, dass sich die israelische Orthodoxie, die sich sowohl im Religions- als auch im politischen Leben niederschlägt, unter dem Einfluss dieser Frauen für einige Neuerungen öffnet.

Auch in den Kulturen der patrilinearen Blutslinie unterliegen Frauen nicht mehr der Vormundschaft ihrer Väter, Brüder oder Ehemänner. Das Erbrecht wurde reformiert. Die männliche Erblinie verschwand aus den Gesetzbüchern. Zugleich änderte sich die traditionelle Namensgebung, laut der der Familienname dem Vater folgt. Es setzte sich eine Bestimmung durch, laut der Kinder auch den Namen der Mutter annehmen und somit in der mütterlichen Linie stehen können. Die ersten Ansätze zu diesen Neuerungen lagen schon im 19. Jahrhundert. Sie waren sowohl beim Judentum als auch beim Christentum das Symptom einer Verlagerung von Religion zu Kultur.

Die im vorigen Kapitel beschriebene Verbindung von digitalen Medien und Biologie kann neue kollektive Determinismen schaffen (*Book of Icelanders*) oder diese auch hinterfragen, wie das in Argentinien der Fall ist. Es gibt aber noch eine dritte Möglichkeit: In der Moderne sind kollektive Identitäten – religiöse, nationale, geschlechtliche und andere – zunehmend fließend geworden. Die vielen modernen Möglichkeiten, sich als ›Jude‹ zu definieren, sind dafür nur ein Beispiel: ethnisch, halachisch-matrilinear, kulturell, diasporisch, israelisch etc. Dieser Entwicklung entspricht ein allgemein wachsender Anteil von Menschen mit multipler Zugehörigkeit: verschiedenen Staatsbürgerschaften, mehreren religiösen Zugehörigkeiten*, geschlechtlicher Uneindeutigkeit und ethnischer Vielfalt. Für diese wachsende Population hat die Bevölkerungsstatistik noch keine geeigneten Parameter gefunden. Sie entzieht sich einer klaren Erfassung. Vielleicht, man darf spekulieren, ist das Phänomen der multiplen Zugehörigkeiten sogar eine unbewusste Form des Widerstands gegen die territoriale und genetische Festlegung. Auf jeden Fall bezeichnet und bewirkt dieser Wandel eine steigende Skepsis gegenüber exklusiven Identitäten und identitärer Politik. So wie der Begriff ›Heimat‹ heute überwiegend auf eine virtuelle Zugehörigkeit verweist,[67] bezeichnet auch die ›Identität‹ nur noch eine Imagination, die höchstens für das bürokratische Ordnungssystem Realitätsgehalt hat.

Solche fließenden Zugehörigkeiten sind dabei, auch neue Verwandtschaftsverhältnisse zu schaffen. In Europa hatte die Schrift jahrhundertelang über die Verwandtschaftslinien bestimmt. Doch mit Patchworkfamilie und den Reproduktionstechniken ist Verwandtschaft inzwischen zu einer wählbaren Angelegenheit geworden. In den Industrieländern wurde diese Wahlfreiheit weitgehend legalisiert, sie gilt als Menschenrecht. Die Geschwindigkeit, mit der sich diese Änderung vollzog, ist mentalitätsgeschichtlich einmalig und ein Indiz, dass die Schrift als ebenso unsicher empfunden wurde wie die Vaterschaft, die sie stützen sollte. Andererseits könnte der rasche Wandel aber auch darauf hindeuten, dass es mit der Wahlfreiheit vielleicht doch nicht so weit her ist, wie der Begriff unterstellt.

Wie schon in den vergangenen Jahrhunderten, wird auch heute die Gefühls- und Wertewelt von ökonomischen, medialen, gesetzlichen Bedingungen und den damit einhergehenden Wissenskulturen bestimmt, und wenn sich unsere Definition von ›Normalität‹ so schnell verändert hat, so liegt dies am raschen Wandel eben dieser Faktoren. Was bedeutet das für die Einstellung zur Blutsverwandtschaft? »C'est faux de dire: je pense«, sagte der Dichter Arthur Rimbaud über die Wirkmacht der Sprache auf das Denken. »On devrait dire: on me pense. Je est un autre«.** Die Nähe von Verwandtschaft zur Sprache, auf

---

* Das Extrembeispiel für multiple religiöse Zugehörigkeit bietet allerdings nicht ein westliches Land, sondern Japan, wo es – bei einer Gesamtbevölkerung von 127 Millionen Menschen – über 119 Millionen Shintoisten, 94 Millionen Buddhisten, 2 Millionen Christen und 10 Millionen sonstige Gläubige gibt (Stand der Daten aus dem Jahre 2004). Das heißt, ein und dieselbe Person kann seine Ahnen mit den Riten des Shintoismus verehren, christlich heiraten, dem Buddhismus nahestehen und sich als jeder dieser Religionen zugehörig definieren.

** »Es ist falsch zu sagen: ich denke. Man müsste sagen: es denkt mich. Ich ist ein anderer.« Rimbaud (1997), S. 367 f.

die ich im 1. Kapitel hinwies, legt nahe, dass es mit unseren Empfindungen zur Verwandtschaft ähnlich aussieht: Da sie sich nach den jeweiligen Definitionen von Verwandtschaft richten, müsste es auch von ihnen heißen: ›Wir werden gefühlt.‹ Dies ist die einzige Gewissheit, auf die wir uns verlassen können: Unsere Affinitäten (ob sozialer, kultureller, leiblicher oder gewählter Art) werden von historischen Umständen diktiert, und diese bestimmen damit auch über Verwandtschaftsgefühle.

Um die aktuellen dramatischen Veränderungen auf dem Gebiet von Verwandtschaft zu verstehen und deren künftige Entwicklungen einschätzen zu können, ist der Blick in die Vergangenheit unerlässlich. In den vorangegangenen Kapiteln habe ich einige historische Entwicklungen der jüdischen und der christlichen Blutslinien (und deren innere Logik) zu umreißen versucht. Das Wissen um die Regelwerke, die über Verwandtschaft einst bestimmten, eröffnet Einsichten in die ungeschriebenen Gesetze der Gegenwart, die gerade nicht als Regeln, sondern als Wahlfreiheit daherkommen. Derzeit scheinen sich zwei konträre Entwicklungsstränge herauszubilden: Der eine führt zur Biologisierung der geistig-väterlichen Linie, also der (lange nur erwünschten und nun gelungenen) Verankerung der Patrilinearität in einer ›echten‹ Leiblichkeit. Der genetische Vaterschaftsbeweis ist dafür das evidenteste Beispiel. Der andere führt in eine zunehmend soziale oder kulturelle Definition von Verwandtschaft. Obwohl diese Entwicklungslinien fast konträr sind, haben sie *beide* Anteil an den fließenden Geschlechtsidentitäten der Moderne. Von diesen Zusammenhängen soll im nächsten und letzten Kapitel die Rede sein.

Meret Oppenheims *Das Paar (mit Ei)* von 1967 lässt offen, welchem Geschlecht dieses Paar angehört; das einzelne Ei deutet auf die Fähigkeit zur Selbstbefruchtung. Als diese Arbeit entstand, hatte mit der Pille das Zeitalter der freien Sexualität begonnen, während die Reproduktionsmedizin die Fortpflanzung revolutionierte: 1978 wurde das erste In-vitro gezeugte Kind geboren. Mit Reproduktionsmedizin und Genetik schuf die Biologie austauschbare sexuelle Identitäten und multiplizierte die Möglichkeiten von Verwandtschaftsbeziehungen.

8. KAPITEL:
Reproduktionstechniken und Geschlechterrollen

Einführung

Es ist schon seltsam, dass die lange Geschichte des Patriarchats im Phänomen der ›kaputten Väter‹ kulminiert und dass dies ausgerechnet in dem historischen Moment geschieht, wo der sichere Vaterschaftsnachweis möglich geworden ist.* Den genetischen Fingerabdruck gibt es seit 1984, ein symbolisch hoch aufgeladenes Datum, das der wichtigsten Dystopie des 20. Jahrhunderts ihren Namen verlieh. Mag sein, dass mit diesem Datum auch die Utopie der Patrilineariät ihre Erfüllung fand – und es eben deshalb zu ihrem Niedergang kam.

Wir haben in den vorigen Kapiteln gesehen, dass sich die prekäre Vaterschaftslinie auf mediale Techniken wie Schrift, Gesetz, Geld stützte, denen soziale und materielle Faktoren wie Ämter, Kapital, Grund und Boden als Sicherung dienten. Gemeinsam bildeten diese Elemente die eigentliche Vaterlinie, und sie tun es in hohem Maß noch heute. Seitdem sich das väterliche Erbe biologisch nachweisen lässt, müssten sie – als Garanten des ›väterlichen Erbes‹ – eigentlich obsolet geworden sein. Zumindest fehlen den Faktoren Schrift und Kapital die notwendigen Argumente für ihre alleinige Anbindung an den männlichen Körper. Geht es heute um die Blutslinie, hat der weibliche Körper nicht schlechtere, eher bessere Karten, um seinen Anteil am biologischen wie kapitalträchtigen ›Erbe‹ zu reklamieren. Im 20. Jahrhundert rangen sich so gut wie alle westlichen Industriestaaten dazu durch, den Frauen die gleichen politischen und ökonomischen Rechte und Bildungschancen einzuräumen. Der Stammbaum allein konnte die Vaterlinie nicht mehr sichern; Geld und Vermögen mussten wohl oder übel auf beide Geschlechter verteilt werden.

Das veränderte Wissen um die Zeugungsvorgänge dürfte der Hauptgrund

---

* Dank der Entdeckung der Blutgruppen konnte ab Mitte der 1920er Jahre die biologische Vaterschaft in etwa ermittelt werden. Seit Mitte der 1980er liefert der ›genetische Fingerabdruck‹ so gut wie sichere Beweise. Seit circa 1995 stehen mechanisierbare (und damit allgemein zugängliche) DNA-basierte Untersuchungsmethoden zur Verfügung.

für den – mentalitätsgeschichtlich einmalig schnellen – Wandel der Geschlechterordnung in den letzten hundert Jahren gewesen sein. Zugleich beweist allein die Geschwindigkeit, mit der patrilineare Privilegien abgeschafft wurden, dass es sich bei dieser Ordnung nie um eine ›natürliche‹, sondern immer schon um eine kulturelle gehandelt hatte. Andernfalls hätten sich weder die Gesetze noch die soziale Realität so rasch verändern lassen.

Heißt das, die Patrilinearität war nur eine vorübergehende Erscheinung? Wenn ja, so hat sie in der langen Zeit ihres Bestehens sehr viel Wirklichkeit geschaffen. Warum war diese Wirklichkeit dann aber so rasch aus den Angeln zu heben? Warum sank die Institution Vaterschaft innerhalb so kurzer Zeit nahezu in die Bedeutungslosigkeit ab? Denkbar wäre doch auch gewesen, dass der Vaterschaftsnachweis die symbolische Vaterschaft bestätigt. Die Antwort liegt vermutlich irgendwo dazwischen: Der biologische Vaterschaftsbeweis hat in der Tat dazu beigetragen, die symbolische Vaterschaft zu stärken. Das geschah jedoch auf Kosten der Nähe von biologischer und sozialer Vaterschaft. Ausgerechnet die leiblichen Väter zahlen heute den größten Preis für die Erweiterung der symbolischen Vaterschaft. Ich weiß, das klingt paradox. Aber wenn man sich die sozialen Folgen der Reproduktionstechniken näher ansieht, kann man sich einer solchen Einsicht kaum verschließen.

Es lag zum Gutteil (wenn auch nicht ausschließlich) an der biologischen Forschung, dass ›der Vater‹ entmachtet wurde. Allerdings fällt auf, dass die Betreiber dieser Forschung ausschließlich Männer waren. Das entsprach natürlich den akademischen Standards bis etwa 1950. Die Kritiker der Feministinnen vergessen, dass die Wegbereiter der modernen Geschlechterordnung männlich waren, wenn sie den Vorwurf erheben, die Männer seien von den Frauen aus der Vaterrolle verdrängt worden.* Es waren nicht die Feministinnen, sondern die Zeugungsforscher, später die Genetiker, die die alten aristotelischen Lehren vom ›himmlischen Samen‹ oder vom präformierten Lebewesen über Bord warfen. Heute leisten auch Frauen Spitzenforschung auf diesem Gebiet. Aber die

---

* So etwa der Pädagoge Dieter Lenzen: »Die inzwischen tendenziell selbst um ihre Zeugungsfunktion *gebrachten* Väter verfügen über keinerlei Machtmittel mehr, sich dagegen *zur Wehr zu setzen*. Ob die propagierte Form ›neuer Väterlichkeit‹, die zumindest einen emphatischen Begriff in Anspruch nimmt, geeignet sein wird, eine Rehabilitation der Väterlichkeit in den Medien des Nährens, Schützens und Zeigens wieder herzustellen, lässt sich gegenwärtig nicht absehen. Die Tatsache, dass die Motivation für dieses Konzept aber nicht aus einer Umgestaltung der Kind-Vater-Beziehung bezogen wird, sondern aus dem Entlastungsbedürfnis der Mütter lässt Zweifel berechtigt sein.« (Lenzen, S. 110. Hervorhebungen im Original.)

Weichen dafür wurden gestellt, lange bevor Frauen Zugang zu den Labors und akademischer Ausbildung hatten.

Natürlich könnte man sagen: dumm gelaufen; diese Wissenschaftler wussten nicht, welche Büchse der Pandora sie mit ihren Forschungen öffneten. Ebenso gut könnte man freilich auch vermuten, dass sie der prekären Vaterschaft überdrüssig und auf einen *pater semper certus* erpicht waren. Aber warum kam dann der Überdruss so spät? Und warum haben bisher so wenige Väter von diesem Wissen Gebrauch gemacht? (Der genetische Vaterschaftsnachweis wird fast ausschließlich zur *Abwendung* von Vaterschaftsansprüchen eingesetzt. Mir ist kein einziger Fall bekannt, wo ein Vater auf diese Weise einen Sprössling reklamieren wollte.) Auch steht in den Gesetzbüchern der genetische Vaterschaftsbeweis weiterhin an dritter Stelle der Legitimationen: nach der Ehelichkeitsvermutung und der Anerkennung der Vaterschaft. Allerdings besagt es einiges, dass der juristische Vater, der nicht zugleich leiblicher Vater ist, von den Juristen als ›Scheinvater‹ gehandelt wird.* Zwar steigt der leibliche Vater, lange mit dem Makel des *incertus* belegt, allmählich im Ranking. Aber die Sicherheit der Vaterschaft scheint nicht der eigentliche Motor des Wandels der Geschlechterordnung gewesen zu sein – sie war eher deren Nebenprodukt.

Auch die Vielfalt der heutigen Vaterschaftsdefinitionen sollte nachdenklich stimmen: Neben dem juristischen Vater gibt es den sozialen Vater (der sich um ein Kind kümmert, mit dem er nicht leiblich verwandt ist), und es gibt den Samenspender (den leiblichen Vater, der meistens keine Beziehung zu seinen Sprösslingen hat). Ebenso entstanden auch auch neue Kategorien von Mutterschaft: neben der sozialen Mutter der Patchworkfamilie entstand auch die genetische Mutter, die intentionale Mutter, die Tragemutter, die Eizellspenderin usw. Die beiden Begriffe ›Vater‹ und ›Mutter‹ nehmen heute mehrere Bedeutungen an; oder aber sie wurden, wie in Frankreich, ganz aus dem Gesetzbuch gestrichen: Im novellierten *Code Civil* ist nur noch von Elternteil 1 und Elternteil 2 die Rede. Ist es wirklich ein Widerspruch, dass dieselbe Forschung, die dem prekären Zustand des *pater semper incertus* ein Ende setzte, auch die neue Vielfalt von Vaterschaft und Mutterschaft ermöglichte? Und was ist aus der geistigen Vaterschaft geworden?

* Man weiß nicht so recht, ob er so heißt, weil er ein ›scheinbarer‹ Vater ist oder weil er für das leibliche Kind eines anderen so manchen Schein hinblättern muss. Um letzteres zu ändern, hat das Bundesjustizministerium im Herbst 2016 eine neue Gesetzesvorlage eingebracht.

Ähnlich widersprüchlich sieht es auch mit der Blutsverwandtschaft aus. Einerseits hat sich der Glaube an sie mit der Reproduktionsmedizin, die die genealogischen Ketten nachweisen kann, verfestigt. Auf der anderen Seite wurden aber auch andere Modelle von Verwandtschaft wieder relevant: soziale Beziehungsgeflechte, die immer nebenbei bestanden hatten, nun aber erneut an Bedeutung gewinnen. Beide Definitionen bestimmen heute über das Verständnis von Verwandtschaft. Eine der ersten Studien, die das belegte, war David Schneiders Buch *American Kinship* von 1968. Das Erscheinungsjahr des Buchs ist geradezu Synonym für die ›sexuelle Revolution‹. Allmählich wird erkennbar, dass das Datum auch den Wendepunkt von Blutsverwandtschaft markierte.

1. Neue soziale Verwandtschaftsmodelle

In vorangegangenen Kapiteln erwähnte ich schon, dass sich die Fächer Ethnologie und Anthropologie mit dem Wandel der Sozial- und Familienstrukturen entwickelten. Richteten sie den Blick im 19. Jahrhundert weitgehend auf ›andere‹ Kulturen, so begann die Forschung im 20. Jahrhundert auch die eigene zu fokussieren. Émile Durkheim stellte als einer der ersten dafür die Weichen. Schneiders Untersuchung ging einen Schritt weiter. Er versuchte, das ›kulturelle System‹ zu verstehen, nach dem in den modernen Industriegesellschaften natürliche Verwandtschafts- und Sexualverhältnisse gedacht und gefühlt werden. Seine Gesprächspartner – die Interviews umfassen 6000 Seiten – repräsentierten eine Bevölkerung, die der weißen Mittelklasse von Chicago angehörte und unterschiedliche ethnische, nationale oder religiöse Zugehörigkeiten umfasste: katholisch, protestantisch, jüdisch, angelsächsisch, deutsch, polnisch, böhmisch, irisch, griechisch oder italienisch.* Für diese Ame-

---

* Schneider wurde dafür kritisiert, dass er für seine Analyse ausschließlich Menschen der Mittelschicht befragt hat: Seine Informanten waren alle ›white, urban and middle class‹. Er begründete dies damit, dass die Mittelschicht normsetzend sei. Allerdings musste er bei weiteren Forschungen feststellen, dass der Begriff ›Familie‹ in den Arbeiterschichten eine ganz andere Bedeutung hatte und zum Beispiel nicht den Sinn ›gemeinschaftlicher Haushalt‹ umfasst, von der die Mittelschicht ausging. (Vgl. sein Nachwort in der Ausgabe des Buchs von 1980, S. 121.) Völlig außer Acht gelassen wurde das Spezifische der afroamerikanischen Bevölkerung, die im Chicago zur Zeit seiner Untersuchung einerseits eine breite Mittelschicht, andererseits aber auch viele Single-Mother-Haushalte umfasste. Wenn die Studie dennoch bahnbrechend war, so deshalb, weil sie die Bedeutung sozialer Verwandtschaftsverhältnisse für eine Kultur hervorhob, die nach den Prinzipien der Patrilinearität organisiert war.

rikaner, so Schneider, basiert die Familie auf den »Fakten der Natur«. Verwandtschaft werde ›biogenetisch‹ gedacht, wobei diese ›Biologie‹ – wir sind im 20. Jahrhundert – Vater und Mutter gleichermaßen einschloss. Doch ein Gutteil dieser ›Natur‹, so konstatierte Schneider, beruhte auf einem sozialen Verständnis von Verwandtschaft.

Der Begriff Familie wurde von den Befragten ausschließlich auf Personen angewandt, die zusammenleben. Sie bilden eine Haus-, Nahrungs- oder Verantwortungsgemeinschaft – eine Definition, die den sozialen Verwandtschaftskategorien, die im 1. Kapitel vorgestellt wurden, nicht unähnlich ist. Allein das englische Wort für Verwandte, *relatives* (von *relation*, Beziehung), besagt viel: Verwandte sind Menschen, mit denen man ›in Beziehung‹ steht.* Auch bei der Blutsverwandtschaft entscheidet die Beziehung darüber, ob eine Person auch ein *relative* ist. Beispielhaft dafür ein Ausschnitt aus einem der Interviews. »A (Anthropologe): Sind diese Leute also mit Ihnen verwandt? I (Informant): Sie sind es, wenn man sie trifft. Aber wenn man sie verlässt, sind sie es nicht mehr. A: Sie sind also nicht verwandt zwischen den Hochzeiten und Beerdigungen, wohl aber währendessen? I: Yeah. [...] A: Können Sie mir irgendeine Regel nennen, nach der eine Person mit Ihnen verwandt ist? I: Nun, sie müssen mit einem Umgang haben, sonst sind sie es nicht.«[1]

Schneider sieht bei seinen Gesprächspartnern zwei unterschiedliche Verwandtschaftssysteme am Werk. »Die Informanten scheinen unfähig, Worte präzise zu verwenden, zu sagen, was sie meinen, oder zu meinen, was sie sagen. Der Zuhörer, der glaubt, dass Worte eine präzise, klar definierte und standardisierte Bedeutung haben, finden dies äußerst frustrierend. Besonders anstrengend sind die subtilen Manipulationen bei der Verwendung von Begriffen wie ›relative‹, ›related‹ und ›relationship‹.« Das gilt auch für andere Worte in diesem Zusammenhang: etwa ›entfernt‹ (*distant*). Es kann sich sowohl auf den Grad der Blutsverwandtschaft als auch auf die geographische Entfernung beziehen (diese Menschen wohnen so weit weg, dass ich keine Beziehung mit ihnen aufrechterhalten kann); ebenso kann die Zugehörigkeit zu einer anderen

---

* Die Herkunft des deutschen Wortes ›Verwandtschaft‹ verweist auf einen ähnlichen Zusammenhang: Das mhd. Wort ›verwant‹ hatte ursprünglich die Bedeutung ›sich einander zuwenden‹, ›gegenseitig miteinander verkehren‹. Im Deutschen erfuhr der Begriff erst nach der mittelhochdeutschen Zeit eine Einschränkung auf seinen heutigen Sinn von leiblicher Verwandtschaft. (Friedrich Kluge, Etymologisches Wörterbuch der deutschen Sprache, Berlin, New York 1989.) Das englische Wort *relative* leitet sich von lat. *relativus* (in Bezug zu) ab. Seine heutige Bedeutung von ›Person aus derselben Familie‹ ist zum ersten Mal um 1650 verzeichnet.

Klasse gemeint sein (mit denen haben wir nichts zu tun, weil sie einer anderen sozialen Schicht angehören).

Laut Schneider handelt es sich bei diesen unterschiedlichen Bedeutungen nicht um zwei Verwandtschaftssysteme, sondern um ein einziges. Die Interviewpartner seien sich dessen nicht bewusst, vielmehr bilde es einen selbstverständlichen Teil ihres Denkens und Fühlens. Der ›double talk‹, wie er es nennt, war auch schon angelegt in traditionellen Verwandtschaftskategorien: So wurde der Begriff ›Mutter‹ sowohl auf die leibliche Mutter als auch auf soziale Mütter (die Nonne, die Internatsleiterin etc.) angewendet; und der Begriff ›Vater‹ konnte sowohl den leiblichen Vater und das ›Familienoberhaupt‹ als auch den Priester, den Landesvater etc. meinen. Beim ›Vater‹ kam oft die Komponente der ›Autorität‹ hinzu. Außerdem gab es die formalisierten Gestalten sozialer Verwandtschaft – vor allem die Paten. Was hier jedoch beschrieben wird, sind informelle (aber nicht minder strukturgebende) Formen sozialer Verwandtschaftsgeflechte. Letztlich wird klar, dass der ›double talk‹ dem Nebeneinander von ›leiblicher‹ und ›geistiger‹ Verwandtschaft geschuldet ist. Wenn Amerikaner einerseits »ganz explizit sagen, dass Verwandte Personen sind, mit denen man durch Blut oder Ehe verbunden ist«, sie bei der Beschreibung der konkreten Personen aber andererseits insistieren, »dass die Aufrechterhaltung einer sozialen Beziehung die entscheidende Frage ist«,[2] so kann man wohl von Überlagerung der beiden Formen von Verwandtschaft ausgehen. Der ›double talk‹ stellt den Versuch dar, beiden Kategorien gerecht zu werden.

Allerdings unterscheidet sich die soziale Verwandtschaft der Industriegesellschaften in einem entscheidenden Punkt von den Kategorien sozialer Verwandtschaft traditioneller Kulturen. Die ›relatives‹ werden weitgehend nach ich-bezogenen Kriterien ausgesucht: Je näher der Verwandte wohnt oder je mehr er der eigenen sozialen Schicht angehört, desto höher die Wahrscheinlichkeit, dass er in die Kategorie der ›Verwandten‹ gerät. Auch die Tatsache, dass prominente (berühmte) Personen, die zum Verwandtenkreis gehören, gern zu den ›relatives‹ gezählt werden (egal wie oft man sie sieht oder wie sehr man sie der eigenen sozialen Schicht zurechnen kann), ist ein Indiz für die narzisstische Komponente dieser Kategorisierung. Eine solche, am Ich orientierte Form von Verwandtschaft ist charakteristisch für freie Marktwirtschaft und Industriegesellschaft, die das Individuum ins Zentrum rückten. Eben das unterscheidet diese Netzwerke von den traditionellen Kulturen. Hinzu kommt, dass in Schneiders Modell ausschließlich heterosexuelle Beziehungen Berücksichtigung finden, was der Tatsache geschuldet ist, dass die erste Fassung seines Buchs 1968 erschien: In urbanen Gegenden wurden zwar die ›gay rights‹ diskutiert, doch das Konzept einer schwulen oder lesbischen Elternschaft lag noch in weiter Ferne. Auf den Demonstrationen der *gay movements* wurde damals eher die Abschaffung aller Normen von Ehe und Familie thematisiert.

Auf den ersten Blick entziehen sich die von Schneider beschriebenen sozialen Verwandtschaftsverhältnisse dem Gesetz der geistigen Vaterschaft, doch auf den zweiten Blick konstatiert man, dass nur eine Verschiebung stattfindet. Schneider selbst führt die Entstehung der beiden Formen von Verwandtschaft auf die Tatsache zurück, dass es in der amerikanischen Kultur zwei Systeme gebe, die über die Familie bestimmen: die Ordnung der Natur und die des Gesetzes. »Der Verwandte durch die Natur bildet das eine Extrem, der Verwandte nach dem Gesetz das andere Extrem. So fundamental das erste auch ist, es beschränkt sich auf die Natur. Das andere beruht ausschließlich auf künstlichen Regeln oder Codes, denen die substanzielle oder natürliche Grundlage fehlt.«[3] Schneider denkt nicht in Kategorien von Schrift, aber seine Beschreibung weist deutlich darauf hin, dass eine der beiden Seiten des ›double talk‹ von der Schrift bestimmt wird. Dass Natur und Gesetz für die Protagonisten selbst so schwer auseinanderzuhalten sind, ist ein Indiz, dass Rote Tinte und Blut ununterscheidbar geworden sind.

Eine der meist verbreiteten Formen sozialer Verwandtschaft ist heute die Patchwork-Familie. Sie ist manchmal dem Tod eines Elternteils, zumeist jedoch der Scheidung von Eltern geschuldet. Diese Form von Verwandtschaft wurde in den 1990er Jahren häufig erforscht und problematisiert – etwa durch den Soziologen Anthony Giddens, der auch damals schon darauf hinwies, dass in vielen Familien die fehlende biologische Verbindung zu den Kindern durch eine Adoption kompensiert wird (womit sie weiterhin eine soziale Bindung darstellt).[4] Heute ist diese Verwandtschaftsform so selbstverständlich geworden (13,6 Prozent aller Haushalte in Deutschland mit Kindern unter 18 Jahren sind Patchworkfamilien, womit diese nach der ›normalen‹ Kernfamilie und Alleinerziehenden den dritthäufigsten Familientyp darstellen), dass sie in der soziologischen Forschung kaum mehr ein Thema ist. Wohl aber erscheinen Ratgeber.[5] In der deutschen Übersetzung eines solchen tauchte 1990 zum ersten Mal der deutsche Begriff Patchwork-Familie auf.[6] Im Englischen ist eher von ›blended families‹ die Rede.

Die Patchworkfamilie, die eine Ausweitung des Familiennetzwerks impliziert – mit Kindern, die mehrere Eltern haben, die wiederum weitere Großeltern, Onkels und Tanten ins Spiel bringen –, bietet ein geeignetes Terrain, um das Verhältnis von biologischen und sozialen Verwandtschaftsverhältnissen näher zu betrachten. Die Patchworkfamilie bedeutet in mehr als einer Hinsicht einen radikalen Bruch mit der Blutslinie und den traditionellen Erblinien dar. Erstens erweitert sie den Familienbegriff, und zweitens verleiht sie den Sozialbeziehungen mehr Gewicht. Deren Struktur lässt sich nicht so leicht in ein Schema bringen, wie das bei der Metapher des ›Stammbaums‹ für Bluts- und Erblinien der Fall ist.

In Pädagogik und Psychologie spielt die Patchworkfamilie eine zentrale Rolle. Hier haben groß angelegte, oft staatliche Untersuchungen gezeigt, dass sowohl emotionale als auch körperliche und sexuelle Misshandlungen von Kindern in Patchworkfamilien häufiger vorkommen als bei Kindern, die mit ihren leiblichen Eltern aufwachsen.[7] Diese Ergebnisse bestätigen den von Märchen tradierten schlechten Ruf der Stieffamilie, der auch in vielen historischen Gerichtsakten dokumentiert ist. Vor allem die Gewaltstatistik ist erschreckend. So offenbart der kanadische und britische Zensus, der (im Gegensatz etwa zu den USA) bei den Akten zur Kindstötung zwischen genetischen Eltern und Stiefeltern unterscheidet, dass der Missbrauch von Jungen mit tödlichen Folgen bei Stiefvätern 100 Mal höher liegt als bei genetischen Vätern. Auch nahmen sich 28 Prozent der genetischen Väter, die ihr Kind getötet hatten, anschließend das Leben; das galt für weniger als zwei Prozent der Stiefväter. Zwar steigern auch Armut und Familiengröße die Wahrscheinlichkeit von Gewalt, aber die Autoren der Studie kommen zum Schluss, dass »für schwere Kindesmisshandlung die Stiefbeziehung den höchsten Risikofaktor« darstellt.[8]

Die Wissenschaftler erklären den Befund mit der Bedeutung der leiblichen Vaterschaft: Der genetische Nachwuchs eines anderen Mannes stoße auf Desinteresse oder gar Ablehnung.* Zugleich fragt es sich jedoch, ob dieser Befund nicht eher etwas über die Bedeutung besagt, die der Blutsverwandtschaft in unserer Gesellschaft *beigemessen wird*: jenes ›wir werden gefühlt‹, auf das ich am Ende des vorigen Kapitels hinwies. Die wenigsten genetischen Väter wissen mit Sicherheit um ihre Vaterschaft. Wenn sie keinen genetischen Test

---

* Eine Witwe, so die Autoren, schütze ihre Kinder am besten, indem sie den Bruder des Verstorbenen heiratet. (Daly/Wilson, S. 80.) Der Vorschlag wirft ein ganz neues Licht auf die jüdische Leviratsehe.

gemacht haben, handelt es sich bei ihnen um eine Vaterschafts*vermutung*. Von einem ›Naturinstinkt‹ gegenüber dem eigenen Nachwuchs kann also nur in beschränktem Maß die Rede sein. Hinzu kommt, dass der Widerspruch zwischen sozialer und biologischer Verwandtschaft an sich schon hohes Konfliktpotential in sich trägt und seinerseits die Gewaltbereitschaft erhöhen könnte.

In die Kategorie der Patchworkfamilie gehören inzwischen auch die Kinder von Samenspendern und Eizellspenderinnen wie auch Kinder, die nach der Geburt zur Adoption freigegeben werden. (Diese Möglichkeit, ich erinnere, gibt es erst seit dem 20. Jahrhundert.) Diese Kinder, die oft nicht einmal wissen, wer ihre Väter oder Mütter sind, stellen einen noch radikaleren Bruch mit der alten Blutslinie dar. Das verschafft vielen von ihnen große Probleme, auf die ich noch zurückkomme. Doch daneben sind inzwischen auch andere Töne zu hören. Sie finden bisher vor allem in der Belletristik ihren Ausdruck, was angesichts der wegweisenden Rolle der Literatur bei Verwandtschaftsverhältnissen ein Indiz für eine Änderung der Verhältnisse sein könnte. Im 5. Kapitel versuchte ich die Rolle der Literatur am Beispiel von Goethes *Wahlverwandtschaften* darzustellen, für das 19. und 20. Jahrhundert braucht man nur an die englische *Forsyte Saga*, die französische Trilogie der *Rougon Macquart* und an Thomas Manns *Buddenbrooks* zu denken. Nachdem das gespaltene Verhältnis zu den leiblichen Eltern schon seit Jahrzehnten ein durchgängiges Motiv der modernen Literatur darstellt, tauchen nun auch Werke auf, die explizit die Veränderugen durch soziale Eltern hervorheben. So etwa der Roman von Annette Mingels *Was alles war*.

Die Hauptfigur ist eine Frau, die kurz nach der Geburt von der Mutter zur Adoption freigegeben wurde und dieser in fortgeschrittenem Alter zum ersten Mal begegnet. Allmählich kommt sie zur Erkenntnis, dass sie die Ähnlichkeit mit der biologischen Mutter als Belastung, die zur Adoptivmutter aber als befreiend empfindet. Nicht weil die eine Mutter besser ist als die andere, sondern aus strukturellen Gründen. Was sie an der Adoptivmutter stört, so heißt es, »ist mir selbst fremd. Ich muss nicht befürchten, ihre Fehler zu wiederholen. Ich darf meine eigenen machen.« Das gleiche gelte auch für ihre eigenen Stieftöchter: »Weder sehe ich in ihnen das gespiegelt, was ich schon bei meiner Mutter nicht mochte, noch müssen sie befürchten, jemals so zu werden wie ich. Die ganze leidige Mutter-Tochter-Kette ist durchbrochen. Hat das schon mal jemand festgestellt?«[9] Er scheint fast, als finde die ›geistige Genealogie‹ ohne leibliche Verwandtschaft, die so lange der männlichen Erblinie (vor allem im geistlichen Stand und in der Wissenschaft) vorbehalten blieb, hier ein weibliches Pendant. Diese Erbschaft ist umso bemerkenswerter, als gerade das Christentum Adoption und Scheidung heftig bekämpft hat.

Meistens wird die Patchworkfamilie unter der Perspektive veränderter Paarbeziehungen betrachtet. Dann wird gerne darauf hingewiesen, dass die moderne Paarbeziehung einerseits das romantische Ideal der ›Liebesehe‹ fortführt, andererseits aber eben daran scheitert, indem ein Anspruch an die Beziehung erhoben wird, der kaum erfüllbar ist.[10] Ehen werden weiterhin in der Erwartung geschlossen, dass sie ›für immer‹ halten. Doch faktisch haben 10 Prozent aller amerikanischen Frauen im Alter von 35 Jahren mit drei oder mehr Ehemännern oder festen Partnern zusammengelebt.[11] Wenn es mit dem einen Partner nicht klappt, so versucht man es mit dem nächsten. Das Ergebnis ist die ›konsekutive‹ oder ›serielle‹ Monogamie.* Das Ideal selbst wird nicht in Frage gestellt und findet nun auch in homosexuellen Beziehungen seinen Niederschlag. Das Recht auf freie Partnerwahl bei gleichzeitiger gesetzlicher Anerkennung (kurz: der Anspruch auf die ›Liebesehe‹) war das durchgehende Motiv, weshalb Bundestagsabgeordnete aller Parteien im Sommer 2017 mit einer überwältigenden Mehrheit der Vorlage zur ›Ehe für alle‹ zustimmten.

Damit wird absehbar, das auch homosexuelle Paare in den Sog der konsekutiven Monogamie geraten. Diese ist wiederum mit den veränderten Bedingungen der Ökonomie verbunden: Parallel zur wachsenden Rotation des Kapitals nahm auch die Zahl der Scheidungen zu. Schon bald nach der Verlagerung der Kapitalströme ins Internet, begann auch die Partnersuche im Cyberspace. Das Internet, so schreibt die Soziologin Eva Illouz in ihrem Buch *Gefühle in Zeiten des Kapitalismus*, »strukturiert die Suche nach einem Partner buchstäblich als einen Markt oder, genauer, es formalisiert die Suche nach einem Partner im Sinne einer ökonomischen Transaktion.«[12] So gesehen, ist die Patchworkfamilie, zumindest teilweise, ein Phänomen der freien Marktwirtschaft – und tatsächlich tauchen beide auch zu demselben historischen Zeitpunkt auf. Scheidungsrecht, Wahlfreiheit des Partners und freie Marktwirtschaft wurden etwa zeitgleich eingeführt – ein weiteres Indiz für den engen Zusammenhang von Ökonomie und Verwandtschaft. Auch homosexuelle Partnerschaften unterliegen dem Gesetz der freien Marktwirtschaft. Ich komme darauf zurück.

Zugleich vollzieht sich ein Wandel in der Einschätzung des Rechts. Während

---

* ›Konsekutive/serielle Monogamie‹: In ihren Geschlechtsbeziehungen halten sich die Paare an die eheliche Treue, nur die Zusammensetzung der Partner wechselt.

homosexuelle Paare noch Wert auf die Legalisierung ihrer Beziehungen legen (ein Recht, das ihnen nun in einigen Ländern zum ersten Mal in der Geschichte des Abendlandes gewährt wird), scheinen heterosexuelle Paare dem gesetzlichen Aspekt von Ehe und Verwandtschaft schon eine sinkende Bedeutung beizumessen. Es gibt einen zunehmend hörbaren Diskurs zur Abschaffung der Ehe und zur Ungerechtigkeit des Ehegattensplittings, das Alleinerziehende, Alleinstehende und Unverheiratete benachteiligt. In Deutschland leben heute 2,8 Millionen Paare ohne ohne Trauschein – eine Zahl, die seit 1996 um etwa 1 Million gestiegen ist.[13] Bei einem Drittel dieser Paare leben Kinder im Haushalt, was dafür spricht, dass auch die juristische Anerkennung der Elternschaft, vor allem der Vaterschaft, nicht mehr das Gewicht hat, das sie einst hatte. Diese Entwicklung, die sich in Parallelle zur Entwicklung des Wissens um die genetischen Ketten entwickelte, legt nahe, dass die Genetik an die Stelle zu treten beginnt, wo vorher Gesetz und Schrift über die Verwandtschaftsverhältnisse entschieden.

Die neue Vielfalt der möglichen Verwandtschaftsverhältnisse wird erweitert durch die Definitionen von Vaterschaft und Mutterschaft, die dank der Reproduktionstechniken entstanden sind. Wer ist die ›echte‹ Mutter: Ist es die intentionale, die genetische oder die Leihmutter? Das sind Fragen, mit denen sich derzeit die Gesetzgeber und viele Gerichte auseinandersetzen müssen. Hinzu kommt die Elternschaft von Homosexuellen, deren Geschlechtsverkehr noch vor einigen Jahrzehnten kriminalisiert wurde. Ihr Recht und die biologische Möglichkeit, eigene Familien zu bilden, gehörten in den Bereich des Undenkbaren. Auf den ersten Blick erscheinen homosexuelle Paare, die mit Hilfe der assistierten Reproduktion eigene Kinder zeugen können, wie eine vollkommen neue Art, Verwandtschaft zu denken. Aber inzwischen funktionieren sie nach demselben Raster wie heterosexuelle Elternschaft: Sie beruhen auf Vertrag, schriftlicher Vereinbarung, Gesetz, gemeinsamem Besitz, oft auch gemeinsamem Namen. Homosexuelle Aktivisten und Aktivistinnen, die bis vor ein oder zwei Jahrzehnten noch das Modell Ehe verwarfen, reklamieren es heute. Prompt entdecken Ökonomen denn auch die wirtschaftlichen Vorteile dieser neuen Verwandtschaftsverhältnisse.*

---

* So etwa Paul Donovan, Chefökonom von UBS Wealth Management, der sich mit den Auswirkungen von Diskriminierungen auf Volkswirtschaften beschäftigt hat. (vgl. ›Die Ehe für alle lässt die Wirtschaft blühen‹, Die Welt v. 2.7.2017.) Donovan geht allerdings davon aus, dass die Wirtschaft durch die Abspaltung eines Teils der Bevölkerung ihr eigenes Potential verringert. Andere wiederum betonen die Entlastung des Sozialstaats durch neue homosexuelle Care-Verhältnisse.

Mit anderen Worten: Weder Ehe noch Familie scheinen ausgedient zu haben. Nur das, was der Begriff umfasst, hat sich geändert. Diese Änderung wurde spätestens im Juli 2017 deutlich, als der deutsche Bundestag – mit einmaliger Geschwindigkeit – die ›Ehe für alle‹ und das Adoptionsrecht für Homosexuelle ins Gesetzbuch einführte.

2. Der Wandel der Vaterrolle

Um die Veränderungen zu verstehen, die sich heute vollziehen, ist ein kurzer Rückblick auf die sozialen Rahmenbedingungen von Ehe und Familie hilfreich. Die nachhaltigste Auswirkung der Französischen Revolution und der fast zeitgleich stattfindenden amerikanischen Unabhängigkeit lässt sich als Prozess einer ›allgemeinen Mündigkeit‹ umschreiben. Er eröffnete den Zugang zu Bildung und führte schließlich zum vollen und gleichberechtigten Stimmrecht aller Bürger. Zuletzt, Anfang des 20. Jahrhunderts, schloss dieses auch die Frauen ein. Der Entwicklung vorausgegangen war das allmähliche Entfallen von Einrichtungen wie Primogenitur und Mitgift, wodurch der Einfluss der Eltern auf die Partnerwahl ihrer Söhne und Töchter zurückging: Die Beziehungen zwischen Eltern und Kindern wurden einerseits distanzierter, andererseits aber auch entspannter. An die Stelle der alten patriarchalen Struktur mit dem Vater als Oberhaupt der Familie trat ein »affektiver Individualismus«.[14]

Auch die eheliche Bindung beruhte zunehmend auf den Emotionen. Das Scheidungsrecht, das ab circa 1870 in den meisten Industrieländern eingeführt worden war, verstärkte diesen Faktor. Das galt auch da, wo ökonomische Faktoren bei der Partnerwahl eine wichtige Rolle spielten, wie etwa bei großen Erbschaften: Sogar hier ging es nicht ohne die Gefühle. Zugleich nahm die Lebenserwartung zu; die Bindung musste also länger halten, was, wie oben erwähnt, die Institution oft überforderte.

Parallel dazu wurde die Berufstätigkeit der Frau zur Regel. Die weibliche Erwerbstätigkeit war an sich kein neues Phänomen. Bis zur Industrialisierung war sie die Norm gewesen, außer beim Hochadel, wo allerdings auch der Mann keiner ›Berufstätigkeit‹ nachging. Mit der Industrialisierung ging in den bürgerlichen Schichten die weibliche Erwerbstätigkeit zunächst zurück. Noch bis Ende des 19. Jahrhunderts wurde sie in den meisten Industrieländern abgelehnt – außer in den Arbeiterschichten, wo Frauen gar keine andere Wahl hatten. Als es um 1900 zu einer Wende kam – zunächst für die unverheirateten, dann auch für die verheirateten Frauen –, bedeutete dies die Rückkehr zu einem Zustand, der vor Beginn der Industrialisierung die Regel gewesen war. Alles in allem hat sich das ›Modell Hausfrau‹ gerade mal hundert Jahre gehalten. Teilzeitarbeit eingerechnet, sind heute in Deutschland circa 75 Prozent der Frauen in gebärfähigem Alter erwerbstätig. In anderen Ländern ist ihr Anteil noch höher: Frauen stellen inzwischen die Mehrheit der Erwerbstätigen in Nordeuropa. Waren in Großbritannien in den 1950er Jahren nur 10 bis 15 Prozent der verheirateten Frauen berufstätig, so gehen dort heute mehr Frauen als Männer einer Erwerbstätigkeit nach.

In den sozialistischen Ländern, die mit religiösen Beschränkungen aufräumten, Scheidung wie Abtreibung zuließen und eine staatliche Kinderbetreuung organisierten, erfuhr dieser Prozess eine zusätzliche Verstärkung. Dass dadurch, wie von Goody behauptet, die Eltern-Kind-Beziehung in den sozialistischen Ländern geschwächt wurde,[15] ist nicht evident. Für die Paarbeziehung gilt hier zweifellos eine größere Unabhängigkeit, aber das betrifft nicht unbedingt die intergenerationellen Beziehungen. In autoritären Systemen wird die Familie oft zum einzigen Schutz gegen die Willkür des Staates, was die familiären Bindungen stärkt. Dagegen kann im Kapitalismus tatsächlich von einem Rückgang der familiären Bindung die Rede sein, worauf Joseph Schumpeter schon in seiner Studie *Kapitalismus, Sozialismus und Demokratie* hinwies.[16] Die zeitliche Übereinstimmung von dem, was er den »reifen Kapitalismus« nennt, mit der Auflösung der familiären Bindungen und dem Rückgang der Geburtenraten ist nicht zu übersehen. Einen Faktor konnte Schumpeter, der sein Buch Anfang der 1940er Jahre verfasste, freilich noch nicht erkennen: die Bedeutung der modernen Reproduktionstechniken. Mit den Reproduktionstechniken scheinen wir vor einer ›Wiederkehr‹ der Familie zu stehen – allerdings in gewandelter Form.

In den Industrieländern nehmen zurzeit die Single-Haushalte zu. In einigen europäischen Großstädten wie London, Paris oder London sind sie in der Überzahl.* Zwar bevorzugt die Werbung noch das, was Goody als »Müslireklame-

---

* Mehr als die Hälfte aller Berliner Haushalte – 54,3 Prozent – bestand im Jahr 2012 nur aus einer Person. Deutschlandweit sind rund 40 Prozent aller Haushalte Einpersonenhaushalte. In Europa gibt es nur in Dänemark und Norwegen mehr Single-Haushalte. (vgl. https://www.statistik-berlin-brandenburg.de/Publikationen/Stat_Berichte/2013/SB_A01-11-00_2012j01_BE.pdf) Allerdings bedeutet nicht jeder Einpersonenhaushalt, dass die Bewohner auch Singles sind: Manche Wohnungen können auch ›Pendlern‹ gehören, die arbeitsbedingt eine Zweitwohnung an einem anderen Ort brauchen. Darüber hinaus gibt es auch ›Paare‹, die es vorziehen, in getrennten Wohnungen

Familie« bezeichnet: zwei Eltern unterschiedlichen Geschlechts mit zwei Kindern. Aber dieses Modell könnte sich »nicht als Endpunkt der Modernisierung, sondern als eine Übergangsphase« erweisen.[17] Mit den Single-Haushalten wuchs die Zahl alleinerziehender Eltern. In Deutschland gibt es heute 1,64 Mio. Alleinerziehende: Bei 89 Prozent von ihnen handelt es sich um die Mütter. Im Schnitt kümmern sie sich um 2,3 minderjährige Kinder. Jede fünfte Familie ist eine Ein-Eltern-Familie. Das hat wirtschaftliche Folgen: Von den 1,9 Millionen Kindern, die von der Grundsicherung leben, wächst jedes zweite in einer Ein-Eltern-Familie auf.

Durch das neue Gesetz von 2008 zur Unterhaltsregelung hat sich der Druck auf alleinerziehende Eltern zusätzlich erhöht. Sie können vom Partner nur für eine begrenzte Zeit, die in keiner Weise die Ausbildungszeit der Kinder abdeckt, Unterstützung verlangen. Zugleich werden Alleinerziehende auf dem Arbeitsmarkt benachteiligt. Laut einem Bericht der Bertelsmann-Stiftung von 2016 arbeiten knapp 60 Prozent der erwerbstätigen alleinerziehenden Mütter in Teilzeit; das sind etwa genauso viele wie verheiratete Mütter. Aber die unverheirateten Mütter arbeiten »mit 29,5 Stunden pro Woche rund fünf Stunden mehr als Mütter in Paarhaushalten«.[18] Die Hartz-IV-Quote von Alleinerziehenden liegt bei 39 Prozent, fünfmal höher als bei Paarfamilien. In Deutschland entzieht sich jeder zweite Kindsvater, der nicht in der Familie lebt, seiner Unterhaltspflicht.[19] Die Mütter sind zunehmend auf den Staat angewiesen. Die Öffentlichkeit akzeptiert diese Verhältnisse, weil es eine lange Tradition der Versorgung durch Institutionen gibt: zunächst durch die Kirche, seit etwa 1800 durch den Staat. Inzwischen hat diese Unterstützung beträchtlichen Umfang angenommen.* Damit geht die Fürsorge vom einzelnen Vater zunehmend auf den kollektiven Vater über.**

Ähnlich sieht es bei der leiblichen Vaterschaft aus. Einerseits erfährt diese

zu leben. In vielen Fällen – vielleicht sogar der Mehrheit – ist der Einpersonenhaushalt kein permanenter, sondern ein vorübergehender Zustand.

   * Bund und Länder strecken immer mehr Geld für Kinder vor, bei denen der abwesende Elternteil (zu 90 Prozent die Väter) seiner Unterhaltspflicht nicht nachkommt. Bisher galt der Unterhaltsvorschuss nur bis zum 12. Jahr des Kindes, soll nun jedoch bis zum 18. angehoben werden. Das ist einerseits notwendig und richtig, verstärkt andererseits aber auch die Verwandlung des Staats in den sozialen Vater. Potentiell verfügt der Staat über gewisse Möglichkeiten, die väterliche Unterhaltspflicht durchzusetzen. So operieren Länder wie Großbritannien mit dem Führerscheinentzug für säumige Väter und haben damit beträchtlichen Erfolg. (Die Zeit, 6. 7. 2016.)

   ** Dass dieser seine ›Sorge‹ restriktiv handhabt und bis jetzt nicht die notwendigen Ausbildungszeiten berücksichtigt, steht auf einem anderen Blatt. Mir geht es hier vornehmlich um die Frage der Delegation an den ›kollektiven Vater‹.

durch die Reproduktionstechniken eine Aufwertung: Sie ermöglicht es vielen Männern, denen früher die Vaterschaft verwehrt geblieben wäre, Kinder zu zeugen. Durch Samenbanken und Reproduktionstechniken wie ICSI wird jedoch die Zeugung zunehmend ins Labor verlegt. Auch hier, wie bei der sozialen Vaterschaft, findet also die Übertragung auf einen kollektiven Vater statt. Nur in diesem Fall treten Technik und Labor die Erbschaft der Roten Tinte an.

Dieser Entwicklung ging der allmähliche Übergang von Geburten*kontrolle* zu Reproduktions*beistand* voraus. Einst hatte die Kirche die Kontrolle über die Fortpflanzung ausgeübt (u. a. durch das Abtreibungsverbot und die strengen Inzestgesetze). Dann übernahm allmählich der Staat diese Funktion – und dies lange vor der Einführung der modernen Verhütungsmittel. Als eine der ersten Städte begrenzte Genf schon Ende des 17. Jahrhunderts die Familiengröße. Ende des 18. Jahrhunderts geschah dies auch in Frankreich, Anfang des 19. Jahrhunderts in Neu-England und den Niederlanden, England folgte fünfzig Jahre später. Waren dies noch Geburtenkontrollen, die von der Obrigkeit ausgingen, so sollten sie sich mit der Industrialisierung in den Bereich der ›Freiwilligkeit‹ verlagern.

Einerseits forderte die freie Marktwirtschaft von den Arbeitnehmern flexible Verfügbarkeit, was die Familienplanung erschwerte. Andererseits erfand sie aber auch die Verhütungsmittel. Damit vollzog sich die entscheidende Kehrtwende: Frühere Formen von Geburtenkontrolle wurden durch die Regulierung des Sexualverhaltens ausgeübt; die neuen dagegen gingen mit einer *Liberalisierung* des Sexualkodex einher. Sie erlaubten den raschen Wechsel von Sexualpartnern, schufen Toleranz gegenüber ›Seitensprüngen‹ und produzierten zudem einen wachsenden Sektor sexueller Dienstleistungen.[20] Sexualität war nun für alles da – von der Lustbefriedigung bis zur Vermehrung des Geldes* – außer für die Zeugung von Kindern.[21]

Die Entwicklung schlug sich in einem raschen Wandel der sexuellen Einstellungen nieder. In David Schneiders *American Kinship* von 1968 haben seine Gesprächspartner noch ein klares Bild von ›normaler‹ Sexualität. »Geschlechtsverkehr zwischen Unverheirateten ist Unzucht und unschicklich; zwischen

---

* Laut Richard Poulin stellen Prostitution und Pornographie heute »den ›Sektor‹ mit der höchsten Expansionsrate« dar. In den Sexindustrien »konzentrieren sich die fundamentalen Charakteristika der aktuellen kapitalistischen Wirtschaft«. Aber ihre »Produkte« werden als »Errungenschaften einer liberalisierten Sexualität dargestellt«. (Poulin, S. 187.)

Menschen, die verheiratet sind, aber nicht miteinander, ist es Ehebruch und falsch; zwischen Blutsverwandten ist es Inzest und verboten, zwischen Personen desselben Geschlechts ist es Homosexualität und falsch; mit Tieren ist es Sodomie und untersagt; mit sich selbst ist es Masturbation und falsch; mit nicht-genitalen Körperteilen ist es falsch. Alle diese Praktiken gelten als ›unnatürlicher Geschlechtsakt‹, sie verstoßen gegen moralische und in manchen Fällen gesetzliche Prinzipien der amerikanischen Kultur.«[22] Aus vielen dieser Kategorien von ›illegal‹, ›unmoralisch‹ oder ›unnatürlich‹ wurden inzwischen akzeptierte Formen von Geschlechtlichkeit. Sowohl das Gesetz als auch die Einstellungen zu Sex haben sich geändert, und letzteres spricht dafür, dass es um einen grundlegenden Mentalitätswandel geht.

Schneider spricht von »kulturellen Formen«, die sich historisch entwickeln und in ähnlich unbewusster Weise auf die Psyche einwirken wie etwa die Sprache, in der man aufwächst. Sie sind dem Individuum präexistent; dieses wird zugleich aber auch zum Protagonisten des Sprachwandels.[23] Ähnlich ergeht es mit der Sexualität: Das jeweils geltende Regelwerk wird Teil der individuellen Gefühlswelt. Eben diese Verankerung im Unbewussten ermöglicht es, die je spezifischen Formen von Sexualverhalten und Geschlechterverhältnissen nicht als Gesetz, sondern als ›Natur‹ oder ›Gegebenes‹ zu denken. Weil er mit der ›Norm‹ das Gesetz betont, gibt der oft verwendete Begriff der ›Heteronormativität‹ diesen Sachverhalt nur unzulänglich wider: Mit dem Begriff der ›Norm‹ betont er das Regelwerk und übergeht dabei die relevante Beziehung zwischen Regelwerk und Unbewusstem.

Wie die Lockerung der familiären Bindung eine steigende Zahl von alleinerziehenden Müttern und deren ökonomische Zwangslage zur Folge hatte, offenbarte auch die Liberalisierung der Sexualität prekäre Seiten: Sie bestehen einerseits in Pornographie, Prostitution und Gewalt; andererseits aber auch in der Zunahme des sexuellen Missbrauchs von Abhängigen. Missbrauch, so Goody, »hat es zu allen Zeiten gegeben«. Aber die Gerichtsakten für das 17. Jahrhundert weisen ausschließlich den Missbrauch von Stieftöchtern durch Stiefväter auf, nicht den von leiblichen Kindern.[24] Ob der sexuelle Missbrauch *eigener* Kinder früher einfach verschwiegen wurde, lässt sich heute nicht feststellen. Wohl aber kann man konstatieren, dass inzestuöse *Phantasien* erst ab circa 1800 in der Literatur zu finden sind: etwa bei de Sade, in dessen Werk, wie im 5. Kapitel erwähnt, der Inzest eine wichtige Rolle spielt. Ein weiterer Indikator ist die bildliche Pornographie: Es gab sie schon in der Antike, durch den Buchdruck erfuhr sie weite Verbreitung in der Renaissance, doch *Kinder*pornographie taucht erst ab 1850 auf: mit der Fotografie. Gerichtskundig wurde Kindsmissbrauch erst einige Zeit danach.

Bei dieser Entwicklung scheint wiederum die Entmachtung des Vaters eine wichtige Rolle zu spielen. Joseph Fritzl, der 2009 dafür verurteilt wurde, seine Tochter Elisabeth 24 Jahre lang in einem Kellerverließ eingesperrt, rund 3000 Mal vergewaltigt und mit ihr weitere sieben Kinder gezeugt zu haben, wurde von der Psychologin Adelheid Kastner gefragt, warum er ausgerechnet seine drittälteste Tochter Elisabeth, damals 18 Jahre alt, für dieses Schicksal ausgewählt habe. »Weil sie mir am ähnlichsten war«, antwortete er.[25]

Die ›Ähnlichkeit‹ ist *das* Grundmotiv der Blutsverwandtschaft und war zugleich – bis zu den Vaterschaftsbeweisen des 20. Jahrhunderts – einziges leibliches Indiz der vermuteten Vaterschaft. Deshalb wird sie auch immer wieder betont.* Hier kam vermutlich eine charakterliche Ähnlichkeit (in den Augen des Vaters) hinzu. Ausgerechnet diese Tochter hatte sich, als einziges seiner Kinder, seiner Autorität widersetzt, indem sie versuchte, von zu Hause wegzulaufen. (Weil es diese Vorgeschichte gab, fiel es Fritzl auch leicht, ihr Verschwinden damit zu begründen.) Als er die Herrschaft über die Tochter wiedererlangt hatte, rückten für Fritzl Blutsverwandtschaft und soziale Vaterschaft wieder zusammen. Die Lockerung des Inzestverbots tat das Übrige. Diese ›Nähe‹ von Vater und Tochter bewirkte auch die endgültige Überführung des Vaters. Fritzl legte erst ein volles Schuldgeständnis ab, als er erfuhr, dass seine Tochter während der Anhörungen im Gerichtssaal saß.[26]

Gewiss, Fritzl ist ein extremer Sonderfall, aber sein Beispiel deutet darauf hin, dass die Entmachtung des Vaters und der Bedeutungsrückgang der traditionellen Blutslinie potentiell eine hohe Gewaltbereitschaft auslösen können – und angesichts der langen Tradition der väterlichen Blutslinie ist dies vielleicht nicht überraschend. Zwar akzeptiert inzwischen eine Mehrheit der Bevölkerung in den Industrieländern eine Neuordnung der Familienverhältnisse, und sie erhebt auch keine Einsprüche gegen die Vielfalt von Möglichkeiten, sexu-

---

* Auch nach der Zulassung von Samenspenden im 20. Jahrhundert spielte die Frage nach der Ähnlichkeit eine wichtige Rolle. Einem Arzt, der schon um 1940 heterologe Inseminationen (d. h. Befruchtung durch den Samen eines anderen Mannes) durchführte, fiel auf, dass viele Freunde des Paares konstatierten, das Baby sei »dem Vater wie aus dem Gesicht geschnitten«. Andreas Bernard, der dieses Beispiel erwähnt, nennt die Ähnlichkeit einen »Fetisch der blutsverwandten Genealogie«. (Bernard, S. 486.) Man kann an dem Beispiel aber auch erkennen, wie tief sich das Regelwerk der Blutsverwandtschaft in die Emotionen der modernen Welt eingeschrieben hat.

elle Beziehungen zu gestalten und Fortpflanzungswünsche zu realisieren: Diese Veränderungen werden sogar als eine Art von ›Naturrecht‹ betrachtet.* Daneben gibt es aber auch das Festhalten an einer ›alten Natur‹, die in den traditionellen Geschlechterrollen und der überkommenen Blutslinie verortet wird. Die Konfrontation ist hochexplosiv, weil sich beide Positionen auf die Unhintergehbarkeit ihrer Naturvorstellungen beziehen. Je schwankender der Boden, auf dem die ›alte Natur‹ steht, desto höher die (verbale und physische) Gewaltbereitschaft.

3. Zwei Naturen

Beim Konflikt zwischen den zwei Naturen geht es um mehr als Blutslinie und Genetik. Was eigentlich verhandelt wird, lässt sich exemplarisch an Kants Schrift zum *Ewigen Frieden* (1795) zeigen. Kant schreibt: »Der Friedenszustand unter Menschen, die nebeneinander leben, ist kein Naturstand (status naturalis), der vielmehr ein Zustand des Krieges ist, d. i. wenngleich nicht immer ein Ausbruch der Feindseligkeiten, doch immerwährende Bedrohung mit denselben. Er muß also *gestiftet* werden.«[27] Das wichtigste Instrument, den Friedenszustand herzustellen, besteht für Kant im Gesetz: dem bürgerlichen Gesetz, dem Völkerrecht, dem Weltbürgerrecht. Das Gesetz aber ist Kultur. Nur ihm traut er zu, den Naturzustand zu beherrschen und eine *pluralistische* Gesellschaft zu ermöglichen, in der unterschiedliche oder konträre Werte friedlich koexistieren.

---

* Der Wissenschaftliche Dienst des Bundestags veröffentlichte 2016 eine repräsentative Studie, laut der 83 Prozent der Deutschen die juristische Gleichstellung von homosexuellen Paaren mit dem Ehegesetz befürworten. Im Fazit des Berichts steht: »Insgesamt hat die Akzeptanz der Homosexualität in der deutschen Gesellschaft sehr zugenommen. Während bis in die 1970er Jahre hinein homosexuelle Lebensweisen mehrheitlich als moralisch verwerflich oder krank beurteilt wurden, äußert sich heute eine Mehrheit positiv über Homosexualität. Im internationalen Vergleich steht Deutschland damit laut einer Studie von 2013 an erster Stelle: Auf die Frage: ›Sollte die Gesellschaft Homosexualität akzeptieren?‹ antworten 87 Prozent der Deutschen mit Ja, in Frankreich sind es 77 Prozent, während lediglich 16 Prozent der Russen und neun Prozent der Türken die Aussage befürworten.« (Wissenschaftlicher Dienst 2016) Laut der Antidiskriminierungsstelle des Bundes spricht sich auch beim Thema Adoption ein Großteil der Befragten für gleiche Rechte aus. Drei Viertel der Befragten vertraten die Ansicht, dass es homosexuellen Paaren genauso wie heterosexuellen Paaren erlaubt sein sollte, Kinder zu adoptieren. Auch finden insgesamt zwei Drittel der Befragten, dass gleichgeschlechtliche Paare genauso viel Unterstützung bei künstlichen Befruchtungen zusteht wie heterosexuellen Paaren. (Vgl. Zeit-Online, 12. 1. 2017.)

Das Problem besteht nun darin, dass der Pluralismus zugeich die Wandelbarkeit angeblich unhintergehbarer Wahrheiten offenlegt. Er macht deutlich, dass Natur in den zwischenmenschlichen Beziehungen nie etwas anderes als performierte Kultur sein kann. In den vorangegangenen Kapiteln habe ich dies an einigen Beispielen aus der Geschichte der Blutsverwandtschaft zu zeigen versucht. Das heißt, wenn die heutigen sozialen und geschlechtlichen Umwälzungen Widerspruch auslösen, so vor allem deshalb, weil sie zeigen, dass die Natur, auf die sich die Befürworter der traditionellen Werte berufen, nie bestanden hat und wir es in Wirklichkeit mit der Ablösung einer Kultur durch eine andere zu tun haben.

Seit Aristoteles ist in Philosophie und Wissenschaft immer wieder von der ›Natur‹ die Rede, so als handle es sich dabei um etwas Bleibendes. Dabei war aber immer nur eine *wünschenswerte* Natur gemeint. Die Theoretiker beschrieben Regelwerke, durch die sich die Physis domestizieren lässt, und gaben dem erwünschten Ergebnis den Namen ›Natur‹. Eine self fulfilling prophecy. Aristoteles lieferte mit seiner Lehre vom himmlischen Samen* der griechischen Patrilinearität eine physische Rechtfertigung, die dann wiederum soziale Realitäten schuf. Auch der Ausschluss von Frauen von geistiger Tätigkeit schuf Fakten, von denen dann wiederum Gesetzlichkeiten über die ›weibliche Natur‹ abgeleitet wurden.[28] Mit Kants Schrift zum *Ewigen Frieden* (und implizit mit seiner Erkenntnis- und Anschauungstheorie überhaupt) wurde zum ersten Mal deutlich ausgesprochen, dass der gewünschte Gesellschaftszustand *nicht* naturgegeben ist, sondern durch die Kultur *hergestellt* werden muss. Kant legte die Karten auf den Tisch. Damit sagte er aber auch, dass es keine unhintergehbare Wahrheit gibt, sondern nur eine kulturell geschaffene – und diese beinhaltete, anders als die üblichen Naturgesetze, notwendigerweise mehrere Möglichkeiten. Der Philosoph verkündete keineswegs ein *anything goes*, er verlagerte nur den Glauben an eine transzendene Instanz auf den Glauben an das (menschengeschaffene) Gesetz.

Was war geschehen, dass Kant diesen Schritt wagen konnte? Die erste Antwort lautet: Der Säkularisierungsprozess ermöglichte diese neue Sichtweise. Er schuf eine Perspektive, die aus einem göttlichen ein menschengeschaffenes Ordnungssystem machte. Was aber ermöglichte die Säkularisierung? Die Ant-

---

* Diese Lehre genoss übrigens eine gewisse Plausibilität in der griechischen Mythologie, wo es häufig um Sex zwischen Menschen und Göttern ging und menschliche Sprösslinge von Göttern gezeugt wurden.

wort darauf lässt sich etwa so formulieren: Das Gesetz der Schrift (auf deren domestizierende Macht ich im 2. Kapitel eingegangen bin) hatte sich universalisiert. Nicht nur begann die Zeit der allgemeinen Alphabetisierung, der schon bald die Schul*pflicht* folgte. Es war auch der Anfang des Papiergeldes. Als Kant seine Überlegungen anstellte, war die Schrift dem Menschen zur ›zweiten Natur‹ geworden. Erst unter diesen Bedingungen wurde eine Gesellschaft denkbar, die nach pluralistischen Prinzipien lebte. Aus demselben Grund konnte auch ›das Gesetz‹ von einer transzendenten auf eine irdische Legitimation verlagert werden. In demselben Jahr, in dem Kants Schrift erschien, fand der erste Flug der Montgolfière statt. Symbolischer geht's nicht: Der Mensch hatte sich aus seiner Erdgebundenheit gelöst und konnte, wie bisher nur Gott, von oben auf die Welt blicken.

Zusammen mit den Domestikationsmaschinen (zu denen neben der Schrift die mechanische Uhr und andere Kulturtechniken gehörten) wurde auch die Patrilinearität von ihrer ›Mission‹ entbunden. Das Prinzip des *pater semper incertus est*, das der Patrilinearität so lange Zeit als Rechtfertigung gedient hatte, wurde nicht mehr gebraucht. Wissenschaftshistoriker fragen sich heute oft, warum die westliche Welt erst so spät zu einer genaueren Kenntnis der Zeugungsvorgänge gelangte. Man könnte die Frage aber auch umdrehen: Bedufte die Patrilinearität nicht eben dieser biologischen *Ungewissheit*, um dem männlichen Körper jene geistige Zeugungsmacht zuweisen zu können, deren es für die Domestizierung der menschlichen Natur bedurfte? Jedenfalls fällt auf, dass mit dem Beginn der allgemeinen Alphabetisierung (und Kants Verteidigung einer Beherrschbarkeit der Natur durch das Gesetz) auch die ersten Schritte zum sicheren Vaterschaftsbeweis unternommen wurden. Anders ausgedrückt: Die Pluralisierung der Natur war eine Folge der vielfältigen kulturellen Denkmöglichkeiten. Erst seither haben wir es mit zwei konträren Begriffen von Natur zu tun.

4. Der Konflikt zwischen den zwei Naturen

Im Sommer 2015 verkündete die Universität von Kalifornien, dass sich die Studierenden bei der Einschreibung künftig zwischen sechs unterschiedlichen Geschlechtsidentitäten entscheiden können: Neben den beiden traditionellen Geschlechtsidentitäten gibt es drittens und viertens auch ›transgender‹ Mann und Frau (Geschlechtswechsel von Frau zu Mann oder umgekehrt); fünftens die Identität ›queer‹ und sechstens ›gender-non-conform‹ (Pluralität der Geschlechtsidentität). Die zutreffende Identität wird auf den Immatrikulationsformularen angekreuzt und für demographische Erhebungen ausgewertet. Ein Jahr zuvor hatte dieselbe Universität geschlechtsneutrale Toiletten eingeführt,[29] die bald darauf durch ein Gesetz der US-Bundesregierung zum Standard wurden. Das Bundesjustizministerium erhob im Jahr 2016 Anklage gegen den Staat North Carolina, weil dieser seinerseits bestimmt hatte, dass jeder nur noch Toiletten aufsuchen darf, die für das Geschlecht, das auf der Geburtsurkunde steht, ausgewiesen sind. Virtuell scheint das einfacher zu sein: Facebook bietet seinen Nutzern inzwischen 60 Geschlechter zur Auswahl.[30] Als das Bundesverfassungsgericht im November 2017 den Gesetzgeber aufforderte, im Geburtenregister ein ›drittes‹ oder ›anderes‹ Geschlecht vorzusehen, folgte es der Erkenntnis, dass die Natur selbst keineswegs so eindeutig ist, wie es ihr das auf zwei Geschlechter festgelegte Gesetz unterstellt.*

Die Flexibilität der sexuellen Zuordnung fand ihre Entsprechung in den neuen Parametern der Fortpflanzung. 2008 brachte der Transsexuelle Thomas Beatie in den USA ein Kind zur Welt. Ursprünglich eine Frau, hatte er männliche Hormone genommen und sich einen Bart wachsen lassen, zugleich aber seine weiblichen Geschlechtsorgane behalten. Mit Spendersamen ließ er sich befruchten und brachte nun als Mann ein Kind zur Welt – er betrachtete die Fähigkeit, ein Kind zu gebären, als Menschenrecht.[31] Andernorts gibt es inzwischen ähnliche Fälle – etwa in Berlin.** Verglichen mit solchen Formen von Uneindeutigkeit erscheint die Homo-Ehe geradezu traditionell. Sie überträgt nur das heterosexuelle Modell auf homosexuelle Verhältnisse.[32] Auch die Homosexualität selbst war noch keine große Umwälzung: Sie war über lange Zeit nur

* Mit seinem Urteil setzte das Bundesverfassungsgericht einer Polarisierung der Geschlechtsidentitäten ein Ende, die verhältnismäßig jung war. Die gesetzliche Festlegung auf ein Geschlecht hatte sich erst im Verlauf des 19. Jahrhunderts durchgesetzt. Waren es zunächst die Eltern, die für ihr Kind entscheiden durften, welchem Geschlecht es angehören sollte, so nahmen zunehmend Ärzte dieses Bestimmungsrecht in Anspruch. Zum Teil führten sie auch genitalangleichende Operationen durch. Schon 2012 hatte der Ethikrat eine Änderung des Gesetzes angemahnt. (Zur Geschichte der Intersexualität vgl. Klöppel, 2010)

** 2013 brachte ein Neuköllner, der sich einer transsexuellen Operation von Frau zu Mann unterzogen hatte, einen Sohn zur Welt. Er wurde im Standesregister als ›Vater‹ eingetragen und hatte zu erreichen versucht, dass in der Geburtsurkunde des Kindes das Geschlecht nicht eingetragen wird. Dem widersetzten sich die Behörden. (Vgl. Tagesspiegel, 11. 9. 2013.)

deshalb bekämpft worden, weil sie die Regeln der Prokreativität außer Kraft setzte. Das Konzept ihrer ›Widernatürlichkeit‹ und das Verbot entwickelten sich in zeitlicher Parallele zur Idee der patrilinearen und matrilinearen Blutsverwandtschaft und lockerten sich mit dem Bedeutungsverlust dieses Konzepts.

In vielen heidnischen Religionen waren homosexuelle Handlungen erlaubt, bei den Griechen gab es eine Hierarchie zwischen dem (höheren) aktiven und dem (niederen) passiven Part. Der erste schriftliche Beleg für ein Verbot gleichgeschlechtlicher Beziehungen zwischen Männern stammt aus einem mittelassyrischen Gesetzestext aus dem Jahre 1100 v. d. Z. Das erste religiös begründete Gesetz ist in *Leviticus* zu finden und entstand vermutlich im Babylonischen Exil um das Jahr 550 v. d. Z. Es sah die Todesstrafe vor, aber es ist umstritten, ob diese je vollstreckt wurde. In Rom wurde Homosexualität geduldet, galt aber als ›unmännlich‹. Nach der Durchsetzung des Christentums als Staatsreligion wurde Homosexualität unter Strafandrohung gestellt. Im Mittelalter galt die ›Sodomie‹ zwar als Sünde, aber erst im 13. Jahrhundert wurde sie zu einem Verbrechen (mit Androhung der Todesstrafe). Nach der Aufklärung, vor allem durch die Französische Revolution, kam es zu einer Abmilderung (Gefängnisstrafe). In Deutschland verschärfte sich nach der Reichsgründung von 1871 noch einmal die Gesetzgebung, weil das strengere preußische Gesetz zum Reichsgesetz erhoben wurde. Unter den Nationalsozialisten wurden Homosexuelle verfolgt, viele kamen in KZs und Straflagern ums Leben. In der DDR wurde das Gesetz 1957 faktisch außer Kraft gesetzt, in Bundesrepublik wurde es 1971 auf sexuelle Handlungen mit Jugendlichen unter 21 Jahren beschränkt. In der DDR wurde 1968 das ›Schutzalter‹ auf 18 Jahre herabgesetzt, die Bundesrepublik folgte 1978. Nach der Wiedervereinigung wurden der § 175 aufgehoben und 1994 das Schutzalter auf 14 Jahre festgelegt, so wie für heterosexuelle Handlungen. Im letzten Drittel des 20. Jahrhunderts kam es in vielen Ländern, vor allem den Industrieländern, zur allgemeinen Entkriminalisierung der Homosexualität und schließlich auch zu einem Gesetz zur Entschädigung von Personen, die nach dem § 175 verurteilt worden waren. Von großem Einfluss waren die Urteile des Europäischen Gerichtshofs für Menschenrechte, der die strafrechtliche Verfolgung homosexueller Handlungen für menschenrechtswidrig erklärte. War die frühere Kriminalisierung gleichgeschlechtlicher Sexualität mit dem ›vergeudeten Samen‹, also dem Ausschluss der Prokreation begründet worden, so verdankt sich die moderne Einstellung zur Homosexualität (ähnlich wie bei der Blutsverwandtschaft) vor allem den Reproduktionstechniken, die flexible Sexualidentitäten ermöglichten – und auch andere Parameter veränderten.

So finden nun auch Generationenverschiebungen statt. So gibt es in Großbritannien eine Reihe von Vätern, die ihren Söhnen Samen spenden, wenn diese unfruchtbar sind.[33] In diesen Fällen wird die Rolle von Großvater und Vater austauschbar, ein Sohn ist der eigene Bruder oder ein Enkel zugleich Sohn des Großvaters. Dass es dazu keiner Reproduktionstechniken bedarf, zeigt der Fall Fritzl, dessen Tochter, vom Vater vergewaltigt, ihre eigenen Halbgeschwister zur Welt brachte. Durch die Lagerung des Spermas in der Samenbank ist eine solche Generationenverschiebung heute auch ohne Verstoß gegen das Gesetz möglich. Ein französisches Samenspenderkind, Arthur Kermalvezen, der ein Buch über die (vergebliche) Suche nach seinem leiblichen Vater verfasst hat, konstatiert, dass er – angesichts der potentiell langen Lagerzeiten von Sperma – genauso gut früher hätte zur Welt kommen können: »Ich bin wie aus der Zeit geworfen.«[34]

Im Zuge der Sexualreformen erfuhr auch der Inzest eine Neubewertung. Während es in einigen modernen Gesetzbüchern – etwa denen Brasiliens oder Frankreichs – keinen Paragraphen gibt, der die Eheschließung zwischen Geschwistern verbietet, untersagt das deutsche Grundgesetz die Geschwister-Ehe; sie wird auch gerichtlich verfolgt. In Deutschland ist auch der Beischlaf von Blutsverwandten verboten. In § 173 geht es eindeutig um *Bluts*verwandte, denn das Verbot gilt auch dann, wenn die soziale oder legale Verwandtschaft erloschen ist (etwa weil ein Kind zur Adoption freigegeben wurde). Als Begründung für das Inzestverbot wird aber nicht die leibliche Verwandtschaft – etwa das Risiko erblicher Schäden – angegeben, sondern die soziale Nähe, die durch Verwandtschaft entsteht. Deshalb schlug der deutsche Ethikrat 2014 vor, das bestehende Inzestverbot zu lockern. Die damalige Vorsitzende des Rats, Christine Wopen, gab ihrer Hoffnung Ausdruck, »dass so etwas Wunderschönes und Wertvolles wie die aufrichtige Liebe zwischen zwei Menschen, die keinen anderen Menschen tiefgehend schädigt, in unserer Gesellschaft lebbar sein möge«.[35]

Eine solche Aussage beruht auf der Annahme, dass ›die Liebe‹ ein unveränderbares, historisch neutrales Phänomen ist. Faktisch unterliegt sie aber, wie Sexualität und Verwandtschaftsdefinitionen, kulturellen Veränderungen. In seiner Stellungnahme verwarf der Ethikrat das Argument erblicher Schäden als »eugenisches Denken« und schlug vor, den § 173 dahingehend zu verändern, dass einvernehmliche sexuelle Beziehungen zwischen Erwachsenen nicht mehr strafbar seien, auch nicht zwischen Geschwistern, soweit diese das Alter von 14 Jahren überschritten haben und soweit beide hinreichend lange nicht mehr in demselben Familienverband leben. Eine solche Umformulierung des Gesetzes deutet einerseits daraufhin, dass Verwandtschaft in Kategorien von sozialer Beziehung gedacht werden, hätte andererseits aber auch zur Folge, dass Kinder von anonymen Samenspendern nicht mehr befürchten müssten, sich (unwissentlich) in ein Halbgeschwister zu verlieben und damit gegen bestehendes Strafrecht zu verstoßen.

Bestimmten einst die Lehren der Theologie über die gelebte Sexualität, so wirkt heute der neue Pluralismus von Sexualität und Geschlechterverhältnissen auf die moderne theologische Lehre zurück. Beispielhaft dafür die Stellungnahmen der Evangelischen Kirche Deutschlands von 1996 und 2013, in denen die (weitgehende) Vereinbarkeit von Homosexualität und Fortpflanzungstechniken mit den protestantischen Lehren umrissen werden,[36] wie auch die Aussagen von Peter Dalbrock, evangelischer Theologe und seit 2016 Vorsitzender des Deutschen Ethikrats. Auf die Frage des Interviewers, ob es »angesichts künstlicher Eizellen« noch Raum für Gott bei der Zeugung gebe, antwortete Dalbrock: »Meine These ist, dass Gott wenn, dann als Inbegriff der Liebe anwesend ist, wenn zwei Menschen versuchen, bedingungslos zueinander zu stehen und diese Liebe an ein Kind weitergeben wollen. Über die Art und Weise, auf die diese Liebe dann zur Zeugung des Kindes führt, muss man nicht an erster Stelle nachdenken.«[37] Abgesehen davon, dass das Wort ›Liebe‹ – wie schon bei Dalbrocks Vorgängerin Wopen – beim Deutschen Ethikrat hohen Kurs zu haben scheint, ist diese Erklärung auch Indiz für eine breite Akzeptanz des Mentalitätswandels.

Der Wandel der Einstellungen zur Sexualität geht auch nicht am Psycho-Sektor vorbei. In Frankreich kam es bei den Debatten von 2012 über die Gesetzesnovelle zur gleichgeschlechtlichen Ehe und zum Zweitadoptionsrecht homosexueller Eltern zu großen, hunderttausende von Menschen umfassenden Demonstrationen, an deren Spitze nicht nur katholische Priester, Rabbiner und Imame, sondern auch viele Psychoanalytiker, Psychiater und Psychologen marschierten. Letztere formulierten den laizistischen Widerstand gegen die Gesetzesnovelle. Über Monate verging kaum eine Woche, in der nicht ein oder zwei Artikel in *Le Monde* oder *Libération* erschienen, verfasst von ›Psys‹, wie die Franzosen sagen, die sich für oder gegen die Homo-Ehe aussprachen. Bei den Widersachern der Gesetzesnovelle war von »Perversion« die Rede, von »Kastrationsverweigerung« und von »Realitätsverleugnung«. Mit dem Verschwinden der Begriffe Mutter und Vater aus dem *code civil* würden jene beiden Wörter aus dem Zivilrecht gelöscht, die »unsere Identität kodifizieren«.[38] Bei einer Parlamentsanhörung wurde über die Kinder dieser Paare prognostiziert, sie würden psychisch erkranken, ja sogar psychotisch werden, weil es für sie – die In-vitro-Gezeugten – keine Urszene* gebe. Auf den Einwand, dass die Situation in den USA schon seit über 30 Jahren beobachtet werde und nichts dergleichen zutage fördere,[39] antwortete derselbe Fachmann, ein Pädopsychiater: Die Folgen zeigten sich eben erst in den dritten Generation.[40] Diese Fraktion bot ein anschauliches Beispiel für die inzwischen immer deutlicher formulierte Kritik, dass viele ›Psy‹-Berufe in ihrer Orientierung und Methodik selber in den traditionellen Familiensystemen befangen sind, an denen viele ihre Patienten leiden und aus denen diese sich zu befreien suchen. (Ich komme darauf zurück.)

Es gab bei diesen Debatten allerdings auch eine Gruppe, die sich für die Gesetzesnovelle stark machte. Eine ihrer Protagonistinnen war die bekannte französische Psychoanalytikerin Sylvie Faure, die bei dieser Gelegenheit eine neue Definition von ›Urszene‹ lieferte: nämlich das gemeinsame *Begehren* eines Paares (ob hetero- oder homosexuell), ein Kind zu zeugen: »Unsere Symbolisierungsfähigkeit ist Teil unserer Psyche und nicht eine Folge der realen Familienorganisation. Warum sollten nicht auch die erheblichen Anstrengungen von Eltern, ein Kind zu bekommen, einen strukturierenden Effekt haben? Das ›Kind des Kinderwunsches‹ zu sein – egal, ob dieses adoptiert wird oder mit Hilfe der Reproduktionsmedizin zur Welt kommt –, impliziert den Entwurf eines neuen Urszenen-Phantasmas. Die Identität leitet sich vom Begehren der Eltern ab und nicht von der Verwendung der Keimzellen.«[41] Mit dem ›Begehren der Eltern‹ führt Faure faktisch eine andere Formulierung für den Begriff der ›intentionalen Eltern‹ ein – eine Kategorie von Elternschaft, die erst mit der Reproduktionsmedizin entstand und die, wie das bereits erwähnte Urteil zu ›Baby M‹ zeigt, für die Rechtsauffassung leitend geworden ist. Zugleich ähnelt dieses Begehren aber auch auf frappierende Weise der Beschreibung des Theo-

* Urszene: ein Begriff aus der Psychoanalyse. Er beschreibt die reale oder phantasierte Beobachtung des Geschlechtsverkehrs der Eltern, die das Kind unbewusst mit der eigenen Zeugung in Verbindung bringt.

logen Dalbrock, wenn dieser von der Anwesenheit Gottes in Form von Liebe beim Kinderwunsch spricht.

Eine andere Stimme ist die von Susann Heenen-Wolff, die in ihrem Aufsatz *Normativität der Psychoanalyse* kritisiert, dass die Psychoanalyse kein Modell bietet, um die aktuellen Umwälzungen auf dem Gebiet von Sexualität und Elternschaft zu verstehen und einzubeziehen.[42] Sie kritisiert den Umgang vieler psychoanalytischer Theorien mit den »Neosexualitäten«, zitiert auch Stimmen, die eine Revision der Lehre einfordern. Allerdings greift Heenen-Wolff bei ihrem Versuch, einen ›anderen‹ Diskurs anzubieten, vornehmlich auf die Schriften von Sigmund Freud zurück – vermutlich in der Absicht, ihren Kollegen ein Umdenken ohne Verrat am Übervater zu ermöglichen. Dabei war Freud, zu dessen Lebzeiten die Blutsverwandtschaft ihre letzte große Blüte erlebte, notwendigerweise selber befangen in den Denkschemen seiner Epoche; davon legt der Kern seiner Lehre, der Ödipus-Komplex, deutliches Zeugnis ab.*

Hervé Glevarec, der ein Forschungsprogramm am französischen *Centre national de la recherche scientifique* (CNRS) leitet, konstatiert, dass er sich »gegen meinen eigenen Willen« zu fragen beginne, ob Freuds Ödipus-Lehre und Lacans ›Nom du père‹ nicht insofern »historisch situiert« sind, als sie »vom traditionellen Familienmodell« abhängen. Konsequent als *strukturelles* Wissen gedacht, müsse Lacans Konzept auf eine Metaphorik verzichten, die auf reale Eltern, Vater und Mutter, verweist.[43] Tatsächlich kann man sich fragen, warum Lacan an der Biologie festhält, wo er doch von der Macht des Symbols ausgeht.

Man könne, so Glevarec, das traditionelle genealogische Modell auch nicht mit solchen »Basteleien« retten, laut denen in einer homosexuellen Familie der eine Partner die ›mütterliche‹ und der andere die ›väterliche‹ Rolle übernimmt. (Das Modell wurde von einer Kollegin vorgeschlagen.)[44] Erstens bestehen ›die Eltern‹ in vielen Familien aus einem alleinerziehenden Elternteil. Zweitens sei man auch mit der beispiellosen Tatsache konfrontiert – und dies in der Realität,

---

* In seiner Autobiographie hat der indische Psychoanalytiker Sudhir Kakar beschrieben, wie die Lehren Freuds, die er sich am Frankfurter Sigmund Freud-Institut angeeignet hatte, für die Therapie in Neu Delhi völlig versagten. »Ich merkte bei fast allen meinen indischen Patienten sehr schnell, dass ich an den analytischen Techniken, die ich in Deutschland gelernt hatte, Änderungen vornehmen musste. Ich musste die Tatsache akzeptieren, dass für die meisten dieser Patienten ihre emotionalen Probleme keine biographische Dimension hatten.« (Kakar 2012, S. 225.) Diese Nichtübertragbarkeit auf andere kulturelle Kontexte offenbart zwei Dinge: erstens, wie wenig universal die westliche Art, Verwandtschaft zu denken, ist; zweitens, wie sehr die Psychoanalyse in diesem Diskurs verharrt.

nicht in der Imagination –, dass ein Kind mehrere Mütter und mehrere Väter haben kann. Das müsse Folgen für die Therapie haben, gerade dann, wenn sie Elternschaft als Struktur denkt. Seine Schlussfolgerung: Das psychoanalytische Wissen verlangt nach neuen Begriffen, die jenseits einer Logik »der Inkarnation« stehen. »Die durch die assistierte Reproduktion eingeführte Transformation scheint auf die notwendige Preisgabe der mütterlichen und väterlichen Referenten als Strukturelemente hinauszulaufen. *Ce n'est pas rien.*«[45] Das ist in der Tat nicht wenig – und dieses Fazit formuliert deutlich, in was für einem Dilemma die Psychoanalyse sich befindet.

Nicht minder polarisiert sind die Debatten um Aufklärungsbücher und -unterricht. Auf den sogenannten ›Demos für alle‹ zogen Eltern gegen die ›Frühsexualisierung‹ ihrer Kinder auf die Straße: In den neuen Lehrplänen sollte für die Gleichberechtigung von Männern und Frauen und »die Akzeptanz von Lesben, Schwulen, Bisexuellen, trans- und intersexuellen Menschen« geworben werden.[46] Einige Bundesländern, darunter Baden-Württemberg, zogen die Lehrpläne zurück und ersetzen sie durch abgeschwächte Versionen.[47] Die Erziehungswissenschaftlerin Christin Sager, die die Geschichte der bundesrepublikanischen Sexualaufklärung untersucht hat, konstatiert in den aktuellen Aufklärungsbüchern eine Rückkehr zur binären Matrix einer traditionellen ›Normalität‹. Auch kindliche Sexualität, die noch für Freud von zentraler Bedeutung war, findet in diesen Büchern nicht statt.[48] Einer der Gründe für diese neue Scheu gegenüber kindlicher Sexualität dürfte mit den Missbrauchsskandalen der letzten Jahre und der öffentlichen Sensibilisierung für das Thema zusammenhängen. Zugleich ist sie aber auch das Resultat des Konflikts zwischen ›alter‹ und ›neuer‹ Natur.

Diese wenigen Beispiele mögen genügen, um einerseits die Multiplikation der Idee von Natur zu zeigen, andererseits aber auch die hohe Explosivität dieser Kontroverse begreiflich zu machen. Mehr noch: Dass zwei (oder mehr) Vorstellungen von Natur aufeinander stoßen, macht verständlich, warum sich die Debatten um Geschlechterrollen und sexuelle Orientierung explizit oder implizit mit den Konflikten um ›nationale Werte‹ und die Abwehr von ›Fremden‹ verbinden. Jede dieser Kategorien lässt sich sowohl in kulturellen als auch in ethnischen oder physiologischen Kategorien formulieren. Und jede von ihnen bezieht sich auf Körper, denen Unveränderbarkeit unterstellt wird.[49] Darin besteht ihre Gemeinsamkeit. Letztlich erwächst der Konflikt aber aus der Frage, ob die Natur als der Kultur vorgängig oder aber als Produkt der Kultur verstanden wird. Die Antwort auf diese Frage hat ein Teil der Wissenschaftstheorie dahingehend gelöst, dass sie die Ununterscheidbarkeit von Kultur und Natur konstatiert. Die aktuelle Debatte zu *Science and Technology* macht dies vor allem an der Genetik fest.

5. Die neue Verwandtschaft von Natur und Kultur

Der Soziologe und Wissenschaftsforscher Bruno Latour hat schon vor langem vorgeschlagen, die Trennung zwischen Natur und Gesellschaft/Kultur aufzugeben.[50] Zu den ersten, die diese kulturelle Produktion von ›natürlichen Fakten‹ im Labor beobachtet und beschrieben haben, gehörte Donna Haraway.[51] 1997 hielt sie fest, dass wissenschaftliche Fakten heute weniger ›entdeckt‹ als hergestellt werden. Damit vollziehe sich eine »Implosion« von Natur und Kultur, von Semiotik und materiellen Substanzen, und diese Ununterscheidbarkeit impliziere einen doppelten Vorgang: Einerseits entstehen aus der Verschmelzung von Werkzeugen, Theorien und biologischen Substanzen ›lebendige Werkzeuge‹; andererseits nehmen theoretische Konzepte leibliche Form an.[52] Ähnlich die Soziologin Sarah Franklin, die darauf aufmerksam macht, dass der Begriff ›Reproduktion‹ aus der Manufaktur kommt und die Herstellung von Kopien bedeutet.[53] Im Labor sei die Fortpflanzung nicht mehr eine »natürlich vorgegebene Abfolge von Ereignissen, sondern wird zur ›Leistung‹«.[54] Aufgrund solcher Erkenntnisse kommt die Anthropologin Janet Carsten zum Schluss, »dass sich Natur und Technik gegenseitig substituieren können«.[55]

In der modernen Reproduktionsmedizin, so Franklin, unterscheidet sich das Objekt der Forschung immer weniger von der Forschung selbst.[56] In ihrem Buch *Biological Relatives*, in dem sie auf die Folgen der In-vitro-Fertilisation eingeht – »35 Jahre nach ihrer ersten klinischen Verwendung und fünf Millionen ›miracle babies‹ später« –, hält sie fest, dass sich nun auch die verschiedenen Ebenen der Reproduktion – sexuelle, tierische, menschliche, digitale, informationstechnische, virtuelle und mechanische Reproduktion – miteinander verbinden. Sie spricht von »Substantialisierung« und verwendet den Begriff in einem ähnlichen Sinne wie die Psychologie und Psychoanalyse den Begriff der »Somatisierung« oder die Anthropologie den Ausdruck der »Sedimentation«. Mit dem Begriff der »relativity«, der auch im Titel ihres Buches steht, bezieht sie sich erstens auf die Herstellung von *relatives* (Verwandten), zweitens auf die Beziehung zwischen Technik und Natur und drittens auf die ›Relativität‹ von deren jeweiligen Wahrheitsansprüchen. »Die neue Art von Sprössling, die durch diese Befruchtungstechniken zutandekam, substantialisierte nicht nur die Beziehung zwischen Ei und Sperma, sondern auch die zwischen Technologie und Biologie.«[57] Für sie findet die Verschmelzung von Natur und Technik in den Reproduktionstechniken einen besonders deutlichen Ausdruck.

1996 prägte der amerikanische Anthropologe Paul Rabinow zur Beschreibung der sozialen Folgen dieser Entwicklung den Begriff der »Biosozialität«. Er bezieht sich damit auf soziale Identitäten, die auf der Basis genetischer Diagnosen etabliert werden. Genetisches Wissen werde in Kliniken und Laboratorien erstellt und mit sozialer Identität zur »genetischen Staatsbürgerschaft« zusammengeschlossen. Eine der Auswirkungen der neuen Biotechnologien, so sagte er damals voraus, werde darin bestehen, dass die Kultur den Anschein von Natur annimmt. »Natur wird bekannt, neu gemacht durch Technik und schließlich künstlich, aber ebenso wird Kultur ›natürlich‹.«[58] Es geht also letztlich um eine Kultur, die ihre eigene Natur produziert, von der sie wiederum ihre kulturellen Codes ableitet. Laut Rabinow wird sich damit die Unterscheidung von Natur und Kultur endgültig erübrigen und auch die Kategorie des ›Sozialen‹ werde obsolet. (Im 6. Kapitel habe ich darauf hingewiesen, dass dies auch Konsequenzen für das Verhältnis von Ökonomie und Verwandtschaft hat, indem es Bestrebungen gibt, die Einkommensverhältnisse in den genetischen ›Anlagen‹ zu verorten.)

Indem die modernen Reproduktionstechnologien den performativen Charakter der modernen biologischen Verwandtschaftsverhältnisse offenbaren, verweisen sie nicht nur zurück auf soziale Verwandtschaftsdefinitionen,[59] sondern auch auf das Performative der Patrilinearität: Sie kann nicht mehr den Anspruch darauf erheben, die Natur zu repräsentieren, sondern muss sich damit abfinden, dass sie nie viel mehr als ein kultureller Gestus war. Sarah Franklin schreibt: »Wir kennen diese Betrachtung aus den Verwandtschaftstheorien, in denen Institutionen wie die Monarchie als Technologien beschrieben werden – sogar als Reproduktionstechnologien – deren Ziel es ist, Kontrolle über die Weitergabe von menschlicher Substanz und die Erbschaftsfolge auszuüben.« Diese sozialen Technologien sind oft ebenso unsichtbar wie etwa die Grammatik einer Sprache.[60] Und so wie diese auf das Unbewusste einwirkt, bezogen auch die sozialen Technologien ihre Wirkmacht aus dem Nicht-Gesagten. Indem das Performative offensichtlich geworden ist, haben sie ihre Überzeugungskraft eingebüßt.

Was für Verwandtschaft gilt, trifft auch auf die geschlechtliche Identität zu. Noch eimal Franklin: »Normalerweise assoziieren wir mit der Geschlechtsidentität oder der Einrichtung der Ehe keine Technologie, aber auch sie sind natürlich hoch organisierte Aktivitäten, die auf künstlichen Vorgaben beruhen. [...] Eine Hochzeitszeremonie ist nicht weniger technologisch als eine Windmühle.«[61] Sexualität und leibliche Verwandtschaft als Technologie, als performativer Akt: Hier zeigt sich ganz deutlich, dass die Definition von Verwandtschaft eben jenen Prämissen unterliegt, die so gern am Begriff ›Gender‹ kritisiert werden. Dieser unterstellt, dass die Kategorie Geschlecht sozialen und kulturellen Codierungen unterliegt. Nun offenbart sich diese Erkenntnis auch bei der Betrachtung biologischer Paradigmen und der ›Fakten‹, die sie produziert.

Die Tatsache, dass sowohl Verwandtschaft als auch Gender als kulturelle Konstrukte zu verstehen sind, mag erklären, warum ein Gutteil der Anstöße, das Verhältnis von Kultur und Natur neu zu überdenken, von Wissenschaftler*innen* ausgeht. Viele von ihnen nehmen eine feministische Perspektive ein. Sie haben die kulturelle Produktion von Natur nicht erfunden, wohl aber (als Frauen, deren Leiblichkeit über Jahrhunderten kulturellen Codes unterworfen wurde) einen sensibilisierten Blick für die Vorgänge entwickelt.

Zugleich treten immer deutlicher Parallelen zwischen der modernen hoch technisierten Biologie und *vor*schriftlichen Gesellschaften hervor. Deshalb interessiert sich die Anthropologie, die über lange Zeit den Unterschied zwischen der ›westlichen‹ Kultur und den ›anderen‹ in den Blick genommen hatte, heute zunehmend für die Ähnlichkeiten der Sozialstrukturen: der Melanesier und der Briten oder der Karembola in Madagaskar und westlicher Stadtbewohner. Explizit geschieht dies bei Marilyn Strathern in in ihrem Buch *Reproducing the Future*. Mit der Samenspende, bei der es nur den biologischen (und keinen sozialen) Vater gibt, werde die ›westliche‹ Konstruktion, laut der die Mutter ›Natur‹ und der Vater ›Kultur‹ sei, hinfällig; heute erweise sich, dass beide Eltern sowohl Natur als auch Kultur seien. Ähnliches finde man in der Kultur Melanesiens, wo »Vaterschaft und Mutterschaft Metaphern für einander sind«. Mütter seien einerseits »anders«, andererseits aber auch Versionen von Vätern: »Allein durch die Tatsache, dass sie Samen in der weiblichen Form von Milch weiterreichen, sind sie metaphorische Väter!«[62]

Ebenso betont auch Karen Middleton die Parallelen zwischen moderner Reproduktionstechnologie und traditionellen Gesellschaften. Für die Männer der

Karembola-Kultur von Madagaskar sei die *Darstellung* von Mütterlichkeit ein Indiz von besonderer Macht, weil sie auf *relatedness* (Beziehungen) basiert. Um Macht auszuüben, imaginieren sich Männer als die Mütter anderer Männer. Sie performieren Mutterschaft.[63] Ebenso stellen auch die Riten der *Couvade*, in der Männer Schwangerschaft und Geburt am eigenen Leibe nachvollziehen, den Versuch dar, männliche Weiblichkeit zu performieren. Das Phänomen, das zunächst von Ethnologen als Ritus traditioneller Kulturen beschrieben wurde, ist inzwischen auch zu einer verbreiteten Erscheinung westlicher Gesellschaften geworden – allerdings nicht als Ritus, sondern als unfreiwilliges ›Syndrom‹ werdender Väter, das von der Medizin in die Nähe des Krankhaften gerückt wird.[64] Mit den modernen Reproduktionstechniken wird aus diesem Syndrom eine eigene Art der Ermächtigung. Bei der technisch assisistierten Fortpflanzung liegt die Macht weder bei den Müttern noch bei den Vätern, sondern im Labor, das sich alle Gestalten der Zeugungs- und Gebärfähigkeit angeeignet hat.

Diese Macht des Labors wird verschleiert, indem sich die modernen Reproduktionstechniken des Vokabulars und des Ritus der Gabe traditioneller Gesellschaften bemächtigen. Das *Geschäft* der Leih- oder Tragemutterschaft wird im Sinne einer altruistischen Aktion aufgewertet, die den ökonomischen Aspekt verdeckt. Durch die Verwendung des Begriffs »Geschenk des Lebens« (*gift of life*), so Heléna Ragoné, wird aus einem kommerziellen Austausch ein Beziehungsgeflecht, in dem es um »Teilen« und »Gegenseitigkeit« geht (*sharing and reciprocity*). Es werde eine »schwesterliche Beziehung« der beiden Frauen – der intentionalen und der austragenden Mutter – insinuiert.[65] »Das auf die Surrogatmutterschaft angewandte Motiv des Lebensgeschenks offenbart die Art, wie Fragen von Arbeit, Verschuldung, Preislosigkeit, Familie und Verwandtschaft neu konfiguriert werden.« Da zumindest die Leihmutterschaft oft in Kulturen stattfindet (Indien zum Beispiel), in denen die Gesellschaft der Gabe sehr verbreitet ist, fällt diese Verschleierungstechnik auf fruchtbaren Boden. In der westlichen Gesellschaft dagegen dient die Rede von der Leihmutterschaft als Geschenk des Lebens »als mächtiger Verstärker der euro-amerikanischen Verwandtschaftsideologie«, die an der »Unantastbarkeit der Blutsbande« festhält.[66]

Das heißt, einerseits haben die anthropologischen Forschungen den Blick für vergessene oder verdrängte soziale Verwandtschaftsverhältnisse der westlichen Kulturen geschärft und damit das etablierte Verständnis von Verwandtschaft als Blutsverwandtschaft in Frage gestellt. Andererseits ist aber nicht zu übersehen, dass die Reproduktionsmedizin, an der sie das exemplifizieren, keineswegs die Abkehr von der Blutslinie, sondern deren Erneuerung anstrebt.

Der Vergleich mit anderen Kulturen führte unweigerlich dazu, dass die Anthropologie nach der Entstehungsgeschichte und Bedingtheit der eigenen Kategorien zu fragen begann. In seiner Selbstkritik von 1995 an *American Kinship* schrieb David Schneider, ihm sei erst spät – fast zu spät – klar geworden, »wie sehr euro-amerikanische Vorstellungen von Wissen auf der Vorannahme beruhen, dass Wissen *entdeckt,* nicht erfunden wird, und dass Wissen durch die Aufdeckung noch verborgener ›Fakten‹ der Natur entsteht. Man glaubte, dass Verwandtschaft die soziale Anerkennung der Tatsache biologischer Verbundenheit ist.«[67] Mit dieser Erkenntnis stand die Anthropologie vor der Frage, ob sie die Kategorie Verwandtschaft ganz aufgeben oder vielmehr ein breiteres Konzept dafür entwickeln muss.

Die Forschung begann nun, das Beziehungs*geflecht* zu fokussieren und Verwandtschaft als einen Prozess, nicht als statischen Zustand zu verstehen.* Damit traten Faktoren wie emotionale Bindungen deutlicher hervor – was wiederum den Blick der Geschichtsforschung auf die bestehenden virtuellen Netzwerke der Vergangenheit lenken half: etwa auf die im 5. Kapitel beschriebene Zirkulation von Frauenbriefen, die mindestens ebenso zum Zusammenhalt der Familien beitrugen wie die patrilinearen ›Blutsbande‹. Frauen wurden nun nicht nur unter der Perspektive der Fortpflanzung, sondern auch ihrer sozialen Rolle betrachtet. Moderne feministische Forscherinnen wie Marilyn Strathern, Janet Carsten oder Sarah Franklin trugen zu dieser Entwicklung bei; zugleich waren ihre Forschungsinteressen auch das Produkt dieser Entwicklung. Insgesamt begann die Kategorie Gender in der Anthropologie eine wichtige Rolle zu spielen, und durch die Arbeit von einigen bedeutenden Forscherinnen erfuhr dieses Gebiet beträchtliche neue Anstöße. Schneider bezeichnete den Einfluss der feministischen Forschung als »Demokratisierung der intellektuellen Unternehmungslust«.[68]

---

* Heute interessiert sich die Anthropologie auch weniger für die Vielfalt sexueller Identitäten als für das Prozessuale dieser Identitäten. Ob sich jemand als Mann oder Frau, als hetero-, homo- oder bisexuell versteht, ist nicht festgelegt; die Identitäten gelten als reversibel. Aus eben diesem Grund sind die modernen Verwandtschafts- und Identitätskonstruktionen *nicht* mit denen traditioneller Gesellschaften vergleichbar. Denn diese sind zumeist statisch. Auch da, wo sie die Überschreitung von Geschlechtergrenzen ritualisieren, wird der Vorgang nicht prozessual gedacht. Vielmehr unterliegen diese Riten einer festen Struktur, was sich für die modernen westlichen Geschlechtsidentitäten und Verwandtschaftsverhältnisse schwerlich sagen lässt.

Zunehmend wuchs auch das Einverständnis darüber, dass die Beziehung zwischen Eltern und Kindern oder zwischen Geschwistern weniger mit biologischer als mit soziologischer Begrifflichkeit zu erfassen ist. So verwischten sich nicht nur die Grenzen zwischen Kultur und Natur, sondern auch die zwischen der soziologischen und der biologischen Erforschung von Verwandtschaftsverhältnissen. Sie verschmolzen in einer ähnlichen Weise wie Technologie und Biologie. Auch dieser Entwicklung trägt der Begriff der ›relatedness‹ Rechnung. Janet Carsten verwendet ihn, »um von der vorgegebenen analytischen Opposition zwischen dem Biologischen und dem Sozialen, auf der ein Gutteil der anthropologischen Forschung beruhte, wegzukommen«. Aber der Begriff erlaubt es auch, Vergleiche anzustellen: »zwischen der Art, wie Iñupiat, Engländer oder Nuer miteinander in Beziehung treten, ohne auf die willkürliche Unterscheidung zwischen Biologie und Kultur zurückzugreifen und ohne jegliche Vorannahme über das, was Verwandtschaft konstituiert«.[69]

Rückblickend ist ein großer Bogen zu erkennen, bei dem sich die Definition von Verwandtschaft zunächst von einer kulturellen Ebene (Geist) auf eine substanzbezogene Definition (Blut) verlagerte. Heute, nach der Entwicklung der Genetik und dem sicheren Vaterschaftsnachweis, bewegt sie sich wieder auf eine entsubstantialisierte Form (prozessuale Verhältnisse) zu. Dieser Bogen wiederholte sich in der Entwicklung der Theorien zum ›Gen‹. Der Begriff begann als eine linguistische Fiktion, erfunden vom dänischen Genetiker Wilhelm Johannsen im Jahre 1909, um eine angenommene Zelleneinheit zu beschreiben, die bestimmte Eigenschaften hervorrufen kann. Johannsen übernahm den Begriff wiederum vom deutschen Physiologen Hugo DeVries, der den Begriff des ›Pangens‹ von Charles Darwins ›Pangenesis‹ abgeleitet hatte: Mit Pangenesis (der Verweis auf die Bibel kommt nicht von ungefähr) war die Theorie über den Ursprung der biologischen Variation gemeint. Für die erste Generation der experimentellen Genetiker Anfang des 20. Jahrhunderts bezeichnete das Gen dann eine physische Eigenschaft – die Flügelform oder Augenfarbe der Fliege *Drosophila* zum Beispiel, die sich von einem (bis dahin nicht identifizierten) Substrat von Erbmaterial herzuleiten schien. Heute begreift man DNA (aus der sich das Genom zusammensetzt) nicht als Vorgabe für eine bestimmte körperliche Eigenschaft, sondern als eine Interaktion der Gene mit sich selbst und dem weiteren Umfeld. Also auch hier eine Verlagerung von Kultur zu Biologie und dann die Fortentwicklung zu prozessualen Verhältnissen.

Wie bei der Reproduktionsmedizin spielen beim Wandel des Gen-Begriffs die neuen medialen Techniken – Computer und Internet – eine wichtige Rolle. Sie haben dazu geführt, dass der Körper selbst nicht als eine Gegebenheit betrachtet wird, sondern – vergleichbar dem Computer – als ein »Satz von Anweisungen«, als ein »Programm« oder Informationssystem, das von einer Generation zur nächsten weitergegeben wird. In ihrem Buch *The DNA Mystique* bezeichnen Dorothy Nelkin und Susan Lindee die Menschen als »Computerausdrucke ihrer Gene«.[70] Der Wissenschaftshistoriker Hans Jörg Rheinberger spricht von einem Eingriff der Schrift ins Leben. »Der Biologe, als Forscher, arbeitet nicht mehr mit den Genen der Zelle – er weiß ebensowenig wie jeder andere, was das ›wirklich‹ ist – er arbeitet mit experimentell in einem Repräsentationsraum produzierten Graphemen. Wenn er wissen will, was sie bedeuten, hat er keine andere Möglichkeit, als diese Artikulation von Graphemen durch eine andere zu interpretieren. Die Interpretation eines Sequenzgels* kann nie etwas anderes sein als ein weiteres Sequenzgel.«[71] Beim Gen treffen wir also auf ähnliche Verhältnisse wie bei der Verwandtschaft – und die Nähe zur Schrift ist nicht die geringste ihrer Gemeinsamkeiten.

Indem der Begriff der ›Natur‹ instabil wurde, büßte auch das Wissen über die Natur seine Stabilität ein.[72] Das ist der Preis für die Fokussierung des Prozessualen. Es bleibt jedoch ein Ansatzpunkt, von dem aus es gelingen könnte, die Umwälzungen zu erfassen, die sich derzeit in den Industrieländern vollziehen – ob sich diese nun auf Verwandtschaft, Geschlechterrollen, Sexualverhalten oder Reproduktionsmedizin beziehen. Er kulminiert in der Frage: Was waren die Bedingungen oder auslösenden Momente für diese Umwälzungen?

6. Gleichgeschlechtliche Beziehungen als Paradigma des Wandels

In *American Kinship* bezeichnete Schneider die Sexualität als das Bindeglied, das ›die Natur‹ mit ›der Kultur‹ verbindet. Da die Ehe nicht auf Blutsverwandtschaft (Natur), sondern auf dem Gesetz (Kultur) beruht, verbinden sich die beiden Pole in der Institution, die den Geschlechtsverkehr regelt. »Alle wich-

---

* Sequenzgel: eine dünne, aus Kunstharz gegossene Platte, in die durch Anlegen einer Stromspannung DNA-Stücke unterschiedlich markiert werden. Es handelt sich also um *Repräsentationen* der Gene, nicht um das Gen selbst.

tigen Symbole amerikanischer Verwandtschaftsverhältnisse sind in der Figur des Geschlechtsverkehrs enthalten, der natürlich selbst ein Symbol ist. In der amerikanischen Kultur wird diese Figur als biologisches Wesen und natürlicher Akt formuliert. Dennoch beruht jedes Element, das zur Zeit als natürlich definiert wird, auf der Vorherrschaft menschlicher Vernunft, verkörpert vom Gesetz und moralischen Standards, die diese Natur erweitern und ausfeilen.«[73] So bietet es sich an, den Wandel der Moderne von genau dieser Stelle aus zu betrachten: der bis vor kurzem im Gesetz verankerten Heterosexualität.

Die Erkenntnis der Anthropologie, dass Natur und Kultur keine Gegensätze mehr bilden, sondern miteinander verschmelzen, betrifft notwendigerweise auch das traditionelle Modell der Sexualität: Die Gleichsetzung von Heterosexualität mit ›Normalität‹ verliert ihr bisheriges Fundament, das Gesetz. Ich halte es für keinen Zufall, dass der Kampf für die Entkriminalisierung gleichgeschlechtlicher Beziehungen, der schließlich in die Legitimierung der gleichgeschlechtlichen Ehe einmündete, an der historischen Schwelle um 1900 einsetzte, als die Technologie die biologische Fortpflanzung ins Labor zu holen und die Reproduktion zu reproduzieren begann. Dieser Schritt setzte den Sexualtrieb auf freien Fuß, d.h. er wurde von seiner Fortpflanzungspflicht entbunden, und das kulturelle Regelwerk, das bis dahin über die Sexualität bestimmt hatte, verlor seine Funktion.

Erstaunlicherweise werden die beiden Entwicklungen – Entkriminalisierung der Homosexualität und Entwicklung der Reproduktionstechniken – fast immer in getrennten Narrativen behandelt: auf der einen Seite die Sexualwissenschaften, auf der anderen Seite die Zeugungsforschung. Berlin sei die »Geburtsstätte einer modernen Identität«, schreibt etwa Robert Beachy in seinem Buch über die »Erfindung der Homosexualität«. Dass ausgerechnet Berlin zum Ausgangspunkt dieser Entwicklung wurde, führt er auf das rasante Wachstum der Stadt (zwischen 1871 und 1914 stieg die Einwohnerzahl von circa 800 000 auf 3,5 Millionen), einen der Industrialisierung und Elektrifizierung geschuldeten Wirtschaftsboom sowie verschiedene Modernisierungsschübe zurück, die von den Transportmitteln über eine progressive Wissenschaft und Presse bis zu einer relativ liberalen Sittenpolizei reichten. Viele dieser Faktoren galten allerdings auch und schon früher für andere europäische Städte wie Paris und London, ohne dass dort eine Sexualwissenschaft à la Magnus Hirschfeld oder, wie in Wien, die Psychoanalyse entstanden wären.

Beachy sieht durchaus den Zusammenhang zwischen der tolerierten homosexuellen Subkultur in Berlin und der Entstehung der Sexualwissenschaften: »Berlin wurde zu so etwas wie einem Labor für sexuelle Abweichungen.« Und er betont auch, dass die moderne Sexualwissenschaft hier ihren Anfang nahm: »Allein dass das Wachstum einer homosexuellen Kultur *zugelassen* wurde, trug zur Entwicklung der noch jungen Disziplin der Sexualwissenschaft bei.«[74] Aber er behandelt die Entstehung der homosexuellen Subkultur und der Sexualwissenschaften ohne jeden Bezug zu den neuen Erkenntnissen der Naturwissenschaften über die Reproduktionsvorgänge. Die Trennung der beiden Entwicklungen ist umso erstaunlicher, als Sexualwissenschaften und Reproduktionsforschung in derselben Zeit (in der zweiten Hälfte des 19. Jahrhunderts) und von demselben Ort (dem deutschsprachigen Raum, vor allem Berlin) ihren Ausgang nahmen. (Ich bin auf die Entwicklung der Zeugungstheorien im 6. Kapitel eingegangen.) Allein diese zeitliche und geografische Nähe deutet auf einen inneren Zusammenhang.

Die Erkenntnisse auf dem Gebiet der Reproduktionsvorgänge schufen überhaupt erst die Voraussetzungen dafür, die Sexualität als einen eigenen, von der Fortpflanzung unabhängigen Trieb zu denken, und die Homosexualität war das ideale Feld, um genau das zu beweisen. Andersherum ist es kein Zufall, dass Homosexuelle später am deutlichsten von den Errungenschaften der Reproduktionsmedizin profitieren sollten. Mit anderen Worten: Die Sexualwissenschaften selbst entstanden, weil Geschlecht und Fortpflanzung zum ersten Mal als völlig unabhängige Triebe gedacht werden konnten. Und gedacht werden *wollten*. In dieser Hinsicht bildete die Psychoanalyse einen integralen Bestandteil der Sexualwissenschaften. Auch Freud plädierte ausdrücklich für die Entkoppelung von Sexualität und Fortpflanzung. »Theoretisch«, so sagte er, »wäre es einer der größten Triumphe der Menschheit, eine der fühlbarsten Befreiungen vom Naturzwange, dem das Geschlecht unterworfen ist, wenn es gelänge, den verantwortlichen Akt der Kindererzeugung zu einer willkürlichen und beabsichtigten Handlung zu erheben und ihn von der Verquickung mit der notwendigen Befriedigung eines natürlichen Bedürfnisses loszulösen.«[75]

Betrachtet man die Entwicklung unter der Perspektive eines *Zusammenhangs* von Reproduktionstechniken und Legitimierung der Homosexualität, so eröffnen sich einige Ausblicke auf neuere Entwicklungen: Der Konflikt um die gesetzliche Gleichstellung gleichgeschlechtlicher Beziehungen erscheint nun wie ein Modus, über das Verhältnis von Natur und Kultur zu verhandeln.

Während die eine Seite an der alten Dichotomie festhält, steht die andere für eine Natur, die sich als Produkt der Kultur versteht. Die sich allmählich vollziehende Legalisierung homosexueller Beziehungen ist symptomatisch dafür, dass die von Wissenschaftstheorie und Anthropologie akzeptierte Ununterscheidbarkeit von Natur und Kultur nun auch im sozialen und juristischen Diskurs angekommen ist. Ähnliches gilt für die sukzessive Akzeptanz der homosexuellen Elternschaft.

Die Änderungen offenbarten sich auch an den ›Erklärungsmustern‹ für Homosexualität. In den frühen psychologischen und medizinischen Diskussionen über die homosexuelle ›Veranlagung‹ standen biologische und kulturelle Erklärungsmuster einander gegenüber: Die einen sahen die Homosexualität als Folge einer erblichen Anlage (Natur), die anderen als Folge von individuellen Erfahrungen (Kultur). Hinter dieser Diskussion um *nature or nurture* verbarg sich letztlich der Konflikt zwischen den beiden ›Naturen‹: Die Ablehnung der Homosexualität bot das ideale Terrain sowohl zur Verwerfung als auch Aufrechterhaltung der Dichotomie von Natur und Kultur.

Der Genderforscher Tony E. Adams verglich die Berichterstattung und öffentliche Stellungnahmen in der *Los Angeles Times* zu zwei Referenden, in denen über kalifornische Gesetzesvorlagen abgestimmt werden sollte. Im einen Fall (1978) ging es um den Ausschluss homosexueller Lehrer vom Unterricht an öffentlichen Schulen. Beim anderen (2008) ging es um das Recht gleichgeschlechtlicher Partner, eine Ehe einzugehen. 1978 war »in fast der Hälfte der Berichterstattungen davon die Rede, dass Homosexuelle die Angewohnheit haben, Kindern aufzulauern und sie auszunutzen«. Es wurde die Überzeugung geäußert, dass sich Homosexuelle auf diese Weise zu »reproduzieren« versuchen, denn »Homosexuelle wollen ihren Bestand erhöhen«, können dies aber nur auf diese Weise tun, »weil sie sich nicht fortpflanzen«.

Ebenfalls in der Hälfte der Berichterstattungen wurde angenommen, »dass Homosexualität etwas ist, das eine Person – ein Homosexueller – einer anderen beibringen kann: entweder explizit (durch Aktionen, Reden, Befürwortungen des homosexuellen life style) oder implizit (durch das Rollenmodell)«. Homosexualität wurde auch als eine schleichende und ansteckende Krankheit beschrieben, die sich »wie Krebs« ausbreitet. Eine der wiedergegebenen öffentlichen Äußerungen lautete: Jeder kann an den Nationalsozialismus glauben, »aber wir glauben nicht, dass wir das Recht haben sollten, den Nazismus in einer öffentlichen Schule zu lehren und zu befürworten. Dem Recht aufs Nazisein ist eine Grenze gesetzt. Das gilt auch für die Homosexualität. Wir denken, dass ihnen eine Grenze für die Verbreitung und Befürwortung ihres Lebensentwurfs gesetzt werden muss. Wir sagen, du hast ein Recht, homosexuell zu sein, aber du hast nicht das Recht, unsere Kinder in einer öffentlichen Schule zu unterrichten.«[76]

30 Jahre später versuchten 2000 kalifornische Bürger eine Legislation durchzusetzen, laut der die Ehe auf die Verbindung zwischen Mann und Frau eingeschränkt werden sollte. Diese Regelung wurde im Mai 2008 vom Supreme Court verworfen – mit der Begründung, dass das Recht auf Eheschließung zu den Grundrechten gehöre. Gegen diese Entscheidung des Supreme Court gab es eine Gegeninitiative, deren Argumentation völlig anders lautete als die der Gegner dreißig Jahre zuvor. Während vorher immer von »lifestyle« und »sexueller Präferenz« die Rede war, wurde jetzt von »sexueller Orientierung« gesprochen. »Dieser veränderte Sprachgebrauch ist signifikant: Die Diskriminierung von Lesben und Schwulen wird oft durch die Beschreibung als ›sexuelle Präferenz‹ und damit als eine Konstruktion und Wahl beschrieben, die sich folglich verändern lasse. Dagegen suggeriert der Begriff ›sexuelle Orientierung‹, dass Homosexualität keiner freien Wahl entspricht, sondern biologisch/genetisch vorgegeben, mithin unveränderbar ist.« Viele gesetzliche Vorschriften zum Schutz von Lesben und Schwulen argumentierten mit der ›Orientierung‹: Sobald es hieß, »dass sie nichts dafür können, wie sie sind und wen sie attraktiv finden«, wurde jede Form von Diskriminierung unhaltbar.[77] Diese ›Naturalisierung‹ der Homosexualität, d.h. ihre Wahrnehmung als ›naturgegeben‹, hatte in früheren Generationen zu medizinischen Versuchen geführt, den ›Defekt‹ zu heilen, im 21. Jahrhundert erwies sie sich als der erste Schritt zu einer allgemeinen Akzeptanz. Hinter dieser Entwicklung stand aber letztlich die Einsicht, dass Natur und Kultur ununterscheidbar geworden sind.

Auch innerhalb der *gay* und *lesbian communities* änderte sich der Diskurs: Wurden zunächst die kulturellen Verwandtschaftsverhältnisse betont, so traten später, als die Reproduktionsmedizin Fortschritte machte, die biologischen Erbschaftslinien in den Vordergrund. Die Anthropologin Kath Weston konstatierte Anfang der 1990er, dass unter Schwulen und Lesben das Modell der Blutsbande als instabil galt und dem der ›gewählten Familien‹ (die Anspielung auf ›Wahlverwandtschaften‹ kommt nicht von ungefähr) gegenübergestellt wurde: Diese seien mit mehr Tiefe, Sicherheit und Haltbarkeit ausgestattet.

Diese These wurde auch auf die homosexuelle Elternschaft übertragen. War die Familie zur Zeit der frühen Kämpfe um die Rechte Homosexueller noch abgelehnt worden, so setzten sich nun viele Lesben und Schwule für die Legalisierung ihrer (kulturellen) Verwandtschaftsdefinitionen ein. »Das Konzept einer homosexuellen Familie unterstellt, dass Menschen, die das Recht auf nicht-prokreative sexuelle Identitäten und nicht-prokreative Beziehungen einfordern, auch Anspruch auf eine eigene Art von Familienbindungen erheben können, ohne deshalb heiraten, Kinder zeugen oder aufziehen zu müssen.« Lesben und Schwule stellten den biologischen Bindungen ›normaler Familien‹ ihre ›Wahlfamilien‹ gegenüber. Damit begannen sie, den Begriff und die Praxis von Verwandtschaft neu zu verhandeln. »Ihr Anliegen bestand nicht darin, die homosexuelle Familie zu einer weiteren Variante von ›American Kinship‹ zu machen, es ging ihnen um einen umfassenderen Angriff auf den privilegierten Status, der dem biogenetischen Modell bei der Definition von Verwandtschaft zugestanden wurde.«[78]

Die Betonung eines *kulturellen* Modells von Verwandtschaft in homosexuellen Beziehungen dürfte einer der Gründe sein, warum die Behörden (zumindest in Deutschland) heute homosexuelle Paare gern als Pflegeeltern einsetzen, nicht aber als Adoptionseltern: Offenbar hat sich hier die Einsicht durchgesetzt, dass die kulturellen Beziehungen der Wahlfamilien oft mehr emotionale Stabilität bieten als die von Blutsverwandten. Bei Adoptionen, wo Homosexuelle »als Eltern zweiter Klasse behandelt« werden,[79] gelten andere Parameter: Offenbar wird Adoption in die Nähe der Blutsverwandtschaft gerückt. Um das zu verstehen, muss man sich die enge Verbindung von Patrilinearität und Blutslinie noch einmal kurz vergegenwärtigen.

Im römischen Recht galt ein adoptierter Sohn mehr als der leibliche. Das Christentum bekämpfte die Adoption und stellte der Blutsverwandtschaft die geistige Vaterschaft zur Seite. Das hatte zur Folge, dass die Adoption erst vor relativ kurzer Zeit legalisiert wurde: In Frankreich gab es ein vollständiges Adoptionsrecht erst ab 1892, in Großbritannien sogar erst ab 1962.[80] Österreich und Preußen hatten nach 1800 Regelungen zur Adoption eingeführt. Das Preußische Landrecht sah aber vor, dass der Adoptierende mindestens 50 Jahre alt sein muss,[81] was darauf hindeutet, dass das Gesetz weniger die Kinderversorgung als Erbschaftsfragen regeln sollte. Bis Mitte des 20. Jahrhunderts hatte sich in den meisten Gesetzbüchern das Adoptionsrecht durchgesetzt. Ab 1993 ermöglicht das Haager Abkommen über den Schutz von Kindern auch die transnationale Adoption. Diese ist weitgehend am Kindeswohl ausgerichtet und soll den Kinderhandel verhindern. Mit dieser Regelung, an der neben Privatpersonen auch Nationalstaaten und internationale Behörden beteiligt sind, wurde der Begriff des *kinning* (von kinship: verwandt machen) erfunden. Er umfasst drei unterschiedliche Varianten: verwandt machen durch die Natur (*kin by nature*); verwandt machen durch Pflege (*kin by nurture*); verwandt machen durch das Gesetz (*kin by law*). In Europa unterliegt die Adoption vornehmlich der dritten Kategorie.[82]

In den Adoptionsgesetzen der USA wird besonders deutlich, dass Adoption als eine Art von Blutsverwandtschaft gedacht wird: Das Gesetz fordert die Auflösung, ja Auslöschung der Beziehung zur Abstammungsfamilie. Auf der Geburtsurkunde des Kindes werden die Adoptiveltern als ›Geburtseltern‹ vermerkt. So entsteht, zumindest auf dem Papier, eine neue ›natürliche‹ Herkunftsfamilie,[83] und das mag erklären, warum so viele Eltern daran festhalten, ihren Kindern die Adoption zu verschweigen.*

Die Angleichung der Adoption an die Blutsverwandtschaft erhöht sich noch bei der Embryo-Adoption, die heute in den USA und Großbritannien häufig praktiziert wird. Dabei handelt es sich um befruchtete Eizellen, die bei einer Kinderwunschbehandlung entstanden, kältekonserviert sind, aber von den Erzeugern nicht mehr gebraucht werden.** Eigentlich handelt es sich bei der Adoption um eine soziale Verwandtschaftsform, doch die Entwicklung der letzten 200 Jahre offenbart eine immer größere Annäherung von sozialer und leiblicher Verwandtschaft – eine Annäherung, die wiederum die Überlagerung von Natur und Kultur getreulich widerspiegelt.

Vor der Zulassung zur gleichgeschlechtlichen Ehe hatten homosexuelle Paare gelegentlich von der Möglichkeit der Erwachsenenadoption Gebrauch gemacht. Lange Zeit blieb die Stiefkindadoption verheirateten Paaren vorbehalten. Doch seit dem 2001 eingeführten Lebenspartnerschaftsgesetz – und erst recht seit der im Sommerr 2017 vom Bundestag legalisierten ›Ehe für alle‹ – gilt sie in Deutschland auch für gleichgeschlechtliche Paare.[84] Heute ist die

---

* Im Zeitalter von DNA und der zunehmenden Anerkennung des Rechts von Kindern, über ihre biologische Verwandtschaft informiert zu werden, dürfte sich diese Rechtslage in absehbarer Zeit ändern.

** Auch in Deutschland wurden schon circa 50 Embryotransfers durchgeführt. Das Embryonenschutzgesetz von 1991 verbietet sie nicht. Da jedoch Eizellspende und Leihmutterschaft in Deutschland verboten sind, empfiehlt der Ethikrat, dafür eine gesetzliche Regelung zu schaffen. (Vgl. Tagesspiegel, 23. 3. 2016.)

Adoption durch gleichgeschlechtliche Partner in den meisten europäischen und industrialisierten Ländern zugelassen.* Allerdings geschah das zu einem Zeitpunkt, als die Reproduktionsmedizin schon ganz andere Möglichkeiten bot, sozialen und biologischen Nachwuchs in eins zu setzen.

Bei der Einführung homosexueller Elternschaft nahmen lesbische Paare eine Vorreiterolle ein – aus dem einfachen Grund, dass die Samenspende schon lange praktiziert wurde, während es für die mütterlichen Anteile (Eizelle, Gebärmutter), auf die homosexuelle Männer angewiesen sind, noch hohe technische und legale Hürden gab. Bei der gleichgeschlechtlichen Elternschaft stellen lesbische Paare noch heute die überwiegende Mehrheit dar: in Deutschland sind es 92 Prozent.[85] Am Anfang war noch viel von den Gefahren die Rede, denen Kinder dieser Paare ausgesetzt sind. Doch inzwischen weisen die Untersuchungen über die Entwicklungen von Kindern in homosexuellen Beziehungen nach, dass diese nicht mehr und nicht weniger Probleme haben als Kinder heterosexueller Familien. Auch hier betonen einige der Untersuchungen die hohe soziale Kompetenz der homosexuellen Eltern. So etwa Katja Irle in ihrem 2014 erschienenen Buch *Das Regenbogenexperiment. Sind Schwule und Lesben die besseren Eltern?*[86] ›Regenbogenfamilien‹ sind Familien, deren Eltern lesbisch, schwul, bi- oder transsexuell sind. In Deutschland wachsen mittlerweile 18 000 Kinder in Familien mit gleichgeschlechtlichen Eltern auf. 2007 waren es noch 7000.[87] »Die Regenbogenfamilie ist auf dem Weg in die bürgerliche Heterowelt«, so Katja Irle.

Das stimmt freilich nur, wenn man mit »Heterowelt« die gesetzliche Institution Ehe meint. Sobald man nach der Art fragt, wie es in diesen Beziehungen um das geschlechtliche Rollenverständnis und das Verhältnis Kultur-Natur bestellt ist, treten grundlegende Unterschiede zwischen der bürgerlichen Heterowelt und den Regenbogenfamilien zutage. In der traditionellen Hetero-Familie ist die alte Konstellation – Vater gleich Kultur, Mutter gleich Natur – vorherrschend. Bei den homosexuellen Beziehungen sind diese Rollen austauschbar. Dadurch, dass (zumindest bis jetzt) nur einer der beiden Elternteile mit dem Kind blutsverwandt sein kann, gerät der Elternteil, der Samen ge-

---

* Die gemeinsame Adoption durch gleichgeschlechtliche Paare ist erlaubt in: Andorra, Belgien, Dänemark, Finnland, Frankreich, Großbritannien, Irland, Island, Kroatien, Luxemburg, Malta, Niederlande, Norwegen, Österreich, Portugal, Schweden, Spanien. Außerhalb Europas in: Argentinien, Brasilien, Israel, Kanada, Kolumbien, Neuseeland, Südafrika, Uruguay, USA (außer in Mississippi), in Australien und Mexiko nur in einigen Regionen.

spendet hat oder das Kind austrägt, in die Rolle der Natur, während der andere automatisch für die soziale Bindung, also die ›Kultur‹ steht.

Daran ändert auch das Gesetz nichts, das es seit 2005 (in Kalifornien) und seit 2013 in Deutschland zulässt, dass zwei Frauen legitime Eltern eines Kindes sein können.[88] Der eine der beiden Elternteile bleibt dennoch kultureller oder sozialer Art – nur ist diese Rolle nicht auf ein bestimmtes Geschlecht festgelegt. Und es gibt noch einen weiteren Unterschied: Anders als in der Patrilinearität gilt der kulturelle Part weniger als die genetische Verwandtschaft. Das lässt sich an den Bemühungen vieler homosexueller Paare ablesen, ihre Verwandtschaftsverhältnisse sowohl jenseits von Machthierarchien (»zwei Eltern mit potentiell gleicher Macht«) als auch jenseits der Kategorien von ›intentional‹ oder ›gewählt‹ anzusiedeln.

Die Anthropologin Corinne Hayden, die den Umgang lesbischer Paare mit Fragen der Fortpflanzung untersuchte, beschreibt, wie Paare, die die Zurücksetzung der sozialen Mutter zu vermeiden suchen, mit unterschiedlichen Mitteln eine paritätische Elternschaft herzustellen versuchen. Einige dieser Methoden ähneln denen des *pater incertus*: etwa ein gemeinsamer Namen, der sich aber in diesem Fall aus denen der beiden Mütter zusammensetzt, oder eine vertragliche Festlegung der gemeinsamen finanziellen Verpflichtung gegenüber dem Nachwuchs. Noch ausdrücklicher geschieht dies, wenn eine der beiden Frau die Insemination der anderen durchführt. Indem die soziale Mutter den ›Akt‹ der Samenspende vollzieht, wird der Samen vom männlichen Körper abgelöst: Er ist nur noch Substanz. »Generation wird weniger als genetischer denn als kinetischer Akt verstanden; es geht nicht um die Frage des *Eigentums* der Zeugungssubstanz als darum, dieser Substanz den Anstoß zu geben.«[89] Dieser ›kinetische Akt‹ erinnert an die aristotelischen Zeugungslehren. Zugleich kann er seine Herkunft aus den Vorstellungen des 19. Jahrhunderts kaum verleugnen. Laut diesen sind die Eltern nicht Eigentümer, sondern nur Bewahrer der Erbanlagen: Auf jeden Fall kann der Samenspender so zu einem Leihgeber umfunktioniert werden.

Bei einer anderen Option lesbischer Frauen kommt die Idee der Blutsverwandtschaft deutlich ins Spiel. Sie besteht darin, den Samen des Bruders der einen Partnerin (eventuell auch des Vaters oder des Sohnes) zu verwenden oder auf einen gemeinsamen Samenspender für beide Frauen zurückzugreifen. So wachsen die Chancen, dass das Kind der Ko-Mutter ähnelt oder beide Kinder miteinander biologisch verwandt sind. »Die Kreativität, mit der lesbische Mütter drangehen, ihren Familien eine genetische Kontinuität zu verleihen, ist ein beredtes Indiz für die mächtige und anhaltende Bedeutung biologischer Verwandtschaftsverhältnisse.« Zugleich unterlaufen diese Handlungen aber auch tradierte Vorstellungen, indem »die einst selbstverständliche Matrix Vaterschaft, Autorschaft und Generation« durchbrochen wird.[90]

In Israel versuchten kürzlich zwei Frauen ein weiteres Modell lesbischer Elternschaft zu praktizieren: Die eine sollte das ›genetische Material‹ (ein in vitro fertilisiertes Ei) liefern, die andere das Kind austragen – eine gemeinsame Mutterschaft im wahrsten Sinne des Wortes. Der Ansuchen wurde vom Justizministerium abgelehnt und scheiterte auch vor dem Obersten Gerichtshof Israels.* Es wird jedoch als Idealmodell lesbischer Mutterschaft gehandelt, weil es nicht eine Mutter und eine Ko-Mutter gibt, sondern beide Mütter sowohl an der Mutterschaft als auch an der sozialen Mutterrolle Anteil haben.

Die Legalisierung der gleichgeschlechtlichen Ehe und homosexueller Elternschaft trug erheblich zu deren gesellschaftlicher Akzeptanz bei. Sie ebnete damit auch den Weg für neue Formen von Verwandtschaft. Zwar spielten die Aktivisten eine wichtige Rolle bei dieser Entwicklung, aber der Einfluss von Staat und Zeitgeist sollte nicht unterschätzt werden. So wie das Stimmrecht der Frauen und ihre Zulassung zu akademischer Ausbildung nicht nur den Kämpfen der Suffragetten und Feministinnen, sondern auch dem Wandel gesellschaftlicher Verhältnisse geschuldet war, so verdankte sich auch die Legalisierung von Homosexualität und homosexueller Elternschaft nicht nur den Kämpfen der Protagonisten und Protagonistinnen, sondern auch dem sozialen Umfeld: Weder das weibliche Stimmrecht noch die Entkriminalisierung der Homosexualität wären erreicht worden, wäre nicht die Gesellschaft für diesen Wandel ›reif‹ gewesen – und der Hauptfaktor für den Wandel der Mentalitäten beruhte auf den Erkenntnissen der Zeugungsvorgänge wie auch der Trennung von Reproduktion und Fortpflanzung. Das mindert keineswegs den Mut der Pioniere, noch verleugnet es die Tatsache, dass diese Kämpfe oft mit

---

* Der Oberste Gerichtshof lehnte es mit der Begründung ab, dass das Anliegen in drei Punkten nicht den Bedingungen des Surrogatmutterschaftsgesetzes entspricht: Erstens passten die beiden Frauen nicht zur vorgesehenen Definition von ›intentionalen Eltern ‹; zweitens werde der zwingend vorgesehene Abbruch der Beziehung zur Tragemutter nicht eingehalten; drittens sei die Empfängerin der Eizelle nicht bedürftig, sondern gesund und könne eigene Eizellen verwenden. (Eine englische Übersetzung des Urteils ist erhältlich unter: Moshe v. The Board for Approval of Embryo Carrying Agreements under the Embryo Carrying Agreements Law, HCJ 5771/12 (2014). Ich verdanke den Hinweis auf diesen Fall der israelischen Menschenrechtsaktivistin und Juristin Yofi Tirosh.

Leiden und Erniedrigungen einhergingen. Aber es erklärt, warum die Homosexualität – angesichts einer langen Geschichte der Ablehnung – in so geringer Zeit zur Selbstverständlichkeit werden konnte.

Dass es sich bei dieser Entwicklung um eine Top-down-Bewegung handelt, erklärt auch die Tatsache, dass gleichgeschlechtliche Paare durchschnittlich höher gebildet sind als der Bevölkerungsdurchschnitt: Laut einer Studie des DIW haben 47 Prozent von ihnen das Abitur oder ein Fachabitur, unter Heterosexuellen sind dies nur 36 Prozent.[91] Auch das widerspricht der Annahme, dass die Gesellschaft mit dieser Entwicklung völlig umgekrempelt wird.* Gewiss, für die Protagonisten geht es mit der Akzeptanz der homosexuellen Partner- und Elternschaft viel zu langsam voran. Doch ohne den Einfluss des ›Zeitgeists‹ wären die bisherigen Änderungen gar nicht erst möglich gewesen. In vielen Fällen schuf der Staat überhaupt erst die Gesetze, die das, was vorher als ›Abnormität‹ galt, in eine neue Normalität überführten.** In den USA, wo weniger der Staat als die Ökonomie das Sagen hat, sind es Sitcoms wie *The New Normal*, die den neuen ›Sitten‹ zu einer breiten Akzeptanz verhelfen. (In der Filmreihe wird der Verhandlungsprozess von zwei Schwulen mit einer Leihmutter und deren Aufnahme in die Familie bis zur Geburt des Kindes behandelt.)

2009 veröffentlicht das Staatsinstitut für Familienforschung der Uni Bamberg eine Studie, die sie im Auftrag des Bundesjustizministeriums durchgeführt hatte. Titel: *Die Lebenssituation von Kindern in gleichgeschlechtlichen Lebenspartnerschaften*. Es war zu dem Zeitpunkt so gut wie die einzige deutsche Studie zum Thema, und sie kommt zum Schluss: Kinder aus Regenbogenfamilien entwickeln sich genauso gut wie Kinder aus anderen Familien.[92] Die Studie war umstritten, weil nur wenige Kinder direkt befragt worden waren (von 693 Fällen waren es nur 95) und weil sie kaum Beispiele für Kinder mit zwei Vätern enthielt (50 von 693 Fällen).

---

* Allerdings verweist die Studie des DIW auch darauf, dass homosexuelle Männer (trotz besserer Ausbildung) schlechter bezahlt werden als heterosexuelle. Im Schnitt ist die Entlohnung heterosexueller Männer am höchsten, gefolgt von den etwa gleich viel verdienenden lesbischen Frauen und homosexuellen Männern. Am schlechtesten stehen die heterosexuellen Frauen da. (Vgl. Tagesspiegel, 1. 9. 2017.)

** Der Einfluss der Gesetzgebung lässt sich auch an Suizidraten ablesen: In den US-Staaten, die schon vor der bundesweiten Zulassung der Homo-Ehe von 2015 diese legitimiert hatten, sind die Suizidraten unter Jugendlichen erheblich niedriger als in Staaten, die diesen Schritt nicht taten – eine Statistik, die das *Journal of the American Medical Association Pediatrics* im Februar 2017 als eine direkte Folge der Gesetzgebung betrachtet. (Tagesspiegel, 23. 2. 2017.)

Diese wissenschaftliche Ungenauigkeit spricht allerdings auch dafür, dass das positive Ergebnis vom Auftraggeber, dem Staat, von Anfang an erwünscht war. Wäre es unerwünscht gewesen, hätte man die Studie nicht publiziert und dies mit ihrer wissenschaftlichen Unzulänglichkeit begründet. Auch die CDU, die sich als Partei der traditionellen Familie verstand, vollzog eine Kehrtwende zugunsten der Homosexuellen-Ehe, nachdem das Bundesverfassungsgericht, Repräsentant des Grundgesetzes und des Staates, die steuerliche Gleichbehandlung von homosexuellen Paaren beim Adoptionsrecht beschlossen hatte.[93]

Wir haben es also mit einer breiten kulturhistorischen Umwälzung zu tun. Was bedeutete dies für die Blutsverwandtschaft? Die Legalisierung homosexueller Elternschaft stellte eindeutig einen Bruch mit der patrilinearen Blutslinie dar. Auf der anderen Seite verdankte sie sich aber auch den neuen Möglichkeiten der Reproduktionstechniken, und diese sind durchaus als ›Errungenschaften‹ männlicher Geistigkeit, der *force majeure* der Patrilinearität, zu betrachten. Im 6. Kapitel habe ich auf die Parallelen von Genetik und christlichen Lehren hingewiesen. Andreas Bernard sieht in der modernen Rollenverteilung zwischen männlicher Samen- und weiblicher Ei-Spende eine Wiederholung der alten aristotelischen Zeugungslehre, laut der »das Männchen Gestalt und Bewegungsquelle«, das Weibliche »Körper und Stoff« sei.[94] Ich würde diesen Vergleich perspektivisch verschieben: Nicht der Samen ist die Bewegungsquelle (er wird im Übrigen auch kommerziell weniger hoch gehandelt als weibliche Eizellen, was schon der aristotelischen Werteskala widerspricht), sondern die Biotechnologie selbst hat die Rolle des ›Bewegers‹ übernommen. Es ist das Labor, die Technik, und es sind vor allem ihre ›Betreiber‹, die Wissenschaftler und ihre Auftraggeber, die die Rolle innehaben, die Aristoteles einst dem männlichen Samen zuerkannte: ›Gestalter‹ einer Fortpflanzung zu sein, die die Substanz ›zum Leben erweckt‹.

Mit anderen Worten: Heute ist eine neue – und dennoch alte – Zeugungslehre am Werk: Erzeuger sind jene, die zu den Fortschritten der Reproduktionsmedizin beitragen. Sie repräsentieren die neue Gestalt der ›geistigen Vaterschaft‹ – und unter ihnen befinden sich auch Frauen. Das ist die eigentliche Neuerung: Die ›geistige Vaterschaft‹ hat sich unabhängig gemacht vom biologischen Samen und damit auch vom männlichen Körper. Sie hat eine neue geschlechterneutrale Gestalt angenommen. Als solche ist sie wiederum ein Spiegelbild jener Umwälzungen, die sie selbst auf dem Gebiet der Geschlechterrollen bewirkt.

Bei der Neudefinition der geistigen Vaterschaft kam der Homosexualität eine Pionierrolle zu. Da die homosexuelle Elternschaft einen Gutteil der Kundschaft der Reproduktionstechniken ausmacht und dieser Interessentenkreis erheblich dazu beitrug, dass sie sich so rasch weiterentwickeln konnte, ist es vielleicht nicht überraschend, dass sich sowohl der Staat als auch Reproduktionsmedizin und Biogenetik, nicht zu vergessen das Kapital, zu den Befürwortern und Schrittmachern einer Akzeptanz homosexueller Lebens- und Fortpflanzungsbedingungen gemacht haben. Insofern hatte die Homosexualität, so paradox es klingen mag, eine Funktion für den Fortbestand der ›geistigen Vaterschaft‹ zu erfüllen. Das machte sie – neben dem privaten Anliegen der Betroffenen – zu einer Angelegenheit von öffentlichem Interesse.*

Insofern hat die Legalisierung der Homosexualität ein *allgemeines* Paradigma geschaffen. Das ist nicht zuletzt daran abzulesen, dass Modelle homosexueller Elternschaft inzwischen auch von Heterosexuellen praktiziert werden. In den USA und Großbritannien ist das *Co-Parenting* schon weit verbreitet und funktioniert ähnlich wie die Suche nach einem Sex- oder Liebespartner: über Onlineportale, die in diesem Fall *Coparents*, *Family by Design*, *Pollen Tree* oder *Pride Angel* heißen und deren Mitglieder weit überwiegend Heterosexuelle sind.[95] Auch in Deutschland gibt es inzwischen zwei solche Anbieter: *Co-eltern.de* und *Familyship.org*. Über diese Portale suchen potentielle Väter

---

* Niemand bestreitet, dass homosexuelle Ehe und Elternschaft noch immer großen Anfeindungen ausgesetzt sind – sogar vonseiten der Verfechter der Reproduktionstechniken. So hat Indien, wo viel Forschung auf dem Gebiet der Biotechnologie stattfindet und sich außerdem ein großer Markt für Tragemutterschaft entwickelt hat, Anfang 2013 ein Gesetz erlassen, laut dem Leihmutterschaft nicht mehr erlaubt ist, sofern die intentionalen Eltern Homosexuelle oder Unverheiratete sind. Es dürfen nur Kinder für »heterosexuelle Paare, die seit mindestens zwei Jahren verheiratet sind«, ausgetragen werden. Auch müssen die Eltern ein medizinisches Spezialvisum beantragen und können nicht wie bisher mit einem Touristenvisum einreisen. (Le Monde/AFP, 18. 1. 2013.) Ein anderes Beispiel für die Befürwortung von Reproduktionstechniken bei gleichzeitiger Ablehnung von Homosexualität bieten einige arabische Staaten, für die Homosexualität ein Verbrechen ist, die jedoch zu den Kunden großer Spermabanken wie der dänischen *Cryos International Sperm Bank* in Aarhus gehören. (Spar, S. 38.) Diese Samenbank ist deshalb so beliebt, weil sie die Anonymität der Spender garantiert. Und auch in den USA gehören Befürworter der Reproduktionstechniken zugleich zu den Feinden der Homosexuellen. Ein amerikanischer Geistlicher, Reverend Albert Mohler, Präsident des Southern Baptist Theological Seminary, schlug 2007 sogar vor, dass es »biblisch gerechtfertigt« sei, Föten biogenetisch zu verändern, um eine eventuelle homosexuelle Geschlechtlichkeit zu »heilen«. (Adams, S. 223.) Solche Einlassungen bestimmen aber weder über die weitere Entwicklung der Reproduktionsmedizin noch widerlegen sie die hier formulierte Überlegung, dass die Entwicklungen der Reproduktionsmedizin und die Legitimierung der Homosexualität historisch eng miteinander verbunden sind.

oder Mütter nach Partnern, mit denen sie ein Kind zeugen und großziehen können, ohne eine gemeinsame Liebesbeziehung einzugehen.

Während homosexuelle Eltern meistens zusammenzuleben versuchen und sich ein Kind oft zur Erweiterung oder Verfestigung von Gemeinsamkeit wünschen, werden beim heterosexuellen *Co-Parenting* Elternschaft und Paarbeziehung völlig voneinander getrennt.* Die Liebesbeziehungen stehen außerhalb der Elternschaft, können gelegentlich auch homosexuell sein, aber das ist nicht entscheidend. Jochen König, ein Berliner Autor, der dieses Modell lebt und auch ein Buch darüber veröffentlicht hat,[96] sagt, dass es »entspannter« sei, mit Freunden, statt mit Sexpartnern Kinder zu haben. Er könne sich mit der Mutter auf die Erziehung der Tochter konzentrieren und müsse nicht »gleichzeitig eine Liebesbeziehung pflegen«.[97]

Bevor Co-parents die Entscheidung für ein gemeinsames Kind treffen, gibt es viele Treffen, manchmal auch einen gemeinsamen Urlaub. Dort werden Gewohnheiten, politische Anschauungen wie auch Details der Erziehung und der gemeinsamen Fürsorge diskutiert und vereinbart. Das geschieht ausführlicher, als dies bei vielen online vermittelten Liebesbeziehungen der Fall ist. Bis jetzt gibt es noch keine Studien zu den Auswirkungen des Modells auf die Kinder, aber letztlich unterscheidet es sich nicht grundlegend von der Situation geschiedener Eltern, nur ohne die seelischen Narben, die Trennungen oft hinterlassen und die dann zumeist über Geld weniger geheilt als weiter ausgetragen werden. Die Amerikanerin Rachel Hope, die über Co-parenting zwei Kinder bekommen und gemeinsam mit dem Vater großgezogen hat, veröffentlichte 2014 einen Ratgeber *Family by Choice*. Sie stammt, so schreibt sie, selber aus einer Scheidungsfamilie und wollte es anders machen. Sie und ihr Partner »hielten Liebe für einen reinen Chemie-Cocktail und fanden, Kinder sollten nicht auf der Grundlage eines so unsicheren Gefühls entstehen«.[98] Hope empfiehlt, sich vor der Entscheidung mindestens zwölf Monate Zeit zum Kennenlernen zu nehmen.[99] Dass sich das Modell Co-Parenting zunächst in der homosexuellen Szene durchsetzte, bevor es auch von Heterosexuellen übernommen wurde, hängt zweifellos mit der Tatsache zusammen, dass Ho-

---

* Der Begriff *Co-parenting* hat in den USA zwei Bedeutungen. Der Pädiater Kyle Pruett und die Psychologin Marcia Kline Pruett verwenden ihn für eine Elterngemeinschaft, bei der die Eltern des Kindes auch Sexualpartner sind und zusammenleben. In ihrem Ratgeberbuch *Partnership Parenting* geht es u. a. um die Problematik, Liebesbeziehung und Elternschaft zu vereinbaren. (Pruett/Kline Pruett). In dem obigen Modell von *Co-parenting* dagegen werden Sexualität und Elternschaft getrennt.

mosexualität von Anfang an als Paradigma für die Trennung von Sex und Reproduktion galt.

Auf der anderen Seite: Homosexuelle Männer, die für ihre Fortpflanzung zwingend auf die In-vitro-Fertilisation angewiesen sind, gehören heute zu den wenigen Vätern, die sich ihrer Vaterschaft sicher sein können: Es ist immer eine geplante Vaterschaft. Die patrilineare Blutslinie fand also ausgerechnet in dem Segment der Bevölkerung ihre klarste Kontinuität, das vorher aus den Erblinien verstoßen worden war. Es wird vermutlich nicht lange dauern, bevor auch heterosexuelle Männer auf diese Form von sicherer Vaterschaft zugreifen. Damit wäre die Trennung von Sexualität und Fortpflanzung endgültig vollzogen – eine Trennung, die ihrerseits am Anfang jener Umwälzungen der Geschlechterordnung stand. Rückblickend könnte es sich erweisen, dass die homosexuelle Elternschaft der Wegbereiter für das künftige Modell Familie war.

7. Mater incerta

Die Reproduktionsmedizin befreite heterosexuelle Männer und Frauen aus kulturell zugewiesenen geschlechtlichen Zuordnungen. Nicht durch Zufall vollzog sich die Entkriminalisierung der Homosexualität in zeitlicher Parallele zur Erweiterung der Frauenrechte. Für Frauen brachte die Zeit um 1900 eine radikale Veränderung: Zum ersten Mal konnten einige von ihnen individuelle Begabungen ausloten und Einfluss auf das politische Leben nehmen. Inzwischen sind Frauen auch in Bereichen tätig, die einst als Urdomäne des Männlichen galten – vom Militär bis zu geistlichen Ämtern.

Während ihrer langen Entwicklungszeit konzentrierten sich die Fortschritte der Reproduktionsmedizin abwechselnd auf den männlichen und den weiblichen Anteil an der Fortpflanzung: 1. Auf die homologe (innereheliche) Insemination (ab Mitte des 19. Jahrhunderts) folgte ab circa 1930 die heterologe (den Samen liefert ein Außenstehender). 2. 1978 fand die erste In-vitro-Fertilisation statt (Louise Brown); mittlerweile wurden über fünf Millionen Babys auf diese Weise gezeugt. 3. Fast zeitgleich (1975) gab es die erste Leihmutterschaft der Neuzeit* (eine Frau spendet ihre Eizelle, die mit dem Samen des Vaters befruchtet wird, und überlässt das Kind nach der Geburt den intentiona-

---

* Es hatte schon vorher Leihmütter gegeben, indem Väter, deren Ehefrauen unfruchtbar waren, eine andere Frau schwängerten. Dabei handelte es sich aber nicht um In-vitro-Fertilisationen. (Das

len Eltern). 4. Schon bald folgte die Eizellspende und parallel dazu die Tragemutter (erstere spendet ihre Eizelle; letztere ist mit dem Kind genetisch nicht verwandt, trägt aber das Kind aus). 5. 1992 kam ICSI, eine Fortentwicklung von IVF, hinzu (ein einzelnes Spermium wird in eine mütterliche Eizelle introjiziert; die befruchtete Eizelle wird dann der Mutter eingepflanzt). Die Methode weist erheblich höhere Erfolgsraten auf als die traditionelle In-vitro-Fertilisation und wurde schon ab 1996 häufiger angewendet als diese. Beide Methoden sind inzwischen so geläufig, dass sie als Varianten natürlicher Empfängnis wahrgenommen werden. In jeder größeren Stadt Deutschlands gibt es heute Reproduktionszentren, jedes Jahr kommen etwa 10 000 Kinder mit Verfahren der assistierten Reproduktion zur Welt.[100]

Dank dieser verschiedenen Methoden umfassen die Begriffe ›Vater‹ und ›Mutter‹ nun fünf bis sechs Bedeutungen. Bei der Mutter kommt zu den schon benannten Varianten (soziale Mutter, genetische Mutter, Eizellspenderin, Leihmutter, Tragemutter) neuerdings auch die Mutter hinzu, die ihre Mitochondrien spendet. In diesem Fall wird die Eizelle entkernt; in die zurückbleibende Hülle mit gesunden Mitochondrien werden die Zellkerne der noch nicht verschmolzenen Ei- und Samenzellen von Vater und Mutter übertragen. Jede Eizell- oder Mitochondrienspenderin, Leih-oder Tragemutter wird höher bezahlt als ein Samenspender. Dagegen muss die Mutter, die ihr genetisches Kind selber austrägt, für die von ihr in Anspruch genommenen Reproduktionstechniken oft beträchtliche Summen hinlegen.

Mit dem mütterlichen Körper taten sich die Erforscher der Zeugungsvorgänge besonders schwer. Bis 1830 war der Eisprung unbekannt, über die Verschmelzung von Sperma und Eikern hatten die Forscher erst um 1875 dank besserer Mikroskopiertechnik Kenntnis, und um 1930 erlangten sie schließlich auch Einsicht in den Menstruationszyklus. Dass die Erkenntnisse über den weiblichen Anteil an den Zeugungsvorgängen so spät kamen, hing vor allem damit zusammen, dass der Einblick in die Zeugungsorgane der Frau schwieriger ist als beim Mann. Wie im 4. Kapitel beschrieben, hatte die bildende Kunst einen wichtigen Anteil daran, dass der wissenschaftliche Blick in die Geheimnisse der Natur ›penetrieren‹ konnte, und auch als die Reproduktionstechniken die Gegebenheiten der weiblichen Organe zu explorieren begannen, spielten Sehtechniken eine wichtige Rolle. Mit ihnen drang nun der öffentliche Blick in

bekannteste Beispiel ist der bibische Abraham, der Sarahs Magd, Hagar, schwängert, damit sie ihm an deren Stelle ein Kind gebiert. Solche Beispiele gab es auch in der historischen Realität.)

dieses ›letzte Geheimnis‹ der Natur ein. Die Fotografie ebnete den Weg für eine breite Akzeptanz der Reproduktionsmedizin. Bahnbrechend waren die Bilder, die der schwedische Fotograf Lennart Nilsson 1965 in *Life Magazine* veröffentlichte.[101] Sie zeigten einen Fötus. Die Nummer der Zeitschrift erschien mit einer Auflage von 8 Millionen Exemplaren; sie waren innerhalb von wenigen Tagen vergriffen. (Vergleichbar den ersten Aufnahmen der Erde aus dem Weltall, die 1968 bei der Apollo-Mission gemacht worden waren: Auch hier ging es um einen neuen Blick.)

Nilsson gestand erst viele Jahre später, dass der Fötus auf seinen Bildern tot war. Er arbeitete mit einem Krankenhaus in Stockholm zusammen, das ihn informierte, wenn es zu legalen Abtreibungen (in Schweden waren sie gerade zugelassen worden) oder einer extrauterinen Schwangerschaft kam, die abgebrochen werden musste. Die Mitarbeiter legten das totgeborene Kind in eine Kochsalzlösung, und Nilsson baute ein spezielles Aquarium, in dem der tote Fötus scheinbar schwamm. Mit Mitteln der Fotomontage zeigte er dann noch Fötus und Plazenta durch eine Nabelschnur verbunden. Abtreibungsgegner (in deren Auftrag Nilsson die Fotos gemacht hatte) verwendeten die Aufnahmen: Sie wollten beweisen, dass jeder Fötus schon ein vollständiges Lebewesen ist und ein eigenes, von der Mutter unabhängiges Existenzrecht hat.[102] Dass es sich um tote Kinder handelt, verschwiegen sie. In der Öffentlichkeit bewirkten die Fotos, dass das ›Geheimis des Lebens‹ vor aller Augen gelüftet war und seine Aura verlor. Im Anschluss an die Pränatalfotografien von Nilsson entstand die Pränataldiagnostik und -psychologie. Die Fotografie, Technik der Reproduzierbarkeit schlechthin, stimmte ein Zeitalter auf die Reproduzierbarkeit der Reproduktion ein.

Etwa zeitgleich begann der Siegeszug der Pille, die beim weiblichen Körper das ermöglichte, was das Einfrieren des Samens und die Insemination für die männliche Zeugungsfähigkeit bewirkt hatten: die endgültige Trennung von Sexualität und Reproduktion.[103] Parallel zur Einführung von Verhütungsmethoden begann die Erforschung künstlicher Fertilisationstechniken. Der Durchbruch kam 1978 in England, wo Edwards und Steptoe die erste In-vitro-Fertilisation gelang. Patrick Steptoe hatte ein Verfahren entwickelt, mit dem er über eine Bauchspiegelung Eizellen entnehmen konnte. Ab 1985 gelang es, dieses Verfahren über die Vagina, d. h. ohne chirurgischen Eingriff, durchzuführen. Dieses Vorgehen ist heute Standard. Mit den neuen Möglichkeiten, weibliche Fertilität zu gestalten, stellte sich immer nachdrücklicher eine Frage, die

die Reproduktionsmedizin seither immer wieder beschäftigt: Wer ist eigentlich die Mutter?

Die Frage war schon 1890 aufgeworfen worden, nachdem einem Wiener Arzt zum ersten Mal die Transplantation von Eierstöcken gelungen war. Der Vorgang löste heftige Diskussionen aus. 1911 schrieb der Straßburger Jurist Eugen Wilhelm*: »Bisher hatte ich es nicht für denkbar gehalten, daß es jemals Verhältnisse geben könnte, die einen Zweifel veranlassen würden, ob die Gebärende auch die Mutter des von ihr geborenen Kindes sei. Schon allein das Aufwerfen dieser Frage scheint Ulk und Wahnwitz zu sein.«[104] Man könnte diesen Einschnitt auch als die Stunde Null einer neuen *mater incerta est* bezeichnen. Das Problem der ›wahren Mutter‹ begleitete fortan alle Neuerungen der Reproduktionsmedizin und führte darüber hinaus eine zusätzliche Mutter ein: die Auftraggeberin oder intentionale Mutter. Diese steht in der Hierarchie der verschiedenen Mütter ganz oben – aus dem einfachen Grund, dass sie über das notwendige Geld verfügt.

Die kommerziell vermittelte Leihmuttershaft ist bis heute europaweit verboten – Ausnahmen gelten für einige Staaten der früheren Sowjetunion, und auch Israel stellt eine Ausnahme dar (was angesichts der Tatsache, dass nach jüdischem Recht die Gebärerin eines Kindes auch die legale Mutter ist, erstaunt: Die Tragemutter muss jüdisch sein, oder das Kind verliert den für Israel nicht unwichtigen Status einer jüdischen Identität). In den USA hat jeder Bundesstaat sein eigenes Regelwerk – manche verfügen auch über gar keines. So etwa Kalifornien, wo die Hälfte der Leihmutterverträge geschlossen wird.

Auch in Deutschland hatte es einige Leihmutterschaften gegeben, bevor das Embryonenschutzgesetz von 1991 und eine Neufassung des Adoptionsrechts dem ein Ende setzten. Wie von einigen vorausgesagt, führte die Einschränkung zu einem Fertilitätstourismus deutscher Paare: in die Niederlande, nach Spanien oder Osteuropa. Als es ab 1985 möglich wurde, durch IVF Samen und Eizelle in der Petrischale zu verschmelzen und in einen fremden Uterus (einer mit dem Kind genetisch nicht verwandten Tragemutter) einzupflanzen, verschwanden in vielen Ländern die Widerstände gegen die Leihmutterschaft.**

---

* Eugen (oder Eugène) Wilhelm (1866–1951) war Richter, bevor er 1908 von seinem Amt zurücktrat, um einem Homosexualitätsskandal zu entgehen. Er kämpfte für eine Veränderung des Sexualstrafrechts und publizierte zahlreiche Artikel unter dem Pseudonym Numa Praetorius.

** Eine Ausnahme bildet weiterhin Deutschland, was mit der Rolle der Eugenik in der NS-Geschichte zusammenhängt. Die spezifische Haltung Deutschlands zur Reproduktionsmedizin führt

Die Tätigkeit der Tragemutter wurde zu einer bezahlten Dienstleistung. Seither hat sie freilich an sozialem Status verloren: Sie wird als ein besserer ›Inkubator‹ betrachtet. Die ersten kommerziell vermittelten Leihmütter gab es in dem Jahrzehnt, in dem sich die pränatale Diagnostik endgültig etablierte.[105]

Da das genetische Potential der Mutter bei der Tragemutter keine Rolle mehr spielte, kamen nun auch Frauen aus anderen sozialen Schichten und mit anderem ethnischen Hintergrund für diese Funktion in Frage, während die intentionalen Eltern meist gutverdienenden Schichten angehörten. Bei Konflikten zwischen intentionalen Eltern und gebärender Mutter entschieden die Gerichte immer häufiger zugunsten der Legitimität der Auftraggeber. Zugleich entstand eine Hierarchie zwischen der (höherwertigen) genetischen und der (minderwertigen) austragenden Mutter, in der sich die soziale und ökonomische Hierarchie widerspiegelte. Ganz ausdrücklich formulierte dies der Supreme Court von Kalifornien in dem zu Beginn des 2. Kapitels erwähnten Fall von 1993, bei dem eine Tragemutter das Kind behalten wollte. Das Argument des Gerichts lautete, dass das Kind nicht existieren würde, hätten die intentionalen Eltern es nicht in Auftrag gegeben. Bei Trennung von genetischen Anlagen und Schwangerschaft, so der Supreme Court, sei »diejenige als natürliche Mutter nach kalifornischem Recht anzusehen, die *beabsichtigt* hat, das Kind zu zeugen und aufzuziehen«.[106] Dieses Urteil machte offenbar, dass sich der Sinn der Begriffe ›natürlich‹ und ›Natur‹ umgekehrt hatte. Im traditionellen Verständnis war der ›natürliche‹ Vater der leibliche, aber uneheliche Erzeuger eines Kindes, wie auch die ›natürliche‹ Mutter die leibliche Mutter eines unehelichen Kindes war, das zur Adoption freigegeben wurde. Nun blieb dieser Begriff den intentionalen Eltern vorbehalten. Erneut hatte die ›Natur‹ ein anderes Gesicht angenommen.

---

manchmal zu problematischen Rechtskonflikten. So wurden Zwillinge, die ein in Deutschland lebendes Paar bei einer US-Tragemutter in Auftrag gegeben hatten, vom Staat Colorado mit einer Geburtsurkunde versehen, in der das Paar als rechtliche Eltern ausgewiesen ist. Diese Elternschaft wurde jedoch vom Standesamt Braunschweig und dann auch vom Oberlandesgericht nicht anerkannt. Die Eltern leben mit ihren Kindern seit 2011 in Deutschland, 2017 erging das Urteil. Die Frage geht bis zum Bundesgerichtshof. (Legal Tribune Online v. 22. 4. 2017.)

8. Die Mutter im Zeitalter ihrer technischen Multiplizierbarkeit

Indem die Intention zum Kriterium des Natürlichen wird, entwickelt sich auch das Geld, das die Verwirklichung der Intention ermöglicht, zu einem Teil der Natur.

Im 19. Jahrhundert *knüpfte* das Geld Verwandtschaftsbeziehungen, im 20. wurde es zum *Erzeuger* von Kindern. In Kalifornien müssen Eltern, die die Dienste von Tragemutter und Eizellspenderin in Anspruch nehmen, mit Gesamtkosten von mindestens 150 000 Dollar rechnen. Eizellen, die erst ab 1985 zum Objekt der Reproduktionsmedizin wurden, stellen mittlerweile deren wertvollste Ware dar. Das gilt sowohl für die Käufer von Eizellen als auch für die Infertilitätsbehandlungen durch die Extraktion eigener Eizellen. Der hohe Marktwert der Eizellen hat mit den Gesetzen von Angebot und Nachfrage zu tun: Jede Frau verfügt nur über eine limitierte Anzahl von Eizellen (während der männliche Samen immer wieder neu produziert wird). Der Uterus, der auch noch lange nach der Menopause Kinder austragen kann, sank dagegen im Wert. Ab 1990 gab es die ersten Agenturen für Eizellspenderinnen. Da beim ›genetischen Material‹ auch Faktoren wie Aussehen und Intelligenz der Frau eine Rolle spielen, ergibt sich ein seltsamer Trend: Frauen, die Eizellen spenden, werden immer jünger und die, die sie benötigen, immer älter. Unter den Eizellspenderinnen finden sich gelegentlich Frauen, die noch nie Geschlechtsverkehr hatten.

Die *American Society for Reproductive Medicine* empfahl 1998 ein Honorar von 5000 Dollar für Eizellspenderinnen, aber das wird mittlerweile weit überschritten: 10 000 Dollar und mehr sind üblich.[107] Für das Ei einer Absolventin einer der amerikanischen Eliteuniversitäten (*Ivy League*) werden auch schon mal 50 000 Dollar geboten.[108] Trotz ihrer genetischen Verwandtschaft mit dem Kind, das zeigen einige Untersuchungen, haben Eizellspenderinnen weniger Probleme, ihre Babys abzugeben als viele Leihmütter. Offenbar empfinden sie die Reifung ihrer Eizellen als einen ›Zustand‹ und bringen diesen nicht mit einem Kind in Verbindung. Inzwischen legen die Agenturen Wert auf eine strikte Trennung zwischen Eizellspenderin und Tragemutter. Dahinter steht ein nüchternes Kalkül: Für die eine der beide Aufgaben werden Eigenschaften wie jung, hübsch, intelligent verlangt, für die andere Belastbarkeit. (Das veranlasst Andreas Bernard zum ironischen Kommentar: »Nach den Maßstäben der assistierten Empfängnis leiden also alle natürlichen Mütter von jeher unter mangelhaften Voraussetzungen für ihre Aufgabe, weil sie nicht gleichzeitig jung und alt sein können.«)[109]

Das Kalkül bezieht sich auch auf die Kosten: die beiden Funktionen werden unterschiedlich hoch bezahlt. Darin spiegelt sich wiederum der soziale Hintergrund der beiden Dienstleistungen wider: Für eine Erfüllung der hohen Ansprüche an das Erbmaterial scheint eher eine sozial höher stehende Herkunft geeignet; für das Austragen reicht die Zugehörigkeit zu einer niedrigeren sozialen Schicht – und diese kann in den Augen der Auftraggeber sogar einer anderen Ethnie angehören oder Afroamerikanerin sein. »Man hört in Los Angeles neuerdings von einem anderen Typus Leihmutter: Immigrantinnen, die jene Kinder ihrer Arbeitgeber austragen, auf die sie dann als ›Nanny‹ aufpassen sollen. Man braucht nicht viel Fantasie, um sich auszumalen, dass da in den kommenden Jahren eine Dienstbotenklasse auf dem Fortpflanzungsmarkt entsteht.«[110]

Betrachtet man die Dinge im größeren Zusammenhang von Reproduktionstechniken und Verhütungsmitteln, so erscheint die Vervielfältigung der Mutterschaft wie ein geeignetes Mittel, die Mutterschaft überhaupt zu verundeutigen und jeder potentiellen ›Teilmutter‹ zu vermitteln, dass sie eine *mater incerta* ist. Das schlägt sich heute in einer Realität nieder, unter der einige der so gezeugten Kinder zu leiden haben: Neben den Kindern, die nach ihrem Samenspender-Vater forschen, gibt es auch Kinder, die nach ihrer Mutter suchen. Die Eizellspenden aus der Sowjetunion sind meistens anonym.[111]

Wie der eingefrorene Samen erlaubt auch das Einfrieren der Eizelle eine Zeitverschiebung, allerdings anderer Art: Das Einfrieren der Samenzellen wird eher von den Samenspender*kindern* thematisiert; das Einfrieren der Eizellen dagegen von den Müttern, weil diese ihre Eizellen nicht zur Weitergabe, sondern für sich selbst konservieren lassen. 1997 wurde das erste Baby aus einer kryokonservierten Eizelle geboren. Das Einfrieren von Eizellen war zunächst nur bei befruchteten Eizellen möglich. Das implizierte, dass eine Frau oder ein Paar schon wussten, dass sie ein gemeinsames Kind wollten. Unbefruchtete Eizellen einzufrieren, was erst seit wenigen Jahren (dank neuer Vitrifikationsmethoden) fast ohne Risiko möglich ist, bedeutet dagegen die Aufschiebung der Entscheidung – was den Zeitpunkt der Mutterschaft wie auch die Wahl des Partners betrifft. Der Direktor des Münchner ›Kinderwunsch-Zentrums an der Oper‹ bewahrt 10 000 Eizellen in seinem ›Tank‹. Die Mehrzahl der Frauen, die eine Entnahme vornehmen lassen, sind um die 30 Jahre alt.

(»Es gibt auch eine kleine Gruppe, 18- bis 20-Jähriger, die dies etwa von den Eltern oder Großeltern geschenkt bekommen.«[112]

In den USA bieten inzwischen nicht nur Fertilitätskliniken, sondern auch elegante Zentren, die »eher einem Café als einer medizinischen Einrichtung« entsprechen, *elective freezing* an: ein Begriff, der ein wenig an die ›Wahlverwandtschaften‹ erinnert, zugleich aber auch die Konnotation der ›Erwählung‹ in sich trägt. »Das beste Geschenk, das du dir je gemacht hast«,[113] verspricht die Werbung und lässt die ganze Prozedur, bei der es immerhin zur Vergabe einer hohen Hormondosis kommt, wie einen Spaziergang erscheinen. Wenn sich die Frauen die befruchteten Eizellen einsetzen lassen, sind sie im Schnitt um die 40. Mit ›Social Freezing‹, so Jörg Puchta, würden Frauen »den letzten Schritt zur Emanzipation machen«.[114] Bei näherer Betrachtung erscheint diese Aussage fraglich.

Das Aufschieben der Entscheidung zur Mutterschaft kann sowohl berufliche als auch private Gründe haben. Die privaten Gründe hängen zumeist damit zusammen, dass eine Frau noch nicht den geeigneten Partner gefunden hat, die beruflichen mit der schweren Vereinbarkeit von Beruf und Mutterschaft. Seit die *American Society for Reproductive Medicine* im Oktober 2012 verkündete, dass die Kryokonservierung von Eizellen nicht länger als ein experimenteller Prozess anzusehen ist, steigt nun der Druck auf junge Frauen, sich dieser Methode zu bedienen. Das Beispiel der Firmen *Facebook* und *Apple*, die 2014 ihren Mitarbeiterinnen anboten, die Kosten für das Einfrieren der Eizellen zu übernehmen, ist dafür symptomatisch. In deutschen IVF-Zentren liegen die Kosten pro Zyklus bei derzeit 3000 bis 4000 Euro pro Eizellenentnahme. Dazu kommen die Kosten für die Lagerung und für die spätere künstliche Befruchtung. Man schätzt, dass bisher circa 5000 Kinder auf diese Weise geboren wurden.[115] Laut einer Umfrage von Forsa im Januar 2015 stehen heute 64 Prozent der 18- bis 30-Jährigen dem Social Freezing aufgeschlossen gegenüber.[116] Der Mediziner Michael Doyle, der in Connecticut eine gutgehende Fortpflanzungsklinik betreibt, rechnet damit, dass sich die meisten Frauen künftig mit 22 oder 23 Jahren ihre Eizellen entnehmen, genetisch untersuchen und dann einfrieren lassen. »Dann leben sie ihr Leben, ohne das ständige Ticken der biologischen Uhr im Hinterkopf.« Für ihn sind natürliche Schwangerschaften »ohnehin ein Auslaufmodell«.[117]

Dagegen macht der Erfinder der Antibabypille, Carl Djerassi, deutlich, dass nicht unbedingt die weiblichen Interessen Motor der Entwicklung sind: In einem 2010 ausgestrahlten Film *50 Jahre Antibaby-Pille* sagt er: »Die Zukunft wird so sein: Sterilisierung im Alter von 20 Jahren oder wann immer wir anfangen wollen mit sexuellem Verkehr, und [vorher gehen Sie hin, um] Ihre Gameten, also die Eier und die Spermien einzufrieren, also diese kommen auf ein Bankkonto, Ihre Gameten. Und wenn Sie dann Ihr Kind haben wollen, das erwünschte Kind, dann gehen Sie zur Bank, zu Ihrem Konto, mit Iban und Ihrer Nummer, und sagen, bitte, Konto Nr. soundso, ich möchte mein Ei heute haben, und dann haben Sie eine künstliche Befruchtung …«[118] Djerassis Analogon von Finanzinstitution und Fortpflanzungsbank macht deutlich, dass es auch weiterhin um die Angleichung der menschlichen Reproduktion an die Vermehrungsart des Geldes geht. Darüber hinaus ist die Reproduktionsmedizin, so die US-amerikanische Ökonomin Debora Spar, selbst zu einem wichtigen Sektor der Wirtschaft geworden, »ein langsam wachsendes globales Business, das auf Technologie beruht und verleugnet, dass es seine Wurzeln im Markt hat«.[119]

Auch die weiteren, noch im experimentellen Stadium befindlichen Entwicklungen weisen auf die technische Reproduzierbarkeit der Mutter hin. England war das erste Land, das die Konzeption von Kindern mit der DNA von drei Eltern zuließ. Bei diesem Eingriff wird der Eikern der Mutter aus den Mitochondrien – einer Art von »Generator der Zellenenergie« – entfernt und in ein anderes, gesundes mitochondrisches Umfeld versetzt. Dabei handelt es sich um eine eugenische Maßnahme, mit der in den Mitochondrien gelagerte Risikofaktoren des Erbguts ausgeschlossen werden sollen. Die DNA der Mitochondrien umfassen zwar nur ein Prozent des gesamten DNA-Vorrats, aber die dort gelagerten Erbkrankheiten betreffen doch immerhin eins von 200 Kindern.[120]

Im Januar 2016 genehmigten die britischen Behörden ebenfalls zum ersten Mal die Manipulation von Embryos. Sie führten damit Versuche fort, die zuerst in China angestellt worden waren: Bei Embryonen, die sich noch im Eizellstadium befinden, werden bestimmte Gene nach der crispr-Methode (vgl. 6. Kapitel) ausgeschaltet, um Erkenntnisse über die Entwicklung menschlicher Embryonen unmittelbar nach der Befruchtung zu gewinnen. Wenn sie nach sieben Tagen aus 256 Zellen bestehen, sollen sie zerstört werden, um festzustellen, welche Folge das Stilllegen der Gene hatte. Verwendet werden Embryonen, die nach einer Kinderwunschbehandlung nicht mehr benötigt werden.[121] Auch hier geht es einerseits um die Möglichkeit, Krankheiten zu verhindern, aber letzlich um die technische Reproduzierbarkeit der Reproduktion.

Auf eine vollkommen andere Entwicklung bei der Herstellung von Mutterschaft verweisen dagegen die Fortschritte auf dem Gebiet der Stammzellenforschung. Wissenschaftlern aus Cambridge, Kyoto und Harvard gelang es 2007, Hautzellen von Mäusen in embryonale Stammzellen zu verwandeln. Bei diesem Vorgang »vergessen« die Zellen ihre jahrelage Spezialisierung, »ganz so, als würde man einen Computer nach langer Nutzung auf die Werkseinstellung zurücksetzen. Der Unterschied besteht in diesem Fall darin, dass die Hautzellen weiterhin sämtliche denkbaren Programme auf ihrer Festplatte gespeichert haben und sie jederzeit aktiviert werden können.«[122] Für diese Reprogrammierung werden weder Embryonen noch Eizellen gebraucht, weil Körperzellen, die im Labor in eine Stammzelle verwandelt werden, pluripotent sind. Aus ihnen lassen sich Keimzellen (Ei- und Samenzellen) gewinnen, die in der Petrischale miteinander verschmolzen werden. Das Lebewesen, das aus dieser Selbstbefruchtung hervorgeht, hat nur ein Elternteil, ist aber, anders als beim Klonen, keine genetische Kopie, denn es gibt väterliche und mütterliche Chromosomen; so entsteht eine neue Kombination von Genen. Allerdings können Männer, deren Genom X- und Y-Chromosomen umfasst, sowohl Söhne als auch Töchter zeugen, während sich Frauen wegen des fehlenden Y-Chromosoms nur in Töchtern reproduzieren können. Setzen sich diese Experimente weiter durch, wird es auch einem männlichen homosexuellen Paar möglich sein, ein Kind zu zeugen, das das Erbgut beider Väter in sich trägt: der eine liefert das weibliche, der andere das männliche Erbgut.[123] Vorläufig bräuchten sie nur noch eine Tragemutter, und auch das könnte bald nicht mehr nötig sein.

2016 kam das Gegenstück: Chinesischen Forschern gelang es, aus embryonalen Stammzellen Spermien zu gewinnen. Zwar handelt es sich bisher noch um Vorläuferzellen von Spermien, doch nachdem diese Urkeimzellen in Testosteron gebadet und in das Hodengewebe von Mäusen eingebettet worden waren, konnten mit dem daraus sprießenden Sperma eine Eizelle befruchtet und sogar gesunde Mäuse gezeugt werden. Gelingt es erst einmal, aus Hautpartikeln einer Person Spermien zu züchten, wären diese von den natürlichen Samenzellen des Betreffenden nicht zu unterscheiden. Solche Spermien ließen sich auch aus den Hautzellen von Frauen züchten. »Zum ersten Mal in der Menschheitsgeschichte könnten Frauen ›ohne männliches Beiwerk‹ Kinder zeugen«, schreibt der *Tagesspiegel*, der über diesen Fortschritt unter der Überschrift »Werden Männer entbehrlich? Frauen machen sich ihr Sperma selbst« berichtete.[124]

Kurz: Wie es scheint, besteht die Zukunft der Reproduktion im Prinzip der

Selbstbefruchtung. Dann wird kein Kind mehr nach Samenspender oder Eizellspenderin suchen müssen. Auch der Trend zu den alleinerziehenden Vätern und Müttern erhält seinen Sinn: Wenn es nur um die Replikation des Ich geht, ist der zweite Erzieher eigentlich überflüssig.

Oft werden die Fortschritte der Reproduktionsmedizin als eine Möglichkeit für Frauen beschrieben, Kontrolle über ihr Leben gewinnnen. Tatsächlich spielten diese Techniken wie auch die Verhütungsmittel eine wichtige Rolle beim Emanzipationsprozess. Das war aber nicht der *Grund* für ihre Entwicklung. Was ist dann der Motor dieses boomenden Wissenschaftszweigs? Eine Antwort bieten vielleicht die Phantasien, die den neueren Fortschritten *vorausgingen*. 1979 veröffentlichte der Psychoanalytiker und ›sozialistische Historiker‹ Ernest Bornemann ein Buch unter dem Titel *Das Patriarchat*. Die Emanzipation der Frau, so schrieb er, werde nur gelingen, wenn man den weiblichen Körper von der »Bürde der Menstruation« befreie und für eine »Alternative zur Austragung des Kindes im Mutterleib« sorge. »Einerlei wie lange es dauern mag, einerlei in welcher Form es eines Tages geschehen wird, eines ist sicher: die endgültige Befreiung der Frau kann nur in der Befreiung von der Geschlechtlichkeit liegen. Die klassenlose Gesellschaft der Zukunft kann nur eine geschlechtslose Gesellschaft sein.«[125] Ähnliche Phantasien – extrauterine Kinder als Mittel der Frauenemanziption – wurden auch von Feministinnen wie Shulamit Firestone entwickelt.[126] Beide konnte nicht ahnen, wie rasch ihre Fortschrittsgedanken Realität werden würden. Eben deshalb ist es hilfreich, heute Texte wie diese zu lesen: Sie formulieren (wie literarische Werke) die Phantasien, die der Realisierung vorausgehen. In Schweden hat nun zum ersten Mal eine Frau mit gespendeter Gebärmutter ein gesundes Baby in die Welt gesetzt. Den Göteborger Ärzten, die seit 15 Jahren auf diesem Gebiet forschten, vermittelte dies ein Gefühl, »wie selbst ein Kind zur Welt zu bringen. ›Niemand konnte es glauben.‹«[127]

Wie bei der Herzchirurgie ist auch beim Uterus die Verpflanzung des Organs nur der erste Schritt zu seiner künstlichen Herstellung. US-Forschern ist es mittlerweile gelungen, Lämmchen in einen flüssigkeitsgefüllten Beutel einzuschließen und ihre Nabelschnur mit einer Maschine zu verbinden, die Sauerstoff und Nährstoffe liefert. Die Übertragung auf die menschliche Fortpflanzung biete noch Probleme, betonten die Forscher.[128] Doch die Verwirklichung ist absehbar. (Auf dem Gebiet der Reproduktionsmedizin traten bisher alle Neuerungen schneller als prognostiziert ein.)

Auch steht heute schon der Implantation des Uterus in einen männlichen Körper nicht mehr viel entgegen. Die Gebärmutter der schwedischen Patientin war nicht mit den Eierstöcken verbunden.[129] Ihr wurde eine befruchtete Eizelle implantiert. Damit sind so gut wie alle Voraussetzungen gegeben, ein ähnliches Experiment an einem männlichen Körper durchzuführen. Das, was Sarah Franklin zu IVF sagt, gilt wohl auch für andere Fortschritte der Reproduktionsmedizin: »Ebenso wenig wie sich die Textilindustrie durch den Wunsch, Kleider zu tragen, erklären lässt, ist auch IVF nicht nur die Antwort auf den Wunsch, Kinder zu haben.«[130] Rückblickend könnte sich zeigen, dass Bornemanns oben zitierte Prognose in einem Punkt falsch lag: Die Emanzipation der Frau ist nicht das Resultat der geschlechtslosen Gesellschaft, sondern vielmehr Werkzeug auf dem Weg dorthin.

9. Reproduktionsmedizin und die Erneuerung des Vaters

In der Reproduktionsmedizin wiederholte sich auf der Ebene der Biologie eine Entwicklung, die schon vorher die Sozialgeschichte von Ehe und Familie charakterisierte: der Bedeutungsverlust des Vaters. Ging es in der Sozialgeschichte um das Verschwinden des Ernährers der Familie, so wurde der biologische Vater immer mehr auf den Samen – oder die Samenspende – reduziert. In einer Informationsbroschüre, die potentielle Kunden in einer Münchner Fertilisationsklinik zu lesen bekommen, heißt es, die genetische Vaterschaft »erscheint uns hier als minderwertig, und es muss mit allen Mitteln verhindert werden, dass sie an Bedeutung gewinnen kann«.[131] Mit einem solchen Satz werden 2500 Jahre abendländischer Geschichte, in denen dieser Stoff als ›höheren Ursprungs‹ und als Garant von geistiger Befruchtung gewertet worden war, schlicht gestrichen. Und dies geschieht – um an dieser Stelle noch einmal daran zu erinnern – zu dem historischen Zeitpunkt, wo die spezifische Rolle des männlichen Zeugungsanteils entdeckt und der Vaterschaftsbeweis möglich wurde.

Die Herabsetzung der biologischen Vaterschaft begann als Versuch der *Verbesserung*. Die Insemination wurde erleichtert: Ab Mitte des 19. Jahrhunderts gab es eine Glasröhre, die bis in die Gebärmutter reichte und über die der Samen geleitet wurde. Diese Methode funktionierte am besten, wenn der Samen vorher per Masturbation gewonnen worden war – eben das stieß auf große

Ablehnung. Doch die Abkoppelung der Sexualität von der Fortpflanzung erwies sich als *conditio sine qua non* der Reproduktionsmedizin. Späteren Forschern galt deshalb das Jahr 1866, als diese Erfindung zum ersten Mal umgesetzt wurde, als »der eigentliche Beginn einer wissenschaftlichen Begründung der Lehre von der künstlichen Befruchtung«.[132] Nachdem das Prinzip der künstlichen Insemination in der Tierzucht schon lange praktiziert worden war, wurde es nun auch bei der menschlichen Zeugung eingesetzt.

Die heterologe Inseminationen (fremde Samenspende) des frühen 20. Jahrhunderts sollte zumeist die Unfruchtbarkeit eines Vaters reparieren. Zunächst wurde vor allem der Samen von Verwandten oder Freunden des Ehemannes verwendet. Immer häufiger kamen die Samenspenden aber auch von den behandelnden Ärzten oder ihren Kollegen: Erstens war es leichter, auf diese Weise die Diskretion zu sichern; zweitens suchten die Praktiker für die Samenspende nach einem ›Material‹, »das ihnen genetisch ›überlegen‹ erschien« – wozu offenbar der eigene Samen gerechnet wurde. Schon bald löste sich der Vorgang aus dem intimen Kontext. 1947 organisierten New Yorker Studenten gezielt Samenspenden, um ihr Einkommen aufzubessern. Die Gesundheitsbehörden erließen daraufhin eine Regulation, »laut der der Verkauf von menschlichem Samen nur durch einen ausgewiesenen Arzt durchgeführt werden darf«. Kurz darauf entstanden die ersten professionellen Samenbanken.[133]

Zwar gab es ab Ende der 1920er Jahre eine genauere Kenntnis über den geeigneten Zeitpunkt für die Insemination (Knaus, Ogino), aber das änderte nichts daran, dass die heterologe Insemination zunahm. Denn die Reproduktionsmedizin förderte zutage, dass die Unfruchtbarkeit eines Paares mindestens ebenso oft, wenn nicht öfter, auf den Mann zurückzuführen war. Bis dahin hielt man sie für das Problem der Frauen. Zugleich wurde klar, dass die männliche Fruchtbarkeit nicht notwendigerweise von der Potenz abhängt. In den Gesetzbüchern wurde die Samenspende zunächst weder verboten noch genehmigt – sie wurde schlicht nicht wahrgenommen. In den USA gab es eine Grauzone, die jeder Bundesstaat mit anderen Gesetzen füllte – oder auch offenließ. Schließlich entschied der Supreme Court von New York im Jahr 1947: »Ein Kind, das durch künstliche Insemination geboren wurde, ist nicht unehelich.« Es dauerte dennoch bis in die 1970er Jahre, ehe es eine allgemeine gesetzliche Regelung zur Vaterschaft gab: Der *Uniform Parentage Act* sah vor, dass die Vaterschaft beim Ehemann lag, der einer Samenspende zugestimmt hatte. Eine Regelung übrigens, die an die kirchliche Einrichtung der Patenschaft erinnert, die den Paten, einen ›geistigen Vater‹, mit fast ebenso großer Macht ausstattete wie den leiblichen Vater.

Was IVF für die Unfruchtbarkeit von Frauen geleistet hatte – die Unterstützung bei Verschmelzung von Samen und Eizelle sowie die Einnistung der befruchteten Eizelle –, brachte ICSI (die Befruchtung der Eizelle durch ein einziges Spermium) für die männliche Zeugungsfähigkeit. Durch diese Methode wurden die einzelnen Samenzellen der ›Mühe‹ enthoben, die weibliche Eizelle zu penetrieren; das übernahm eine Pipette. Bedurfte es vorher einer gewissen Anzahl von Samenzellen, um die Befruchtung zu sichern, so genügt nun eine einzige. Inzwischen gilt: 95 Prozent aller Männer können ein leibliches Kind zeugen. Das heißt, auch solche Männer können Väter werden, »deren Samenqualität die Weitergabe ihres Erbguts auf konventionellem Wege verhindert und die Erkrankung der Sterilität sogar an die eigenen Kinder weitergibt«. So Andreas Bernard, der in dieser Entwicklung die Antithese zur »Befruchtungskraft des Samenspenders« sieht.[134]

ICSI ist ein Indiz, dass die Entwicklung der Reproduktionsmedizin nicht nur auf eine Elimination des biologischen Vaters, sondern auch auf dessen Renaissance hinausläuft. Allerdings verdankt sich diese dem Labor, also der Wissenschaft. Nach der Einführung von ICSI ging die heterologe Insemination zurück. Eine Ausnahme bilden lesbische Paare und alleinstehende Frauen. Da aber auch sie der Unterstützung durch das Labor bedürfen, lässt sich wohl konstatieren, dass sich die Wissenschaft als der eigentliche *pater certus* etabliert hat, ein geistiger Vater, der aber – im Gegensatz zu früheren geistigen Vätern wie den Geistlichen – über die Fähigkeit verfügt, ›echte‹, leibliche Kinder zu zeugen.

Zur Bedeutung des Labors als geistigem Vater passt die Suche nach Samenspendern mit hohem Intelligenzquotient. (Bei den Eizellspenderinnen spielen äußere Merkmale eine wichtigere Rolle als bei den Samenspendern; hier ist die Reproduktionsmedizin ganz traditionell.) Samenbanken bevorzugen Akademiker, und spendewillige Studenten müssen Immatrikulationsbescheinigung vorlegen, bevor sie überhaupt spenden dürfen. Auch siedeln sich die US-Samenbanken mit Vorliebe in der Nähe von Eliteuniversitäten an: Palo Alto, New York und Cambridge. »Da brauche ich mir um den IQ keine Sorgen zu machen«, sagt einer der Leiter.[135] Doch obwohl die Nachfrage nach Samen wächst – inzwischen werden bis zu 1000 Dollars pro Spende bezahlt –, sind auch die Anforderungen an die Spender hoch. »Die Chancen, in Harvard oder Stanford angenommen zu werden, sind höher als die, in einer der führenden

Samenbanken als Spender registriert zu werden«, schrieb die *New York Times*.[136]

Zur Verlagerung der Vaterschaft aufs Labor trug bei, dass über lange Zeit die Samenspende selbst und erst recht der Name des Spenders verschwiegen wurden – vergleichbar der Adoption, die bis heute in vielen Familien verheimlicht wird. Michael Poluda, der in München die älteste Samenbank Deutschlands betreibt, befürwortet dieses Schweigen. Das sei »keine Lüge, sondern nur eine berechtigte Maßnahme, der Familie Zusammenhalt und Lebensglück zu verschaffen«.[137] Für ihn steht die soziale Vaterschaft im Vordergrund, weshalb er auch keine ›YES-Spender‹ beschäftigt – das sind Spender, die sich bereit erklären, dass ihre Spenderkinder im Alter von 18 Jahren den Namen des Vaters erfahren. Die Hälfte seiner Kunden sind lesbische Paare oder alleinstehende Frauen, denen die Anonymität des Spenders wichtig ist. Seit es in Deutschland ein neues Gesetz gibt, das es zur Pflicht macht, den Namen des Samenspenders aktenkundig zu machen, lässt Poluda für diese Kunden den Samen aus Dänemark kommen, wo die Anonymität des Spenders garantiert ist. Ob ›YES-Spende‹ oder Anonymität, schlägt sich im Preis nieder. In der größten amerikanischen Samenbank sind die Spenden der ›open donors‹ um 100 Dollar teurer als die anonymen. Seit 2003 regelt ein neues Gesetz die offene Spende: Samenspender sind von allen Rechten und Pflichten gegenüber ihren Nachkommen entbunden.[138] Deutschland hat diesen Schritt, der zweifellos die Bereitschaft zur namentlichen Samenspende erhöhen würde, noch nicht getan.

Nur 5 bis 10 Prozent der 100 000 seit den 1970er Jahren gezeugten Spenderkinder wurden von den Eltern über ihre Entstehungsweise aufgeklärt. Als Schweden 1994 die Identifzierbarkeit des Spenders verlangte, ging die Spendebereitschaft zunächst drastisch zurück; dann pendelte sie sich wieder auf dem vorherigen Stand ein. Offenbar ist das Bedürfnis, sich biologisch zu reproduzieren, tief verankert. Inzwischen gibt es auch in anderen Ländern ›open donors‹ und ›YES-Spender‹, die sich vertraglich bereit erklären, mit dem volljährigen Kind mindestens einmal in Kontakt zu treten. Der Versuch, die Samenspende zu verschweigen, hatte für viele der Spenderkinder schwerwiegende Folgen. Das Recht des Kindes auf Wissen um seine eigene Abstammung war schon seit 1989 in der UN-Kinderrechtskonvention festgehalten worden. Doch in Deutschland wurden erst 2007, mit der Novellierung des Transplantationsgesetzes, verbindliche Maßgaben für die Archivierungspraxis von Samenbanken geschaffen.[139] Für lesbische Paare war es von Anfang an schwierig, die Existenz eines Samenspenders zu verleugnen, allerdings legten viele dieser Paare zunächst Wert auf die Anonymität des Spenders. Das hat sich geändert.

Heute ist die Bereitschaft der Eltern gewachsen, mit der Frage der Spende offener umzugehen. In einigen Ländern gibt es Zentralregister, die Spenderkindern dabei behilflich sind, ihre Väter – und eventuelle Halbgeschwister – ausfindig zu machen. Das *donorsiblingregistry.com* in den USA verdankte sich einer Privatinitiative, die sich sowohl an Spender als auch an Spenderkinder richtet. Über 1500 Halbgeschwister konnten durch dieses Register schon gefunden werden. Im Dezember 2013 umfasste das Register 10 641 Mitglieder und 41 246 genetische Übereinstimmungen. Gefunden werden die Spuren über die Namen der Samenbanken, die in alphabetischer Reihenfolge aufgeführt sind. Das Verzeichnis wird vor allem von lesbischen und alleinstehenden Frauen betrieben: Heute sind nur noch 20 Prozent der im *Donor Sibling Registry* (DSR) verzeichneten sozialen Eltern heterosexuelle Paare. Da homosexuelle Paare und alleinerziehende Mütter schwerlich die Mitwirkung von (Samen- oder Eizell-)Spenden bestreiten können, informieren sie auch öfter ihre Kinder über deren Herkunft. Eine Studie von 2009 zeigte, dass 95 Prozent der Kinder mit lesbischen Eltern oder alleinstehenden Müttern im Alter von zehn Jahren über ihre Herkunft aufgeklärt wurde, dagegen nur 60 Prozent der Kinder von heterosexuellen Paaren.

Bis vor kurzem wurden Samenspendern keine Begrenzungen auferlegt.* Die Folge: Allein im *Donor Sibling Registry* gibt es 100 Gruppen mit mehr als 10 und 20 Gruppen mit mehr als 35 Halbgeschwistern. Seit Kurzem gibt es nun in Europa strikte Beschränkungen: Je nach Größe des Landes liegt der Grenzwert zwischen 8 und 15 Kindern von einem einzigen Spender. (Bei der Samenspende geht man offenbar davon aus, dass der Samen nationale Grenzen berücksichtigt.) In den USA gibt es keinen solchen Grenzwert, und eine entsprechende Empfehlung der *American Society for Reproductive Medicine* wird von den Samenbanken zumeist ignoriert.[140] Auch der Spender, von dessen 150 Sprösslingen die *New York Times* im Herbst 2011 berichtete, ist weiterhin als Spender registriert.

Damit entstehen neue Genealogien, in denen ein Vater viele Sprösslinge haben kann, deren einzige verwandtschaftliche Verknüpfung über eine abwesende

---

* Es ist auffallend, dass die Samenspende auch dem Begriff dem *Diaspora* (›Zerstreuung des Samens‹) eine neue Bedeutung verleiht. Darin spiegelt sich auch die allmähliche Verlagerung der geistigen Qualitäten des Samens in die Niederungen der Biologie wider.

Person definiert wird.[141] Damit erfüllt diese Genealogie bestens die Kriterien der traditionellen patrilinearen Blutslinie – allerdings mit dem Unterschied, dass über die biologische Vaterschaft inzwischen Sicherheit herrscht. Dennoch, so zeigen die Geschwisternetzwerke, bleibt er ein Phantom. Das ist das Erstaunliche an der Samenspende.

»Die Normalisierung der Samenspende und der Offenheit innerhalb der Familie hat vor allem mit dem Anwachsen der Zahl alleinstehender Mütter und lesbischer Familien zu tun«, schreibt Andreas Bernard. Das ist sicherlich ebenso richtig wie seine Beobachtung, dass die Angst vor der ›neuen Familie‹ außer Acht lässt, »dass das Modell ›Familie‹ offenbar elastischer und widerständiger ist als gedacht«. Auf den ersten Blick folgt man auch seinem Bild der neuen ›Großfamilie‹: »ein harmonisches Miteinander aus sozialen Eltern, Spendern, Halbgeschwistern, das die herkömmliche Familie nicht bedroht, sondern bereichert«.[142] Tatsächlich scheint sich dieses Konzept von Familie von den traditionellen Blutsbanden fort- und auf jene soziale Definition von Verwandtschaft traditioneller Kulturen hinzubewegen. Sobald man sich aber verdeutlicht, dass sich diese Entwicklung ausschließlich der assistierten Reproduktion und der genetischen Forschung verdankt, sind doch Zweifel angebracht, dass wir uns von den Blutsbanden wegbewegen: Denn die soziale Verwandtschaft, von der heute in den Industrieländern die Rede ist, ist alles andere als ›entsubstantialisiert‹.

Ihre Substanz ist noch immer die leibliche Verwandtschaft (über Samen und Eizelle), und diese wird kombiniert mit einem ›geistigen Erzeuger‹, dem Labor. Zwar kommt der ›neue Vater‹ weniger autoritär daher – aber er ist ebenso ephemer wie das traditionelle Vaterbild.* Das gilt nicht nur für die ›Vaterschaft‹

---

* Betrachtet man die Mode als Indikator nicht nur von Geschlechterrollen, sondern auch von väterlichen Funktionen, so bietet die Herrenmode des Industriezeitalters, in dem auch die Reproduktionstechniken allmählich entwickelt wurden, ein plastisches Spiegelbild der Eliminierung des biologischen Vaters. Betonte die Kleidung bis 1800 – unter anderem durch die Schamkapsel – die Potenz des männlichen Zeugungsglieds, so gerieten die männlichen Genitalien mit dem Straßen- und Büroanzug zunehmend aus dem Blickfeld. Der Triumphzug dieser Kleidungsart, die sich durch Uniformität des Schnitts, der Muster und der Farbe auszeichnete, wurde zur Norm für den Mann und illustriert wie kaum etwas anderes den Ausgrenzungsprozess, der sich in dieser Zeit für den Erzeuger vollzog. Auch die Gegenbewegung folgte den Entwicklungen der Reproduktionsmedizin. Sie begann ab Ende der 1960er Jahre und entsprach der allmählichen Liberalisierung der Sexualität in dieser Zeit. Nicht durch Zufall gehörten homosexuelle Männer zu den ersten, die sich dieser Wiederaneignung der männlichen Genitalien verschrieben. Es war nur folgerichtig, dass sie sich auch bald für eine Wiederaneignung der Vaterschaft stark machen würden: durch die Möglichkeiten der assistierten Reproduktion.

des Labors, sondern auch für die meisten Samenspender. Im November 2013 fand in Erlangen eine Tagung über Samenspende statt. Dort trug der 27-jährige Spender Frank vor, dessen Samen in seinen eigenen Worten »Eins-A-Qualität« hat. Die 100 Euro, die er pro Spende erhält, seien ihm weniger wichtig als das Gefühl, Vater zu sein: »Ich habe ein kleines warmes Gefühl, wenn ich daran denke, dass da Kinder von mir herumlaufen.« Insgesamt habe er schon fünf Kinder, die er allerdings nicht kennt. Wenn die Kinder volljährig seien, könnten sie sich bei ihm melden.[143] Die Söhne unter seinen Kindern werden dann freilich selber im Alter sein, Samen zu spenden.

In der männlichen Reproduktionsmedizin spiegelt sich noch deutlicher als in der weiblichen die moderne ökonomische Entwicklung wider: vom Industrialisierungsprozess zur freien Marktwirtschaft, in deren Zentrum der Konsum steht. 1953 wurde zum ersten Mal über die Geburt eines Kindes berichtet, das mit einem in Trockeneis gelagertem Sperma erzeugt worden war. Als die Lagerung in Stickstoff die Haltbarkeit erhöhte, kam es zu einer Industrialisierung des Samenhandels. Nun wurden auch Normen eingeführt, die die Qualität sichern sollten. Die Planbarkeit des Nachwuchses, von der schon Platon im *Staat* geträumt hatte, erschien machbar – freilich ohne die staatlichen Maßnahmen, mit denen Platon dieses eugenische Ziel erreichen wollte. Heute geht es auch nicht um die Verbesserung der »Herde«, wie Platon es nannte, sondern um die Erfüllung des individuellen Kinderwunsches. Andreas Bernard schreibt »Für die Reproduktionsmediziner ist nur das gegenwärtige Paar von Belang, die Vernachlässigung künftiger Generationen lässt sich bereits dadurch erkennen, dass Spenderkinder niemals die Kriterien einer Samenbank erfüllen könnten: Wie Adoptierte würden sie bei der Bewerbung an ihrem lückenhaften Stammbaum scheitern.«[144] Die Samenspende ist also am individuellen Bedarf orientiert und kümmert sich – anders als die Familienplanung des 19. Jahrhunderts – nicht um künftige Generationen. Diese Verkürzung des Blicks auf das Selbst enspricht ziemlich genau dem, was Joseph Schumpeter für die Ökonomie beschrieben hat: Wenn der Aktienbesitzer an die Stelle des Unternehmers tritt, »schrumpft der Zeithorizont des Geschäftsmannes, grob gesprochen, auf seine Lebenserwartung zusammen«.[145] In einen ähnlichen Zeitrahmen ordnet sich auch die Samenspende ein: Sie ist vielleicht sogar *das* paradigmatische Beispiel der modernen Konsumindustrie.

Durch die Rolle als Lieferant eines ›Konsumartikels‹ verliert der biologische Vater zusätzlich an Bedeutung – während die Rolle des symbolischen (oder geistigen) Vaters wächst. Heute kann der biologische Vater sogar tot sein, wenn es zur Zeugung kommt. 2014 ließ sich die Israelin Israelin Chen Shavit vom Samen eines Verstorbenen schwängern. Der Vater des Kindes war bei einem Autounfall ums Leben gekommen und hatte ein ›biologisches Testament‹ hinterlassen, laut dem sein Samen eingefroren und für die Erzeugung von Nachwuchs verwendet werden sollte. Die Eltern hatten ihrem Sohn das Sperma entnehmen lassen, als dieser im Koma lag. (Bis zu 72 Stunden nach dem Tod ist es noch möglich, Sperma und Eizellen zu entnehmen und einzufrieren.) Dann gingen sie auf die Suche nach einer geeigneten Schwiegertochter. Mehrere Jahre nach dem Tod des Sohnes wurden sie fündig. In Israel gibt es inzwischen 50 solcher Fälle.[146]

Man fühlt sich an Lacans im 2. Kapitel zitierte Aussage erinnert, laut der der »symbolische Vater, soweit er dieses Gesetz bedeutet, wohl der Tote Vater« ist. Während Lacan noch vorgab, den symbolischen Vater mit dem biologischen Vater in eins zu setzen (er war in seiner Argumentation nicht ganz stringent), bleibt hier nur noch zu konstatieren, dass der symbolische Vater (das Labor) den leiblichen in jedem Sinne ›beerdigt‹ hat. Allerdings gibt sich der leibliche Vater noch nicht ganz geschlagen: In Deutschland verwehrte 2017 das Oberlandesgericht von München einer 35-jährigen Witwe die Befruchtung mit dem Sperma ihres verstorbenen Ehemannes.[147]

Der ›Tod‹ des leiblichen Vaters ist umso leichter zu ertragen, als das Einfrieren zugleich die Möglichkeit der ›Wiedererweckung‹ bietet. So wie im obigen Fall. So aber auch, wenn Soldaten in den Krieg geschickt werden oder sich die Angst vor einer Nuklearkatastrophe ausbreitet. Auf die religiöse Metaphorik der Gentechnik wies ich im 6. Kapitel hin: Auch diese Phantasie einer ›Auferstehung‹ aus eingefrorenem Samen kann schwerlich ihre christliche Herkunft verleugnen. Bei pflanzlichem und animalischem Leben ist dieser Gedanke schon längst Realität. Im norwegischen Svalbard auf Spitzbergen gibt es seit 1984 einen *Global Seed Vault*, wo Samen von fast allen Pflanzenarten in einem hoch gesicherten ehemaligen Kohlebergwerk gelagert werden. Wie vorangegangene Machbarkeitsstudien zeigten, können sich in der Anlage die meisten Arten über hunderte von Jahren erhalten. So wurde etwa die Judäische Dattelpalme 2005, nach mehr als 2000 Jahren, erneut zum Sprießen gebracht. In Analogie zum *Svalbard Global Seed Vault* gibt es inzwischen weltweit ein halbes Dutzend Banken für die Erhaltung von Tierarten: etwa den *Frozen Zoo* in San Diego und das *Audubon Center for the Research of Endangered Species*.

Gelagert werden DNA, Sperma, Eier, Embryonen, Stammzellen, Blut- und Gewebeproben.

Dass auch menschliche Embryonen gelagert und im Fall von Krisen ›wiedererweckt‹ werden können, war nur eine Frage der Zeit. Mit der in den USA und Großbritannien mittlerweile zugelassenen Embryospende und -adoption, die nun auch in Deutschland gesetzlich geregelt werden soll,[148] wurde ein weiterer wichtiger Schritt getan. Mitte der 1960er Jahre forderte Jerome Sherman, der schon erwähnte Pionier der Kryokonservierung, ein »System zentralisierter Banken« für Samenspenden.[149] Warum nicht für Embryonen? So wie die Nationen die Aufsicht über ihre Währungen zentralen Geldinstituten anvertrauen, könnte auch das humane Erbgut jeder Nation (oder der europäischen Gemeinschaft) in einer solchen Einrichtung gesichert werden. Denkbar wäre auch ein Fort Knox, in dem nicht Gold, sondern das menschliche Erbgut der Nation gelagert wird. Eine solche Ansammlung wäre der symbolische Vater schlechthin (die Nation), nun aber in leiblicher Gestalt (das nationale Erbgut).

10. ›Trans-Parenting‹ – der biologische Wandel von Elternschaft

Die Transformierbarkeit des menschlichen Körpers ist heute ein heiß umstrittenes Thema wissenschaftlicher und politischer Diskussionen. Meistens wird diese Entwicklung den Gender Studies und den Bedürfnissen von Transsexuellen und Transgenderpersonen zugeschrieben. Faktisch waren aber Biogenetik und Reproduktionsmedizin für die meisten Eingriffe am menschlichen Organismus verantwortlich, und diese Forschungsbereiche sind nun auch bemüht, den von ihnen ermöglichten Transformationen Beständigkeit zu verleihen. Im Februar 2017 befürwortete die US-*National Academy of Sciences* zum ersten Mal Eingriffe in das genetische Erbe bei bestimmten Krankheiten – »ein bis vor kurzem unvorstellbarer Gedanke: die Veränderung menschlicher Embryonen zur Erschaffung von genetischen Merkmalen, die weiter vererbt werden«, schreibt die *New York Times*.[150] Unvorstellbar deshalb, weil damit auch anderen ›Verbesserungen‹ Vorschub geleistet wird.

Immer schon haben Krankheit und Gesundheit als Rechtfertigung für Eingriffe in die menschliche Natur gedient, bevor sie dann auch andere Wünsche zu erfüllen begannen. Biologie und Genetik griffen auch in das menschliche Geschlecht ein, indem sie neue Definitionen von Vaterschaft, Mutterschaft,

Verwandtschaft ermöglichten. Damit schufen sie selbst jenes Paradigma eines wandelbaren Körpers, das alle alten Vorstellungen einer unveränderbaren Natur über den Haufen warf. Die Naturwissenschaften, nicht die Geschlechterforschung, erbrachten den Beweis dafür, dass das biologische Geschlecht – wie andere ›Fakten der Natur‹ – transformierbar ist. Geschah dies bisher durch Eingriffe in den Organismus, so legen nun neuere Forschungen nahe, dass die Transformierbarkeit des menschlichen Körpers *von Anfang* an in der menschlichen ›Natur‹ angelegt war. Damit bahnt sich im Verhältnis von Natur und Kultur noch einmal eine neue Wende an.

Die israelische Neurobiologin Ruth Feldman hat die Hirntätigkeit homosexueller Väter von Kleinkindern untersucht und mit der von Müttern und Vätern heterosexueller Paare verglichen. Dabei fokussierte sie die Veränderungen, die sich durch den Umgang mit einem Kleinkind bei den *Care givers* (Fürsorgepersonen) ergeben. Die Fürsorge für den Nachwuchs ist eine Vorbedingung des Überlebens der Arten und deshalb ziemlich tief in der Hirntätigkeit verankert. »Diese Strukturen implizieren ein uraltes phylogenetisches Netzwerk emotionaler Verarbeitung, das sehr schnell überlebenswichtige Hinweise verarbeitet und Eltern dazu befähigt, kindliche Not zu identifizieren und darauf zu reagieren, damit die Überlebenschancen erhöhend.«[151]

Bis vor kurzem hielt man diese Hirnstruktur für eng verbunden mit der weiblichen Anatomie und ging davon aus, dass die spezifische Hirntätigkeit der Fürsorgepersonen durch Schwangerschaft, Geburt und das Stillen aktiviert wird. Tieruntersuchungen hatten allerdings gezeigt, dass sich auch die Hirnstruktur von Männchen, die sich um Junge kümmern, verändern kann. Nun wies Feldman das Gleiche für Menschen nach: Bei homosexuellen Vätern, die ohne mütterlichen Beistand auskommen, entwickelte sich eine ähnliche Hirnstruktur wie bei Frauen mit kleinen Kindern. Zentren, die bei diesen Müttern permanent aktiviert sind (bei den Vätern heterosexueller Paare aber nur für die Zeit des unmittelbaren Kontakts mit dem Kleinkind), charakterisierten auch die Hirntätigkeit homosexueller Väter. Feldman konnte nachweisen, dass es die *Care-giving*-Tätigkeit selbst ist (nicht etwa Schwangerschaft oder Geburt), die zu einer Veränderungen der Struktur des Gehirns führt. Das Hirn weise eine erheblich höhere Formbarkeit als bisher angenommen auf, und die Evolution habe sich neben der mütterlichen Fürsorge »auch in menschlichen Vätern andere Wege für die Adaption zur Elternrolle vorbehalten«.[152]

Feldmans Forschungen zeigen also, dass eine *soziale* Rolle auch zur Veränderung der *Biologie* führen kann. Das Argument, dass sich soziale und kulturelle Rollen der Geschlechter von deren biologischer Beschaffenheit ableiten, wurde von der Studie auf den Kopf gestellt: Was die Versorgung der Kinder betrifft, erwies sich die Biologie – auch die einer uralten Erbschaft wie die Sorge für den Nachwuchs – als ein *Produkt kultureller und sozialer Faktoren*. Auch die Geschwindigkeit, mit der sich diese Veränderung vollzieht – eine Vaterschaft, und schon vollzieht sich eine Veränderung im männlichen Gehirn –, ist ein Indiz dafür, dass die Biologie in hohem Maß von der Kultur abhängt. Zwar hat es schon viele sozial- und kulturwissenschaftliche Untersuchungen gegeben, die die paritätische Eignung von Männern und Frauen für die Versorgung von Kleinkindern belegten. Doch eine naturwissenschaftliche Untersuchung, die nachweist, dass sich nicht nur das Gehirn männlicher Tiere, sondern auch das männlicher Menschen an die Notwendigkeiten der Fürsorge adaptiert, hat es aus nachvollziehbaren Gründen bisher noch nicht gegeben – Feldman betont, dass sich mit der homosexuellen Vaterschaft zum ersten Mal die Möglichkeit einer solchen Forschung bot.

Kyle Pruett, der die Forschungen von Feldman begleitet und mit ihr darüber eine öffentliche Debatte geführt hat, weist daraufhin, dass keiner dieser Väter »durch Zufall« Vater wurde; vielmehr handle es sich um intentionale Väter.[153] Das unterscheidet sie tatsächlich von vielen anderen Vätern, erklärt aber noch nicht den Wandel der Hirnstruktur. Dagegen belegen viele, auch ältere Forschungen eine ganz ähnliche Veränderlichkeit der männlichen ›Natur‹, wie sie Feldman konstatiert hat. Sie zeigen, dass bei Vätern (gleichgültig, ob hetero- oder homosexuell), die sich um Kinder kümmern, der Testosteronspiegel sinkt.[154]

Die Erklärung dafür lautet, dass sich Testosteron und Empathiefähigkeit nicht gut vertragen – was wiederum ein Indiz dafür ist, dass Testosteron nur einen bestimmten Aspekt von Männlichkeit betrifft, nämlich Aggression und Durchsetzungsvermögen, mit Fortpflanzung und dem Erhalt der Art aber weniger zu tun hat. Auch Männer mit niedrigem Testosteronspiegel sind zeugungsfähig – die Zeugungsfähigkeit ist also nicht das erste Anliegen dieses Hormons, das so gerne mit Männlichkeit, Potenz und allen Funktionen, die sich mit dem Begriff ›Vater‹ verbinden, assoziiert wird.

Es könnte sogar sein, dass sich der Testosteronspiegel in den modernen Gesellschaften, in denen Aggressivität zumeist kontraproduktiv ist, sogar als

Nachteil erweist.* Auch die Rolle der Hormone wird völlig neu eingeschätzt, seitdem sich herausstellte, wie transformabel das Gehirn der männlichen *Care givers* ist. »Es sind nicht, wie so oft angenommen, die Hormone, die das Verhalten und die psychischen Einstellungen steuern«, heißt es in der Studie von Tilo Held über *Das väterliche Gehirn.* »Im Gegenteil sind es psychische Einstellung und Entscheidung – die Zuwendung zu einem entstehenden und dann geborenen Baby –, die gewaltige hormonelle Umstellungen in Gang setzen.«[155]

Dass das Kind von einem zweiten, väterlichen *care giver* profitiert, versteht sich von selbst. Aber bezieht auch der Vater einen Gewinn aus der von ihm erteilten Zuwendung (für die Evolution ein eminent wichtiges Argument)? Ja, das tut er – und nicht zu knapp. Die im 5. Kapitel zitierten Erkenntnisse von Durkheim, dass die Ehe vor allem für den Mann Schutzcharakter hat, lässt sich auch auf die Vaterschaft erweitern: Väter, die sich überdurchschnittlich viel um ihre Kinder kümmern (egal, ob freiwillig oder durch die Umstände bedingt), haben eine beträchtlich höhere Lebenserwartung. »Das Zusammenleben mit seinen Kindern schützt den Mann. Das Leben engagierter Väter ist so etwas wie präventive Medizin.«[156] Das wirft auch ein besonderes Licht auf die höhere Lebenserwartung von Frauen, den traditionellen Fürsorgepersonen. Zugleich stellt sich die Frage, ob diese Erkenntnisse nicht auch zu einer Abkehr von der traditionellen männlichen Rolle und hin zur Vaterrolle führen könnten. Denkbar, dass Väter schon aus Eigeninteresse beginnen, ein Vaterschaftskonzept zu entwickeln, das weniger von Macht und Autorität, wie bei der ›geistigen Vaterschaft‹, als von geteilter Fürsorge geprägt ist.

Faktisch findet ein solches Umdenken schon längst statt. Die ›neuen Väter‹ sind das dafür verwendete Schlagwort.[157]** Am Anfang wurden sie belächelt, aber das gilt schon längst nicht mehr. Noch vor zwanzig Jahren war ein Vater mit Kinderwagen eine Rarität; heute ist er vom Straßenbild nicht mehr weg-

---

* Es gibt nur noch wenige Berufe, in denen die Fähigkeit zur Aggression von Vorteil ist – vielleicht das Militär oder der Sport. Aber auch da ist der klare Kopf mindestens so gefragt wie der Wagemut. Auf anderen Gebieten – etwa dem Finanz- und Börsengeschäft – gilt der Testosteronspiegel immer noch als unerlässlich, aber gerade hier haben die Finanzkrisen der letzten Jahre die Frage aufgeworfen, ob etwas weniger Testosteron dem Geschäft (und damit auch den Banken, anderen Finanzinstituten und dem Steuerzahler) nicht besser bekommen wäre.

** Held spricht lieber von ›engagierten Vätern‹. (Die ›neuen Väter‹ lägen zu nahe an Mussolinis Schlagwort von den ›neuen Männern‹). Held sieht drei Definitionsmerkmale für engagierte Väter: »gute Erreichbarkeit für das Kind, Interaktion mit einem hohen Maß an Körperkontakt sowie Übernahme von Verantwortung und Mitverantwortung bei den Entscheidungen für das Kind«. (Held, S. 2.)

zudenken. Auch wenn die bisherige Reichweite des Phänomens nicht überschätzt werden darf, so ist der Wandel doch unübersehbar. Er wurde zunächst durch die Berufstätigkeit der Mütter, den traditionellen primären *care givers*, ausgelöst. Unbestreitbar leisten Frauen noch immer den größeren Anteil an Fürsorge und Hausarbeit. Doch inzwischen mehren sich die Indizien, dass Väter anfangen, die Vorteile ihrer neuen Verantwortlichkeit zu begreifen und – wichtiger noch – sich emotional zu eigen zu machen. Held nennt dies den »Übergang vom männlichen zum väterlichen Gehirn«.

Als Beispiel für einen solchen Wandel möchte ich die Ergebnisse einer Berliner sozialwissenschaftlichen Forschungsgruppe zitieren, die »Geschlechtergerechtigkeit und individuelle Reproduktionsansprüche« bei den Führungskräften der Bundesbahn untersucht hat. Analysiert wurden dabei erstens die Aufstiegschancen von Frauen in einer großen Organisation wie dieser und zweitens die Einstellung der Leitung und des nachwachsenden Managements zu den Schwierigkeiten von Frauen, Karriere und Mutterschaft zu vereinbaren. Die Ergebnisse zu den Karrierechancen von Frauen im Jahr 2016/17 unterschieden sich kaum von denen der Untersuchung von 2008: An den Aufstiegssmöglichkeiten hatte sich kaum etwas geändert, und die Bundesbahn erschien vielen Befragten noch immer als ein »männerdominiertes deutsches, konservatives, älteres glatzköpfiges Unternehmen«, das eben deshalb »ein sehr guter Spiegel« der Gesellschaft sei. Nach wie vor stellte die »Mütterfrage« das ungelöste Problem weiblicher Karrieren dar.

Bei den befragten Männern ergaben sich jedoch beträchtliche Einstellungsverschiebungen, die die Befragten selbst auf den »Veränderungsdruck, der von der jungen Generation ausgeht«, zurückführten. Diese beinhalteten eine gewachsene Sensibilität für die Schwierigkeiten der Vereinbarkeit von »Produktion und Reproduktion« wie auch eine wachsende Bereitschaft, sich selbst in die Situation der Fürsorgeperson zu versetzen. »Es ist viel selbstverständlicher, dass heute auch mal Väter zu Hause bleiben, auch über einen längeren Zeitraum.« Die Geschlechterdifferenz selbst wurde anders wahrgenommen. »Im Unterschied zu Interviews, die wir vor ca. 10 Jahren in der DB erhoben hatten, wurde jetzt seltener oder gar nicht mit einer ›natürlichen‹ Differenz zwischen Frauen und Männern argumentiert, wenn es um die Begründung für geschlechtstypische Arbeitsteilungsmuster ging.«

Unbestreitbar handelt es sich nur um minimale Verschiebungen, diese traten jedoch bei den Befragten in einem solchen Umfang auf – und vollzogen sich zudem in einem erstaunlich kurzen Zeitfenster –, dass die Studiengruppe sich gezwungen sah, darin eine allgemeine gesellschaftliche Entwicklung zu erkennen, die zudem einen anderen Blick auf moderne Wirtschaftsstrukturen eröffnete. Die von der Bundesbahn als Leitbild propagierte »transformationale Führungskultur«, so einer der Befragten, sei »weniger autoritär« und »Hierarchie gesteuert« und bestehe mehr darin, »Netzwerke zu moderieren und ergebnisoffene Prozesse zu begleiten«. Eben das erfordere neue Fähigkeiten, »nicht die Kompetenzen, die man üblicherweise mit der männerdominierten Kultur assoziiert«. Das ebne den Weg für Frauenkarrieren, biete aber auch Männern/Vätern neue Perspektiven. Neu, so die Leiterin der Forschergruppe, Hildegard Maria Nickel, sei, dass diese Positionen »explizit von männlichen Führungskräften artikuliert werden«.[158] In eine ähnliche Richtung verwies auch der Familienreport der Bundesregierung von 2017: Väter seien »Treiber der Veränderung in der Arbeitswelt« heißt es da. Fast die Hälfte der Väter (doppelt soviele wie 2015) sagten, sie würden gerne zu 20 Prozent ihre Arbeitszeit reduzieren.[159]

Betrachtet man solche soziologischen Ergebnisse in Verbindung mit der oben zitierten neurobiologischen Forschung bei homosexuellen Vätern, so wird deutlich, dass sich die Vaterschaft auf neuen Wegen befindet. Mentalitätsveränderungen sind empirisch schwer zu erfassen. Oft erkennt man erst im Rückblick, was sich geändert hat: was eine Ausnahme war und was zur neuen Normalität geworden ist. Inzwischen gibt es jedoch genügend Indizien – die obigen Forschungen werden von weiteren psychologischen und pädiatrischen Studien ergänzt[160] –, die Zeugnis von einem gegenwärtig stattfindenden Wandel ablegen, und dieser scheint sich zudem mit beträchtlicher Geschwindigkeit zu vollziehen. Ich denke, soviel lässt sich jetzt schon festhalten: Neben den ›kaputten Vätern‹ wächst inzwischen eine neue Generation von Vätern heran, die sich nicht mehr damit begnügen, nur symbolische Väter zu sein.

Überträgt man diese Erkenntnisse auf die Zukunft der Elternschaft, so liegt es nahe, dass heterosexuelle Frauen, die Kinder in die Welt setzen und zugleich beruflich aktiv sein wollen, zunehmend nach Männern Ausschau halten, die die Kompetenz oder Bereitschaft mitbringen, zu den engagierten Vätern zu gehören. Es wird auf *Co-parenting* hinauslaufen, wobei sich einige auf das oben zitierte Modell der davon abgetrennten Liebesbeziehungen einlassen, andere hingegen versuchen werden, die beiden Seiten unter einen Hut zu bekommen – so explosiv die Kombination auch sein mag. (Nicht durch Zufall trennen sich viele Paare, wenn die Kinder klein sind. Offenbar sind intensive Liebesbeziehung und intensive Elternschaft nicht leicht vereinbar.)[161] Da die faktische oder mögliche Trennung von Sexualität und Fortpflanzung mittlerweile im Denken aller Menschen in den Industrieländern verankert ist (und damit auch in dem der Frauen, die Ausschau halten nach einem potentiellen Vater für ihre Kinder), ist es absehbar, dass die Väterlichkeit – mehr als die sexuelle Attraktivität – zum ›Evolutionsvorteil‹ für einen Männlichkeitstypus gerät, der *nicht* dem traditionellen maskulinen Schema entspricht.*

Insgesamt weist die oben skizzierte Übersicht zur Forschungslage darauf hin, dass die Debatte um die ›natürlichen‹ Anlagen der Geschlechter überhaupt erst am Anfang steht. Statt den Gender Studies vorzuwerfen, »die Fakten der Natur« gar nicht oder ungenügend zu berücksichtigen, sollte sich die naturwissenschaftliche Forschung eher mit dem Einfluss sozialer und kultureller Bedingungen auf die angeblich unhintergehbare Biologie beschäftigen. Der Begriff ›Anthropozän‹ bezeichnet eine Entwicklung und ein Zeitalter, in dem der Mensch endgültig die Herrschaft über die Natur angetreten und bis in die Geologie hinein verändert hat. Zu dieser Situation gibt es unterschiedliche Einschätzungen: Die einen, darunter Donna Haraway, sehen in der Herrschaft des Menschen über die Erde einen Beleg für seine wachsende *Abhängigkeit* von der Umwelt. Haraway spricht vom Zeitalter des ›Chthuluzän‹, in dem der Mensch dazu verurteilt sei, mit seiner Umwelt zu leben oder unterzugehen.[162] Andere prognostizieren, dass sich der Mensch aus den physischen und materiellen Bedingungen des Lebens herauslöst und nur noch der Effekt von datengesteuerter Intelligenz ist. In seinem Buch *Homo Deus* entwickelt etwa Yuval Noah Harari die Gefahr einer neuen digitalen Hierarchisierung der Gesellschaft, durch die eine kleine Elite, die die Meisteralgorithmen beherrscht, den Rest der Gesellschaft dominiert, bevor sie ihrerseits von den Zeichensystemen verdrängt wird.[163] Während Hararis Vision von einer Elite, die sich dank der Beherrschung der Kommunikationstechniken die Domination über den Rest der Gesellschaft aneignet, historisch nicht überzeugend ist,** verweist sein Ge-

---

* Man könnte einwenden, dass ein gut gefülltes Bankkonto auch bisher schon die mangelnde sexuelle Attraktivität einiger Männer kompensieren half. Doch erstens fehlt dem modernen Kapital, wie oben beschrieben, die erforderliche Beständigkeit, und zweitens zeigt die Erfahrung, dass von den Segnungen des väterlichen Reichtums nicht viel übrig bleibt, sobald ein Vater die Mutter und die mit ihr gezeugten Kinder verlässt.

** Zwar stimmt es, dass die Einführung neuer Schriftsysteme (und das transzendente Prinzip, das die Schrift verkörpert) in der Geschichte oft zur Folge hatte, dass Priester und Herrscher die-

danke einer neuen Religion des ›Dataismus‹ auf einen denkbaren Mechanismus, bei dem die neueste menschengeschaffene Kulturtechnik – auch hier ein Schriftsystem – sich nun auch der letzten Bastion der ›Natur‹, nämlich des Kulturträgers Mensch, bemächtigt. Allerdings bietet genau dies einen potentiellen Ansatzpunkt für Veränderungen: Da der ›Kulturträger‹ bis vor kurzem mit Männlichkeit gleichgesetzt wurde, könnte die derzeit stattfindende Hinterfragung der Geschlechterrollen auch die Dominanz der Kultur obsolet erscheinen lassen.

In einem sind sich alle Wissenschaften – von der Primatenforschung bis zur Meteorologie – einig: Die Menschheit steht vor einer entscheidenden Wende, und diese erfordert Handeln. Wie nur, so lautet die Frage, motiviert man die Menschheit dazu? Gewiss, Gesetze können einiges bewirken. Erforderlich ist jedoch ein Mentalitätswandel, der in jedem Einzelnen seinen Niederschlag findet. Bedenkt man, dass der Trimphzug der menschlichen Kultur über die Natur, der heute im Anthropozän seine Kulmination findet, in der Geschichte der Geschlechterrollen seinen ersten symbolischen Ausdruck und realitätsmächtigsten Niederschlag fand, so wird auch evident, dass die Geschlechterrollen eine wichtige, wenn nicht die einflussreichste Schaltstelle für einen Mentalitätswandel bieten. Deren Ergebnis müsste die Erkenntnis sein, dass es dem Menschen wenig nützt, sich mit seiner Kultur an die Spitze der Nahrungskette emporgearbeitet zu haben, wenn dabei sowohl die Nahrung als auch der Mensch auf der Strecke bleiben.

Anders ausgedrückt: Es bedarf der Erkenntnis der eigenen Unvollständigkeit; nur sie kann beim Menschen den anstehenden Mentalitätswandel bewirken. Wenn es aber ein Gebiet gibt, auf dem sich das exzellent einüben lässt, symbolisch wie real, so sind es die Geschlechterrollen. Mit ihnen begann die Dominanz der Kultur, deshalb können sie heute auch dazu beitragen, die Kultur in ihre Schranken zu weisen. Die Gleichstellung der Geschlechter hat nicht nur etwas mit gleicher Bezahlung und gerecht verteilter Hausarbeit zu tun – sie wirkt sich auch auf die Erfahrung menschlicher Unvollständigkeit aus. Da sie zugleich jeden Körper und jede einzelne Psyche betrifft (die aktuellen Debatten um Gender zeigen es), ist sie das sicherste Vehikel eines Mentalitäts-

---

ses Instrument dazu verwendeten, andere soziale Schichten zu dominieren. Im Allgemeinen eigneten sich die Dominierten jedoch ihrerseits die Schriftfähigkeit an und entmachteten dann die Herrscher. Für diese soziale Mobilität sind die Alphabete das beste Beispiel. Die digitalen Systeme stehen in derselben Tradition.

wandels. Freud hatte den »Sieg der Geistigkeit über die Sinnlichkeit« als eine »Wendung von der Mutter zum Vater« beschrieben. Es kann heute nicht darum gehen, diese »Wendung« in umgekehrter Richtung zu vollziehen. Vielmehr steht ein Novum zur Debatte: eine ›trans-parente‹ Elternschaft, bei der die Rollen von Vater und Mutter ebenso austauschbar werden wie dies in der Sexualität schon der Fall ist.

Bleibt eine Frage: Die Geschichte der Blutsverwandtschaft, die ich in diesem Buch nachzuzeichnen versuchte, mündete in veränderte sexuelle wie elterliche Geschlechterrollen ein. Welche Konsequenzen hat dieser Wandel für das Konzept der Blutsverwandtschaft? Zu dieser Frage möchte ich im folgenden Résumé einige Überlegungen formulieren.

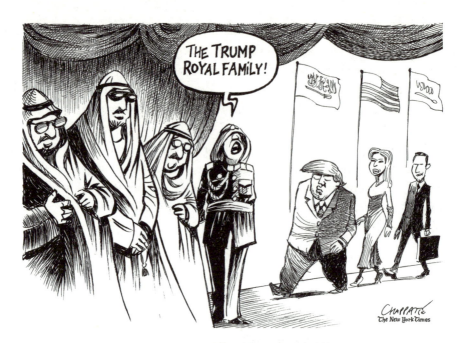

Nicht durch Zufall macht die Öffentlichkeit sowohl bei Donald Trump als auch bei Wladimir Putin eine neue Gestalt des Feudalismus aus. Nach dem Niedergang des Eisernen Vorhangs entstanden im Osten wie im Westen politische Eliten, die ihren Reichtum und ihre Macht in den Genen und einer unüberwindlichen ›Natur‹ verorten. Blutsbande mutierten zu »alternativen Fakten«.

RÉSUMÉ:
Das Ende der Blutsbande?

Zugegeben, es ist gewagt, bei historischen Prozessen von einem ›Ende‹ zu sprechen – so sehr hat uns die Geschichte gelehrt, dass es Wiedergänger gibt. Ich möchte dennoch behaupten, dass wir in der zweiten Hälfte des 20. Jahrhunderts gleich zweimal zum Abschluss einer Entwicklung gelangt sind: erstens dem Ende der Idee der Blutslinie, die im NS-Gedankengut zuletzt auch ihr hohes zerstörerisches Potential offenbarte. Zweitens scheinen wir das Ende von Patrilinearität und Matrilinearität zu erleben. Beide Blutslinien werden heute in Frage gestellt: In den Gesellschaften der christlichen Kultur hat die Vaterlinie ihren Alleingeltungsanspruch verloren – und dies auf mehreren Ebenen: dem Namensrecht (von dessen Bedeutung für die Vaterlinie im 4. Kapitel die Rede war), dem Erbschaftsrecht und dem ›Stammbaum‹ mit seiner väterlichen Blutslinie. Ebenso zweifeln auch die liberalen und reformierten jüdischen Gemeinden der Diaspora den Sinn der alleinigen Mutterlinie an (in Israel sieht es anders aus). Auch wenn sich die konservativen Kritiker solcher Veränderungen lautstark zu Worte melden, so ist doch absehbar, dass diese langen Traditionen entweder eingeschränkt oder ganz verschwinden werden.

Betrachtet man die strukturellen Unterschiede der beiden Modelle – die Patrilinearität basierte auf der unsicheren Vaterschaft, die Matrilinearität dagegen auf der Beweisbarkeit der Mutterschaft –, so erstaunt zunächst die Gleichzeitigkeit des Niedergangs. Im Licht der parallelen Entstehungsgeschichte der beiden genealogischen Entwürfe erscheint die synchrone Veränderung allerdings weniger überraschend, ja naheliegend. Beide Konzepte entwickelten sich in den ersten Jahrhunderten des rabbinischen Judentums und der christlichen Religion in enger Korrelation zu einander, womit auch ihr gleichzeitiges Verschwinden zumindest denkbar wird.

Fragt man allerdings nach dem aktuellen Grund für den doppelten Umbruch, so tritt wiederum der Unterschied zwischen den beiden Blutslinien deutlich hervor. Die Erkenntnisse über die Zeugungsvorgänge, aus denen die modernen

Reproduktionstechniken erwuchsen, waren für die Patrilinearität einschneidender als für die Mutterlinie. Mit der Möglichkeit, den Nachweis für die biologische Vaterschaft zu erbringen, verlor das Konzept der geistigen Vaterschaft seine wichtigste Grundlage. Indem der Begriff Vater eine zunehmend leibliche Bedeutung annahm, reduzierte sich der Samen, den Aristoteles noch so gern ›geistig‹ wollte, auf seine materiellen Komponenten – und soweit es diesem Vater heute nicht gelingt, seine Rolle um die soziale Vaterschaft zu erweitern, verliert er viel von seiner Bedeutung in der genealogischen Kette. Für die jüdische Gemeinschaft dagegen war die Vaterrolle schon immer vorwiegend sozialer Art; insofern ändert sich hier weniger. Allerdings brachten die Reproduktionstechniken auch für das Judentum Umwälzungen, wie deren intensive Nutzung in Israel belegt. Für die Mutterschaft bedeuten die Erkenntnisse der Zeugungsvorgänge einerseits eine Bereicherung: Mutter ist heute nicht nur eine soziale Funktion, sie hatte auch ihren Platz im biologischen Stammbaum. Andererseits führte die Multiplikation mütterlicher Wesen (Eispenderin, Leihmutter etc.) auch zur Diffusion der Mutterrolle.

In der Auseinandersetzung über die Blutsbande nimmt die Genetik eine widersprüchliche Rolle ein. Einerseits bietet sie den beiden ›Blutslinien‹ die Möglichkeit einer nachweisbaren und planbaren Kontinuität. Der Patrilinearität, die bis vor kurzem noch auf die Zuverlässigkeit der Schrift bauen musste, bietet sie eine ›echte‹, leibliche Genealogie, eine unwiderlegbare Blutslinie. Die Genetik verfestigte das Bild dieser Blutslinie – nun aber nicht auf der Basis einer ›Vermutung‹ (wie bei der Vaterschaftsvermutung), sondern auf der Grundlage nachweisbarer Erbketten. Andererseits trug die Genetik, zusammen mit der Reproduktionsmedizin, aber auch zu den Umwälzungen bei, die sich aktuell auf dem Gebiet von Sexualität und Geschlechterrollen, Vaterschaft und Mutterschaft, Patrilinearität und Matrilinearität vollziehen.

Für die jüdische Matrilinearität hat sich ebenfalls einiges geändert: War der jüdischen Gemeinschaft mit dem Beginn der Diaspora das Prinzip der Extraterritorialität eingeschrieben und mit dieser auch die Matrilinearität als Territoriumsersatz, so hat sich daneben, mit der Gründung des Staates Israel, ein auf festem Boden basierendes Identitätsprinzip etabliert. Es verschaffte der Diaspora neue Freiräume – darunter den Verzicht auf die reine Blutslinie. Obgleich also die beiden Prozesse – die Auflösung von Patrilinearität und von Matrilinearität – unterschiedlichen Faktoren geschuldet sind, vollzogen sie sich zu gleicher Zeit. Das spricht wiederum für die Interdependenz der beiden Entwicklungen.

Es erscheint wie ein Widerspruch, wenn Jeshajahu Leibowitz sich einerseits fragt, »ob das jüdische Volk vom halachischen Standpunkt aus überhaupt noch existiert«, andererseits aber auch von der großen »Vitalität« des Judentums spricht: »Das jüdische Volk ist eine der stärksten und beständigsten Erscheinungen der gesamten Menschheitsgeschichte.«[1] Ist dies wirklich ein Widerspruch? Beruht nicht die Vitalität des Judentums auf geistigen Faktoren ebenso wie auf dem Sittengesetz? Das portative Vaterland der Heiligen Schrift ist dafür der evidenteste Beweis. Hinzu kommen die vielen säkularen, kulturellen Träger jüdischer Traditionen, die heute diesem geistigen Vaterland eine neue Gestalt verleihen. Ähnliches gilt für die Erbschaft des Hellenismus: Das antike Griechenland ging unter als Weltmacht. Aber hat nicht auch dieser Geist eine Vitalität entwickelt, unter deren Vorzeichen wir bis heute leben? Die Erbschaft Griechenlands hat die menschlichen Körper nicht minder geprägt und Gemeinschaften geschaffen als das rabbinische Regelwerk. Das griechische Wort ›Diaspora‹, daran sei erinnert, bedeutet ›Streuung des Samens‹ – und diese diasporische Fruchtbarkeit von Judentum *und* Hellenismus agiert bis heute. Gemeinsam ist beiden Kulturen allerdings auch, dass der weibliche Körper im Prozess dieser ›Samenstreuung‹ entmündigt und vielen Zwängen unterworfen wurde. Eben das scheint sich heute in beiden Traditionssträngen zu ändern – und zwar gleichzeitig. Es ist fast, als erübrige sich eine Rollenzuweisung, die über Jahrhunderte eine Funktion zu erfüllen hatte, aber heute genauso obsolet geworden ist wie die Gleichsetzung von Männlichkeit mit Geist.

Was bedeutet dies für die Idee der Blutsverwandtschaft? Wie ich an verschiedenen Entwicklungen darzustellen versuchte, waren patrilineare und matrilineare Blutslinien zunächst eine Erfindung der Religionen, also geistigen Ursprungs, bis sie zur ›gefühlten Realität‹ wurden und den Status von Natur und Normalität erhielten. Als die Erkenntnisse der Naturwissenschaften die Grundfesten dieses Naturverständnisses erschütterten, büßten die Blutslinien ihre zentrale Bedeutung ein. Zu diesem Zeitpunkt setzte sich ein anderes Verständnis von Verwandtschaft durch, das die Möglichkeiten geistiger oder kultureller, sozialer Bindungen stärker in den Vordergrund rückte. Das Umdenken bedeutete keineswegs Rückkehr zum Konzept des geistigen Vaters (dessen ephemere Qualitäten die Blutslinie verdecken half), sondern die Anerkennung der Tatsache, dass der Körper – nicht nur der geschlechtliche, sondern die Leiblichkeit überhaupt – durch kulturelle und soziale Faktoren geformt wird.

Bei diesem Prozess näherte sich unser Konzept von Verwandtschaft den sozialen Modellen indiger Gesellschaften an, wie sie im 1. Kapitel beschrieben wurden – nur geschah dies auf der Basis eines modernen hochtechnologisierten Netzwerks. Phänomene wie *Facebook Communities* sind nur ein Beispiel für horizontale, von Blut und genetischer Kette unabhängige Formen von ›Verwandtschaft‹. Deleuze und Guattari haben diese Beziehungsgeflechte das ›Rhizom-Modell‹* genannt: Sie meinten damit ein dezentralisiertes und horizontales Netzwerk von Fäden, das viele unterschiedliche Punkte miteinander verbindet.² Die Metapher ist noch immer der Biologie entlehnt. Faktisch geht es aber um ein *kulturelles* Netzwerk, das mit der Biologie wenig zu tun hat und seine Abhängigkeit von modernen Schriftsystemen und dem Internet kaum verleugnen kann: Dieses kulturelle Verständnis von Verwandtschaft entwickelte sich, wie das digitale Netzwerk, in zeitlicher Parallele zur Genetik. Im 6. Kapitel war vom ›Cyber-Juden‹ die Rede. Ähnliches gilt heute für alle extraterritorialen Gemeinschaften, ob sie sich nun sozial, religiös, sprachlich oder durch andere kulturelle Faktoren verbunden sehen.

Die vielfältigen Verschiebungen von ›Vater‹ und ›Mutter‹ bildeten wiederum die Grundlage für eine weitere große Umwälzung, die sich im 20. Jahrhundert vollzog und beide Religionen, Judentum wie Christentum, gleichermaßen betrifft: die allmähliche Angleichung der Geschlechterrollen und damit einhergehend die Akzeptanz von Homosexualität und flexiblen Geschlechtsidentitäten. Eine solche Neuordnung ist für eine Zeitspanne von nur rund 150 Jahren rasend schnell vonstattengegangen, und die Geschwindigkeit, mit der sie sich vollzog, mag, neben allen anderen Faktoren, auch einer der Gründe für die schier unfassliche Gewalt gewesen sein, die das schreckliche 20. Jahrhundert gesehen hat: Fragen von Sexualität und Geschlechterordnung bilden einen zentralen Bestandteil dieser Gewalt. Dass sich die Willkür besonders gegen den Körper des ›Juden‹ richtete, hing, das zeigen viele antisemitische Texte, auch damit zusammen, dass dieser der Kategorie des Mobilen, Unsteten, Wandelbaren zugerechnet wurde. Die Gefahr, die Transgender oder Intersexualität heute für die Idee der natürlichen Zweigeschlechtlichkeit repräsentierten, verkörperte der transnationale Jude für die Idee der homogenen Nationalgemeinschaft. Als einige Länder (vor allem Deutschland) ihre kulturelle Homogenität durch das Konzept einer nationalen Blutsverwandtschaft zu intensivieren suchten, entstand das Gegenbild der ›jüdischen Rasse‹. In der Idee der ›Blutschande‹ fielen

---

* Rhizom, ein Begriff aus der Biologie: Wurzelspross, der sich unter der Erdoberfläche vertikal ausbreitet.

Rassismus und Geschlechterordnung in eins. Auch heute stehen wir wieder vor Konzepten nationaler Homogenität, und sie gehen durchweg mit dem Ruf nach einer ›natürlichen‹ Geschlechterordnung einher.[3]

In den modernen Gesellschaften ist viel von freier Wahl die Rede: Da gibt es die *families by choice* (Wahlfamilien) homosexueller Beziehungen, *Jews by choice* (›Wahljuden‹), und es gibt die gewählte geschlechtliche Identität – und natürlich das Urmodell dieser ganzen Wahlfreiheiten: die freie Liebeswahl und die Wahlverwandtschaft. Bis vor gar nicht langer Zeit war die Wahl der Religionszugehörigkeit – und noch mehr die Entscheidung, sich *keiner* Religion anzuschließen – unvorstellbar. Heute soll sich das Individuum zwischen einer Fülle von Möglichkeiten entscheiden – dies aber via *rational choice*, der vermutlich unberechenbarsten aller Wahlfreiheiten.

Die letzten zweihundert Jahre erscheinen wie ein einziger Triumphzug des Prinzips ›freie Wahl‹, das parallel zur freien Marktwirtschaft in das Denken der modernen Gesellschaften einzog. Eben diese Parallele sollte nachdenklich stimmen. Die freie Marktwirtschaft lebt von der Wahlfreiheit des Verbrauchers. Lange steckte in dieser Ökonomie der Moderne das große Versprechen der sozialen Mobilität. Die USA boten über zweihundert Jahre *das* paradigmatische Terrain der Aufstiegsmöglichkeiten. Doch dieses Versprechen hat, wie im 6. Kapitel beschrieben, inzwischen seine Glaubwürdigkeit eingebüßt – in den USA wie anderswo. Damit erhält die Frage der fließenden geschlechtlichen Identitäten eine politische Dimension, die über Sex und Gender hinausgeht und zugleich erklärt, warum diese ins Zentrum der politischen Auseinandersetzungen geraten sind. Das Blut, die Blutsverwandtschaft sind in diesem Kontext von erheblicher Bedeutung.

Die Hinwendung zu rechtsextremen Parteien, die allesamt (auf unterschiedliche Weise) die radikale Entsorgung des aktuellen ›Systems‹ und seiner ›Eliten‹ in Aussicht stellen, hängt mit der Stagnation der sozialen Mobilität zusammen.*

---

* Wie diese Stagnation zustandekommt, beschrieb die *New York Times International* im Herbst 2017. Der Artikel, der auf der ersten Seite erschien, beschreibt die Karrieren von zwei Frauen, die beide als Putzfrauen begannen: die eine hatte Mitte der 1980er Jahre bei dem Konzern Eastman Kodak begonnen, konnte sich – mit Unterstützung der Firma, die bezahlten Urlaub und Fortbildung anbot – IT-Kompetenzen aneignen und ist heute *chief information officer* bei Mercer, einer großen Beratungsfirma. Die andere Frau dagegen putzt bei der Firma Apple, die – wie viele andere Firmen – Reinigungs- und andere Tätigkeiten an Subunternehmen ausverlagert hat. Diese zahlen weder Urlaub noch bieten sie Aufstiegsmöglichkeiten. Die Frau verdient heute – inflationsbereinigt – denselben Stundenlohn wie die Kodak-Angestellte vor 35 Jahren. Dieselbe Entwicklung, so die New York

Sie ist die moderne Gestalt der Armut. Der Ökonom und Politikwissenschaftler Philipp Lepenies schlägt eine Neudefinition vor: Armut sei weniger am Besitz als an den *Chancen* auf Bildung, Arbeit, Gesundheit zu messen.[4] Es ist nicht so, dass niemand die Stagnation wahrnimmt – im Gegenteil, die Rufe nach radikalen Maßnahmen dagegen werden immer deutlicher artikuliert. Ohne Erfolg. Es ist fast, als warte man darauf, dass eine Revolution die Dinge in die Hand nimmt, und, wie es scheint, *ist* der Drang nach rechts diese Revolution. Dem Verdruss ist es egal, ob er links oder rechts verortet wird.*

Bei den *Wortführern* dieser ›Revolution‹ (mögen sie Donald Trump, Gert Wilders, Front National oder AfD heißen) steht die soziale Mobilität freilich nicht im Vordergrund. Vielmehr werden all jene Faktoren, die Mobilität repräsentieren, diffamiert: Gender, Geflüchtete, Migration und in vielen Fällen erneut die Gestalt des Juden. Die Hasslotsen lenken den Zorn auf andere ›flexible Identitäten‹ und hoffen, dass die soziale Mobilität damit aus dem Blickfeld gerät. Dabei scheuen sie nicht davor zurück, die verschiedenen flexiblen Identitäten gegeneinander auszuspielen: So etwa wenn die Rechte geflüchteten Ausländern Homophobie und sexuelle Belästigung gegenüber den ›emanzipierten‹ Frauen des Westens vorwirft. »Bisher«, so Ruth Wodak, Herausgeberin des Bandes *The Politics of Fear. What Rightwing Populist Discourses Mean*, »haben sie sich nie gegen sexuelle Belästigung ausgesprochen«.[5] Auch die ›Kölner Silvesternacht‹, die für viele Populisten zum Anlass wurde, muslimische Männer und den Islam generell zu diffamieren, zeitigte ähnliche Reaktionen.[6] Vergleichbares gilt für die USA, wo Abstiegsängste weißer Männer der Unterschicht umgeleitet werden auf Hispanics, Afroamerikaner und Frauen auf dem Weg nach oben – und das geschieht mit Erfolg, wie Arlie Hochschild gezeigt hat.[7]

Für sich selbst reklamieren die kapitalträchtigen Eliten die ›Gewinnergene‹ (*winning genes*) – ein Status, der das erworbene Kapital in der Physiologie ver-

---

Times, betrifft inzwischen nicht nur unqualifizierte Arbeitskräfte, sondern auch Facharbeiter und *white-collar professionals*. (New York Times International 15. 9. 2017.)

* Frankreich ist dafür ein gutes Beispiel: Das Wahlergebnis vom Frühjahr 2017 zeigt, dass ein Gutteil der Wähler, die einst die KPF wählten, nun dem Front National ihre Stimme geben. Gewiss, die Motivation bei der Stimmabgabe ist nicht dieselbe, wie der Soziologe und Philosoph Didier Eribon im Rückblick auf das Arbeitermilieu, aus dem er kam, an der eigenen Familie beschreibt: Während die Wähler der Kommunisten einer verbindenden politischen Idee ihre Stimme gaben, blieben die Wähler des Front National »die Einzelnen, wer sie waren«. Der Parteidiskurs des FN sei kaum mehr als »die eingefangene und geformte (und das heißt hier: in ein kohärentes politisches Programm gepresste) Summe ihrer spontanen Vorurteile«. (Eribon, S. 128 f.)

ortet. Sie instrumentalisieren den Diskurs der Genetik und ihr wissenschaftliches Gewicht, um den Gedanken einer sozialen Determiniertheit von Wohlstand im öffentlichen Bewusstsein zu verankern. Damit sagen sie auch, dass die Unterschiede zwischen arm und reich, zwischen Elite und Dienstleistern unverhandelbar sind, denn sie sind dem Einzelnen körperlich eingeschrieben.*
Das ist der eigentliche Grund für die Dämonisierung aller Kategorien, die von den Möglichkeiten einer Veränderung erzählen, darunter Migration und Gender. Transformierbare Geschlechtszugehörigkeiten werden, wie beim transnationalen Juden, wie beim Migranten, wie beim Geflüchteten zu Gefahrenherden erklärt.

Einige populistische Bewegungen verbinden alle Arten von Mobilität miteinander: Den konservativen Akademikern bieten sie das Feindbild Gender, den Nicht-Akademikern das Feindbild Migranten, und allen zusammen bieten sie Schutz vor dem drohenden sozialen Abstieg, indem sie versprechen, Wall Street und die großen Banken »hinwegzufegen«. So auch Donald Trump während des Wahlkampfs. Nachdem er zum Präsidenten ernannt worden war, machte er Steven Mnuchin, früher tätig bei der Investment Bank Goldman Sachs, zum Finanzminister. Er berief mehrere Milliardäre in sein Kabinett, darunter als Bildungsministerin die deklarierte Befürworterin eines privaten Bildungssystems, Betsy de Vos. Als Trump bei einem öffentlichen Auftritt gefragt wurde, warum er einem Reichen das Wirtschaftsressort anvertraut habe, antwortete er: »Weil das die Art von Denken ist, das wir brauchen.« Und er fügte einen Satz hinzu, der an das Klischee erinnert, das unter Wohlhabenden oft zu hören ist: »Arme Leute verstehen nichts von Ökonomie; sie können nicht mit Geld umgehen.« Bei Trump heißt es: »Ich liebe alle Menschen – ob reich oder arm –, aber in diesen besonderen Positionen will ich einfach keine armen Leute.«[8] Auch dieses Klischee impliziert, dass Reichtum einer gewissen ›natürlichen Anlage‹ entspricht.

Das Beispiel Donald Trump, der in enger Zusammenarbeit mit seiner Familie regiert – Karikaturen sprechen schon von der ›Trump Royal Family‹[9] –, zeigt besonders deutlich, wie aus den alten Privilegien des ›blauen Blutes‹ inzwischen

---

* Dass Intelligenz und Begabung mit genetischen Dispositionen einhergehen, soll hier nicht bestritten werden. Die Frage ist nur, wieweit diese genetischen Linien auch mit den Namens- und Erbschaftslinien übereinstimmen. Denn heute zeigt sich immer deutlicher, dass die genetische Zusammensetzung eines Menschen nicht so vorhersehbar ist, wie man mal dachte. Im Gegenteil, die *Flexibilität* des Genoms wird immer offenbarer. Das zeigte u. a. das *Book of Icelanders*.

ein genetischer Diskurs geworden ist. Ähnlich die Wahrnehmung von Wladimir Putin, bei dem sich ebenfalls politische Macht mit dem Status des Oligarchen verbindet: In einer Cover Story über den russischen Präsidenten zeigte *The Economist* sein Portrait auf der Titelseite und dazu die Unterschrift ›A tsar is born‹. Auch hier der Hinweis auf die alte Feudalgesellschaft. Und so wie die Blutsmetaphern des Feudalismus die Barrieren zwischen den Klassen unüberwindbar machten, so ist auch heute die soziale Mobilität ein Anathema. »I love the uneducated«, wiederholte Trump immer wieder während des Wahlkampfs. Natürlich liebt er die Ungebildeten, denn Bildung gehört zu den wichtigsten Faktoren der sozialen Mobilität, die er verhindern will.

Ähnliches gilt für die Gesundheitsreform, die ebenfalls zum sozialen Ausgleich beiträgt und die er und ein Gutteil seiner Partei abzuschaffen versuchen. Bei der Gesundheit wird die Irreführung der benachteiligten Schichten besonders deutlich: Eine im Jahr 2017 von der Amerikanischen Akademie der Wissenschaften veröffentlichte Studie belegt eine sinkende Lebenserwartung von *weißen* Männern ohne akademische Ausbildung. Obgleich ähnlich schlecht ausgebildete Afroamerikaner und Hispanics ein durchschnittlich niedrigeres Einkommen als diese soziale Gruppe haben, treffen die Ergebnisse auf sie nicht zu. Im Gegenteil: Die Lebenserwartung der Afroamerikaner, auch der ungebildeten, steigt – langsam aber stetig. Die wachsende Mortalität unter den weißen Männern mittleren Alters ist durch steigende Suizide, Drogenkonsum und Leberzirrhose bedingt. Die Autoren der Studie sprechen von »Verzweiflungstoten«, bei denen es zu einer Akkumulation von Benachteiligungen gekommen sei: Verlust sicherer Arbeitsplätze, Niedergang der Institution Ehe, Aufhebung sozialer Geborgenheit: »Diese Amerikaner haben die Hoffnung verloren.«[10] Eben diese soziale Gruppe trug Donald Trump an die Macht: Zwei Drittel der weißen Wähler ohne Bildungsabschluss hatten für ihn gestimmt; für sie verkörperte er die Hoffnung.[11] In Realität spülten ihre Hoffnungen einen Mann und eine neue ›Elite‹ an die Macht, die an allem interessiert ist, *außer* am sozialen Aufstieg dieser Wähler. Heute ist neben die alten sozialen Klassen ein neues *emotionales* Klassensystem getreten: Wer sich ›unten‹ befindet, ist nicht nur ökonomischer, sondern auch psychischer ›Verlierer‹ – eine Entwicklung, die J. D. Vance großartig in seinem autobiographischen Buch *Hillbilly-Elegie* beschrieben hat.

Der Betrug populistischer Wahlversprechen besteht darin, dass einer Gesellschaft, die an eingeschränkten Zukunftshoffnungen leidet, als Heilung ein

Modell angeboten wird, das das *Prinzip* Mobilität in Frage stellt. Dabei mutieren alle Kategorien, die von flexibler Identitätspolitik erzählen (wie Gender, Migranten, auch afroamerikanische soziale Aufsteiger), zu Hassfiguren.*
Nicht die immer wohlhabender werdenden ›Eliten‹ werden angegriffen, sondern die Wut wird auf das »links-rot-grüne versiffte 68er Deutschland« gelenkt, wie Jörg Meuthen auf dem AfD-Parteitag im April 2016 die Bundesrepublik bezeichnete. Folgerichtig ertönt der Ruf nach festen und ›natürlichen‹ Verhältnissen. Der Kampf gegen die kulturelle Wandelbarkeit des Körpers verschleiert, dass es eigentlich um die *Verhinderung* sozialer und ökonomischer Mobilität geht. Auf diese Weise werden auch die emotionalen Klassenunterschiede einbetoniert

Eigentlich sollten alle Alarmglocken schrillen, wenn die soziale Mobilität versagt. Nicht nur weil sich aufgestaute Wut irgendwann entladen könnte – und die Gewalt der Entladung wächst notwendigerweise mit der Stagnation. Sondern auch aus einem anderen Grund: Diversität und soziale Mobilität sind die deutlichsten Indikatoren einer funktionierenden Ökonomie. Sie garantieren deren Erneuerungsfähigkeit. Eine OECD-Studie hat dies kürzlich nachdrücklich bewiesen.[12] Dagegen stagniert die Wirtschaft in homogenen – und erst recht in autoritär regierten – Gesellschaften.[13] Eine gewisse Zeitlang kann man über den Entzug demokratischer Rechte wie Presse- und Redefreiheit und über den Mangel an sozialer Mobilität hinwegtäuschen – mit Ablenkungsmanövern, die das Prinzip Mobilität überhaupt in Frage stellen. Aber das kann nicht lange gut gehen. Wer die soziale Mobilität verhindert, verursacht zwingend einen Wirtschaftsrückgang, und an diesem werden die Finanzeliten nicht minder zu leiden haben als die Bevölkerungsgruppen, die sie am Aufstieg zu hindern versuchen. Seltsam, dass diese Basisregel der Ökonomie gerade unter den Wirtschaftseliten so wenig Berücksichtigung findet.

Der genetische Diskurs ist nur die eine Seite des Wandels der Verwandtschaftssysteme. Darüber hinaus versperrte die lange Geschichte der Blutsverwandt-

---

* Es ist unbestreitbar, dass bei der Wählerschaft populistischer Bewegungen auch die Angst vor sozialer Mobilität verhandelt wird: der eigenen Mobilität ›nach unten‹ wie der Angst vor dem Aufstieg ›anderer‹ Gruppen, vor allem von Migranten, Frauen und Afroamerikanern. Diese Angst spielt den Wortführern des Populismus in die Hände, ist aber nur ein Aspekt des Betrugs an den Wählern rechter Bewegungen. Auch erklärt sie nicht, warum Gender und flexible Geschlechtsidentitäten im Populismus eine so prominente Rolle spielen.

schaft den Blick auf bestehende soziale Verwandtschaftsverhältnisse. Sie wurden und werden gelebt, aber selten dokumentiert, weshalb sie meist übersehen wurden. Das neue Wissen über die Zeugung änderte das: Es weckte nicht nur eine Sensibilität für die Rolle der Frauen in den genealogischen Linien, sondern schuf auch ein Bewusstsein dafür, dass es immer schon soziale Verwandtschaftsbeziehungen gab und diese erheblich dazu beitrugen, Familien und Genealogien zusammenzuhalten. Die anthropologische und soziologische Erforschung des Westens entwickelte sich nicht durch Zufall in zeitlicher Parallele zur ›Medikalisierung der Verwandtschaft‹ in der Reproduktionsmedizin: Sie war die Kehrseite ein und desselben Prozesses. Deshalb haben sich Anthropologinnen wie Marilyn Strathern, Sarah Franklin, Mary Weismantel, Janet Carsten und viele andere beiden Gebieten zugewandt: sowohl den sozialen Verwandtschaftsdefinitionen anderer Kulturen als auch den vom genetischen Diskurs bestimmten Industriegesellschaften. In der Ethnologie wie in der Geschichtsforschung kamen immer mehr Zweifel an der »fundamentalen Dichotomie zwischen dem Westen und ›dem Rest‹« auf.[14]

Es erscheint widersprüchlich, dass ausgerechnet Genetik und Reproduktionsmedizin, die ein biologisch verifizierbares Verwandtschaftsmodell liefern, zur Erneuerung des anthropologischen Blicks auf *soziale* Verwandtschaftsverhältnisse beitragen: »Je mehr die Technik der Natur beispringt, desto schwieriger wird es, sich eine von der sozialen Intervention unabhängige Natur vorzustellen.«[15] Wenn aber die Wissenschaft für die Jetztzeit anerkennt, dass die Reproduktionstechnologien das Verständnis der Menschen »über die Fakten des Lebens« verändern, »dann ist es sehr wahrscheinlich, dass auch das Wissen der Menschen in der Vergangenheit von signifikanten Transformationen in Wissenschaft, Philosophie, Politik beeinflusst wurde«.[16] Insofern trägt die Genetik, die den Beweis für biologisch bedingte Verwandtschaftsverhältnisse erbrachte, auch zu den neuen Erkenntnissen der anthropologischen Forschung bei: Laut diesen beruht Verwandtschaft in den Industrieländern nicht auf einem »Regelwerk von unveränderbaren biogenetischen Fakten«, sondern muss, so Sarah Franklin, als ein System *kulturellen* Wissens verstanden werden, »bei dem sich biologische und soziale Praktiken immer wieder vermischen und zu hybriden oder pluralen Gebilden zusammensetzen«.[17]

Als erst einmal der Blick für diese Art von Struktur geschärft war, wurde auch klar, dass die modernen Liebesbeziehungen und unterschiedlichen Gestalten der Elternschaft viele Komponenten sozialer Verwandtschaft enthalten, so wie es David Schneider in seinem *American Kinship* zeigte. Dies gilt gleichermaßen für homosexuelle, heterosexuelle, bisexuelle und andere Formen der Beziehung. In jeder von ihnen ist der leiblichen Verwandtschaft – gleichgültig, ob sie natürlich oder reproduktionstechnisch zustandekam – kein langes Glück beschert, wenn sie nicht auch auf einem sozialen Beziehungsgeflecht basiert. Für Patchwork-Familien ist diese Erkenntnis schon lange gelebte Realität. Ein ganzseitiger Bericht des *Tagesspiegels* über eine Berliner Familie, die neben zwei leiblichen Kindern auch zwei adoptierte Kinder (aus Äthiopien und aus Haiti) sowie ein Pflegekind umfasst, endet mit der Reflexion: »Eine Familie ist nicht unbedingt, wer sich ähnlich sieht. Geht es um Gene, oder geht es nicht viel mehr um Beziehungen? Eine Familie kann genauso sein, wer für zwei Kinder Alben mit Babyfotos angelegt hat, für zwei andere Adoptivbroschüren aufhebt und mit dem fünften Kind regelmäßig dessen leibliche Eltern trifft.«[18] Einen solchen Satz hätte man vor zwanzig Jahren kaum in einem deutschen Blatt gelesen – und dass er heute gedruckt wird, hängt mit neuen Sichtweisen zusammen, für die wiederum die medikalisierte Fortpflanzung Raum geschaffen hat.

Die Pluralisierung der Verwandtschaftsdefinitionen bedeutet nicht Verlust von Bindungsfähigkeit, ebenso wenig wie die Blutsverwandtschaft diese garantieren kann. Dagegen hatte die Legalisierung der homosexuellen Ehe eine Stabilisierung der Beziehungen zur Folge: An die Stelle der flüchtigen und rasch wechselnden Liebesbeziehungen früherer homosexueller Lebensbedingungen – eine Erbschaft aus der Zeit der Klandestinität – treten zunehmend stabile Beziehungen, die nicht mehr und nicht weniger bleibend oder prekär sind als die von Heterosexuellen. Und siehe da: In derselben Zeit, in der die homosexuellen Beziehungen stabiler wurden, vollzog sich auch bei den heterosexuellen Partnerschaften ein ähnlicher Wandel. In Deutschland stagniert die Zahl der Scheidungen in den letzten zehn Jahren. Zuletzt sank sie sogar: Lag die Scheidungsrate im Jahr 2005 noch bei fast 52 Prozent, so erreichte sie im Jahr 2014 eine Rate von 43 Prozent.[19] Gewiss, hinter solchen Zahlen kann sich auch die Tatsache verbergen, dass viele Paare gar nicht erst heiraten. Aber auch unter diesen gibt es viele, die zusammenbleiben – mit oder ohne Trauschein. Es will etwas sagen, wenn Ehen heute im Durchschnitt drei Jahre länger halten als noch vor 20 Jahren – und dies trotz einerseits gestiegenem und andererseits sinkendem Lebensstandard*, beides Faktoren, die sonst zu den Scheidungsraten beitragen. Was sich vermutlich hinter dieser neuen Stabilität verbirgt, ist

---
* Traditionell weisen sowohl sehr hohe als auch sehr niedrige Einkommen instabile Ehen auf.

die zunehmende Autonomie von Frauen. Bisher wurde diese gern für die hohen Scheidungsraten verantwortlich gemacht. Rückblickend könnte es sich erweisen, dass die Autonomie ein stabilisierender Faktor ist: Wer über die Freiheit verfügt, sich unabhängig zu machen, kann darauf verzichten, diese Unabhängigkeit umzusetzen.

Von vielen Forschern wird heute gefordert, Verwandtschaft nicht mehr in Kategorien von linearer Abstammung, sondern in Form eines horizontalen Netzwerks zu denken. Ein solches Modell setzt neue Forschungsperspektiven voraus, und einige der Beispiele, die in den vorangegangen Kapiteln behandelt wurden, entsprachen durchaus dieser Sichtweise. So etwa die Forschungen von Giulia Calvi, die an den Akten der Vormundschaftsgerichte von Florenz zeigt, wie sich in der Rechtsprechung allmählich das Fürsorgerecht der Mütter durchsetzte. Die Forschungen von Elisabeth Joris belegen die wichtige Funktion der von Frauen geschriebenen Briefe, die im 19. Jahrhundert zwischen Familienmitgliedern zirkulierten. Das waren horizontale Netzwerke, die dazu beitrugen, dass die Emotion zum Faktor des Familienzusammenhalts wurde. Heute konstatiert Andreas Bernard in seinem Buch über die assistierte Reproduktion, dass bei vielen der von ihm untersuchten Familien nicht nur Familientreffen, sondern auch Tagebücher, Briefe, Stammbäume eine wichtige Rolle spielen. Er nennt sie »Vergewisserungsrelikte«.[20] Aber sie sind mehr: Sie sind Indiz einer neuen Hinwendung zu dem, worauf soziale Verwandtschaftsgeflechte immer schon beruht haben: Vertrauen zueinander und Verantwortung füreinander.

Auch im unmittelbaren Umfeld der assistierten Reproduktion, wo der Nachwuchs nicht dem Zufall der Sexualität überlassen bleibt, sondern durch berechenbare Techniken wie IVF oder ICSI erzeugt wird, entstehen soziale Beziehungsgeflechte. So etwa das Netzwerk *donorsiblingregistry*, das Spenderkinder auf der Suche nach ihren leiblichen Vätern oder Halbgeschwistern miteinander verbindet. Ähnliches gilt für lesbische Frauen, die den Samen für ihre Kinder von befreundeten homosexuellen Männern erhalten – ohne dass dabei Geld fließt. In diese Kategorie gehört auch die Frau, die für eine Freundin, deren Gebärmutter entfernt werden musste, ein Kind austrägt, das fünf Jahre zuvor, als Embryo, eingefroren worden war. »Keine Worte können ausdrücken, wie ich mich fühlte – mein eigenes perfektes kleines Mädchen, überreicht von meiner besten Freundin«, sagt die genetische Mutter über dieses Geschenk.

Jeanette Edwards und Marilyn Strathern, die dieses Beispiel zitieren, interessieren sich weniger für die Trennung als für die Gemeinsamkeiten und Überschneidungen von Biologischem und Sozialem. Dabei konstatieren sie, dass die Verwandtschaftsverbindungen, die durch Techniken der assistierten Reproduktion entstehen, oft von intensiven sozialen, emotionalen Beziehungen und Vertrauen überlagert werden. Diese können räumliche Nähe beinhalten, »so dass Familien als ›eng verbunden‹ gelten, weil sie nahe beieinander leben und die Mitglieder interagieren«. Nähe kann aber auch Bindungen entstehen lassen, die durch »gegenseitige Unterstützung und die Fähigkeit, sich dem anderen anzuvertrauen, von ihm abzuhängen und ihm Vertrauen entgegenzubringen« gekennzeichnet sind.[21] Es stimmt zwar, dass der Gabendiskurs in der kommerziell entlohnten Reproduktionsmedizin nur die Tatsache verschleiert, dass für Samen oder Eizellen bezahlt wird. Aber es gibt auch viele Beispiele für einen echten Gabentausch innerhalb der Reproduktionsmedizin. Hier bleibt das Prinzip der Reziprozität erhalten.

Die Reproduktionsmedizin weckt Vorstellungen von Planung und Prädetermination, die sie zumeist kaum erfüllen kann. Tatsächlich spielt der Zufall eine kaum geringere Rolle als bei der Sexualität. Man kann sich das schönste Spermium oder die bestgewachsene Eizelle aussuchen; was wirklich ›drin steckt‹, weiß man erst, wenn das Kind geboren ist. Auch ist die genetische Kette erheblich unberechenbarer, als in der Euphorie der ersten Entdeckungen angenommen wurde. 1989 hatte der Embryologe Martin Johnson noch gesagt: »Meine Entstehung als einzigartiges Individuum mit eigener Identität begann in den Eierstöcken und Hoden meiner Eltern, als sie selber noch Embryonen waren in der großmütterlichen Gebärmutter. Die damals stattfindenden Ereignisse waren ihrerseits durch einen ununterbrochenen Faden zurückgebunden an anzestrale Keimbahnen bis zur Entstehung der Menschheit.«[22] An dieser Vorstellung haben die Forschungen der Epigenetik einiges korrigiert – und deren Erkenntnisse stehen erst am Anfang. In Zukunft werden zweifellos noch viele Veränderbarkeiten der Prädisposition zutage treten, denn zunehmend erweist sich das Erbe als prozessual. Die unter dem Einfluss von Bakterien entstandenen genetischen Mutationen, die das *Book of Icelanders* zutage förderte, vermitteln davon eine erste Ahnung.

Die Biologie wäre heute gut beraten, ihre eigene Entstehungsgeschichte – das heißt, die äußeren Bedingungen, aus denen ihre Forschungsparadigmen hervorgingen und weiterhin hervorgehen – zu thematisieren: als inhärenten Teil des Fachs, nicht als abgespaltene Wissenschaftsgeschichte. Die Medizingeschichte ist mittlerweile untrennbarer (wenn auch oft nur geduldeter) Bestandteil der Medizin. Diesen Schritt hat die Biologie noch nicht getan. Dabei haben die Arbeiten von vielen Wissenschaftshistorikern und -historikerinnen schon längst gezeigt, wie sehr eine im angeblich neutralen Wissen der Natur verankerte Forschung von den politischen, ökonomischen und geistigen Diskursen ihrer Zeit bestimmt wird.[23] Das Zögern ist verständlich: Die Macht der Theologie wurde gebrochen, als man begann, nach den historischen Bedingungen ihrer Entstehung zu fragen. (Oder andersherum: Die Betrachtung wurde möglich, nachdem die Theologie ihre Macht eingebüßt hatte.) Ähnlich dürfte es der Biologie ergehen. Allerdings öffnet der Blick auf die eigene Entstehungsgeschichte oft überhaupt erst die Sicht auf bisher nicht gedachte Zusammenhänge. Die Theologie verlor durch die Selbstreflexion an normativer Macht – dafür wurde sie zu einem relevanten Zweig der Kulturgeschichte. Warum nicht auch die ›Lebenswissenschaften‹?

Durch welche Techniken stellen schriftlose Kulturen Sozialbeziehungen her? Durch Riten und Sprache. Fragt man nach den Parametern für soziale Beziehungsgeflechte innerhalb der modernen Industriegesellschaften, so stößt man auf andere Strukturen: An die Stelle der Riten treten etwa soziale Netzwerke. Für viele Menschen sind die digitalen Gemeinschaften des Internet wichtiger geworden als die Blutsverwandtschaft; sie wirken auf die Verhaltensmuster der Benutzer nicht minder mächtig als die Riten schriftloser Kulturen ein. Angesichts der Verflüssigungsmetaphorik des Internet – Informationsströme ergießen sich in ein ›Datenmeer‹, die Nutzer ›surfen‹ durch ein uferloses Gewässer, in dem der menschliche Körper zur *wetware* (nassen Ware) wird[24] – lässt sich das alte Sprichwort ›Blut ist dicker als Wasser‹ heute in sein Gegenteil verkehren: Das Verwandtschaftsgeflecht des Blutes wurde durch die Flüssigkeit des digitalen Netzes ersetzt.

Die Sprache spielt weiterhin eine wichtige Rolle, aber auch hier kam es zu einer Verschiebung, für die psychoanalytische Denkmuster symptomatisch sind. Die Psychoanalyse entstand nicht durch Zufall in zeitlicher Parallele zu den neuen Reproduktionstechniken. Sie war deren Gegenstück. Einerseits bildete sie einen Teil der neuen Sexualwissenschaften, die der Sexualität einen von der Reproduktion unabhängigen Trieb zugestanden. Andererseits erlaubte die Psychoanalyse, in Kategorien nicht-leiblicher Genealogien – unbewusst vererbter Informationen – zu denken. Im Gegensatz zu den vererbten Informationen der Gene werden diese auf nichtbiologische Weise weitergegeben: über die Sprache wie über das Verschweigen.

Auch in ihrer Methodik bietet die Psychoanalyse das Gegenstück: Genetik und Reproduktionsmedizin erheben Anspruch auf Berechenbarkeit, die Psyche funktioniert nach anderen Parametern. Für Freud kennt das Unbewusste weder die ›logischen Denkgesetze‹ noch den Widerspruch; die ›äußere Realität‹ wird durch die psychische ersetzt. »Die Vorgänge des Systems *Ubw* sind zeitlos, d. h. sie sind nicht zeitlich geordnet, werden durch die verlaufende Zeit nicht abgeändert, haben überhaupt keine Beziehung zur Zeit.« Während die Genetik den Umgang mit verifizierbaren Fakten anstrebt (Betonung auf anstrebt), nimmt das Unbewusste keine »Rücksicht auf die Realität«. Sein Wissen ist einzig »dem Lustprinzip unterworfen«.[25] Das ist natürlich nicht sehr wissenschaftlich – nicht durch Zufall ist die Psychoanalyse ein rotes Tuch für die Naturwissenschaften –, aber auch das Lustprinzip ist Realität. Vor allem schafft es Realitäten, darunter die, dass das »Ich nicht mehr Herr im eigenen Hause« ist.

Gerade weil die Psychoanalyse ein Gegenstück zur ›medikalisierten Reproduktion‹ ist, böte sie aber auch das Modell für die Weiterentwicklung sozialer Verwandtschaftsverhältnisse im westlichen Kulturraum. Das wird freilich dadurch verhindert, dass sie sich erstens am Individuum orientiert und zweitens am ›Familienroman‹ der Blutslinie festhält. Obwohl die Psychoanalyse eigentlich ein Gegenprogramm zur Genetik aufstellen könnte – soziale, kulturelle, sprachliche Verwandtschaft versus Blutsverwandtschaft –, beharrt sie auf dem ödipalen Dreieck von Vater-Mutter-Kind. Dabei bieten Samenbanken und anonyme Samenspender eine geradezu paradigmatische Umsetzung des ödipalen Narrativs: Der Ödipus-Komplex, den Freud ins Zentrum seines Lehrgebäudes stellte, erzählt davon, dass Ödipus seinen Vater erschlägt, weil er nicht weiß, dass er der Sohn von Laios ist. Und dass er mit Iokaste schläft, weil er nicht weiß, dass es sich um seine Mutter handelt. In eben dieser Situation befinden sich die Kinder anonymer Samenspender und Eizellenspenderinnen. Zwar sind Eizellspenderinnen seltener anonym als Samenspender, aber auch das kommt vor, vor allem bei der Embryonenadoption.

Das eigentliche Potential der Psychoanalyse liegt gerade nicht in den Parallelen zur Biogenetik – und einige der im vorigen Kapitel zitierten psychoanalytischen Theorien beinhalten ja auch die Abkehr vom traditionellen Familienschema. Die Psychoanalyse war eine großartige Erfindung – aber nicht weil sie das Familienschema des 19. Jahrhunderts replizierte, sondern weil sie forderte, das *Unbewusste* ernst zu nehmen. Wenn sie weiterhin von Relevanz sein will – und das war sie, als Freud sie erfand, und sie ist es immer in den Kontexten, wo sie sich als Medium der Kulturkritik versteht –, so wird ihr nichts anderes übrigbleiben, als sich des Potentials bewusst zu werden, das sie als Modell sozialer, sprachlicher, kultureller Verwandtschaftsdefinitionen bietet.

Gerade weil sie auf eine Geschichte zurückblicken kann, die so alt ist wie Zeugungsforschung und Biogenetik und gerade weil sie Elemente sowohl jüdischer als auch christlicher Kultur integriert hat (auf der einen Seite Interpretationsvielfalt, auf der anderen Seite Patrilinearität und sekundäre Oralität), bietet sie ein geeignetes Instrument, um die derzeitig sich vollziehenden sozialen Umwälzungen zu begleiten und zu verstehen. Ich vermerkte im 2. Kapitel, dass die Psychoanalyse weder einzelne Biographien noch historische Prozesse ungeschehen machen kann. Wohl aber kann sie diese in ein Narrativ betten, die ihnen Sinn verleiht. Wie es einst die Geschichten der Bibel taten. Mehr noch: Sie kann dazu beitragen, dass der Begriff ›Kultur‹ nicht nur Kulturtechniken, sondern auch die Reflexion umfasst, zu der kulturelle Arbeit befähigt. (Mit diesem Reflexionsangebot bewegt sie sich, wie ich nebenbei bemerken möchte, in der Nähe der Gender Studies.) Heute geht es um diese Art von sinnstiftender Erzählung – und die Psychoanalyse ist, wie Literatur, Film und Kunst, eine der möglichen Erzählformen.

Und was wird aus der Blutsverwandtschaft? Die Blutslinien haben des Klebstoffs soziale Verwandtschaft schon immer bedurft, um überhaupt zu funktionieren. Aber nun, da die Blutslinie die Ebene des Imaginären (des *pater semper incertus est)* verlassen und die Dimension des Realen angenommen hat, sind soziale Bindungen mehr als Klebstoff: Die moderne Gesellschaft wird auf sozialen Verwandtschaftsverhältnissen beruhen – oder sie wird nicht sein.

Ende

Anmerkungen

Die Zitate aus fremdsprachigen Texten wurden ins Deutsche übertragen. Für die Übersetzung der Quellen und zitierten Werke ist, soweit nicht anders vermerkt, die Autorin verantwortlich.

Einführung:
Der Untergang des Abendlandes?

1 Le Monde, 23. 5. 2013.
2 Spengler, (1922), München 1997, S. 961 f.
3 Lewitscharoff, S. 12 f.
4 Lewitscharoff, S. 9.
5 Vgl. v. Braun, 2009.
6 Vgl. v. Braun, 2016.
7 Vgl. Kirchhoff, 1897.
8 Sabean/Teuscher/Matthieu, 2007, S. 21.
9 Sabean 1990; ders. 1998.
10 Sabean, 2007a, S. 302.
11 Die Internetplattform *Center for Genetics and Society*, die die wissenschaftlichen Entwicklungen der Genetik und deren politische und soziale Auswirkungen beobachtet, hat eine Reihe von TV-Aufnahmen mit solchen Aussagen von Trump zusammengetragen: cgs@geneticsandsociety.org v. 17. 12. 2016. S. a. http://www.huffingtonpost.com/entry/donald-trump-eugenics_us_57ec4cc2e4b024a52d2cc7f9; s. a. https://www.youtube.com/watch?v=3YhOjAxOxGE.
12 Harald Martenstein, Schlecht, schlechter, Geschlecht, Die Zeit, Nr. 24, 8. 6. 2013.
13 Le Monde, 30. 8. 2011.
14 Le Monde, 12. 9. 2011
15 Der Tagesspiegel, 4. 10. 2016.
16 Kuby, S. 160.
17 Kuby, S. 19. Zur ganzen Debatte über Gender und Wissenschaft hat die Böll-Stiftung (Gunda Werner-Institut) 2012 eine Broschüre herausgegeben, in der einige polemische Texte wie der von Kuby analysiert werden: https://www.boell.de/sites/default/files/gender_wissenschaftlichkeit_ideologie_2.auflage.pdf.
18 Hark/Villa, 2015.
19 Hanns Monath, Der Hochmut der Vernünftigen. Offene Gesellschaften kann man auch zu Tode verteidigen. Wer in der Krise das Tempo des liberalen Kulturkampfes steigert, stärkt vor allem die Gegenkräfte, Der Tagesspiegel, 11. 12. 2016.
20 Schumpeter, S. 208.
21 Vgl. z. B. das Institut für Geschlechterforschung in der Medizin der Berliner Charité. www. https://gender.charite.de/.
22 Im Interview mit John Arlidge in der Sunday Times of London, zit. n. New York Times, 11. 11. 2009.
23 v. Braun, 2012.
24 Foucault, 1979, S. 176.
25 Hobbes, S. 194.
26 Vgl. v. Braun, 2001/2016, 5. Kapitel; dies., 2004, S. 159–178.
27 Mosse, 1987.

28 Frevert, 1991, 1995, 2013, 2017.
29 Herzog, 2005.
30 Bruns, 2008.
31 Julien d'Huy, Spektrum der Wissenschaft, Dezember 2015.
32 Kristeva, 2001, 2005, 2007.
33 Benjamin, 1990, 2002.
34 Nitzschmann/Döser/Schneider/Walker, 2017.
35 Vgl. v. Braun, 1985/2009.
36 Fausto-Sterling, 1985, 1988, 2012.

1. Kapitel: Verwandtschaft als Sprache

1 Sahlins, S. 9.
2 Rosaldo, S. 9.
3 Sahlins, S. 89.
4 Sahlins, S. 6.
5 Merlan/Rumsey/Waru, 1991, S. 43. Hervorhebung im Original.
6 Sahlins, S. 67.
7 Jolly, S. 59.
8 Sather, S. 130.
9 Carsten, S. 40.
10 Hutchinson, S. 58, 60, 61.
11 Vgl. v. Braun, 2012, 1. Kapitel.
12 Hutchinson, S. 61.
13 Bodenhorn, 2000.
14 Sahlins, S. 9.
15 Sahlins, S. 74 f.
16 Strathern, 1988, S. 294.
17 Sahlins, S. 8.
18 Taylor, S. 318, 320.
19 Sahlins, S. 88.
20 Taylor, S. 333 f.
21 Viveiros de Castro, S. 259.
22 Sahlins, S. IX.
23 Sahlins, S. 67.
24 Astuti, S. 219, 220, 226, 229.
25 Bettelheim, 1971.
26 Sahlins, S. 2 f.
27 Holmes, S. 71, 51, 57, 59.
28 Mary Bouquet, Reclaiming English Kinship: Portuguese Reflections of British Kinship Theory, Manchester 1993, zit n. Bouquet, S. 62.
29 Holmes, S. 65, 66, 63.
30 Goody/Watt 1986, 71 f.
31 Bamford, 2009a, S. 160–166.
32 Bamford, 2009a, S. 166 f.
33 Polanyi, 1990, S. 243.
34 Leach, S. 180, 184, 187, 188.
35 Bornemann, 1970.
36 Strathern, 1992, S. 126.
37 Coppet, S. 84.
38 Leach, S. 185.
39 Malinowski,, S. 166.
40 Malinowski, S. 134–137.
41 Leach, S. 186, 185.
42 Weismantel, S. 686.
43 Ruth Cardoso z. B. spricht von »kompensatorischer Verwandtschaft«, Cardoso, S. 196.
44 Vgl. Cardoso/Brady, 1976; Vern, 1970; Schildkraut, 1973.
45 Keesing, 1975, S. 12.
46 Malinowski, S. 137.
47 Weismantel, S. 699 f.
48 Carsten, 2004, S. 106.
49 Sahlins, S. 22.
50 L'enfant illégitime à l'ère génomique, Le Monde v. 9. 5. 2016.
51 Weismantel, S. 689–695.
52 Camporesi, S. 232.
53 Weismantel, S. 690, 687.
54 Um nur einige Beispiele zu nennen: Gunn Allen, 1986, Lugones, 2012.
55 Pitt-Rivers, S. 90.
56 Foucault, 1989.
57 Vgl. v. Braun, 2012, S. 159 f.
58 Vgl. Etwa Beck/Beck-Gernsheim, 2002; Zygmunt Baumann, 2013.

59 Strathern, 1992, S. 125, 113 f.
60 Sahlins, S. 46.
61 Strathern, 1992, S. 113.
62 Poewe, S. 65.
63 Durkheim, 1898, S. 317, 318, 316.
64 Strathern, 1992, S. 168.
65 Ausführlicher v. Braun, 1985/2009.
66 Leach, 1962, S. 20.
67 Lévi-Strauss, 1968.
68 Ong, S. 38.
69 Mauss, S. 118, 33.
70 Gregory, 1982, S. 41.
71 Hénaff, S. 467.
72 Hyde, 1979 S. 96. (In der zweiten Ausgabe, die auch der deutschen Ausgabe des Buchs zugrunde liegt, fehlt dieser Satz (wenn auch nicht Absatz), in dem Hyde eine solche Differenzierung zwischen ›Brautgeld‹ und ›Frauenkauf‹ vornimmt. (2008, S. 136 f.)
73 Sahlins, S. 79 f., 51.
74 Haarmann, S. 23.
75 Hocart, 1915.
76 Gregory, S. 45.
77 Strathern, 1984, S. 172.
78 Weismantel, S. 689.
79 Spar 2006, S. 5 f.
80 Zur Überbewertung des Kindes in den modernen Gesellschaften s. a. Beck/Beck-Gernsheim, 1994.
81 Mauss, S. 77.
82 Hénaff, S. 195 f.
83 Adam Smith verwendete den Begriff zum ersten Mal in seiner Schrift ›Theorie der ethischen Gefühle‹, S. 316.
84 Simmel, S. 413, 375 ff.
85 Lévi-Strauss, 1984, S. 106, 642.
86 Viveiros de Castro, S. 256 f., 252.
87 Hénaff, 333, 336, 346.
88 Verdier, 1980, Bd. 1, S. 18 ff.
89 Vgl. Medick, 1984.
90 Morgan, S. 468 f.
91 Yanagisako, S. 35.
92 Viveiros de Castro, S. 255, 253.
93 Strathern, 1992, S. 65.
94 Schneider, 1968/1980.
95 Kessler/McKenna, 1978.
96 Kuhn, 1985, zit. n. Orland/Rössler, 1995, S. 15.
97 Kuhn, 1976, S. 104.
98 Viveiros de Castro, S. 259.
99 Meggitt, S. 163.
100 Vgl. Aristoteles, 1959, Buch I, Bd. 14, S. 66 f., S. 71 f.; Buch 2, S. 81 f. u. 87 f.
101 Strathern, 1992, S. 127, 128
102 Ausführlicher: Sissa, S. 133–156.
103 Viveiros de Castro, S. 260.
104 Sahlins, S. 5. Er bezieht sich hier u. a. auf Radcliffe-Brown, 1924, Krige, 1943.
105 Strathern, 1992, S. 154.
106 Viveiros de Castro, S. 257.
107 Hochschild, 2009; Illouz, 2007.
108 Viveiros de Castro, S. 262.
109 Sahlins, S. 87.
110 Lévi-Strauss, 1958, Bd. I., S. 66.
111 Sahlins, S. 23, 44.
112 Boas, 1911, Teil I, S. 67.
113 Lévi-Strauss, 1958, Bd. I. S. 46, Hervorhebungen im Original.
114 Sahlins, S. 44.
115 Vgl. etwa Seeger, 1981; Marshall, 1957.
116 Sahlins, S. 70.
117 Ricœur, 1979, S. 99.
118 Strathern, 1992, S. 69, 85.
119 Strathern, 1992, S. 73.
120 Sahlins, S. 72.
121 McKinley, 1981, S. 359.
122 Viveiros de Castro, S. 259.
123 Viveiros de Castro, S. 261.

2. Kapitel: Verwandtschaft als Text

1 Urteilsschrift des Supreme Court of California vom 20. Mai 1993, Johnson v. Calvert: http://faculty.law.miami.edu/zfenton/documents/Johnsonv.Calvert.pdf., S. 10 f.
2 Johnson v. Calvert, S. 27.
3 Lesley Blum, Landmark Fertility Cases, ABC News, Washington 28. August 2017.
4 Cunningham, S. 11.
5 v. Braun, 2001/2016; v. Braun/Stephan, 2005/2013.
6 Goody/Watt 1986, S. 81.
7 Zauzich, 2015, S. 112.
8 Harari, 2013, S. 191, 197.
9 Vgl. Schmandt-Besserat, 1986; dies. 1978.
10 Ausf. v. Braun, 1985/2009.
11 Zauzich, S. 112, 111, 21, 9.
12 Ong, S. 91.
13 Haarmann, S. 355.
14 Vgl. Neuwirth, 2004.
15 Havelock, 1992, S. 105.
16 Ong, S. 36.
17 Havelock, S. 161.
18 Assmann, 1999, S. 203.
19 Tilly/Zwickel, S. 90.
20 Finkelstein/Silberman, S. 178, 236.
21 Finkelstein/Silberman, S. 64.
22 Finkelstein/Silberman, S. 58, 57, 209, 304.
23 Finkelstein/Silberman, S. 334 f.
24 Finkelstein/Silberman, 337, 306.
25 Baltrusch, 2002, S. 27.
26 Finkelstein/Silberman, S. 39, 60, 12.
27 Vgl. Kallir, S. 243–248.
28 Grözinger, 2004, S. 341–354, 2005, 2017.
29 Sohar, Bd. 2, fol. 60a, zit. n. Idel, 2012, S. 284.
30 Grözinger, 2018, S. 199; s. a. ders. 2005 Bd. 2, S. 793–802.
31 Vgl. Idel, S. 284 f.
32 Derrida, 1974 S. 274.
33 Havelock, S. 137.
34 Haarmann, S. 289.
35 Havelock, S. 147, 194.
36 Ong, S. 147, 46, 73 f.
37 Havelock, S. 173 f.
38 Vgl. v. Braun, 1984.
39 Havelock, S. 176.
40 Ong, S. 75.
41 Havelock, S. 181.
42 So Mortimer Chambers in einer Anmerkung zur Chronologie Solons. In: Aristoteles, 1990, Bd. 10, S. 161–163.
43 Mülke, 2002, S. 91.
44 Vgl. Stahl, 1992, S. 402 f.
45 Schreiner, 2018, S. 157.
46 Ong, S. 32.
47 Havelock, S. 139.
48 Ong, S. 34.
49 Havelock, S. 176, 183.
50 Ong, S. 106 f.
51 Die Anekdote ist dem babylonischen Talmud Babli entnommen, bekannt als ›Lo Baschamajim hi‹ (›Sie ist nicht im Himmel‹, die Thora). Es handelt sich um die Geschichte vom Ofen des Achnai im Babylonischen Talmud (Baba Metzia 59a–b). Den genauen Quellenhinweis verdanke ich Liliana Feierstein und Micha Brumlik.
52 Havelock, S. 23.
53 Homolka, 2018, S. 237.
54 Ruderman, S. 10, 11, 13 f., 18, 20.
55 Havelock, S. 106.
56 Ong, S. 112 f.
57 Ong, S. 15, 108.
58 Ong, S. 119.
59 Flusser, S. 16.
60 Vgl. v. Braun, 2016.
61 Harwazinski, 1999, S. 431 f.; s. a. Crapanzano, 2000.
62 Ong, S. 115.
63 Freud, Die Traumdeutung, GW, Bd. II/III, S. 518.

64 Freud, Der Mann Moses und die monotheistische Religion, in: GW XVI, S. 101–246, S. 221.
65 Lacan, Leçons X (19 mars 1974), in: ders. Les non-dupes errent, 1973–74, http://staferla.free.fr/S21/S21%20NON-DUPES. pdf, S. 71.
66 Lacan, Leçons X, S. 71.
67 Lacan, 1991, S. 49 f., 47.
68 Hutter, 1993, S. 174.
69 Stadermann, S. 162.
70 Hutter, 1998, S. 334, 341, 344.
71 Aristoteles, Politik, 1258 a 5.
72 Hénaff, S. 134.
73 Aristoteles, Die Nikomachische Ethik, Kap. VIII, 1161b, S. 300.
74 Hénaff, S. 61, 58.
75 Platon, 2003, S. 12, 80.
76 Herrmann-Otto, 2009, S. 17, S. 19.
77 Hénaff, S. 536.
78 Ong, S. 47
79 Foucault, 1989.
80 Aischylos, Die Eumeniden (1988), S. 229.
81 Euripides, Medea (1958), S. 647.
82 Euripides, Hippolytus (1975), Vers 616 ff.
83 Platon, Politeia/Der Staat (1855), Buch V, S. 8–11.
84 Aristoteles, Über die Zeugung der Geschöpfe, Buch I, Bd. 14, S. 71 f.; Buch 2, S. 87 f. und 81 f., Buch 1, S. 66 f.
85 Ebd. Buch 2, S. 82.
86 Aristoteles, Metaphysik 2003, Buch XII, Abschnitt 6–10.
87 Aristoteles, Über die Seele, Buch I (1961), Bd. 9, S. 23 ff.
88 Ebd. Buch I, S. 61.
89 Johannes Evangelium 3, 5–7.
90 Wagner, 1982; Wagner-Hasel, 2000.
91 Keuls, 1985.
92 Schultz, 1994.
93 Kurke, 1999.
94 Hartmann, 2007.
95 Schultz, 1994, S. 121.
96 Schultz, 1994, S. 113; s. a. Hartmann, 2007, S. 64–77.
97 Schultz, 1994, S. 113 f.
98 Keuls, S. 90, 146, 101, 103, 102.
99 Leduc, S. 302.
100 Wagner-Hasel, 1993, S. 541.
101 Leduc, S. 270.
102 Keuls, S. 332, 322.
103 Keuls, S. 89, 6, 92.
104 Keuls, 330, 332.
105 Keuls, S. 13.
106 Grote, 1882, S. 131–132.
107 Keuls, S. 393 f.
108 Aristophanes, Lysistrata, S. 5 f.
109 Plato, Der Staat, 452a.
110 Schultz, 1994, S. 131.
111 Moreau, S. 41.
112 Moreau, S. 43.
113 Wsolok, S. 21, 23.
114 Harders, S. 23.
115 Harders, S. 24, 32, 25.
116 Sabean/Teuscher, Introduction, in: Johnson et al. 2013, S. 11.
117 Goody, 2002, S. 43.
118 Harders, S. 22.
119 Goody, 2002, S. 18 f.
120 Harders, S. 21, 26.
121 Lübkers, 1891, S. 377.
122 Harders, S. 30.
123 Moreau, S. 43 f.
124 Sabean/Teuscher, Introduction, in: Johnson et al. 2013, S. 11.
125 Teuscher, 2013, S. 83–104.
126 Ong, S. 113.
127 Lacan, Schriften Bd. 2, S. 89.

3. Kapitel: Jüdische Matrilinearität – Christliche Patrilinearität.
Die Blutslinien der Theologen

1 Zu Geschlechterordnung und Islam vgl. v. Braun/Mathes, 2007/2017.
2 Schäfer, 2010.
3 Douglas, 1988.
4 Biale, 2007.
5 Vgl. u. a. Gilman, 1993.
6 Vgl. u. a. Daniel Boyarin, 1993, ders. 1997.
7 Der Begriff stammt von Brian Stock, 1983.
8 Heine, 1995, Bd. 4, S. 483.
9 Röm 1,1–4; 2 Kor 1,19, Gal 2,20.
10 1. Kor 11,7 f.
11 Kantorowicz, 1990.
12 Jer 52, 28–30.
13 Vgl. Donner, 1986, S. 381–387.
14 Olmer, 2010, S. 41.
15 Esra, 7,7 ff.
16 Esra, 7,6; Nehemia 8,8–9.
17 Nehemia, 8,8.
18 Assmann, 1998, S. 159.
19 Zit. n. Jonas, 1990, S. 26.
20 Dubnow, 1931, S. 126.
21 Jonas, S. 34.
22 Ong, S. 96.
23 Hénaff, S. 536.
24 Haarmann, S. 289.
25 Yerushalmi, 1988, S. 15.
26 Stemberger, 2002, S. 44.
27 Levinas, 1983, S. 183.
28 Dazu ausführlicher Feierstein, 2018.
29 Esra, 10,2–4.
30 Olmer, S. 67.
31 Olmer, S. 72.
32 Bieberstein, 2004, S. 64.
33 Bieberstein, 2003, S. 44 f.
34 Olmer, S. 76, 74.
35 Cohen, 1999; ders., 1985; Modrzejewski; Daniel Boyarin, 1999, Yuval 2007.
36 Olmer, S. 63.
37 Dohmen/Stemberger, 1996, S. 75 f.
38 Cohen, 1999, S. 269 f.
39 Zit. n. Furmann, 2006, S. 46.
40 Modrzejewski, S. 3.
41 Zit. n. Modrzejewski, S. 2.
42 Olmer, S. 23.
43 Modrzejewski, S. 18.
44 Zit. n. Cohen, 1999, S. 277.
45 Olmer, S. 88, 85.
46 Modrzejewski, S. 1.
47 Olmer, S. 87.
48 Modrzejewski, S. 18, 15, 3.
49 Cohen, 1999, S. 41.
50 Wegner, 1988.
51 Or, 2018.
52 Stemberger 2002, S. 74.
53 Stemberger 1979, S. 83.
54 Olmer, S. 109.
55 Olmer, S. 100.
56 Modrzejewski, S. 15.
57 Weltweit werden rund zehn unterschiedliche Begründungen für die Beschneidung vorgebracht. Vgl. v. Braun 2018.
58 Derrida 1994, S. 82 f.
59 Vgl. http://www.historyofcircumcision.net/index.php?option=content&task=view&id=32.
60 Modrzejewski, S. 10.
61 Modrzejewski, S. 14.
62 Brumlik, 2007, S. 39 f.
63 Ex 42–46.
64 Alfred Marx, 2000, S. 140.
65 1. Korintherbrief 3, 16–17. Ähnlich auch in der Johannes-Offenbarung. Im Abschnitt »Das himmlische Jerusalem« wird ebenfalls das Exodus-Bild aufgegriffen und auf die christliche Gemeinde übertragen. »Siehe, das Zelt Gottes unter den Menschen. Und er wird bei ihnen sein Zelt aufschlagen, und sie werden seine Völker sein, und er selbst, Gott mit ihnen, wird ihr Gott sein.« Johannes Offenbarung 21,3.
66 Vgl. u. a. Daniel Boyarin, 1994 u. 2004.
67 Biale, S. 45.

68 Becker/Reed, 2003.
69 Zit. n. Morgenstern 2007, S. 22.
70 Brumlik, 2003, S. 132.
71 Biale, S. 45.
72 Schöttler, 2007, S. 17.
73 Olmer, S. 116, 111
74 Yuval, 2007, S. 35.
75 zit. nach Morgenstern, 2007, S. 23.
76 Schäfer, 2010.
77 Olmer, S. 112.
78 Olmer, S. 118.
79 Alexander, 1999, S. 3.
80 Olmer, S. 117.
81 Röm 8, 12–13.
82 Gal 2, 1–10.
83 1 Kor. 11, 25.
84 Phil, 3, 2–3.
85 Hebr 9, 13–14.
86 Hénaff, S. 408.
87 Olmer, S. 115 f.
88 Einhundertsechsundvierzigste Novella aus dem *corpus iuris civilis* Justinians aus dem Jahr 553 d. Z., aus dem Griechischen übersetzt von Paul Barié, unveröffentlichtes Manuskript.
89 zit. n. Legendre 1989, S. 24. (Hervorhebungen im Original).
90 Theologische Realenzyklopädie, Bd. 6, S. 533, 523.
91 Schäfer, 2008.
92 Vgl. v. Braun, 1992, 1993/2013.
93 Brown, 1994 S. 101.
94 zit. n. Steinberg, 1983/96, S. 18.
95 Gregor von Nyssa, 1977, S. 83.
96 Brown, 1994, S. 275.
97 Tertullian, 1952, 5. Kapitel.
98 Biale, S. 74.
99 Brown 1994, S. 220, 299.
100 Olmer, S. 110.
101 Mt 10,34–39
102 Mt 12,46–50; ähnlich auch bei Mk 3, 31–35.)
103 Joh 1,13
104 Kölsch-Bunzen, S. 103.
105 Kölsch-Bunzen, S. 107.
106 Karl Braun, 1997, S. 76 f.
107 Sankt Gaudentius, zit. n. Jones, 1914, S. 194.
108 Sabean, 2013, S. 147 f.
109 Sabean, 2013, S. 149, 151.
110 Vgl. Heschel, 2008.
111 Vgl. Biale; Gilders, 2004; v. Braun/Wulf, 2007.
112 v. Braun, 1994.
113 Gilders, 2007.
114 Biale, S. 13.
115 Biale, S. 35, 38.
116 Hebr 9, 22.
117 Biale, S. 64.
118 Biale, S. 4, 7.
119 Biale, S. 8.
120 Biale, S. 65.
121 Midrasch Tanchuma, 35a, hg. v. Salomon Buber, 2 Bde., Wilna, 1885.
122 Biale, S. 65, 57 f., 61, 67.
123 v. Braun, 2005.
124 Biale, S. 84
125 Bynum, 2001.
126 Zur Geschichte der christlichen Selbstgeißelung vgl. Largier, 2001.
127 Stock, 1983.
128 Vgl. v. Braun, 2000.
129 Biale, S. 87.
130 Bynum,, 1991.
131 Biale, S. 91.
132 Biale, S. 106, 28. S. a. Frymer-Kensky, 1995, Rockman, 1995.
133 Biale, S. 115.

4. Kapitel: Rote Tinte

1 Sabean, 2007a, S. 42.
2 Sabean, 2007b, S. 38.
3 Vgl. De Renzi, 2007, S. 64 f.
4 Darauf macht Sabean immer wieder in seinen Forschungen aufmerksam. Sabean, 2007a, S. 37.
5 Goody, 2002, S. 47.
6 Brown, 1994, S. 101.
7 Goody, 2002, S. 58, 41.
8 Vgl. v. Braun, 1992, S. 213–239.
9 Goody, 2002, S. 64.
10 Bremmer/van den Bosch, 1994, S. 48.
11 Goody, 2002, S. 60.
12 Vgl. Douglas, 1988.
13 Goody, 2002, S. 66, 79, 49, 52.
14 Sabean/Teuscher, Introduction, in Johnson/Jussen/Sabean/Teuscher, 2013, S. 5.
15 1 Kor 7,4.
16 Goody, 2002, S. 64.
17 Goody, 2002, S. 65, 25, 59, 17.
18 Lynch, 1986.
19 Goody, 2002, S. 62.
20 Goody, 2002, S. 80.
21 Hodges, 1982, S. 121.
22 Goody, 2002, S. 82.
23 Le Goff, 1984, S. 435, 276, 23.
24 Goody, 2002, S. 115.
25 Labouvie, 1993, 2016. Zum Schwangerschaftsabbruch s. Jütte, 1993.
26 Opitz, 1990.
27 Goody, 2002, S. 115.
28 Stock, 1983, S. 33, 38.
29 Goody, 2002, S. 27, 64, 53.
30 Delille, 2013, S. 126.
31 Guerreau-Jalabert, 2013.
32 Sabean/Teuscher, 2013, S. 12.
33 Zit. n. Kantorowicz, S. 31.
34 Kantorowicz, S. 33.
35 I Kor 15, 42 f., 53.
36 Kantorowicz, S. 339, 333.
37 Guerreau-Jalabert, S. 69.
38 Teuscher, 2013, S. 83, 91.
39 Klapisch-Zuber, 1993, S. 42, 44.
40 Bamford/Leach, Introduction, in: dies. 2009, S. 4.
41 Guerreau-Jalabert, S. 74, 73.
42 Shell 1995, S. 12; Zum Verhältnis von Geld und Inkarnationslehre vgl. v. Braun, 2012, 2. Kapitel.
43 Shell, 1995, S. 22 f.
44 Kantorowicz, S. 203 f., 143, 158.
45 Kantorowicz, S. 314 f., 258.
46 Vgl. v. Braun, 2008.
47 Delille, S. 129.
48 Delille, S. 132 f.
49 Ruiz, S. 118.
50 Ruiz, S. 122 FN 16.
51 Delille, S. 135, 139.
52 Dauzat, 1977, S. 39.
53 Lévi-Strauss, 1968, Kapitel VI und VII.
54 Zonabend, S. 10, 13, 12, 18.
55 Delille, S. 139 f.
56 Klapisch-Zuber, 1980, S. 84, 92, 83, 93, 98, 99, 100.
57 Guerreau-Jalabert, S. 77.
58 Teuscher, 2013, S. 96.
59 Vgl. v. Braun, 2004, 2009.
60 Teuscher, 2013, S. 99.
61 Duhamelle, S. 126.
62 Duhamelle, S. 127.
63 Duhamelle, S. 128 f.
64 Duhamelle, S. 132–135.
65 Sabean/Teuscher, 2007, S. 11.
66 Duhamelle, S. 133.
67 Duhamelle, S. 134 f.
68 Spiess, S. 62.
69 Spiess, S. 70 f.
70 Hohkamp, S. 92, 101.
71 Calvi, S. 147 f.
72 Vgl. v. Braun, 1992, S. 215–217.
73 Calvi, S. 147 f.
74 Calvi, S. 146–148.
75 Calvi, S. 151.
76 Sabean/Teuscher, 2007, S. 56.

77 Calvi, S. 151, 153 f.
78 Calvi, S. 159.
79 Vgl. v. Braun, 1985/2009.
80 Muldrew, 1998, S. 95.
81 Mauss, 1968/1990, S. 118.
82 William Shakespeare, Der Kaufmann von Venedig, übers. v. August Wilhelm Schlegel, Akt 1, 1. Szene.
83 Kaufmann von Venedig, Akt 3, Szene 2.
84 Nugent, S. 208, 210.
85 William Shakespeare, Maß für Maß, Akt II, Szene 4.
86 Perry, 2003, S. 43.
87 Goody, 2002, S. 92 f.
88 Goody, 2002, S. 187.
89 Goody, 2002, S. 117 f., 100, 107 f.
90 Goody, 2002, S. 68, 97.
91 Sabean/Teuscher, 2007, S. 7 f.
92 Sabean/Teuscher, 2007, S. 8 f., 15.
93 Schön, 1987, S. 35, 41.
94 Teuscher, 2007, S. 79.
95 Teuscher, 2007, S. 85 f.
96 Goody, 2002, S. 78.
97 Derouet, S. 107, 115.
98 Derouet, S. 116 f.
99 Landes, 1983, S. 76.
100 Mumford, S. 14 f.
101 Dazu ausführlicher v. Braun/Mathes, 2007, S. 149–181.
102 Leonardo da Vinci, 2009, Teil I.
103 Perrig, 1997, S. 667.
104 Kölsch-Bunzen, S. 113.
105 Kölsch-Bunzen, S. 123.
106 Böhme/Böhme, 1983, S. 52.
107 Hentschel, 2001.
108 Bacon, 1983, II. Buch, Kapitel 2, S. 176 f., 182.
109 Vgl. Hammer-Tugendat, 1994.
110 Jordanova, 1989.
111 Foucault, 1979.
112 Goschler, S. 206.
113 Goschler, S. 204.
114 Haeckel, 1921, S. 200 f.
115 Virchow, 1878, S. 8.
116 Schleich, 1921, S. 181.
117 Zit. n. Schnicke, S. 400.
118 Der Prozess der Verdrängung der Hebammen durch Ärzte wurde ausführlich beschrieben von Duden, 2002, Labouvie, 1998, 1999.
119 Kölsch-Bunzen, S. 147.
120 Schnicke, S. 448, 224.
121 Anderson, 1998, S. 167.
122 Schnicke, S. 502 f.
123 Zit. n. Schnicke, S. 466.
124 Schnicke, S. 464, 274.
125 Ausführlicher dazu Treß, 2018.
126 Schnicke, S. 246.
127 Vgl. v. Braun, 2001/2016, 5. Kapitel.
128 Schnicke, S. 137, 114, 426.
129 Droysen, 1967, S. 364.
130 Zit. n Schnicke, S. 10.
131 Zit. n. Schnicke, S. 525.
132 Schnicke, S. 490, 506, 503.
133 Bourel, 2015, S. 65.
134 v. Braun, 2012, S. 363.
135 Cassidy, S. 27.
136 Cassidy, S. 28.
137 Cassidy, S. 29, 34, 35.
138 Cassidy, S. 39 f.
139 Cassidy, S. 42 f.
140 Foucault, 1979, S. 135.
141 Cassidy, S. 45 f.

5. Kapitel: Das Kapital fließt in den Adern

1 Sabean, 2007b, S. 38.
2 Delille, S. 167.
3 Sabean, 2007b, S. 39.
4 Kirshner, 1991, S. 194.
5 Goody, 2002, S. 129, 130, 139.
6 Hufton, S. 402.

7 Hufton, S. 105.
8 Goody, 2002, S. 135, 136.
9 Weber, 1907, S. 283.
10 Goody, 2002, S. 131.
11 Hufton, S. 100, 156.
12 Goody, 2002, S. 78.
13 Wickham, 1994, S. 257.
14 Mauss, S. 125, 155, FN 111.
15 Polanyi, S. 216 f., 88 f., 54.
16 Polanyi, S. 243 f.
17 Johnson, S. 258.
18 Sabean/Teuscher, 2007, S. 19.
19 MacGregor, 2015, S. 137 ff.
20 Baur, 1884, S. 74.
21 Koschorke, S. 149, 155, 156.
22 Goody, 2002, S. 158.
23 Mathieu, S. 224.
24 Goody, 2002, S. 103 f.
25 Koschorke, S. 151.
26 Goody, 2002, S. 106.
27 Vgl. Deutsches Historisches Museum Berlin, 2013.
28 Goody, 2002, S. 159.
29 Goody, 2002, S. 163, 122.
30 Hufton, S. 362.
31 Ausführlicher v. Braun, 2012, S. 397 f.
32 Vgl. v. Braun, 1994.
33 Sabean/Teuscher,, 2013, S. 2 f.
34 Goody, 2002, S. 150.
35 Goody, 2002, S. 142 f., 146, 124.
36 Landes, 2006, S. 34.
37 Goody, 2002, S. 111.
38 Goody, 2002, S. 113, 159, 162.
39 Vgl. v. Braun, 1981.
40 De Gouges, 1990/2003.
41 Goody, 2002, S. 120.
42 Sabean/Teuscher, 2007, S. 7.
43 Joris, 2007.
44 Smith-Rosenberg, 1975.
45 Sabean/Teuscher, 2007, S. 17, 18.
46 Joris, S. 242, 251.
47 Joris, S. 234.
48 Sabean/Teuscher, 2007, S. 16, 7 f.
49 Joris, S. 247 f.
50 Joris, S. 245 f.
51 Ich bin auf diese Frage auch am Beispiel der eigenen Familie eingegangen. v. Braun, 2007a.
52 Humboldt, S. 316, 327.
53 Humboldt, S. 342 f., 344.
54 Joris, S. 238.
55 Honegger, 1991.
56 Vgl. die Debatten deutscher Wissenschaftler um 1900 über diese Frage in: Kirchhoff, 1897.
57 Sabean/Teuscher, 2007, S. 3.
58 Sabean, 2013, S. 145.
59 Shorter,, 1988, S. 81.
60 Gull 1873, Lasègue 1873.
61 Shorter, S. 83 f.
62 Sabean/Teuscher, 2007 S. 22.
63 Bovenschen, 1979.
64 S. u. a. Weigel, 2002; Parnes/Vedder/Weigel/Willer, 2005; Weigel, 2006; Parnes/Vedder/Willer, 2008; Vedder, 2011; Weigel/Willer/Jussen, 2013.
65 Mündliche Mitteilung auf der Tagung ›Schwellenprosa. (Re)Lektüren zu Goethes Wahlverwandtschaften‹, Universität Mannheim, September, 2016.
66 De Sade, Bd. III, S. 47, s. a. Stephan, 2017.
67 De Sade, Bd. II, S. 1274.
68 De Sade, Die neue Justine (1797), in: AW, Bd. III, S. 399 f.
69 De Sade, Bd. I, S. 1252.
70 De Sade, Bd. I, 437.
71 De Sade, Bd. III; S. 399.
72 Goethe, 1998, S. 407 f., 512, 452.
73 Goethe, 1998, S. 440, 477, 503 f., 612.
74 Goethe, 1998, S. 434, 465, 617, 547 f.
75 Vgl. v. Braun, 1992.
76 Goethe, 1998, S. 621.
77 Goethe, 1998, S. 436.
78 De Graaf, 1972, S. 141.
79 Zit. n. Terrall, S. 261.
80 Goethe, 1998, S. 583.
81 Wood, S. 240.
82 Renzi, S. 64 f.

83 Bernard, S. 50.
84 Goody, 2002, S. 171.
85 Goody, 2002, S. 210 f.
86 Goody, 2002, S. 191, 181, 182.
87 Vgl. v. Braun, 1987.
88 Goody, 2002, S. 189.
89 Seccombe, 1993, S. 50 f.
90 Goody, 2002, S. 229.
91 v. Braun, 2001/2016, S. 385 ff.
92 Goody, 2002, S. 230.
93 Durkheim, 1983, S. 318
94 Schlegel, 1983, S. 131.
95 Sabean, 2007a, S. 305.
96 Sabean, 2007a, S. 311.
97 Sabean, 2007b, S. 47.
98 Sabean, 2007b, S. 47 f., 51.
99 Sabean, 2007a, S. 309 f.
100 Sabean, 2007a, S. 311.
101 Sabean/Teuscher, 2007, S. 24 f., 23 f.
102 Sabean, 2007b, S. 50.
103 Sabean, 2007a, S. 312.
104 Landes, 2006, S. 17.
105 Business Week v. 10. 11. 2003, S. 102.
106 Zit. n. Landes, 2006, S. 18 f.
107 Schumpeter, S. 217.
108 Schumpeter, S. 206, 255, 260.
109 Vgl. Gleeson, 2003.
110 Landes, 2006, S. 38.
111 Zit. n. Landes, 2006, S. 35.
112 Landes, 2006, S. 11, 20.
113 Landes, 2006, S. 407, S. 49.
114 Ziegler, S. 83.
115 Landes, 2006, S. 53, 56.
116 Landes, 2006, S. 71.
117 Landes, 2006, S. 74.
118 Landes, 2006, S. 80.
119 Landes, 2006, S. 76.
120 Landes, 2006, S. 91 f.
121 Morton, 1962, S. 57 f.
122 Landes, 2006 S. 437, FN 16.
123 Landes, 2006, S. 121.
124 Orléan, S. 362, 365.
125 Orléan, S. 376, 380 f., 379.
126 Orléan, S. 376.
127 Binswanger, 2011.
128 Mauss, S. 118, 19, 84.
129 Mauss, S. 17, 65, 64.
130 Hobbes, S. 194.
131 Smith, 1990, Buch. II, Kapitel 2, S. 264 f.
132 Zit. n. Shell, 1995, S. 172.

6. Kapitel: Kollektive Blutsverwandschaft

1 López-Beltrán, S. 107, 118.
2 v. Braun, 1985/2009, 1. Kapitel.
3 López-Beltrán, S. 122, 126.
4 Müller-Wille, Rheinberger, 2007a, S. 17, 18, 24.
5 Bouquet, S. 175, 179, 187.
6 Hertwig, 1876, S. 383.
7 Bernard, S. 73.
8 Leuckart 1853, S. 719. Den Hinweis verdanke ich Bettina Bock v. Wülfingen, 2012.
9 Hertwig, 1893, S. 271 f.
10 Cartron, S. 168.
11 Nägeli, S. 41.
12 Parnes, 2007, S. 316, 317.
13 Paine, S. 317.
14 Jefferson, 1984, S. 1280.
15 Parnes, S. 323, 325.
16 Müller-Wille, 2007b, S. 190, 195.
17 Darwin, S. 250, 170, 171.
18 Wood, S. 233.
19 Wood, S. 232 f.
20 Wood, S. 234, 235, 233.
21 White, S. 378, 382, 381, 382.
22 Anderson, S. 13, 14, 16.
23 Vgl. Schneider, 1977, S. 67 f.
24 Vgl. v. Braun, 2001/2016, 5. Kapitel.
25 Vgl. Reudenbach, 1992
26 Kantorowicz, S. 44, Hervorhebungen im Original.

27 Auf den Zusammenhang zwischen dem englischen Bürgerkrieg, der Hinrichtung von Charles I. und der Entstehung des modernen Staates geht ausführlicher ein Burckhardt 1999, S. 155–199.
28 Kantorowicz, S. 258.
29 Stock, S. 3.
30 Anderson, S. 36.
31 Febvre/Martin, S. 291 ff.
32 Anderson, S. 30.
33 Stock, S. 16.
34 Hobsbawm, S. 240.
35 Anderson, S. 45, 124.
36 Nikolow, 1999.
37 Weil, 2001, S. 92 ff.
38 Mazzolini, S. 351, 353.
39 Zit. n. Mazzolini, S. 355.
40 Mazzolini, S. 361, 358, 359 f.
41 Mazzolini, S. 361.
42 Vgl. Ha, Kien Nghi, 2015.
43 Mazzolini, S. 386.
44 Aubert, S. 178, 180, 189, 190.
45 Johnson, 2013a, S. 201, 202.
46 Grosse, 2000.
47 Vgl. Koch, 2002.
48 Snyder, 2011.
49 Yerushalmi, 1982, S. 8 ff., S. 16.
50 Rauschning, S. 51.
51 Fritsch, S. 313.
52 Dinter, 1932, S. 96.
53 v. Braun, 1989.
54 Münzer, 2007. Ich bin an anderer Stelle ausführlich auf den Roman eingegangen, vgl. v. Braun, 2001/2016 S. 500–509.
55 Trakl, Bd. I, S. 455.
56 Thiess, 1922, S. 410 f.
57 Musil, S. 761, 1420.
58 Foucault, 1979/1983, S. 49.
59 vgl. v. Braun, 2016
60 Kant, 1977, Bd. 3, S. 148 ff.
61 Bering, 1978, S. 71–74, 148–262.
62 ›Deutsche Drogistenzeitung‹ v. 1934, zit. n. Bering, S. 1.
63 Klee, S. 565.
64 Seidel, 1930, Bd. 1, S. 370.
65 Haarer, 1936.
66 Brockhaus, 2008, S. 71.
67 Haarer, Ausgabe von 1938, S. 262.
68 Haarer, Ausgabe von 1943, S. 18.
69 Tageszeitung v. 12. 3. 99.
70 Crawley, S. 211.
71 Popenoe/Hill Johnson, S. 29.
72 Dawkins, 2007.
73 Dawkins, 1976.
74 Nelkin, Lindee, S. 6 f., 39.
75 Vgl. v. Braun, 2001a.
76 Bergel, S. 2.
77 Bernard, S. 276.
78 Vgl. Cunningham, S. 112
79 Vgl. Burckhardt, 1994, S. 324–326.
80 Cunningham, S. 11.
81 Bernard, S. 327.
82 Schriftliches Urteil des Supreme Court, Johnson v. Calvert, S. 27.
83 Sherman, 1964, S. 491.
84 Spiegel Online, Wissenschaft, 19. 6. 2006.
85 Zum 2563. Geburtstag hat das Confucius Genealogy Compilation Committee (CGCC) den Stammbaum des größten chinesischen Philosophen ins Netz gestellt.‹ zentrodada.blogspot.com/2012/11/konfuzius-stammbaum-ist-online.html
86 Rheinberger, 1999, S. 273.
87 Shell, 1995, S. 24, 66.
88 Hutter, 1998, S. 343 f.
89 Hutter, 1998, S. 351.
90 Schneider, 1968, S. 135, Hervorhebung im Original.
91 Hutter, 1998, S. 342.
92 Die Welt v. 27. 6. 2000.
93 Strathern, 1992, S. 35, 32.
94 Trump, Science and Social Justice, Center for Genetics and Society, 18. 12. 2016.
95 Gregory Paul, From Jesus' socialism to capitalistic Christianity, https://www.onfaith.co/onfaith/2011/08/12/from-jesus-socialism-to-capitalistic-christianity/10731.

96 Ebda.
97 Andreas Robert, Das Evangelium nach Michael, Deutschlandfunk, 19. 1. 2017.
98 Tagesspiegel, 28. 2. 2016; s.a. auch den Pew-Report v. 9. Dezember 2015: The American Middle Class Is Losing Ground: no longer the majority and falling behind financially.
99 Pew Charitable Funds, Pursuing the American Dream. Economic Mobility Across Generations, Washington, Philadelphia, Juli 2012.
100 Hartmann, 2013, S. 180 f.
101 Hartmann, 2013, S. 51.
102 http://www.armuts-und-reichtumsbericht.de.
103 Goebel/Gornig/Häußermann, 2010.
104 Fratzscher, 2016.
105 Süddeutsche Zeitung v. 24. 3. 2017.
106 Hartmann, 2013, S. 118.
107 Hartmann, 2013, S. 94, 139.
108 Zit. n. Hartmann, 2013, S. 137.
109 Wilkinson/Picket, 2009.
110 Süddeutsche Zeitung, 10. 2. 2017, S. 14.
111 Chou/Parmar/Galinsky, 2016.
112 Hartmann, 2013, S. 131.
113 Center for Genetics and Society, 2. 2. 2017.
114 ›Population‹, Revue de l'Institut national d'études démographiques, März 2015.
115 Epouser un(e) riche héritier(ère), in: Le Monde 4. 7. 2015.
116 Hopfgartner, S. 62 f.
117 Frankfurter Allgemeine Zeitung, 14. 8. 2014.
118 Swanson, 2014.
119 Maurisse/Pilet, 2017; s.a. den Artikel ›Die Ware Blut‹ im Arte-Magazin Nr. 2, 2017, S. 10–13.
120 Ebd.
121 Breastmilk becomes Commodity, New-York Times, 21/22. 3. 2015.
122 Weston, 2013, S. 258, 252.
123 Weston, 2013, S. 246.
124 New Exotic Investments Emerging on Wall Street. Packaging Life Insurance Policies Despite Fallout from Mortgage Crisis, v. Jenny Anderson, New York Sunday Times v. 6. 9. 2009.
125 Finkler, S. 181.
126 Franklin, 2013a, S. 302.
127 Pálsson, S. 91 f.
128 Pálsson, S. 96.
129 Pálsson, 103, 92, 104, 96, 106, 102.
130 Pálsson, S. 97.
131 Connerton, S. 86.
132 Pálsson, S. 90.
133 Stock, S. 48.
134 Cunningham, S. 131.
135 Cunningham, S. 134, 133.
136 Vgl. Poliakov, 1978, Bd. II, S. 189–206.
137 Kate Yandel, Jewish Heritage written in DNA, in: the Scientist Magazine, 9. 9. 2014.
138 https://www.statnews.com/2017/08/16/white-nationalists-genetic-ancestry-test/?utm_content=buffer15b3b&utm_medium=social&utm_source=twitter.com&utm_campaign=buffer
139 Vgl. Oren, S. 123.
140 Quelle: Comisión nacional sobre la desaparación de personas argentina, Nunca Mas 1984: http://web.archive.org/web/20030803004404/nuncamas.org/english/library/neveragain_000.htm
141 Ludwin King, S 543.
142 U. S. & Politics Retro Report, 11. 10. 2015.
143 Disappeared Children of Argentina, World of Forensic Science, Zugriff v. 7. 7. 2016.
144 Gesetz Nr. 26 549 Nov. 26, 2009.
145 Ludwin King, S. 548.
146 Gatti, 2013, S. 13, 18, 26.
147 Zit n. Gatti, 2013, S. 17.
148 Gatti, 2015, S. 26.
149 Gatti, 2015, S. 2 f.
150 Delille, S. 181.
151 One Sperm Donor, 150 Offsprings, New York Times v. 5. 9. 2011.
152 Vgl. Center für Genetics v. 9. 3. 2017.

7. Kapitel: Die Entstehung des modernen Judentums

1 Brumlik, 2011.
2 Biale, S. 161, 184.
3 Mendès-Flohr, S. 229.
4 Ausführlicher dazu: Treß, 2018.
5 Soloveitchik, S. 65, 78 f.
6 Vgl. Weissler, 1998.
7 Soloveitchik, S. 83, 87, 103.
8 Vgl. Bourel, 2015.
9 Rosenzweig, 1926, S. 166.
10 Rosenzweig, 2015, S. 421.
11 Rosenzweig, 1926 S. 167.
12 s. etwa: Franz Rosenzweig, 2002, S. 141.
13 Rosenzweig, 2015, S. 334 f., 379 f.
14 Rosenzweig, 2015, S. 332.
15 Dinter, 1927.
16 Battegay, S. 202–205.
17 Buber, 1994, S. 139.
18 Buber, (Nachwort v. 1957), 1994, S. 158.
19 Buber, 1923, S. 12, 9.
20 Buber, 1923, S. 8.
21 Buber, 1920, S. 34 ff.
22 Leibowitz, S. 56, 57, 61, 55.
23 So etwa Chaijm Bloch in seiner ausführlichen Widerlegung der antisemitischen Polemik von Erich Bischoff ›Das Blut in jüdischem Schrifttum und Brauch‹ (Leipzig 1929): Bloch 1935. Er berief sich in einigen Stellen auf die Schrift des evangelischen Theologen Hermann Strack, der schon 1909 gegen ähnliche antisemitische Schriften (vergeblich) angeschrieben hatte: Strack, 1911.
24 Olmer, S. 131.
25 Yerushalmi, 1992, S. 28.
26 Glazer, S. 133.
27 Leibowitz, S. 83, 85, 86.
28 Chalom, 2009.
29 www.shj.org/Zugriff am 27. 5. 2016.
30 Olmer, S. 202.
31 Boyarin, 1994, S. 244.
32 Dubnow, S. 129.
33 Dubnow, S. 130.
34 Olmer, S. 142.
35 Tirosh, 2017.
36 Olmer, S. 159, 196.
37 Zit. n. Struminski, Juden auf Abruf, Jüdische Allgemeine Zeitung 22. 5. 2008.
38 Olmer, S. 193, 178. 187.
39 DellaPergola, S. 1083.
40 Olmer, S. 139.
41 Olmer, S. 155, 139.
42 Olmer, S. 145.
43 Olmer, S. 140, FN 43.
44 Olmer, S. 146, 150 f.
45 DellaPergola, S. 1083.
46 Olmer, S. 13, 152, 15.
47 Olmer, S. 135, 201, 19.
48 Donath, 2016.
49 Olmer, S. 127.
50 Reform Movement's Resolution on Patrilineal Descent, March 15, 1983.
51 Olmer, S. 137, 7.
52 Olmer, S. 163, 166, 165, 167, FN 91.
53 Doron Kiesel in Abschlussbericht von 8. 2. 2009: »Waren sie in der Sowjetunion Angehörige einer nationalen Minderheit gewesen, deren ethnische Zugehörigkeit sich patrilinear bestimmt hatte, so gelten sie in Deutschland als Mitglieder einer Religionsgemeinschaft, unter der Voraussetzung, dass sie, gemäß dem jüdischen Religionsgesetz, den Nachweise einer jüdischen Mutter erbringen.« (in: Gotzman/Kiesel, S. 8 f.)
54 Neumann, S. 169.
55 Olmer, S. 185.
56 Benbassa/Attis, 2002.
57 Zit. n. Olmer, S. 203.
58 Della Pergola, S. 1084
59 Ausführlicher dazu: Feierstein, 2018.
60 Peck, S. 166.

61 Poster, S. 167.
62 Peck, S. 167.
63 Jacob, S. 8.
64 Della Pergola, S. 1087 f., 2091 f.
65 1 in 6 adult US Jews are converts, Pew study finds, Jerusalem Post, 13. 5. 2015.
66 Vgl. Klapheck, 2000.
67 v. Braun, 2006.

8. Kapitel: Reproduktionstechniken und Geschlechterrollen

1 Schneider, 1968, S. 33, 23, 64.
2 Schneider, 1968, S. 112, 114, 72.
3 Schneider, 1968, S. 36 f., 110.
4 Giddens, S. 156 f.
5 z. B. Bien/Hartl/Teubner, 2002; Krähenbühl/Jelloushek/Kohaus-Jellouschek, 2001; Matzies-Köhler, 2014.
6 Anne Bernsteins Buch *Yours, mine and ours. How families change when remarried parents have a child together* erschien unter dem deutschen Titel *Die Patchworkfamilie. Wenn Väter und Mütter in neuen Ehen weitere Kinder bekommen*, Stuttgart 1990.
7 Sedlak, 2010.
8 Daly/Wilson, 1996, S. 79.
9 Mingels, S. 262.
10 Beck/Beck-Gernsheim, 1990; Luhmann, 1994.
11 Arlie Hochschild, New York Times Book Review vom 18. 10. 2009.
12 Illouz, 2007, S. 132.
13 Süddeutsche Zeitung v. 15. 6. 2017, nach einem Bericht des Statistischen Bundesamtes zum Jahr 2015.
14 Stone, 1977, S. 3.
15 Goody, 2002, S. 204.
16 Schumpeter, S. 255 f.
17 Goody, 2002, S. 231.
18 https://www.bertelsmann-stiftung.de/de/unsere-projekte/familie-und-bildung-politik-vom-kind-aus-denken/projektnachrichten/alleinerziehende-leben-fuenfmal-haeufiger-in-armut-als-paarhaushalte/6.7.2016.
19 Tagesspiegel, 10. 3. 2014.
20 Vgl. u. a. Schmidt, 2004; Sigusch, 2005, 2013; Herzog, 2011.
21 Vgl. u. a. Niethammer/Satjukow, 2016.
22 Schneider, 1968 S. 38 FN 4.
23 Schneider, 1968, S. 131.
24 Goody, 2002, S. 198.
25 Vice Media, 14. 4. 2014.
26 Focus, 18. 3. 2009.
27 Kant, 1795, S. 17.
28 S. dazu auch Honegger, 1991.
29 Le Monde, 14. 8. 2015.
30 Der Spiegel, 11/2016, S. 65–67. http://www.trans-infos.de/aktuelles/mann-frau-trans-weder-noch-die-60-geschlechter-bei-facebook/
31 Berliner Zeitung, 5./6. 7. 2008.
32 Vgl. Hark/Laufenberg, 2013.
33 Edwards, S. 139 f.
34 Kermalvezen, S. 122.
35 Tagesspiegel, 25. 9. 2014.
36 EKD, Mit Spannungen leben, Orientierungshilfe des Rates der EKD, 1996. 2013 erschien eine weitere Stellungnahme: Zwischen Autonomie und Angewiesenheit. Familie als verlässliche Gemeinschaft stärken. Eine Orientierungshilfe des Rates der Evangelischen Kirche in Deutschland (EKD), 2. Auflage, Gütersloh, 2013.
37 Hat Gott in der Petrischale Platz? Interview mit Peter Dalbrock, Süddeutsche Zeitung, 31. 10./1. 11. 2016, S. 18.
38 Monette Vacquin, Pierre Winter, in: Le Monde 4. 12. 2012. Beide Autoren sind

Psychoanalytiker. Vacquin ist Autorin des Buchs ›Main basse sur les vivants‹, Paris 1999; Winter ist Autor von ›Homoparenté‹, Paris 2010.

39 Vgl. Heenen-Wolff, 2011, S. 31; s. a. Carapacchio, 2009; s. a. Geschleifte Bastionen, Frankfurter Allgemeine Zeitung, 24. 2. 2013.
40 Vgl. Heenen-Wolff, 2011, S. 25 f.; s. a. dies., persönliche Mitteilung. Susann Heenen-Wolff war Expertin bei den Anhörungen der französischen Nationalversammlung und des Senats zum Thema Homoparentalité; s. a. dies. 2010.
41 Sylvie Faure-Pragier, Le Monde v. 25. 12. 2012; s. a. dies. 2003.
42 Heenen-Wolff, 2015, s. a. dies. 2017.
43 Le Monde, 27. 12. 2012.
44 So die Psychoanalytikerin Caroline Thompson in einem Artikel in Le Monde v. 8. 11. 2012.
45 Hervé Glévarec, Le Monde 27. 12. 2012.
46 Vgl. Schmincke, 2015.
47 Tagesspiegel v. 14. 11. 2016, S. 21.
48 Sager, 2015.
49 Vgl. dazu Dietze, 2017, S. 7–39.
50 Latour, S. 104.
51 Haraway, 1989; dies. 1991.
52 Haraway, 1997 S. 102, 99.
53 Franklin, 2013, S. 14.
54 Franklin, 1998, S. 103.
55 Carsten, 2000, S. 11.
56 Franklin, 1997, S. 56.
57 Franklin, 2013, 1, 14, 17, S. 21.
58 Rabinow, 1996, S. 99.
59 Carsten, 2000, S. 18.
60 Franklin, 2013, S. 10 f.
61 Franklin, 2013, S. 28.
62 Strathern, 1992, S. 151, 154.
63 Middleton, 2000.
64 Vgl. etwa Joachim Retzbach, Couvade-Syndrom. Wenn Männer schwanger werden, Spektrum v. 06. 11. 2014; http://www.spektrum de/news/couvade-syndrom-wenn-maenner-schwanger- sind/ 1316542, Zugriff am 9. 8. 2017.
65 Ragoné, 1994, S. 124, 128.
66 Ragoné, 2000, S. 66.
67 David Schneider im Gespräch mit Richard Handler, 1995, S. 222. Hervorhebungen im Original.
68 Schneider, 1995, S. 197.
69 Carsten, 2000, S. 3, 4, 5.
70 Nelkin/Lindee, S. 3, 2.
71 Rheinberger, 1999, S. 273.
72 Carsten, 2000, S. 10.
73 Schneider, 1968, S. 40.
74 Beachy, 2015, S. 99, 100.
75 Freud, Die Sexualität in der Ätiologie der Neurosen, in: GW, Bd. I, S. 507.
76 Adams, S. 217 f.
77 Adams, S. 223.
78 Weston, 1991, S. 27, 35.
79 Tagesspiegel, 8. 2. 2016.
80 Goody, 1989, S. 86 f.
81 Neukirchen, 2005.
82 Howell, 2006.
83 Yngvesson, 2010.
84 LPartG § 9 Absatz 7.
85 Rupp, S. 25–30.
86 Irle, 2014.
87 Rupp, S. 25–30.
88 Im Februar 2013 erklärte das Bundesverfassungsgericht das Verbot der Zweitadoption für verfassungswidrig. Es berief sich auf das seit 2001 bestehende Lebenspartnerschaftsgesetz. Frankfurter Allgemeine Sonntagszeitung, 24. 2. 2013.
89 Hayden, S. 48, 52.
90 Hayden, S. 54, 56.
91 Tagesspiegel, 1. 9. 2017.
92 Frankfurter Allgemeine Sonntagszeitung, 24. 2. 2013.
93 Frankfurter Allgemeine Sonntagszeitung, 24. 2. 2013.
94 Andreas Bernard, Süddeutsche Zeitung, 2./3. 2. 2013.

95 Jenny Becker, Co-Parenting: Allein zusammen erziehend. Die Zeit Nr. 2, 5. 1. 2017.
96 König, 2015.
97 Der Tagesspiegel, 9. 11. 2016, S. 12.
98 Zit. n. Becker, Die Zeit, 5. 1. 107.
99 Hope, 2014.
100 Bernard, S. 15.
101 Lennart Nilsson, Drama of Life before Birth, photo essay, Life Magazine, April 30, 1965.
102 Kölsch-Bunzen, S. 235.
103 Zu den Folgen der Pille vgl. Niethammer/Satjukow 2016.
104 Wilhelm, 1911, S. 105 f.
105 Bernard, S. 266, 319, 298.
106 Urteilschrift des Supreme Court of California vom 20. Mai 1993, Johnson v. Calvert: http://faculty.law.miami.edu/zfenton/documents/Johnsonv.Calvert.pdf.
107 Bernard, S. 343.
108 Spar, S. XI.
109 Bernard, S. 347, 349.
110 Die Zeit v. 7. 6. 2001.
111 Papa, Papi, Kind – gleiches Recht für Homo-Ehen, Dokumentarfilm ARD 4. 7. 2016.
112 Tagesspiegel, 17. 11. 2014.
113 Egg Freezing for Millenials: The latest Start-up Trend. http://nymag. Com/thecut/2017/02/egg-freezing-clinics-for-millenials.
114 Tagesspiegel, 17. 11. 2014.
115 http://uscfertility.org/fertility-preservation/egg-freezing-faqs/
116 http://www.stern.de/familie/kinder/social-freezing-erlaubt-mehrheit-der-jungen-deutschen-wuenscht-sich-kinder-6642686.html
117 Ein Designerbaby nach Bauplan – für 140 000 Dollar, Die Welt, 2. 1. 2016.
118 50 Jahre Antibaby-Pille. Film von Michaela Kirst, D/USA 2010, Ausstrahlung Arte am 12. 11. 2010.
119 Spar, S. 5 f.
120 Le Monde, 2. 2. 2015.
121 Tagesspiegel, 2. 2. 2016.
122 Frankfurter Allgemeine Sonntagszeitung, 10. 6. 2007.
123 Hikabe O. et al. (2016): Reconstitution in vitro of the entire cycle of the mouse female germ line. Nature. DOI: 10.1038/nature20104. URL: go.nature.com/2dk1ANJ
124 Werden Männer entbehrlich? Frauen machen sich ihr Sperma selbst, Tagesspiegel, 26. 2. 2016.
125 Bornemann, 1979, S. 534 f.
126 Firestone, 1970.
127 Tagesspiegel, 5. 10. 2014.
128 Tagesspiegel 26. 4. 2017.
129 New York Times, 14. 1. 2014.
130 Franklin, 2013, S. 18.
131 Bernard, S. 101.
132 Zit. n. Bernard, S. 172.
133 Shalev, S. 62, 68, 69.
134 Bernard, S. 210, 216, 416.
135 Bernard, S. 98.
136 New York Times/Süddeutsche Zeitung, 27. 3. 2017.
137 Bernard, S. 101.
138 Bernard, S. 102 f., 107, 109.
139 Bernard, S. 128, 82 f., 92 f.
140 Bernard, S. 146, 147, 154.
141 Mroz, 2017.
142 Bernard, S. 148, 151, 149.
143 Frankfurter Allgemeine Zeitung, 26. 11. 2013.
144 Bernard, S. 225 f., 120.
145 Schumpeter, S. 260.
146 Tagesspiegel, 10. 6. 2014.
147 Tagesspiegel, 23. 2. 2017.
148 Tagesspiegel, 23. 3. 2016.
149 Sherman, 1964.
150 New York Times, 14. 2. 2017.
151 Feldman, S. 9792.
152 Feldman, S. 9795.
153 Ruth Feldman, Kyle Pruett, Hammer Conversations v. 17. 4. 2014. https://

www.youtube.com/watch?v=aU_3drMsUhK

154 Eine der ersten Untersuchungen, die den Zusammenhang von Vaterschaft und Testosteronspiegel nachgewiesen hat, war: Storey/Walsh/Quinton/Wynne-Edwards 2000.
155 Held, 2018.
156 Ebd.
157 Vgl. u. a. Oberndorf/Rost 2005; Maihofer 2014.
158 Nickel, 2018, S. 2, 3, 2, 8.
159 Süddeutsche Zeitung, 15. 9. 2017.
160 Vgl. Grossmann/Grossmann/Fremmber-Brombik/Kindler/Scheuerer-Englisch/Winter/Zimmermann, 2006.
161 Vgl. Sarkadi/Kristiansson/Oberklaid/Bremberg, 2008, S. 153–158; s. a. Borgloh/Güllner/Wilking/Andress, 2002.
162 Haraway, 2016.
163 Harari, 2017.

Résumé: Das Ende der Blutsbande?

1 Leibowitz, S. 83, 86.
2 Deleuze/Guattari, 1977; dies. 1992.
3 S. dazu u. a. Sauer, 2017.
4 Lepenies, 2017.
5 Europe's far right look to women, in: New York Times International Edition, 1. 3.2017.
6 Dietze, 2016; Hark/Villa 2017.
7 Hochschild, 2017.
8 CNN 22. 6. 2017. http:/edition.cnn.com/201706/22/politics/donald-trump-poor-person.indev.html.
9 New York Times International Edition v. 24. 5. 2017.
10 http//www.pnas.org/content/112/49/15078; s. a. https//www.brookingsedu/wp-content/uploads/2017/03/6_casedeaton.pdf.
11 Nicolas Eberstadt, Our miserable 21st Century, in: https//www.commentary-magazine.com/articles/our-miserable-21st-century/
12 http://www.oecd-ilibrary.org/social-issues-migration-health/trends-in-income-inequality-and-its-impact-on-economic-growth_5jxrjncwxv6j-en.
13 http://voxeu.org/article/democracy-and-growth-new-evidence.
14 Sabean/Teuscher, 2007, S. XI.
15 Carsten, 2000, S. 10.
16 Yanagisako, S. 44.
17 Franklin, 2013a, S. 286.
18 Ariane Bemmer, Familie für Fortgeschrittene, Tagesspiegel, 6. 4. 2016.
19 Fanny Jiménez, Bedingt beziehungsfähig, Die Welt, Wissenschaft, 3. 4. 2016.
20 Bernard, S. 477.
21 Edwards/Strathern, S. 149, 160.
22 Zit. n. Edwards/Strathern, S. 154.
23 S. etwa Fox Keller, 1995; Martin, 1991; Fausto-Sterling, 2000; Jahn, 2000; Richardson, 2013.
24 Lovink, 1994.
25 Freud, Das Unbewusste, in: GW, Bd. 10, S. 286; ders., in: GW, Bd. 15, S. 80.

LITERATURVERZEICHNIS

Adams, Tony E., 2013, Frames of Homosexuality: Comparing Los Angeles Times' Coverage of California's Proposition 6 (1978) and Proposition 8 (2008), in: Sexuality and Culture. An Interdisciplinary Quarterly, New York, Volume 17, No. 2, June, S. 213–228.
Aglietta, Michel/André Orléan (2002), La monnaie entre violence et confiance, Paris.
Aischylos (1988), Tragödien und Fragmente, hg. und übersetzt von Oskar Werner, München.
Allen, Paula Gunn (1986), The Sacred Hoop. Recovering the Feminine in American Indian Traditions, Boston.
Alesina, Alberto/Paola Giuliano/Nathan Nunn (2013), On the Origins of Gender Roles: Women and the Plough, in: The Quarterly Journal of Economics, Vol. 128 (2), S. 469–530.
Alexander, Philipp S. (1999), The Parting of Ways from the Perspective of Rabbinic Judaism, in: James D. G. Dunn (Hg.), Jews and Christians, the Parting of the Ways AD 70 to 135, Tübingen 1999, S. 1–25.
Anderson, Benedict (1998), Die Erfindung der Nation. Zur Karriere eines folgenreichen Konzepts (1983), übers. v. Benedict Burkart u. Christoph Münz, Berli.
Aristophanes, Lysistrata, übers. v. Joachim Knauth, Berlin, Henschel Schauspiel, o. J.
Aristoteles (1959), Über die Zeugung der Geschöpfe, übersetzt von Paul Gohlke, Paderborn.
Ders. (2003), Metaphysik, übersetzt von Thomas A. Szlezák, Berlin.
Ders. (1990), Der Staat der Athener. Übersetzt und erläutert von Mortimer Chambers, in: Aristoteles, Werke in deutscher Übersetzung, Bd. 10, Darmstadt.
Ders. (1991), Die Nikomachische Ethik, Übersetzt und mit einer Einführung versehen von Olof Gigon, München.
Ders. (1995), Philosophische Schriften in sechs Bänden, nach der Übersetzung von Eugen Rolfes bearbeitet von Günther Bien, Hamburg 1995.
Ders. (1961), Über die Seele, Buch I, in: Die Lehrschriften, hg. und übertr. v. Paul Gohlke, Paderborn.
Assmann, Jan, (1999) Das kulturelle Gedächtnis. Schrift, Erinnerung und politische Identität in frühen Hochkulturen, München.
Ders. (1998), Moses der Ägypter. Entzifferung einer Gedächtnisspur, München.
Ders. (2003), Die mosaische Unterscheidung oder der Preis der Freiheit, München/Wien.
Astuti, Rita (2009), Revealing and Obscuring River's Pedigrees. Biological Inheritance and Kinship in Madagaskar in: Bamford/Leach (Hg.), Kinship and Beyond, S. 214–236.
Aubert, Guillaume (2013), Kinship, Blood, and the Emergence of the Racial Nation in the French Atlantic World, 1600–1789, in: Johnson/Jussen/Sabean/Teuscher (Hg.) Blood & Kinship, S. 175–195.

Bachofen, Johann Jakob (1975), Das Mutterrecht. Eine Untersuchung über die Gynaikokratie der alten Welt nach ihrer religiösen und rechtlichen Natur, hg. v. Hans-Jürgen Heinrichs, Frankfurt/M.
Bacon, Lord Francis (1983), Über die Würde und den Fortgang der Wissenschaften, verdeutscht v. D. Johann Hermann Pfingsten, Pest.
Balibar, Etienne/ Immanuel Wallerstein (1988), Race, nation, classe. Les identités ambiguës, Paris.
Baltrusch, Ernst (2002), Die Juden und das Römische Reich, Darmstadt.
Bamford, Sandra/James Leach (Hg.) (2009), Kinship and Beyond. The Genealogical Model Reconsidered, New York/Oxford.
Bamford, Sandra (2009a), ›Family Trees‹ Among the Kamea of Papua New Guinea. A Non-Genealogical Approach to Imagining Relatedness, in: Bamford/Leach, Kinship and Beyond, S. 159–174.
Battegay, Caspar (2011), Das andere Blut. Gemeinschaft im deutsch-jüdischen Schreiben 1830–1930, Köln, Weimar, Wien 2011.
Baumann, Zygmunt (2013), The Individualized Society, Hoboken, NJ.
Baur, Wilhelm (1884), Das deutsche evangelische Pfarrhaus. Seine Gründung, seine Entfaltung und sein Bestand, 3. Aufl. Bremen.
Bax, Daniel (2015), Angst ums Abendland. Warum wir uns nicht vor Muslimen, sondern vor den Islamfeinden fürchten sollten, Frankfurt/M.
Beachy, Robert (2015), Das andere Berlin. Die Erfindung der Homosexualität: Eine deutsche Geschichte 1887–1933, München.
Beck, Ulrich/Elisabeth Beck-Gernsheim (1990), Das ganz normale Chaos der Liebe, Frankfurt/M.
Dies. (Hg.) (1994), Riskante Freiheiten. Individualisierung in modernen Gesellschaften, Frankfurt/M.
Dies. (2002), Individualization. Institutionalized Individualism and its Social and Political Consequences, Thousand Oaks, CA.
Becker, Adam H./Annette Yoshiko Reed (Hg.) (2003), The Ways that Never Parted: Jews and Christians in Late Antiquity and the Early Middle Ages, Tübingen.
Benbassa, Esther/Jean-Christophe Attis (2002), Haben die Juden eine Zukunft? Ein Gespräch über jüdische Identitäten, Zürich.
Benjamin, Jessica (1990), Die Fesseln der Liebe. Psychoanalyse, Feminismus und das Problem der Macht; übers. von Nils Thomas Lindquist und Diana Müller, Basel.
Dies. (2002), Der Schatten des Anderen. Intersubjektivität, Gender, Psychoanalyse, übers. von Irmgard Hölscher, Frankfurt/M. 2002.)
Bergel, Gary (1998), When You Were Formed in Secret, Reston, VA (National Right to Life Pamphlet).
Bering, Dietz (1978), Die Intellektuellen, Geschichte eines Schimpfwortes, Stuttgart.
Bernard, Andreas (2014), Kinder machen. Neue Reproduktionstechnologien und die Ordnung der Familie. Samenspender, Leihmütter, Künstliche Befruchtung, Frankfurt/M.
Bettelheim, Bruno (1971), Die Kinder der Zukunft: Gemeinschaftserziehung als Weg einer neuen Pädagogik, übers. von Ilse Winger, Wien/München/Zürich.
Biale, David (2007), Blood and Belief. The Circulation of a Symbol between Jews and Christians, Berkeley.

Bieberstein, Klaus (2003), Geschichten ziehen Grenzen. Esra, Nehemia und Rut im Streit, in: Max Küchler/Peter Reinl (Hg.), Randfiguren in der Mitte, Freiburg (Schweiz) 2003, S. 33–47.

Ders. (2004), Grenzen definieren. Israels Ringen um Identität. In: Joachim Kügler (Hg.), Bayreuther Forum TRANSIT, Impuls oder Hindernis? Mit dem Alten Testament in multireligiöser Gesellschaft. Beiträge des Internationalen Bibel-Symposiums Bayreuth 27.–29. September 2002, Münster, S. 59–72.

Bien, Walter/Angela Hartl/Markus Teubner (2002), Stieffamilien in Deutschland. Eltern und Kinder zwischen Normalität und Konflikt, Wiesbaden.

Binswanger, Christoph (2011), Die Glaubensgemeinschaft der Ökonomen. Essays zur Kultur der Wirtschaft, 2., aktualisierte Auflage, Hamburg.

Bloch, Chaijm (1935), Blut und Eros im jüdischen Schrifttum und Leben, Wien.

Boas, Franz (1911), Handbook of the American Indian Languagues, Bureau of American Ethnology, Bulletin 40.

Bock v. Wülfingen, Bettina (2012), Economies and the Cell. Conception and Heredity Around 1900 and 2000. Habilitationsschrift, Berlin.

Bodenhorn, Barbara (2000), ›He used to be my relative‹: Exploring the bases of relatedness among Iñupiat of Northern Alaska, in: Janet Carsten (Hg.), Cultures of Relatedness, S. 128 bis 148.

Böhme, Hartmut/Gernot Böhme (1983), Das Andere der Vernunft. Zur Entwicklung von Rationalitätsstrukturen am Beispiel Kants, Frankfurt/M.

Borgloh, B./M. Güllner/K. Wilking/H. J. Andress (2003), Wenn aus Liebe rote Zahlen werden, hg. v. Bundesministerium für Familie, Senioren, Frauen, Berlin.

Bornemann, Ernest (1970), Das Patriarchat. Ursprung und Zukunft unseres Gesellschaftssystems, Frankfurt/M.

Bouquet, Mary (2007), Figures of relations: reconnecting kinship studies and museum collections, in: Müller-Wille/Rheinberger (Hg.), Heredity Produced, S. 167–190,

Bourel, Dominique (2015), Martin Buber, Sentinelle de l'Humanité, Paris. Deutsch: Martin Buber. Was es heißt, ein Mensch zu sein, übers. v. Horst Brühmann, Gütersloh 2017.

Bovenschen, Silvia (1979), Die imaginierte Weiblichkeit – Exemplarische Untersuchungen zu kulturgeschichtlichen und literarischen Präsentationsformen des Weiblichen, Frankfurt/M.

Boyarin, Daniel (1993), Carnal Israel. Reading Sex in Talmudic Culture, Berkeley CA.

Ders. (1997), Unheroic Conduct. The Rise of Heterosexuality and the Invention of the Jewish Man, Berkeley CA.

Ders. (1994), A Radical Jew. Paul and the Politics of Identity, Berkeley CA.

Ders. (1999), Dying for God. Martyrdom and the Making of Christianity and Judaism, Stanford CA.

Ders. (2004), Border Lines. The Partition of Judaeo-Christianity, Philadelphia.

Braun, Christina von (1981), Verfemt, Verfälscht, Vergessen. Die Frauen der Französischen Revolution von 1789, Film, Köln (WDR).

Dies. (1982), Begegnungen der Ersten Art. Marguerite Yourcenar und die Académie Française, Film, München (BR).

Dies. (1984), Von Wunschtraum zu Alptraum. Eine Geschichte des utopischen Denkens. Film, München (BR).

Dies. (1985) Nicht ich. Logik Lüge Libido, Frankfurt/M 1985, Neuauflage Berlin 2009.
Dies. (1987), Unerhört. Zur Geschichte der deutschen Frauenbewegung von 1830 bis heute, Film Folge 4: Der Kampf um Bildung, Film, Köln (WDR).
Dies. (1989), Die ›Blutschande‹. Wandlungen eines Begriffs: Vom Inzestverbot zu den Rassengesetzen. In: dies.: Die schamlose Schönheit des Vergangenen. Zum Verhältnis von Geschlecht und Geschichte. Frankfurt/M., S. 81–112.
Dies. (1992), Das Kloster im Kopf. Weibliches Fasten von mittelalterlicher Askese zu moderner Anorexie. In: Karin Flaake, Vera King (Hg.), Weibliche Adoleszenz. Zur Sozialisation junger Frauen, Frankfurt/M., S. 213–239;
Dies. (1993/2013), Von der ›virgo fortis‹ zur modernen Anorexie. Geistesgeschichtliche Hintergründe der modernen Anorexie, in: Günter Seidler (Hg.), Magersucht. Öffentliches Geheimnis, Göttingen/Zürich, S. 134–166.
Dies. (1990/2000), Und der Feind ist Fleisch geworden, in: dies., Wolfgang Gerlach, Ludger Heid, Der Ewige Judenhaß, Christlicher Antijudaismus, Deutschnationale Judenfeindlichkeit, Rassistischer Antisemitismus (Begleitbuch zur gleichnamigen Filmtrilogie von Christina von Braun), Stuttgart, Bonn 1990, Berlin 2000, S. 149–213.
Dies. (1994), Böses Blut. Mythen und Wirkungsgeschichte der Syphilis, Film, Köln (WDR) 1994.
Dies. (1997), Zum Begriff der Reinheit, in: Metis, Zeitschrift für Historische Frauenforschung, Dortmund, Heft I, S. 7–25.
Dies. (2001/2016), Versuch über den Schwindel. Religion, Schrift, Bild, Geschlecht, Zürich/Gießen.
Dies. (2001a), Das Gen als ›corpus Christi mysticum‹, in: Dirk Matejowski, Dietmar Kamper, Gerd-C. Weniger (Hg.), Mythos Neanderthal. Ursprung und Zeitenwende, Frankfurt/M. S. 195–210.
Dies. (2003), Wissen & Körper, in: Stefan Iglhaut/Thomas Spring (Hg.), Science + Fiction. Zwischen Nano-Welt und globaler Kultur, Berlin. S. 159–178.
Dies. (2004), Zwischen Wissen und Glauben. Das Bild der menschlichen Natur, in: Rainer M. E. Jacobi et al. (Hg.), Im Zwischenreich der Bilder, Leipzig, S. 243–266.
Dies. (2005), Das Geschlecht des Kreuzes, in: Florian Uhl, Artur Boelderl (Hg.), Das Geschlecht der Religion, Berlin, S. 23–44.
Dies. (2006), Die Virtualisierung des Heimat-Begriffs, in: Katja Heinecke, Jan Wenzel (Hg.), Heimat Moderne, Berlin, S. 11–15.
dies. (2007), Stille Post. Eine andere Familiengeschichte, Berlin.
Dies. (2008), The Symbol of the Cross: Secularization of a Metaphor from the Early Church to National Socialism, in: Doris Bergen (Ed.), Lessons and Legacies, Vol. VII, From Generation to Generation, Evanston Ill, S. 5–33.
Dies. (2009), Glauben, Wissen und Geschlecht in den drei Religionen des Buches, Wien.
Dies. (2012), Der Preis des Geldes. Eine Kulturgeschichte, Berlin.
Dies. (2016), Sekundäre Religionen. Fundamentalismus und Medien, Wien.
Dies. (2018), Die Zugehörigkeit zur jüdischen Gemeinschaft, in: v. Braun/Brumlik, Handbuch Jüdische Studien, S. 15–58.
Braun, Christina von/Christoph Wulf (Hg.) (2007), Mythen des Blutes, Frankfurt/M., New York.
Braun, Christina von/Inge Stephan (Hg.) (2013), Gender@Wissen. Ein Handbuch der Gender-Theorien, Wien/Köln/Weimar, 3., aktualisierte und erweiterte Auflage.

Braun, Christina von/Bettina Mathes (2017), Verschleierte Wirklichkeit. Die Frau, der Islam und der Westen, Neuauflage, Gießen.
Braun, Christina von/Micha Brumlik (Hg.) (2018), Handbuch Jüdische Studien, Wien/Köln/Weimar.
Braun, Karl (1997), Der Tod des Stiers. Fest und Ritual in Spanien, München.
Bremmer, Jan/Laurens van den Bosch (Hg.) (1994), Between Poverty and the Pyre. Moments in the History of Widowhood, London.
Brockhaus, Gudrun (2008), Muttermacht und Lebensangst. Zur politischen Psychologie der Erziehungsratgeber Johanna Haarers. In. José Brunner (Hg.), Mütterliche Macht und väterliche Autorität. Elternbilder im deutschen Diskurs, in: Tel Aviver Jahrbuch für deutsche Geschichte, Nr. 36. Göttingen, S. 63–77.
Brown, Peter (1994), Die Keuschheit der Engel. Sexuelle Entsagung, Askese und Körperlichkeit im frühen Christentum, aus dem Englischen v. Martin Pfeiffer, München.
Brumlik, Micha (2003), Kommentar zur 7. These von ›Dabru Emet‹, in: Rainer Kampling, Michael Weinrich (Hg.), Dabru Emet – redet Wahrheit: Eine jüdische Herausforderung zum Dialog mit den Christen, Gütersloh, S. 122–132.
Brumlik, Micha (2007), Judentum. Was stimmt? Die wichtigsten Antworten, Freiburg i. Br.
Brumlik, Micha (2011), Papa ante Portas. Warum die Gemeinden auch Kinder jüdischer Väter als Mitglied akzeptieren sollten. Ein Plädoyer. In: Jüdische Allgemeine v. 6. 11.
Brumlik, Micha (2015), Matrilinearität im Judentum. Ein religionshistorischer Essay, in: Lea Wohl von Haselberg (Hg.), Hybride Jüdische Identitäten. Gemischte Familien und patrilineare Juden, Berlin, S. 19–33.
Bruns, Claudia (2008), Politik des Eros. Der Männerbund in Wissenschaft, Politik und Jugendkultur, 1880–1934, Wien/Köln/Weimar.
Buber, Martin (1920), Das Zion der jüdischen Frau, in: Die jüdische Bewegung, Berlin, S. 28–38.
Ders. (1923), Das Judentum und die Juden, in: ders., Reden über das Judentum, Frankfurt/M.
Ders. (1994), Ich und Du, 12. Auflage, Gerlingen.
Burckhardt, Martin (1994), Metamorphosen von Raum und Zeit. Eine Geschichte der Wahrnehmung, Frankfurt/M.
Ders. (1999), Vom Geist der Maschine. Eine Geschichte kultureller Umbrüche, Frankfurt/M.
Bynum, Caroline Walker (1991), Fragmentation and Redemption. Essays on Gender and the Human Body in Medieval Religion, New York. In der deutschen Ausgabe fehlen einige Teile: vgl. Fragmentierung und Erlösung, Frankfurt/M. 1995.
Dies. (2011), Christian Materiality. An Essay on Religion in Late Medieval Europe, New York.
Calvi, Giulia (2007), Rights and Ties that bind. Mothers, Children, and the State of Tuscany during the Early Modern Period, in: Sabean/Teuscher/Matthieu (Hg.), Kinship in Europe, S. 145–162.
Camporesi, Piero (1989), The Consecrated Host: A Wondrous Excess, in: Michel Feher/Ramona Nadaff/Nadia Tazi (Hg.), Fragments for a History of the Human Body, New York, Teil I, S. 220–237.
Carapacchio, Ina (2009), Kinder in Regenbogenfamilien. Eine Studie zur Diskriminierung von Kindern Homosexueller und zum Vergleich von Regenbogenfamilien mit heterosexuellen Familien, Saarbrücken.

Cardoso, Ruth (1984), Creating Kinship: The Fostering of Children in Favela Families in Brazil. In: Raymond T. Smith (Hg.), Kinship Ideology and Practice in Latin America, Chapel Hill, S. 196–203.

Cardoso, Ruth/Ivan Brady (Hg.) (1976), Transactions in Kinship: Adoption and Fosterage in Oceania, Honolulu.

Carsten, Janet (Hg.) (2000), Cultures of Relatedness. New Approaches to the Study of Kinship, Cambridge.

Dies. (2004), After Kinship, Cambridge.

Cartron, Laure (2007), Degeneration and ›Alienism‹ in Early Nineteenth Century France, in: Müller-Wille/Rheinberger (Hg.), Heredity Produced, S. 155–174.

Cassidy, Rebecca (2009), Arborescent Culture. Writing and Not Writing Racehorse Pedigrees, in: Bamford/Leach, Kinship and Beyond, S. 24–49.

Chalom, Adam (2009), A Judaism for Secular Jews, in: Zwi Gitelman (Hg.), Religion or Ethnicity, Jewish Identities in Evolution, New Brunswick NJ u. London, S. 286–302.

Chou, Eileen Y./Bidhan L. Parmar/Adam D. Galinsky (2016), Economic Insecurity Increases Physical Pain, in: Psychological Science, February 18.

Clay, Catrine/Michael Leapman (1995), The Master Race. The Lebensborn Experiment in Nazi Germany, London.

Cohen, Shaye J. D. (1985), The Origins of the Matrilineal Principle in Rabbinic Law, in: Association for Jewish Studies (AJS) Review, Nr. 10, March, S. 19–53.

Ders. (1999), The Beginnings of Jewishness. Boundaries, Varieties, Uncertainties. Hellenistic Culture and Society, Los Angeles.

Connerton, Paul (1989), How Societies Remember, Cambridge MA.

de Coppet, Daniel (1985), Land Owns People, in: R. H. Barnes/D. de Coppet/R. J. Parkin (Hg.), Contexts and Levels. Anthropological Essays on Hierarchy, Oxford.

Crapanzano, Vincent (2000), Serving the World. Literalism in America from the Pulpit to the Bench, New York.

Crawley, Alfred Ernest (1909), The Idea of the Soul, London.

Cunningham, Hilary (2009), Genes, Mobility and the Enclosures of Capital. Contesting Ancestry and Its Application in Iceland, in: Bamford/Leach, Kinship and Beyond, S. 111 bis 137.

Daly, Martin/Margo I. Wilson (1996), Violence against stepchildren, in: Current Directions in Psychological Science No. 5, S. 77–81.

Dies., (1998), The Truth about Cinderella. A Darwinian view of Parental Love, London.

Dashefsky, Arnold/Ira Sheskin (2013), American Jewish Year Book.

Darwin, Charles (1909), Die Abstammung des Menschen und die geschlechtliche Zuchtwahl, übers. von Heinrich Schmidt, Leipzig.

Dauzat, Albert (1977), Les Noms de famille en France. Traité d'anthroponymie française (1945) Paris.

Dawkins, Richard(1994), Das egoistische Gen, übers. v. Karin de Sousa Ferreira, mit einem Vorwort v. Wolfgang Wickler, Heidelberg.

Ders. (2007), Der Gotteswahn, übers. v. Sebastian Vogel, Berlin.

Deleuze, Gilles/Félix Guattari (1977), Rhizom, aus d. Französischen übersetzt von Dagmar Berger, Berlin.

Dies. (1992), Tausend Plateaus. Kapitalismus und Schizophrenie, übers. v. Gabriele Ricke und Ronald Voullié, Berlin.

Delille, Gerard (2013), The Shed Blood of Christ. From Blood as Metaphor to Blood as Bearer of Identity, in: Johnson/Jussen/Sabean/Teuscher (Hg.), Blood & Kinship, S. 125–143.

DellaPergola, Sergio (2016), Israel and The Diaspora: Convergent and Divergent Markers, in: Eliezer Ben-Rafael/Julius H. Schoeps/Yitzhak Sternberg/Olaf Glöckner (Hg.) Handbook of Israel: Major Debates, Oldenbourg, Bd. 2, S. 1080–1101.

Derouet, Bernard (2007), Political Power, Inheritance, and Kinship Relations. The Unique Features of Southern France (Sixteenth – Eighteenth Centuries), in: Sabean/Teuscher/Matthieu (Hg.), Kinship in Europe, S. 105–124.

Derrida, Jacques (1974), Grammatologie, übers. v. Hans-Jörg Rheinberger und Hanns Zischler, Frankfurt/M.

Ders. 1994, Zirkumfession, in: Jacques Derrida. Ein Portrait, von Geoffrey Bennington u. Jacques Derrida, aus dem Französischen von Stefan Lorenzer, Frankfurt/M.

Deutsches Historisches Museum Berlin (Hg.) (2013), Leben nach Luther. Eine Kulturgeschichte des evangelischen Pfarrhauses, Bönen.

Dietze, Gabriele (2016)›Das Ereignis‹ Köln, in: Femina Politica 2016/1, S. 93–102.

Dies. (2017), Sexualpolitik. Verflechtungen von Race und Gender, Frankfurt/M.

Dinter, Artur (1927), Die Sünde wider das Blut (1917), Leipzig.

Ders. (1932), Die Rassen- und Judenfrage im Lichte des Geistchristentums, In: Der Jud ist schuld …?, Diskussionsbuch über die Judenfrage, Basel, Berlin, Leipzig, Wien, S. 95–106.

Dohmen, Christoph/Günter Stemberger (1996), Hermeneutik der Jüdischen Bibel und des Alten Testaments, Köln.

Donath, Orna (2016) Regretting Motherhood. Wenn Mütter bereuen, übers. v. Karlheinz Dürr u. Elsbeth Ranke, München.

Donner, Herbert (1986), Geschichte des Volkes Israel und seiner Nachbarn in Grundzügen. Band 2: Von der Königszeit bis zu Alexander dem Großen. Mit einem Ausblick auf die Geschichte des Judentums bis Bar Kochba (Grundrisse zum Alten Testament. 4, 2), Göttingen.

Douglas, Mary (1988), Reinheit und Gefährdung. Eine Studie zu Vorstellungen von Verunreinigung und Tabu, übers. v. Brigitte Luchesi, Frankfurt/M.

Droysen, Johann Gustav (1967), Briefwechsel 1, 1829–1851, hg. v. Rudolf Hübner, Deutsche Geschichtsquellen des 19. Jahrhunderts, 2. Auflage, Osnabrück.

Dubnow, Simon (1931), Diaspora, in: Edwin R. A. Seligman/Alvin Johnson (Hg.): Encyclopaedia of the Social Sciences, Bd. 5, New York, Bd. 5, S. 126–130.

Duden, Barbara (2002), Geschichte des Ungeborenen. Zur Erfahrungs- und Wissenschaftsgeschichte der Schwangerschaft, 17.–20. Jahrhundert, Bd. 2, Göttingen.

Duhamelle, Christophe (2007), The Making of Stability. Kinship, Church, and Power among the Rhenish Imperial Knighthood, Seventeenth and Eighteenth Centuries, in: Sabean/Teuscher/Matthieu (Hg.), Kinship in Europe, S. 125–144.

Durkheim, Emile (1898), Rezension von J. Kohler, Urgeschichte der Ehe: Totemismus, Gruppenehe, Mutterrecht, in: L'Année Sociologique No. I, S. 306–319.

Ders. (1983), Der Selbstmord, Übersetzt von Sebastian und Hanne Herkommer, Frankfurt/M.

Edwards, Jeanette (2009), Skipping a Generation and Assisting Conception, in: Bamford/Leach, Kinship and Beyond, S. 138–158.

Edwards, Jeanette/Marilyn Strathern (2000), Including our own, in: Carsten (Hg.), Cultures of Relatedness, S. 149–166.
Elbogen, Ismar (1993), Jewish Liturgy. A Comprehensive History, Philadelphia 1993. Es handelt sich um eine erweiterte Ausgabe des ursprünglich deutschen Titels ›Der Jüdische Gottesdienst in seiner geschichtlichen Entwicklung‹, 1913.
Eribon, Didier (2016), Rückkehr nach Reims, aus dem Französischen von Tobias Haberkorn, Frankfurt/M.
Étienne, Lucien (1932), Une découverte dans l'alphabet. Révelation scientifique, Paris.
Euripides (1958), Medea, nach der Übers. von J. A. Hartung in: Griechische Tragiker, hg. v. Wolf Hartmut Friedrich, München, S. 632–673.
Ders., (1975), Hippolytus, übers. u. hrsg. v. Dietrich Bender, Berlin.
Faure-Pragier, Sylvie (2003), Bébés de l'inconscient: le psychanalyste face aux stérilités féminines aujourd'hui, Paris.
Fausto-Sterling, Anne (1988), Gefangene des Geschlechts?: Was biologische Theorien über Mann und Frau sagen, München/Zürich.
Dies. (2000), Sexing the body. Gender politics and the construction of sexuality, New York.
Dies. (2012), Sex/Gender. Biology in a Social World, New York.
Febvre, Lucien/Henri-Jean Martin (1976), The Coming of the Book. The Impact of Printing, 1450–1800, London/New York.
Feierstein, Liliana (2018), Diaspora, in: v. Braun/Brumlik, Handbuch Jüdische Studien, S. 99 bis 110.
Feldman, Ruth et al. (2014), Father's brain is sensitive to childcare experiences, in: Psychological and Cognitive Sciences, Vol. 111, No. 27, July 8.
Finkelstein, Israel/Neil A. Silberman (2015), Keine Posaunen vor Jericho. Die archäologische Wahrheit über die Bibel, aus dem Englischen von Miriam Magall, München.
Finkler, Kaja (2000), Experiencing the New Genetics. Family and Kinship on the Medical Frontier, Philadelphia PA.
Firestone, Shulamith (1970), The Dialectics of Sex. The Case for a Feminist Revolution, New York.
Flusser, Vilém (1991), Für eine Philosophie der Fotografie, 5. Aufl., Göttingen.
Foucault, Michel (1983), Sexualität und Wahrheit. Bd. 1 Der Wille zum Wissen. Übers. v. Ulrich Raulff und Walter Seitter, Frankfurt/M.
Ders. (1989), Die Sorge um sich. Sexualität und Wahrheit Bd. 3, übers. v. Ulrich Raulff und Walter Seitter, Frankfurt/M.
Fox Keller, Evelyn (1995), Reflections on gender and science, New Haven Conn.
Franklin, Sarah (1997), Embodied Progress. A Cultural Account of Assisted Conception, London.
Dies. (1998), Making Miracles. Scientific Progress and the Facts of Life, in: dies./Heléna Ragoné (Hg.), Reproducing Reproduction. Kinship, Power, and Technological Innovation, Philadelphia.
Dies. (2013), Biological Relatives: IVF, Stem Cells, and the Future of Kinship, London, Durham.
Dies. (2013a), From Blood to Genes? Rethinking Consanguinity in the Context of Geneticization, in: Johnson/Jussen/Sabean/Teuscher (Hg.), Blood & Kinship, S. 285–306.

Fratzscher, Michael (2016), Verteilungskampf. Warum Deutschland immer ungleicher wird, München.
Freud, Sigmund (1952 ff.), Gesammelte Werke, Frankfurt/M.
Frevert, Ute (1991), Ehrenmänner. Das Duell in der bürgerlichen Gesellschaft. München.
Dies. (1995), Mann und Weib und Weib und Mann. Geschlechterdifferenzen in der Moderne, München.
Dies. (2013), Vertrauensfragen. Eine Obsession der Moderne, München.
Dies. (2017), Die Politik der Demütigung. Schauplätze von Macht und Ohnmacht, Frankfurt/M.
Fritsch, Theodor (1887), Antisemiten-Katechismus. Eine Zusammenstellung des wichtigsten Materials zum Verständnis der Judenfrage, Leipzig.
Frymer-Kensky, Tikva (1995), Law and Philosophy: The case of sex in the bible, in: Jonathan Magonet (Hg.), Jewish Explorations of Sexuality, Providence, Oxford, S. 3–16.
Furmann, Liliana (2006), Hypothesen zum Übergang von der biblischen Patrilinearität zur rabbinischen Matrilinearität, aus dem Spanischen übersetzt von Ulrike Pütter, in: Freiburger Universitätsblätter, Freiburg, Heft 172, S. 45–54.
Galbraith, John Kenneth (1976), Geld. Woher es kommt, wohin es geht, übers. v. Karl Otto von Czernicki, München/Zürich.
Gatti, Gabriel (2013), Moral Techniques. Forensic Anthropology and Its Artifacts for Doing Good. In: Revista Digital de Sociologia des Sisteran Tecnoscientifico 3(1), S. 12–31.
Ders. (2015), Quand le sang (des victimes) gouverne la mémoire, http://memorywf.hyptheses.org/172 v. 19. 2.
Giddens, Anthony (1997), Sociology, Cambridge.
Gilders, William K. (2004), Blood Ritual in the Hebrew Bible, Baltimore.
Ders. (2007), ›Leben‹ und Opferritual in der Hebräischen Bibel, in: v. Braun/Wulf (Hg.), Mythen des Blutes, S. 31–42.
Gilman, Sander (1983), The Jew's Body, New York/London.
Ders. (1993), Freud, Race and Gender, Princeton NJ.
Gimbutas, Marija (1974), The Gods and Goddesses of Old Europe, 7000 to 3500 BC. Myths, Legends and Cult Images, London.
Glazer, Nathan (1957), American Judaism, Chicago.
Gleeson, Janet (2003), Der Mann, der das Geld erfand, übers. von Michael Müller, München.
Goebel, Jan/Martin Gornig/Hartmut Häußermann (2010), Die Polarisierung der Einkommen. Die Mittelschicht verliert, in: Wochenbericht des DIW, Berlin, Nr. 24.
Goethe, Johann Wolfgang von (1998), Die Wahlverwandtschaften, in: Schöne, Albrecht/Waltraut Wiethölter (Hg.), Faust I und II, Die Wahlverwandtschaften, in: Friedmar Apel et al (Hg.), Goethe Werke, Bd. 3, Frankfurt/M., Leipzig.
Goody, Jack/Ian Watt (1986), Konsequenzen der Literalität, in: dies. u. Kathleen Gough (Hg.), Entstehung und Folgen der Schriftkultur, mit einer Einleitung von Heinz Schlaffer, übersetzt v. Friedhelm Herborth, Frankfurt/M., S. 63–122.
Goody, Jack (1989), Die Entwicklung von Ehe und Familie in Europa, aus d. Englischen v. Eva Horn, Frankfurt/M.
Ders. (2002), Geschichte der Familie, aus dem Englischen von Holger Fließbach, München.
Goschler, Constantin (2002), Rudolf Virchow. Mediziner – Anthropologe – Politiker, Wien/Köln/Weimar.

Gotzmann, Andreas/Doron Kiesel/Karen Körber (2008), Im Gelobten Land? Die Integration russischsprachiger Juden in die jüdischen Gemeinden Deutschlands, Abschlussbericht – Berichtszeitraum: 1. April 2005–15. September 2008, Zentralrat der Juden in Deutschland, Berlin.

de Gouges, Olympe (1990), Déclaration des Droits de la femme et de la citoyenne, suivi de Préface pour les Dames ou Le Portrait des femmes, in: Hannelore Schröder (Hg.), Die Frau ist frei geboren. Texte zur Frauenemanzipation, 1789–1870, Band I, München.

de Graaf, Regnier (1972), On the Human Reproductive Organs. Annotated translation of Tractatus de Virorum Organis Genrerationi Inservientibus (1668) and De Mulieurum Organis Generationi Inservientibus Tractatus Novus (1672), in: H. D. Jocelyn and B. P. Setchell (Hg.), Journal of Reproduction and Fertility, Supplement No. 17, Oxford.

Gregor von Nyssa (1977), Über die Jungfräulichkeit, übers. v. W. Blum, Bibliothek der griechischen Literatur, hg. v. P. Wirth und W. Gessel, Bd. 7, Stuttgart, Kapitel II.

Gregory, Christopher A. (1982), Gifts and Commodities, London/New York.

Grosse, Pascal (2000), Kolonialismus, Eugenik und bürgerliche Gesellschaft 1850–1918, Frankfurt/M.

Grossmann, Karin/Klaus E. Grossmann/Elisabeth Fremmer-Brombik/Heinz Kindler/Hermann Scheuerer-Englisch/Monika Winter/Peter Zimmermann (2006), Väter und ihre Kinder. Die »andere« Bindung und ihre längsschnittliche Bedeutung für die Bindungsentwicklung, das Selbstvertrauen und die soziale Entwicklung des Kindes, in: Kornelia Steinhardt, Wilfried Datler, Johannes Gstach, (Hg.), Die Bedeutung des Vaters in der frühen Kindheit, Gießen, S. 43–72.

Grote, George (1882), Geschichte Griechenlands, Bd. 4,2, rev. Auflage Berlin.

Grözinger, Karl (2004/5), Jüdisches Denken. Theologie, Philosophie, Mystik. Bd. I: Vom Gott Abrahams zum Gott des Aristoteles, Frankfurt/M., Bd. 2: Von der mittelalterlichen Kabbala zum Hasidismus, S. 303–394.

Ders. (2018), Jüdische Mystik, in: v. Braun/Brumlik (Hg.), Handbuch Jüdische Studien, S. 191–210.

Guerreau-Jalabert, Anita (2013), Flesh and Blood in Medieval Language about Kinship, in: Johnson/Jussen/Sabean/Teuscher (Hg.), Blood & Kinship, S. 61–82.

Gull, William (1873), Anorexia hysterica, in: Brit. Med. Journal 2, S. 527–528;

Ha, Kien Nghi (2015), Unrein und vermischt. Postkoloniale Grenzgänge durch die Kulturgeschichte der Hybridität und der kolonialen ›Rassenbastarde‹, Bielefeld.

Haarer, Johanna (1936), Die deutsche Mutter und ihr erstes Kind, München.

Haarmann, Harald (1991), Universalgeschichte der Schrift, Frankfurt/M., New York.

Haeckel, Ernst (1921), Entwicklungsgeschichte einer Jugend. Briefe an die Eltern 1852–1856, Leipzig.

Hall, Stuart (1996), New Ethnicities, in: Baker, Houston/Diaware, Manthia/Lindeborg, Ruth (Hg.), Black British Cultural Studies Reader, Chicago, S. 163–172.

Hammer-Tugendhat, Daniela (1994), Erotik und Geschlechterdifferenz. Aspekte zur Aktmalerei Tizians. In: Daniela Erlach, Karl Vocelka (Hg.), Privatisierung der Triebe? Sexualität in der Frühen Neuzeit. Frankfurt/M., S. 367–446.

Harari, Yuval Noah (2013), Eine kleine Geschichte der Menschheit, aus dem Englischen von Jürgen Neubauer, München.

Ders. (2017), Homo Deus. Eine Geschichte von Morgen, aus dem Englischen von Andreas Wirthensohn, München.

Haraway, Donna (1989), Primate Visions. Gender, Race and Nature in the World of Modern Science, London.

Dies. (1991), Simians, Cyborgs and Women. The Reinvention of Nature, London.

Dies. (1997), Modest_Witness@Second_Millenium.FemaleMan©_Meets_OncoMouse. Feminism and Technoscience, New York.

Dies. (2016), Staying with the Trouble: Making Kin in the Chthulucene, Durham NC.

Harders, Ann-Cathrin (2013), Agnatio, Cognatio, Consanguinitas. Kinship and Blood in Ancient Rome, in: Johnson/Jussen/Sabean/Teuscher (Hg.), Blood & Kinship, S. 18–39.

Hark, Sabine/Mike Laufenberg (2013), Sexualität in der Krise. Heteronormativität im Neoliberalismus, in: Erna Appelt/Brigitte Aulenbacher/Angelika Wetterer (Hg.), Gesellschaft. Feministische Krisendiagnosen, Münster, S. 227–245.

Hark, Sabine/Paula-Irene Villa (Hg.) (2015), Anti-Genderismus. Sexualität und Geschlecht als Schauplätze aktueller politischer Auseinandersetzungen, Bielefeld.

Dies. (2017), Unterscheiden und herrschen. Ein Essay zu den ambivalenten Verflechtungen von Rassismus, Sexismus und Feminismus in der Gegenwart, Bielefeld.

Hartmann, Elke (2007), Frauen in der Antike. Weibliche Lebenswelten von Sappho bis Theodora, München.

Hartmann, Michael (2013), Soziale Ungleichheit. Kein Thema für die Eliten?, Frankfurt/M.

Hayden, Corinne P. (1995), Gender, Genetics, and Generation: Reformulating Biology in Lesbian Kinship, in: Cultural Anthropology, Vol. 10, No. 1 (Feb.), S. 41–63.

Harwazinski, Assia Maria (1999), Fundamentalismus/Rigorismus, in: Metzler Lexikon Religion, hg. v. Christoph Auffarth/Jutta Bernard/Hubert Mohr, Stuttgart/Weimar, Bd. I, S. 427–434.

Havelock, Eric A. (1992), Als die Muse schreiben lernte, aus dem Amerikanischen von Ulrich Enderwitz und Rüdiger Henschel, Frankfurt/M.

Heenen-Wolff, Susann (Hg.) (2010), Homosexualités et Stigmatisation, Paris.

Dies. (2011), Homoparentalités, Bruxelles.

Dies. (2015), Normativität in der Psychoanalyse – eine Kritik, in: Psyche Nr. 7, 69. Jg. Jul, S. 585–602.

Dies. (2017), Contre la normativité en psychanalyse. Sexe, genre, technique, formation: nouvelles approches contemporaines, Paris.

Heine, Heinrich (1995), Sämtliche Schriften, München.

Held, Tilo (2018) Das väterliche Gehirn, Vortrag gehalten am 21. 6. 2017 in Sils-Maria. 11. Silser Studienwoche über Kinder und Jugendlichenanalyse. Erscheint Psyche Jg. 72, Februar 2018.

Hénaff, Marcel (2009), Der Preis der Wahrheit. Gabe, Geld und Philosophie, übers. aus d. Französischen v. Eva Moldenhauer, Frankfurt/M.

Hentschel, Linda (2001), Pornotopische Techniken des Betrachtens. Raumwahrnehmung und Geschlechterordnung in visuellen Apparaten der Moderne, Marburg.

Herrmann-Otto, Elisabeth (2009), Sklaverei und Freilassung in der griechisch-römischen Welt, Hildesheim.

Hertwig, Oscar (1876), Beiträge zur Kenntnis der Bildung, Befruchtung und Theilung des thierischen Eis, in: Morphologisches Jahrbuch. Eine Zeitschrift für Anatomie und Entwicklungsgeschichte, Jg. 1, S. 347–434.

Ders. (1893), Die Zelle und die Gewebe. Grundzüge der allgemeinen Anatomie und Physiologie. Jena.

Herzog, Dagmar (2005), Die Politisierung der Lust. Sexualität in der deutschen Geschichte des 20. Jahrhunderts, aus dem Amerikanischen von Ursel Schäfer und Anne Emmert, München.

Dies. (2011), Sexuality in Europe. A Twentieth Century History, Cambridge.

Heschel, Susannah (2008), The Aryan Jesus. Christian Theologians and the Bible in Nazi Germany, Princeton NJ.

Hobbes, Thomas (1999), Leviathan oder Stoff, Form und Gewalt eines kirchlichen und bürgerlichen Staates. Hg. und eingeleitet von Iring Fetscher, Frankfurt/M.

Hobsbawm, Eric (1978), Europäische Revolutionen, übers. v. Boris Goldenberg, München.

Hocart, Arthur Maurice (1915), Chieftainship and the Sister's Son in the Pacific, in: American Anthropologist, 17, S. 631–643.

Hochschild, Arlie Russell (2009), New York Times Book Review v. 18. 10.

Dies. (2017), Eine Reise ins Herz der amerikanischen Rechten, a. d. Englischen v. Ulrike Bischoff, Frankfurt/M.

Hodges, Richard (1982), Dark Age Economics. The Origins of Towns and Trade AD 600–1000, London.

Hohkamp, Michaela (2007), Sisters, Aunts, and Cousins. Familial Architectures and the Political Field in Early Modern Europe, in: Sabean/Teuscher/Matthieu (Hg.), Kinship in Europe, S. 91–104.

Holmes, J. Teresa (2009), When Blood Matters. Making Kinship in Colonial Kenya, in: Bamford/Leach (Hg.), Kinship and Beyond, S. 50–83.

Homolka, Walter (2018), Das jüdische Recht, in: v. Braun/Brumlik (Hg.), Handbuch Jüdische Studien, S. 227–240.

Honegger, Claudia (1991), Die Ordnung der Geschlechter. Die Wissenschaften vom Menschen und das Weib, Frankfurt/M.

Hope, Rachel (2014), Family by Choice. Platonic Partnered Parenting, Word Birth Publishing.

Hopfgartner, Marlene (2008), Zur Geschichte der Organtransplantation, in: Andreas Exenberger/Josef Nussbaumer (Hg.), Von Körpermärkten, Innsbruck, S. 59–77,

Howell, Signe (2006), The Kinning of Foreigners. Transnational Adoption in a Global Perspective. New York/Oxford.

Hufton, Olwen (1998), Frauenleben. Eine europäische Geschichte 1500–1800, aus dem Englischen von Holger Fliessbach und Rena Passenthien, Frankfurt/M.

Humboldt, Wilhelm von (1903), Über den Geschlechtsunterschied und dessen Einfluss auf die organische Natur, in: ders., Werke, hg. v. Albert Leitzmann, Bd. 1 (1785–1795), Berlin, S. 311–334,

Hutchinson, Sharon Elaine (2000), Identity and Substance: the broadening bases of relatedness among the Nuer of southern Sudan, in: Janet Carsten (Hg.), Cultures of Relatedness, S. 55–72.

Hutter, Michael (1993), Die frühe Form der Münze, in: Dirk Baecker (Hg.), Probleme der Form, Frankfurt/M., S. 159–180.

Ders. (1998), Signum non olet: Grundzüge einer Zeichentheorie des Geldes, in: Waltraud Schelkle, Manfred Nitsch (Hg.), Rätsel Geld. Annäherungen aus ökonomischer, soziologischer und historischer Sicht, Marburg, S. 325–352.

Hyde, Lewis (1979), The Gift. Imagination and the Erotic Life of Property, New York.

Idel, Mosche (2012), Alte Welten Neue Bilder. Jüdische Mystik und die Gedankenwelt des 20. Jahrhunderts, aus dem Englischen von Eva-Maria Thimme unter Mitarbeit von Sophia Fock, Berlin.

Illouz, Eva (2007), Gefühle in Zeiten des Kapitalismus, übers. aus dem Englischen von Martin Hartmann, Frankfurt/M.

Innis, Harold (1986), Empire & Communications, newly edited, with special introductions and an afterword by David Godfrey, Victoria, Toronto.

Irle, Katja (2014), Das Regenbogenexperiment. Sind Schwule und Lesben die besseren Eltern?, Weinheim und Basel.

Jacob, Walter (2008), Optionen für eine jüdische Identität, in: Aufbau. Das jüdische Monatsmagazin, April, S. 6–8.

Jahn, Ilse (Hg.) (2000), Geschichte der Biologie. Theorien, Methoden, Institutionen, Kurzbiographien, Wiesbaden.

Jefferson, Thomas (1984), Writings, New York (Library of America).

Vgl. Jianghong, Li/Paula Wyndow/Eugen Mattes (2013), World Development, Vol. 52, S. 34 bis 54.

Johnson, Christopher H./Bernhard Jussen/David Warren Sabean/Simon Teuscher (Hg.) (2013), Blood & Kinship. Matter for Metaphor from Ancient Rome to the Present, New York, Oxford.

Johnson, Christopher H. (2013a), Class Dimensions of Blood, Kinship, and the Race in Brittany, 1780–1880, in: Johnson/Jussen/Sabean/Teuscher (Hg.), Blood & Kinship, S. 196–226.

Ders. (2007), Kinship, Civil Society, and Power in Nineteenth Century Vannes, in: Sabean/Teuscher/Matthieu (Hg.), Kinship in Europe, S. 258–283.

Jolly, Margaret (1994), Women of the Place: Kastom, Colonialism, and Gender in Vanuatu, Chur/Schweiz.

Jonas, Hans (1999), Gnosis. Die Botschaft des fremden Gottes, hg. v. Christian Wiese, Frankfurt/M.

Jones, Ernest (1914), Die Empfängnis der Jungfrau Maria durch das Ohr. Ein Beitrag zu der Beziehung zwischen Kunst und Religion, in: Jahrbuch der Psychoanalyse VI, S. 135–204.

Jordanova, Ludmilla (1989), Sexual Visions. Images of Gender in Science and Medicine between the Eighteenth and Twentieth Centuries, Madison.

Joris, Elisabeth (2007), Kinship and Gender. Property, Enterprise, and Politics, in: Sabean/Teuscher/Matthieu (Hg.), Kinship in Europe, S. 231–257.

Jütte, Robert (Hg.) (1993), Geschichte der Abtreibung. Von der Antike bis zur Gegenwart, München.

Ders. (2003), Lust ohne Last. Geschichte der Empfängnisverhütung von der Antike bis zur Gegenwart, München.

Kakar, Sudhir (2012), Die Seele der Anderen. Mein Leben zwischen Indien und dem Westen, a. d. Englischen v. Klaus Modick, München.

Kallir, Alfred (1961), Sign and Design: The Psychogenetic Sources of the Alphabet, London 1961 (dt.: Sign and Design. Die psychogenetischen Quellen des Alphabets. Berlin 2002).

Kant, Immanuel (1977), Kritik der reinen Vernunft, in: ders., Werke in zwölf Bänden, hg. v. Wilhelm Weischedel, Frankfurt/M.

Ders. (1795), Zum ewigen Frieden. Ein philosophischer Entwurf, Zweyter Abschnitt, welcher die Definitivartikel zum ewigen Frieden unter Staaten enthält, Königsberg.

Kantorowicz, Ernst H. (1990), Die zwei Körper des Königs. Eine Studie zur politischen Theologie des Mittelalters, übers. v. Walter Theimer u. Brigitte Hellmann, München.

Kaplan, Nathan Lee (2018), Jüdische Ökonomie, in: v. Braun/Brumlik, Handbuch Jüdische Studien, S. 241–254.

Kaplan, Mordecai (2010), Judaism As a Civilization (1934), Philadelphia.

Keesing, Roger (1975), Kin Groups and Social Structure. New York.

Kermalvezen, Arthur (2009), Ganz der Papa! Samenspender: unbekannt, aus d. Französischen v. Kirsten Gleinig, Düsseldorf.

Kessler, Suzanne/McKenna, Wendy (1978), Gender. An Ethnomethodological Approach, Chicago.

Keuls, Eva C. (1985), The Reign of the Phallus, Berkeley, Los Angeles, London.

Kirchhoff, Arthur (Hg.) (1897), Die Akademische Frau. Gutachten hervorragender Universitätsprofessoren, Frauenlehrer und Schriftsteller über die Befähigung der Frau zum wissenschaftlichen Studium und Berufe, Berlin.

Kirshner, Julius (1991), Materials for a gilded cage: non-dotal assets in Florence, 1300–1500, in: David I. Kertzer/Rirchard P. Saller (Hg.), The Family in Italy From Antiquity to the Present, New Haven.

Klapheck, Elisa (Hg.) (2000), Fräulein Rabbiner Jonas: Kann die Frau das rabbinische Amt bekleiden? Eine Streitschrift. 2. korr. Auflage, Berlin.

Klapisch-Zuber, Christiane (1993), La genèse de l'arbre généalogique, in: L'arbre. Histoire Naturelle et symbolique de l'arbre, du bois et du fruit au Moyen Age, Paris, S. 41–81,

Dies. (1980), Le Nom ›Refait‹. La transmission des prénoms à Florence (XIVe-XVIe siècles), in: L'Homme, Oct.-Déc., XX (4), S. 77–104.

Klee, Ernst (2007), Das Kulturlexikon zum Dritten Reich. Wer war was vor und nach 1945, Frankfurt/M.

Klöppel, Ulrike (2010), XX0XY ungelöst. Hermaphroditismus, Sex und Gender in der deutschen Medizin. Eine historische Studie zur Intersexualität, Bielefeld.

Koch, Angela (2002), DruckBilder: Stereotype und Geschlechtercodes in den antipolnischen Diskursen der »Gartenlaube« (1870–1930), Wien/Köln/Weimar.

Kölsch-Bunzen, R. Nina (2003), Das gebildete Ungeborene, Herbolzheim.

König, Jochen (2015), Mama, Papa, Kind? Von Singles, Co-Eltern und anderen Familien, Freiburg i.Br.

Koschorke, Albrecht (2000), Die Heilige Familie und ihre Folgen, Frankfurt/M.

Krähenbühl, Verena/Hans Jellouschek/Margarete Kohaus-Jellouschek (2001), Stieffamilien. Struktur – Entwicklung – Therapie, Freiburg i. Br.

Krige, Eileen/Jacob Krige (1943), The Realm of a Rain Queen: A Study of the Patterns of Lovedu Society, London.

Kristeva, Julia (2001), Fremde sind wir uns selbst, übersetzt von Xenia Rajewski, Frankfurt/M. 2001.

Dies. (2001/5), Das weibliche Genie. Das Leben, der Wahn, die Wörter: 1. Hannah Arendt, 2. Melanie Klein, übersetzt von Vincent von Wroblewsky, Berlin.

Dies. (2007), Schwarze Sonne. Depression und Melancholie, übers. v. Bernd Schwibs u. Achim Russer, Frankfurt/M.

Kuby, Gabriele (2012), Die globale sexuelle Revolution. Zerstörung der Freiheit im Namen der Freiheit, mit einem Vorwort von Robert Spaemann, Kißleg.
Kuhn, Thomas S. (1976), Die Struktur wissenschaftlicher Revolutionen, zweite revidierte Auflage, Frankfurt/M.
Kurke, Leslie (1999), Coins, Bodies, Games, and Gold. The Politics of Meaning in Archaic Greece, Princeton.
Labouvie, Eva (1998/2000), Andere Umstände. Eine Kulturgeschichte der Geburt, Wien/Köln/Weimar.
Dies. (1999), Beistand in Kindsnöten. Hebammen und die Gemeinschaft der Frauen auf dem Land (1550–1910), Frankfurt/New York.
Dies. (2016), Wissen und Praktiken um die Verhütung und Unterbrechung der Schwangerschaft in der Frühen Neuzeit (16.–19. Jahrhundert), in: Lutz Niethammer/Silke Satjukow (Hg.), ›Wenn die Chemie stimmt‹, S. 63–81.
Lacan, Jacques (1975), Über eine Frage, die jeder möglichen Behandlung der Psychose vorausgeht, übersetzt v. Chantal Creusot u. Norbert Haas, in: Schriften, Bd. II, Olten/Freiburg.
Ders. (1991), Das Drängen des Buchstabens im Unbewußten oder die Vernunft seit Freud, übers. v. Norbert Haas, in: ders., Schriften II, Weinheim/Berlin 3. Aufl., S. 15–55.
Landes, David S. (1983), Revolution in Time. Clocks and the Making of the Modern World, Cambridge Mass.
Ders. (2006), Die Macht der Familie. Wirtschaftsdynastien in der Weltgeschichte, aus dem Amerikanischen von Karl Heinz Silber, München.
Largier, Niklaus (2001), Lob der Peitsche. Eine Kulturgeschichte der Erregung, München.
Lasègue, Ernest Charles (1873), De l'anorexie hystérique, in: Arch. gén. méd. 21, S. 385–403.
Latour, Bruno (1993), We Have Never Been Modern, transl. C. Porter, London.
Leach, James (2009), Knowledge as Kinship. Mutable Essence and the Significance of Transmission on the Rai Coast of Papua New Guinea, in: Bamford/Leach (Hg.), Kinship and Beyond, S. 175–192.
Leach, Edmund (1962), Rethinking Anthropology, London.
Leduc, Claudine (1993), Heirat im Antiken Griechenland, 9. – 4. Jahrhundert vor Chr., in: Georges Duby/Michelle Perrot (Hg.), Geschichte der Frauen, Bd. 1, Antike, Frankfurt/M./New, S. 263–320.
Legendre, Pierre (1989), ›Die Juden interpretieren verrückt‹. Gutachten zu einem klassischen Text, aus dem Französischen v. Anton Schütz, in: Psyche, 43. Jg., Jan., S. 20–39.
Le Goff, Jacqes (1984), Die Geburt des Fegefeuers, aus dem Französischen von Ariane Forkel, Stuttgart.
Leibowitz, Jeshajahu (1990), Gespräch über Gott und die Welt, mit Michael Shashar, übers. v. Matthias Schmidt, Frankfurt/M.
Leitner, Andrea/Magdalena Thöni/Hannes Winner (2008), Menschliche Körper und der Wert des menschlichen Lebens. Eine monetäre Bewertung mittels der Schmerzengeldentscheidungen (sic), in: Andreas Exenberger/Josef Nussbaumer (Hg.), Von Körpermärkten, Innsbruck, S. 79–97.
Lenzen, Dieter (1997), Kulturgeschichte der Vaterschaft, in: Walter Erhart/Britta Herrmann (Hg.), Wann ist der Mann ein Mann? Zur Geschichte der Männlichkeit, Stuttgart/Weimar, S. 87–113.

Leonardo da Vinci (1909), Traktat von der Malerei, hg. u. eingeleitet v. Marie Herzfeld n. d. Übersetzung v. Heinrich Ludwig, Jena.
Lepenies, Philipp (2017), Armut. Ursachen, Formen, Auswege, München.
Leuckart, Rudolf (1853), Zeugung, in: Rudolph Wagner (Hg.), Handwörterbuch der Physiologie mit Rücksicht auf physiologische Pathologie, Bd. 4. Braunschweig, S. 708–999.
Lévinas, Emmanuel (1983), Difficile liberté: essais sur le judaïsme, Paris.
Lévi-Strauss, Claude (1958), Strukturale Anthropologie, übers. v. Hans Naumann, Frankfurt/M.
Ders. (1968), Das wilde Denken, aus dem Französischen von Hans Naumann, Frankfurt/M.
Ders. (1984), Die elementaren Strukturen der Verwandtschaft, übersetzt von Eva Moldenhauer, Frankfurt/M.
Lewitscharoff, Sibylle (2014), Von der Machbarkeit. Die wissenschaftliche Bestimmung über Geburt und Tod, in: Dresdner Reden, Veranstaltungsreihe des Staatsschauspiels Dresden und der Sächsischen Zeitung v. 2. März 2014.
Lilienthal, Georg (1985), Der ›Lebensborn e. V.‹, Ein Instrument nationalsozialistischer Rassenpolitik, Stuttgart.
López-Beltrán, Carlos (2007), The Medical Origins of Heredity, in: Müller-Wille/Rheinberger (Hg.), Heredity Produced, S. 105–132.
Lovink, Geert (1994), Hardware, Wetware, Software, in: Norbert Bolz/Friedrich A. Kittler/Christoph Tholen (Hg.), Computer als Medium, München, S. 223-230.
Ludwin King, Elizabeth B. (2011), A Conflict of Interests: Privacy, Truth and Compulsory DNA Testing for Argentina's Children of the Disappeared, Cornell International Law Journal, Vol. 44, Iss. 3, Article 3, S. 536–568.
Lübbe, Hermann (2004), Religion nach der Aufklärung (1986), 3. Auflage München.
Lübkers, Friedrich (1891), Reallexikon der griechischen Antike, Leipzig.
Lugones, Maria (2012), The Coloniality of Gender, in: Walter Mignolo/Artur Escobar (Hg.), Globalization and the Colonial Option, New York, S. 369–391.
Luhmann, Niklas (1994), Liebe als Passion: Zur Codierung von Intimität, Frankfurt/M.
Lynch, Joseph Henry (1986), Godparents and Kinship in Early Medieval Europe, Princeton NJ.
MacGregor, Neil (2015), Deutschland. Erinnerungen einer Nation, Aus dem Englischen von Klaus Binder, München.
Macho, Thomas (2013), Wasser ist dicker als Blut. Zur Kulturgeschichte der Namen, in: NZZ Folio Nr. 261, April 2013, S. 46–48.
Maihofer, Andrea (2014), Familiale Lebensformen zwischen Wandel und Persisten, in: Behnke, Cornelia/Diana Lengersdorf/Sylka Scholz, Sylka (Hg.), Wissen-Methode-Geschlecht. Erfassen des fraglos Gegebenen, Wiesbaden, S. 313–334.
Malinowski, Bronislaw (1930), Parenthood – the Basis of Social Structure, in: F. W. Calverton, Samuel D. Schmalhausen (Eds.), The New Generation. The Intimate Problems of Modern Parents and Children, New York, S. 113–168.
Marshall, Lorna (1957), The Kin Terminology of the!Kung-Bushmen, in: Africa, 27, S. 1–25.
Martin, Emily (1991), The Egg and the Sperm. How Science has Constructed a Romance based on Stereotypical Male-female Roles. In: *Signs* 16, no. 3, S. 485–501.
Marx, Alfred (2000), Opferlogik im alten Israel, In: Bernd Janowski/Michael Welker (Hg.), Opfer. Theologische und kulturelle Kontexte, Frankfurt/M., S. 129–149.

Mathieu, Jon (2007), Kin Marriages. Trends and Interpretations from the Swiss Example, in: Sabean/Teuscher/Matthieu (Hg.), Kinship in Europe, S. 205–230.

Matzies-Köhler, Melanie (2014), Das Patchworkfamily-Notfallbuch, CreateSpace Independent Publishing Platform.

Maurisse, Marie/François Pilet, Das Geschäft mit dem Blut, Film, Arte 21. 2. 2017

Mauss, Marcel (1968/1990), Die Gabe. Form und Funktion des Austauschs in archaischen Gesellschaften übers. v. Eva Moldenhauer, Frankfurt/M.

Mazzolini, Renato G. (2007) (Las Castas: Interracial Crossing and Social Structure, 1770–1835, in: Müller-Wille/Rheinberger (Hg.), Heredity Produced, S. 349–373.

McKinley, Robert (1981), Cain and Abel on the Malay Peninsula, in: Mac Marshall (Hg.), Siblingship in Oceania: Studies in the Meaning of Relations, Ann Arbor, S. 335–418.

Medick, Hans (1984), ›Missionare im Ruderboot‹? Ethnologische Erkenntnisweisen als Herausforderungen an die Sozialgeschichte, in: Geschichte und Gesellschaft, Jg. 10, H 3, S. 295–319.

Meggitt, Mervyn (1965), The Lineage System of Mae-Enga, Edinburgh.

Meinecke, Friedrich (1969), Autobiographische Schriften, hg. und eingeleitet v. Eberhard Kessel, Stuttgart.

Mendès-Flohr, Paul (1999), Wissensbilder im modernen jüdischen Denken, in: Ulrich Raulff, Gary Smith (Hg.), Wissensbilder. Strategien der Überlieferung, Berlin, S. 221–240.

Merlan, Francesca/Alan Rumsey/Ku Waru (1991), Language and Segmentary Politics in the Western Nebilyer Valley, Papua Neu Guinea, Cambridge.

Middleton, Karen (2000), How Karembola Men Become Mothers, in: Carsten (Hg.), Cultures of Relatedness, S. 104–127.

Mingels, Annette (2017), Was alles war, München.

Modrzejewski, Joseph Mélèze »Mutilare Genitalia«, Römisches Recht und jüdische Matrilinearität, hg. v. Fachbereich Rechtswissenschaft, Forschungsstelle für jüdisches Recht – Marcus Cohn Rechtsgeschichte, Wissenschaftliche Veröffentlichungen, im Internet: http://www.juedisches-recht.de/rechtsgeschichte-matrilinearität.htm.

de Montaigne, Michel (1992), Essais [Versuche] nebst des Verfassers Leben, nach der Ausgabe von Pierre Coste, übers. ins Deutsche v. Johann Daniel Tietz, Zürich.

Morgan, Lewis Henry (1997), Systems of Consanguinity and Affinity of the Human Family (1871). Lincoln.

Morgenstern, Mathias (2007), Mutter-, Schwester- oder Tochterreligion? Religionswissenschaftliche Beobachtungen und Überlegungen zum Verhältnis von Judentum und Christentum, in: Dialog (»Du-Siach«), Christlich-Jüdische Informationen, Mai, Nr. 67, S. 19 bis 26,

Moreau, Philippe (2013), The Bilineal Transmission of Blood in Ancient Rome, in: Johnson/Jussen/Sabean/Teuscher (Hg.) Blood & Kinship, S. 40–60.

Morton, Frederic (2006), Die Rothschilds. Portrait einer Dynastie, übers. v. Paul Stein, Wien.

Mosse, George (1987), Nationalismus und Sexualität, übers. v. Jörg Trobitius, Hamburg.

Mroz, Jacqueline (2017), Scattered Seeds. In Search of Family and Identity in the Sperm Donor Generation, Berkeley.

Muldrew, Craig (1998), The Economy of Obligation: The Culture of Credit and Social Relations in Early Modern England, Basingstoke.

Mülke, Christoph (2002), Solons politische Elegien und Iamben (Fr. 1–13; 32–37 West). Einleitung, Text, Übersetzung, Kommentar, München/Leipzig.

Müller-Wille, Staffan/Hans-Jörg Rheinberger (Hg.) (2007), Heredity Produced. At the Crossroads of Biology, Politics, and Culture, 1500–1870, Cambridge MA.

Dies. (2007a), Heredity – The Formation of an Epistemic Space, in: dies. (Hg.), Heredity Produced, S. 3–34.

Müller-Wille, Staffan (2207b), Figures of Inheritance, 1650–1850, in: Müller-Wille/Rheinberger (Hg.), Heredity Produced, S. 177–204.

Mumford, Lewis (1963), Technics and Civilization (1934), New York.

Münzer, Kurt (1907), Der Weg nach Zion, Berlin, Stuttgart/Leipzig.

Musil, Robert (1970), Der Mann ohne Eigenschaften, in: Gesammelte Werke, hg. v. Adolf Frisé (1952), Reinbek b. Hamburg.

Nägeli, Carl Wilhelm von (1884), Mechanisch-Physiologische Theorie der Abstammungslehre, München/Leipzig.

Nelkin, Dorothy/M. Susan Lindee (1995), The DNA Mystique. The Gene as a Cultural Icon, New York.

Neukirchen, Christoph (2005), Die rechtshistorische Entwicklung der Adoption, Frankfurt/M.

Neumann, Moritz (2000), Gemeinschaft oder Gemeinde, in: Otto Romberg/Susanne Urban-Fahr (Hg.), Juden in Deutschland nach 1945, Frankfurt/M. 1999; Bundeszentrale f. Politische Bildung, Berlin, S. 166–175.

Neuwirth, Angelika (2004), Zur Archäologie einer Heiligen Schrift. Überlegungen zum Koran vor seiner Kompilation. In: Christoph Burgmer (Hg.), Streit um den Koran. Die Luxenberg-Debatte. Standpunkte und Hintergründe. Berlin, S. 82–97.

Nickel, Hildegard et. al. (2018), Reproduktion und Partizipation – alte Begriffe, neue Relevanz?, Projekt der Hans-Böckler-Stiftung: Partizipation und Reproduktion. Fach- und Führungskräfte als arbeits- und geschlechterpolitische Akteure der DG AG. Die vollständige Studie erscheint im Frühjahr 2018.

Nikolow, Sybilla (1998), Der soziale und der biologische Körper des Juden, in: Sander L. Gilman/Robert Jütte/Gabriele Kohlbauer-Fritz (Hg.), ›Der scheijne Jid‹. Das Bild des jüdischen Körpers in Mythos und Ritual, Wien, S. 45–56.

Dies. (1999), Die anschauliche Sprache der Daten. Studien zur Geschichte der visuellen Rhetorik einer Darstellungstechnik, unveröffentl. Manuskript.

Niethammer, Lutz/Silke Satjukow (Hg.) (2016), Wenn die Chemie stimmt. Geschlechterbeziehungen und Geburtenkontrolle im Zeitalter der Pille, Göttingen.

Nitzschmann, Karin/Johannes Döser/Gerhard Schneider/Christoph E. Walker (Hg.) (2017), Kulturpsychoanalyse heute. Grundlagen, aktuelle Beiträge, Perspektiven, Gießen.

Nugent, Teresa Lanpher (2003), Usury and Counterfeiting in Wilson's The Three Ladies of London and The Three Lords and Ladies of London, and in Shakespeare's Measure for Measure, in: Linda Woodbridge (Ed.), Money and the Age of Shakespeare: Essays in New Economic Criticism, New York, S. 201–217.

Oberndorf, Rotraut/Rost, Harald (2005), Neue Väter – Anspruch und Realität, Zeitschrift für Familienforschung, 17.1, S. 50–65.

Olmer, Heinrich C. (2010), Wer ist Jude? Ein Beitrag zur Diskussion über die Zukunftssicherung der jüdischen Gemeinschaft, Würzburg.
Ong, Walter (1987), Oralität und Literalität. Die Technologisierung des Wortes, übers. aus dem Amerikanischen von Walter Schömel, Opladen.
Opitz, Claudia (1990), Vom Kinderwunsch und Kindermord. Mutterschaft und Mütterlichkeit vom 13. bis zum 15. Jahrhundert, in: dies. (Hg.), Evastöchter und Bräute Christi. Weiblicher Lebenszusammenhang und Frauenkultur, Weinheim.
Or, Tamara (2018), Männlichkeit, Weiblichkeit, Körperlichkeit und Sexualität im Judentum, in: v. Braun/Brumlik, Handbuch Jüdische Studien, S. 255–276.
Oren, Laura (2001), Righting Child Custody Wrongs: The Children of the Disappeared in Argentina, in: Harvard Human Rights Journal, 14.
Orland, Barbara/Mechthild Rössler (1995), Women in Science – Gender and Science. Ansätze feministischer Naturwissenschaftskritik im Überblick, in: Barbara Orland, Elvira Scheich (Hg.), Das Geschlecht der Natur. Feministische Beiträge zur Geschichte und Theorie der Naturwissenschaften, Frankfurt/M., S. 13–63.
Orléan, André (1998), La monnaie autoréferentielle: réflexions sur les évolutions monétaires contemporaines, in: Michel Aglietta, André Orlèan (Hg.), La monnaie souveraine, Paris, S. 359–386.
Paine, Thomas (1962), The Rights of Man (Die Menschenrechte) hg., übersetzt und eingeleitet v. Thomas Mönke, Berlin.
Pálsson, Gísli (2009), The Web of Kin. An Online Genealogical Machine, in: Bamford/Leach (Hg.), Kinship and Beyond, S. 84–110.
Parnes, Ohad/Ulrike Vedder/Sigrid Weigel/Stefan Willer (Hg.) (2005), Generation. Zur Genealogie des Konzepts – Konzepte von Genealogie, München.
Parnes, Ohad/Ulrike Vedder/Stefan Willer (Hg.) (2008), Das Konzept der Generation – Eine Wissenschafts- und Kulturgeschichte, Frankfurt/M.
Parnes, Ohad (2007), On the Shoulders of Generations: The New Epistemology of Heredity in the Nineteenth Century, in: Müller-Wille/Rheinberger (Hg.), Heredity Produced, S. 315–348.
Peck, Jeffrey M. (2006), Being Jewish in the New Germany, New Brunswick NJ und London.
Perrig, Alexander (1997), Der Renaissance-Künstler als Wissenschaftler, in: Werner Busch (Hg.), Funkkolleg Kunst. Eine Geschichte der Kunst im Wandel ihrer Funktionen, Zürich, S. 649–677.
Perry, Curtis (2003), Commerce, Community, and Nostalgia in the Comedy of Errors, in: Linda Woodbridge (Ed.), Money and the Age of Shakespeare: Essays in New Economic Criticism, New York, S. 39–51.
Pitt-Rivers, Julian (1973), Kith and Kin, in: Jack Goody (Hg.), The Character of Kinship, Cambridge, S. 89–105.
Platon (2003), Werke. Nomoi IV-VII. Übersetzung und Kommentar von Klaus Schöpsdau. Göttingen.
Platon (1855), POLITEIA/Der Staat, (Dialogorum de Republica), nach der Übersetzung der Bücher I-V von Wilhelm Siegmund Teuffel und der Bücher VI-X von Wilhelm Wiegand, in: Platons Werke. Zehn Bücher vom Staate. Stuttgart.
Poewe, Karla (1981), Matrilineal Ideology. Male-Female Dynamics in Luapula, Zambia, London/New York.

Polanyi, Karl (1990), The Great Transformation. Politische und ökonomische Ursprünge von Gesellschaften und Wirtschaftssystemen, übers. v. Heinrich Jelinek, Frankfurt/M.
Poliakov, Léon (1978), Geschichte des Antisemitismus, aus dem Französischen von Rudolf Pfisterer, Worms.
Popenoe, Paul/Roswell Hill Johnson (1920), Applied Eugenics, New York.
Poster, Mark (2001), What's the Matter with the Internet? Minneapolis/London.
Poulin, Richard (2005), La Mondialisation des industries du sexe. Prostitution, pornographie, traite des femmes et des enfants, Paris.
Pruett, Kyle/Marcia Kline Pruett (2009), Partnership Parenting. How Men and Women parent differently, Boston.
Rabinow, Paul (1966), Artificiality and enlightenment: From sociobiology to biosociality. In Essays on the Anthropology of Reason, Princeton, S. 91–111.
Radcliffe-Brown, Alfred Reginal (1924), The Mother's Brother in South Africa, in: South African Journal of Science, 21, S. 542–555.
Ragoné, Heléna (1994), Surrogate Motherhood. Conceptions in the Heart, Boulder CO.
Dies. (2000), The Gift of Life. Surrogate Motherhood, Gamete Donation, and Construction of Altruism, in: Linda Layne (Hg.), Transformative Motherhood: On Giving and Getting in a Consumer Culture, New York, S. 65–88.
Rauschenbach, Sina (2018), Sephardim und Aschkenasi, in: v. Braun/Brumlik (Hg.), Handbuch Jüdische Studien, S. 111–124.
Rauschning, Hermann (1940), Gespräche mit Hitler, New York.
Rebenich, Stefan (2002), Theodor Mommsen. Eine Biographie, München.
De Renzi, Silvia (2007), Resemblance, Paternity, and the Imagination in Early Modern Courts, in: Müller-Wille/Rheinberger (Hg.), Heredity Produced, S. 61–83.
Reudenbach, Bruno (1992), Die Gemeinschaft als Körper und Gebäude. Francesco di Giorgios Stadttheorie und die Visualisierung von Sozialmetaphern im Mittelalter, in: Klaus Schreiner/Norbert Schnitzler (Hg.), Gepeinigt, begehrt, vergessen. Symbolik und Sozialbezug des Körpers im späten Mittelalter und in der frühen Neuzeit, München, S. 171–198.
Rheinberger, Hans Jörg (1999), Alles, was überhaupt zu einer Inskription führen kann, In: Ulrich Raulff, Gary Smith (Hg.), Wissensbilder. Strategien der Überlieferung, Berlin, S. 265–278.
Ricœur, Paul (1979), The Model of the Text: Meaningful Action Considered as Text, in: Paul Rabinow/William M. Sullivan (Hg.), Interpretive Social Science: A Reader, Berkeley.
Richardson, Sarah S. (2013), Sex Itself. The Search for Male and Female in the Human Genome, Chicago/London.
Rimbaud, Arthur (1997), Seherbriefe, in: ders, Sämtliche Dichtungen. Zweisprachige Ausgabe, Übersetzung von Walter Küchler, München.
Rockman, Hannah (1995), Sexual Behaviour Among Ultra-Orthodox Jews: A review of laws and guidelines, in: Jonathan Magonet (Hg.), Jewish Explorations of Sexuality, Oxford, S. 191–204.
Rosaldo, Renato (1980), Ilongrot Headhunting, 1883–1974. A Study in Society and History, Stanford CA.
Rosenzweig, Franz (1926), Nachwort, in: Jehuda Halevi, Zweiundneunzig Hymnen und Gedichte, übers. u. mit Anmerkungen versehen v. Franz Rosenzweig, Berlin, S. 153–168.

Ders. (2002), Die ›Gritli‹-Briefe. Briefe an Margrit Rosenstock-Huessy, hg. v. Inken Rühle u. Reinhold Mayer, Tübingen.

Ders. (2015), Der Stern der Erlösung, mit einer Einführung von Reinhold Mayer und einer Gedenkrede von Gershom Scholem, Frankfurt/M.

Ruderman, David B. (2009), Buchdruck und jüdische Kultur in der Frühen Neuzeit Europas, in: Münchener Beiträge zur Jüdischen Geschichte und Kultur, München, Heft 2, S. 8–22.

Ruiz, Teofilo F. (2013), Discourses of Blood and Kinship in Late Medieval and Early Modern Castile, In: Johnson/Jussen/Sabean/Teuscher (Hg.) Blood & Kinship, S. 105–124.

Rupp, Marina (Hg.) (2009), Regenbogenfamilien, in: Aus Politik und Zeitgeschichte, Jg. 41, S. 25–30.

Sabean, David Warren (1990), Property, Production, and Family in Neckarhausen, 1770–1870, Cambridge Mass.

Ders. (1998), Kinship in Neckarhausen, 1770–1870, Cambridge Mass.

Ders. (2007a), Kinship and Class Dynamics in Nineteenth-Century Europe, in: ders./Teuscher/Matthieu, Kinship in Europe, S. 301–313.

Ders. (2007b), From Clan to Kindred. Kinship and the Circulation of Property in Premodern and Modern Europe, in: Müller-Wille/Rheinberger (Hg.), Heredity Produced, S. 37–60.

Ders. (2013), Descent and Alliance: Cultural Meanings of Blood in the Baroque, in: Johnson/Jussen/Sabean/Teuscher (Eds.), Blood & Kinship, S. 144–174.

Sabean, David W./Simon Teuscher/Jon Matthieu (2007), Kinship in Europe. Approaches to Long-Term Development (1300–1900), New York/Oxford.

Sade, Marquis de (1962–1965), Philosophie im Boudoir, in: ders., Ausgewählte Werke, hg. v. Marion Luckow, 3 Bde. Hamburg.

Sager, Christin (2015), Das aufgeklärte Kind. Zur Geschichte der bundesrepublikanischen Sexualaufklärung, Bielefeld.

Sahlins, Marshall (2013), What Kinship Is And Is Not, Chicago and London.

Sarkadi A./R. Kristiansson/F. Oberklaid/S. Bremberg (2008), Fathers' involvement and children's developmental outcomes: a systematic review of longitudinal studies. Acta Paediatr Feb, 97 (2): 153–8.

Sather, Clifford (1993), The One-Sided One: Iban Rice Myths, Agricultural Rituals and Notions of Ancestry, in: Contributions to Southeast Asian Ethnography, No. 10, S. 119–147.

Sauer, Birgit (2017), Gesellschaftstheoretische Überlegungen zum europäischen Rechtspopulismus. Zum Erklärungspotenzial der Kategorie Geschlecht, in: Politische Vierteljahresschrift, 58. Jg, H. 1, S. 1–20.

Schäfer, Peter (2008), Weibliche Gottesbilder im Judentum und Christentum, aus d. Englischen v. Christian Wiese u. Claus-Jürgen Thornton, Frankfurt/M.

Ders. (2010), Die Geburt des Judentums aus dem Geist des Christentums, Tübingen.

Schildkraut, Enid (1973), The Fostering of Children in Ghana. In: Urban Anthropology New York, 2, S. 48–73.

Schlegel, Friedrich (1983), Theorie der Weiblichkeit, hg. u. m. einem Nachwort versehen von Winfried Menninghaus, Frankfurt/M.

Schleich, Carl Ludwig (1921), Besonnte Vergangenheit. Lebenserinnerungen (1859–1919), Berlin.

Schmandt-Besserat, Denise (1978), Vom Ursprung der Schrift, Spektrum der Wissenschaft 19, S. 5–13.

Dies. (1986), An Ancient Token System: The Precursor to Numerals and Writing, in: Archaeology 39:6, S. 32–39.

Schmincke, Imke (2015), Das Kind als Chiffre politischer Auseinandersetzungen am Beispiel neuer konservativer Protestbewegungen in Frankreich und Deutschland, in: Hark, Sabine/Villa, Paula-Irene (Hg.), Anti-Genderismus. Sexualität und Geschlecht als Schauplätze aktueller politischer Auseinandersetzungen, Bielefeld, S. 93–108.

Schmidt, Gunter (2004), Das neue Der Die Das. Über die Modernisierung der Sexualität, Gießen.

Schneider, David (1968), American Kinship. A Cultural Account, Englewood Cliffs, NJ, 2. überarbeitete Auflage Chicago 1980.

Ders. (1977), Kinship, Nationality and Religion in American Culture. Toward a Definition of Kinship, in: Janet L. Dolgin/David S. Kemnitzer/David Schneider/(Hg.) (1977), Symbolic Anthropology. A Reader in the Study of Symbols and Meanings, New York, S. 63–71.

Ders. (1984), A Critique of the Study of Kinship, Ann Arbor.

Ders. (1995), Schneider on Schneider. The Conversion of the Jews and Other Anthropological Studies, hg. v. Richard Handler, Durham.

Schnicke, Falko (2015), Die männliche Disziplin. Zur Vergeschlechtlichung der deutschen Geschichtswissenschaft 1780–1900, Göttingen.

Schön, Erich (1987), Der Verlust der Sinnlichkeit oder die Verwandlungen des Lesers, Stuttgart.

Schöttler, Heinz-Günther (2007), ›Die Nachbarschaft von Juden und Christen – auf Augenhöhe‹. Zur Theologie und Praxis der christlich-jüdischen Beziehungen, in: Alfred E. Hierold (Hg), Umbruch – ein Zeichen der Zeit: Kirche von Bamberg in der Welt von heute, Münster (Bamberger Theologisches Forum 11), S. 81–119.

Schreiner, Stefan (2018), Oralität und Literalität. Mündliche Überlieferung und ihre Verschriftung, in: v. Braun/Brumlik, (Hg.), Handbuch Jüdische Studien, S. 147–172.

Schröder, Wolfgang (1920), Handbuch der sozialdemokratischen Parteitage von 1863–1909, München.

Schultz, Irmgard (1994), Der erregende Mythos vom Geld. Die neue Verbindung von Zeit, Geld und Geschlecht im Ökologiezeitalter, Frankfurt/M./New York.

Schumpeter, Joseph A. (1952/1987), Kapitalismus, Sozialismus und Demokratie (1942), übers. aus d. Englischen v. Susanne Preiswerk, Tübingen.

Seccombe, Wally (1993), Weathering the Storm. Working Class Families from the Industrial Revolution to the Fertility Decline, London.

Sedlak, Andrea J. et al. (2010), Fourth National Incident Study of Child Abuse and Neglect, Report to Congress, Section 5–3, Differences in the Incidence of Maltreatment Related to Family Structure and Living Arrangements, January.

Seeger, Anthony (1981), Nature and Society in Central Brazil: The Suya Indians of the Mato Grosso, Cambridge MA.

Seidel, Ina (1930), Das Wunschkind, Stuttgart/Berlin.

Shalev, Carmel (1989), Birth Power. The Case for Surrogacy, New Haven and London.

Shell, Marc (1995), Art and Money, Chicago.

Sherman, Jerome K. (1964), Research von Frozen Human Semen. Past, Presence, and Future, in: Fertiliy and Sterility, Vol. 15, S. 485–499.

Shorter, Edward (1988), The First Great Increase in Anorexia Nervosa, in: Journal of Social History, Summer.

Sigusch, Volkmar (2005), Neosexualitäten. Über den kulturellen Wandel von Liebe und Perversion, Frankfurt/M.
Ders. (2013), Sexualitäten. Eine kritische Theorie in 99 Fragmenten, Frankfurt/M.
Simmel, Georg (1977), Philosophie des Geldes, in: Gesammelte Werke, Berlin.
Sissa, Giulia (1989), Subtle Bodies, trans. by Janet Lloyd, in: Michael Feher/Ramona Naddaff/Nadia Tazi (Hg.), Fragments for a History of the Human Body, New York, Bd. 3, S. 133–156.
Smith, Adam (1990), Der Wohlstand der Nationen. Eine Untersuchung seiner Natur und seiner Ursachen (1776), übers. aus dem Englischen und mit einer umfassenden Würdigung des Gesamtwerkes herausgegeben v. Horst Claus Recktenwalde, München.
Ders. (1985), Theorie der ethischen Gefühle, übers. aus d. Englischen und herausgegeben v. Walter Eckstein, Marburg.
Smith-Rosenberg, Carroll (1975), The Female World of Love and Ritual. Relations Between Women in Nineteenth-Century America, in: Signs, Vol. 1, No. 1, Chicago Autumn, S. 1–29.
Snyder, Timothy (2011), Bloodlands. Europa zwischen Hitler und Stalin, aus dem Englischen von Martin Richter, München.
Soloveitchik, Haym (1994), Rupture and Reconstruction: The Transformation of Contemporary Orthodoxy, in: Tradition. A Journal of Orthodox Jewish Thought, New York, S. 64–130.
Spar, Debora L. (2006), The Baby Business. How Money, Science, and Politics Drive the Commerce of Conception, Boston.
Spengler, Oswald (1997), Der Untergang des Abendlandes. Umrisse einer Morphologie der Weltgeschichte, München.
Spiess, Karl-Heinz (2007), Lordship, Kinship, and Inheritance among the German High Nobility in the Middle Ages and Early Modern Period, in: Sabean/Teuscher/Matthieu (Hg.) Kinship in Europe, S. 57–75.
Stadermann, Hans Joachim (1998), Tabu, Gewalt und Geld als Steuerungsmittel der Güterproduktion, in: Waltraud Schelkle, Manfred Nitsch (Hg.), Rätsel Geld. Annäherungen aus ökonomischer, soziologischer und historischer Sicht, Marburg, S. 145–171.
Stahl, Michael (1992), Solon F 3D. Die Geburtsstunde des demokratischen Gedankens. In: Gymnasium 99, S. 385–408.
Steinberg, Leo (1996), The Sexuality of Christ in Renaissance Art and in Modern Oblivion, 2., erweiterte Auflage, Chicago und London.
Stemberger, Günter (1979), Das klassische Judentum. Kultur und Geschichte der rabbinischen Zeit (70 n. Chr. bis 1040 n. Chr), München.
Ders. (2002), Einführung in die Judaistik, München.
Stephan, Inge (2017)‹ ›Entjungferungen‹ als serielle und ritualisierte Akte der Gewalt. Das Universum der Grausamkeit in den Schriften des Sades, in: Renate Möhrmann (Hg.), ›Da ist dann ach das Blümchen weg‹. Entjungferungen – Fiktionen der Defloration, Stuttgart. S. 217–243.
Stock, Brian (1983), The Implications of Literacy. Written Language and Models of Interpretation in the Eleventh and Twelth Centuries, Princeton.
Stone, Lawrence (1977), The Family, Sex and Marriage in England 1500–1800, London.
Storey, A. E./C. J. Walsh/R. L. Quinton/K. E. Wynne-Edwards (2000), Hormonal correlates of paternal responsiveness in new and expectant fathers, in: Evolution of Human Behavior, March, Nr. 1;21 (2), S. 79–95.

Strack, Hermann L. (1911), Das Blut im Glauben und Aberglauben der Menschheit, 8. Aufl., Leipzig.
Strathern, Marilyn (1984), Subject or Object. Women and the Circulation of Valuables in Highlands New Guinea, in: R. Hirschen (Hg.), Women and Property. Women as Property, London und Canberra, S. 158–175.
Dies. (1988), The Gender of the Gift: Problems with Women and Problems with Society in Melanesia, Berkeley.
Dies. (1992), Reproducing the Future. Essays on Anthropology, Kinship and the New Reproductive Technologies, New York.
Sundermeier, Theo (1987), Religion, Religionen, in: K. Müller/Th. Sundermeier (Hg.), Lexikon missionstheologischer Begriffe, Berlin, S. 411–423
Swanson, Kara (2014), W. Banking on the Body. The Market in Blood, Milk, and Sperm in Modern America, Cambridge MA.
Taylor, Anne Christine (1998), Corps Immortels, devoir d'oublie: Formes humaines et trajectoires de vie chez les Achuar, in: Maurice Godelier, Michel Panoff (Hg.), La production du corps: Approches anthropologiques et historiques, Amsterdam, S. 317–338.
Terrall, Mary (2007), Speculation and Experiment in the Elightenment Life Sciences, in: Müller-Wille/Rheinberger (Hg.), Heredity Produced, S. 253–275,
Tertullian, Quintus Septimus Florens (1952), Apologeticum. Verteidigung des Christentums, lateinisch-deutsch, herausgegeben, übersetzt und erläutert v. Carl Becker, München.
Teuscher, Simon (2007), Politics of Kinship in the City of Bern at the End of the Middle Ages, in: Sabean/Teuscher/Matthieu (Hg.), Kinship in Europe, S. 76–90.
Ders. (2013), Flesh and Blood in the Treatises on the Arbor Consanguinitatis (Thirteenth to Sixteenth Centuries), in: Johnson/Jussen/Sabean/Teuscher (Hg.) Blood & Kinship, S 83–104.
Theologische Realenzyklopädie (1993), hg. v. G. Krause u. G. Müller et al., Berlin, New York.
Tilly, Michael/Wolfgang Zwickel (2011), Religionsgeschichte Israels. Von der Vorzeit bis zu den Anfängen des Christentums, Darmstadt.
Thiess, Frank (1922), Die Verdammten, Berlin.
Tirosh, Yofi (2017), Diminishing Constitutional Law. The first Three Decades of Women's Exclusion in Israel, in: ICON, International Journal of Constitutional Law.
Trakl, Georg (1987), Dichtungen und Briefe. Historisch-kritische Ausgabe. Hrsg. v. Walther Killy, Hans Szklenar, Salzburg.
Treß, Werner (2018), Jüdisches Gesetz und Staatsbürgerrecht im Übergang zur Moderne, in: v. Braun/Brumlik (Hg.), Handbuch Jüdische Studien, S. 335–350.
Vance, J. D. (2017), Hillbilly-Elegie. Die Geschichte meiner Familie und einer Gesellschaft in der Krise, übers. v. Gregor Hens, Berlin.
Vedder, Ulrike (2011), Das Testament als literarisches Dispositiv. Kulturelle Praktiken des Erbes in der Literatur des 19. Jahrhunderts, München.
Vern, Carroll (Hg.) (1970), Adoption in Eastern Oceania. Honolulu.
Verdier, Raymond (1980–86), La Vengeance, 4. Bde., Paris.
Virchow, Rudolf (1878), Glaubensbekenntnisse eines modernen Naturforschers (1873), 2. Auflage, Berlin.
Vissering, Willem (1877), On Chinese Currency. Coin and Paper Money, Leiden.

Viveiros de Castro, Eduardo (2009), The Gift and the Given. Three Nano-Essays on Kinship and Magic, in: Bamford/Leach (Hg.), Kinship and Beyond, S. 237–268.

Volkov, Shulamit (2001), Sprache als Ort der Auseinandersetzung mit Juden und Judentum in Deutschland 1780–1933, in: dies., Das jüdische Projekt der Moderne, München, S. 82–96.,

Wagner, Beate (1982), Zwischen Mythos und Realität. Die Frau in der frühgriechischen Gesellschaft, Frankfurt/M.

Wagner-Hasel, Beate (1993), Nachwort, in: Georges Duby/Michelle Perrot (Hg.), Geschichte der Frauen, Frankfurt/M., Bd. 1, S. 535–543.

Dies. (2000), Der Stoff der Gaben, Kultur und Politik des Schenkens und Tauschens im archaischen Griechenland, Frankfurt/M./New York/Paris.

Weber, Marianne (1907), Ehefrau und Mutter in der Rechtsentwicklung, Tübingen.

Wegner, Judith Romney, (1988), Chattel or Person? The status of women in the mishna, New York/Oxford.

Weigel, Sigrid/Stefan Willer/Bernhard Jussen (Hg.) (2013), Erbe. Übertragungskonzepte zwischen Natur und Kultur, Berlin.

Weigel, Sigrid (2002), Genealogie und Genetik. Schnittstellen zwischen Biologie und Kulturgeschichte, Berlin.

Dies. (2006), Genea-Logik. Generation, Tradition und Evolution zwischen Kultur- und Naturwissenschaften, München.

Weil, Patrick (2001), Zugang zur Staatsbürgerschaft. Ein Vergleich von 25 Staatsangehörigkeitsgesetzen. In: Christoph Conrad/Jürgen Kocka (Hg.), Staatsbürgerschaft in Europa. Historische Erfahrungen und aktuelle Debatten, Hamburg.

Weismantel, Mary (1995), Making Kin: Kinship Theory and Zumbagua Adoptions, in: American Ethnologist 22 (4), S. 685–704.

Weissler, Chava (1998), Prayers in Yiddish and the Religious World of Ashkenazic, in: Judith R. Baskin (Ed.), Jewish Women in Historical Perspective, 2nd Edition, Detroit, S. 169–192.

Weston, Kath (1991), Families we choose. Lesbians, gays, kinship. New York.

Dies. (2013), Biosecuritization. The Quest for Synthetic Blood and the Taming of Kinship, in: Johnson/Jussen/Sabean/Teuscher (Hg.) Blood & Kinship, S. 244–265.

White, Paul (2007), Acquired Character: The Hereditary Material of the ›Self-Made Man‹, in: Müller-Wille/Rheinberger (Hg.), Heredity Produced, S. 375–39.

Wickham, Christopher (1994), Land and Power. Studies in Italian and European Social History, 400–1200, London.

Wilhelm, Eugen (1911), Die künstliche Zeugung beim Menschen und ihre Beziehung zum Recht, Halle.

Wilkinson, Richard/Kate Pickett (2009), Gleichheit ist Glück. Warum gerechte Gesellschaften für alle besser sind, übers. v. Edgar Peinelt, Berlin.

Wissenschaftlicher Dienst des Bundestags (2016), Einstellungen zu Homosexualität und gleichgeschlechtlichen Partnerschaften in der Bundesrepublik Deutschland 1949–2016, Zusammenstellung von ausgewählten Ergebnissen der Meinungsforschung. Aktenzeichen: WD 1–3000–029/16, Abschluss der Arbeit: 20. Juni.

Wood, Robert J. (2007), The Sheep Breeder's View of Heredity Before and After 1800, in: Müller-Wille/Rheinberger (Hg.), Heredity Produced, S. 229–250.

Wsolok, Antonie (1978), Vater und Vaterschaftsvorstellungen in der römischen Kultur, in: Hubertus Tellenbach (Hg.), Das Vaterbild im Abendland I., Rom, Frühes Christentum, Mittelalter, Neuzeit, Gegenwart, Stuttgart, S. 18–54.

Yanagisako, Sylvia J. (2007), Bringing it all Back Home, in: Sabean/Teuscher/Matthieu, Kinship in Europe, S. 33–48.

Yerushalmi, Yosef Hayim (1982), Assimilation and Racial Anti-Semitism: The Iberian and the German Models, In Leo Baeck Memorial Lectures, No. 26, New York.

Ders. (1988), Reflexions sur l'oubli. In: ders. (Hg.) Usages de l'oubli. Colloques de Royaumont, Paris, S. 7–21.

Ders, (1992), Freuds Moses. Endliches und unendliches Judentum, Berlin.

Yngvesson, Barbara (2010), Belonging in an Adopted World. Race, Identity, and Transnational Adoption. Chicago, London.

Yuval, Israel Jacob (2007), Zwei Völker in deinem Leib. Gegenseitige Wahrnehmung von Juden und Christen, aus d. Hebräischen von Dafna Mach, Göttingen.

Zauzich, Karl-Theodor (2015), Hieroglyphen mit Geheimnis. Neue Erkenntnisse zur Entstehung unseres Alphabets, Darmstadt.

Ziegler, Philip (1988), The Sixth Great Power. A History of One of the Greatest of All Banking Families, the House of Barings, 1762–1929, New York.

Zonabend, Françoise (1980), Le Nom de Personne, in: L'Homme, Nr. 20/4, S. 7–23.

BILDNACHWEIS

S. 8 Kenzo Tribouillard, Istanbul
S. 26 aus: *Gérard Sylvain*, Images et ›Traditions Juives‹, CELIV/*Editions Astrid 1980*
S. 72 Faber Castell AG, Stein
S. 130 Frédéric Brenner; New York
S. 184 The British Library Board, London
S. 248 liligraphie/123rf.com
S. 308 Institute of American Democracy, New York
S. 366 aus: *Gérard Sylvain*, Images et ›Traditions Juives‹, CELIV/*Editions Astrid 1980*
S. 400 VG Bild-Kunst, Bonn 2017
S. 476 aus: The International New York Times, 24. Mai 2017
S. 476 Jon Berkeley for The Economist

Christian Lammert/Boris Vormann
Die Krise der Demokratie und wie wir sie überwinden
Klappenbroschur
240 Seiten
978-3-351-03697-3
Auch als E-Book erhältlich

Die Krise als Chance?

Trump, Brexit, Erdogan – Populisten scheinen weltweit auf dem Vormarsch. Zugleich ist aber auch ein Erstarken des politischen Bewusstseins in der breiten Bevölkerung zu verzeichnen. Birgt die Krise der Demokratie auch eine Chance zur politischen Erneuerung?

»Sich abgehängt fühlen und nicht mehr gehört zu werden, dieser weitverbreitete Eindruck ist zentrale Konsequenz der Politik der Alternativlosigkeit. Sie schafft den Unmut und die Wut auf die da oben – und veranlasst zur Suche nach Alternativen um fast jeden Preis, offensichtlich auch nach undemokratischen.« Aus: Die Krise der Demokratie.

Regelmäßige Informationen erhalten Sie über unseren Newsletter. Jetzt anmelden unter: www.aufbau-verlag.de/newsletter

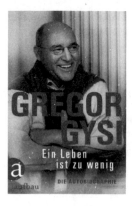

Gregor Gysi
Ein Leben ist zu wenig
Die Autobiographie
Mit 45 Fotos
583 Seiten. Gebunden
ISBN 978-3-351-03684-3
Auch als E-Book erhältlich

So offen und persönlich wie noch nie: die Autobiographie

Gregor Gysi hat linkes Denken geprägt und wurde zu einem seiner wichtigsten Protagonisten. Hier erzählt er von seinen zahlreichen Leben: als Familienvater, Anwalt, Politiker, Autor und Moderator. Seine Autobiographie ist ein Geschichts-Buch, das die Erschütterungen und Extreme, die Entwürfe und Enttäuschungen des 20. Jahrhunderts auf sehr persönliche Weise erlebbar macht.

»Diese Autobiografie ist ehrlich. Gysi spricht offen über sich. Er hat besten Einblick in die DDR-Verhältnisse. Daher ist sein Buch ein bleibendes Geschichtswerk.« Süddeutsche Zeitung

Regelmäßige Informationen erhalten Sie über unseren Newsletter. Jetzt anmelden unter: www.aufbau-verlag.de/newsletter

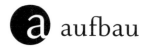

Gregor Gysi
Friedrich Schorlemmer
Was bleiben wird
Ein Gespräch über Herkunft und Zukunft
294 Seiten. Broschur
ISBN 978-3-7466-3209-4
Auch als E-Book erhältlich

Was von den Träumen blieb

Gregor Gysi, Sohn des Widerstandskämpfers und späteren Kulturministers der DDR Klaus Gysi, gehörte zu den eher systemnahen, wenn auch von der Nomenklatura beäugten Persönlichkeiten der DDR. Friedrich Schorlemmer, Pfarrer, Oppositioneller, Mitinitiator der Bürgerrechtsbewegung »Schwerter zu Pflugscharen«, stand der DDR und ihren Oberen immer kritisch gegenüber. Beide erinnern sich an ein schwieriges Land, das sie geprägt hat wie 17 Millionen andere auch. Ohne Scheuklappen und falsche Ressentiments unternehmen sie im Gespräch mit dem Journalisten Hans-Dieter Schütt den Versuch, über das zu sprechen, was bedenkenswert bleibt an dem gesellschaftlichen Projekt, das die DDR gewesen ist. Gerade angesichts eines entfesselten Kapitalismus, der seine Menschen ebenso wie Natur und Umwelt zur Ressource macht, statt sich in deren Dienst zu stellen, ist dieses Buch das notwendige Unterfangen, Alternativen zu beschreiben.

»Hier gehen beide über Grenzen und treffen sich jenseits davon.«
Berliner Zeitung

Regelmäßige Informationen erhalten Sie über unseren Newsletter. Jetzt anmelden unter: www.aufbau-verlag.de/newsletter

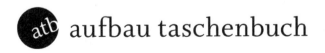

Uwe-Karsten Heye
Die Benjamins
Eine deutsche Familie
359 Seiten
ISBN 978-3-7466-3177-6
Auch als E-Book erhältlich

»Ein höchst wichtiges Stück Geschichte« Das Magazin

Fünf Menschen, fünf dramatische Schicksale - Walter Benjamin, der Philosoph und Autor. Hilde Benjamin, als »rote Guillotine« verschrien, aber auch deren Mann Georg Benjamin, Kommunist und Arzt, ermordet im KZ Mauthausen. Schwester Dora, Sozialwissenschaftlerin, die als Jüdin ebenfalls ins Exil getrieben wurde. Und schließlich Hildes Sohn Michael, Rechtsprofessor in Moskau und Ost-Berlin, der zeit seines Lebens mit der Familiengeschichte rang.
Auf der Grundlage von bislang unbekanntem Archivmaterial sowie Gesprächen mit Zeitzeugen entwickelt Heye das spannende Psychogramm einer deutschen Familie und rückt ganz nebenbei so manches Zerrbild aus den Zeiten des Kalten Krieges zurecht.

»Ein spannendes Psychogramm einer deutschen Familie.«
BAYERISCHER RUNDFUNK

Regelmäßige Informationen erhalten Sie über unseren Newsletter. Jetzt anmelden unter: www.aufbau-verlag.de/newsletter

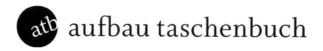

Luc Jochimsen
Die Verteidigung der Träume
Autobiographie
400 Seiten. Gebunden mit Schutzumschlag
ISBN 978-3-351-03281-4
Auch als E-Book erhältlich

Die Unbestechliche

Luc Jochimsen, die unbequeme Journalistin, Panorama-Moderatorin, HR-Chefin und Kulturpolitikerin, zieht die Bilanz eines ganz und gar ungewöhnlichen Lebens.
Sie war überall die erste Frau: als Fernsehjournalistin, in der Panorama-Redaktion, in der Chefredaktion des Hessischen Rundfunks. In der Nachkriegsmännerwelt des Journalismus setzte sie sich mit ihrer unbequemen linken Haltung, die immer die Schwachen der Gesellschaft stützte, durch und wurde zu einer der bekanntesten Journalistinnen Deutschlands. Von 2005 bis 2013 saß sie für die Linkspartei/PDS im Deutschen Bundestag und machte auch dort mit streitbaren Aktionen von sich reden.
Ihre Autobiographie schildert den Weg einer unangepassten Frau, die ihren Traum von einem gerechten und guten Leben für alle stets verteidigte.

Regelmäßige Informationen erhalten Sie über unseren Newsletter. Jetzt anmelden unter: www.aufbau-verlag.de/newsletter